# Internationale Standardlehrbücher der Wirtschafts- und Sozialwissenschaften

Herausgegeben von Universitätsprofessor Dr. Lutz Kruschwitz

## Bisher erschienene Werke:

Bergstrom · Varian, Trainingsbuch zu Varian,
Grundzüge der Mikroökonomik, 3. A.
Dixit · Norman, Außenhandelstheorie, 4. A.
Dornbusch · Fischer, Makroökonomik, 6. A.
Ethier, Moderne Außenwirtschaftstheorie, 4. A.
Gordon, Makroökonomik, 4. A.
Granvogl · Perridon, Sozioökonomie
Hillier · Lieberman, Einführung in Operations Research, 5. A.
Kneis, Mathematik für Wirtschaftswissenschaftler
Kruschwitz, Finanzierung und Investition, 2. A.
Kruschwitz, Investitionsrechnung, 8. A.
Mehler-Bicher, Mathematik für Wirtschaftswissenschaftler
Meissner, Strategisches Internationales Marketing, 2. A.
Pindyck · Rubinfeld, Mikroökonomie, 4. A.
Sargent, Makroökonomik
Schäfer · Kruschwitz · Schwake, Studienbuch
Finanzierung und Investition, 2. A.
Smith, Einführung in die Volkswirtschaftslehre, 2. A.
Stiglitz, Volkswirtschaftslehre, 2. A.
Stiglitz · Schönfelder, Finanzwissenschaft, 2. A.
Varian, Grundzüge der Mikroökonomik, 4. A.
Zwer, Internationale Wirtschafts- und Sozialstatistik, 2. A.

# Mathematik für Wirtschafts-wissenschaftler

Von

Dr. Gert Kneis

Hochschuldozent
Universität Potsdam
Institut für Mathematik

R. Oldenbourg Verlag München Wien

Für Ursula, Cordula und Philipp

**Die Deutsche Bibliothek – CIP-Einheitsaufnahme**

**Kneis, Gert:**
Mathematik für Wirtschaftswissenschaftler / von Gert Kneis. -
München ; Wien : Oldenbourg, 2000
(Internationale Standardlehrbücher der Wirtschafts- und
Sozialwissenschaften)
ISBN 3-486-24684-4


Rosenheimer Straße 145, D-81671 München
Telefon: (089) 45051-0, Internet: http://www.oldenbourg.de



Gedruckt auf säure- und chlorfreiem Papier
Gesamtherstellung: WB-Druck, Rieden

ISBN 3-486-24684-4

# Vorwort

Dieses Buch ist aus Vorlesungen entstanden, die ich in den letzten Jahren vor Studenten der Volks- und Betriebswirtschaftslehre an der Universität Potsdam gehalten habe.

Mathematische Studienliteratur für Wirtschaftswissenschaftler ist in reichem Maße vorhanden, von einführenden Texten zum Studieneinstieg, Kompendien und Formelsammlungen bis zu mathematisch anspruchsvollen Werken. Der vorliegende Text stellt eine Ergänzung dieser Literatur dar; im Vordergrund stehen dabei

- die ausführliche Erklärung derjenigen Methoden, welche zum Standard des mathematischen Grundstudiums für Wirtschaftswissenschaftler gehören, und
- deren Demonstration an Abbildungen, Beispielen und Aufgaben vorwiegend aus dem ökonomischen Bereich.

Ich habe einerseits die Erfahrung gemacht, daß einem Anwender der Mathematik der Zugang zu einer mathematischen Methode oftmals erheblich erleichtert wird, wenn – neben den unverzichtbaren grafischen Darstellungen und Beispielen – ein Beweis oder zumindest die wesentliche Idee eines Beweises vermittelt werden kann. Andererseits kann eine Darstellung, die völlig ohne Herleitungen auskommen möchte bzw. muß, dem Hörer und Leser einen einheitlich hohen Schwierigkeitsgrad mathematischer Aussagen suggerieren und so zu einer unnötigen Scheu vor der Anwendung mathematischer Methoden führen.

Gerade bei den hier behandelten Themen können die grundlegenden mathematischen Aussagen aus denkbar einfachen Bausteinen zusammengesetzt werden:

- So beruhen die meisten Sätze der Kombinatorik und viele Aussagen der linearen Algebra auf dem Induktionsprinzip, also allein auf der Tatsache, daß die natürlichen Zahlen aus der Zahl 1 durch fortgesetzte Bildung des Nachfolgers hervorgehen.
- Die Sätze der linearen Algebra und der linearen Optimierung sind im wesentlichen Aussagen über lineare Gleichungssysteme. Solche Systeme können durch elementare Rechenschritte – die Addition von Vielfachen einzelner Gleichungen zu anderen Gleichungen – in eine Form überführt werden, an der die Lösungsstruktur bequem abgelesen werden kann.
- Lineare Funktionen – also Funktionen von einfachster Bauart – spielen eine wesentliche Rolle bei der Untersuchung des lokalen Verhaltens nichtlinearer Funktionen.

Aus diesem Grund habe ich für die meisten Aussagen Beweise oder Beweisskizzen, oft auch im Kleindruck, angegeben. Lediglich dort, wo ein Beweis den Rahmen dieses Lehrbuches sprengen würde, wird auf aktuelle Literatur verwiesen.

Ein Wort zur Darstellung: Begriffe, Aussagen, Methoden und wesentliche Erklärungen stehen in kursiver Schrift, sind dreistellig numeriert und jeweils mit einem Schlagwort versehen. Formeln, Beispiele und Abbildungen sind zweistellig numeriert, und zum leichteren Auffinden der referierten Beispiele und Abbildungen sind Verzeichnisse angefügt. Textstellen im Kleindruck, meist für Überleitungen und Details verwendet, sind für das Verständnis des nachfolgenden Stoffes nicht zwingend erforderlich.

Jedem Kapitel ist eine Sammlung von Aufgaben unterschiedlichen Schwierigkeitsgrades beigefügt. Die Aufgaben überdecken den Text im wesentlichen und ergänzen ihn teilweise; sie sind zur leichteren Einordnung mit Stichworten versehen. Die am Schluß skizzierten Lösungen für die meisten Aufgaben sind als Kontrollmöglichkeit gedacht, – für die genauere Herleitung bleibt dem Leser noch genügend Freiraum.

Literaturhinweise im Text beziehen sich auf die angegebenen mathematischen Standardbücher bzw. die ergänzenden Lehrbücher zur Wirtschaftsmathematik. Die zitierte Literatur für das Grundstudium geht teilweise im Umfang der behandelten mathematischen Themen, der ökonomischen Anwendungsbeispiele oder auch des propädeutischen Teils weiter als der vorliegende Text. Hier sollte der Leser nach seinen Bedürfnissen auswählen.

Es ist mir ein Bedürfnis, meinem verehrten Kollegen Prof. Günter Zeidler für die Anregung zu diesem Lehrbuch zu danken.

Der Wirtschafts- und Sozialwissenschaftlichen Fakultät der Universität Potsdam danke ich für die kontinuierliche Unterstützung meiner Arbeit und das Interesse am Entstehen dieses Buches, vor allem Herrn Prof. Hans-Gerhard Strohe und Herrn Prof. Klaus Schöler, ebenso dem Institut für Mathematik der Universität Potsdam. Ein spezieller Dank gilt Frau Alexandra Franke, die das gesamte Manuskript einschließlich der Aufgaben und deren Lösungen kritisch gelesen hat, sowie Herrn Dr. Wolfgang Rother und Herrn Dipl.-Volkswirt Helge Sanner, die mir bei vielerlei Problemen mit dem Schriftsatzsystem LaTeX eine unentbehrliche Hilfe waren.

Für eine letzte Durchsicht des Manuskripts bin ich meinem Sohn Philipp sehr dankbar. Nicht zuletzt danke ich Herrn Mathias Brehe für seine langjährige Mitwirkung bei meinen Lehrveranstaltungen, für die kritische Durchsicht des Textes und mehrerer früherer Skripten, auf denen dieser aufbaut, und für viele wertvolle Diskussionen und Anregungen, sowie den Hörern meiner Lehrveranstaltungen für zahlreiche Hinweise, die in den Text eingegangen sind.

Dem Verlag R. Oldenbourg gilt mein Dank für die freundliche Aufnahme dieses Buches in sein Lehrbuchprogramm.

Einen herzlichen Dank sage ich schließlich meinen Kindern und vor allem meiner Frau, die mich in der Arbeit an diesem Buch mit sehr viel Verständnis unterstützt haben.

Eichwalde und Potsdam, im Juli 1999

# Inhaltsverzeichnis

# Kapitel 1

# Grundlagen

## 1.1 Aussagen und Aussagenverbindungen

- *„**Wenn** das Unternehmen X mit seinen Produkten den Umsatz gegenüber dem Vorjahr steigern will, **dann** muß es die Preise anheben **oder** für die Steigerung des Absatzes sorgen."*
- *„**Wenn** die Preise **nicht** steigen **und** der Absatz **nicht** wächst, **dann** kann das Unternehmen X mit seinen Produkten den Gewinn gegenüber dem Vorjahr **nicht** steigern."*

Obwohl man über den Sinn dieser Sätze unterschiedlicher Meinung sein kann – eine Gewinnsteigerung ist auch allein durch Kostensenkung denkbar –, so bedeuten sie doch beide logisch dasselbe: der zweite Satz folgt aus dem ersten und der erste aus dem zweiten, oder, was dasselbe bedeutet, die Sätze sind entweder beide wahr oder beide falsch. Das gilt unabhängig davon, ob nun irgendeines der drei Ereignisse Gewinnzuwachs, Preissteigerung oder Absatzsteigerung tatsächlich eintritt oder nicht.

In der Aussagenlogik wird die *logische Struktur* der Verknüpfung von Sätzen mit verbindenden Wörtern (*Konnektoren*) wie „und", „oder" und „wenn ... dann" sowie deren Verneinung untersucht, unabhängig vom konkreten Inhalt der verknüpften Sätze. Die dabei geltenden Regeln bilden die Grundlage des logischen Denkens.

**Beispiel 1.1** Die folgenden Sätze aus der Alltagssprache sollen auf ihren Wahrheitsgehalt überprüft werden:

(1) *Karl V. war deutscher Kaiser bis zu seinem Tod im Jahre* 1557.

(2) *Hoffentlich hat Karl V. gut regiert!*

(3) *Napoleon Bonaparte hat einmal gesagt, nur ein Faulpelz schliefe länger als fünf Stunden am Tag.*

(4) *Der Aktienkurs der UNSINN AG ändert sich am* 1. 1. 2000, *oder er ändert sich nicht.*

(5) *Für jede genügend kleine nicht negative reelle Zahl $x$ gilt* $\sqrt{1+x} \approx 1 + \frac{x}{2}$.

(6) *Die natürliche Zahl $n$ ist durch* 3 *teilbar.*

(7) *Lohnt es sich, mathematische Fachbücher zu lesen, wenn man quantitative Zusammenhänge in den Wirtschaftswissenschaften studieren will?*

(8) *Zwischen der Höhe der Kreditzinsen und dem Niveau der Aktienkurse besteht kein absolut gesicherter Zusammenhang.*

(9) *Fallende Kreditzinsen bewirken stets einen Anstieg der Aktienkurse.*

(10) *Am Neujahrstag des Jahres* 1443 *hat es in München geschneit.*

Die Sätze (3) und (8) geben einen wahren Sachverhalt wieder, und der Satz (4) ist ebenfalls wahr (unabhängig vom Börsengeschehen im Jahr 2000).
Die Aussage des ersten Satzes ist falsch (Karl V. hatte vorzeitig zugunsten seines Bruders Ferdinand abgedankt).
Im 2. Satz wird ein Wunsch geäußert, im 6. Satz ist die Zahl $n$ nicht konkret angegeben ($n$ ist eine Variable), und der 7. Satz stellt eine Frage dar, - in diesen drei Fällen stellt sich die Frage nach dem Wahrheitsgehalt nicht.
Beim 5. Satz läßt sich über die Wahrheit erst dann entscheiden, wenn die vagen Begriffe $\approx$ und „genügend klein" präzisiert sind.[1] Der 9. Satz ist (zumindest in dieser generellen Form) falsch, - dennoch wird es für einen Anleger im allgemeinen vorteilhafter sein, sich hiernach zu richten, als nach der Binsenwahrheit des 8. Satzes.
Ob der letzte Satz wahr oder falsch ist, ist zwar schwer oder gar nicht zu entscheiden, - jedoch ist es sicher, daß er entweder wahr oder falsch ist.

**1.1.1 (Aussagen, Wahrheitswerte)** *Ein Satz, der einen wahren oder einen falschen Sachverhalt wiedergibt, heißt* ***Aussage****. Einer wahren Aussage wird der* ***Wahrheitswert „wahr"*** (W) *zugeordnet, einer falschen Aussage der Wahrheitswert* ***„falsch"*** (F).

Unter den Sätzen des Beispiels 1.1 sind demnach die Sätze (2), (6) und (7) keine Aussagen, die Sätze (3), (4) und (8) sind wahre Aussagen (Wahrheitswert W), (1) ist eine falsche Aussage (Wahrheitswert F), (5) wird erst nach einer Präzisierung, z. B. der hier angegebenen, eine Aussage, und (10) ist eine Aussage mit einem (dem Verfasser) unbekannten Wahrheitswert.

Daß Aussagen genau einen der beiden Wahrheitswerte besitzen, wird zusammengefaßt in dem

**1.1.2 (Gesetz der zweiwertigen Logik)**
*Eine Aussage ist* ***entweder wahr oder falsch****. Das bedeutet:*

- *Eine Aussage kann nicht weder wahr noch falsch sein.*
  (*„Eine dritte Alternative gibt es nicht"* - ***„Tertium non datur"***)
- *Eine Aussage kann nicht wahr und falsch zugleich sein.*
  (***„Satz vom ausgeschlossenen Widerspruch"***)

In der ***Aussagenlogik*** wird der Wahrheitswert gewisser abgeleiteter Aussagen und Verbindungen von Aussagen *allein aus dem Wahrheitswert der beteiligten Aussagen*

[1] Dies ist aber möglich: So gilt für die Abweichung zwischen dem Wert der Wurzelfunktion und dem Näherungswert $1+\frac{x}{2}$ die Ungleichung $|\sqrt{1+x}-(1+\frac{x}{2})| \leq \frac{x^2}{8}$ für alle $x \geq 0$, wie man mit Hilfe der *Taylor*schen Formel (7.34) der Differentialrechnung nachweisen kann. Für $0 \leq x \leq 0,01$ hat diese Abweichung dann höchstens den Wert 0,0000125.

bestimmt, - deren konkreter Inhalt hat hierfür keine Bedeutung. Die Sätze der Aussagenlogik stellen daher nichts anderes dar als ein System von Regeln für den Umgang mit den Symbolen W und F.

Im folgenden werden als wichtigste abgeleitete Aussagen und Aussagenverbindungen die *Negation (Verneinung)*, *Konjunktion (logisches „und")*, *Disjunktion (logisches „oder")*, *Implikation (logische Folgerung)* und *Äquivalenz (logische Gleichwertigkeit)* durch Angabe ihrer Wahrheitswerte eingeführt.

### 1.1.3 (Negation, Konjunktion, Disjunktion, Implikation, Äquivalenz)

- *Die **Negation** $\neg A$ (**nicht** $A$) einer Aussage $A$ ist wahr, wenn $A$ falsch ist, und falsch, wenn $A$ wahr ist.*

- *Die **Konjunktion** $A \wedge B$ (**$A$ und $B$**) zweier Aussagen $A$ und $B$ ist wahr, wenn $A$ und $B$ **beide wahr** sind, in allen anderen Fällen falsch.*

- *Die **Disjunktion** (**Alternative**) $A \vee B$ (**$A$ oder $B$**) zweier Aussagen $A$ und $B$ ist wahr, wenn **mindestens eine** der Aussagen $A$ und $B$ wahr ist, in dem verbleibenden Fall falsch.*

- *Die **Implikation** $A \Rightarrow B$ (**wenn $A$, dann $B$; aus $A$ folgt $B$**) zweier Aussagen $A$ und $B$ ist **falsch**, wenn **$A$ wahr und $B$ falsch** ist, in allen anderen Fällen wahr.*

- *Die **Äquivalenz** $A \Leftrightarrow B$ (**$A$ genau dann, wenn $B$; $A$ dann und nur dann, wenn $B$**) zweier Aussagen $A$ und $B$ ist wahr, wenn $A$ und $B$ den **gleichen Wahrheitswert** besitzen, andernfalls falsch.*

Die Wirkungsweise der Negation und der eingeführten Aussagenverbindungen kann in einer Tabelle dargestellt werden:

| $A$ | $B$ | $\neg A$ | $A \wedge B$ | $A \vee B$ | $A \Rightarrow B$ | $A \Leftrightarrow B$ |
|---|---|---|---|---|---|---|
| W | W | F | W | W | W | W |
| W | F | F | F | W | F | F |
| F | W | W | F | W | W | F |
| F | F | W | F | F | W | W |

(1.1)

### 1.1.4 (Einschließendes „oder" und ausschließendes „entweder oder")

- *Die Aussagenverbindung „**$A$ oder $B$**" ist auch in dem Fall wahr, daß $A$ und $B$ beide wahr sind, – „oder" wird generell **einschließend** gebraucht.*

- *Die Aussagenverbindung „**entweder $A$ oder $B$**" hingegen ist wahr, wenn $A$ wahr und $B$ falsch oder wenn $A$ falsch und $B$ wahr ist, – sie ist gleichbedeutend mit der Aussagenverbindung $\neg(A \Leftrightarrow B)$ oder auch mit $(A \wedge \neg B) \vee (\neg A \wedge B)$.*

Um die Wirkungsweise der Aussagenverbindung „entweder oder" – und beliebig komplizierter Verbindungen – zu ermitteln, wird zweckmäßig eine Tabelle verwendet; hierin wird der Wahrheitswert einer Aussagenverbindung für jede Kombination von Wahrheitswerten der beteiligten Einzelaussagen schrittweise berechnet:

| $A$ | $B$ | $\neg A$ | $\neg B$ | $A \wedge \neg B$ | $\neg A \wedge B$ | $(A \wedge \neg B) \vee (\neg A \wedge B)$ |
|---|---|---|---|---|---|---|
| W | W | F | F | F | F | F |
| W | F | F | W | W | F | W |
| F | W | W | F | F | W | W |
| F | F | W | W | F | F | F |

(1.2)

### 1.1.5 (Hinreichende Bedingung, notwendige Bedingung)

- *Die Aussagenverbindung $A \Rightarrow B$ heißt auch* ***Schluß von A auf B****, $A$ heißt die* ***Prämisse*** *und $B$ die* ***Konklusion****.*
  *Daß $A \Rightarrow B$ falsch ist, wenn $A$ wahr und $B$ falsch ist, bedeutet, daß der Schluß von einer wahren auf eine falsche Aussage falsch ist, – aus einer wahren Aussage kann immer nur eine wahre Aussage geschlossen werden.*

- *Ist der Schluß $A \Rightarrow B$ wahr, so folgt aus der Wahrheit von $A$ die Wahrheit von $B$; $A$ ist dann eine* ***hinreichende Bedingung für B*** *(genauer: $A$ ist hinreichend für die Wahrheit von $B$).*
  *Andererseits kann bei einem wahren Schluß $A \Rightarrow B$ die Aussage $A$ nur in dem Fall wahr sein, wenn $B$ wahr ist; $B$ ist dann eine* ***notwendige Bedingung für A*** *(genauer: $B$ ist notwendig für die Wahrheit von $A$).*
  *Sind $A \Rightarrow B$ und $B \Rightarrow A$ beide wahr (dies bedeutet gerade die Wahrheit von $A \Leftrightarrow B$), so ist $A$ eine* ***notwendige und hinreichende Bedingung für B*** *(und zugleich $B$ eine notwendige und hinreichende Bedingung für $A$).*

**Beispiel 1.2 (Notwendige und hinreichende Bedingung)** Für einen Beschuldigten $X$ in einem Strafverfahren ist die Aussagenverbindung *„$X$ hat für die Tatzeit ein Alibi"* (Aussage $A$) $\Rightarrow$ *„$X$ ist unschuldig"* (Aussage $B$) generell wahr. Das Alibi ist somit eine hinreichende Bedingung für die Unschuld von $X$, und die Unschuld ist eine notwendige Bedingung für ein Alibi. Andererseits ist ein Alibi für den Nachweis der Unschuld zwar hilfreich, aber nicht notwendig. Hingegen ist $B$ notwendig und hinreichend für die Aussage *„Die betreffende Tat wurde von anderen Personen begangen."*

Für Aussagenverbindungen, in denen nur eines der Symbole $\wedge$, $\vee$ oder $\Leftrightarrow$ auftritt, hängt der Wahrheitswert nicht von der Reihenfolge der Einzelaussagen oder von der Art des Setzens von Klammern ab. Klammern können daher zur Vereinfachung auch ganz weggelassen werden, – dies gilt jedoch nicht, wenn unterschiedliche Symbole in einer Verbindung gemeinsam auftreten.
Die entsprechenden Regeln können anhand von Tabellen der Wahrheitswerte nach dem Muster (1.2) überprüft werden.

**1.1.6 (Reihenfolge und Klammern in Aussagenverbindungen)**
*Für beliebige Aussagen A, B und C gelten die folgenden logischen Äquivalenzen:*

$$\begin{array}{ccccccc} A\wedge B & \Leftrightarrow & B\wedge A & & A\wedge(B\wedge C) & \Leftrightarrow & (A\wedge B)\wedge C \\ A\vee B & \Leftrightarrow & B\vee A & & A\vee(B\vee C) & \Leftrightarrow & (A\vee B)\vee C \\ A\Leftrightarrow B & \Leftrightarrow & B\Leftrightarrow A & & A\Leftrightarrow(B\Leftrightarrow C) & \Leftrightarrow & (A\Leftrightarrow B)\Leftrightarrow C \\ A\wedge(B\vee C) & \Leftrightarrow & (A\wedge B)\vee(A\wedge C) & & (A\wedge B)\vee C & \Leftrightarrow & (A\vee C)\wedge(B\vee C) \\ A\vee(B\wedge C) & \Leftrightarrow & (A\vee B)\wedge(A\vee C) & & (A\vee B)\wedge C & \Leftrightarrow & (A\wedge C)\vee(B\wedge C) \end{array} \tag{1.3}$$

**Beispiel 1.3 (Klammern in Aussagenverbindungen)** Eine Person ist klug *und* (jung oder schön), wenn sie zunächst erst einmal klug ist und dann zusätzlich noch jung oder schön (wobei auch Jugend und Schönheit zugleich möglich ist), also kurz, wenn sie (klug und jung) oder (klug und schön) ist, – siehe die vorletzte der Regeln auf der linken Seite von (1.3).
Um aber (klug und jung) *oder* schön zu sein, reicht allein die Schönheit aus, auch wenn man alt und weniger klug ist.
Durch eine Akzentverschiebung, hier durch eine Änderung der Klammersetzung verwirklicht, wird der logische Inhalt verändert:
$\{klug\wedge(jung\vee schön)\}$ und $\{(klug\wedge jung)\vee schön\}$ sind logisch nicht gleichwertig.

## 1.2 Aussageformen

Sätze, in denen nicht näher spezifizierte Objekte (eine natürliche Zahl $n$, ein Steuerzahler $NN$, ein Artikel $a$ des Warensortiments einer Firma, usw.) auftreten, kommen im alltäglichen Sprachgebrauch häufig vor.

**1.2.1 (Aussageform )** *Enthält ein Satz $A(x)$ eine Variable $x$ (diese steht für Objekte einer gegebenen Gesamtheit, z. B. für Zahlen), so daß durch Einsetzen eines entsprechenden konkreten Objekts $x_0$ der Gesamtheit für die Variable $x$ eine (wahre oder falsche) Aussage $A(x_0)$ entsteht, so heißt dieser Satz eine* ***Aussageform*** *mit der* ***Aussagevariablen*** *$x$.*
*Aussageformen können auch mehrere Aussagevariable enthalten.*

Eine Aussageform selbst ist keine Aussage, – erst durch Belegung aller darin auftretenden Aussagevariablen mit konkreten Objekten entsteht eine (wahre oder falsche) Aussage.

**Beispiel 1.4** Die Aussageform *„$x$ ist ohne Rest durch $y$ teilbar“* enthält die beiden Aussagevariablen $x$ und $y$, die jeweils für eine ganze Zahl stehen. Durch Belegung von $x$ mit der konkreten Zahl 8 und von $y$ mit 2 oder 3 entsteht die wahre Aussage „8 *ist durch* 2 *teilbar*“ bzw. die falsche Aussage „ 8 *ist durch* 3 *teilbar*“.

Neben der Belegung von Aussagevariablen mit konkreten Objekten gibt es zwei weitere Möglichkeiten, aus einer Aussageform eine Aussage abzuleiten.

**1.2.2 (Existenz- und All-Aussage)**
*Für eine Aussageform $A(x)$ werden die beiden folgenden Aussagen betrachtet:*

- ***Existenz-Aussage*** $\exists x\ A(x)$: *„Es gibt ein $x$ (aus einer Gesamtheit), so daß $A(x)$ wahr ist."*
- ***All-Aussage*** $\forall x\ A(x)$: *„Für alle $x$ (aus einer Gesamtheit) ist $A(x)$ wahr."*

**Beispiel 1.5** Die Aussagevariable $x$ stehe für eine Aktie des Aktienindex DAX, und $A(x)$ sei die Aussageform *„Wenn der DAX-Wert steigt, steigt der Kurs von $x$"*. Die Anwendung der Operationen $\forall$ und $\exists$ auf die Aussageform $A(x)$ ergibt:

$\forall x\ A(x)$ : *„Wenn der* DAX-*Wert steigt, steigt der Kurs* ***aller*** *Aktien des* DAX.*"*

$\exists x\ A(x)$ : *„Wenn der* DAX-*Wert steigt, steigt der Kurs (mindestens)* ***einer*** *der Aktien des* DAX.*"*

Die Verneinung von Existenz- und All-Aussagen im täglichen Sprachgebrauch führt häufig zu Mehrdeutigkeiten. So wird vielfach an Stelle der Verneinung *„nicht für alle $x$ gilt $A(x)$"* die falsche Formulierung *„für kein $x$ gilt $A(x)$"* verwendet. Die korrekte Verneinung wird zunächst an einem Beispiel erläutert:

**Beispiel 1.6** Die Variable $x$ stehe für eine Firma des Unternehmens *WIRTSCHAFT*, und $A(x)$ sei die Aussageform *„Die Firma $x$ erzielt im Bilanzjahr einen Gewinn"*.

$\forall x\ A(x)$ : *„Alle Firmen erzielen im Bilanzjahr einen Gewinn."*

$\exists x\ A(x :)$ *„(Mindestens) eine Firma $x$ erzielt im Bilanzjahr einen Gewinn."*

$\neg\forall x\ A(x)$ : *„(Mindestens) eine Firma $x$ erzielt im Bilanzjahr keinen Gewinn."*
$\Leftrightarrow$ *„Es gibt eine Firma $x$, so daß die Negation von $A(x)$ zutrifft."*

$\neg\exists x\ A(x)$ : *„Keine der Firmen erzielt im Bilanzjahr Gewinn."*
$\Leftrightarrow$ *„Für alle Firmen $x$ trifft die Negation von $A(x)$ zu."*

Die Verneinung von *„alle Firmen erzielen Gewinn"* ist also nicht *„alle Firmen erzielen keinen Gewinn"*, – dies ist vielmehr die Verneinung von *„(mindestens) eine der Firmen erzielt Gewinn"*. Zur Vermeidung derartiger mißverständlicher Formulierungen können die folgenden offensichtlichen Verneinungsregeln angewandt werden.

**1.2.3 (Negation von Existenz- und All-Aussagen)**
*Die Negation einer mit den Symbolen $\exists$ und $\forall$ gebildeten Aussage kann logisch gleichwertig durch formales* ***Vertauschen der Symbole*** $\exists$ ***und*** $\forall$ *gebildet werden:*

$$\begin{aligned} \neg\,(\exists x\ A(x)) &\Leftrightarrow \forall x\ \neg A(x) \\ \neg\,(\forall x\ A(x)) &\Leftrightarrow \exists x\ \neg A(x) \end{aligned} \tag{1.4}$$

## 1.3 Logisches Schließen

Es werden nun *formale Aussagenverbindungen* untersucht, die mit Hilfe der eingeführten logischen Operationen erzeugt wurden; hierbei bedeuten $A, B, C, \ldots$ Symbole für Aussagen.

**Beispiel 1.7** Werden in die formale Aussagenverbindung $A \Rightarrow (B \vee \neg B)$ irgendwelche konkrete Aussagen $A$ und $B$ eingesetzt, so ergibt sich stets eine wahre Aussage, unabhängig von den Wahrheitswerten von $A$ und $B$.[2] Denn die Konklusion $B \vee \neg B$ des Schlusses $A \Rightarrow (B \vee \neg B)$ ist stets wahr, und folglich ist der gesamte Schluß wahr. Formal ergibt sich dies auch mit Hilfe einer Tabelle der Wahrheitswerte:

| $A$ | $B$ | $\neg B$ | $B \vee \neg B$ | $A \Rightarrow (B \vee \neg B)$ |
|---|---|---|---|---|
| W | W | F | W | W |
| W | F | W | W | W |
| F | W | F | W | W |
| F | F | W | W | W |

**1.3.1 (Tautologie)** *Eine formale Aussagenverbindung heißt* ***Tautologie***[3]*, wenn sie – unabhängig vom Wahrheitswert der verbundenen Einzelaussagen – den Wahrheitswert* **W** *besitzt.*

Bei einer Tautologie kann demnach generell auf die inhaltliche Prüfung der beteiligten einzelnen Aussagen verzichtet werden. Tautologien sind daher zulässige ***logische Schlußweisen***.
Neben der wenig sinnvollen Tautologie des Beispiels 1.7 stellen die folgenden die elementaren Bausteine des logischen Schließens dar.[4]

$$\begin{array}{lll}
\textbf{\textit{Abtrennungsregel}}^{5}\textbf{:} & A \wedge (A \Rightarrow B) & \Rightarrow \; B \\
\textbf{\textit{Kettenschluß:}} & (A \Rightarrow B) \wedge (B \Rightarrow C) & \Rightarrow \; A \Rightarrow C \\
\textbf{\textit{Kontraposition:}} & A \Rightarrow B & \Leftrightarrow \; \neg B \Rightarrow \neg A \\
\textbf{\textit{Indirekter Beweis:}} & A \wedge (\neg B \Rightarrow \neg A) & \Rightarrow \; B \\
\textbf{\textit{De Morgansche Gesetze:}} & \neg(A \wedge B) & \Leftrightarrow \; \neg A \vee \neg B \\
 & \neg(A \vee B) & \Leftrightarrow \; \neg A \wedge \neg B
\end{array} \qquad (1.5)$$

**Anwendung der Tautologien:**

**1.3.2 (Direkte Beweisführung für $A \Rightarrow B$)** *Ist die Aussage A wahr und ist der Schluß von A auf die Aussage B korrekt, so ist auch B eine wahre Aussage.*

[2]Ein volkstümliches Beispiel hierfür ist die Aussage „*Wenn der Hahn kräht auf dem Mist, ändert sich das Wetter, oder es bleibt wie es ist*".

[3]auch *Syllogismus* oder *Pleonasmus*

[4]Zur Herleitung vgl. Aufgabe 1.2

[5]auch „*modus ponens*"

Beweis: Sind $A$ und $A \Rightarrow B$ wahre Aussagen, so ist $C = A \wedge (A \Rightarrow B)$ und damit die linke Seite der Abtrennungsregel eine wahre Aussage. Da aber die Implikation $C \Rightarrow B$ als Tautologie insgesamt wahr ist, kann bei wahrer Prämisse $C$ die Konklusion $B$ nicht falsch sein. □

**Beispiel 1.8** Zu einer *gegebenen* natürlichen Zahl $n$ werden die Aussagen $A =$ „*6 ist ein Teiler von n*" und $B =$ „*6 ist ein Teiler von 2n*" betrachtet. Dann ist der Schluß $A \Rightarrow B$ eine wahre Aussage. Ist dann $n$ tatsächlich durch 6 teilbar ($A$ ist wahr), so ist $2n$ durch 6 teilbar ($B$ ist wahr).[6]

Der direkte Beweis ist die Grundlage des – direkten – logischen Schließens. Zusammen mit dem Kettenschluß läßt sich hieraus eine beliebig lange ***Schlußkette*** aufbauen:

$$A_1 \wedge (A_1 \Rightarrow A_2) \wedge (A_2 \Rightarrow A_3) \wedge \ldots \wedge (A_{n-1} \Rightarrow A_n) \quad \Rightarrow \quad A_n \tag{1.6}$$

Eine solche Schlußkette ist eine Aufeinanderfolge wahrer Aussagen, wobei jedes Glied der Folge die Wahrheit seines Vorgängers verwendet: aus einer *wahren Anfangsaussage* $A_1$ wird mittels korrekter Schlüsse Schritt für Schritt die *Wahrheit einer Endaussage* $A_n$ konstruiert. In diesem Sinne ist ein direkter Beweis *konstruktiv.*

Hierbei ist darauf zu achten, daß die ***Anfangsaussage der Kette eine wahre Aussage*** ist!

Ein häufig anzutreffender Fehler beim Nachweis der Wahrheit einer Aussage $A_1$ besteht darin, daß $A_1$ erst einmal als wahr angenommen und aus dieser Annahme über eine Kette (1.6) korrekter Schlüsse eine wahre Aussage $A_n$ abgeleitet wird. *Hieraus läßt sich nicht allgemein auf die Wahrheit von $A_1$ schließen.*

**Beispiel 1.9**

$$A_1 = \text{„}1 = 0\text{"}, \; A_2 = \text{„}\left(\frac{1}{2} = -\frac{1}{2}\right)\text{"}, \; A_3 = \text{„}\left(\frac{1}{4} = \frac{1}{4}\right)\text{"}$$

Aus der Annahme, daß $A_1$ wahr ist, ergibt sich über die korrekten Schlüsse $A_1 \Rightarrow A_2$ (Subtraktion von $1/2$ auf beiden Seiten einer Gleichung) und $A_2 \Rightarrow A_3$ (Quadrieren beider Seiten einer Gleichung) die wahre Aussage $A_3$.

Um die Wahrheit von $A_1$ nachzuweisen, muß vielmehr von der wahren Aussage $A_3$ ausgegangen und durch die Umkehrschlüsse $(A_3 \Rightarrow A_2)$ und $(A_2 \Rightarrow A_1)$ auf die Wahrheit von $A_1$ geschlossen werden. Dies ist aber hier nicht möglich, da der Schluß von $A_3$ auf $A_2$ nicht korrekt ist.

**1.3.3 (Kontraposition)** *Der Schluß $A \Rightarrow B$ und seine Kontraposition $\neg B \Rightarrow \neg A$ haben den gleichen Wahrheitswert.*

Oftmals gelingt der Nachweis, daß $\neg B \Rightarrow \neg A$ wahr bzw. falsch ist, einfacher als für den ursprünglichen Schluß $A \Rightarrow B$, – dies ist aber logisch äquivalent. Das ist vor allem bei indirekten Formulierungen zu beachten.

---

[6] Ist $n$ nicht durch 6 teilbar, dann ist $A \Rightarrow B$ automatisch wahr, da die Prämisse $A$ falsch ist.

**Beispiel 1.10** Statt der Aussage *„Veranstaltungen im Freien finden nur bei günstigem Wetter statt“* ($A \Rightarrow B$) kann auch die logisch gleichwertige Formulierung *„Bei ungünstigem Wetter finden die Veranstaltungen nicht im Freien statt“* ($\neg B \Rightarrow \neg A$) verwendet werden, nicht aber *„Bei günstigem Wetter finden die Veranstaltungen im Freien statt“* ($B \Rightarrow A$).

**1.3.4 (Indirekter Beweis für die Wahrheit einer Aussage *B*)**
*A sei eine wahre Aussage. Läßt sich dann aus der Annahme, die Aussage B sei falsch (also $\neg B$ wahr ), nachweisen, daß $\neg A$ wahr ist, so ist B eine wahre Aussage.*

Beweis: Sind $A$ und der Schluß $\neg B \Rightarrow \neg A$ wahr, so ist die linke Seite $C = A \wedge (\neg B \Rightarrow \neg A)$ der Tautologie „indirekter Beweis“ wahr. Da $C \Rightarrow B$ als Tautologie insgesamt wahr ist, kann $B$ nicht falsch sein. □

**Beispiel 1.11** Von einem Buch sei bekannt, daß es Druckfehler enthält (Aussage $A$). Es ist nachzuweisen, daß das erste Kapitel fehlerhaft ist (Aussage $B$). Nimmt man das erste Kapitel als fehlerfrei an ($\neg B$ ist wahr) und findet dann im Rest des Buches keine Fehler, so müßte – im Widerspruch zu $A$ – das gesamte Buch fehlerfrei sein ($\neg A$). Also ist das erste Kapitel fehlerhaft.

Indirekte Beweise lassen sich oft durch einen direkten Beweis ersetzen. So stellt sich die Wahrheit der Aussage $B$ im Beispiel 1.11 unmittelbar durch das Auffinden eines Fehlers im ersten Kapitel heraus. Ein klassisches Beispiel für die Notwendigkeit eines indirekten Beweises ist der im folgenden geführte Nachweis dafür, daß die Quadratwurzel aus der Zahl 2 keine rationale Zahl ist.

**Beispiel 1.12 (Nachweis von $B =$ „$\sqrt{2}$ ist keine rationale Zahl“)**
Hierfür wird die Tatsache verwendet, daß sich jeder Bruch aus zwei ganzen Zahlen so lange kürzen läßt, bis Zähler und Nenner teilerfremd sind, also bis auf 1 und $-1$ keine gemeinsamen Teiler haben.

| | | |
|---|---|---|
| Annahme, $B$ sei falsch | $\Leftrightarrow$ | „$\sqrt{2}$ ist eine rationale Zahl $p/q$.“ |
| Kürzen von $p/q$ | $\Rightarrow$ | $A =$ „Die Zahlen $p$ und $q$ sind teilerfremd.“ [7] |
| Quadrieren von $\sqrt{2} = p/q$ | $\Rightarrow$ | $A_1 =$ „$2q^2 = p^2$.“ |
| $A_1$ | $\Rightarrow$ | $A_2 =$ „2 ist ein Teiler von $p^2$.“ |
| $A_2$ | $\Rightarrow$ | $A_3 =$ „2 ist ein Teiler von $p$.“ [8] |
| $A_3$ | $\Rightarrow$ | $A_4 =$ „$p = 2s$ für eine geeignete ganze Zahl $s$.“ |
| $A_1$ und $A_4$ | $\Rightarrow$ | $A_5 =$ „$2q^2 = 4s^2$.“ |
| Kürzen von $A_5$ | $\Rightarrow$ | $A_6 =$ „$q^2 = 2s^2$.“ |
| $A_6$ | $\Rightarrow$ | $A_7 =$ „2 ist ein Teiler von $q$.“ |
| $A_3$ und $A_7$ | $\Rightarrow$ | $A$ ist falsch, denn 2 ist ein Teiler von $p$ *und* $q$. |

Die Schlußkette $\neg B \Rightarrow A \Rightarrow A_1 \Rightarrow A_2 \Rightarrow A_3 \Rightarrow A_4 \Rightarrow A_5 \Rightarrow A_6 \Rightarrow A_7 \Rightarrow \neg A$ führt auf den Widerspruch, daß $A$ wahr und falsch zugleich ist, und damit ist $B$ wahr. □

[7] Für diese Aussage $A$ wird der Widerspruch $A \wedge \neg A$ konstruiert.
[8] Vgl. Aufgabe 1.4

## 1.4 Mengen und Elemente

Für die Anwendung mathematischer Methoden ist ein geregelter Umgang mit Mengen von großem Vorteil. Eigenschaften von Objekten, Beziehungen zwischen Strukturen und komplexe Zusammenhänge lassen sich in der Sprache der Mengen wesentlich rationeller darstellen als es in der Umgangssprache möglich ist.
In der Mengenlehre werden der *Mengenbegriff* und die *Beziehung zwischen Mengen und Elementen* ohne eine weitere Erklärung als gegeben vorausgesetzt.

**1.4.1 (Mengen und Elemente)** *Eine* ***Menge*** *$M$ ist die Zusammenfassung von bestimmten (realen oder begrifflichen) „Objekten" zu einem Ganzen; die Objekte $m$ der Menge $M$ heißen deren* ***Elemente*** *(Symbol: $m \in M$).*[9]
*Ist $M$ eine Menge und $m$ ein Element (irgendeiner) Menge, so ist $(m \in M)$ eine Aussage und damit entweder wahr oder falsch.*
*Ist diese Aussage falsch, so ist $m$* ***kein Element*** *von $M$ (Symbol: $m \notin M$).*

Die Zweiwertigkeit der Logik bedeutet, angewandt auf die Aussage $(m \in M)$:
*Ist $M$ eine Menge und $m$ ein Element irgendeiner Menge, so ist entweder $m$ ein Element von $M$ oder kein Element von $M$.*

Mengen können auf unterschiedliche Weise, etwa durch die Charakterisierung ihrer Elemente mittels *Text* oder *Formeln* oder manchmal auch durch konkrete Angabe ihrer Elemente in einer *Aufzählung* beschrieben werden; hierbei kommt es auf die Reihenfolge nicht an.

**Beispiel 1.13**

| | | |
|---|---|---|
| $M$ | = | Menge der Einwohner der Stadt $NN$ |
| $M$ | = | Menge der ersten 10 natürlichen Zahlen |
| | = | {1,2,3,4,5,6,7,8,9,10}={10,9,8,7,6,3,4,5,1,2} ={10,8,5,7,1,2,4,6,9,3} |
| $\mathbb{N}$ | = | Menge der natürlichen Zahlen ={1,2,3,...} |
| | | (Eine Aufzählung ist nur unvollständig möglich, da $\mathbb{N}$ unendlich viele Elemente enthält.) |
| $\mathbb{P}$ | = | Menge der rationalen Zahlen (endliche oder periodische Dezimalbrüche) |
| $\mathbb{R}$ | = | Menge der reellen Zahlen (alle Dezimalbrüche) |

**1.4.2 (Teilmenge)** *Eine Menge $A$ heißt* ***Teilmenge*** *einer Menge $B$, wenn jedes Element von $A$ zugleich auch Element von $B$ ist (Symbol: $A \subseteq B$).*
*$A \subseteq B$ bedeutet: Für alle $a \in A$ ist $\big((a \in A) \Rightarrow (a \in B)\big)$ eine wahre Aussage.*
*Eine Teilmenge $A$ von $B$ heißt* ***echte Teilmenge*** *von $B$, wenn $B$ Elemente enthält, die nicht zugleich Elemente von $A$ sind (Symbol: $A \subsetneq B$).*

[9] Hierdurch werden die Begriffe Menge und Element nicht erklärt, sondern lediglich mit den – ebenfalls nicht erklärten – Begriffen „Gesamtheit" und „Objekt" umschrieben.

Eine Teilmenge einer Menge M kann dadurch gebildet werden, daß alle Elemente von M mit einer gewissen Eigenschaft zusammengefaßt werden.

**1.4.3 (Bildung von Teilmengen durch eine charakterisierende Eigenschaft)** *Eine* ***Eigenschaft A*** *für die Elemente $m$ einer Menge $M$ ist durch eine* ***Aussageform $A(m)$*** *mit $m \in M$ gegeben:*
*Hierbei hat ein konkretes Element $m_0$ von $M$ die Eigenschaft $A$, wenn die konkrete Aussage $A(m_0)$ wahr ist.*

- *Die Menge aller Elemente $m$ von $M$, für die $A(m)$ wahr ist, bildet dann die* ***Teilmenge*** *$M_A$ aller Elemente von $M$ mit der Eigenschaft $A$ (Symbol: $M_A = \{m \in M \; : \; A(m)\}$).*

**Beispiel 1.14** Die Aussageform $A(m)$ = „$m$ ist Quadratzahl" charakterisiert in der Menge $M = \{m \in \mathbb{N} : m \leq 16\}$ die Teilmenge $M_A = \{m \in M : A(m) \text{ ist wahr }\} = \{1, 4, 9, 16\}$.

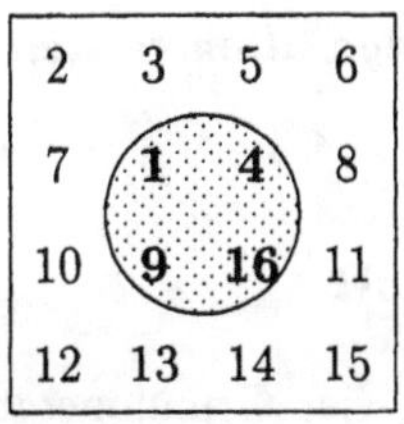


**Abb. 1.1:** „Quadratzahl" als charakterisierende Eigenschaft einer Teilmenge

Die folgende naheliegende Erklärung der Gleichheit zweier Mengen zeigt zugleich eine praktische Möglichkeit auf, wie zwei Mengen konkret auf Gleichheit überprüft werden können.

**1.4.4 (Gleichheit von Mengen)** *Zwei Mengen $A$ und $B$ heißen* ***gleich****, wenn sie die gleichen Elemente enthalten (Symbol: $A = B$).*
*$A = B$ ist gleichbedeutend damit, daß $A \subseteq B$ und $B \subseteq A$ zugleich gelten.*

Nützlich sind auch solche Mengen, die keine Elemente enthalten. So ist zum Beispiel durch die Aussageform $A(n)$ = „$n = n + 1$" diejenige Teilmenge der Menge aller natürlichen Zahlen $n$ erklärt, für welche $A(n)$ wahr ist. Diese Menge enthält aber keine einzige natürliche Zahl.

Merkwürdig ist nun, daß alle Mengen ohne Elemente untereinander gleich sind, wie sich allein mit Hilfe der logischen Regeln zeigen läßt. Daher ist es vernünftig, von *der* leeren Menge zu sprechen.

**1.4.5 (Leere Menge)** *Alle Mengen, die keine Elemente enthalten, bilden ein und dieselbe Menge, die sogenannte* ***leere Menge*** *(Symbol $\emptyset$).*
*Die leere Menge ist Teilmenge einer jeden Menge $M$.*

Beweis: Nach 1.4.4 ist zu zeigen, daß für je zwei Mengen $X$ und $Y$, die beide keine Elemente enthalten, sowohl $X \subseteq Y$ als auch $Y \subseteq X$ gilt.

Die Beziehung $X \subseteq Y$ bedeutet, daß $(x \in X) \Rightarrow (x \in Y)$ für jedes $x \in X$ wahr ist. Nun ist aber $x \in X$ für kein Element $x$ wahr, damit ist die Prämisse des Schlusses falsch,

und folglich ist der gesamte Schluß wahr. Durch Vertauschung der Bedeutung von $X$ und $Y$ folgt entsprechend $Y \subseteq X$. Die Mengen $X$ und $Y$ sind daher untereinander gleich, und es kann für beide ein und dasselbe Symbol $\emptyset$ verwendet werden.
Mit dem gleichen Argument kann nun auch $\emptyset \subseteq M$ für eine beliebige Menge $M$ gezeigt werden:
Der Schluß $(x \in \emptyset) \Rightarrow (x \in M)$ ist generell wahr, da die Prämisse für jedes Element $x$ falsch ist. □

**1.4.6 (Spezielle Mengen reeller Zahlen)** *(für reelle Zahlen $a$ und $b$ mit $a < b$):*

$$
\begin{array}{lcll}
[a,b] & = & \{x \in \mathbb{R} : a \leq x \leq b\} & (\textbf{\textit{abgeschlossenes Intervall}}) \\
(a,b) & = & \{x \in \mathbb{R} : a < x < b\} & (\textbf{\textit{offenes Intervall}}) \\
(a,b] & = & \{x \in \mathbb{R} : a < x \leq b\} & (\textbf{\textit{nach links halboffenes Intervall}}) \\
[a,b) & = & \{x \in \mathbb{R} : a \leq x < b\} & (\textbf{\textit{nach rechts halboffenes Intervall}}) \\
(-\infty,a] & = & \{x \in \mathbb{R} : x \leq a\} & (\textbf{\textit{nach links halboffener Strahl}}) \\
[a,\infty) & = & \{x \in \mathbb{R} : x \geq a\} & (\textbf{\textit{nach rechts halboffener Strahl}}) \\
(-\infty,\infty) & = & \mathbb{R} & (\textbf{\textit{Menge aller reellen Zahlen}})
\end{array}
$$

*usw.*

## 1.5 Operationen mit Mengen

Die Operationen mit Mengen können auf die vier Grundoperationen *Durchschnitt*, *Vereinigung*, *Differenz* und *Produkt* zurückgeführt werden.

**1.5.1 (Durchschnitt $A \cap B$)** *Der **Durchschnitt zweier Mengen A und B** besteht aus denjenigen Elementen, die **sowohl A als auch B** angehören.*

$$\boldsymbol{A \cap B = \{x : (x \in A) \wedge (x \in B)\}}$$

**1.5.2 (Vereinigung $A \cup B$)** *Die **Vereinigung zweier Mengen A und B** besteht aus denjenigen Elementen, die **A oder B** angehören.*

$$\boldsymbol{A \cup B = \{x : (x \in A) \vee (x \in B)\}}$$

**1.5.3 (Differenz $A \setminus B$)** *Die Differenz zweier Mengen $A$ und $B$ besteht aus denjenigen Elementen, die **A, aber nicht B** angehören.*

$$\boldsymbol{A \setminus B = \{x : (x \in A) \wedge (x \notin B)\}}$$

**1.5.4 (Symmetrische Differenz)**
*Die Menge $\{x : ((x \in A) \wedge (x \notin B)) \vee ((x \notin A) \wedge (x \in B))\}$ aller derjenigen Elemente, die **entweder A oder B** angehören, hat die Darstellung*

$$\boldsymbol{(A \setminus B) \cup (B \setminus A)}.$$

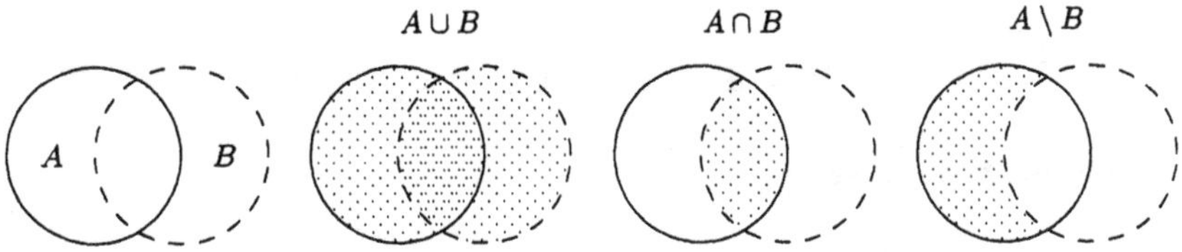


**Abb. 1.2:** Mengenoperationen mit zwei Kreisscheiben $A$ und $B$

### 1.5.5 (Komplementärmenge $\overline{A}^X$ bezüglich einer festen Grundmenge $X$)

*Ist $X$ eine festgelegte Menge und $A$ eine Teilmenge von $X$, so ist die* ***Komplementärmenge von A bezüglich X*** *die Menge aller derjenigen Elemente von $X$, die der Teilmenge $A$ nicht angehören.*[10]

$$\overline{A}^X = \overline{A} = X \setminus A$$

In der Abbildung 1.3 ist die Grundmenge $X$ ein Quadrat mit Berandung und $A$ ein darin liegender Kreis ohne Berandung. Die Komplementärmenge $\overline{A}$ besteht aus dem Rand des Kreises und allen Punkten des Quadrats außerhalb des Kreises.

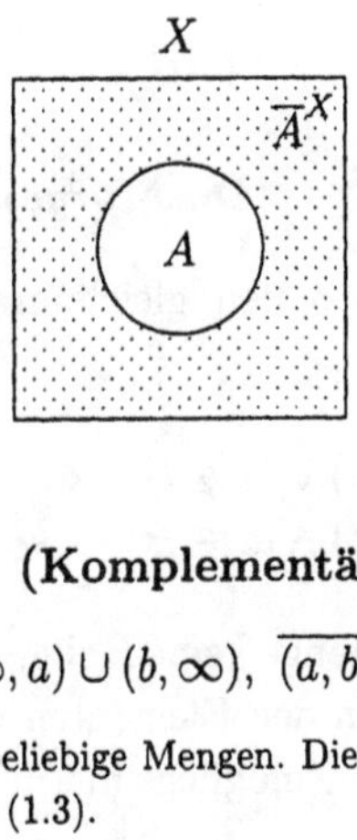


**Abb. 1.3:** Komplementärmenge einer Kreisscheibe bezüglich eines Quadrats

### Beispiel 1.15 (Komplementärmenge bezüglich der Menge $X = \mathbb{R}$)

$$\overline{[a,b]} = (-\infty, a) \cup (b, \infty), \quad \overline{(a,b)} = (-\infty, a] \cup [b, \infty) \quad (a, b \text{ reelle Zahlen mit } a < b)$$

$A$ und $B$ seien beliebige Mengen. Die nachfolgend aufgeführten Gesetze folgen unmittelbar aus den logischen Regeln (1.3).

### 1.5.6 (Assoziative Gesetze)

$$A \cap (B \cap C) = (A \cap B) \cap C \qquad A \cup (B \cup C) = (A \cup B) \cup C \tag{1.7}$$

Auf Grund der assoziativen Gesetze können Durchschnitte und Vereinigungen von beliebig vielen Mengen gebildet und dabei Klammern nach Belieben gesetzt und damit zur Vereinfachung auch weggelassen werden, ohne daß sich dabei das Ergebnis ändert. So kann beispielsweise für $(A \cap B) \cap (C \cap D) = A \cap \Big((B \cap C) \cap D\Big)$ auch $A \cap B \cap C \cap D$ geschrieben werden.

[10] Steht die Grundmenge $X$ von vornherein fest, kann in $\overline{A}^X$ das Zeichen $X$ weggelassen werden.

**1.5.7 (Kommutative Gesetze)**

$$\boldsymbol{A \cap B = B \cap A} \qquad \boldsymbol{A \cup B = B \cup A} \tag{1.8}$$

**1.5.8 (Distributive Gesetze)**

$$\begin{aligned} (\boldsymbol{A} \cap \boldsymbol{B}) \cup \boldsymbol{C} &= (\boldsymbol{A} \cup \boldsymbol{C}) \cap (\boldsymbol{B} \cup \boldsymbol{C}) \\ \boldsymbol{A} \cap (\boldsymbol{B} \cup \boldsymbol{C}) &= (\boldsymbol{A} \cap \boldsymbol{B}) \cup (\boldsymbol{A} \cap \boldsymbol{C}) \\ \\ (\boldsymbol{A} \cup \boldsymbol{B}) \cap \boldsymbol{C} &= (\boldsymbol{A} \cap \boldsymbol{C}) \cup (\boldsymbol{B} \cap \boldsymbol{C}) \\ \boldsymbol{A} \cup (\boldsymbol{B} \cap \boldsymbol{C}) &= (\boldsymbol{A} \cup \boldsymbol{B}) \cap (\boldsymbol{A} \cup \boldsymbol{C}) \end{aligned} \tag{1.9}$$

*Hierin gehen die Formeln der zweiten Gruppe aus denen der ersten Gruppe durch Vertauschen der Operationen $\cap$ und $\cup$ hervor.*

**1.5.9 (Gesetze für Teilmengen)** *A und B seien Teilmengen einer festgelegten Grundmenge X. Dann gelten die folgenden Beziehungen:*

$$\begin{array}{lcl@{\qquad}lcl} \boldsymbol{A} \cup \boldsymbol{X} &=& \boldsymbol{X} & \boldsymbol{A} \cup \overline{\boldsymbol{A}} &=& \boldsymbol{X} \\ \boldsymbol{A} \cap \boldsymbol{X} &=& \boldsymbol{A} & \boldsymbol{A} \cap \overline{\boldsymbol{A}} &=& \boldsymbol{\emptyset} \\ \boldsymbol{A} \cup \boldsymbol{\emptyset} &=& \boldsymbol{A} & \overline{\overline{\boldsymbol{A}}} &=& \boldsymbol{A} \\ \boldsymbol{A} \cap \boldsymbol{\emptyset} &=& \boldsymbol{\emptyset} & \boldsymbol{A} \setminus \boldsymbol{B} &=& \boldsymbol{A} \cap \overline{\boldsymbol{B}} \end{array} \tag{1.10}$$

$$\overline{\boldsymbol{A} \cap \boldsymbol{B}} = \overline{\boldsymbol{A}} \cup \overline{\boldsymbol{B}} \qquad \overline{\boldsymbol{A} \cup \boldsymbol{B}} = \overline{\boldsymbol{A}} \cap \overline{\boldsymbol{B}} \qquad (\textbf{\textit{De Morgan}}) \tag{1.11}$$

Die Formeln von *De Morgan* gehen unmittelbar aus den gleichnamigen logischen Tautologien (1.5) hervor:

$$\begin{array}{lclclcl} x \in \overline{A \cap B} & \Leftrightarrow & \neg((x \in A) \wedge (x \in B)) & \Leftrightarrow & (x \notin A) \vee (x \notin B) & \Leftrightarrow & x \in (\overline{A} \cup \overline{B}) \\ x \in \overline{A \cup B} & \Leftrightarrow & \neg((x \in A) \vee (x \in B)) & \Leftrightarrow & (x \notin A) \wedge (x \notin B) & \Leftrightarrow & x \in (\overline{A} \cap \overline{B}) \end{array}$$

Bisher spielte die Reihenfolge der Elemente in einer Menge keine Rolle, – alle Elemente sind hierin gleichberechtigt. Eine Reihenfolge zwischen den Elementen wird erst durch die Einführung *geordneter Paare* $(a, b)$ von Elementen möglich: hierin ist $a$ *das erste* und $b$ *das zweite* Element.

**1.5.10 (Produkt $\boldsymbol{A \times B}$)** *Für zwei Mengen A und B heißt die **Menge aller geordneten Paare** $(\boldsymbol{a}, \boldsymbol{b})$ von Elementen, wobei a ein Element der Menge A und b ein Element der Menge B ist, (**kartesisches**) **Produkt** $\boldsymbol{A \times B}$ von A und B.*

$$\boldsymbol{A \times B = \{(a, b) : (a \in A) \wedge (b \in B)\}}$$

*Für $\boldsymbol{A \times A}$ wird auch das Symbol $\boldsymbol{A^2}$ verwendet.*[11]

[11]Für drei Faktoren wird statt $(A \times B) \times C$ kurz $A \times B \times C$ und für das Element $((a, b), c)$ kurz $(a, b, c)$ geschrieben. Entsprechend bezeichnet das Symbol $A^3$ die Produktmenge $A \times A \times A$.

Die Produktmenge $A \times B$ kann symbolisch in einem kartesischen Koordinatensystem dargestellt werden:
Wird der erste Faktor $A$ auf der horizontalen Achse und der zweite Faktor $B$ auf der vertikalen Achse „abgetragen“, so werden die Elemente $(a, b)$ des Produkts $A \times B$ durch diejenigen Punkte der Ebene symbolisiert, deren „horizontale Koordinate“ der Menge A und deren „vertikale Koordinate“ der Menge $B$ angehören.

**Beispiel 1.16** Das Produkt $\mathbb{R}^2 = \mathbb{R} \times \mathbb{R}$ kann als Menge aller Zahlenpaare (Punkte) in einem rechtwinkligen Koordinatensystem aufgefaßt werden.
In der Abbildung 1.4 sind die Produkte $A \times B$ zweier abgeschlossener Intervalle sowie einer endlichen Menge mit einem offenen Intervall dargestellt. Im ersten Fall ist das Produkt ein Rechteck (einschließlich Berandung) und im zweiten Fall eine aus drei vertikalen offenen Strecken bestehende Menge.

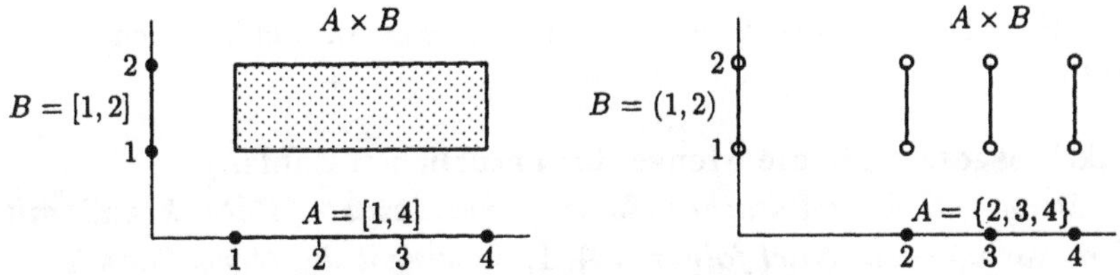


**Abb. 1.4:** Produkt zweier Mengen

**Beispiel 1.17** $A = \{a_1, a_2, \ldots, a_m\}$ und $B = \{b_1, b_2, \ldots, b_n\}$ seien zwei Mengen von $m$ bzw. $n$ Elementen.
Das Produkt $A \times B$ besteht dann aus den $m \times n$ Paaren $(a_i, b_j)$ für $i = 1, \ldots, m$ und $j = 1, \ldots, n$. Diese können in einer zweidimensionalen Liste (Tabelle, Matrix) angeordnet werden:

$$\begin{pmatrix} (a_1, b_1) & (a_1, b_2) & \ldots & (a_1, b_n) \\ (a_2, b_1) & (a_2, b_2) & \ldots & (a_2, b_n) \\ . & . & \ldots & . \\ . & . & \ldots & . \\ . & . & \ldots & . \\ (a_m, b_1) & (a_m, b_2) & \ldots & (a_m, b_n) \end{pmatrix}$$

## 1.6 Induktiver Aufbau der Menge der natürlichen Zahlen

Beim Umgang mit natürlichen Zahlen treten häufig „Abschnitte“ der Menge $\mathbb{N}$ der natürlichen Zahlen von folgender Form auf:

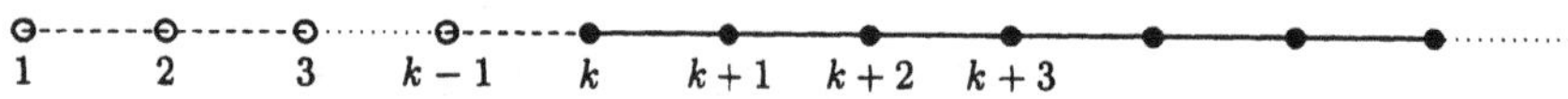


$$\mathbb{N}_k = \{n \in \mathbb{N} : n \geq k\} = \{k, k+1, k+2, \ldots\}$$

Ein solcher Abschnitt besitzt folgende Eigenschaften:

(1) $k$ ist die kleinste Zahl der Menge $\mathbb{N}_k$.

(2) Ist $n$ irgendeine Zahl von $\mathbb{N}_k$, so enthält $\mathbb{N}_k$ auch die Nachfolgerzahl $n+1$: $(n \in \mathbb{N}_k) \Rightarrow (n+1 \in \mathbb{N}_k)$.

Es gilt aber auch das Umgekehrte: Eine Menge natürlicher Zahlen mit den beiden Eigenschaften (1) und (2) ist gerade der Abschnitt $\mathbb{N}_k$ *aller* Nachfolgerzahlen von $k$, einschließlich $k$.

**1.6.1 (Induktionsgesetz für die Menge der natürlichen Zahlen)**
*Enthält eine Menge $M$ von natürlichen Zahlen eine* ***kleinste Zahl k*** *und* ***mit jeder Zahl n auch deren Nachfolger n + 1****, so stimmt die Menge $M$ mit der Menge $\mathbb{N}_k$ aller natürlichen Zahlen überein, die größer oder gleich $k$ sind.*

Das Induktionsgesetz findet vielfältige Anwendungen dort, wo Begriffe oder Aussagen mit einer natürlichen Zahl als Parameter auftreten.

**1.6.2 (Induktive Definition)** *Für die Erklärung aller Glieder einer unendlichen Folge $(a_k, a_{k+1}, a_{k+2}, \ldots)$ von Elementen einer Menge - zum Beispiel von Zahlen oder Aussagen - genügt es,* ***das erste Element*** *$a_k$ anzugeben sowie eine* ***Vorschrift****, wie aus einem beliebigen bereits bekannten Element $a_n$ der Folge* ***das nachfolgende Element*** *$a_{n+1}$ bestimmt werden kann.*

Beweis: Auf Grund des Induktionsgesetzes stimmt die Menge derjenigen natürlichen Zahlen $i$, für welche das Element $a_i$ erklärt ist, mit der Menge $\{k, k+1, \ldots\}$ überein. Damit ist die gesamte Folge erklärt. □

**Beispiel 1.18 (Fakultät)** Die induktive Definition für das Produkt $\mathbf{1 \cdot 2 \cdots n}$ der ersten $n$ natürlichen Zahlen (Symbol $\boldsymbol{n!}$, gelesen „*n Fakultät*“) lautet:

- $\mathbf{1! = 1}$ (Erklärung für das erste Element)
- $\boldsymbol{(n+1)! = n!(n+1)}$ (Induktive Erklärung für das $(n+1)$-te Element)[12]

[12]Oft ist es zweckmäßig, die Zahl 0 zu den natürlichen Zahlen hinzuzunehmen. Dann wird $0! = 1$ gesetzt. Dies ist auch die einzig sinnvolle Festsetzung, denn soll $(n+1)! = n!(n+1)$ auch für $n = 0$ gelten, so muß $0!$ wegen $1! = (0+1)! = 0! \cdot 1!$ den Wert 1 haben.

**Beispiel 1.19 (Summensymbol)** Für eine Zahlenfolge $(a_k, a_{k+1}, a_{k+2}, \ldots)$ lautet die induktive Definition der Summe

$$S_n = a_k + a_{k+1} + a_{k+2} + \ldots + a_{k+n} = \sum_{i=k}^{k+n} a_i \qquad (n = 0, 1, 2, \ldots):$$

$$\boldsymbol{S_0 = a_k; \; S_{n+1} = S_n + a_{k+n+1}}$$

**Beispiel 1.20 (Zinseszinsformel)** Ein Anfangskapital $K$ werde jährlich mit einem Zinssatz $p$ verzinst. Die dabei anfallenden Zinsen sollen jeweils nach der Verzinsung dem Kapital hinzugefügt werden. Die induktive Definition für das nach $n$-maliger Verzinsung aufgelaufene Kapital $K_n$ lautet:

$$\boldsymbol{K_0 = K; \; K_n = K_{n-1}(1+p)} \text{ für } \boldsymbol{n = 1, 2, \ldots}$$

Die Aussage $A_n = (n! > 2^n)$ ist für die Anfangszahl $n = 4$ und für alle natürlichen Zahlen $n > 4$ wahr. Für den Nachweis der Gültigkeit von $A_n$ und weiterer derartiger Aussagen für *alle* natürlichen Zahlen $n$ oberhalb einer gewissen Anfangszahl kann das Induktionsgesetz verwendet werden.

**1.6.3 (Induktiver Beweis)** *Es sei $A_n$ eine von einer natürlichen Zahl $n$ abhängende Aussageform, zum Beispiel eine Gleichung oder Ungleichung, welche $n$ als Parameter enthält. Dabei seien die folgenden beiden Bedingungen erfüllt:*

(1) *Für eine Anfangszahl $k$ ist die Aussage $A_k$ wahr.* (***Induktionsanfang***)

(2) *Für jede natürliche Zahl $n \geq k$ folgt aus der Annahme, $A_n$ sei wahr, daß auch $A_{n+1}$ wahr ist.* (***Schluß von n auf n + 1***)

*Dann sind* ***alle Aussagen $A_n$ für $n \geq k$ wahr.***

B e w e i s : Aufgrund des Induktionsgesetzes enthält die Menge $M$ derjenigen natürlichen Zahlen $n$, für die $A_n$ wahr ist, die Zahl $k$ und mit jeder Zahl $n$ auch deren Nachfolger. Folglich enthält die Menge $M$ alle natürlichen Zahlen $n \geq k$. □

**Beispiel 1.21** Ein Kapital, das jährlich um 10% *des Startwertes* $K_0$ zunimmt, bildet eine linear wachsende Folge $L_n$ mit $L_n = K_0\left(1 + \frac{n}{10}\right)$, $n = 0, 1, 2, \ldots$ Wird dagegen das Kapital jährlich um 5% *des aktuellen Wertes* erhöht, so entsteht die exponentiell wachsende Kapitalfolge $K_n = K_0\left(1 + \frac{5}{100}\right)^n$, $n = 0, 1, 2, \ldots$
Für $1 \leq n \leq 26$ ist $L_n > K_n$. Es wird nun induktiv gezeigt, daß ab $n = 27$ die Ungleichung $K_n > L_n$ gilt.[13]
*Induktionsanfang*: Für die Anfangszahl $k = 27$ ist $L_k = 3,7 < K_k \approx 3,73$.
*Schluß von n auf n + 1*: Die Ungleichung $K_0\left(1 + \frac{5}{100}\right)^n > K_0(1 + \frac{n}{10})$ sei für irgendeine Zahl $n \geq 27$ erfüllt. Dann gilt:

$$(1 + \frac{5}{100})^{n+1} = (1 + \frac{5}{100})^n(1 + \frac{5}{100}) > (1 + \frac{n}{10})(1 + \frac{5}{100}) = (1 + \frac{n}{10}) + \frac{5}{100}(1 + \frac{n}{10})$$

[13] Der Wert von $K_0 > 0$ ist hierfür unerheblich, so daß $K_0 = 1$ angenommen werden darf.

Hierin ist der letzte Summand $\frac{5}{100}(1+\frac{n}{10})$ für $n > 10$ größer als $\frac{1}{10}$, also insbesondere für alle $n \geq 27$. Daher gilt:

$$K_{n+1} = (1+\frac{5}{100})^{n+1} > 1 + \frac{n}{10} + \frac{1}{10} = 1 + \frac{n+1}{10} = L_{n+1}$$

Damit ist der Schluß von $n$ auf $n+1$ korrekt. □

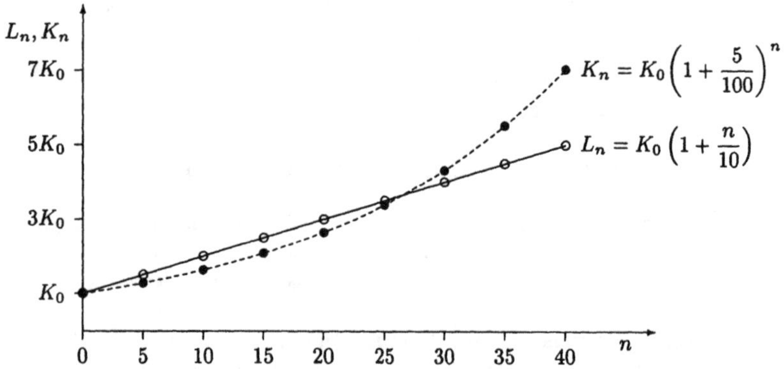


**Abb. 1.5:** Größenvergleich zwischen linearem und exponentiellem Wachstum durch induktiven Beweis

**Beispiel 1.22** Ist der Schluß von $n$ auf $n+1$ korrekt, so folgt aus der Wahrheit von $A_n$ die Wahrheit von $A_{n+1}$. Gibt es aber keine erste Zahl $k$, für welche $A_k$ wahr ist, so hat der zweite Teil des induktiven Beweises keinen Sinn. Dies liegt daran, daß das zugrundeliegende Induktionsgesetz 1.6.1 eine solche kleinste Zahl zwingend erfordert. So kann z. B. für die falsche Aussage $A_n$ = „$n = n+1$" der Schluß von $n$ auf $n+1$ problemlos durchgeführt werden, während es keine Anfangszahl $k$ gibt, für welche $A_k$ eine wahre Aussage ist.

## 1.7 Abbildungen

Durch einen funktionalen Zusammenhang $f$ zwischen zwei Mengen $A$ und $B$ werden gewissen Elementen $a$ der Menge $A$ gewisse Elemente $b$ der Menge $B$ zugeordnet.

**Beispiel 1.23**

(1) $A = S$ = Menge der Studenten der Universität $NN$ (während eines bestimmten Semesters)

  (a) $B_1$ = Buchbestand der Bibliotheken der Universität $NN$
  Zuordnung $f_1$: Vom Studenten $a \in A$ (innerhalb des Semesters) ausgeliehene Bücher

(b) $B_2 = \mathbb{N}$ = Menge der natürlichen Zahlen
Zuordnung $f_2$: Körpergröße des Studenten $a \in A$ (in cm)

(c) $B_3 = \mathbb{N}$
Zuordnung $f_3$: Immatrikulationsnummer des Studenten $a \in A$

(2) $A = \mathbb{R}$, $B = [0, \infty)$
Zuordnung $f$: Der reellen Zahl $x$ wird ihr absoluter Betrag $|x|$ zugeordnet

(3) $A = (-\frac{4}{3}, \infty)$, $B = \mathbb{R}$
Zuordnung $f$: Der Zahl $x$ wird die Zahl $\ln(3x + 4)$ zugeordnet

Eine derartige Zuordnung f kann durch Angabe aller Paare $(a, b)$, für die das Element $b \in B$ dem Element $a \in A$ zugeordnet ist, realisiert werden, und sie ist demnach eine Teilmenge des Produkts $A \times B$.
Diese Teilmenge kann zum Beispiel beschrieben werden

- durch Angabe einer ***Liste aller Paare*** $(a, b)$ zusammengehöriger Elemente,
- mit Hilfe von ***Pfeilen***, welche die Zuordnung elementweise angeben (Symbol: $f : a \mapsto b$),
- durch eine ***Formel*** (Rechenvorschrift, Beispiele (2) und (3)).

**1.7.1 (Abbildung als Teilmenge von $A \times B$)** *Eine **Abbildung f aus einer Menge A in eine Menge B** ist eine Teilmenge des Produkts $A \times B$. Diese Menge heißt auch **Graph von f**. Eine Abbildung f kann als eine **Zuordnung** zwischen (gewissen) Elementen von A und (gewissen) Elementen von B interpretiert werden.*[14]

In der Abbildung 1.6 sind die Lieferbeziehungen zwischen einer Menge $Z = \{z_1, z_2, z_3, z_4\}$ von Zulieferern und einer Menge $P = \{p_1, p_2, p_3, p_4, p_5\}$ von Produzenten als Abbildung dargestellt, links durch elementweise Zuordnung und rechts durch den Graphen als Teilmenge des Produkts $Z \times P$.

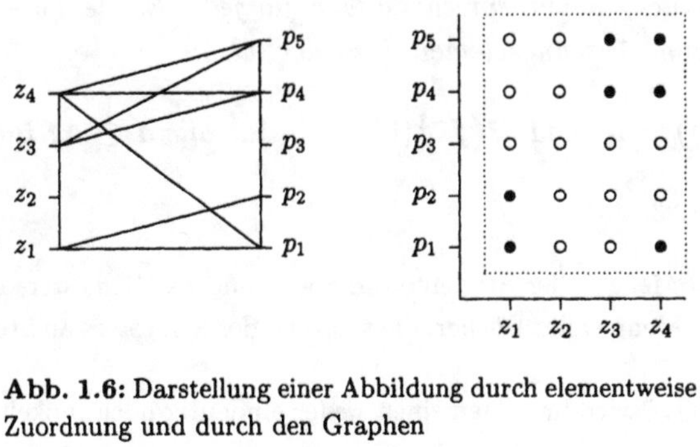


**Abb. 1.6:** Darstellung einer Abbildung durch elementweise Zuordnung und durch den Graphen

[14] $f$ heißt auch ***Funktion***, wenn $A$ und $B$ Mengen reeller Zahlen sind.

### 1.7.2 (Bezeichnungen für eine Abbildung $f$ aus $A$ in $B$)

- *Ist $(a,b) \in f$, so heißt $a$ (ein)* ***Urbild von b****, und $b$ heißt (ein)* ***Bild von a*** *(bzgl. der Abbildung $f$).*

- *Die Menge aller Elemente von $A$, die ein Bild besitzen, heißt* ***Definitionsbereich*** *oder* ***Urbildbereich*** *der Abbildung $f$ (Symbol: $\mathrm{db}(f)$), und die Menge aller Elemente von $B$, die ein Urbild besitzen, heißt* ***Wertebereich*** *oder* ***Bildbereich*** *von $f$ (Symbol: $\mathrm{wb}(f)$).*

- *Ist der Definitionsbereich die gesamte Menge $A$, so heißt $f$ eine Abbildung* ***von A*** *in $B$, und ist der Wertebereich die gesamte Menge $B$, so heißt $f$ eine Abbildung aus $A$* ***auf B****.*

- *Ist $f$ auf der gesamten Menge $A$ definiert und besteht das Bild jedes Elements von $A$ nur aus einem einzigen Element $b$, so heißt $f$ eine* ***eindeutige Abbildung von A in B.***
  *(Symbole: $b = f(a)$ für die elementweise Zuordnung und $f : A \to B$ für die gesamte Abbildung)*

### 1.7.3 (Umkehrbar eindeutige Abbildung, Umkehrabbildung)

*Eine eindeutige Abbildung $f : A \to B$ von $A$ auf die gesamte Menge $B$ heißt* ***umkehrbar eindeutig****, wenn jedes Element von $B$ Bild eines eindeutig bestimmten Elements von $A$ ist. Dies bedeutet, daß* ***für jedes Element*** *$b \in B$ die Beziehung $b = f(a)$ eindeutig nach $a$ „aufgelöst" werden kann.*

*Wird für eine solche Abbildung zu gegebenem $b \in B$ das eindeutig bestimmte Urbild mit $f^{-1}(b)$ bezeichnet, so ist hierdurch eine* ***eindeutige Abbildung $f^{-1} : B \to A$ von B auf A*** *erklärt, die* ***Umkehrabbildung*** *oder auch* ***inverse Abbildung****.*

$$A \underset{f^{-1}}{\overset{f}{\rightleftarrows}} B$$

*Für jedes Element $a \in A$ führt die Anwendung von $f^{-1}$ auf das Bild $f(a)$ zum Ausgangselement $a$ zurück, und entsprechend führt für jedes Element $b \in B$ die Anwendung von $f$ auf $f^{-1}(b)$ zum Ausgangselement $b$ zurück, also:*

$$\boldsymbol{f^{-1}(f(a)) = a} \quad \text{und} \quad \boldsymbol{f(f^{-1}(b)) = b} \quad \text{für alle } \boldsymbol{a \in A,\ b \in B} \tag{1.12}$$

Zu den Beispielen 1.23:

(1a) $\mathrm{db}(f) \subseteq A$ = Menge aller Studenten, die während des Semesters ein Buch ausleihen; $\mathrm{wb}(f) \subseteq B$ = Menge aller Bücher, die während des Semesters an Studenten ausgeliehen werden.
Die Abbildung $f$ wird im allgemeinen weder eindeutig noch umkehrbar eindeutig sein.

(1b) $f$ ist eine eindeutige Abbildung von $A$ auf die echte Teilmenge $\mathrm{wb}(f)$ der Menge derjenigen natürlichen Zahlen, die aus allen hierbei auftretenden Körpergrößen besteht.
$f : A \to \mathrm{wb}(f)$ ist umkehrbar eindeutig, wenn keine Größe mehrfach auftritt.

(1c) $f$ ist eine umkehrbar eindeutige Abbildung von $A$ auf die Menge wb($f$) der tatsächlich auftretenden Immatrikulationsnummern. Die Umkehrabbildung $f^{-1}$ : wb($f$) $\rightarrow A$ ordnet jeder Immatrikulationsnummer den zugehörigen Studenten zu.

(2) $f$ ist eine eindeutige Abbildung mit dem Definitionsbereich $\mathbb{R}$ und dem Wertebereich $[0, \infty)$. Wegen $f(x) = f(-x)$ ist $f$ nicht umkehrbar eindeutig.
Wird der Definitionsbereich jedoch auf $(-\infty, 0]$ bzw. $[0, \infty)$ eingeschränkt, so entstehen zwei umkehrbar eindeutige Abbildungen auf $[0, \infty)$: $x \mapsto f_1(x) = -x$ für $x \leq 0$ sowie $x \mapsto f_2(x) = x$ für $x \geq 0$.
Deren Umkehrfunktionen sind durch $f_1^{-1}(y) = -y$ bzw. $f_2^{-1}(y) = y$ für $y \in [0, \infty)$ erklärt.

(3) $f$ ist eine umkehrbar eindeutige Abbildung von $(-\frac{4}{3}, \infty)$ auf $\mathbb{R}$, da sich die Funktionsgleichung $y = f(x)$ für *jede* reelle Zahl $y$ durch $x = f^{-1}(y) = \dfrac{e^y - 4}{3}$ eindeutig nach $x$ auflösen läßt. Die Umkehrabbildung (Umkehrfunktion) $f^{-1} : \mathbb{R} \rightarrow (-\frac{4}{3}, \infty)$ ist in der Abbildung 1.7 rechts dargestellt.

**Abb. 1.7:** Eindeutigkeit und umkehrbare Eindeutigkeit von Abbildungen

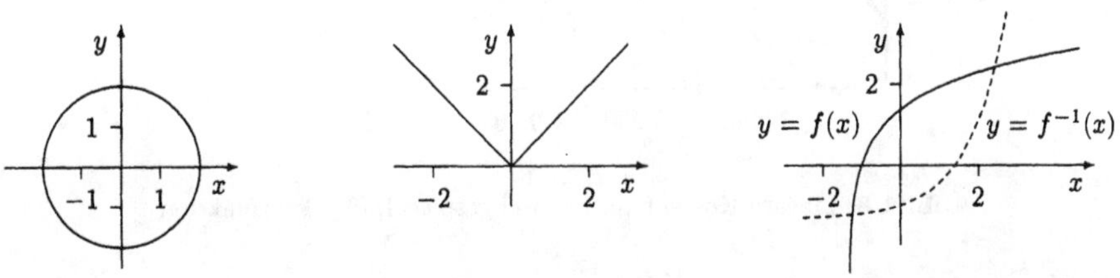


Nicht eindeutige Abbildung: $(x, y) \in f \Leftrightarrow x^2 + y^2 = 4$

Nicht umkehrbar eindeutige Funktion: $y = f(x) = |x|$

Umkehrbar eindeutige Funktion: $y = f(x) = \ln(3x + 4)$, $x = f^{-1}(y) = \dfrac{e^y - 4}{3}$

## Beispiel 1.24 (Umkehrfunktion und gespiegelte Umkehrfunktion)

Die Gesamtkosten $k$ [€] für die Herstellung von $x$ [t] eines Produkts seien durch eine lineare Funktion $k = f(x) = ax + b$ gegeben.

Der Parameter $a$ bedeutet hierbei den Preis in € pro t, und mit dem Parameter $b$ sind die von $x$ unabhängigen Fixkosten bezeichnet. In der Abbildung 1.8 ist die Kostenfunktion $k = f(x)$ (innere Achsenbezeichnungen) für $a = 2.000$ [€ /t] und $b = 1.500$ [€] dargestellt.

Werden die vertikal aufgetragenen Kosten als unabhängige Veränderliche betrachtet, so kann der gleiche Graph für das Ablesen der Umkehrfunktion $x = f^{-1}(k)$ verwendet werden. Um $k$ in der üblichen Weise auf der horizontalen Achse ablesen zu können, werden die Koordinatenachsen vertauscht (äußere Achsenbezeichnungen). Dem entspricht geometrisch eine Spiegelung des Koordinatensystems an der (punktierten) Winkelhalbierenden. Der Punkt $P' = (k, x)$ ist dabei der Spiegelpunkt von $P = (x, k)$. Hierbei geht der Graph der Funktion $k = f(x)$ in den Graphen der (gespiegelten) Umkehrfunktion $x = f^{-1}(k)$ über.

Der eingetragene Punkt $P$ und sein Spiegelpunkt $P'$ stellen den Fall $x = 3$ [t] und $k = 7.500$ [€] dar: $f(3) = 7.500$ und $f^{-1}(7.500) = 3$

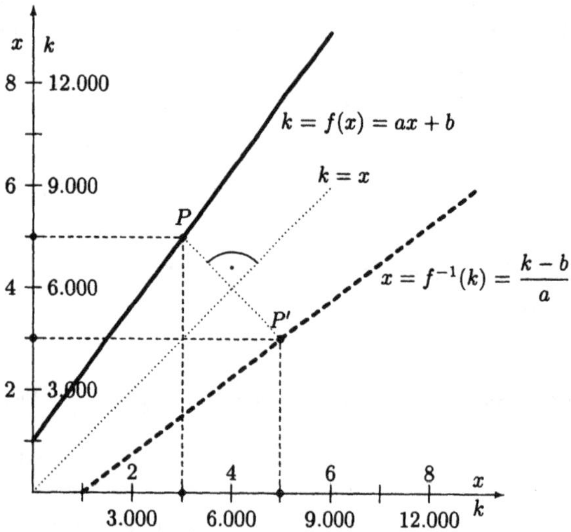


**Abb. 1.8:** Lineare Kostenfunktion und gespiegelte Umkehrfunktion

## 1.8 Aufgaben zum Kapitel 1

**Aufgabe 1.1 (Kontraposition)**
Untersuchen Sie den logischen Zusammenhang zwischen den folgenden vier Aussagen:

(a) *„Gute Arbeit wird gut bezahlt.“*

(b) *„Schlechte Arbeit wird schlecht bezahlt.“*

(c) *„Wer gut bezahlt wird, hat gute Arbeit geleistet.“*

(d) *„Wer schlecht bezahlt wird, hat schlechte Arbeit geleistet.“*

**Aufgabe 1.2 (Tautologien)**
Zeigen Sie anhand von Tabellen der Wahrheitswerte, daß die Schlußregeln (1.5) Tautologien sind.

**Aufgabe 1.3 (Verneinung)**
Was bedeuten die Verneinungen der folgenden Aussagen?

(a) *„Alle Produkte der Marke XY sind von guter Qualität oder sind bei minderer Qualität im Preis reduziert.“*

(b) *„Alle Zimmer des Hotels NN haben Balkon und Blick zum Meer.“*

**Aufgabe 1.4 (Indirekter Beweis)**
Beweisen Sie folgende Aussage:
*Für je zwei natürliche Zahlen $n$ und $p$ ist die Potenz $n^p$ dann und nur dann eine gerade Zahl, wenn $n$ eine gerade Zahl ist.*

**Aufgabe 1.5 (Mengenoperationen)**
Gegeben seien die Grundmenge $X = (0,3] \subseteq \mathbb{R}$ und deren Teilmengen $A = (0,1)$, $B = (\frac{1}{2},2)$, $C = (\frac{3}{2},3)$ und $D = [1,2]$.
Beschreiben Sie die Mengen

$$A \cap (B \cup C),\ A \cup (B \cap C),\ (D \setminus C) \cap A,\ (D \setminus C) \cup A,\ (C \setminus D) \cap B,\ (C \setminus D) \cup B$$

sowie deren Komplementärmengen (bzgl. der Grundmenge X) mit Hilfe von Ungleichungen bzw. Gleichungen; stellen Sie die Mengen als Vereinigungsmengen von Intervallen bzw. Punkten dar.

**Aufgabe 1.6 (Mengenoperationen)**
Überprüfen Sie, welche der folgenden Mengenbeziehungen für beliebige Mengen gilt; führen Sie gegebenenfalls ein Gegenbeispiel an.

(a) $(A \setminus B) \cup C = (A \cup C) \setminus B$ $\quad$ $(A \setminus B) \cup C = A \setminus (B \cup C)$

(b) $(A \setminus B) \cap C = (A \cap C) \setminus B$ $\quad$ $(A \setminus B) \cap C = A \setminus (B \cap C)$

(c) $(A \times B) \cup (C \times D) = (A \cup C) \times (B \cup D)$ $\quad$ $(A \times B) \cap (C \times D) = (A \cap C) \times (B \cap D)$

**Aufgabe 1.7 (Mengenoperationen, Formeln von *de Morgan*)**
Es sollen $x$ Einheiten einer Ware $P$ zum Preis $p = 2$ € pro Einheit und $y$ Einheiten einer Ware $Q$ zum Preis $q = 3$ € pro Einheit verkauft werden; dabei sind $x$ und $y$ reelle Zahlen mit $0 \le x \le 8$ und $0 \le y \le 8$. Die Menge aller Verkaufssituationen $(x, y)$ stellt eine Teilmenge $M$ von $\mathbb{R} \times \mathbb{R} = \mathbb{R}^2$ dar. Durch drei weitere Bedingungen sind Teilmengen $A_1$, $A_2$ und $A_3$ von $M$ definiert:

$A_1$ : Der Verkaufserlös beträgt mindestens 12 €.
$A_2$ : $2x + y \le 16$
$A_3$ : $2y \le 8 + x$

Bestimmen Sie – durch Ungleichungen und grafisch – folgende Teilmengen von M (die Bildung der Komplementärmenge ist hierbei bezüglich der Grundmenge $M$ zu verstehen):

(a) Es gelten alle drei Bedingungen.

(b) Die dritte Bedingung ist erfüllt, aber mindestens eine der ersten beiden Bedingungen ist verletzt.

(c) Die ersten beiden Bedingungen sind verletzt.

(d) $\overline{A_1 \cap (A_2 \setminus A_3)}$

**Aufgabe 1.8 (Induktionsprinzip)**

(a) Beweisen Sie ***induktiv*** die Formeln (6.7) und (6.10) für die Summe einer arithmetischen bzw. geometrischen Folge.

(b) *Logarithmisches Wachstum ist schwächer als lineares Wachstum, lineares Wachstum ist schwächer als exponentielles Wachstum, aber $n!$ wächst stärker als exponentiell.*
*So sind für alle hinreichend großen Zahlen $n$ die Ungleichungen $5 \ln n < n$, $50n < 2^n$ und $10^n < n!$ erfüllt.*

Untersuchen Sie, für welche natürlichen Zahlen diese Ungleichungen gelten.

**Aufgabe 1.9 (Abbildungen)**
Bestimmen Sie die Anzahl aller eindeutigen Abbildungen der Menge $\{£, \$, €\}$ in die Menge $\{\oplus, \odot, \bigcirc, \otimes\}$ und geben Sie unter diesen die umkehrbar eindeutigen konkret an.

**Aufgabe 1.10 (Umkehrabbildung)**
Durch die Zuordnung

$$(u, v) = f(x, y) = (1 + 2x + 3y, 2 + 3x - 2y)$$

ist eine Abbildung $f : \mathbb{R}^2 \to \mathbb{R}^2$ erklärt, die dem Paar $(x, y)$ ein Paar $(u, v)$ zuordnet.

Zeigen Sie, daß f eine umkehrbar eindeutige Abbildung von $\mathbb{R}^2$ auf $\mathbb{R}^2$ ist und geben Sie eine Formel für die Umkehrabbildung $(x, y) = f^{-1}(u, v)$ an. Bestimmen Sie hiermit diejenige Menge, die durch die Abbildung $f$ auf die Gerade $v = u$ abgebildet wird.

**Aufgabe 1.11 (Monotonie und Umkehrfunktion)**
Begründen Sie, daß eine streng monoton steigende bzw. streng monoton fallende Funktion (vgl. (7.10)) eine umkehrbar eindeutige Abbildung des Definitionsbereichs auf den Wertebereich ist.
Gilt auch die Umkehrung?

**Aufgabe 1.12 (Umkehrfunktion)**
Geben Sie den maximal möglichen Definitionsbereich und den zugehörigen Wertebereich der nachfolgenden Funktionen an und skizzieren Sie deren Kurvenverlauf.
Untersuchen Sie die Funktionen auf umkehrbare Eindeutigkeit, geben Sie die Umkehrfunktion $x = f^{-1}(y)$ in denjenigen Intervallen an, in denen die Funktion umkehrbar eindeutig ist, und skizzieren Sie den Graphen der gespiegelten Umkehrfunktion $y = f^{-1}(x)$.

(1) $y = f(x) = \dfrac{2x+1}{3x-1}$ (2) $y = f(x) = 2|x-1| + 1$ (3) $y = f(x) = 10^{5x^2} - 4$

(4) $y = f(x) = \sqrt{1 - \sqrt{3x-2}}$ (5) $y = f(x) = 2\ln x + \lg x$ (6) $y = f(x) = \ln\left(2 - \dfrac{3}{x}\right)$

# Kapitel 2

# Grundaufgaben der Kombinatorik

## 2.1 Permutationen (Vertauschungen)

Eine Menge M aus $n$ Elementen kann in einer Reihe angeordnet werden, indem ein Element die Nummer 1, ein weiteres die Nummer 2, ein weiteres die Nummer 3 erhält, usw. Eine solche Anordnung sei jetzt fest ausgewählt: $a_1$ = erstes Element, $a_2$ = zweites Element, ...
Eine umkehrbar eindeutige Abbildung von $M$ auf sich führt dann zu einer neuen Anordnung: das neue erste Element ist das Bild von $a_1$, das neue zweite Element ist das Bild von $a_2$, usw. Aber auch das Umgekehrte ist richtig: je zwei Anordnungen von $M$ gehen durch eine umkehrbar eindeutige Abbildung von $M$ auseinander hervor; eine solche Abbildung ordnet je zwei Elemente mit der gleichen Nummer einander zu. Anordnungen einer Menge können daher auch als umkehrbar eindeutige Abbildungen der Menge auf sich interpretiert werden.

**2.1.1 (Permutation)** *Eine Anordnung einer aus endlich vielen Elementen bestehenden Menge $M$ in irgendeiner Reihenfolge (bzw. eine umkehrbar eindeutige Abbildung der Menge $M$ auf sich) heißt* ***Permutation*** *(**Vertauschung**) von $M$.*

- ***Anzahl der Permutationen:*** *Zu einer aus $n$ Elementen bestehenden Menge gibt es genau*

$$n! = 1 \cdot 2 \cdots n \tag{2.1}$$

*verschiedene Permutationen.*



**Abb. 2.1:** Permutationen einer Menge von drei Elementen als umkehrbar eindeutige Abbildungen und als Anordnungen

B e w e i s (mit Hilfe des Induktionsprinzips):
1. Für die Anfangszahl $k = 1$ ist die Aussage des Satzes wahr: Ein einziges Element kann nur auf eine Weise angeordnet werden.

2. Die Aussage des Satzes sei für Mengen mit $n \geq 1$ Elementen wahr. Es ist zu zeigen, daß die Aussage des Satzes dann auch für Mengen mit $n+1$ Elementen gilt.
Es sei also $M = \{a_1, a_2, \ldots, a_n, a_{n+1}\}$ eine Menge mit $n+1$ Elementen. Alle Anordnungen werden jetzt nach der Position des Elements $a_{n+1}$ sortiert. Zunächst werden alle Anordnungen betrachtet, bei denen $a_{n+1}$ an der ersten Stelle steht. Hiervon gibt es aber so viele, wie es Anordnungen der Restmenge $M \setminus \{a_{n+1}\} = \{a_1, a_2, \ldots, a_n\}$ aus $n$ Elementen gibt. Dies sind aber wegen der Induktionsannahme genau $n!$ Anordnungen. Entsprechend gibt es jeweils $n!$ Anordnungen von $M$, bei denen $a_{n+1}$ an zweiter Stelle, an dritter Stelle, ..., an $(n+1)$-ter Stelle steht.
Insgesamt ergibt dies $(n+1) \times n! = (n+1)!$ Anordnungen. □

### 2.1.2 (Permutation mit Wiederholung)

*Eine Menge $M$ von $n$ Elementen sei vollständig in $k$* ***paarweise elementfremde*** *Teilmengen $M_i$ mit jeweils $n_i$ Elementen $(i = 1, \ldots, k,\ n = n_1 + \ldots + n_k)$ eingeteilt:*

$$\begin{aligned} M &= M_1 \cup M_2 \cup \ldots \cup M_k \\ M_i \cap M_j &= \emptyset \text{ für } i \neq j \end{aligned}$$

*Zwischen Anordnungen der Elemente der Menge $M$, die durch eine Reihe von Vertauschungen* ***innerhalb der Teilmengen*** *$M_1, \ldots, M_k$ ineinander überführt werden können, wird jetzt nicht unterschieden.*[1] *Die verbleibenden – in diesem Sinne voneinander verschiedenen – Anordnungen heißen* ***Permutationen mit Wiederholung*** *(bezüglich der betrachteten Zerlegung der Menge).*

- ***Anzahl der Permutationen mit Wiederholung:***

$$\frac{n!}{n_1!n_2!\cdots n_k!} = \frac{(n_1 + n_2 + \ldots + n_k)!}{n_1!n_2!\cdots n_k!} \tag{2.2}$$

Beweis: Mit $m$ wird die gesuchte Anzahl aller Permutationen *mit Wiederholung* bezeichnet, und es sei eine beliebige dieser $m$ Permutationen fest ausgewählt.
Durch ausschließliche Vertauschung der Elemente von $M_1$ entstehen hieraus $n_1!$ Vertauschungen von $M$. Aus diesen wiederum erhält man durch anschließendes Vertauschen der Elemente von $M_2$ zusammen $n_1!n_2!$ Vertauschungen usw., durch Vertauschen der Elemente von $M_k$ schließlich insgesamt $n_1!n_2!\ldots n_k!$ Vertauschungen.
Führt man diesen Prozeß für jede der $m$ Permutationen (mit Wiederholung) aus, so erhält man alle Permutationen (ohne Wiederholung) der Elemente von $M$, und zwar jede genau einmal.
Also ist $n! = m \times n_1! \ldots n_k!$, und hieraus folgt die behauptete Formel. □

[1] Eine solche Vertauschung ist eine umkehrbar eindeutige Abbildung von $f$, die jeweils die Teilmengen $M_i$ auf sich abbildet. Für die im Beispiel 2.2 angegebene Vertauschung ist das die Abbildung $a_1 \mapsto a_3$, $a_2 \mapsto a_1$, $a_3 \mapsto a_2$, $b_1 \mapsto b_2$ und $b_2 \mapsto b_1$.

**Beispiel 2.1** Es sind alle verschiedenen Muster der Form

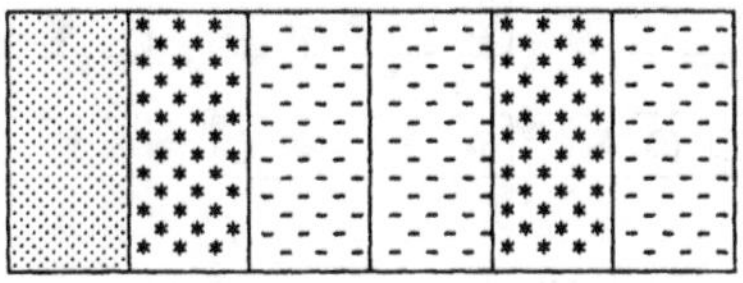

anzugeben, die aus 6 nebeneinander angeordneten Rechtecken dreier Sorten gebildet werden können, wovon ein Rechteck zur ersten Sorte (Punkte), zwei Rechtecke zur zweiten Sorte (Sterne) und drei zur dritten Sorte (Striche) gehören.
Die 6 Rechtecke bilden die Menge $M$, das mit Punkten versehene die Teilmenge $M_1$, die mit Sternen versehenen die Teilmenge $M_2$ und die mit Strichen versehenen die Teilmenge $M_3$. Bei einer Änderung der Anordnung zwischen den Rechtecken gleicher Sorte bleibt das Muster unverändert! Also ist die Anzahl aller Permutationen mit Wiederholung zu bestimmen. Diese beträgt $\frac{6!}{1!2!3!} = 60$.

**Bemerkung:** In einer Menge sind die einzelnen Elemente sämtlich voneinander verschieden, so daß „Wiederholungen" von Elementen ausgeschlossen sind. Bei Permutationen mit Wiederholung treten lediglich Elemente unterschiedlicher Sorten auf, wobei deren unterschiedliche Anordnung innerhalb ein- und derselben Sorte nicht registriert wird.

Werden jedoch die Elemente gleicher Sorte $M_i$ nur als verschiedene Exemplare ein und desselben Elements $a_i$ $(i = 1, \ldots, k)$ aufgefaßt, so kann tatsächlich von Wiederholungen gesprochen werden:

- *Eine Permutation mit Wiederholung der Ordnung $n = n_1 + \ldots + n_k$ ist dann eine Anordnung der $k$ Elemente $a_1, \ldots, a_k$, bei der das Element $a_1$ an $n_1$ Stellen, das Element $a_2$ an $n_2$ Stellen, ..., das Element $a_k$ an $n_k$ Stellen vorkommt.*

Im Beispiel 2.1 handelt es sich dann um Permutationen einer dreielementigen Menge, in denen das erste Element einmal, das zweite zweimal und das dritte dreimal auftritt.

**Beispiel 2.2 (Permutation mit Wiederholung)** Die aus 5 Elementen bestehende Menge $M = \{a_1, a_2, a_3, b_1, b_2\}$ wird in die beiden elementfremden Teilmengen $M_1 = \{a_1, a_2, a_3\}$ und $M_2 = \{b_1, b_2\}$ zerlegt. Dann gibt es $\frac{5!}{3!2!} = 10$ Permutationen mit Wiederholung, bei denen es auf die Anordnung der Elemente innerhalb von $M_1$ und innerhalb von $M_2$ nicht ankommt.
Beispielsweise können die beiden Anordnungen $(a_1, b_2, a_3, a_2, b_1)$ und $(a_3, b_1, a_2, a_1, b_2)$ durch Vertauschung von $a_1$ mit $a_3$, anschließend von $a_1$ mit $a_2$ und schließlich von $b_2$ mit $b_1$ ineinander überführt werden; die Vertauschungen finden nur jeweils innerhalb der Teilmengen $M_1$ und $M_2$ statt. Dagegen können die Anordnungen $(a_1, b_2, a_3, a_2, b_1)$ und $(b_1, b_2, a_3, a_2, a_1)$ nur ineinander überführt werden, wenn Elemente von $M_1$ und $M_2$ miteinander vertauscht werden.

In der Abbildung 2.2 sind diese 10 Permutationen für den Fall dargestellt, daß $M_1$ aus gleichartigen weißen und $M_2$ aus gleichartigen schwarzen Kugeln besteht.

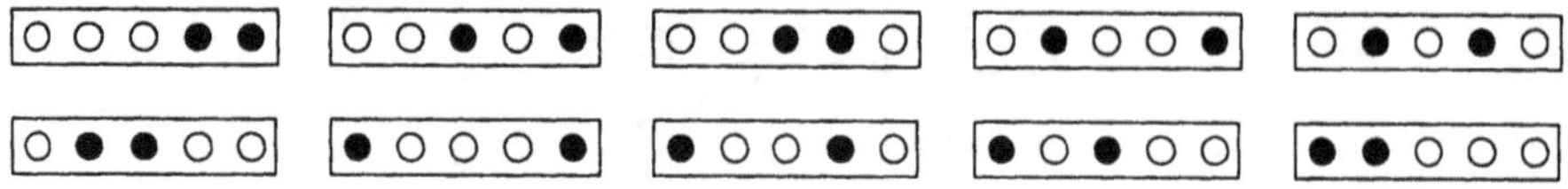

**Abb. 2.2:** Permutationen mit Wiederholung von 5 Elementen mit $n_1 = 3$ und $n_2 = 2$

## 2.2 Variationen (Auswahl mit Anordnung)

**Beispiel 2.3** Zur Besetzung einer Position habe eine dafür gebildete Kommission die Aufgabe, aus einem Kreis von fünf Bewerbern drei Kandidaten auszuwählen und eine Rangfolge für diese Kandidaten vorzuschlagen (Dreierliste).
Hierfür gibt es theoretisch 60 verschiedene Möglichkeiten: Stehen die Nummern 1, 2, 3, 4, 5 für die Bewerber, so sind dies zunächst die Listen (1,2,3), (1,2,4), (1,2,5), (1,3,4), (1,3,5), (1,4,5), (2,3,4), (2,3,5), (2,4,5) und (3,4,5), wobei die Reihenfolge innerhalb der Listen die Rangfolge angibt. Aus diesen 10 Listen ergeben sich schließlich alle $60 = 3! \times 10$ Listen durch Vertauschung innerhalb der einzelnen Listen.

Eine angeordnete Auswahl einer festgelegten Anzahl von Elementen aus einer Menge heißt *Variation*.

**2.2.1 (Variation der Ordnung $k$)** *Eine angeordnete Auswahl $(a_1, \ldots, a_k)$ von $\boldsymbol{k}$ Elementen aus einer Menge $M$ von $\boldsymbol{n}$ Elementen heißt* ***Variation der Ordnung $k$ aus $n$ Elementen.***

- *Eine solche Auswahl kommt dadurch zustande, daß jedem der Plätze $1, \ldots, k$ genau ein Element der Menge $M$ zugeordnet wird.*
  *Eine Variation der Ordnung $k$ ist folglich eine* ***umkehrbar eindeutige Abbildung*** *der Menge $\{1, \ldots, k\}$ von natürlichen Zahlen auf eine Teilmenge von $M$ aus $k$ Elementen.*

- ***Anzahl der Variationen der Ordnung $k$:*** *Die Anzahl der Variationen von $k$ Elementen aus einer Menge von $n$ Elementen beträgt*

$$\frac{n!}{(n-k)!} = n(n-1)\cdots(n-k+1). \tag{2.3}$$

B e w e i s : Es sei $M$ eine Menge mit $n$ Elementen, und $m$ bezeichne die Anzahl *aller* Variationen der Ordnung $k$ von Elementen von $M$.
Werden an eine fest gewählte Variation $(a_1, \ldots, a_k)$ die verbleibenden $n-k$ Elemente von $M$ nach der $k$-ten Stelle in irgendeiner Reihenfolge „angehängt“, so entsteht daraus eine Permutation $(a_1, \ldots, a_k;\ a_{k+1}, \ldots, a_n)$ der gesamten Menge $M$. Durch alle möglichen Vertauschungen der hinzugefügten $n-k$ restlichen Elemente entstehen $(n-k)!$ Permutationen von $M$.
Wird so mit *jeder* der $m$ Variationen verfahren, so ergibt dies $m \times (n-k)!$ voneinander verschiedene Permutationen. Da andererseits jede der $n!$ Permutationen von $M$ auf diese Weise gebildet werden kann und bei diesem Verfahren keine mehrfach vorkommt, gilt $n! = m \times (n-k)!$
Die gesuchte Anzahl stimmt folglich mit der linken Seite der Gleichung (2.3) überein; die rechte Seite ergibt sich aus $n! = n(n-1)\cdots(n-k+1)\cdot(n-k)!$ □

**Beispiel 2.4** Wie groß ist die Chance, bei einem Rennen den Einlauf der ersten drei unter 10 Teilnehmern korrekt vorherzusagen?
Es gibt $\frac{10!}{(10-3)!} = 10 \times 9 \times 8 = 720$ Variationen der Ordnung 3 einer 10-elementigen Menge. Die Chance beträgt daher $1 : 720 \approx 0,14\,\%$.

Es wird jetzt angenommen, daß die Elemente einer Menge jeweils in beliebig vielen Exemplaren vorhanden sind. So können zum Beispiel aus der zweielementigen Menge $\{0, 1\}$ beliebig lange Folgen aus den Zahlen 0 und 1 gebildet werden.
Variationen *mit Wiederholung* entstehen dadurch, daß ein und dasselbe Element mehrfach in einer Variation aufgeführt werden kann.

**2.2.2 (Variation der Ordnung $k$ mit Wiederholung)**
*Eine angeordnete Aufzählung $(a_1, \ldots, a_k)$ von $k$ Exemplaren der Elemente einer Menge $M$ von $n$ Elementen, wobei jedes Element in mehreren (also bis zu $k$) Exemplaren aufgeführt werden kann, heißt* ***Variation mit Wiederholung der Ordnung k*** *aus $n$ Elementen.*[2]

- *Eine solche angeordnete Aufzählung von $k$ Elementen kommt dadurch zustande, daß den Plätzen $1, \ldots, k$ irgendwelche Elemente der Menge zugewiesen werden, wobei zugelassen ist, daß unterschiedlichen Plätzen das gleiche Element zugewiesen wird.*
  *Eine Variation der Ordnung $k$ mit Wiederholung ist daher eine* ***eindeutige*** *Abbildung der Menge $\{1, \ldots, k\}$ von natürlichen Zahlen auf eine Teilmenge von $M$, also ein Element der Produktmenge $M \times M \times \ldots \times M = M^k$.*

- ***Anzahl der Variationen der Ordnung k mit Wiederholung:***
  *Die Anzahl der Variationen mit Wiederholung von $k$ Elementen aus einer Menge von $n$ Elementen beträgt*

$$n^k = n \cdot n \cdots n = \textit{Anzahl der Elemente von } M^k. \tag{2.4}$$

B e w e i s : Die Variationen der Ordnung $k$ entstehen dadurch, daß der erste Platz, der zweite Platz, ..., der $k$-te Platz unabhängig voneinander von den $n$ Elementen der Menge $M$ besetzt wird. Dies ergibt $n \times n \times \ldots \times n = n^k$ Möglichkeiten. □

**Beispiel 2.5** Die Variationen mit Wiederholung der Ordnung 2 der vierelementigen Menge $\{A, B, C, D\}$ sind die $16 = 4^2$ geordneten Paare $(A, A)$, $(A, B)$, $(A, C)$, $(A, D)$, $(B, A)$, $(B, B)$, $(B, C)$, $(B, D)$, $(C, A)$, $(C, B)$ $(C, C)$, $(C, D)$, $(D, A)$, $(D, B)$, $(D, C)$ und $(D, D)$.

**Beispiel 2.6** Ein System von Schaltern bestehe aus 7 einzelnen Schaltelementen, die unabhängig voneinander jeweils die Schalterstellungen $ON$ und $OFF$ haben können. Wie groß ist die Chance, durch einmaliges Probieren eine festgelegte Einstellung des

---

[2]Im Unterschied zu den Variationen ohne Wiederholung darf bei Variationen mit Wiederholung die Zahl $k$ eine beliebige natürliche Zahl sein.

gesamten Systems zu finden?
Hierzu ist die Anzahl aller Variationen mit Wiederholung der Ordnung 7 aus der Menge $M = \{ON, OFF\}$ zu bestimmen. Diese beträgt $2^7 = 128$ und die Chance damit $1 : 128 \approx 0,78\,\%$.

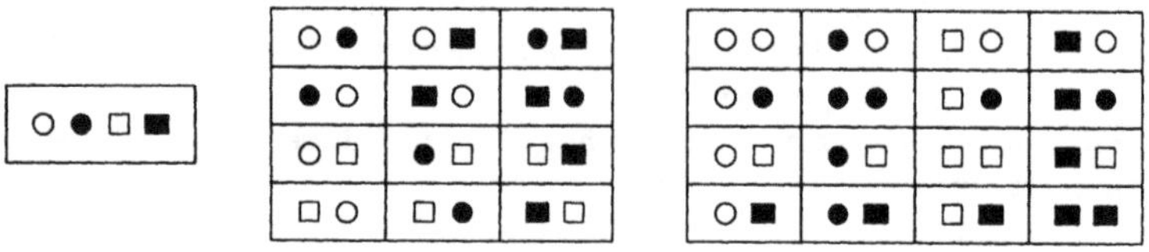

**Abb. 2.3:** Variationen der Ordnung 2 einer Menge von 4 Elementen (in der Mitte ohne Wiederholung, rechts mit Wiederholung)

## 2.3 Kombinationen (Auswahl ohne Anordnung)

Bei der Auswahl von $k$ aus $n$ Elementen ist die Anordnung der Elemente in dieser Auswahl oftmals ohne Belang. So können etwa die $k$ Mitglieder des Vorstands eines Vereins gleichberechtigt sein, und ihre Auswahl bedeutet dann die Bestimmung einer Teilmenge von $k$ Personen aus einem bestimmten Personenkreis.

### 2.3.1 (Kombination der Ordnung $k$, Binomialkoeffizient)

*Eine Auswahl (Teilmenge) von $k \leq n$ Elementen aus einer Menge von $n$ Elementen heißt* ***Kombination von k aus n Elementen*** *(Kombination der Ordnung $k$).*[3]

- ***Anzahl der Kombinationen der Ordnung k:*** *Die Anzahl der Kombinationen von $k$ Elementen aus einer Menge von $n$ Elementen beträgt*

$$\frac{n!}{k!(n-k)!} = \frac{n(n-1)\cdots(n-k+1)}{k!} = \frac{n}{1}\cdot\frac{n-1}{2}\cdots\frac{n-(k-1)}{k}. \tag{2.5}$$

*Sie wird als* ***Binomialkoeffizient*** *bezeichnet (Symbol: $\binom{n}{k}$, gelesen als „n über k").*

B e w e i s : Es sei $m$ die Anzahl aller Kombinationen von $k$ aus $n$ Elementen.
Aus einer fest ausgewählten Kombination der Ordnung $k$ erhält man durch $k!$ Vertauschungen alle diejenigen Variationen der Ordnung $k$, welche die gleichen Elemente wie die ausgewählte Kombination enthalten. Wird dies für alle $m$ Kombinationen durchgeführt, so entstehen *alle* $\frac{n!}{(n-k)!}$ Variationen der Ordnung $k$, und zwar jede genau einmal. Also ist $m \times k! = \frac{n!}{(n-k)!}$. □

[3]Eine Kombination von $k = 0$ Elementen ist die leere Menge.

Da Kombinationen Teilmengen sind, bei denen es auf eine Anordnung nicht ankommt, gilt:

**2.3.2 (Anzahl der Teilmengen aus $k$ Elementen)**
*Eine Menge aus $n$ Elementen besitzt $\binom{n}{k}$ Teilmengen aus je $k$ Elementen.*

**Beispiel 2.7** Wie groß ist die Chance, beim Lotto 6 richtige Zahlen aus den Zahlen $1, 2, \ldots, 49$ auszuwählen und *zusätzlich* noch die richtige Superzahl (eine zwischen 0 und 9 liegende Ziffer in der Nummer des Lottoscheins) zu haben?
Da es auf die Reihenfolge der gezogenen Zahlen nicht ankommt, stellt das Ankreuzen von 6 Zahlen eine Kombination von 6 aus 49 Elementen dar. Hiervon gibt es

$$\frac{49 \times 48 \times 47 \times 46 \times 45 \times 44}{1 \times 2 \times 3 \times 4 \times 5 \times 6} = 13.983.816 \text{ Kombinationen.}$$

Für jede dieser Kombinationen ist eine der Ziffern $0, 1, \ldots, 9$ als Superzahl möglich, so daß insgesamt $10 \times 13.983.816$ Möglichkeiten für den Ausgang des Lottos möglich sind. Dies ergibt eine Chance von $\frac{1}{139.838.160} \approx 0,0000007\,\%$.

**2.3.3 (*Pascal*sches Dreieck)** *Für die Binomialkoeffizienten gilt eine Reihe einfacher Gesetzmäßigkeiten, die an der Abbildung 2.4 (Pascalsches Dreieck) abgelesen werden können.*
*Hierin sind die Binomialkoeffizienten $\binom{n}{k}$ in der Form eines nach unten offenen Dreiecks nach steigendem $n$ für $n = 0, 1, 2, \ldots$ von oben nach unten und nach steigendem $k$ für $k = 0, 1, 2, \ldots, n$ von links nach rechts geordnet.*[4]

**2.3.4 (Additionstheorem und Symmetrie der Binomialkoeffizienten)**[5]

$$\binom{n}{k} + \binom{n}{k+1} = \binom{n+1}{k+1} \qquad (2.6)$$

$$\binom{n}{k} = \binom{n}{n-k} \qquad (2.7)$$

*In Worten: Jedes innere Element des Pascalschen Dreiecks ist die Summe seiner linken und rechten Nachbarn in der Vorgängerzeile.*
*Die von der Spitze vertikal nach unten verlaufende Mittellinie des Pascalschen Dreiecks ist eine Symmetrielinie, - in jeder Zeile stimmen die Koeffizienten mit dem gleichen Abstand von der Mittellinie überein.*

Die binomischen Formeln $(a+b)^2 = a^2 + 2ab + b^2$ und $(a+b)^3 = a^3 + 3a^2b + 3ab^2 + b^3$ erweisen sich als Spezialfälle einer allgemeineren Formel, durch welche die $n$-te Potenz einer Summe $a + b$ mit Hilfe der Binomialkoeffizienten dargestellt wird.

[4] Die Vereinbarung $0! = 1$ hat zur Folge, daß die Außenkanten des Dreiecks mit der Zahl 1 belegt sind: $\binom{n}{0} = \binom{n}{n} = 1$ für $n = 0, 1, 2, \ldots$

[5] Vgl. Aufgabe 2.2

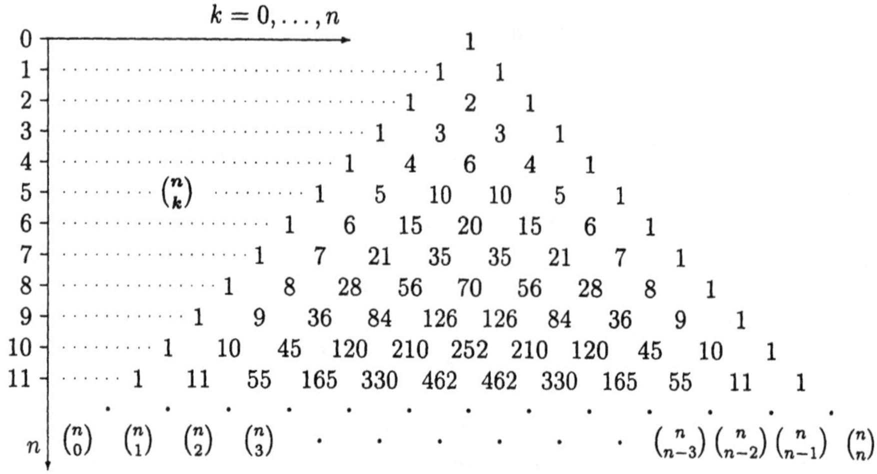


**Abb. 2.4:** *Pascal*sches Dreieck der Binomialkoeffizienten

**2.3.5 (Binomischer Satz)** *Für beliebige reelle Zahlen $a$ und $b$ und jede natürliche Zahl $n = 0, 1, 2, \ldots$ gilt:*

$$
\begin{aligned}
(a+b)^n &= \sum_{k=0}^{n} \binom{n}{k} a^{n-k} b^k \qquad (2.8)\\
&= \binom{n}{0} a^n b^0 + \binom{n}{1} a^{n-1} b^1 + \binom{n}{2} a^{n-2} b^2 + \ldots + \binom{n}{n-1} a^1 b^{n-1} + \binom{n}{n} a^0 b^n \\
&= a^n + n a^{n-1} b + \frac{n(n-1)}{1 \times 2} a^{n-2} b^2 + \ldots + n a b^{n-1} + b^n
\end{aligned}
$$

*Die Koeffizienten der aufsteigenden Potenzen von $b$ bilden hierin die $n$-te Zeile des Pascalschen Dreiecks in der Abbildung 2.4.*

B e w e i s mit Hilfe des Induktionsprinzips (für $n = 0, 1, 2, \ldots$):
1. Für die Anfangszahl $n = 0$ ist die Aussage des Satzes wahr: $(a+b)^0 = \binom{0}{0} a^0 b^0 = 1$
2. Die Aussage des Satzes sei für eine natürliche Zahl $n \geq 0$ wahr.

Unter Verwendung der wahren Aussage $(a+b)^n = \sum_{k=0}^{n} \binom{n}{k} a^{n-k} b^k$ gilt dann:

$$
\begin{aligned}
&(a+b)^{n+1} = (a+b)(a+b)^n = \\
&(a+b)\left[\binom{n}{0} a^n b^0 + \binom{n}{1} a^{n-1} b^1 + \binom{n}{2} a^{n-2} b^2 + \ldots + \binom{n}{n-1} a^1 b^{n-1} + \binom{n}{n} a^0 b^n\right] = \\
&\binom{n}{0} a^{n+1} b^0 + \left[\binom{n}{0} + \binom{n}{1}\right] a^n b^1 + \left[\binom{n}{1} + \binom{n}{2}\right] a^{n-1} b^2 + \ldots + \\
&\left[\binom{n}{n-1} + \binom{n}{n}\right] a^1 b^n + \binom{n}{n} a^0 b^{n+1}
\end{aligned}
$$

Auf die hierin auftretenden Summen von Binomialkoeffizienten wird das Additionstheorem (2.6) angewandt: $\binom{n}{0} + \binom{n}{1} = \binom{n+1}{1}, \binom{n}{1} + \binom{n}{2} = \binom{n+1}{2}, \ldots, \binom{n}{n-1} + \binom{n}{n} = \binom{n+1}{n}$

Wegen $\binom{n}{0} = \binom{n+1}{0} = 1$ und $\binom{n}{n} = \binom{n+1}{n+1} = 1$ folgt hieraus die behauptete Aussage für $n+1$. □

Für den Spezialfall $a = b = 1$ ergibt sich aus dem Binomischen Satz:

### 2.3.6 (Zeilensumme im *Pascal*schen Dreieck)

$$\sum_{k=0}^{n} \binom{n}{k} = \binom{n}{0} + \binom{n}{1} + \ldots + \binom{n}{n} = 2^n \tag{2.9}$$

Da eine Menge $M$ von $n$ Elementen nach 2.3.2 genau $\binom{n}{k}$ Teilmengen aus $k$ Elementen hat, folgt hieraus insbesondere:

***Eine Menge M von n Elementen besitzt genau $2^n$ Teilmengen.***[6]

### 2.3.7 (Summe von Schräglinien im *Pascal*schen Dreieck)

$$\begin{aligned} &\binom{s}{0} + \binom{s+1}{1} + \binom{s+2}{2} + \ldots + \binom{s+t}{t} = \binom{s+t+1}{t} \\ = &\binom{s}{s} + \binom{s+1}{s} + \binom{s+2}{s} + \ldots + \binom{s+t}{s} = \binom{s+t+1}{s+1} \end{aligned} \tag{2.10}$$

*In Worten: Summiert man im Pascalschen Dreieck abwärts aufeinanderfolgende Zahlen auf einer Parallelen zur rechten Dreieckskante, beginnend mit einer 1 auf der linken Dreieckskante, so erhält man erneut einen Binomialkoeffizienten, und zwar den linken Nachbarn des letzten Summanden in der auf diesen folgenden Zeile.*
*Den gleichen Wert erhält man durch Vertauschung von „links" und „rechts".*

Die Formeln (2.10) können problemlos mit Hilfe des Induktionsprinzips und unter Verwendung des Additionstheorems (2.6) erhalten werden.[7]

**Beispiel 2.8** Die Summe der ersten 6 Elemente der vierten Schräglinie ($s = 3, t = 5$) im *Pascal*schen Dreieck ergibt:

$$\begin{aligned} &\binom{9}{5} = \binom{3}{0} + \binom{4}{1} + \binom{5}{2} + \binom{6}{3} + \binom{7}{4} + \binom{8}{5} \\ = &\binom{9}{4} = \binom{3}{3} + \binom{4}{3} + \binom{5}{3} + \binom{6}{3} + \binom{7}{3} + \binom{8}{3} = 1 + 4 + 10 + 20 + 35 + 56 = 126 \end{aligned}$$

Wie bei Variationen mit Wiederholung wird jetzt wieder vorausgesetzt, daß die Elemente einer Menge jeweils in beliebig vielen Exemplaren vorhanden sind. Läßt man dann zu, daß die Elemente mehrfach in einer Kombination aufgeführt werden können, so erhält man Kombinationen mit Wiederholung.

### 2.3.8 (Kombination der Ordnung $k$ mit Wiederholung)

*Eine Auswahl von **k** Exemplaren von Elementen einer Menge heißt **Kombination mit Wiederholung der Ordnung k**.*

---

[6] Hierzu zählen für $k = 0$ die leere Menge und für $k = n$ die Menge $M$ selbst.
[7] Vgl. Aufgabe 2.2

- ***Anzahl der Kombinationen mit Wiederholung der Ordnung k:***
  *Die Anzahl der Kombinationen mit Wiederholung der Ordnung k aus einer Menge von n Elementen beträgt*

$$\binom{n+k-1}{k} = \frac{(n+k-1)!}{k!(n-1)!}\,. \tag{2.11}$$

B e w e i s : Die gesuchte Anzahl von Kombinationen wird mit $C_n^k$ bezeichnet. Die Aussage $C_n^k = \binom{n+k-1}{k}$ wird *für eine fest gewählte, aber sonst beliebige Anzahl n* von Elementen einer Menge $M = \{a_1, a_2, \ldots, a_n\}$ induktiv für $k = 1, 2, \ldots$ geführt (*Induktion über k bei festem n*).
Die Zahl $n$ tritt jetzt lediglich als ein Parameter auf.

Für $k = 1$ ist die Aussage wahr, denn zu jeder natürlichen Zahl $n$ gibt es genau $n$ verschiedene Möglichkeiten der Auswahl *eines* von $n$ Elementen, und es ist $n = \binom{n+1-1}{1}$.

Für irgendeine natürliche Zahl $k \geq 1$ sei nun die Aussage $C_n^k = \binom{n+k-1}{k}$ *für alle natürlichen Zahlen n* wahr. Hieraus wird die Anzahl $C_n^{k+1}$ für den Nachfolger von $k$ bestimmt.

Zunächst gibt es $C_n^k$ Kombinationen der Ordnung $k+1$, die sämtlich das Element $a_1$ enthalten.
Um dies einzusehen, denke man sich die Elemente *dieser* Kombinationen so angeordnet, daß der erste Platz mit $a_1$ belegt ist. Dann können die $n$ Elemente von $M$ nur noch auf $k$ Plätze (mit Wiederholung) verteilt werden. Folglich gibt es $C_n^k$ derartige Kombinationen.
Unter den verbleibenden Kombinationen (ohne $a_1$) der Ordnung $k+1$ betrachtet man nun entsprechend alle Kombinationen, die $a_2$ enthalten, und belegt den ersten Platz mit $a_2$. Da jetzt ein Element der Grundmenge fehlt, gibt es $C_{n-1}^k$ derartige Kombinationen.
Führt man diesen Gedanken zu Ende, so erhält man alle Kombinationen der Ordnung $k+1$, und zwar jede genau einmal. Das ergibt die Beziehung

$$C_n^{k+1} = C_n^k + C_{n-1}^k + C_{n-2}^k + \ldots + C_1^k.$$

Für die einzelnen Ausdrücke auf der rechten Seite wird nun die Voraussetzung eingesetzt. Damit gilt:

$$\begin{aligned} C_n^{k+1} &= \binom{n+k-1}{k} + \binom{(n-1)+k-1}{k} + \ldots + \binom{1+k-1}{k} \\ &= \binom{k}{k} + \binom{k+1}{k} + \ldots + \binom{k+(n-1)}{k} \end{aligned}$$

Unter Verwendung der zweiten der Formeln (2.10) für Schräglinien im *Pascal*schen Dreieck (mit $s = k$ und $t = n-1$) folgt hieraus

$$C_n^{k+1} = \binom{k+(n-1)+1}{k+1} = \binom{n+(k+1)-1}{k+1}.$$

Das ist aber die Aussage des Satzes für $k+1$. □

**Beispiel 2.9** Aus einem Vorrat von jeweils mindestens vier schwarzen, weißen und grauen Quadraten sollen vier Quadrate herausgegriffen werden. Die dabei auftretenden verschiedenen farblichen Zusammenstellungen sind Kombinationen mit Wiederholung von $k = 4$ Elementen aus einer Menge von $n = 3$ Elementen (schwarzes, weißes und graues Quadrat). Deren Anzahl beträgt $\binom{k+n-1}{k} = \binom{6}{4} = 15$.

**Beispiel 2.10** Die Kombinationen mit Wiederholung der Ordnung 2 der Menge $\{A, B, C, D\}$ (vgl. Beispiel 2.5) sind die $\binom{4+2-1}{2} = 10$ Paare

$$(A,A),\ (A,B),\ (A,C),\ (A,D),\ (B,B),\ (B,C),\ (B,D),\ (C,C),\ (C,D),\ (D,D),$$

wobei hier die Reihenfolge ohne Belang ist.

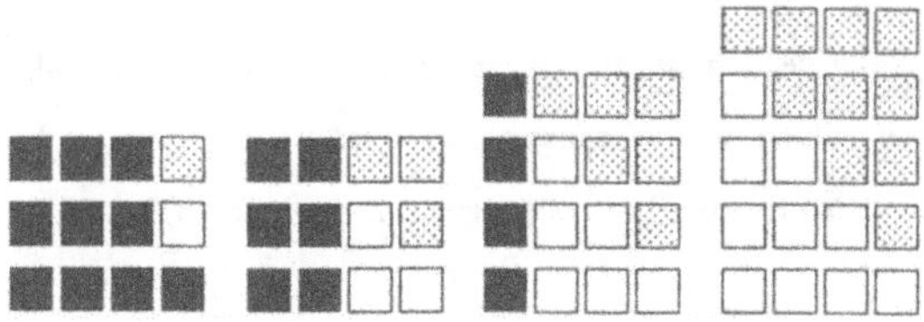

**Abb. 2.5:** Kombinationen von 4 Elementen mit Wiederholung aus einer Menge von 3 Elementen

## 2.4 Aufgaben zum Kapitel 2

**Aufgabe 2.1 (Permutationen)**
Im Präsidium einer Veranstaltung sitzen 12 Personen aus 4 verschiedenen Gruppen nebeneinander, vier aus der Gruppe A, je drei aus den Gruppen B und C und zwei aus der Gruppe D.

(a) Wieviele Möglichkeiten der Sitzordnung gibt es (1.) insgesamt und wieviele (2.), wenn die Vertreter der einzelnen Gruppen jeweils nebeneinander sitzen sollen?

(b) Wie ändert sich die Anzahl der Sitzordnungen in den Fällen (1.) und (2.), wenn es auf die Reihenfolge innerhalb der einzelnen Gruppen nicht ankommt?

Lösen Sie die Aufgaben (a) und (b) für den allgemeinen Fall, in dem Personen aus $k$ Gruppen $G_i$ mit je $n_i$ Personen ($i = 1, \ldots, k$) in einer Reihe anzuordnen sind.

**Aufgabe 2.2 (*Pascal*sches Dreieck, Binomischer Satz)**

(a) Beweisen Sie für die Binomialkoeffizienten das Additionstheorem (2.6) und die Symmetrie (2.7).

(b) Begründen Sie die Formeln (2.10) mit Hilfe des Additionstheorems und des Induktionsprinzips.

(c) Die Binomialkoeffizienten sind natürliche Zahlen, – dies ist jedoch der Formel $\binom{n}{k} = \frac{n!}{k!(n-k)!}$ nicht auf den ersten Blick anzusehen.
Geben Sie hierfür eine Begründung mit Hilfe des Pascalschen Dreiecks.

(d) Welchen Wert hat die alternierende Summe $\binom{n}{0} - \binom{n}{1} + \binom{n}{2} \pm \ldots \pm \binom{n}{n}$ der $n$-ten Zeile im *Pascal*schen Dreieck?

**Aufgabe 2.3 (Binomischer Satz)**
Das aus einem Anfangskapital $K_0$ nach $n$-maliger Verzinsung mit Zins und Zinseszins usw. gebildete Endkapital hat den Wert $K_n = K_0(1+p)^n$. Für die konkrete Berechnung von $K_n$ kann die Potenz mit Hilfe des Binomischen Satzes (2.8) als Funktionswert eines nach Potenzen von $p$ aufsteigenden Polynoms $(1+p)^n = 1 + np + \frac{n(n-1)}{2}p^2 + \ldots$ berechnet werden.
Für $K_0 = 1.000$ und eine 10-malige Verzinsung soll die praktische Genauigkeit dieser Berechnungsmethode für die Zinssätze $p = 1\,\%, p = 2\,\%, \ldots, p = 10\,\%$ getestet werden.

Geben Sie für jeden der Zinssätze an, wieviele Potenzen des Polynoms höchstens berücksichtigt werden müssen, um damit – *bei Rundung auf ganze Zahlen* – das genaue Endkapital zu erhalten.

**Aufgabe 2.4 (Kombinationen)** Um die 12 Sitze in einer Gemeindevertretung bewerben sich 5 Parteien, wobei jede Partei mindestens so viele Kandidaten stellt wie Sitze vorhanden sind.

Wieviele Wahlergebnisse (Sitzverteilungen) sind möglich?

**Aufgabe 2.5 (Variationen, Kombinationen)**
Bei einem Wettbewerb sollen aus einem Kreis von 20 Teilnehmern 8 in die engere Wahl gezogen werden. Nach dieser Vorauswahl sollen unter den ausgewählten Teilnehmern die Plätze 1, 2, 3, 4 und 5 vergeben werden.

(a) Wieviele Möglichkeiten der Vorauswahl gibt es?

(b) Wieviele Möglichkeiten der Verteilung der Preise gibt es nach einer fixierten Vorauswahl?

(c) Wieviele Möglichkeiten der Preisverteilung ohne Vorauswahl gibt es?

(d) Warum ist die Lösung von (c) nicht das Produkt der Lösungen von (a) und (b)?

**Aufgabe 2.6**
6 Personen, darunter zwei Geschwister, gründen einen Verein und wollen eine(n) 1., 2., 3., und 4. Vorsteher(in) auswählen.

Wieviele Möglichkeiten gibt es, einen solchen Vorstand zu wählen, dem die Geschwister nicht beide zusammen angehören?

**Aufgabe 2.7 (Variationen, Kombinationen)**
Ein Safe sei durch ein Zahlenschloß mit einer Geheimnummer aus den Ziffern $0, \ldots, 9$ gesichert.

(a) Wieviele sechsstellige Geheimnummern gibt es, wenn bekannt ist, daß diese (1.) *mindestens* bzw. (2.) *höchstens* viermal die Ziffer 0 enthalten?

(b) Jetzt seien $n$ und $k$ beliebige natürliche Zahlen mit $k \leq n$.

Wieviele $n$-stellige Geheimnummern gibt es, wenn bekannt ist, daß diese (1.) *mindestens* bzw. (2.) *höchstens* $k \leq n$ Nullen enthalten?
Interpretieren Sie die Summe der Anzahlen dieser möglichen Geheimnummern.

**Aufgabe 2.8 (Kombinationen)**
Bei einer schriftlichen Prüfung sind für 12 Fragen jeweils vier mögliche Antworten A, B, C und D vorgegeben, davon je zwei falsche und zwei richtige. Werden bei einer Frage mehr als zwei Antworten angekreuzt, wird die Prüfung als ungültig gewertet.
Eine Frage gilt dann als korrekt beantwortet, wenn die beiden richtigen Antworten angekreuzt sind. Eine gültige Prüfung ist bestanden, wenn mehr als die Hälfte der Fragen korrekt beantwortet wurde.

Berechnen Sie das Verhältnis der Anzahl der möglichen positiven Prüfungsergebnisse zur Gesamtzahl der möglichen gültigen Prüfungsergebnisse (das ist die Chance, die Prüfung allein durch Raten zu bestehen).

**Aufgabe 2.9 (Kombinationen)**
Ein französisches Kartenspiel besteht aus den 8 Spielkarten 7, 8, 9, 10, Bube, Dame, König und As, jeweils in 4 Farben.

Wieviele verschiedene Möglichkeiten gibt es, bei 10 zugeteilten Karten
(a) die Farbe ♣ gar nicht, (b) nur zwei Farben, (c) genau zwei Buben, (d) mindestens zwei Buben, (e) nur Karten 7, 8 oder 9 bzw. (f) höchstens drei der Karten 7, 8 oder 9 zu erhalten?

**Aufgabe 2.10 (Permutationen, Variationen, Kombinationen)**
Mit roten, weißen, grünen, blauen, gelben, schwarzen, grauen und braunen gleichartigen Spielzeugwürfeln soll ein Turm aus 5 Würfeln gebaut werden.

Wieviele solcher Türme gibt es und wieviele gibt es, wenn *höchstens* drei Farben verwendet werden dürfen?

**Aufgabe 2.11**
Wieviele Möglichkeiten gibt es, ein Fußballturnier mit 3 Spielen für 6 Mannschaften zu veranstalten, so daß jede Mannschaft genau einmal spielt?

Lösen Sie die entsprechende Aufgabe mit 4 Spielen für 8 Mannschaften, 5 Spielen für 10 Mannschaften sowie allgemein mit $n$ Spielen für $2n$ Mannschaften und *hieraus* speziell für 70 Mannschaften.

# Kapitel 3

# Matrizen- und Determinantenrechnung

## 3.1 Matrizen

**Beispiel 3.1** Für die Herstellung von drei Chemikalien $C_1$, $C_2$ und $C_3$ werden zwei Grundstoffe $G_1$ und $G_2$ sowie zwei Farbstoffe $F_1$ und $F_2$ wie folgt eingesetzt:

| | | | |
|---|---|---|---|
| Für 1000 g von $C_1$: | 350 g von $G_1$, | 150 g von $G_2$, | 10 g von $F_1$ |
| Für 1000 g von $C_2$: | 200 g von $G_1$, | 300 g von $G_2$, | 10 g von $F_2$ |
| Für 1000 g von $C_1$: | 250 g von $G_1$, | 250 g von $G_2$, | je 5 g von $F_1$ und $F_2$ |

Der Bedarf an Grundstoffen (in kg) und Farbstoffen (in g) pro kg der Chemikalien wird zweckmäßig in Form einer Tabelle

| | $C_1$ | $C_2$ | $C_3$ |
|---|---|---|---|
| $G_1$ | 0,35 | 0,20 | 0,25 |
| $G_2$ | 0,15 | 0,30 | 0,25 |
| $F_1$ | 10 | 0 | 5 |
| $F_2$ | 0 | 10 | 5 |

angegeben; die in vier Zeilen und drei Spalten angeordneten $4 \times 3 = 12$ Daten bilden hierbei eine *Matrix vom Typ* (4,3).

Allgemein: Für je zwei natürliche Zahlen $m$ und $n$ kann eine Menge von $m \times n$ Daten in einem rechteckigen Schema aus $m$ Zeilen und $n$ Spalten (oder auch $n$ Zeilen und $m$ Spalten) angeordnet werden. Die Position der Elemente läßt sich durch eine zweifache Indizierung (Angabe der Zeile und der Spalte für jeden Eintrag) festlegen.

### 3.1.1 (Matrix vom Typ $m \times n$) *Ein rechteckiges Schema*

$$A = \begin{pmatrix} a_{11} & a_{12} & \cdot & a_{1j} & \cdot & a_{1,n-1} & a_{1n} \\ a_{21} & a_{22} & \cdot & a_{2j} & \cdot & a_{2,n-1} & a_{2n} \\ \cdot & \cdot & \cdot & \cdot & \cdot & \cdot & \cdot \\ a_{i1} & a_{i2} & \cdot & a_{ij} & \cdot & a_{i,n-1} & a_{in} \\ \cdot & \cdot & \cdot & \cdot & \cdot & \cdot & \cdot \\ a_{m-1,1} & a_{m-1,2} & \cdot & a_{m-1,j} & \cdot & a_{m-1,n-1} & a_{m-1,n} \\ a_{m1} & a_{m2} & \cdot & a_{mj} & \cdot & a_{m,n-1} & a_{mn} \end{pmatrix} \tag{3.1}$$

*von $m \times n$ Daten $a_{ij}$ $(i = 1, \ldots, m;\ j = 1, \ldots, n)$, in dem diese in $m$ Zeilen und $n$ Spalten derart angeordnet sind, daß das Element $a_{ij}$ in der i-ten Zeile und j-ten Spalte steht, heißt* ***Matrix vom Typ $(m, n)$****. Für das Element $a_{ij}$ geben der* ***Zeilenindex i*** *die Zeilenposition und der* ***Spaltenindex j*** *die Spaltenposition im Matrizenschema an.*[1]

*Eine* ***Zeile*** *ist dabei eine Matrix vom Typ $(1, n)$ und eine* ***Spalte*** *eine Matrix vom Typ $(m, 1)$.*[2] *Wenn nichts anderes festgelegt ist, sollen die Matrizenelemente stets reelle Zahlen sein.*

**3.1.2 (Transponierte Matrix)** *Durch Vertauschen von Zeilen und Spalten einer Matrix $A$ vom Typ $(m, n)$ - erste Zeile wird erste Spalte, zweite Zeile wird zweite Spalte, usw. - wird aus den Elementen von $A$ die* ***transponierte Matrix $A^T$*** *vom Typ $(n, m)$ gebildet.*[3] *Spalten und Zeilen gehen durch Transponieren ineinander über:*

$$\begin{pmatrix} a_1 \\ \vdots \\ a_m \end{pmatrix}^T = (a_1, \ldots, a_m), \qquad (a_1, \ldots, a_n)^T = \begin{pmatrix} a_1 \\ \vdots \\ a_n \end{pmatrix}$$

**Beispiel 3.2** Die Matrix $A$ für das Beispiel 3.1 und ihre transponierte Matrix lauten dann:

$$A = \begin{pmatrix} 0{,}35 & 0{,}20 & 0{,}25 \\ 0{,}15 & 0{,}30 & 0{,}25 \\ 10 & 0 & 5 \\ 0 & 10 & 5 \end{pmatrix} \qquad A^T = \begin{pmatrix} 0{,}35 & 0{,}15 & 10 & 0 \\ 0{,}20 & 0{,}30 & 0 & 10 \\ 0{,}25 & 0{,}25 & 5 & 5 \end{pmatrix}$$

Matrizen gleichen Typs können elementweise miteinander verglichen werden:

**3.1.3 (Gleichheit zweier Matrizen, Nullmatrix)** *Zwei Matrizen $A$ und $B$ vom gleichen Typ heißen* ***gleich****, wenn die Elemente mit gleicher Spalten- und Zeilenposition übereinstimmen.*

*Diejenige Matrix $A$ vom Typ $(m, n)$, deren Elemente sämtlich den Wert 0 haben, heißt* ***Nullmatrix*** *vom Typ $(m, n)$* (Symbol: $\boldsymbol{A = 0}$).

**Beispiel 3.3 (Direktbedarfsmatrix)** $R_1, \ldots, R_m$ seien $m$ Rohstoffe, aus denen in einem Produktionsprozeß $n$ Produkte $P_1, \ldots, P_n$ hergestellt werden. Für $i = 1, \ldots, m$ und $j = 1, \ldots, n$ sei $a_{ij}$ die Anzahl von Einheiten des Rohstoffs $R_i$, die dabei für die Herstellung einer Einheit des Produkts $P_j$ benötigt werden.[4]

Die Matrix $A = (a_{ij})$ vom Typ $(m, n)$ heißt ***Direktbedarfsmatrix*** des Produktionsprozesses (siehe auch das einführende Beispiel 3.1).

[1] Für das Schema (3.1) wird auch die symbolische Darstellung $A = (a_{ij})_{i=1,\ldots,m;\ j=1,\ldots,n}$ verwendet.

[2] Für $n = m = 1$ besteht $A$ nur aus einem einzigen Element $a_{11}$. Dann können bei $A = (a_{11})$ die Klammern weggelassen werden, und die Matrix $A$ kann als die Zahl $a_{11}$ aufgefaßt werden.

[3] Die Elemente von $A$ und $A^T$ gehen durch Vertauschen der Reihenfolge der Indizes auseinander hervor: Ist $A = (a_{ij})_{i=1,\ldots,m;\ j=1,\ldots,n}$ und $A^T = (a_{ij}^T)_{i=1,\ldots,n;\ j=1,\ldots,m}$, so ist $a_{ij}^T = a_{ji}$.

[4] Die Größe $a_{ij}$ ist hierbei eine dimensionslose Zahl.

| | $P_1$ | · | $P_j$ | · | $P_n$ |
|---|---|---|---|---|---|
| $R_1$ | $a_{11}$ | · | $a_{1j}$ | · | $a_{1n}$ |
| · | · | · | · | · | · |
| $R_i$ | $a_{i1}$ | · | $a_{ij}$ | · | $a_{in}$ |
| · | · | · | · | · | · |
| $R_m$ | $a_{m1}$ | · | $a_{mj}$ | · | $a_{mn}$ |

**Abb. 3.1:** Direktbedarfsmatrix für die Herstellung von $n$ Produkten aus $m$ Ressourcen

**Beispiel 3.4 (Verflechtungsmatrix)**[5] Die Volkswirtschaft eines Landes sei in eine Anzahl $n$ von Sektoren $S_1, S_2, \ldots, S_n$ eingeteilt (etwa Industrie, Geldwirtschaft, Handel usw.). Für $1 \leq i, j \leq n$ bezeichne $p_{ij}$ den Gesamtwert aller Lieferungen des Sektors $S_i$ in den Sektor $S_j$ (Waren, Investitionen, Dienstleistungen usw.) im Verlaufe einer Bilanzperiode.[6] Die Matrix $P = (p_{ij})$ vom Typ $(n, n)$ heißt ***Verflechtungsmatrix*** der Volkswirtschaft (in der betreffenden Periode).

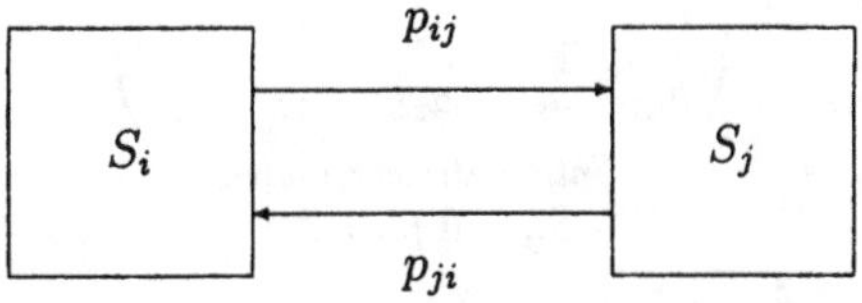


**Abb. 3.2:** Verflechtungsmatrix

In entsprechender Weise können die Außenwirtschaftsbeziehungen innerhalb einer Gemeinschaft von $n$ Ländern $L_1, \ldots, L_n$ durch die Werte $p_{ij} : L_i \to L_j$ der Güterströme (Waren, Kapital, Dienstleistungen), bezogen auf eine Bilanzperiode, charakterisiert werden. Die Matrix $G = (p_{ij})$ vom Typ $(n, n)$ enthält dann alle Informationen über die gegenseitigen Wirtschaftsbeziehungen.

**Beispiel 3.5 (Koeffizientenmatrix)** Für ein ***lineares Gleichungssystem***

$$\begin{array}{ccccccccccccc} a_{11}x_1 & + & a_{12}x_2 & + & \ldots & + & a_{1j}x_j & + & \ldots & + & a_{1n}x_n & = & b_1 \\ \cdot & \cdot & \cdot & \cdot & \cdots & \cdot & \cdot & \cdot & \cdots & \cdot & \cdot & \cdot & \cdot \\ a_{i1}x_1 & + & a_{i2}x_2 & + & \ldots & + & a_{ij}x_j & + & \ldots & + & a_{in}x_n & = & b_i \\ \cdot & \cdot & \cdot & \cdot & \cdots & \cdot & \cdot & \cdot & \cdots & \cdot & \cdot & \cdot & \cdot \\ a_{m1}x_1 & + & a_{m2}x_2 & + & \ldots & + & a_{mj}x_j & + & \ldots & + & a_{mn}x_n & = & b_m \end{array} \tag{3.2}$$

von $m$ Gleichungen für die $n$ gesuchten Größen $x_1, \ldots, x_n$ bilden die gegebenen Daten $a_{ij}$ und $b_i$ $(i = 1, \ldots, m,\ j = 1, \ldots, n)$ die ***Koeffizientenmatrix*** $A$ des Gleichungssystems vom Typ $(m, n)$ bzw. dessen ***rechte Seite***.

[5] Vgl. hierzu das lineare Input-Output-Modell 4.6.2 mit dem konkreten Beispiel 4.25

[6] Die Größe $p_{ii}$ gibt den Eigenverbrauch des $i$-ten Sektors an.

**3.1.4 (Quadratische Matrix, Diagonale, Diagonalmatrix, Einheitsmatrix)**
*Eine Matrix mit übereinstimmender Zeilen- und Spaltenanzahl n heißt (**quadratische**) **n-reihige Matrix**.*
*Die von links oben nach rechts unten verlaufende **Diagonale** besteht aus den Elementen mit jeweils übereinstimmendem Zeilen- und Spaltenindex:* $a_{11}, a_{22}, \ldots, a_{nn}$.

- *Eine quadratische Matrix* $A = (a_{ij})_{i,j=1,\ldots,n}$ *mit der Eigenschaft* $\boldsymbol{a_{ij} = a_{ji}}$ *für alle Indexpaare heißt **symmetrisch**.*[7] *Die Symmetrie von A ist gleichbedeutend mit* $\boldsymbol{A^T = A}$.

- *Eine quadratische Matrix* $A = (a_{ij})_{i,j=1,\ldots,n}$, *bei der alle Elemente unterhalb (bzw. oberhalb) der Diagonalen den Wert 0 haben, heißt **obere** (bzw. **untere**) **Dreiecksmatrix**.*

$$\begin{pmatrix} a_{11} & a_{12} & a_{13} & \cdots & a_{1n} \\ 0 & a_{22} & a_{23} & \cdots & a_{2n} \\ 0 & 0 & a_{33} & \cdots & a_{3n} \\ \vdots & \vdots & \vdots & \ddots & \vdots \\ 0 & 0 & 0 & \cdots & a_{nn} \end{pmatrix} \qquad \begin{pmatrix} a_{11} & 0 & 0 & \cdots & 0 \\ a_{21} & a_{22} & 0 & \cdots & 0 \\ a_{31} & a_{32} & a_{33} & \cdots & 0 \\ \vdots & \vdots & \vdots & \ddots & \vdots \\ a_{n1} & a_{n2} & a_{n3} & \cdots & a_{nn} \end{pmatrix} \tag{3.3}$$

*Obere Dreiecksmatrix* $a_{ij} = 0$ *für* $i > j$ — *Untere Dreiecksmatrix* $a_{ij} = 0$ *für* $i < j$

- *Eine quadratische Matrix* $A = (a_{ij})_{i,j=1,\ldots,n}$, *bei der alle außerhalb der Diagonalen stehenden Elemente den Wert 0 haben, für die also* $a_{ij} = 0$ *für alle Indexpaare mit* $i \neq j$ *gilt, heißt **Diagonalmatrix**.*

- *Eine spezielle Diagonalmatrix ist die n-reihige **Einheitsmatrix E**, deren Diagonalelemente sämtlich den Wert 1 haben:*

$$E = \begin{pmatrix} \mathbf{1} & 0 & \ldots & 0 & 0 \\ 0 & \mathbf{1} & \ldots & 0 & 0 \\ . & . & \ldots & . & . \\ 0 & 0 & \ldots & 0 & \mathbf{1} \end{pmatrix}$$

## 3.2 Operationen mit Matrizen

Die arithmetischen Operationen mit reellen Zahlen können in einem eingeschränkten Sinn auf Matrizen „von zusammenpassendem Typ" übertragen werden. Dabei gelten einige Gesetzmäßigkeiten für das Rechnen mit Zahlen auch für Matrizen, – es gibt aber auch neue Effekte: So ist die Reihenfolge der Faktoren beim Matrizenprodukt nicht generell vertauschbar, und eine „reziproke" Matrix gibt es nur unter einer sehr einschränkenden Voraussetzung.

[7] Die Verflechtungsmatrix der Außenwirtschaftsbeziehungen innerhalb einer Gemeinschaft von Ländern (siehe Beispiel 3.4) ist dann und nur dann symmetrisch, wenn die Außenhandelsbilanz *zwischen je zwei Ländern* dieser Gemeinschaft ausgeglichen ist.

**3.2.1 (Multiplikation von Matrizen mit Zahlen)**
*Eine Matrix $A = (a_{ij})_{i=1,\dots,m;\ j=1,\dots,n}$ vom Typ $(m,n)$ wird mit einer reellen Zahl $\lambda$ (von links oder rechts) multipliziert, indem alle Elemente von $A$ mit $\lambda$ multipliziert werden:*

$$\boldsymbol{\lambda A} = \boldsymbol{A\lambda} = \begin{pmatrix} \lambda a_{11} & \cdots & \lambda a_{1n} \\ \vdots & \ddots & \vdots \\ \lambda a_{m1} & \cdots & \lambda a_{mn} \end{pmatrix} \tag{3.4}$$

*Das **Produkt $\boldsymbol{\lambda A}$** hat den gleichen Typ wie $A$.*

**3.2.2 (Addition von Matrizen gleichen Typs)**
*Zwei Matrizen $A = (a_{ij})_{i=1,\dots,m;\ j=1,\dots,n}$ und $B = (b_{ij})_{i=1,\dots,m;\ j=1,\dots,n}$ vom gleichen Typ $(m,n)$ werden addiert, indem die Elemente mit jeweils übereinstimmender Position addiert werden:*

$$\boldsymbol{A} + \boldsymbol{B} = \begin{pmatrix} a_{11} + b_{11} & \cdots & a_{1n} + b_{1n} \\ \vdots & \ddots & \vdots \\ a_{m1} + b_{m1} & \cdots & a_{mn} + b_{mn} \end{pmatrix} \tag{3.5}$$

*Die **Summe $\boldsymbol{A} + \boldsymbol{B}$** hat den gleichen Typ wie $A$ und $B$.*

**3.2.3 (Multiplikation verketteter Matrizen)** *Ein Paar $(A, B)$ von Matrizen heißt **verkettet**, wenn die Anzahl der Spalten von $A$ mit der Anzahl der Zeilen von $B$ übereinstimmt. Das bedeutet: Ist $A$ vom Typ $(m,p)$, so ist $B$ von einem Typ $(p,n)$. Für ein **verkettetes Paar $(\boldsymbol{A}, \boldsymbol{B})$** wird das **Produkt $\boldsymbol{AB}$** wie folgt eingeführt:*

- ***Multiplikation einer Zeile mit einer Spalte:***

  *Eine Zeile aus $p$ Komponenten wird mit einer Spalte aus $p$ Komponenten multipliziert, indem die Komponenten mit gleicher Position multipliziert werden und anschließend darüber summiert wird:*

$$(a_1, \dots, a_k, \dots, a_p) \begin{pmatrix} b_1 \\ \vdots \\ b_k \\ \vdots \\ b_p \end{pmatrix} = \sum_{k=1}^{p} a_k b_k = a_1 b_1 + \ldots + a_p b_p \tag{3.6}$$

  *Das Produkt ist in diesem Fall eine reelle Zahl.*

- ***Multiplikation beliebiger verketteter Matrizen:***
  *Das **Produkt $\boldsymbol{C} = \boldsymbol{AB}$** einer Matrix $A = (a_{ik})_{i=1,\dots,m;\ k=1,\dots,p}$ vom Typ $(m,p)$ mit einer Matrix $B = (b_{kj})_{k=1,\dots,p;\ j=1,\dots,n}$ vom Typ $(p,n)$ ist eine Matrix $C = (c_{ij})_{i=1,\dots,m;\ j=1,\dots,n}$ vom Typ $(m,n)$, deren Element $c_{ij}$ das Produkt der $i$-ten Zeile von $A$ mit der $j$-ten Spalte von $B$ ist:*

$$\begin{pmatrix} a_{11} & \cdot & \cdot & \cdot & a_{1p} \\ \cdot & \cdot & \cdot & \cdot & \cdot \\ \boldsymbol{a_{i1}} & \cdot & \boldsymbol{a_{ik}} & \cdot & \boldsymbol{a_{ip}} \\ \cdot & \cdot & \cdot & \cdot & \cdot \\ a_{m1} & \cdot & \cdot & \cdot & a_{mp} \end{pmatrix} \begin{pmatrix} b_{11} & \cdot & \boldsymbol{b_{1j}} & \cdot & b_{1n} \\ \cdot & \cdot & \cdot & \cdot & \cdot \\ \cdot & \cdot & \boldsymbol{b_{kj}} & \cdot & \cdot \\ \cdot & \cdot & \cdot & \cdot & \cdot \\ b_{p1} & \cdot & \boldsymbol{b_{pj}} & \cdot & b_{pn} \end{pmatrix} = \begin{matrix} \\ \\ i \\ \\ \\ \end{matrix} \overset{j}{\begin{pmatrix} c_{11} & \cdot & \cdot & \cdot & c_{1n} \\ \cdot & \cdot & \cdot & \cdot & \cdot \\ c_{i1} & \cdot & \boldsymbol{c_{ij}} & \cdot & c_{in} \\ \cdot & \cdot & \cdot & \cdot & \cdot \\ c_{m1} & \cdot & \cdot & \cdot & c_{mn} \end{pmatrix}}$$

*In Formeln: Für $i = 1, \ldots, m$ und $j = 1, \ldots, n$ gilt*

$$\boldsymbol{c_{ij}} = \sum_{k=1}^{p} \boldsymbol{a_{ik} b_{kj}} = \boldsymbol{a_{i1} b_{1j}} + \ldots + \boldsymbol{a_{ik} b_{kj}} + \ldots + \boldsymbol{a_{ip} b_{pj}} \,. \tag{3.7}$$

**3.2.4 (Kurzform für ein lineares Gleichungssystem)** *Unter Verwendung des Matrizenprodukts kann ein lineares Gleichungssystem (3.2) von $m$ Gleichungen für $n$ gesuchte Größen $x_1, \ldots, x_n$ zweckmäßig in der Form*

$$\boldsymbol{A} \begin{pmatrix} \boldsymbol{x_1} \\ \vdots \\ \boldsymbol{x_n} \end{pmatrix} = \begin{pmatrix} \boldsymbol{b_1} \\ \vdots \\ \boldsymbol{b_n} \end{pmatrix} \quad \text{oder} \quad \boldsymbol{A\underline{x}} = \underline{\boldsymbol{b}} \tag{3.8}$$

*geschrieben werden.*[8]

**3.2.5 (*Falk*sches Schema der Matrizenmultiplikation)**
*Die Berechnung des Produkts $C = AB$ einer Matrix $A$ vom Typ $(m, p)$ mit einer Matrix $B$ vom Typ $(p, n)$ ist in der Abbildung 3.3 schematisch dargestellt:*

*Hierin sind unter den Spalten der Matrizen $A$ und $C$ die Summen der entsprechenden Spalten und rechts neben den Zeilen der Matrizen $B$ und $C$ die Summen der entsprechenden Zeilen einzutragen:*

$$\boldsymbol{s_{k_A}} = \sum_{i=1}^{m} \boldsymbol{a_{ik}}, \quad \boldsymbol{s_{j_C}} = \sum_{i=1}^{m} \boldsymbol{c_{ij}}, \quad \boldsymbol{z_{k_B}} = \sum_{j=1}^{n} \boldsymbol{b_{kj}}, \quad \boldsymbol{z_{i_C}} = \sum_{j=1}^{n} \boldsymbol{c_{ij}} \tag{3.9}$$

*Hiermit sind die folgenden* ***Rechenkontrollen*** *möglich:*[9]

- *Die Summe der $j$-ten Spalte von $C = AB$ ist das Produkt der aus den Spaltensummen von $A$ gebildeten Zeile mit der $j$-ten Spalte von $B$:*

$$\boldsymbol{s_{j_C}} = (\boldsymbol{s_{1_A}}, \ldots, \boldsymbol{s_{p_A}}) \begin{pmatrix} \boldsymbol{b_{1j}} \\ \vdots \\ \boldsymbol{b_{pj}} \end{pmatrix} \tag{3.10}$$

[8] Matrizen mit einer Zeile oder Spalte werden hier durch Unterstreichen kenntlich gemacht, – vgl. die Bezeichnungsweise für Vektoren im Kapitel 4.

[9] Eine weitere Rechenkontrolle ist in der Aufgabe 3.2 angegeben.

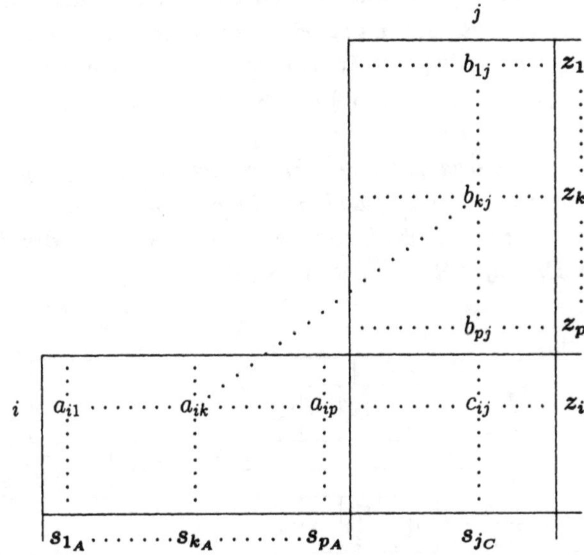


**Abb. 3.3:** Berechnung des Matrizenprodukts mit Hilfe des *Falk*schen Schemas

- *Die Summe der i-ten Zeile von $C = AB$ ist das Produkt der i-ten Zeile von A mit der aus den Zeilensummen von B gebildeten Spalte:*

$$z_{i_C} = (a_{i1}, \ldots, a_{ip}) \begin{pmatrix} z_{1_B} \\ \vdots \\ z_{p_B} \end{pmatrix} \tag{3.11}$$

B e w e i s : Aus der Formel (3.7) für das Matrizenprodukt und den Formeln (3.9) ergeben sich die Formeln der Rechenkontrolle durch bloßes Vertauschen der Summationsreihenfolge:

$$s_{j_C} = \sum_{i=1}^{m} c_{ij} = \sum_{i=1}^{m} \Big( \sum_{k=1}^{p} a_{ik} b_{kj} \Big) = \sum_{k=1}^{p} \Big( \sum_{i=1}^{m} a_{ik} \Big) b_{kj} = \sum_{k=1}^{p} s_{k_A} b_{kj}$$

$$z_{i_C} = \sum_{j=1}^{n} c_{ij} = \sum_{j=1}^{n} \Big( \sum_{k=1}^{p} a_{ik} b_{kj} \Big) = \sum_{k=1}^{p} a_{ik} \Big( \sum_{j=1}^{n} b_{kj} \Big) = \sum_{k=1}^{p} a_{ik} z_{k_B}$$

## Beispiel 3.6

$$\begin{pmatrix} 1 & 2 & 3 & 4 \\ 3 & 1 & 2 & 2 \end{pmatrix} \begin{pmatrix} 5 & 1 & 3 \\ 1 & 1 & 1 \\ 2 & 2 & 2 \\ 3 & 1 & 1 \end{pmatrix} = \begin{pmatrix} 25 & 13 & 15 \\ 26 & 10 & 16 \end{pmatrix}$$

| | | | | | | | |
|---|---|---|---|---|---|---|---|
| | | | | 5 | 1 | 3 | 9 |
| | | | | 1 | 1 | 1 | 3 |
| | | | | 2 | 2 | 2 | 6 |
| | | | | 3 | 1 | 1 | 5 |
| 1 | 2 | 3 | 4 | 25 | 13 | 15 | 53 |
| 3 | 1 | 2 | 2 | 26 | 10 | 16 | 52 |
| 4 | 3 | 5 | 6 | 51 | 23 | 31 | |

**3.2.6 (Interpretation der Summe von Direktbedarfsmatrizen)**
*Aus m Rohstoffen $R_1, \ldots, R_m$ sollen in zwei voneinander unabhängigen Prozessen Zwischenprodukte $S_1, \ldots, S_n$ und $T_1, \ldots, T_n$ hergestellt, wobei A die Direktbedarfsmatrix für den Prozeß $(R_1, \ldots, R_m) \to (S_1, \ldots, S_n)$ und B die Direktbedarfsmatrix für den Prozeß $(R_1, \ldots, R_m) \to (T_1, \ldots, T_n)$ ist.*
*Werden dann aus den Zwischenprodukten Endprodukte $P_1, \ldots, P_n$ angefertigt, und zwar so, daß jeweils eine Einheit von $S_i$ und eine Einheit von $T_i$ zu einer Einheit von $P_i$ $(i = 1, \ldots, n)$ zusammengesetzt wird, so ist die Summe* ***A + B die Direktbedarfsmatrix für den Prozeß $(R_1, \ldots, R_m) \to (P_1, \ldots, P_n)$.***

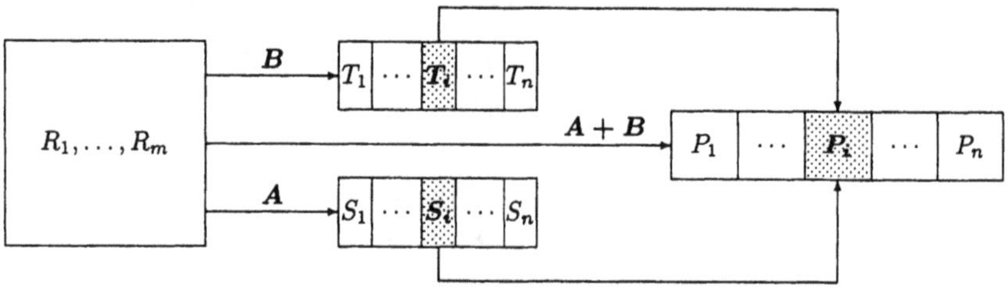


**Abb. 3.4:** Summe von Direktbedarfsmatrizen

**3.2.7 (Interpretation des Produkts von Direktbedarfsmatrizen)**
*Aus m Rohstoffen $R_1, \ldots, R_m$ sollen in einem ersten Prozeß Zwischenprodukte $Z_1, \ldots, Z_p$ und in einem anschließenden Prozeß aus diesen Zwischenprodukten Endprodukte $P_1, \ldots, P_n$ hergestellt werden. Hierbei sei A die zugehörige Direktbedarfsmatrix vom Typ $(m, p)$ für den Prozeß $(R_1, \ldots, R_m) \to (Z_1, \ldots, Z_p)$, und B sei die Direktbedarfsmatrix vom Typ $(p, n$ für den Prozeß $(Z_1, \ldots, Z_p) \to (P_1, \ldots, P_n)$.*
*Dann ist das Matrizenpaar $(A, B)$ verkettet, und* ***die Direktbedarfsmatrix C für die Produktion der Endprodukte aus den Rohstoffen ist die Produktmatrix AB.***

**Beispiel 3.7** Nachfolgend sind die Direktbedarfsmatrix $A$ für die Herstellung von vier Zwischenprodukten $Z_1$, $Z_2$, $Z_3$ und $Z_4$ aus zwei Rohstoffen $R_1$ und $R_2$ (links) und die Direktbedarfsmatrix $B$ für die Herstellung von drei Endprodukten $P_1$, $P_2$ und $P_3$ aus den Zwischenprodukten $Z_1$, $Z_2$, $Z_3$ und $Z_4$ (Mitte) gegeben. Dann ist die Direktbedarfsmatrix $C$ für die Herstellung der Endprodukte aus den Rohstoffen das Matrizenprodukt $C = AB$ (rechts), das im Beispiel 3.6 mit dem *Falk*schen Schema berechnet wurde.

| | $Z_1$ | $Z_2$ | $Z_3$ | $Z_4$ |
|---|---|---|---|---|
| $R_1$ | 1 | 2 | 3 | 4 |
| $R_2$ | 3 | 1 | 2 | 2 |

| | $P_1$ | $P_2$ | $P_3$ |
|---|---|---|---|
| $Z_1$ | 5 | 1 | 3 |
| $Z_2$ | 1 | 1 | 1 |
| $Z_3$ | 2 | 2 | 2 |
| $Z_4$ | 3 | 1 | 1 |

| | $P_1$ | $P_2$ | $P_3$ |
|---|---|---|---|
| $R_1$ | 25 | 13 | 15 |
| $R_2$ | 26 | 10 | 16 |

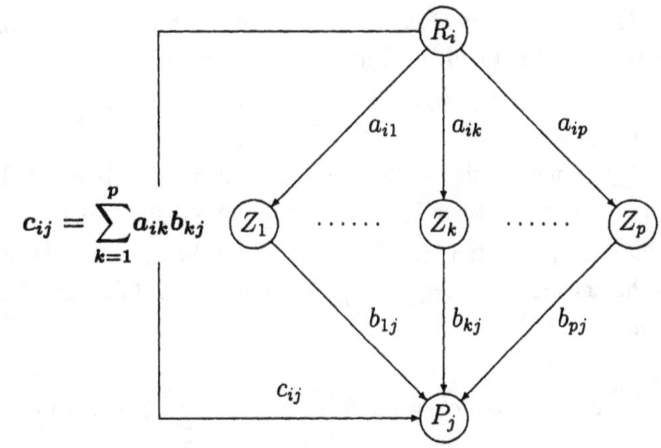


**Abb. 3.5:** Produkt von Direktbedarfsmatrizen

# 3.3 Rechnen mit Matrizen

Die nun angeführten Rechenregeln gelten für alle Matrizen $A, B, C$, für welche die auftretenden Operationen ausführbar sind.

**3.3.1 (Rechenregeln für die Matrizenoperationen)**

- ***Assoziative Gesetze:*** *Addition und Multiplikation von Matrizen sind von der Position von Klammern unabhängig:*

$$\begin{aligned} \boldsymbol{A} + (\boldsymbol{B} + \boldsymbol{C}) &= (\boldsymbol{A} + \boldsymbol{B}) + \boldsymbol{C} \\ \boldsymbol{A}(\boldsymbol{B}\boldsymbol{C}) &= (\boldsymbol{A}\boldsymbol{B})\boldsymbol{C} \end{aligned} \tag{3.12}$$

  *In Produkten oder Summen können daher Klammern ganz weggelassen werden.*

- ***Kommutatives Gesetz für die Addition:***

$$\boldsymbol{A} + \boldsymbol{B} = \boldsymbol{B} + \boldsymbol{A} \tag{3.13}$$

- ***Distributive Gesetze:***

$$\begin{aligned} \boldsymbol{A}(\boldsymbol{B} + \boldsymbol{C}) &= \boldsymbol{A}\boldsymbol{B} + \boldsymbol{A}\boldsymbol{C} \\ (\boldsymbol{A} + \boldsymbol{B})\boldsymbol{C} &= \boldsymbol{A}\boldsymbol{C} + \boldsymbol{B}\boldsymbol{C} \end{aligned} \tag{3.14}$$

- ***Regeln für das Transponieren:***

$$\begin{aligned} (\boldsymbol{A} + \boldsymbol{B})^T &= \boldsymbol{A}^T + \boldsymbol{B}^T \\ (\boldsymbol{A}\boldsymbol{B})^T &= \boldsymbol{B}^T \boldsymbol{A}^T \\ (\boldsymbol{A}^T)^T &= \boldsymbol{A} \end{aligned} \tag{3.15}$$

B e w e i s : Die Regeln für die Matrizenoperationen lassen sich unmittelbar aus den entsprechenden Gesetzen für das Rechnen mit reellen Zahlen ableiten; als Beispiel wird die zweite Formel in (3.15) für das Transponieren gezeigt.

Hat $A$ den Typ $(m,p)$, so hat $B$ einen Typ $(p,n)$, da das Matrizenpaar $(A,B)$ verkettet sein muß. Folglich ist auch das Paar $(B^T, A^T)$ verkettet.
$a$, $b$ und $c$ seien Symbole für die Elemente der Matrizen $A$, $B$ bzw. der Produktmatrix $C = AB$, und $a^T$, $b^T$ bzw. $c^T$ seien Symbole für die jeweiligen transponierten Matrizen.

Die Elemente der transponierten Matrix werden durch Vertauschen des Zeilen- mit dem Spaltenindex erhalten: $c_{ij}^T = c_{ji}, a_{kj}^T = a_{jk}, b_{ik}^T = b_{ki}$, und daher gilt für $i = 1, \ldots, m$ und $j = 1, \ldots, n$:

$$c_{ij} = \sum_{k=1}^{p} a_{ik} b_{kj} \quad \Rightarrow \quad c_{ij}^T = c_{ji} = \sum_{k=1}^{p} a_{jk} b_{ki} = \sum_{k=1}^{p} b_{ki} a_{jk} = \sum_{k=1}^{p} b_{ik}^T a_{kj}^T$$

Damit ist $c_{ij}^T$ das Element in der $i$-ten Zeile und $j$-ten Spalte der Matrix $B^T A^T$. □

**Bemerkung:** *Die Multiplikation von Matrizen ist jedoch nicht generell kommutativ.*

Ist das Paar $(A,B)$ verkettet, so braucht $(B,A)$ nicht verkettet zu sein: Denn ist $A$ vom Typ $(m,n)$, so können die Produkte $AB$ und $BA$ beide zusammen nur gebildet werden, wenn $B$ vom Typ $(n,m)$ ist. Aber selbst wenn $A$ und $B$ quadratische Matrizen sind, müssen die Produkte $AB$ und $BA$ nicht übereinstimmen.

**Beispiel 3.8** Für $A = \begin{pmatrix} a_{11} & a_{12} \\ a_{21} & a_{22} \end{pmatrix}$ und $B = \begin{pmatrix} 1 & 1 \\ 1 & 0 \end{pmatrix}$ stimmen die Produkte $AB = \begin{pmatrix} a_{11}+a_{12} & a_{11} \\ a_{21}+a_{22} & a_{21} \end{pmatrix}$ und $BA = \begin{pmatrix} a_{11}+a_{21} & a_{12}+a_{22} \\ a_{11} & a_{12} \end{pmatrix}$ genau dann überein, wenn $a_{21} = a_{12}$ und $a_{22} = a_{11} - a_{12}$ gilt.

Wird eine *beliebige* $n$-reihige Matrix $A$ von links oder von rechts mit der $n$-reihigen Einheitsmatrix $E$ multipliziert, so stimmen beide Produkte $EA$ und $AE$ mit $A$ überein. Die Einheitsmatrix hat daher die Bedeutung eines „neutralen " Elements bezüglich der Multiplikation. Umgekehrt: Gibt es eine $n$-reihige Matrix $X$, so daß für *jede* $n$-reihige Matrix $A$ die Gleichung $XA = A$ gilt, so muß $X$ die $n$-reihige Einheitsmatrix sein, und entsprechend gilt dies für die Eigenschaft $AX = A$:

**3.3.2 (Einheitsmatrix als neutrales Element)**[10] *Für jede n-reihige Matrix A und für die n-reihige **Einheitsmatrix E** gelten die Beziehungen*

$$\boldsymbol{AE} = \boldsymbol{A} \quad \textit{und} \quad \boldsymbol{EA} = \boldsymbol{A}. \tag{3.16}$$

*Die Einheitsmatrix ist durch jede einzelne dieser Gleichungen charakterisiert.*

**Vorbemerkung:** Die Lösung einer Gleichung $ax = b$ für zwei gegebene reelle Zahlen $a$ und $b$ und eine gesuchte reelle Zahl $x$ wird durch Multiplikation der Gleichung mit der inversen (reziproken) Zahl $a^{-1}$ (mit der Eigenschaft $a^{-1}a = 1$) geliefert, $a \neq 0$ vorausgesetzt.

[10]Vgl. Aufgabe 3.6

Allgemeiner wird jetzt ein *lineares Gleichungssystem* (3.8) in der Form $A\underline{x} = \underline{b}$ mit einer gegebenen $n$-reihigen Matrix $A$ und einer gegebenen Spalte $\underline{b}$ von $n$ Daten für eine gesuchte Spalte $\underline{x}$ von $n$ Größen betrachtet.

- Soll dieses System wie eine Zahlengleichung $ax = b$ gelöst werden, so wird hierfür eine zu $A$ „*inverse*“ Matrix $A^{-1}$ mit der Eigenschaft $A^{-1}A = E$ benötigt. Durch Multiplikation des Gleichungssystems von links mit $A^{-1}$ hätte man dann für die gesuchte Lösung wegen $A^{-1}A\underline{x} = E\underline{x} = \underline{x} = A^{-1}\underline{b}$ sofort die konkrete Lösungsformel $\underline{x} = A^{-1}\underline{b}$.

- Wie bei einer Zahlengleichung ist dafür aber vorauszusetzen, daß $A$ von der aus lauter Nullen gebildeten Nullmatrix 0 verschieden ist, denn die Gleichung $0 \cdot \underline{x} = \underline{b}$ ist nur für die spezielle Spalte $\underline{b} = \underline{0}$ lösbar.
  Die Bedingung $A \neq 0$ reicht aber weder für die Lösbarkeit noch die eindeutige Lösbarkeit von $A\underline{x} = \underline{b}$ (bei beliebig gegebener Spalte $\underline{b}$) aus.[11]

Die genaue Bedingung für die Existenz einer derartigen inversen Matrix wird im weiteren Verlauf geklärt.

**3.3.3 (Inverse Matrix)** *Zu einer gegebenen n-reihigen Matrix A heißt eine n-reihige Matrix X* ***invers****, wenn die beiden Gleichungen*

$$\boldsymbol{AX = E} \quad \textit{und} \quad \boldsymbol{XA = E} \tag{3.17}$$

*erfüllt sind.*

**3.3.4 (Eindeutige Bestimmtheit der inversen Matrix)**
*Gibt es zu einer n-reihigen Matrix A überhaupt eine inverse Matrix X, so ist diese* ***eindeutig bestimmt****. Dann heißt A* ***invertierbar****, und X heißt* ***die zu A inverse Matrix*** *oder* ***Inverse von A*** *(Symbol:* $\boldsymbol{A^{-1}}$*).*

**Zusatz:** *Mit der Lösung der Aufgabe 3.9 erweist sich, daß die inverse Matrix durch* ***jede einzelne*** *der beiden Beziehungen $AX = E$ und $XA = E$ charakterisiert ist, das heißt:*

$$\begin{aligned} \boldsymbol{AX = E} &\;\Rightarrow\; \boldsymbol{X = A^{-1}} \\ \boldsymbol{XA = E} &\;\Rightarrow\; \boldsymbol{X = A^{-1}} \end{aligned} \tag{3.18}$$

B e w e i s (für die eindeutige Bestimmtheit der Inversen):
Es seien $X$ und $Y$ zwei Inverse von $A$. Dann folgt aus $AX = E$ durch Multiplikation mit $Y$ von links $Y(AX) = YE = Y$. Wegen $YA = E$ ist andererseits $Y(AX) = (YA)X = EX = X$. Folglich ist $X = Y$. □

[11] Zum Beispiel gibt es für die Matrix $A = \begin{pmatrix} 1 & 1 \\ 1 & 1 \end{pmatrix}$ keine zweireihige Matrix $A^{-1}$ mit $A^{-1}A = E$ (oder auch mit $AA^{-1} = E$), wie man sofort nachrechnen kann.

**3.3.5 (Gesetze für die inverse Matrix)** *$A$ und $B$ seien n-reihige invertierbare Matrizen. Dann sind auch* $\boldsymbol{A^{-1}}$, $\boldsymbol{A^T}$ *und* $\boldsymbol{AB}$ *invertierbar, und es gilt:*

$$\begin{aligned} (\boldsymbol{A}^{-1})^{-1} &= \boldsymbol{A} \\ (\boldsymbol{A}^{T})^{-1} &= (\boldsymbol{A}^{-1})^{T} \\ (\boldsymbol{AB})^{-1} &= \boldsymbol{B}^{-1}\boldsymbol{A}^{-1} \end{aligned} \tag{3.19}$$

B e w e i s : Für den Nachweis der drei Beziehungen wird die charakteristische Eigenschaft (3.17) der inversen Matrix nacheinander für $A^{-1}$, $A^T$ und $AB$ verwendet.

Aus $AA^{-1} = E$ und $A^{-1}A = E$ folgt, daß $A$ die Inverse von $A^{-1}$ ist, also $(A^{-1})^{-1} = A$ gilt.

Aus $AA^{-1} = E$ und $A^{-1}A = E$ ergeben sich durch Transponieren die Gleichungen $(AA^{-1})^T = (A^{-1})^T A^T = E^T = E$ und $(A^{-1}A)^T = A^T(A^{-1})^T = E^T = E$. Hieraus folgt, daß $(A^{-1})^T$ die Inverse von $A^T$ ist.

Aus den beiden Beziehungen $(AB)(B^{-1}A^{-1}) = A(BB^{-1})A^{-1} = AEA^{-1} = E$ und $(B^{-1}A^{-1})(AB) = B^{-1}(A^{-1}A)B = B^{-1}EB = E$ folgt, daß $B^{-1}A^{-1}$ die Inverse der Produktmatrix $AB$ ist. □

Für die folgenden beiden Spezialfälle kann die Inverse leicht angegeben werden.

**3.3.6 (Inverse einer zweireihigen Matrix)**
*Eine zweireihige Matrix $(a_{ij})_{i,j=1,2}$ ist dann und nur dann invertierbar, wenn der Ausdruck* $\boldsymbol{D = a_{11}a_{22} - a_{12}a_{21}}$ ***von 0 verschieden*** *ist. Dann lautet die Inverse:*

$$\begin{pmatrix} \boldsymbol{a_{11}} & \boldsymbol{a_{12}} \\ \boldsymbol{a_{21}} & \boldsymbol{a_{22}} \end{pmatrix}^{-1} = \frac{\boldsymbol{1}}{\boldsymbol{D}} \begin{pmatrix} \boldsymbol{a_{22}} & \boldsymbol{-a_{12}} \\ \boldsymbol{-a_{21}} & \boldsymbol{a_{11}} \end{pmatrix} \quad \textit{mit} \quad \boldsymbol{D = a_{11}a_{22} - a_{12}a_{21}} \tag{3.20}$$

B e w e i s : Zur Bestimmung der Inversen genügt es, eine der beiden Matrizengleichungen in (3.17) zu lösen, etwa $AX = E$. Bei gegebener Matrix $A$ bedeutet diese Gleichung das lineare Gleichungssystem

$$\begin{aligned} a_{11}x_{11} + a_{12}x_{21} &= 1 & \qquad a_{11}x_{12} + a_{12}x_{22} &= 0 \\ a_{21}x_{11} + a_{22}x_{21} &= 0 & \qquad a_{21}x_{12} + a_{22}x_{22} &= 1 \end{aligned} \tag{3.21}$$

von vier Gleichungen für vier gesuchte Größen $x_{11}, x_{12}, x_{21}$ und $x_{22}$.

Hierin können das linke und rechte Teilsystem getrennt gelöst werden. Dazu wird in beiden Systemen das $a_{22}$-fache der oberen Gleichung zum $(-a_{12})$-fachen der unteren Zeile addiert und anschließend das $a_{11}$-fache der unteren Gleichung zum $(-a_{21})$-fachen der oberen Gleichung addiert. Daraus folgt:

$$Dx_{11} = a_{22}, \; Dx_{21} = -a_{21}, \; Dx_{12} = -a_{12}, \; Dx_{22} = a_{11} \tag{3.22}$$

Für $D \neq 0$ ergibt sich hieraus die Formel (3.20) für die inverse Matrix[12], die übrigens auch unmittelbar durch Einsetzen bestätigt werden kann.

[12]Im Fall einer zweireihigen Matrix kann man sich sofort davon überzeugen, daß die zweite Matrizengleichung $XA = E$ die gleiche Lösung besitzt, obwohl das entsprechende Gleichungssystem nicht mit dem System (3.21) übereinstimmt.

Ist aber $D = 0$, so ist das Gleichungssystem (3.22) dann und nur dann lösbar, wenn $A$ die Nullmatrix ist. Diese hat aber keine Inverse. □

**Beispiel 3.9** Die Matrix $\begin{pmatrix} 3 & 4 \\ 6 & x \end{pmatrix}$ ist genau dann invertierbar, wenn $3x - 4 \cdot 6 \neq 0$ gilt, also $x \neq 8$ ist. Dann lautet die Inverse

$$\begin{pmatrix} 3 & 4 \\ 6 & x \end{pmatrix}^{-1} = \frac{1}{3x-24}\begin{pmatrix} x & -4 \\ -6 & 3 \end{pmatrix}.$$

**3.3.7 (Inverse einer Dreiecksmatrix)**[13] *Eine obere oder untere **Dreiecksmatrix** $A$ ist genau dann invertierbar, wenn alle Diagonalelemente von 0 verschieden sind. Ist $A$ speziell eine **Diagonalmatrix**, deren Diagonalelemente sämtlich von 0 verschieden sind, so gilt:*

$$\begin{pmatrix} \boldsymbol{a_{11}} & 0 & . & . & . & 0 \\ 0 & \boldsymbol{a_{22}} & 0 & . & . & 0 \\ 0 & 0 & . & . & . & . \\ . & . & . & . & . & . \\ 0 & . & . & . & . & 0 \\ 0 & . & . & . & 0 & \boldsymbol{a_{nn}} \end{pmatrix}^{-1} = \begin{pmatrix} \boldsymbol{1/a_{11}} & 0 & . & . & . & 0 \\ 0 & \boldsymbol{1/a_{22}} & 0 & . & . & 0 \\ 0 & 0 & . & . & . & . \\ . & . & . & . & . & . \\ 0 & . & . & . & . & 0 \\ 0 & . & . & . & 0 & \boldsymbol{1/a_{nn}} \end{pmatrix} \tag{3.23}$$

## 3.4 Determinante einer quadratischen Matrix

Die soeben für eine zweireihige Matrix $A$ angegebene Größe $a_{11}a_{22} - a_{12}a_{21}$, die *Determinante von $A$*, wird nun für beliebige quadratische Matrizen eingeführt; sie erweist sich als ein wichtiges Hilfsmittel der linearen Algebra.

**3.4.1 (Determinante einer zweireihigen Matrix)** *Für eine zweireihige Matrix $A = (a_{ij})_{i,j=1,2}$ heißt die Zahl $\boldsymbol{a_{11}a_{22} - a_{12}a_{21}}$ die **Determinante von $A$**.*

*Symbole:* $|\boldsymbol{A}|$, $\mathbf{det}(\boldsymbol{A})$, $\begin{vmatrix} \boldsymbol{a_{11}} & \boldsymbol{a_{12}} \\ \boldsymbol{a_{21}} & \boldsymbol{a_{22}} \end{vmatrix}$

Mit Hilfe der Determinante wurde bereits eine Formel (3.20) für die Inverse einer zweireihigen Matrix angegeben; hiermit kann ein lineares Gleichungssystem von zwei Gleichungen für zwei Unbekannte formelmäßig gelöst werden.

**3.4.2 (Zwei Gleichungen mit zwei Unbekannten)** *Ist die Determinante der Koeffizientenmatrix $A$ eines linearen Gleichungssystems*

$$\begin{aligned} a_{11}x_1 + a_{12}x_2 &= b_1 \\ a_{21}x_1 + a_{22}x_2 &= b_2 \end{aligned} \quad \Leftrightarrow \quad \begin{pmatrix} a_{11} & a_{12} \\ a_{21} & a_{22} \end{pmatrix}\begin{pmatrix} x_1 \\ x_2 \end{pmatrix} = \begin{pmatrix} b_1 \\ b_2 \end{pmatrix} \tag{3.24}$$

*von zwei Gleichungen für zwei gesuchte Größen $x_1$ und $x_2$ von 0 verschieden, so hat dieses System eine eindeutig bestimmte Lösung, und zwar:*

[13] Vgl. Aufgabe 3.8

$$\begin{pmatrix} x_1 \\ x_2 \end{pmatrix} = A^{-1} \begin{pmatrix} b_1 \\ b_2 \end{pmatrix}, \quad bzw. \quad x_1 = \frac{\begin{vmatrix} b_1 & a_{12} \\ b_2 & a_{22} \end{vmatrix}}{\begin{vmatrix} a_{11} & a_{12} \\ a_{21} & a_{22} \end{vmatrix}}, \quad x_2 = \frac{\begin{vmatrix} a_{11} & b_1 \\ a_{21} & b_2 \end{vmatrix}}{\begin{vmatrix} a_{11} & a_{12} \\ a_{21} & a_{22} \end{vmatrix}} \tag{3.25}$$

Beweis: Die Lösungsformel (3.25) ergibt sich unmittelbar durch Multiplikation der in (3.24) rechtsstehenden Form des Gleichungssystems mit der in (3.20) angegebenen Inversen von $A$, – diese existiert wegen $|A| \neq 0$. □

**Bemerkung:** Hat die Determinante der Koeffizientenmatrix den Wert 0, so hat das Gleichungssystem (3.24) entweder keine oder unendlich viele Lösungen, – dieser Sachverhalt wird im nächsten Kapitel geklärt.

Bei der Berechnung der Inversen einer dreireihigen Matrix bzw. der Lösung linearer Gleichungssysteme von drei Gleichungen mit drei Unbekannten tritt in entsprechender Weise wie für $n = 2$ eine Summe von Produkten dreier Matrizenelemente auf, - die Determinante einer dreireihigen Matrix.

### 3.4.3 (Determinante einer dreireihigen Matrix, Schema von *Sarrus*)

*Für eine dreireihige Matrix $A = (a_{ij})_{i,j=1,2,3}$ heißt die Zahl $|A|$ mit*

$$\begin{vmatrix} a_{11} & a_{12} & a_{13} \\ a_{21} & a_{22} & a_{23} \\ a_{31} & a_{32} & a_{33} \end{vmatrix} = \begin{array}{l} a_{11}a_{22}a_{33} + a_{12}a_{23}a_{31} + a_{13}a_{21}a_{32} \\ - a_{13}a_{22}a_{31} - a_{11}a_{23}a_{32} - a_{12}a_{21}a_{33} \end{array} \tag{3.26}$$

*die **Determinante der Matrix A**.*

*Für die konkrete Berechnung der Determinante kann das **Schema von Sarrus** verwendet werden: Hierbei wird rechts neben die Matrix A noch einmal die erste und zweite Spalte gesetzt. In diesem erweiterten Schema ist die Summe der Produkte der Elemente in den von links oben nach rechts unten verlaufenden Schräglinien, vermindert um die Summe der Produkte der Elemente in den von rechts oben nach links unten verlaufenden Schräglinien, die **Determinante von A**.*

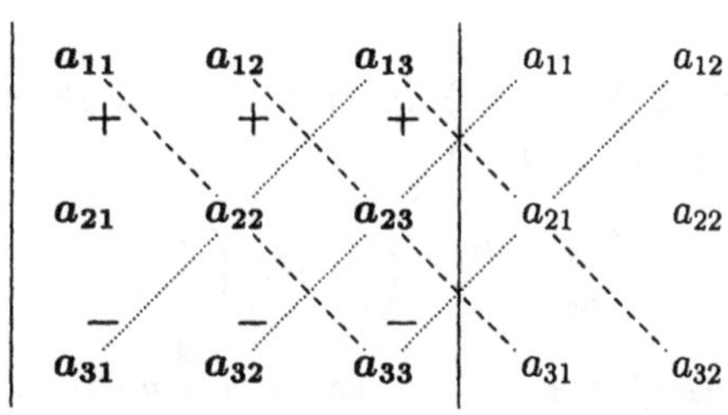


**Abb. 3.6:** Schema von *Sarrus* zur Berechnung der Determinante einer dreireihigen Matrix

**Beispiel 3.10** Es ist die Determinante der Matrix $\begin{pmatrix} 2 & -3 & 4 \\ -1 & 5 & -2 \\ 1 & 3 & 6 \end{pmatrix}$ zu berechnen.

$$\begin{vmatrix} 2 & -3 & 4 \\ -1 & 5 & -2 \\ 1 & 3 & 6 \end{vmatrix} \begin{matrix} (2) & (-3) \\ (-1) & (5) \\ (1) & (3) \end{matrix} = \begin{matrix} & 2\cdot 5\cdot 6 & + & (-3)\cdot(-2)\cdot 1 & + & 4\cdot(-1)\cdot 3 \\ - & 4\cdot 5\cdot 1 & - & 2\cdot(-2)\cdot 3) & - & (-3)\cdot(-1)\cdot 6 \end{matrix} = 28$$

**Bemerkung zur Formel (3.26):** In (3.26) sind die Summanden Produkte von je drei Matrizenelementen, in denen jeweils aus jeder Zeile und jeder Spalte genau ein Element auftritt, – also erscheint in jedem der Summanden *jeder Spaltenindex und jeder Zeilenindex genau einmal.* Die Produkte sind dabei so geordnet, daß der Zeilenindex in der natürlichen Reihenfolge (1,2,3) auftritt, – der Spaltenindex durchläuft dann notwendig irgendeine Anordnung (Permutation) der Zahlen 1, 2, 3. Insgesamt treten bei den 6 Summanden alle $3! = 6$ Permutationen der Menge $\{1,2,3\}$ auf.

Nimmt man etwa den Summanden $a_{13}a_{21}a_{32}$, so tritt bei den Spaltenindizes die Permutation $(3,1,2)$ auf. Diese enthält die zwei Paare $(3,1)$ und $(3,2)$ als „Fehlstellungen" oder sogenannte *Inversionen*, bei denen die natürliche Ordnung verletzt ist.

**3.4.4 (Signum einer Permutation)** *Für eine Permutation $\pi = (\pi_1, \ldots, \pi_n)$ der Menge $\{1, \ldots, n\}$ heißt ein Zahlenpaar $(i,j)$ mit $i < j$ und $\pi_i > \pi_j$ eine* ***Inversion****. Ist $N = N(\pi)$ die Anzahl der Inversionen, so heißt die Größe $(-1)^N$ das* ***Signum*** *der Permutation $\pi$ (Symbol: $\operatorname{sgn}(\pi)$).*

In der folgenden Liste sind für $n = 2$ und $n = 3$ die einzelnen Summanden der Determinante und ihre zugehörigen Permutationen mit der jeweiligen Anzahl der Inversionen angegeben.

| | Summand | Permutation | Inversionen | Signum |
|---|---|---|---|---|
| $n=2$ | $a_{11}a_{22}$ | $(1,2)$ | 0 | 1 |
| | $-a_{12}a_{21}$ | $(2,1)$ | 1 | $-1$ |
| $n=3$ | $a_{11}a_{22}a_{33}$ | $(1,2,3)$ | 0 | 1 |
| | $a_{12}a_{23}a_{31}$ | $(2,3,1)$ | 2 | 1 |
| | $a_{13}a_{21}a_{32}$ | $(3,1,2)$ | 2 | 1 |
| | $-a_{13}a_{22}a_{31}$ | $(3,2,1)$ | 3 | $-1$ |
| | $-a_{11}a_{23}a_{32}$ | $(1,3,2)$ | 1 | $-1$ |
| | $-a_{12}a_{21}a_{33}$ | $(2,1,3)$ | 1 | $-1$ |

(3.27)

Mit diesen Vorbereitungen kann nun der Determinantenbegriff für eine beliebige $n$-reihige Matrix eingeführt werden.

**3.4.5 (Determinante einer $n$-reihigen Matrix als Permutationssumme)**
*Für eine $n$-reihige Matrix $A = (a_{ij})_{i,j=1,\ldots,n}$ heißt die Zahl*

$$|A| = \sum_{\pi} sgn(\pi)\; a_{1,\pi_1} a_{2,\pi_2} \cdots a_{n,\pi_n} \tag{3.28}$$

*die* ***Determinante von A****. Hierbei wird über alle $n!$ Permutationen $\pi = (\pi_1, \ldots, \pi_n)$ der Menge $\{1, \ldots, n\}$ summiert.*

Für eine Matrix $A = (a_{11})$ mit einer Zeile und einer Spalte ist die Determinante gerade die Zahl $a_{11}$, und für $n = 2$ und $n = 3$ stimmt der allgemeine Begriff der Determinante mit den bereits eingeführten Begriffen überein.
In dem wichtigen Spezialfall einer Dreiecksmatrix kann die Determinante besonders einfach berechnet werden.

**3.4.6 (Determinante einer Dreiecksmatrix)** *Die Determinante einer oberen oder unteren Dreiecksmatrix* (3.3) *ist das* ***Produkt der Diagonalelemente****:*

$$\begin{vmatrix} a_{11} & a_{12} & a_{13} & \cdots & a_{1n} \\ 0 & a_{22} & a_{23} & \cdots & a_{2n} \\ 0 & 0 & a_{33} & \cdots & a_{3n} \\ \vdots & \vdots & \vdots & \ddots & \vdots \\ 0 & 0 & 0 & \cdots & a_{nn} \end{vmatrix} = \begin{vmatrix} a_{11} & 0 & 0 & \cdots & 0 \\ a_{21} & a_{22} & 0 & \cdots & 0 \\ a_{31} & a_{32} & a_{33} & \cdots & 0 \\ \vdots & \vdots & \vdots & \ddots & \vdots \\ a_{n1} & a_{n2} & a_{n3} & \cdots & a_{nn} \end{vmatrix} = a_{11}a_{22}\cdots a_{nn} \quad (3.29)$$

B e w e i s : In einer oberen Dreiecksmatrix $A$ haben diejenigen Elemente $a_{ij}$, deren Zeilenindex $i$ größer ist als der Spaltenindex $j$, den Wert 0. Ist nun $\pi$ eine Permutation der Menge $\{1, \ldots, n\}$, so verschwindet das Produkt $a_{1,\pi_1}a_{2,\pi_2}\cdots a_{n,\pi_n}$, wenn $\pi_i < i$ für irgendein $i$ ist. Folglich brauchen in der Permutationssumme (3.4.5) nur solche Permutationen $\pi$ berücksicht zu werden, für die $\pi_1 \geq 1, \pi_2 \geq 2, \ldots$ ist. Das ist aber nur für die natürliche Anordnung $\pi = (1, 2, \ldots, n)$ der Fall; diese hat das Signum 1, und daher ist $|A| = a_{11}a_{22}\ldots a_{nn}$.
Entsprechend wird bei einer unteren Dreiecksmatrix geschlossen. □

**3.4.7 (Folgerung: Determinante einer Diagonalmatrix)** *Die Determinante einer Diagonalmatrix ist das Produkt ihrer Diagonalelemente. Insbesondere hat die Determinante der n-reihigen Einheitsmatrix den Wert* 1*:*

$$\begin{vmatrix} 1 & 0 & 0 & \cdots & 0 \\ 0 & 1 & 0 & \cdots & 0 \\ 0 & 0 & 1 & \cdots & 0 \\ \vdots & \vdots & \vdots & \ddots & \vdots \\ 0 & 0 & 0 & \cdots & 1 \end{vmatrix} = 1 \quad (3.30)$$

Im Abschnitt 3.6 wird ein Verfahren angegeben, mit dem eine Matrix $A$ in einfachen Schritten, bei denen sich höchstens das Vorzeichen der Determinante ändert, in eine Dreiecksmatrix überführt wird. Damit kann der Wert der Determinante an der resultierenden Dreiecksmatrix abgelesen werden, - die aufwendige Formel (3.28) wird dann nicht mehr benötigt.

## 3.5 Entwicklung von Determinanten

Die Berechnung der Determinante einer $n$-reihigen Matrix kann *induktiv* auf die Berechnung von Determinanten $(n-1)$-reihiger Matrizen zurückgeführt werden.

Das wird zunächst für den Fall $n = 3$ ausgeführt.
Werden in der Formel (3.26) für die Determinante einer dreireihigen Matrix der Reihe nach die Elemente der ersten, zweiten und dritten Zeile sowie der ersten, zweiten und dritten Spalte aus den

jeweiligen beiden Summanden ausgeklammert, so ergeben sich die folgenden 6 verschiedenen Darstellungen für die Determinante:

$$
\begin{aligned}
&\begin{vmatrix} a_{11} & a_{12} & a_{13} \\ a_{21} & a_{22} & a_{23} \\ a_{31} & a_{32} & a_{33} \end{vmatrix} \\
= \; & \mathbf{a_{11}}(-1)^{1+1}\begin{vmatrix} a_{22} & a_{23} \\ a_{32} & a_{33} \end{vmatrix} + \mathbf{a_{12}}(-1)^{1+2}\begin{vmatrix} a_{21} & a_{23} \\ a_{31} & a_{33} \end{vmatrix} + \mathbf{a_{13}}(-1)^{1+3}\begin{vmatrix} a_{21} & a_{22} \\ a_{31} & a_{32} \end{vmatrix} \\
= \; & \mathbf{a_{21}}(-1)^{2+1}\begin{vmatrix} a_{12} & a_{13} \\ a_{32} & a_{33} \end{vmatrix} + \mathbf{a_{22}}(-1)^{2+2}\begin{vmatrix} a_{11} & a_{13} \\ a_{31} & a_{33} \end{vmatrix} + \mathbf{a_{23}}(-1)^{2+3}\begin{vmatrix} a_{11} & a_{12} \\ a_{31} & a_{32} \end{vmatrix} \\
= \; & \mathbf{a_{31}}(-1)^{3+1}\begin{vmatrix} a_{12} & a_{13} \\ a_{22} & a_{23} \end{vmatrix} + \mathbf{a_{32}}(-1)^{3+2}\begin{vmatrix} a_{11} & a_{13} \\ a_{21} & a_{23} \end{vmatrix} + \mathbf{a_{33}}(-1)^{3+3}\begin{vmatrix} a_{11} & a_{12} \\ a_{21} & a_{22} \end{vmatrix} \\
= \; & \mathbf{a_{11}}(-1)^{1+1}\begin{vmatrix} a_{22} & a_{23} \\ a_{32} & a_{33} \end{vmatrix} + \mathbf{a_{21}}(-1)^{2+1}\begin{vmatrix} a_{12} & a_{13} \\ a_{32} & a_{33} \end{vmatrix} + \mathbf{a_{31}}(-1)^{3+1}\begin{vmatrix} a_{12} & a_{13} \\ a_{22} & a_{23} \end{vmatrix} \\
= \; & \mathbf{a_{12}}(-1)^{1+2}\begin{vmatrix} a_{21} & a_{23} \\ a_{31} & a_{33} \end{vmatrix} + \mathbf{a_{22}}(-1)^{2+2}\begin{vmatrix} a_{11} & a_{13} \\ a_{31} & a_{33} \end{vmatrix} + \mathbf{a_{32}}(-1)^{3+2}\begin{vmatrix} a_{11} & a_{13} \\ a_{21} & a_{23} \end{vmatrix} \\
= \; & \mathbf{a_{13}}(-1)^{1+3}\begin{vmatrix} a_{21} & a_{22} \\ a_{31} & a_{32} \end{vmatrix} + \mathbf{a_{23}}(-1)^{2+3}\begin{vmatrix} a_{11} & a_{12} \\ a_{31} & a_{32} \end{vmatrix} + \mathbf{a_{33}}(-1)^{3+3}\begin{vmatrix} a_{11} & a_{12} \\ a_{21} & a_{22} \end{vmatrix}
\end{aligned}
$$

Die in dieser Darstellung auftretenden Summanden sind von der Form $a_{ij}(-1)^{i+j}\begin{vmatrix} \sim & \sim \\ \sim & \sim \end{vmatrix}$.
Hierin tritt die Determinante derjenigen Matrix auf, die aus der gegebenen dreireihigen Matrix durch Streichen der $i$-ten Zeile und der $j$-ten Spalte entsteht. Die mit dem jeweiligen Vorzeichen $(-1)^{i+j}$ versehene Determinante der zweireihigen Matrix heißt *Adjunkte zum Element $a_{ij}$*.
Die Berechnung der Determinante einer dreireihigen Matrix ist damit auf die Berechnung von ***drei*** Determinanten zweireihiger Matrizen zurückgeführt.

Eine entsprechende Reduktion wird jetzt für Determinanten $n$-reihiger Matrizen angegeben:
Die Berechnung der Determinante $n$-reihiger Matrizen wird auf die Berechnung von Determinanten $(n-1)$-reihiger Matrizen zurückgeführt, diese wiederum auf die Berechnung von Determinanten $(n-2)$-reihiger Matrizen, usw.

**3.5.1 (Adjunkte)** *Die aus einer $n$-reihigen Matrix $A = (a_{ij})_{i,j=1,\ldots,n}$ durch Streichen der $i$-ten Zeile und $j$-ten Spalte gebildete Zahl*

$$
\boldsymbol{A_{ij} = (-1)^{i+j}} \begin{vmatrix} a_{11} & \cdots & \mathbf{a_{1j}} & \cdots & a_{1n} \\ \vdots & \vdots & \vdots & \vdots & \vdots \\ \mathbf{a_{i1}} & \cdots & \mathbf{a_{ij}} & \cdots & \mathbf{a_{in}} \\ \vdots & \vdots & \vdots & \vdots & \vdots \\ a_{n1} & \cdots & \mathbf{a_{nj}} & \cdots & a_{nn} \end{vmatrix} \tag{3.31}
$$

*heißt **Adjunkte von $A$** zum Element $\boldsymbol{a_{ij}}$.*

**3.5.2 (Entwicklungssatz von *Laplace*)** *Die Determinante einer $n$-reihigen Matrix $A = (a_{ij})_{i,j=1,\ldots,n}$ kann für **für jeden Zeilenindex $i$** und **für jeden Spaltenindex $j$***

*aus den Matrizenelementen und Adjunkten der i-ten Zeile bzw. j-ten Spalte berechnet werden:*

- *Entwicklung von $|A|$ nach der i-ten Zeile:*

$$|A| = \sum_{k=1}^{n} a_{ik}A_{ik} = a_{i1}A_{i1} + \ldots + a_{in}A_{in} \tag{3.32}$$

- *Entwicklung von $|A|$ nach der j-ten Spalte:*

$$|A| = \sum_{k=1}^{n} a_{kj}A_{kj} = a_{1j}A_{1j} + \ldots + a_{nj}A_{nj} \tag{3.33}$$

Beweisskizze: Es sei $i$ ein Zeilenindex. In der Permutationssumme (3.28) für $|A|$ werden diejenigen Produkte zusammengefaßt, die das *erste* Element $a_{i1}$ der $i$-ten Zeile enthalten; dieses Element wird ausgeklammert. Bei den verbleibenden Produkten, die dann $a_{i1}$ nicht mehr enthalten, werden diejenigen zusammengefaßt, die $a_{i2}$ enthalten; es wird $a_{i2}$ ausgeklammert, usw. Auf diese Weise entsteht folgende Zerlegung der Permutationssumme:

$$\begin{aligned} |A| &= \sum_{\pi} sgn(\pi) a_{1,\pi_1} a_{2,\pi_2} \cdots a_{n,\pi_n} \\ &= a_{i1} \sum_{\pi_i=1} sgn(\pi) a_{1,\pi_1} a_{2,\pi_2} \cdots a_{i-1,\pi_{i-1}} a_{i+1,\pi_{i+1}} \cdots a_{n,\pi_n} \\ &+ a_{i2} \sum_{\pi_i=2} sgn(\pi) a_{1,\pi_1} a_{2,\pi_2} \cdots a_{i-1,\pi_{i-1}} a_{i+1,\pi_{i+1}} \cdots a_{n,\pi_n} + \ldots \end{aligned} \tag{3.34}$$

Hierbei ist die erste Teilsumme über alle $(n-1)!$ Permutationen zu erstrecken, die an der $i$-ten Position die Zahl 1 besitzen, die zweite Teilsumme über alle $(n-1)!$ Permutationen, die dort die Zahl 2 besitzen, usw. Wird nun aus den Permutationen der ersten Summe die (jeweils an der $i$-ten Stelle stehende) Zahl 1 entfernt, aus denen der zweiten Summe die (jeweils an der $i$-ten Stelle stehende) Zahl 2 usw., so bleiben die $(n-1)!$ Permutationen der jeweiligen Menge $\{2,3,\ldots,n\}$, $\{1,3,\ldots,n\}$ usw. übrig. Mit einer ähnlichen Überlegung wie bei der Lösung der Aufgabe 3.11 kann gezeigt werden, daß deren Signum sich vom Signum der jeweiligen Ausgangspermutation um den Faktor $(-1)^{i+1}, (-1)^{i+2}$ usw. unterscheidet. Die einzelnen Teilsummen sind daher gemäß (3.31) die Adjunkten der Matrix $A$, die durch Streichen der $i$-ten Zeile und der ersten, zweiten, dritten Spalte usw. entstehen:

$$\sum_{\pi_i=j} sgn(\pi) a_{1,\pi_1} a_{2,\pi_2} \cdots a_{i-1,\pi_{i-1}} a_{i+1,\pi_{i+1}} \cdots a_{n,\pi_n} = A_{ij} \quad \text{für } j = 1,\ldots,n$$

Aus (3.34) ergibt sich damit die Formel (3.32) für die Entwicklung von $|A|$ nach der $i$-ten Zeile. Der Beweis für die Entwicklung nach der $j$-ten Spalte verläuft nach dem gleichen Muster. □

**Beispiel 3.11** Die Determinante einer fünfreihigen Matrix wird mit Hilfe des Entwicklungssatzes berechnet, – die Entwicklungszeilen bzw. -spalten sind markiert.

$$\begin{vmatrix} 2 & 0 & 0 & 3 & 2 \\ \underline{3} & \underline{0} & \underline{0} & \underline{0} & \underline{-4} \\ 0 & -3 & 0 & -1 & 0 \\ 0 & 0 & 3 & 0 & 2 \\ 4 & 2 & 3 & 0 & 0 \end{vmatrix} = (-1)^{2+1}\cdot 3 \begin{vmatrix} \underline{0} & \underline{0} & \underline{3} & \underline{2} \\ -3 & 0 & -1 & 0 \\ 0 & 3 & 0 & 2 \\ 2 & 3 & 0 & 0 \end{vmatrix} + (-1)^{2+5}\cdot(-4) \begin{vmatrix} \underline{2} & \underline{0} & \underline{0} & \underline{3} \\ 0 & -3 & 0 & -1 \\ 0 & 0 & 3 & 0 \\ 4 & 2 & 3 & 0 \end{vmatrix}$$

$$= -3\left( (-1)^{1+3}\cdot 3 \begin{vmatrix} \underline{-3} & \underline{0} & \underline{0} \\ 0 & 3 & 2 \\ 2 & 3 & 0 \end{vmatrix} + (-1)^{1+4}\cdot 2 \begin{vmatrix} -3 & 0 & \underline{-1} \\ 0 & 3 & \underline{0} \\ 2 & 3 & \underline{0} \end{vmatrix} \right)$$

$$+4\left( (-1)^{1+1}\cdot 2 \begin{vmatrix} -3 & 0 & \underline{-1} \\ 0 & 3 & \underline{0} \\ 2 & 3 & \underline{0} \end{vmatrix} + (-1)^{1+4}\cdot 3 \begin{vmatrix} 0 & -3 & 0 \\ \underline{0} & \underline{0} & \underline{3} \\ 4 & 2 & 3 \end{vmatrix} \right)$$

$$= -9(-1)^{1+1}(-3) \begin{vmatrix} 3 & 2 \\ 3 & 0 \end{vmatrix} + 6(-1)^{1+3}(-1) \begin{vmatrix} 0 & 3 \\ 2 & 3 \end{vmatrix}$$

$$+8(-1)^{1+3}(-1) \begin{vmatrix} 0 & 3 \\ 2 & 3 \end{vmatrix} - 12(-1)^{2+3}\cdot 3 \begin{vmatrix} 0 & -3 \\ 4 & 2 \end{vmatrix} = 354$$

## 3.6 Regeln für das Rechnen mit Determinanten

Die Ermittlung der Determinante einer $n$-reihigen Matrix erfordert die Berechnung von $n!$ Produkten von jeweils $n$ Matrizenelementen und anschließende Summation über diese Produkte. Der damit verbundene Aufwand ist für große Werte von $n$ unvertretbar hoch, – es sei denn, die Matrix hat eine spezielle geeignete Gestalt. Abgesehen von Spezialfällen läßt sich dieser Aufwand auch nicht durch Anwendung des Entwicklungssatzes wesentlich reduzieren (vgl. die Bemerkung und die Fußnote 18 am Ende dieses Abschnitts).

Es werden nun die wichtigsten Eigenschaften der Determinante einer $n$-reihigen Matrix angegeben. Unter deren Ausnutzung können Determinanten mit einem deutlich reduzierten Aufwand berechnet werden.

**3.6.1 (Ausklammern eines gemeinsamen Faktors)** *Ein allen Elementen einer Zeile (einer Spalte) gemeinsamer Zahlenfaktor $\lambda$ kann vor das Determinantensymbol gezogen werden:*

$$\begin{vmatrix} \vdots & \ddots & \vdots \\ \lambda a_{i1} & \cdots & \lambda a_{in} \\ \vdots & \ddots & \vdots \end{vmatrix} = \lambda \begin{vmatrix} \vdots & \ddots & \vdots \\ a_{i1} & \cdots & a_{in} \\ \vdots & \ddots & \vdots \end{vmatrix} \qquad (i = 1, \ldots, n)$$

$$\begin{vmatrix} \cdots & \lambda a_{1j} & \cdots \\ \vdots & \ddots & \vdots \\ \cdots & \lambda a_{nj} & \cdots \end{vmatrix} = \lambda \begin{vmatrix} \cdots & a_{1j} & \cdots \\ \vdots & \ddots & \vdots \\ \cdots & a_{nj} & \cdots \end{vmatrix} \qquad (j = 1, \ldots, n)$$

*Insbesondere: Besteht eine Zeile oder eine Spalte einer Matrix aus lauter* ***Nullen****, so hat die Determinante den Wert* **0**.

B e w e i s : Da in den Produkten $a_{1\pi_1} \cdots a_{n\pi_n}$ in der Determinantenformel (3.28) aus jeder Zeile und jeder Spalte der Matrix je ein Element vorkommt, tritt ein gemeinsamer Faktor $\lambda$ (in einer Zeile oder Spalte) in jedem Summanden genau einmal auf und kann damit aus allen Summanden ausgeklammert werden. Insbesondere kann bei einer Nullzeile oder -spalte eine Null ausgeklammert werden, - so daß die gesamte Permutationssumme den Wert 0 hat. □

**3.6.2 (Vertauschungsregel)**[14] *Werden in einer Matrix $A$ zwei Zeilen bzw. zwei Spalten miteinander vertauscht, so hat die vertauschte Matrix die Determinante $-|A|$.*

**3.6.3 (Vielfache)** *Ist in einer Matrix eine Zeile ein Vielfaches einer anderen Zeile bzw. eine Spalte ein Vielfaches einer anderen Spalte, so hat die Determinante der Matrix den Wert* **0**.

B e w e i s (für Zeilen): Ist die $j$-te Zeile einer Matrix $A = (a_{ij})_{i,j=1,\ldots,n}$ das $\lambda$-fache der $i$-ten Zeile, so hat auf Grund der Regeln 3.6.1 und 3.6.2 die Determinante von $A$ die Form $|A| = \lambda D$ mit

$$D = \begin{vmatrix} \vdots & \ddots & \vdots \\ a_{i1} & \cdots & a_{in} \\ \vdots & \ddots & \vdots \\ a_{j1} & \cdots & a_{jn} \\ \vdots & \ddots & \vdots \end{vmatrix} = - \begin{vmatrix} \vdots & \ddots & \vdots \\ a_{j1} & \cdots & a_{jn} \\ \vdots & \ddots & \vdots \\ a_{i1} & \cdots & a_{in} \\ \vdots & \ddots & \vdots \end{vmatrix} .$$

Stimmen aber die $i$-te und die $j$-te Zeile überein, so folgt hieraus $D = 0$ und damit $|A| = \lambda D = 0$. □

**3.6.4 (Eliminationsregel)** *Die Determinante einer Matrix ändert sich nicht, wenn zu einer Zeile (Spalte) ein Vielfaches einer* **anderen** *Zeile (Spalte) addiert wird:*

$$\begin{vmatrix} \vdots & \ddots & \vdots \\ a_{i1} & \cdots & a_{in} \\ \vdots & \ddots & \vdots \\ a_{k1} & \cdots & a_{kn} \\ \vdots & \ddots & \vdots \end{vmatrix} = \begin{vmatrix} \vdots & \ddots & \vdots \\ \boldsymbol{a_{i1}} & \cdots & \boldsymbol{a_{in}} \\ \vdots & \ddots & \vdots \\ a_{k1} + \lambda \boldsymbol{a_{i1}} & \cdots & a_{kn} + \lambda \boldsymbol{a_{in}} \\ \vdots & \ddots & \vdots \end{vmatrix} \qquad (i \neq k)$$

$$\begin{vmatrix} \cdots & a_{1j} & \cdots & a_{1k} & \cdots \\ \ddots & \vdots & \ddots & \vdots & \ddots \\ \cdots & a_{nj} & \cdots & a_{nk} & \cdots \end{vmatrix} = \begin{vmatrix} \cdots & \boldsymbol{a_{1j}} & \cdots & a_{1k} + \lambda \boldsymbol{a_{1j}} & \cdots \\ \ddots & \vdots & \ddots & \vdots & \ddots \\ \cdots & \boldsymbol{a_{nj}} & \cdots & a_{nk} + \lambda \boldsymbol{a_{nj}} & \cdots \end{vmatrix} \qquad (j \neq k)$$

B e w e i s (für Zeilen): Wird die in der Eliminationsregel für Zeilen rechtsstehende Determinante nach der $k$-ten Zeile entwickelt, so ergibt sich

[14] Vgl. Aufgabe 3.11

$$\begin{vmatrix} \vdots & \ddots & \vdots \\ a_{i1} & \cdots & a_{in} \\ \vdots & \ddots & \vdots \\ a_{k1}+\lambda a_{i1} & \cdots & a_{kn}+\lambda a_{in} \\ \vdots & \ddots & \vdots \end{vmatrix} \begin{aligned} &= (a_{k1}+\lambda a_{i1})A_{k1}+\ldots+(a_{kn}+\lambda a_{in})A_{kn} \\ &= (a_{k1}A_{k1}+\ldots+a_{kn}A_{kn})+\lambda(a_{i1}A_{k1}+\ldots+a_{in}A_{kn}) \\ &= |A|+\lambda|A'|, \end{aligned}$$

wobei die Matrix $A'$ aus $A$ dadurch hervorgeht, daß die $k$-te Zeile durch die $i$-te Zeile ersetzt wird. Diese hat aber zwei übereinstimmende Zeilen, und daher verschwindet deren Determinante. □

**Beispiel 3.12** Werden in der Matrix $A = \begin{pmatrix} 2 & 2 & 0 \\ 4 & 0 & 2 \\ 0 & 4 & 1 \end{pmatrix}$ das $(-2)$-fache der ersten zur zweiten und anschließend in der resultierenden Matrix die zweite zur dritten Zeile addiert, so entsteht eine Dreiecksmatrix, deren Determinante das Produkt der Diagonalglieder ist:

$$\begin{vmatrix} 2 & 2 & 0 \\ 4 & 0 & 2 \\ 0 & 4 & 1 \end{vmatrix} = \begin{vmatrix} 2 & 2 & 0 \\ 0 & -4 & 2 \\ 0 & 4 & 1 \end{vmatrix} = \begin{vmatrix} 2 & 2 & 0 \\ 0 & -4 & 2 \\ 0 & 0 & 3 \end{vmatrix} = -24$$

### 3.6.5 (Determinante der transponierten Matrix)

*Beim Transponieren einer Matrix bleibt die Determinante unverändert:*

$$|A^T| = |A| \tag{3.35}$$

B e w e i s : Für eine zweireihige Matrix ist $\begin{vmatrix} a_{11} & a_{21} \\ a_{12} & a_{22} \end{vmatrix} = a_{11}a_{22} - a_{12}a_{21} = \begin{vmatrix} a_{11} & a_{12} \\ a_{21} & a_{22} \end{vmatrix}$.
Dies wird benutzt, um die Gültigkeit von (3.35) für dreireihige Matrizen nachzuweisen.

Für eine dreireihige Matrix $A$ ergibt sich durch Entwicklung nach der ersten Zeile und anschließendes Transponieren der zweireihigen Matrizen:

$$\left|\begin{pmatrix} a_{11} & a_{12} & a_{13} \\ a_{21} & a_{22} & a_{23} \\ a_{31} & a_{32} & a_{33} \end{pmatrix}^T\right| = \begin{vmatrix} a_{11} & a_{21} & a_{31} \\ a_{12} & a_{22} & a_{32} \\ a_{13} & a_{23} & a_{33} \end{vmatrix}$$

$$= a_{11}\begin{vmatrix} a_{22} & a_{32} \\ a_{23} & a_{33} \end{vmatrix} - a_{21}\begin{vmatrix} a_{12} & a_{32} \\ a_{13} & a_{33} \end{vmatrix} + a_{31}\begin{vmatrix} a_{12} & a_{22} \\ a_{13} & a_{23} \end{vmatrix} \quad (= a_{11}A_{11}^T + a_{21}A_{12}^T + a_{31}A_{13}^T)$$

$$= a_{11}\begin{vmatrix} a_{22} & a_{23} \\ a_{32} & a_{33} \end{vmatrix} - a_{21}\begin{vmatrix} a_{12} & a_{13} \\ a_{32} & a_{33} \end{vmatrix} + a_{31}\begin{vmatrix} a_{12} & a_{13} \\ a_{22} & a_{23} \end{vmatrix} \quad (= a_{11}A_{11} + a_{21}A_{21} + a_{31}A_{31})$$

Die mittlere Reihe dieser fortlaufenden Gleichung stellt die Entwicklung von $|A^T|$ nach der ersten Zeile (von $A^T$) und die untere Reihe die Entwicklung von $|A|$ nach der ersten Spalte (von $A$) dar.[15]
Also ist $|A^T| = |A|$.

Für beliebiges $n$ kann induktiv geschlossen werden: Wird die Gültigkeit von (3.35) für eine $(n-1)$-reihige Matrix $A$ vorausgesetzt, so gilt zunächst für die Adjunkten von $A$ und $A^T$ die Gleichung $A_{ji} = A_{ij}^T$ für alle Indexpaare $(i, j)$. Damit kann mit Hilfe des Entwicklungssatzes in entsprechender Weise wie für $n = 3$ auf die Gleichung $|A^T| = |A|$ geschlossen werden. □

[15]Die Symbole $A_{ij}^T$ bezeichnen die Adjunkten der transponierten Matrix.

**3.6.6 (Produktformel für Determinanten)** *Die Determinante des Produkts von n-reihigen Matrizen ist das Produkt der Determinanten der Faktoren:*

$$|\boldsymbol{AB}| = |\boldsymbol{A}| \cdot |\boldsymbol{B}| \tag{3.36}$$

B e m e r k u n g : Für den Beweis der Produktformel (3.36) ist eine genauere Untersuchung der Nacheinanderausführung von Permutationen – als umkehrbar eindeutiger Abbildungen der Menge $\{1, \ldots, n\}$ auf sich – erforderlich. Darauf soll hier nicht eingegangen werden.[16]

**3.6.7 (Reguläre Matrix, Determinantenformel für die inverse Matrix)**
*Eine Matrix $A = (a_{ij})_{i=1,j=1,\ldots,n}$ ist dann und nur dann invertierbar, wenn ihre Determinante von Null verschieden ist, – eine derartige Matrix heißt* **regulär**.
*Die* **Inverse** *einer regulären Matrix A kann mit Hilfe der* **Adjunkten** *$A_{ij}$ dargestellt werden:*

$$\boldsymbol{A}^{-1} = \frac{1}{|\boldsymbol{A}|}\begin{pmatrix} \boldsymbol{A}_{11} & \cdots & \boldsymbol{A}_{1n} \\ \vdots & \ddots & \vdots \\ \boldsymbol{A}_{n1} & \cdots & \boldsymbol{A}_{nn}\end{pmatrix}^{T} = \frac{1}{|\boldsymbol{A}|}\begin{pmatrix} \boldsymbol{A}_{11} & \cdots & \boldsymbol{A}_{n1} \\ \vdots & \ddots & \vdots \\ \boldsymbol{A}_{1n} & \cdots & \boldsymbol{A}_{nn}\end{pmatrix} \tag{3.37}$$

B e w e i s : Daß eine Matrix $A$ mit verschwindender Determinante nicht invertierbar ist, kann unmittelbar aus der Produktformel (3.36) abgelesen werden:
Aus $AA^{-1} = E$ folgt $|A| \cdot |A^{-1}| = |E| = 1$, und das ist für $|A| = 0$ nicht möglich.

Es sei jetzt $|A| \neq 0$. Für den Nachweis von (3.37) ist zu zeigen, daß für die auf der rechten Seite stehende Matrix $X$ die Gleichung $AX = E$ bzw. die gleichwertige Beziehung $|A|\,AX = A\,(|A|X) = |A|\,E$ gilt. Letztere bedeutet ausführlich geschrieben:

$$\begin{pmatrix} \vdots & \ddots & \vdots \\ a_{i1} & \cdots & a_{in} \\ \vdots & \ddots & \vdots \end{pmatrix} \cdot \begin{pmatrix} A_{11} & \cdots & A_{i1} & \cdots & A_{j1} & \cdots & A_{n1} \\ \vdots & \ddots & \vdots & \ddots & \vdots & \ddots & \vdots \\ A_{1n} & \cdots & A_{in} & \cdots & A_{jn} & \cdots & A_{nn}\end{pmatrix} = \begin{pmatrix} |A| & 0 & \cdots & 0 \\ 0 & |A| & \cdots & \vdots \\ \vdots & \vdots & \ddots & \vdots \\ 0 & \cdots & 0 & |A| \end{pmatrix} \tag{3.38}$$

Auf der linken Seite von (3.38) ergibt das Produkt der $i$-ten Zeile von $A$ mit der $j$-ten Spalte der Matrix der Adjunkten den Ausdruck $a_{i1}A_{j1} + \cdots + a_{in}A_{jn}$.
Für $i = j$ ist das die Determinante von $A$, wie sich aus der Entwicklung von $|A|$ nach der $i$-ten Zeile ergibt. Für $i \neq j$ folgt durch Entwicklung nach der $j$-ten Zeile:

$$a_{i1}A_{j1} + \cdots + a_{in}A_{jn} = \begin{vmatrix} \vdots & \ddots & \vdots & \\ a_{i1} & \cdots & a_{in} & (i) \\ \vdots & \ddots & \vdots & \\ a_{i1} & \cdots & a_{in} & (j) \\ \vdots & \ddots & \vdots & \end{vmatrix}$$

Hierin hat die Matrix zwei übereinstimmende Zeilen, und die Determinante hat somit den Wert 0.
Auf die gleiche Weise ergibt sich, daß die Gleichung (3.38) erhalten bleibt, wenn die Faktoren auf der linken Seite vertauscht werden. Die Matrix (3.37) ist also die gesuchte Inverse $A^{-1}$.[17] □

---

[16] Vgl. *G. Fischer*, 1997

[17] Mit der Lösung der Aufgabe 3.9 wird gezeigt, daß aus *jeder* der Beziehungen $AX = E$ und $XA = E$ folgt, daß $X$ die Inverse von $A$ ist.

**Beispiel 3.13** Die Inverse der Matrix des Beispiels 3.12 lautet:

$$\frac{1}{|A|}\begin{pmatrix} A_{11} & A_{12} & A_{13} \\ A_{21} & A_{22} & A_{23} \\ A_{31} & A_{32} & A_{33} \end{pmatrix}^T = \frac{-1}{24}\begin{pmatrix} \begin{vmatrix} 0 & 2 \\ 4 & 1 \end{vmatrix} & -\begin{vmatrix} 4 & 2 \\ 0 & 1 \end{vmatrix} & \begin{vmatrix} 4 & 0 \\ 0 & 4 \end{vmatrix} \\ -\begin{vmatrix} 2 & 0 \\ 4 & 1 \end{vmatrix} & \begin{vmatrix} 2 & 0 \\ 0 & 1 \end{vmatrix} & -\begin{vmatrix} 2 & 2 \\ 0 & 4 \end{vmatrix} \\ \begin{vmatrix} 2 & 0 \\ 0 & 2 \end{vmatrix} & -\begin{vmatrix} 2 & 0 \\ 4 & 2 \end{vmatrix} & \begin{vmatrix} 2 & 2 \\ 4 & 0 \end{vmatrix} \end{pmatrix}^T = \frac{-1}{24}\begin{pmatrix} -8 & -4 & 16 \\ -2 & 2 & -8 \\ 4 & -4 & -8 \end{pmatrix}^T$$

# 3.7 Anwendung der Determinantenregeln

Die Lösungsformel (3.25) kann mit Hilfe der Determinantenformel (3.37) auf lineare Gleichungssysteme von $n$ Gleichungen mit $n$ Unbekannten übertragen werden, vorausgesetzt, die Determinante der Koeffizientenmatrix hat nicht den Wert 0.

**3.7.1 (*Cramer*sche Regel)** *Ist die Determinante der Koeffizientenmatrix $A$ eines linearen Gleichungssystems*

$$\begin{pmatrix} a_{11} & \cdots & a_{1n} \\ \vdots & \ddots & \vdots \\ a_{n1} & \cdots & a_{nn} \end{pmatrix} \cdot \begin{pmatrix} x_1 \\ \vdots \\ x_n \end{pmatrix} = \begin{pmatrix} b_1 \\ \vdots \\ b_n \end{pmatrix} \tag{3.39}$$

*von $n$ Gleichungen für $n$ gesuchte Größen $x_1, \ldots, x_n$ von 0 verschieden, so hat das System die eindeutig bestimmte Lösung*

$$\begin{pmatrix} \boldsymbol{x_1} \\ \vdots \\ \boldsymbol{x_n} \end{pmatrix} = \boldsymbol{A^{-1}} \begin{pmatrix} \boldsymbol{b_1} \\ \vdots \\ \boldsymbol{b_n} \end{pmatrix},$$

*bzw. in Determinantenform*

$$\boldsymbol{x_i} = \frac{1}{|A|}\begin{vmatrix} a_{11} & \cdots & a_{1,i-1} & \boldsymbol{b_1} & a_{1,i+1} & \cdots & a_{1n} \\ \vdots & \ddots & \vdots & \vdots & \vdots & \ddots & \vdots \\ a_{n1} & \cdots & a_{n,i-1} & \boldsymbol{b_n} & a_{n,i+1} & \cdots & a_{nn} \end{vmatrix} \quad \textit{für } i = 1, \ldots, n. \tag{3.40}$$

B e w e i s : Die Spalte $(x_1, \ldots, x_n)^T$ der Lösungen des Systems (3.39) wird durch Multiplikation der Gleichung (3.37) von rechts mit der Spalte $(b_1, \ldots, b_n)^T$ gewonnen. Für die Größe $x_i$ liefert das den Ausdruck $x_i = \frac{1}{|A|}(A_{1i}b_1 + \ldots + A_{ni}b_n)$. Den gleichen Ausdruck liefert aber die Entwicklung der rechts in (3.40) stehenden Determinante nach der Spalte $(b_1, \ldots, b_n)^T$. □

**Beispiel 3.14** Für das lineare Gleichungssystem

$$\begin{aligned} 2x_1 + 2x_2 \phantom{+ 2x_3} &= 2 \\ 4x_1 \phantom{+ 2x_2} + 2x_3 &= 1 \\ 4x_2 + x_3 &= 0 \end{aligned}$$

mit der Koeffizientenmatrix des Beispiels 3.12 lautet die Lösung mit Hilfe der *Cramer*schen Regel:

$$x_1 = \frac{-1}{24}\begin{vmatrix} \mathbf{2} & 2 & 0 \\ \mathbf{1} & 0 & 2 \\ \mathbf{0} & 4 & 1 \end{vmatrix} = \frac{3}{4} \quad x_2 = \frac{-1}{24}\begin{vmatrix} 2 & \mathbf{2} & 0 \\ 4 & \mathbf{1} & 2 \\ 0 & \mathbf{0} & 1 \end{vmatrix} = \frac{1}{4} \quad x_3 = \frac{-1}{24}\begin{vmatrix} 2 & 2 & \mathbf{2} \\ 4 & 0 & \mathbf{1} \\ 0 & 4 & \mathbf{0} \end{vmatrix} = -1$$

**Bemerkung:** Aufgrund des hohen Rechenaufwands zur Bestimmung der Adjunkten ist die *Cramer*sche Regel, abgesehen von Spezialfällen, für $n > 3$ nur von theoretischem Wert. Effektive Lösungsmethoden für lineare Gleichungssysteme werden im folgenden Kapitel angegeben.

Im Beispiel 3.12 wurde eine Matrix unter Beibehaltung der Determinante in eine Dreiecksmatrix transformiert. Dieses Verfahren wird nun für eine beliebige $n$-reihige Matrix durchgeführt. Damit kann der Aufwand für die konkrete Berechnung der Determinante einer $n$-reihigen Matrix $A$ drastisch verringert werden.

### 3.7.2 (*Gauß*scher Algorithmus zur Berechnung von Determinanten)

*$A$ sei eine $n$-reihige Matrix.*

- ***Vorbereitung:*** *Ist $A$ die Nullmatrix, so ist $|A| = 0$.*
  *Andernfalls enthält $A$ ein von 0 verschiedenes Element. Falls erforderlich, kann dieses durch Vertauschen von Zeilen oder Spalten in die linke obere Ecke der Matrix verschoben werden; hierbei ändert sich nur das Vorzeichen der Determinante.*
  *Daher kann jetzt $a_{11} \neq 0$ angenommen werden.*

- ***Eliminationsschritt mit dem ersten Diagonalelement:*** *Geeignete Vielfache der 1. Zeile werden zu den übrigen Zeilen addiert, so daß die 1. Spalte ab der 2. Position nur noch Nullen enthält. In Formeln:*

$$(i\text{-te Zeile}) \to (i\text{-te Zeile}) + \left(-\frac{a_{i1}}{a_{11}}\right) \times (1.\ \text{Zeile}) \qquad (i = 2, \ldots, n) \tag{3.41}$$

  *Die resultierende Matrix $A_1$ hat die Determinante $|A_1| = \pm|A|$, je nachdem, ob im vorbereitenden Schritt eine gerade oder ungerade Anzahl von Vertauschungen durchgeführt wurde.*

- ***Iterationsschritte:*** *Auf die Matrix $A_1$ wird das Verfahren sinngemäß erneut angewandt, wobei aber die erste Spalte nicht mehr verändert wird.*

  - Dazu wird in der $(n-1)$-reihigen Restmatrix unterhalb der 1. Zeile und rechts neben der 1. Spalte von $A_1$ ein von 0 verschiedenes Element gesucht.
  - Gibt es dort ein solches Element nicht, so hat $A_1$ eine Nullzeile, und damit ist $|A_1| = |A| = 0$. Andernfalls wird, falls erforderlich, durch Zeilen- oder Spaltentausch in die Position des 2. Diagonalelements ein von 0 verschiedenes Element aus der Restmatrix verschoben. Anschließend wird der Eliminationsschritt mit diesem 2. Diagonalelement für die *darunterliegenden* Zeilen durchgeführt:
    Geeignete Vielfache der 2. Zeile werden zu den nachfolgenden Zeilen addiert, so daß die 2. Spalte der resultierenden Matrix $A_2$ ab der 3. Position nur noch Nullen enthält; $A_2$ enthält die 1. Spalte von $A_1$ in unveränderter Form.

*Die bei Fortsetzung des Verfahrens bis zum k-ten Schritt gebildete Matrix $A_k$ enthält unterhalb der Diagonalen bis zum k-ten Diagonalelement nur Nullen.*

- ***Ende des Verfahrens und Resultat:*** *Das Verfahren bricht vor Bildung der Matrix $A_n$ ab, wenn keine der benötigten von 0 verschiedenen Elemente mehr auftreten, – dann hat die Determinante der Ausgangsmatrix den Wert 0.*
  *Andernfalls ist $A_n$ eine obere Dreiecksmatrix, an welcher der Wert der ursprünglichen Determinante abgelesen werden kann:*
  *$|A|$ ist – bis auf einen Faktor $(-1)^S$ – das Produkt der Diagonalelemente der Dreiecksmatrix $A_n$, wobei s die Anzahl der Vertauschungsschritte während des Verfahrens ist.*

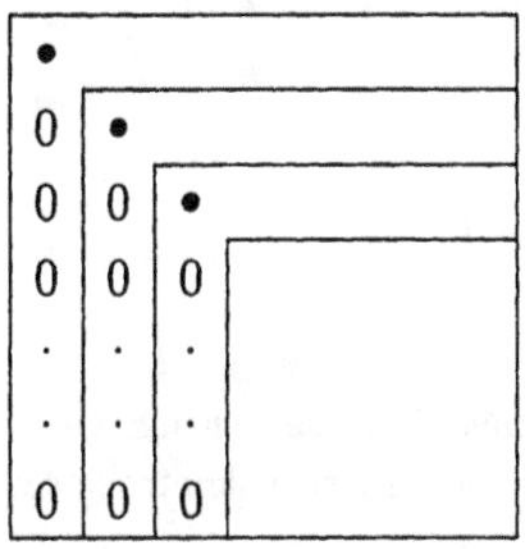

Symbolische Darstellung des *Gauß*schen Algorithmus

**Beispiel 3.15** Die Determinante einer vierreihigen Matrix wird mit dem *Gauß*schen Algorithmus berechnet:

$$\begin{vmatrix} 0 & 2 & 4 & 2 \\ 2 & 1 & -2 & 2 \\ 1 & 1 & 2 & 4 \\ -2 & 2 & 1 & 2 \end{vmatrix} = - \begin{vmatrix} 2 & 1 & -2 & 2 \\ 0 & 2 & 4 & 2 \\ 1 & 1 & 2 & 4 \\ -2 & 2 & 1 & 2 \end{vmatrix} = - \begin{vmatrix} 2 & 1 & -2 & 2 \\ 0 & 2 & 4 & 2 \\ 0 & 1/2 & 3 & 3 \\ 0 & 3 & -1 & 4 \end{vmatrix}$$

$$= - \begin{vmatrix} 2 & 1 & -2 & 2 \\ 0 & 2 & 4 & 2 \\ 0 & 0 & 2 & 5/2 \\ 0 & 0 & -7 & 1 \end{vmatrix} = - \begin{vmatrix} 2 & 1 & -2 & 2 \\ 0 & 2 & 4 & 2 \\ 0 & 0 & 2 & 5/2 \\ 0 & 0 & 0 & 39/4 \end{vmatrix} = -78$$

1. Schritt: Vertauschung der 1. und 2. Zeile
2. Schritt: Multiplikation der 1. Zeile mit -1/2 und 1 und Addition zur 3. bzw. 4. Zeile
3. Schritt: Multiplikation der 2. Zeile mit -1/4 und -3/2 und Addition zur 3. bzw. 4. Zeile
4. Schritt: Multiplikation der 3. Zeile mit 7/2 und Addition zur 4. Zeile

**Bemerkung:** Zur Determinantenberechnung stehen neben dem *Gauß*schen Algorithmus die Permutationssumme (3.28) sowie der Entwicklungssatz 3.5.2 zur Verfügung. Ein Maß für den Rechenaufwand ist die Anzahl $M_n$ der benötigten Multiplikationen oder Divisionen zur Berechnung der Determinante einer $n$-reihigen Matrix, – Additionen und Subtraktionen können demgegenüber vernachlässigt werden. Diese Anzahl ist beim Entwicklungssatz proportional zu $n!$, beim *Gauß*schen Algorithmus aber lediglich proportional zur dritten Potenz von $n$. Der *Gauß*sche Algorithmus ist also dem Entwicklungssatz – oder gar der Permutationssumme – für größere Werte von $n$ unbedingt vorzuziehen.[18]

## 3.8 Aufgaben zum Kapitel 3

**Aufgabe 3.1 (Matrizenmultiplikation)**
Stellen Sie in einer Tabelle zusammen, welche der Produkte $A_iA_j$ und $A_iA_j^T$ $(i, j = 1, \ldots, 8)$ für die nachfolgenden Matrizen $A_1, \ldots, A_8$ existieren. Berechnen Sie die möglichen Produkte, auch unter Verwendung des *Falk*schen Schemas und dessen Kontrollmöglichkeiten.

$$A_1 = \begin{pmatrix} 1 & 2 & 1 \\ 1 & -3 & 2 \\ 2 & 1 & 3 \end{pmatrix} \quad A_2 = \begin{pmatrix} 1 & 2 & -3 \\ 1 & 0 & 1 \end{pmatrix} \quad A_3 = \begin{pmatrix} 1 & 3 & 5 & 7 \\ -2 & 4 & 6 & 8 \\ 0 & 2 & 4 & 6 \end{pmatrix} \quad A_4 = \begin{pmatrix} 2 & 2 & 2 \\ 1 & -1 & 2 \\ 2 & -3 & -4 \\ 3 & 4 & 2 \end{pmatrix}$$

$$A_5 = \begin{pmatrix} 1 & 2 \\ 2 & 4 \\ 4 & 1 \\ 2 & 3 \end{pmatrix} \qquad A_6 = \begin{pmatrix} 2 & 0 \\ 2 & 1 \end{pmatrix} \qquad A_7 = (1 \quad 2 \quad 3) \qquad A_8 = (2 \quad 3 \quad 4)^T$$

**Aufgabe 3.2 (*Falk*sches Schema)** Beim *Falk*schen Matrizenschema gibt es über die Formeln (3.10) und (3.11) hinaus eine dritte Gesetzmäßigkeit, die als Rechenkontrolle verwendet werden kann:

Welchen Wert hat das Produkt der Zeile der Spaltensummen der Matrix $A$ mit der Spalte der Zeilensummen der Matrix $B$?

**Aufgabe 3.3 (Matrizenprodukt)**
Der Binomische Satz

$$(A+B)^n = A^n + \binom{n}{1}A^{n-1}B + \binom{n}{2}A^{n-2}B^2 + \ldots + \binom{n}{n-1}AB^{n-1} + B^n$$

gilt *nicht* für beliebige Matrizen mit $p$ Zeilen und Spalten.

Geben Sie dafür ein Gegenbeispiel an sowie eine Bedingung an die Matrizen $A$ und $B$, unter welcher der Satz dennoch gilt.

**Aufgabe 3.4 (Direktbedarfsmatrix)**
Aus drei Mineralölen $M_1$, $M_2$ und $M_3$ sollen vier Benzinsorten $B_1$, $B_2$, $B_3$ und $B_4$ durch Mischen in folgenden Volumen-Verhältnissen hergestellt werden:

---

[18] Die Anzahl $M_n$ kann für eine allgemeine $n$-reihige Matrix leicht berechnet werden, – für Matrizen von besonderer Form kann diese Anzahl entsprechend geringer ausfallen.

- *Permutationssumme:* $M_n = (n-1)n!$
- *Entwicklungssatz:* $M_2 = 2$, $M_n = n(1 + M_{n-1})$ für $n > 2$ $\Rightarrow$ $M_n = (\frac{1}{1!} + \frac{1}{2!} + \frac{1}{(n-1)!})n!$
- *Gaußscher Algorithmus:* $n - 1 + (n-1)^2$ Operationen für den 1. Eliminationsschritt, $(n-2) + (n-2)^2$ für den folgenden, usw.
  Zuzüglich von $n - 1$ Multiplikationen für die Determinante der entstehenden Dreiecksmatrix werden insgesamt $(n-1) + (1 + 2 + \ldots + (n-1)) + (1^2 + 2^2 + \ldots + (n-1)^2)$ Operationen benötigt. Das ergibt nach einigen Umformungen: $M_n = \frac{n^3}{3} + \frac{2}{3}n - 1$

Mischungsverhältnis für $B_1$: (1 : 2 : 3) Mischungsverhältnis für $B_2$: (2 : 3 : 1)
Mischungsverhältnis für $B_3$: (2 : 2 : 2) Mischungsverhältnis für $B_4$: (1 : 2 : 2)

Geben Sie die Direktbedarfsmatrix $A = (a_{ij})_{1=1,2,3;j=1,2,3,4}$ des Mischungsprozesses an ($a_{ij}$ ist die pro Volumeneinheit von $B_j$ benötigte Anzahl von Volumeneinheiten von $M_i$).

Ermitteln Sie mit Hilfe der Matrix $A$, wieviele Volumeneinheiten der einzelnen Mineralöle für die Mischung von insgesamt 30 Einheiten $B_1$, 90 Einheiten $B_2$, 60 Einheiten $B_3$ und 60 Einheiten $B_4$ benötigt werden.

**Aufgabe 3.5 (Direktbedarfsmatrix)**
Für die Produktion von zwei Endprodukten $P_1$ und $P_2$ über drei Zwischenprodukte $Z_1$, $Z_2$ und $Z_3$ aus vier Rohstoffen $R_1$, $R_2$, $R_3$ und $R_4$ seien folgende Direktbedarfsmatrizen gegeben:

| | $Z_1$ | $Z_2$ | $Z_3$ |
|---|---|---|---|
| $R_1$ | 2 | 0 | 2 |
| $R_2$ | 3 | 1 | 2 |
| $R_3$ | 1 | 1 | 0 |
| $R_4$ | 4 | 2 | 2 |

| | $P_1$ | $P_2$ |
|---|---|---|
| $R_1$ | 6 | 6 |
| $R_2$ | 9 | 8 |
| $R_3$ | 3 | 2 |
| $R_4$ | 12 | 10 |

Ermitteln Sie aus diesen Angaben *alle sinnvollen* Direktbedarfsmatrizen für die Produktion der Endprodukte aus den Zwischenprodukten.

**Aufgabe 3.6 (Einheitsmatrix)**

(a) Beweisen Sie die Charakterisierung 3.3.2 der Einheitsmatrix.

(b) *Eine n-reihige Matrix X ist dann und nur dann mit* **allen** *n-reihigen Matrizen A vertauschbar (das bedeutet AX = XA), wenn X die mit einem einheitlichen Zahlenfaktor versehene Einheitsmatrix ist.*

Geben Sie hierfür eine Begründung (Anleitung: Wählen Sie für $A$ möglichst einfache Matrizen).

**Aufgabe 3.7 (Potenzen einer quadratischen Matrix, inverse Matrix, Vertauschbarkeit)**
Berechnen Sie die Potenzen $A^1$ (= $A$), $A^2$ (= $AA$), $A^3$ (= $AAA$), ..., $A^n$ der Matrix $A = \begin{pmatrix} 1 & 1 \\ 1 & -1 \end{pmatrix}$ und bestimmen Sie die Inverse von $A^n$ für jede natürliche Zahl n.
Geben Sie *alle* Matrizen $X$ an, die mit $A$ vertauschbar sind.
Ist eine solche Matrix $X$ auch mit allen Potenzen von $A$ vertauschbar?

**Aufgabe 3.8 (Dreiecksmatrizen)**

(a) Begründen Sie, daß das Produkt von oberen (unteren) Dreiecksmatrizen ebenfalls eine obere (untere) Dreiecksmatrix ist.

(b) *Eine Dreiecksmatrix ist dann und nur dann invertierbar, wenn ihre Diagonalelemente sämtlich von* 0 *verschieden sind. Dann ist auch die Inverse eine obere bzw. untere Dreiecksmatrix.*

Geben Sie hierfür eine Begründung für dreireihige Matrizen *ohne* Verwendung von Determinanten, und übertragen Sie das Ergebnis auf den allgemeinen Fall.

**Aufgabe 3.9 (Inverse Matrix)**

(a) *Sind die n-reihigen Matrizen A und B invertierbar, so ist nach* (3.3.5) *auch das Produkt AB invertierbar.*

Gilt auch die Umkehrung hiervon?

(b) *Die Inverse $A^{-1}$ einer Matrix $A$ ist nach* 3.3.4 *eindeutig bestimmt.*

Folgt dann bereits aus der Gleichung $AX = E$ oder aus der Gleichung $XA = E$, daß $X$ die Inverse von $A$ ist?

(c) Ist die Inverse einer symmetrischen Matrix symmetrisch?

(d) Stellen Sie mit Hilfe der Formel (3.37) eine Formel zur Berechnung der Inversen einer dreireihigen Matrix auf.

**Aufgabe 3.10 (Permutationen und Determinante)**
Berechnen Sie das Signum aller Permutationen der Menge $\{1, 2, 3, 4\}$ und geben Sie damit die Determinante einer vierreihigen Matrix als Permutationssumme an:

$$\begin{vmatrix} a_{11} & a_{12} & a_{13} & a_{14} \\ a_{21} & a_{22} & a_{23} & a_{24} \\ a_{31} & a_{32} & a_{33} & a_{34} \\ a_{41} & a_{42} & a_{43} & a_{44} \end{vmatrix} = a_{11}a_{22}a_{33}a_{44} - a_{11}a_{23}a_{32}a_{44} \pm \ldots \; ?$$

**Aufgabe 3.11 (Determinante bei Vertauschen von Zeilen oder Spalten)**

(a) Vertauschen Sie in der Matrix

$$A = \begin{pmatrix} a_{11} & a_{12} & a_{13} \\ a_{21} & a_{22} & a_{23} \\ a_{31} & a_{32} & a_{33} \end{pmatrix}$$

die erste und die dritte Zeile, berechnen Sie die Determinante $|A|$ nach dem Schema von *Sarrus* (Abbildung 3.6) und stellen Sie die (3.27) entsprechende Tabelle auf.

(b) Die Determinantenregel (3.6.2) kann aus der folgenden Eigenschaft von Permutationen der Menge $\{1, \ldots, n\}$ abgeleitet werden:
*Bei Vertauschung zweier Positionen in einer Permutation ändert sich das Signum.*

Begründen Sie diese Eigenschaft für den Fall, daß zwei unmittelbar benachbarte Positionen vertauscht werden.

**Aufgabe 3.12 (Determinanten, lineares Gleichungssystem zur Matrizeninversion)**
Für die Berechnung umfangreicher Determinanten ist im allgemeinen der *Gauß*sche Algorithmus dem Entwicklungssatz vorzuziehen. Ermitteln Sie mit beiden Methoden die Determinante der Matrix

$$A = \begin{pmatrix} 1 & 2 & -1 & 0 \\ -1 & 1 & 1 & 0 \\ 0 & 1 & 2 & -1 \\ 0 & -1 & 1 & 1 \end{pmatrix}.$$

Lösen Sie das Gleichungssystem

$$\begin{array}{rcrcrcrcl} x_1 & + & 2x_2 & - & x_3 & & & = & b_1 \\ -x_1 & + & x_2 & + & x_3 & & & = & b_2 \\ & & x_2 & + & 2x_3 & - & x_4 & = & b_3 \\ & & -x_2 & + & x_3 & + & x_4 & = & b_4 \end{array}$$

sowohl mit der *Cramer*schen Regel als auch ohne Verwendung von Determinanten.
Ermitteln Sie aus dem Ergebnis die Inverse der Matrix $A$.

# Kapitel 4

# Vektoren und lineare Gleichungssysteme

## 4.1 Vektoren und Vektoroperationen

**4.1.1 (Zeilen- und Spaltenvektoren)** *Datensätze von $n$ reellen Zahlen in einer festgelegten Reihenfolge können als Zeilen oder Spalten, sogenannte **Zeilenvektoren** bzw. **Spaltenvektoren**, geschrieben werden.*

Derartige Vektoren sind spezielle Matrizen vom Typ $(1, n)$ bzw. $(n, 1)$. Daher können – im Sinne der Matrizenrechnung – Vektoren mit reellen Zahlen multipliziert und Vektoren gleichen Typs addiert werden.
Der Unterschied zwischen Zeilen- und Spaltenvektoren besteht lediglich in der horizontalen bzw. vertikalen Schreibweise. Um Verdopplungen zu vermeiden, sollen daher Vektoren im weiteren zunächst *Spaltenvektoren* von ein und demselben Typ sein, – die entsprechenden Begriffe für Zeilenvektoren ergeben sich durch Transponieren, und die angeführten Regeln für das Rechnen mit Vektoren stimmen völlig miteinander überein. Vektoren werden hier generell – zur Unterscheidung von Zahlen (sogenannten *skalaren Größen*) – durch Unterstreichung kenntlich gemacht.

**4.1.2 ($n$-dimensionaler Raum der Spaltenvektoren)** *Für eine natürliche Zahl $n$ heißt die Menge aller **Vektoren** $\underline{x} = \begin{pmatrix} x_1 \\ \vdots \\ x_n \end{pmatrix} = (x_1, \ldots, x_n)^T$, deren Elemente reelle Zahlen sind, der **$n$-dimensionale Raum** (Symbol: $\mathbb{R}^n$).[1] Die Zahl $x_i$ heißt $i$-te **Koordinate** des Vektors $\underline{x}$ $(i = 1, \ldots, n)$.*

**Beispiel 4.1 (Ressourcen- und Produktvektor)** Aus $m$ Ressourcen $R_1, \ldots, R_m$ sollen in einem Fertigungsprozeß $n$ Produkte $P_1, \ldots, P_n$ hergestellt werden.
$A = (a_{ij})_{i=1,\ldots,m;\, j=1,\ldots,n}$ sei die zugehörige Direktbedarfsmatrix (siehe Beispiel 3.3).

[1] Die Bezeichnung $\mathbb{R}^n$ rührt daher, daß der $n$-dimensionale Raum als $n$-faches kartesisches Produkt $\mathbb{R} \times \mathbb{R} \times \ldots \times \mathbb{R}$ aufgefaßt werden kann.

Für $i = 1, \ldots, m$ und $j = 1, \ldots, n$ bezeichne $r_i$ die von der $i$-ten Ressource insgesamt verbrauchte Anzahl von Einheiten und $p_j$ die vom $j$-ten Produkt hergestellte Anzahl von Einheiten. Die Vektoren

$$\underline{r} = \begin{pmatrix} r_1 \\ \vdots \\ r_m \end{pmatrix} \quad \text{und} \quad \underline{p} = \begin{pmatrix} p_1 \\ \vdots \\ p_n \end{pmatrix} \tag{4.1}$$

heißen ***Ressourcen-*** bzw. ***Produktvektor*** des Fertigungsprozesses. Zwischen den Vektoren $\underline{r} \in \mathbb{R}^m$ und $\underline{p} \in \mathbb{R}^n$ besteht der Zusammenhang

$$r_i = a_{i1}p_1 + \ldots + a_{in}p_n = \sum_{j=1}^{n} a_{ij}p_j \quad (i = 1, \ldots, m)$$

bzw. in Matrizenform

$$\begin{pmatrix} a_{11} & \cdots & a_{1n} \\ \vdots & \ddots & \vdots \\ a_{m1} & \cdots & a_{mn} \end{pmatrix} \cdot \begin{pmatrix} p_1 \\ \vdots \\ p_n \end{pmatrix} = \begin{pmatrix} r_1 \\ \vdots \\ r_m \end{pmatrix}, \quad \text{oder auch}^2 \quad \boldsymbol{A} \cdot \underline{p} = \underline{r}. \tag{4.2}$$

Die Rechenregeln für reelle Zahlen führen unmittelbar zu entsprechenden Regeln für die Multiplikation von Vektoren mit Zahlen und die Addition und Subtraktion von Vektoren gleichen Typs.

### 4.1.3 (Nullvektor, inverser Vektor, Differenz)

- *Der* ***Nullvektor*** $\underline{0} = (0, \ldots, 0)^T \in \mathbb{R}^n$ *hat die Eigenschaft* $\underline{a} + \underline{0} = \underline{a}$ *für alle Vektoren* $\underline{a} \in \mathbb{R}^n$. *Durch diese Eigenschaft ist der Nullvektor eindeutig bestimmt.*
- *Zu einem Vektor* $\underline{a} = (a_1, \ldots, a_n)^T \in \mathbb{R}^n$ *heißt der Vektor* $-\underline{a} = (-1)\underline{a} = (-a_1, \ldots, -a_n)^T$ *der zu* $\underline{a}$ ***inverse Vektor***. *Durch die Eigenschaft* $-\underline{a} + \underline{a} = \underline{0}$ *ist der inverse Vektor eindeutig bestimmt.*
- *Die* ***Differenz*** $\underline{x} - \underline{y}$ *zwischen zwei Vektoren* $\underline{x}$ *und* $\underline{y} \in \mathbb{R}^n$ *wird durch die Summe* $\underline{x} + (-\underline{y})$ *erklärt.*

---

[2]Die Zuordnung $\underline{p} \to \underline{r}$ zwischen Produkt- und Rohstoffvektor stellt eine durch die Direktbedarfsmatrix $A$ vom Typ $(m, n)$ definierte *lineare Abbildung* $f : \mathbb{R}^n \to \mathbb{R}^m$ dar.

Werden die Produkte als Zwischenstufen für die Herstellung von Endprodukten $Q_1, \ldots, Q_s$ mit einer entsprechenden Direktbedarfsmatrix $B$ vom Typ $(n, s)$ verwendet, so ist durch die Matrix $B$ eine lineare Abbildung $g : \mathbb{R}^s \to \mathbb{R}^n$ definiert, die dem Vektor $\underline{q}$ der vorgegebenen Endprodukte den erforderlichen Vektor $\underline{p}$ der Zwischenprodukte zuordnet.

Die Zuordnungen $g : \mathbb{R}^s \to \mathbb{R}^n$ und $f : \mathbb{R}^n \to \mathbb{R}^m$ werden jetzt gemäß $\mathbb{R}^m \xleftarrow{f} \mathbb{R}^n \xleftarrow{g} \mathbb{R}^s$ nacheinander ausgeführt. Hierdurch ist , eine lineare Abbildung $f \circ g : \mathbb{R}^s \to \mathbb{R}^m$ erklärt, die dem Vektor $\underline{q}$ den erforderlichen Vektor $\underline{r}$ von Rohstoffen zuordnet. Die zu dieser linearen Abbildung gehörende Matrix ist – wie bereits in 3.2.7 festgestellt wurde – das Matrizenprodukt $AB$:

$$\underline{p} = g(\underline{q}) = \boldsymbol{B} \cdot \underline{q}, \quad \underline{r} = f(\underline{p}) = \boldsymbol{A} \cdot \underline{p} \quad \Rightarrow \quad \underline{r} = (f \circ g)(\underline{q}) = (\boldsymbol{A} \cdot \boldsymbol{B}) \cdot \underline{q}$$

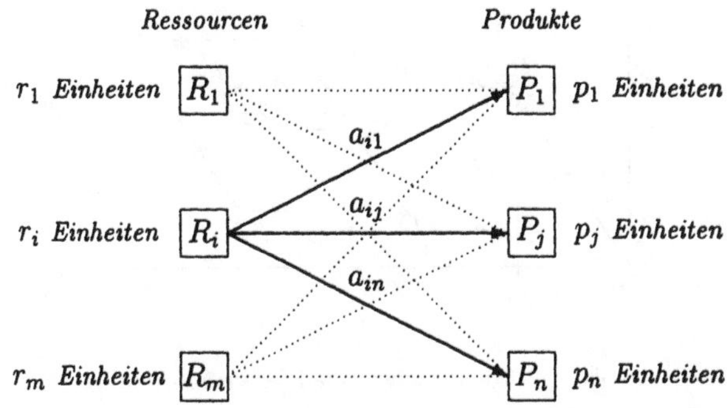


**Abb. 4.1:** Zusammenhang zwischen Ressourcen- und Produktvektor

**4.1.4 (Regeln für das Rechnen mit Vektoren aus $\mathbb{R}^n$)** *Für beliebige Vektoren $\underline{x}$, $\underline{y}$ und $\underline{z}$, den Nullvektor $\underline{0}$ und den inversen Vektor $-\underline{x}$ sowie für beliebige reelle Zahlen $\lambda$ und $\mu$ gelten folgende Beziehungen:*

$$\begin{array}{llllll} \underline{x}+(\underline{y}+\underline{z}) & = & (\underline{x}+\underline{y})+\underline{z} & \underline{x}+\underline{0} & = & \underline{x} \\ \underline{x}+\underline{y} & = & \underline{y}+\underline{x} & \underline{x}+(-\underline{x}) & = & \underline{0} \\ & & & & & \\ \lambda(\underline{x}+\underline{y}) & = & \lambda\underline{x}+\lambda\underline{y} & (\lambda+\mu)\underline{x} & = & \lambda\underline{x}+\mu\underline{x} \\ (\lambda\mu)\underline{x} & = & \lambda(\mu\underline{x}) & 1\underline{x} & = & \underline{x} \end{array} \tag{4.3}$$

Für $n \leq 3$ können Vektoren und die Operationen mit ihnen geometrisch beschrieben werden.

**4.1.5 (Geometrische Interpretation von Vektoren)** *Ein Vektor $\underline{x} = (x_1, x_2)^T$ aus $\mathbb{R}^2$ (und entsprechend ein Vektor aus $\mathbb{R}^3$) kann in einem rechtwinkligen Koordinatensystem gedeutet werden*

- *als derjenige **Punkt $P_{\underline{x}}$**, dessen Koordinaten die Werte $x_1$ und $x_2$ besitzen,*
- *als die vom Koordinatenursprung $O$ zum Punkt $P_{\underline{x}}$ führende **gerichtete Strecke** $\overrightarrow{OP_{\underline{x}}}$ (Pfeil mit $O$ als Anfangspunkt, **Ortsvektor**) oder*
- *als ein durch beliebige Parallelverschiebung aus $\overrightarrow{OP_{\underline{x}}}$ hervorgegangener Pfeil (**freier Vektor**).*

**Bemerkung (Repräsentierende Pfeile):** In der Menge aller ebenen (bzw. räumlichen) Pfeile werden alle diejenigen Pfeile, die durch Parallelverschiebung auseinander hervorgehen, also in Länge und Richtung übereinstimmen, zu einem einzigen Objekt zusammengefaßt, - dem entsprechenden ***Vektor***. Alle Pfeile gleicher Richtung und

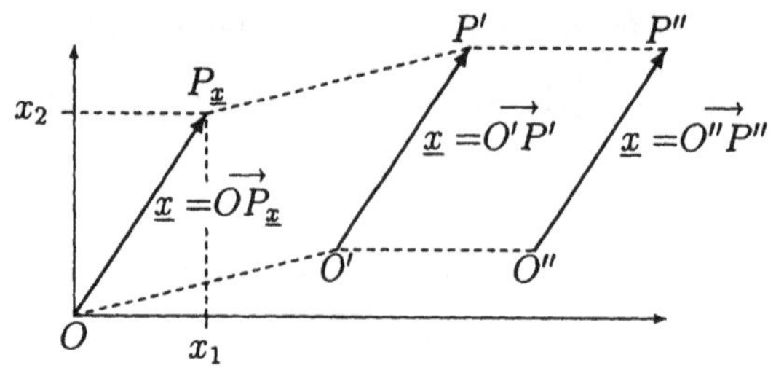


**Abb. 4.2:** Repräsentierende Pfeile eines Vektors

Länge *repräsentieren* dann ein und denselben Vektor. Für alle durch Parallelverschiebung aus $\overrightarrow{OP_{\underline{x}}}$ hervorgehenden Pfeile kann daher ein und dasselbe Symbol $\underline{x}$ verwendet werden. Insbesondere kann als repräsentierender Pfeil eines Vektors der im Koordinatenursprung angebrachte Pfeil gewählt werden.

Die Vektoroperationen werden jetzt mit Hilfe von repräsentierenden Pfeilen dargestellt. Dabei ist unmittelbar zu sehen, daß der resultierende Vektor *nicht von speziell gewählten repräsentierenden Pfeilen* abhängt.

**4.1.6 (Geometrische Interpretation der Vektoroperationen)** *Der Vektor $\underline{x}$ sei durch den Pfeil $\overrightarrow{AB}$ dargestellt, und $\| \overrightarrow{AB} \|$ bezeichne die Länge dieses Pfeils.*

- *Dann wird für jede reelle Zahl $\lambda$ der Vektor $\lambda\underline{x}$ durch einen Pfeil der Länge $|\lambda| \cdot \| \overrightarrow{AB} \|$ dargestellt, der für $\lambda > 0$ in Richtung von $A$ nach $B$ und für $\lambda < 0$ in Richtung von $B$ nach $A$ weist.*

- *Ist $\underline{y}$ ein weiterer Vektor und wird für diesen derjenige Pfeil $\overrightarrow{BC}$ gewählt, der im Endpunkt $B$ des Pfeils von $\underline{x}$ beginnt, so repräsentiert der Pfeil $\overrightarrow{AC}$ die Vektorsumme $\underline{x} + \underline{y}$:*

$$\underline{x} = \overrightarrow{AB}, \quad \underline{y} = \overrightarrow{BC} \quad \Rightarrow \quad \underline{x} + \underline{y} = \overrightarrow{AC}$$

Es erweist sich als nützlich, von der konkreten Natur der Vektoren – als Spalten oder Zeilen – abzusehen und lediglich die Rechenregeln (4.3) als Charakteristikum der Vektoren anzusehen.
So können ***allein aus diesen Regeln*** einige weitere – für Spalten- oder Zeilenvektoren selbstverständliche – Regeln mühelos abgelesen werden, zum Beispiel, daß der Nullvektor $\underline{0}$ und der inverse Vektor $-\underline{x}$ eines jeden Vektors $\underline{x}$ eindeutig bestimmt sind und daß für alle Vektoren $\underline{x}$ und alle reellen Zahlen $\lambda$ gilt:

$$0 \cdot \underline{x} = \underline{0}, \quad \lambda \cdot \underline{0} = \underline{0}, \quad (-1) \cdot \underline{x} = -\underline{x}$$

Schließlich können die Regeln (4.3) losgelöst von Zeilen und Spalten betrachtet und Objekte untersucht werden, für welche die Operationen „Multiplikation mit Zahlen“ und „Addition“ so erklärt sind, daß diese Regeln erfüllt sind.

**4.1.7 (Begriff des Vektorraums)** *Eine Menge $V$, deren Elemente mit reellen Zahlen multipliziert werden können und zwischen denen eine Addition erklärt ist, heißt* ***Vektorraum*** *oder* ***linearer Raum****, wenn folgende Bedingungen erfüllt sind:*

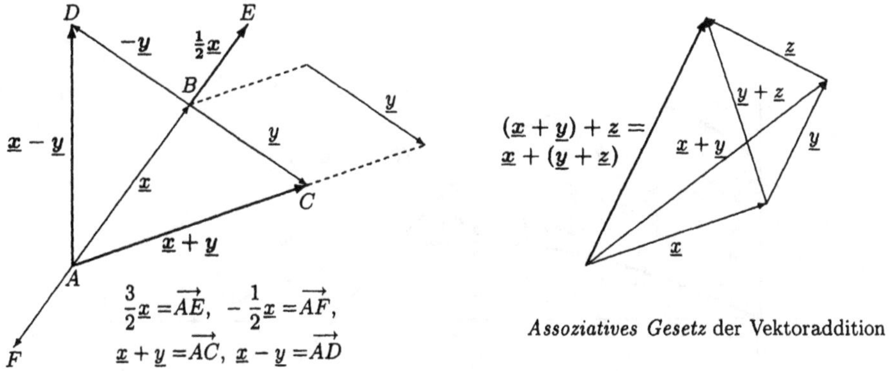


*Assoziatives Gesetz* der Vektoraddition

**Abb. 4.3:** Geometrische Interpretation der Operationen mit Vektoren

- *$V$ enthält ein „Nullelement" $\underline{0}$, den sogenannten.* ***Nullvektor****, mit der Eigenschaft $\underline{v}+\underline{0}=\underline{v}$ für alle $\underline{v}\in V$.*
- *Für jedes Element $\underline{v}\in V$ gibt es in $V$ ein Element $-\underline{v}$, den sogenannten* ***inversen Vektor****, mit der Eigenschaft $\underline{v}+(-\underline{v})=\underline{0}$.*
- *Es gelten hiermit die für Spaltenvektoren angegebenen Gesetze* (4.3).

**Beispiel 4.2 (Standardbeispiel $\mathbb{R}^n$)** Die mit den Vektoroperationen versehene Menge $\mathbb{R}^n$ aller Spaltenvektoren (bzw. aller Zeilenvektoren) ist ein Vektorraum.

**Beispiel 4.3 (Gerade in $\mathbb{R}^n$)** Zu jedem Vektor $\underline{a}=(a_1,\ldots,a_n)^T\in\mathbb{R}^n$ ist die Menge $V$ aller Vielfachen $\{\lambda\cdot\underline{a} : \lambda\in\mathbb{R}\}$ ein Vektorraum. Der Nullvektor von $V$ ist der Vektor $0\cdot\underline{a}$, und der inverse Vektor von $\lambda\cdot\underline{a}$ ist der Vektor $(-\lambda)\cdot\underline{a}$. Werden die Vektoren von $V$ für $n=2$ und $n=3$ als Punkte interpretiert, so stellt $V$ die durch den Koordinatenursprung und den Punkt $\underline{a}$ führende Gerade dar.

**Beispiel 4.4 (Zahlenfolgen)** Unendliche Zahlenfolgen $(x_1,x_2,\ldots)$ können als Zeilen mit unendlich vielen Koordinaten aufgefaßt werden. Die Menge aller Zahlenfolgen bildet einen Vektorraum, wenn die Operationen Addition und Multiplikation mit Zahlen wie bei Zeilen mit endlich vielen Gliedern koordinatenweise ausgeführt werden.

**Beispiel 4.5 (Funktionen als Vektoren)** Die Menge $V$ aller Funktionen $f : I\to\mathbb{R}$ mit ein und demselben Definitionsbereich $I$ bildet einen Vektorraum, wenn die Summe $f+g$ zweier Funktionen und die Produktfunktion $\lambda\cdot f$ durch die Summe der Funktionswerte bzw. das Produkt der Funktionswerte mit der Zahl $\lambda$ erklärt werden:

$$(f+g)(x)=f(x)+g(x),\quad (\lambda\cdot f)(x)=\lambda f(x)\quad \text{für alle } x\in I$$

Die Nullfunktion hat für alle $x \in I$ den Funktionswert 0, und die inverse Funktion $-f$ ist die Funktion $x \to -f(x)$.
Beispiel: Für die Funktionen $x \to f(x) = \sin x$ und $x \to g(x) = \cos x$ ist die Summe $f + g$ durch die Funktion $x \to \sin x + \cos x$ und die Funktion $\frac{1}{2}f$ durch die Funktion $x \mapsto \frac{1}{2}\sin x$ erklärt.

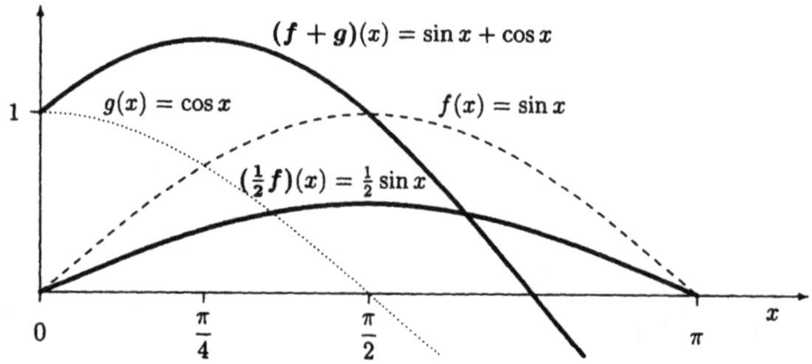


**Abb. 4.4:** Vektoroperationen mit Funktionen (Summe und Vielfaches von Funktionen)

Der Vektorraum $V$ des Beispiels 4.3 ist eine Teilmenge des Vektorraums $\mathbb{R}^n$ aller Spaltenvektoren. Die Operationen mit den Vektoren von $V$ sind die gleichen wie im Raum $\mathbb{R}^n$. $V$ wird daher auch als *Teilraum* bezeichnet. Derartige Teilmengen von $\mathbb{R}^n$, *die selbst Vektorräume darstellen*, treten bei der Bestimmung der Lösungsvielfalt linearer Gleichungssysteme auf. Mit Hilfe der nachfolgenden Charakterisierung kann im konkreten Fall sehr einfach entschieden werden, ob eine Teilmenge eines Vektorraums ein solcher Teilraum ist.

**4.1.8 (Teilraum eines Vektorraums)** *Eine Teilmenge $M$ eines Vektorraums $V$ heißt* ***(linearer) Teilraum von V****, wenn sie* ***mit den in V geltenden Vektoroperationen*** *selbst ein Vektorraum ist.*

- ***Charakterisierung von Teilräumen:*** *Werden auf eine nicht leere Teilmenge $M$ eines Vektorraums $V$ die in $V$ geltenden Vektoroperationen angewandt, so ist $M$ dann und nur dann ein linearer* ***Teilraum*** *von $V$, wenn alle Vielfachen und alle Summen von Vektoren aus $M$ in $M$ enthalten sind, wenn also gilt:*

$$\begin{aligned} (\underline{u} \in M,\ \lambda \in \mathbb{R}) &\Rightarrow \lambda\underline{u} \in M \\ (\underline{u} \in M,\ \underline{v} \in M) &\Rightarrow \underline{u} + \underline{v} \in M \end{aligned} \tag{4.4}$$

B e w e i s : Die Bedingung (4.4) ist zunächst notwendig dafür, daß $M$ selbst ein Vektorraum ist. Wird andererseits die Gültigkeit von (4.4) vorausgesetzt, so enthält $M$ wegen der ersten Beziehung den Nullvektor von $V$ und mit jedem Vektor $\underline{x}$ den inversen Vektor $-\underline{x}$ (für $\lambda = 0$ bzw. $\lambda = -1$). Da die im Vektorraum $V$ geltenden Rechenregeln auch für die Vektoren der Teilmenge $M$ gelten, erfüllt $M$ alle in 4.1.7 angebenen Bedingungen für einen Vektorraum. □

**Beispiel 4.6 (Geraden durch den Koordinatenursprung sind Teilräume)**
$M$ sei die Menge aller Vektoren $\underline{x} = (x_1, \ldots, x_n)^T \in \mathbb{R}^n$, die eine Gleichung

$$a_1x_1 + \ldots + a_nx_n = b \tag{4.5}$$

mit gegebenen Konstanten $a_1, \ldots, a_n, b$ erfüllen.
Für $b \neq 0$ ist $M$ *kein Teilraum* von $\mathbb{R}^n$, da $M$ nicht den Nullvektor enthält.
Ist $b = 0$, so folgen aus den Gleichungen $a_1x_1 + \ldots + a_nx_n = 0$ und $a_1y_1 + \ldots + a_ny_n = 0$ für zwei Vektoren $\underline{x} = (x_1, \ldots, x_n)^T$ und $\underline{y} = (y_1, \ldots, y_n)^T$ aus $M$ durch Addition und durch Multiplikation mit einer beliebigen Zahl $\lambda$ die Gleichungen $a_1(x_1 + y_1) + \ldots + a_n(x_n + y_n) = 0$ und $a_1(\lambda x_1) + \ldots + a_n(\lambda x_n) = 0$. Also enthält $M$ alle Summen und alle Vielfachen von Vektoren von $M$.
Für $n = 2$ stellt $M$ eine Gerade dar, falls einer der Koeffizienten $a_i$ in (4.5) von 0 verschieden ist, und diese Gerade führt für $b = 0$ durch den Koordinatenursprung (siehe das *linke* Bild in der folgenden Abbildung 4.5). Nun ist aber jede Gerade die Lösungsmenge einer Gleichung (4.5), und daher sind Geraden dann und nur dann Teilräume, wenn sie durch den Koordinatenursprung führen.

Dieses Beispiel mit einer einzigen Gleichung kann - mit einer entsprechenden Begründung - auf Systeme von Gleichungen übertragen werden.

**Beispiel 4.7 (Homogenes lineares Gleichungssystem)** Ein lineares System

$$\begin{array}{ccccccccccccc}
a_{11}x_1 & + & a_{12}x_2 & + & \ldots & + & a_{1j}x_j & + & \ldots & + & a_{1n}x_n & = & 0 \\
\cdot & & \cdot & \cdot & \cdots & \cdot & \cdot & \cdot & \cdots & \cdot & \cdot & \cdot & \cdot \\
a_{i1}x_1 & + & a_{i2}x_2 & + & \ldots & + & a_{ij}x_j & + & \ldots & + & a_{in}x_n & = & 0 \\
\cdot & & \cdot & \cdot & \cdots & \cdot & \cdot & \cdot & \cdots & \cdot & \cdot & \cdot & \cdot \\
a_{m1}x_1 & + & a_{m2}x_2 & + & \ldots & + & a_{mj}x_j & + & \ldots & + & a_{mn}x_n & = & 0
\end{array} \tag{4.6}$$

von $m$ Gleichungen für $n$ gesuchte Größen $x_1, \ldots, x_n$, dessen rechte Seite nur aus Nullen besteht, heißt ***homogenes lineares Gleichungssystem***.
*Die Lösungsmenge eines solchen homogenen Systems ist ein linearer Teilraum des $\mathbb{R}^n$.*

Mit Hilfe der Theorie linearer Gleichungssysteme läßt sich unschwer nachweisen, daß auch die Umkehrung gilt:

*Jeder lineare Teilraum des Vektorraums $\mathbb{R}^n$ ist die Lösungsmenge eines geeigneten homogenen linearen Gleichungssystems.*[3]

In der Abbildung 4.5 ist im *rechten* Bild die Lösungsmenge des aus der einzigen linearen Gleichung $3x_1 - 2x_2 + 4x_3 = 0$ für drei Unbekannte bestehenden homogenen Systems dargestellt. Die Lösungsvektoren $\underline{x}$ können in der Form

$$\underline{x} = \begin{pmatrix} x_1 \\ x_2 \\ x_3 \end{pmatrix} = x_1 \begin{pmatrix} 1 \\ 3/2 \\ 0 \end{pmatrix} + x_3 \begin{pmatrix} 0 \\ 2 \\ 1 \end{pmatrix} = x_1 \overrightarrow{OA} + x_3 \overrightarrow{OB}$$

dargestellt werden, - hierbei sind die Koeffizienten $x_1$ und $x_3$ frei wählbar. Die Lösungsmenge ist die von den Vektoren $\overrightarrow{OA}$ und $\overrightarrow{OB}$ aufgespannte Ebene.

[3] Vgl. Aufgabe 4.4

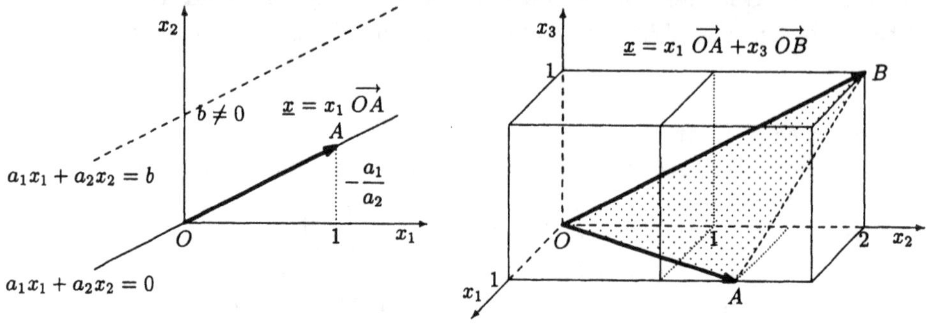


**Abb. 4.5:** Teilräume im zwei- und im dreidimensionalen Raum

## 4.2 Lineare Abhängigkeit

Zwischen den Vektoren $\underline{v}_1 = (1,2,1)^T$, $\underline{v}_2 = (2,4,1)^T$ und $\underline{v}_3 = (4,8,3)^T$ des Vektorraums $\mathbb{R}^3$ besteht die *lineare* Beziehung $\underline{v}_3 = 2\underline{v}_1 + \underline{v}_2$. Der Vektor $\underline{v}_3$ läßt sich als Summe der ersten beiden Vektoren, versehen mit gewissen Koeffizienten (hier 2 und 1), darstellen.
Die Untersuchung derartiger Abhängigkeiten ist eine grundlegende Vorgehensweise in der linearen Algebra, so etwa bei der Entscheidung der Lösbarkeit linearer Gleichungssysteme und bei der Beschreibung der Lösungsvielfalt.

Da die folgenden Begriffe nicht nur für den Vektorraum $\mathbb{R}^n$, sondern auch für beliebige Teilräume dieses Raums benötigt werden, ist es erforderlich, von vornherein einen allgemeinen Vektorraum $V$ anzunehmen.

**4.2.1 (Linearkombination)** *Zu gegebenen Vektoren $\underline{v}_1, \ldots, \underline{v}_k$ eines Vektorraum s $V$ und gegebenen reellen Zahlen $\lambda_1, \ldots, \lambda_k$ heißt der Vektor*

$$\underline{v} = \sum_{i=1}^{k} \lambda_i \underline{v}_i = \lambda_1 \underline{v}_1 + \ldots + \lambda_k \underline{v}_k \qquad (4.7)$$

*eine **Linearkombination der Vektoren $\underline{v}_1, \ldots, \underline{v}_k$**. Die Zahlenfaktoren $\lambda_1, \ldots, \lambda_k$ heißen **Koeffizienten** der Linearkombination.*

**Beispiel 4.8** Der Vektor $\underline{v} = (3,3)^T$ ist genau dann eine Linearkombination $\underline{v} = \lambda_1\underline{v}_1 + \lambda_2\underline{v}_2 + \lambda_3\underline{v}_3$ der Vektoren $\underline{v}_1 = (3,1)^T$, $\underline{v}_2 = (2,1)^T$ und $\underline{v}_3 = (1,3)^T$, wenn die Koeffizienten das lineare Gleichungssystem

$$\begin{array}{rcrcrcl} 3\lambda_1 & + & 2\lambda_2 & + & \lambda_3 & = & 3 \\ \lambda_1 & + & \lambda_2 & + & 3\lambda_3 & = & 3 \end{array} \qquad (4.8)$$

erfüllen. Dieses besitzt die Lösung $\lambda_1 = -3 + 5\lambda_3$ und $\lambda_2 = 6 - 8\lambda_3$ *bei frei wählbarem Parameter* $\lambda_3$. Damit ist

$$\underline{v} = (-3 + 5\lambda_3)\underline{v}_1 + (6 - 8\lambda_3)\underline{v}_2 + \lambda_3\underline{v}_3 \qquad (4.9)$$

die allgemeinste Linearkombination von $\underline{v}$ durch die Vektoren $\underline{v}_1$, $\underline{v}_2$ und $\underline{v}_3$.

In der Abbildung 4.6 ist die Linearkombination des Vektors $\underline{v} = (3,3)^T$ für die Wahl von $\lambda_3 = \frac{1}{2}$ angegeben.
Für die Linearkombination des Vektors $(3,3)^T$ genügen jeweils zwei der Vektoren $\underline{v}_1, \underline{v}_2$ und $\underline{v}_3$, – der dritte ist ohnehin eine Linearkombination der übrigen. So ist z. B. $\underline{v}_2 = \frac{5}{8}\underline{v}_1 + \frac{1}{8}\underline{v}_3$. Wird dies in die Linearkombination (4.9) von $\underline{v}$ mit dem frei wählbaren Parameter $\lambda_3$ eingesetzt, so ergibt sich:

$$\underline{v} = \lambda_1\underline{v}_1 + \lambda_2\underline{v}_2 + \lambda_3\underline{v}_3 = (-3+5\lambda_3)\underline{v}_1 + (6-8\lambda_3)(\frac{5}{8}\underline{v}_1 + \frac{1}{8}\underline{v}_3) + \lambda_3\underline{v}_3 = \frac{3}{4}\underline{v}_1 + \frac{3}{4}\underline{v}_3$$

Dadurch ist eine Linearkombination von $\underline{v}$ durch $\underline{v}_1$ und $\underline{v}_3$ allein entstanden, und diese ist *eindeutig bestimmt*, – der freie Parameter $\lambda_3$ tritt hierin nicht mehr auf.

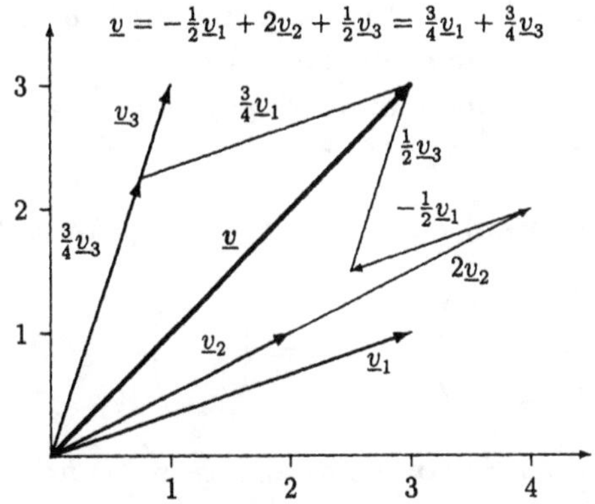


**Abb. 4.6:** Zwei Möglichkeiten für die Linearkombination eines ebenen Vektors

**Beispiel 4.9** Der Vektor $\underline{v} = (1,1,0)^T$ des Raums $\mathbb{R}^3$ ist dagegen keine Linearkombination der Vektoren $\underline{v}_1 = (1,1,1)^T$, $\underline{v}_2 = (1,0,1)^T$ und $\underline{v}_3 = (1,\frac{1}{2},1)^T$. Denn die Beziehung $\underline{v} = \lambda_1\underline{v}_1 + \lambda_2\underline{v}_2 + \lambda_3\underline{v}_3$ ist gleichbedeutend mit dem linearen Gleichungssystem

$$\begin{pmatrix}1\\1\\0\end{pmatrix} = \lambda_1\begin{pmatrix}1\\1\\1\end{pmatrix} + \lambda_2\begin{pmatrix}1\\0\\1\end{pmatrix} + \lambda_3\begin{pmatrix}1\\\frac{1}{2}\\1\end{pmatrix} \Leftrightarrow \begin{array}{rcrcrcl}\lambda_1 & + & \lambda_2 & + & \lambda_3 & = & 1\\ \lambda_1 & & & + & \frac{1}{2}\lambda_3 & = & 1\\ \lambda_1 & + & \lambda_2 & + & \lambda_3 & = & 0.\end{array}$$

Dieses ist wegen des Widerspruchs zwischen der ersten und dritten Gleichung nicht lösbar.[4]

**4.2.2 (Lineare Abhängigkeit und Unabhängigkeit)** *Ein System S von Vektoren eines Vektorraums heißt* ***linear abhängig****, wenn* ***einer*** *der Vektoren von S eine Linearkombination der übrigen Vektoren von S ist.*
*Ist das System nicht linear abhängig, so heißt es* ***linear unabhängig****.*

**Beispiel 4.10 (Lineare Abhängigkeit von Pfeilen in der Ebene)**
Ein System $\{\overrightarrow{AB}, \overrightarrow{CD}\}$ zweier Pfeile ist dann und nur dann linear abhängig, wenn diese zueinander parallel liegen.[5]

[4]Zur geometrischen Interpretation vgl. Beispiel 4.15
[5]Die Pfeile liegen dann nach einer geeigneten Parallelverschiebung auf ein und derselben Geraden.

Der Nullvektor kann aus einem beliebigen Vektorsystem linear kombiniert werden, – dazu brauchen als Koeffizienten einer Linearkombination lediglich Nullen gewählt zu werden: $\underline{0} = 0 \cdot \underline{v}_1 + \ldots + 0 \cdot \underline{v}_k$. Für das Vektorsystem $\{\underline{v}_1, \underline{v}_2, \underline{v}_3\}$ des Beispiels 4.8 gibt es hierfür aber weitere Möglichkeiten, z. B. $\underline{0} = 5\underline{v}_1 - 8\underline{v}_2 + \underline{v}_3$.
Je nachdem, ob dies nur auf die (sogenannte ***triviale***) Weise möglich ist oder nicht, ist das Vektorsystem linear unabhängig oder nicht, wie das folgende einfache Kriterium zeigt.

### 4.2.3 (Kriterium für lineare Abhängigkeit)

- (***Allgemeine Form***) *Ein System $S = \{\underline{v}_1, \ldots, \underline{v}_k\}$ von $k$ Vektoren eines Vektorraums $V$ ist dann und nur dann* ***linear abhängig****, wenn es eine Linearkombination des Nullvektors $\lambda_1\underline{v}_1 + \ldots + \lambda_k\underline{v}_k = \underline{0}$ aus Vektoren von $S$ gibt, so daß* ***nicht alle Koeffizienten $\boldsymbol{\lambda_1, \ldots, \lambda_k}$ den Wert 0*** *haben.*
  *Entsprechend ist $S$ dann und nur dann* ***linear unabhängig****, wenn eine derartige Linearkombination* ***nur für $\boldsymbol{\lambda_1 = \ldots = \lambda_k = 0}$*** *möglich ist.*

- (***Matrizenform für Spaltenvektoren***) *Ein System $S$ von $k$ Spaltenvektoren*

$$\underline{v}_1 = \begin{pmatrix} a_{11} \\ \vdots \\ a_{n1} \end{pmatrix}, \; \underline{v}_2 = \begin{pmatrix} a_{12} \\ \vdots \\ a_{n2} \end{pmatrix}, \ldots, \; \underline{v}_k = \begin{pmatrix} a_{1k} \\ \vdots \\ a_{nk} \end{pmatrix}$$

  *des Raums $\mathbb{R}^n$ ist dann und nur dann* ***linear abhängig****, wenn das* ***homogene*** *lineare Gleichungssystem*

$$\begin{pmatrix} a_{11} & \cdots & a_{1k} \\ \vdots & \ddots & \vdots \\ a_{n1} & \cdots & a_{nk} \end{pmatrix} \begin{pmatrix} \lambda_1 \\ \vdots \\ \lambda_k \end{pmatrix} = \begin{pmatrix} 0 \\ \vdots \\ 0 \end{pmatrix} \tag{4.10}$$

  *außer der trivialen Lösung $\lambda_1 = \ldots = \lambda_k = 0$ noch weitere (****nichttriviale****) Lösungen besitzt. Entsprechend ist $S$ dann und nur dann* ***linear unabhängig****, wenn* (4.10) *nur die* ***triviale Lösung $\boldsymbol{\lambda_1 = \ldots = \lambda_k = 0}$*** *besitzt.*

B e w e i s (der allgemeinen Form):
(1) Ist $S$ linear abhängig, so ist einer der Vektoren von $S$ eine Linearkombination der übrigen. Nach eventueller Änderung der Numerierung kann dies für $\underline{v}_1$ angenommen werden. Eine Linearkombination $\underline{v}_1 = \lambda_2\underline{v}_2 + \ldots + \lambda_k\underline{v}_k$ bedeutet dann die Linearkombination $\underline{0} = \mathbf{-1} \cdot \underline{v}_1 + \lambda_2\underline{v}_2 + \ldots + \lambda_k\underline{v}_k$ des Nullvektors, bei der nicht alle Koeffizienten den Wert 0 haben, zum Beispiel der erste.

(2) Gibt es eine Linearkombinationen $\underline{0} = \lambda_1\underline{v}_1 + \ldots + \lambda_k\underline{v}_k$ des Nullvektors, bei der nicht alle Koeffizienten den Wert 0 haben, so kann durch eventuellen Wechsel der Bezeichnungen $\boldsymbol{\lambda_1 \neq 0}$ angenommen werden. Dann ist aber $\underline{v}_1 = -\frac{\lambda_2}{\lambda_1}\underline{v}_2 - \ldots - \frac{\lambda_k}{\lambda_1}\underline{v}_k$, und dies ist eine Linearkombination von $\underline{v}_1$ durch die übrigen Vektoren.

(Die Matrizenform stellt lediglich eine andere Schreibweise des Kriteriums für den Fall von Spaltenvektoren dar.) □

**Beispiel 4.11** Das System $S = \{\underline{v}_1, \underline{v}_2, \underline{v}_3\}$ des Beispiels 4.8 ist linear abhängig. Denn das entsprechende homogene lineare Gleichungssystem

$$\begin{pmatrix} 3 & 2 & 1 \\ 1 & 1 & 3 \end{pmatrix} \begin{pmatrix} \lambda_1 \\ \lambda_2 \\ \lambda_3 \end{pmatrix} = \begin{pmatrix} 0 \\ 0 \end{pmatrix}$$

besitzt die allgemeine Lösung $\lambda_1 = 5\lambda_3$, $\lambda_2 = -8\lambda_3$ bei frei wählbarem Parameter $\lambda_3$, und für $\lambda_3 \neq 0$ ergeben sich nichttriviale Lösungen.
Wird jedoch der dritte Vektor aus dem System entfernt, so ist das verbleibende System linear unabhängig, da das homogene Gleichungssystem $\begin{pmatrix} 3 & 2 \\ 1 & 1 \end{pmatrix} \begin{pmatrix} \lambda_1 \\ \lambda_2 \end{pmatrix} = \begin{pmatrix} 0 \\ 0 \end{pmatrix}$ nur die Lösung $\lambda_1 = \lambda_2 = 0$ besitzt. Gleiches gilt, wenn der erste bzw. der zweite Vektor entfernt wird.

**Beispiel 4.12** $A$ sei eine $n$-reihige obere Dreiecksmatrix $A$, deren Diagonalelemente sämtlich von 0 verschieden sind:

$$A = \begin{pmatrix} a_{11} & a_{12} & a_{13} & \dots & a_{1n} \\ 0 & a_{22} & a_{23} & \dots & a_{2n} \\ 0 & 0 & a_{33} & \dots & a_{3n} \\ \vdots & \vdots & \vdots & \ddots & \vdots \\ 0 & 0 & 0 & \dots & a_{nn} \end{pmatrix} \qquad a_{11} \neq 0, \dots, a_{nn} \neq 0$$

Dann ist sowohl das System der $n$ Spaltenvektoren als auch das System der $n$ Zeilenvektoren linear unabhängig.[6]

Wird für $A$ die Einheitsmatrix gewählt, so ergibt sich als Folgerung hieraus:

**Beispiel 4.13 (Einheitsvektoren)** Das System $\{e_1, \dots, e_n\}$ der ***Einheitsvektoren***

$$\underline{e}_1 = \begin{pmatrix} 1 \\ 0 \\ \vdots \\ 0 \end{pmatrix}, \quad \underline{e}_2 = \begin{pmatrix} 0 \\ 1 \\ \vdots \\ 0 \end{pmatrix}, \dots, \underline{e}_n = \begin{pmatrix} 0 \\ 0 \\ \vdots \\ 1 \end{pmatrix}$$

im Raum $\mathbb{R}^n$ ist linear unabhängig. Hiermit läßt sich jeder Vektor $\underline{x} \in \mathbb{R}^n$ in denkbar einfacher Weise linear kombinieren:

$$\underline{x} = \begin{pmatrix} x_1 \\ \vdots \\ x_n \end{pmatrix} \Rightarrow \underline{x} = x_1 \begin{pmatrix} 1 \\ 0 \\ \vdots \\ 0 \end{pmatrix} + \dots + x_n \begin{pmatrix} 0 \\ 0 \\ \vdots \\ 1 \end{pmatrix} = \sum_{i=1}^{n} x_i \underline{e}_i \tag{4.11}$$

Die Koeffizienten der Linearkombination sind hier die Koordinaten des Vektors $\underline{x}$.

Im weiteren Verlauf stellt sich heraus, daß ein System von mehr als $n$ Vektoren im Raum $\mathbb{R}^n$ stets linear abhängig ist, – das System der Einheitsvektoren ist daher ein *maximales* linear unabhängiges System von Vektoren in $\mathbb{R}^n$.

---

[6] Vgl. Aufgabe 4.3

**Beispiel 4.14 (Lineare Unabhängigkeit der Potenzfunktionen)** Die für alle reellen Zahlen $x$ erklärten Polynomfunktionen $x \mapsto p(x) = a_0 + a_1 x + \ldots + a_n x^n$ von beliebigem Grad bilden einen Vektorraum $V$ (vgl. das Beispiel 4.5). In diesem Raum $V$ ist jedes System von Potenzfunktionen linear unabhängig!
Für das System $S = \{p_0, p_1, p_2\}$ der Funktionen $x \mapsto p_0(x) = 1$, $x \mapsto p_1(x) = x$ und $x \mapsto p_2(x) = x^2$ kann man dies an Hand des Kriteriums 4.2.3 wie folgt sehen:
Eine Linearkombination $\underline{0} = \lambda_0 p_0 + \lambda_1 p_1 + \lambda_2 p_2$ der Nullfunktion bedeutet, daß die quadratische Funktion $x \mapsto p(x) = \lambda_0 + \lambda_1 x + \lambda_2 x^2$ *für alle reellen Zahlen* $x$ den Wert 0 besitzt. Nun hat aber eine solche Funktion höchstens zwei voneinander verschiedene Nullstellen, – es sei denn, alle Koeffizienten haben den Wert 0. Also ist $S$ linear unabhängig.[7]

Während die Koeffizienten der Linearkombination eines Vektors durch ein linear abhängiges System (siehe das Beispiel in der Abbildung 4.6) nicht eindeutig bestimmt zu sein brauchen, ist dies bei einem linear unabhängigen System niemals der Fall!

**4.2.4 (Eindeutigkeit der Koordinaten bei linear unabhängigem System)** *Die Koeffizienten in der Darstellung eines Vektors durch ein linear unabhängiges System sind eindeutig bestimmt.*

Beweis: $S = \{\underline{v}_1, \ldots, \underline{v}_k\}$ sei ein linear unabhängiges System in einem Vektorraum $V$, und ein Vektor $\underline{v} \in V$ werde auf zwei Arten durch $S$ linear kombiniert:

$$\underline{v} = \lambda_1 \underline{v}_1 + \ldots + \lambda_k \underline{v}_k, \quad \underline{v} = \mu_1 \underline{v}_1 + \ldots + \mu_k \underline{v}_k$$

Die Subtraktion beider Gleichungen ergibt die Linearkombination

$$\underline{0} = (\lambda_1 - \mu_1)\underline{v}_1 + \ldots + (\lambda_k - \mu_k)\underline{v}_k$$

des Nullvektors von $V$, und hierin müssen wegen der linearen Unabhängigkeit des Systems $S$ alle Koeffizienten verschwinden. Das bedeutet $\lambda_1 = \mu_1, \ldots, \lambda_k = \mu_k$, und daher stimmen beide Linearkombinationen überein. Folglich gibt es nur eine einzige Linearkombination des Vektors $\underline{v}$ durch das System $S$. □

**4.2.5 (Lineare Hülle eines Vektorsystems)** *Zu einem gegebenen Vektorsystem* $S = \{\underline{v}_1, \ldots, \underline{v}_k\}$ *eines Vektorraums* $V$ *heißt die Menge*

$$L(S) = L(\underline{v}_1, \ldots, \underline{v}_k) = \left\{ \sum_{i=1}^{k} \lambda_i \underline{v}_i \ : \lambda_1, \ldots, \lambda_k \in \mathbb{R} \right\} \tag{4.12}$$

*aller Linearkombinationen von Vektoren von* $S$ *die* ***lineare Hülle von S***.

- (***Lineare Hülle als Vektorraum***) *Die lineare Hülle* $L(S)$ *ist ein linearer Teilraum von* $V$*, und zwar der kleinste Teilraum von* $V$*, der alle Vektoren von* $S$ *enthält.* $L(S)$ *heißt daher auch* ***der von S aufgespannte Teilraum***.

[7]Entsprechend wird für ein System aus beliebig vielen Potenzen geschlossen. Dabei wird die bekannte Tatsache verwendet, daß eine Gleichung $n$-ten Grades höchstens $n$ voneinander verschiedene Nullstellen besitzt.
(Das folgt daraus, daß ein Polynom $p(x)$ vom Grad $n$ für jede Nullstelle $a$ ohne Rest durch den Faktor $x - a$ teilbar ist, also $p(x) = (x - a)q(x)$ mit einem Polynom $q(x)$ vom Grad $n - 1$ gilt.)

B e w e i s : Mit zwei Linearkombinationen von $S$ ist auch deren Summe eine Linearkombination von $S$, und jedes Vielfache einer Linearkombination von $S$ ist ebenfalls eine Linearkombination von $S$. Daher hat die Menge $L(S)$ die für einen Teilraum charakteristischen Eigenschaften (4.4).
Ist andererseits $M$ ein Teilraum von $V$, der die Vektoren von $S$ enthält, so muß $M$ wegen der Teilraumeigenschaft auch alle Linearkombinationen von Vektoren von $S$ enthalten, und das ist gerade die lineare Hülle von $S$. Also gilt $L(S) \subseteq M$. □

### Beispiel 4.15 (Lineare Hülle)

- Im Beispiel 4.8 ist $L(\underline{v}_1, \underline{v}_2, \underline{v}_3) = \mathbb{R}^2$, denn jeder Vektor des $\mathbb{R}^2$ ist eine Linearkombination bereits von zwei Vektoren des Systems.

  So bedeutet z. B. eine Linearkombination $\underline{b} = \lambda_1 \underline{v}_1 + \lambda_2 \underline{v}_2$ eines beliebigen Vektors $\underline{b} = (b_1, b_2)^T$ aus den ersten beiden Vektoren $\underline{v}_1 = (3,1)^T$ und $\underline{v}_2 = (2,1)^T$ für die Koeffizienten $\lambda_1$ und $\lambda_2$ das Gleichungssystem $\begin{pmatrix} 3 & 2 \\ 1 & 1 \end{pmatrix} \begin{pmatrix} \lambda_1 \\ \lambda_2 \end{pmatrix} = \begin{pmatrix} b_1 \\ b_2 \end{pmatrix}$. Dieses hat eine (eindeutig bestimmte) Lösung, da die Determinante der Koeffizientenmatrix von 0 verschieden ist.

- Im Beispiel 4.9 ist $\underline{v}_3 = \frac{1}{2}\underline{v}_1 + \frac{1}{2}\underline{v}_2$ eine Linearkombination von $\underline{v}_1$ und $\underline{v}_2$. Daher ist $L(\underline{v}_1, \underline{v}_2, \underline{v}_3) = L(\underline{v}_1, \underline{v}_2)$. Die lineare Hülle stellt die durch die beiden Vektoren $\underline{v}_1$ und $\underline{v}_2$ aufgespannte und durch den Koordinatenursprung führende Ebene im dreidimensionalen Raum dar. Der Vektor $\underline{v} = (1,1,0)^T$ gehört dieser Ebene nicht an, eben weil er keine Linearkombination des Systems $\{\underline{v}_1, \underline{v}_2, \underline{v}_3\}$ ist.

- Es ist $L(\underline{e}_1, \ldots, \underline{e}_n) = \mathbb{R}^n$, da sich jeder Vektor $\underline{x} = (x_1, \ldots, x_n)^T$ (eindeutig) als $\underline{x} = x_1\underline{e}_1 + \ldots + x_n\underline{e}_n$ darstellen läßt, - *die Einheitsvektoren* $\underline{e}_1, \ldots, \underline{e}_n$ *spannen den gesamten Raum* $\mathbb{R}^n$ *auf.*

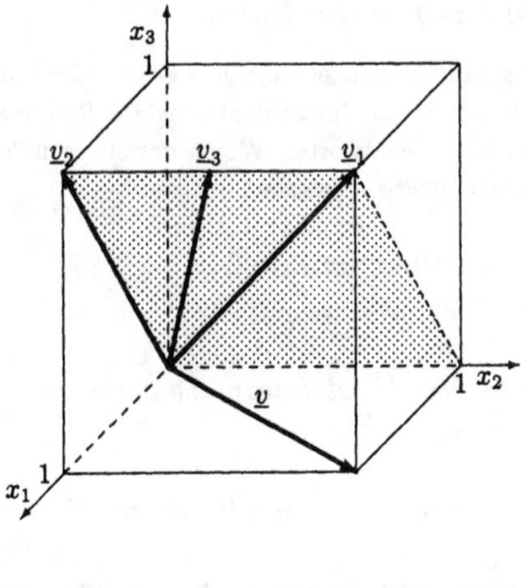


**Abb. 4.7:** Ausschnitt aus der linearen Hülle des Vektorsystems $\{\underline{v}_1, \underline{v}_2, \underline{v}_3\}$ im Beispiel 4.9

## 4.3 Basis, Dimension und Rang

Jeder Vektor des Raumes $\mathbb{R}^n$ kann nach (4.11) aus dem linear unabhängigen System der $n$ Einheitsvektoren linear kombiniert werden. Im folgenden wird allgemeiner die Frage geklärt, wieviele Vektoren eines Vektorraums $V$ benötigt werden, um aus ihnen den gesamten Raum $V$ aufzuspannen. Die gesuchte Zahl wird als ***Dimension von** V* bezeichnet.
Ein Ergebnis dieses Abschnitts wird die Tatsache sein, daß der Raum $\mathbb{R}^n$ von einem beliebigen linear unabhängigen System aus $n$ Vektoren aufgespannt wird.

Für $n = 2$ ist dies ein einfacher geometrischer Sachverhalt:
Jeder Pfeil $\underline{v}$ läßt sich aus zwei beliebigen Pfeilen $\underline{v}_1$ und $\underline{v}_2$, die nicht parallel zueinander liegen, linear kombinieren. Dazu ist $\underline{v}$ als Diagonale eines Parallelogramms, dessen Seiten durch die Richtungen von $\underline{v}_1$ und $\underline{v}_2$ bestimmt sind, darzustellen.[8]

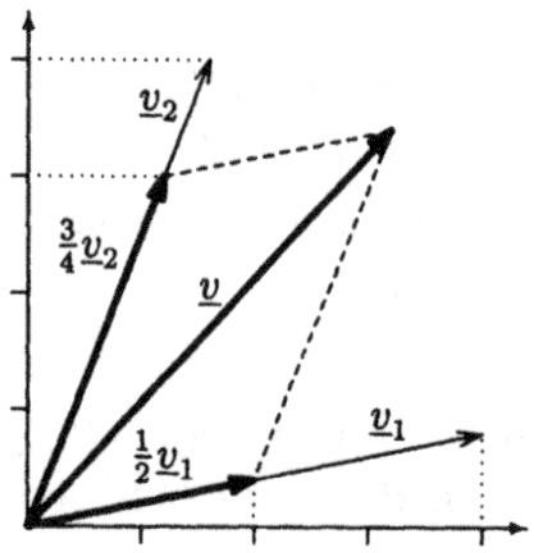


**Abb. 4.8:** Zerlegung eines ebenen Vektors nach linear unabhängigen Vektoren

**4.3.1 (Basis eines Vektorraums)** *Ein aus endlich vielen Vektoren $\underline{v}_1, \ldots, \underline{v}_n$ eines Vektorraums $V$ bestehendes **linear unabhängiges** System $B$ heißt **Basis** von $V$, wenn jeder Vektor von $V$ Linearkombination von Vektoren von $B$ ist, also die lineare Hülle $L(\underline{v}_1, \ldots, \underline{v}_n)$ von $B$ mit $V$ übereinstimmt.*

**Beispiel 4.16 (Kanonische Basis)** Das System $\{\underline{e}_1, \ldots, \underline{e}_n\}$ der $n$ Einheitsvektoren ist eine Basis des Raums $\mathbb{R}^n$, die sogenannte ***kanonische Basis***.

Wie eben dargelegt, sind die Basen des Raums $\mathbb{R}^2$ gerade die linear unabhängigen Systeme aus zwei Vektoren. Die Frage, ob auch in einem beliebigen Raum $\mathbb{R}^n$ die linear unabhängigen Systeme aus $n$ Vektoren die Basen sind, wird durch den folgenden Satz beantwortet. Wegen dessen grundlegender Bedeutung für die lineare Algebra soll ein vollständiger Beweis angegeben werden.

**4.3.2 (Charakterisierung der Basen eines Vektorraums)**
*Besitzt ein Vektorraum $V$ eine Basis $B$ aus $n$ Vektoren, so gilt:*

(a) *Jedes System aus mehr als $n$ Vektoren von $V$ ist linear abhängig, und damit bestehen **alle** Basen von $V$ aus $\boldsymbol{n}$ Vektoren.*

(b) *Jedes linear unabhängige System aus $n$ Vektoren ist eine Basis von $V$.*

[8] In der Physik wird diese Zerlegung eines Vektors verwendet, um eine durch einen Vektor gegebene Kraft $\underline{v}$ in zwei Anteile mit vorgegebenen Richtungen zu zerlegen (Parallelogramm der Kräfte).

Für den Beweis dieses Satzes ist zunächst eine leicht einzusehende und vielfach verwendete Aussage über homogene lineare Gleichungssysteme erforderlich.

Aus 4.2.3 ist bekannt, daß ein homogenes lineares Gleichungssystem nichttriviale Lösungen besitzen kann (nämlich genau dann, wenn die Spaltenvektoren der Koeffizientenmatrix linear abhängig sind). So hat z. B. das Gleichungssystem $\lambda_1 - 2\lambda_2 = 0$, $2\lambda_1 - 4\lambda_2 = 0$ von zwei Gleichungen für zwei Unbekannte unendlich viele Lösungen. Wird jedoch in der zweiten Gleichung der Koeffizient von $\lambda_2$ in $+4$ abgeändert, so hat das neue System nur noch die triviale Lösung. Die Existenz nichttrivialer Lösungen hängt also hier von der Wahl der Koeffizienten ab.

Wird dem System jedoch eine weitere Unbekannte $\lambda_3$ hinzugefügt, so hat das erweiterte System von zwei Gleichungen mit drei Unbekannten stets eine nichttriviale Lösung, – *unabhängig von der Wahl der Koeffizienten*. So hat z. B. das System

$$\lambda_1 - 2\lambda_2 + \lambda_3 = 0,\ 2\lambda_1 + 4\lambda_2 = 0$$

die unendlich vielen Lösungen $\lambda_1 = -2\lambda_2$, $\lambda_3 = 4\lambda_2$ mit $\lambda_2$ als frei wählbarem Parameter.

### 4.3.3 (Homogenes System mit mehr Unbekannten als Gleichungen)

*Ein homogenes lineares Gleichungssystem*

$$\begin{pmatrix} a_{11} & \dots & a_{1q} \\ \vdots & \ddots & \vdots \\ a_{p1} & \dots & a_{pq} \end{pmatrix} \begin{pmatrix} \lambda_1 \\ \vdots \\ \lambda_q \end{pmatrix} = \begin{pmatrix} 0 \\ \vdots \\ 0 \end{pmatrix}$$

*mit mehr Unbekannten als Gleichungen, also mit $q > p$, besitzt stets einen Lösungsvektor, der nicht nur aus Nullen besteht.*

B e w e i s (von 4.3.3): Für jede natürliche Zahl $p$ stellt der Satz eine Aussage $A_p$ über *alle* natürlichen Zahlen $q$ oberhalb $p$ dar. Diese kann sehr einfach induktiv hergeleitet werden.

Für $p = 1$ ist die Aussage wahr! Denn in dem aus einer einzigen Gleichung $a_{11}\lambda_1 + \ldots + a_{1q}\lambda_q = 0$ bestehenden System müssen die Koeffizienten mindestens zweier Unbekannter wegen $q > 1$ von 0 verschieden sein, etwa die ersten beiden. Wird für $\lambda_3, \lambda_4, \ldots$ der Wert 0 und für $\lambda_2$ irgendeine von 0 verschiedene Zahl eingesetzt, so läßt sich die verbleibende Unbekannte $\lambda_1$ eindeutig ermitteln, und damit ist bereits eine nichttriviale Lösung gefunden.

Jetzt sei für irgendeine natürliche Zahl $p \geq 1$ die Aussage $A_p$ wahr, und es sei

$$\begin{pmatrix} a_{11} & \cdots & a_{1q} \\ \vdots & \ddots & \vdots \\ a_{p1} & \cdots & a_{pq} \\ a_{p+1,1} & \cdots & a_{p+1,q} \end{pmatrix} \begin{pmatrix} \lambda_1 \\ \vdots \\ \lambda_q \end{pmatrix} = \begin{pmatrix} 0 \\ \vdots \\ 0 \end{pmatrix}$$

ein homogenes lineares Gleichungssystem von $p+1$ Gleichungen für $q > p+1$ Unbekannte. In dessen letzter Zeile können nicht alle Koeffizienten verschwinden, da das System sonst aus weniger als $p+1$ Gleichungen bestünde. Folglich kann diese Zeile nach einer der Unbekannten, etwa der $i$-ten, aufgelöst werden:

$\lambda_i = c_1\lambda_1 + \ldots + c_{i-1}\lambda_{i-1} + c_{i+1}\lambda_{i+1} + \ldots + c_q\lambda_q$. Wird dieser Ausdruck für $\lambda_i$ in die ersten $p$ Zeilen eingetragen, so verbleibt ein homogenes System mit $p$ Gleichungen für $q-1$ Unbekannte. Dieses hat wegen $q > p+1$ und folglich $q-1 > p$ mehr Unbekannte als Gleichungen, und damit tritt die Aussage $A_p$ in Kraft: Es gibt eine – nicht nur aus Nullen bestehende – Lösung des Restsystems und folglich auch des ganzen Systems. Damit ist $A_{p+1}$ eine wahre Aussage. □

B e w e i s (von 4.3.2):
(a) Es sei $B = \{\underline{v}_1, \ldots, \underline{v}_n\}$ eine Basis von V, und $S = \{\underline{u}_1, \ldots, \underline{u}_m\}$ sei ein System von $m > n$ Vektoren aus V. Dann können die Vektoren von $S$ aus der Basis linear kombiniert werden:

$$\underline{u}_i = a_{1i}\underline{v}_1 + a_{2i}\underline{v}_2 + \ldots + a_{ni}\underline{v}_n = \sum_{j=1}^{n} a_{ji}\underline{v}_j \quad (i = 1, \ldots, m)$$

Nun wird eine *nichttriviale* Linearkombination des Nullvektors durch die Vektoren von $S$ konstruiert. Es sei dazu $\sum_{i=1}^{m} \lambda_i \underline{u}_i = \underline{0}$ irgendeine Linearkombination des Nullvektors durch Vektoren von $S$. Hierin können die $\underline{u}_i$ durch die Basisvektoren wie angegeben dargestellt werden:

$$\underline{0} = \sum_{i=1}^{m} \lambda_i \underline{u}_i = \sum_{i=1}^{m} \left( \lambda_i \sum_{j=1}^{n} a_{ji}\underline{v}_j \right) = \sum_{j=1}^{n} \left( \sum_{i=1}^{m} a_{ji}\lambda_i \right) \underline{v}_j$$

Dies ist eine Linearkombination des Nullvektors durch die (linear unabhängige) Basis, und daher besteht diese Beziehung – und gleichbedeutend damit $\sum_{i=1}^{m} \lambda_i \underline{u}_i = \underline{0}$ – dann und nur dann, wenn alle Koeffizienten den Wert 0 haben:

$$\sum_{i=1}^{m} a_{ji}\lambda_i = 0 \quad (j = 1, \ldots, n) \quad \Leftrightarrow \quad \begin{pmatrix} a_{11} & \cdots & a_{1m} \\ \vdots & \ddots & \vdots \\ a_{n1} & \cdots & a_{nm} \end{pmatrix} \begin{pmatrix} \lambda_1 \\ \vdots \\ \lambda_m \end{pmatrix} = \begin{pmatrix} 0 \\ \vdots \\ 0 \end{pmatrix}$$

Ein solches homogenes System von $n$ Gleichungen mit $m > n$ Unbekannten besitzt wegen des Satzes 4.3.3 einen vom Nullvektor verschiedenen Lösungsvektor $(\lambda_1, \ldots, \lambda_m)^T$, und damit ist eine nichttriviale Linearkombination $\sum_{i=1}^{m} \lambda_i \underline{v}_i = \underline{0}$ des Nullvektors von $V$ durch das System $S$ angegeben. Folglich ist $S$ linear abhängig.
Daraus folgt aber bereits, daß alle Basen die gleiche Länge haben. Denn gäbe es Basen unterschiedlicher Länge, so wäre die längere linear abhängig und damit keine Basis.

(b) Es sei jetzt $S = \{\underline{u}_1, \ldots, \underline{u}_n\}$ ein linear unabhängiges System, dessen Anzahl von Vektoren mit der Anzahl von Vektoren in irgendeiner Basis übereinstimmt. Es ist zu zeigen, daß jeder Vektor von $V$ aus $S$ linear kombiniert werden kann.
Dafür wird dem System $S$ ein beliebig gewählter Vektor $\underline{v} \in V$ hinzugefügt. Das erweiterte System aus $n+1$ Vektoren ist wegen (a) linear abhängig, und folglich kann aus diesem der Nullvektor nichttrivial kombiniert werden: $\lambda\underline{v} + \sum_{i=1}^{n} \lambda_i \underline{u}_i = \underline{0}$. Hierin kann aber der Koeffizient von $\underline{v}$ nicht verschwinden! Sonst würde sich diese Linearkombination auf die Beziehung $\sum_{i=1}^{n} \lambda_i \underline{u}_i = \underline{0}$ reduzieren, wobei jetzt einer der Koeffizienten $\lambda_i$ von 0 verschieden sein muß, – im Widerspruch zur linearen Unabhängigkeit von $S$. Also kann die Beziehung $\lambda\underline{v} + \sum_{i=1}^{n} \lambda_i \underline{u}_i = \underline{0}$ durch $\lambda$ dividiert und nach $\underline{v}$ aufgelöst werden. Dies ergibt die gesuchte Linearkombination

$$\underline{v} = -\frac{\lambda_1}{\lambda}\underline{u}_1 - \ldots - \frac{\lambda_n}{\lambda}\underline{u}_n.$$

Folglich spannt $S$ den ganzen Raum auf und ist damit eine Basis von $V$. □

Vektorräume müssen keine Basis aus endlich vielen Vektoren besitzen. Ein Beispiel hierfür ist der Vektorraum aller (unendlichen) Zahlenfolgen.
Gibt es jedoch eine endliche Basis aus $n$ Vektoren, so bestehen alle weiteren Basen ebenfalls aus $n$ Vektoren, wie der eben bewiesene Satz zeigt. Die hiermit eindeutig bestimmte Zahl $n$, die *Dimension* oder der *Rang* des Vektorraums, ist von grundlegender Bedeutung in der linearen Algebra. Sie gibt zugleich an, wie umfangreich linear unabhängige Systeme in V sein können.

**4.3.4 (Dimension eines Vektorraums)** *Besitzt ein Vektorraum V eine Basis aus endlich vielen Vektoren, so heißt die Anzahl von Vektoren in einer Basis die* ***Dimension*** *von V (Symbol:* **dim(*V*)**).

- *Die Dimension eines Vektorraums V ist die* ***maximale Anzahl*** *von Vektoren in einem linear unabhängigen System.*
- *Der Vektorraum* $\mathbb{R}^n$ *besitzt die Dimension* $\boldsymbol{n}$, *- das heißt:*
  *Jedes linear unabhängige System von n Vektoren ist eine Basis von* $\mathbb{R}^n$, *und jedes System von mehr als n Vektoren ist linear abhängig.*[9]

Von besonderem Interesse ist die lineare Hülle eines Systems von endlich vielen Vektoren, speziell die lineare Hülle des Systems der Zeilen- oder der Spaltenvektoren einer Matrix.

**4.3.5 (Rang eines Vektorsystems)** *Es sei S ein System von Vektoren eines Vektorraums V. Die Dimension der linearen Hülle von S, also des von S aufgespannten Teilraums von V, heißt* ***Rang*** *von S (Symbol:* **rg(*S*)**):

$$\mathbf{rg}(\boldsymbol{S}) = \mathbf{dim}(\boldsymbol{L}(\boldsymbol{S})) \tag{4.13}$$

- (***Charakterisierung des Rangs eines Vektorsystems***) *Der Rang eines Vektorsystems S ist die maximale Anzahl von Vektoren in linear unabhängigen Teilsystemen von S.*

B e w e i s : Ist $k$ diese maximale Anzahl, so ist jedes linear unabhängige Teilsystem von $S$ aus $k$ Vektoren eine Basis der linearen Hülle $L(S)$. Denn ist $\{\underline{v}_1, \ldots, \underline{v}_k\}$ ein solches System, so läßt sich jeder weitere Vektor von $S$ aus diesen $k$ Vektoren linear kombinieren und damit auch jeder Vektor der linearen Hülle.[10] □

**Beispiel 4.17** Für das System $S = \{\underline{v}_1, \underline{v}_2, \underline{v}_3\}$ im Beispiel 4.9 kann der Rang auf zweierlei Weisen bestimmt werden: Der von $S$ aufgespannte Teilraum ist zweidimensional (siehe die Abbildung 4.7), und daher hat $S$ den Rang 2.
Andererseits sind die aus je zwei Vektoren von $S$ gebildeten Teilsysteme linear unabhängig, während $S$ selbst linear abhängig ist. Folglich hat $S$ den Rang 2.

**4.3.6 (Eigenschaften des Rangs eines Vektorsystems)**

(a) ***Weglassen von Linearkombinationen:*** *Wird aus einem Vektorsystem ein Vektor entfernt, der eine Linearkombination der übrigen Vektoren des Systems ist, so hat das verbleibende System den gleichen Rang wie das Ausgangssystem.*[11]

---

[9] Damit ist die Bezeichnung „*n-dimensionaler Raum*" für $\mathbb{R}^n$ gerechtfertigt.

[10] Dies kann mit der im Beweis des Teils (b) des Satzes 4.3.2 dargestellten Methode gezeigt werden; vgl. auch die Aufgabe 4.1

[11] Entsprechend kann sich der Rang eines Vektorsystems durch Hinzunahme einer Linearkombination von Vektoren des Systems nicht vergrößern!
Insbesondere können in einem System mehrfach auftretende Vektoren – bis auf einen hiervon verbleibenden – sowie der Nullvektor weggelassen werden, ohne daß sich der Rang ändert.

(b) ***Elimination von Vektoren, Austauschsatz:*** *Wird in einem Vektorsystem* $S = \{\ldots, \underline{u}, \ldots, \underline{v}, \ldots\}$ *durch die Substitution*

$$\underline{u} \Rightarrow \underline{\widetilde{u}} = \underline{u} + \lambda \underline{v} \quad (\underline{u}, \underline{v} \in S, \underline{u} \neq \underline{v})$$

*zu einem Vektor* $\underline{u}$ *ein Vielfaches* $\lambda\underline{v}$ *eines von* $\underline{u}$ *verschiedenen Vektors* $\underline{v}$ *von* $S$ *addiert und* $\underline{u}$ *durch* $\underline{u} + \lambda\underline{v}$ *ausgetauscht, so haben* $S$ *und das geänderte System* $S' = \{\ldots, \underline{\widetilde{u}}, \ldots, \underline{v}, \ldots\}$ *den gleichen Rang.*

Beweis: (a) Da sich durch Weglassen (bzw. Hinzufügen) einer Linearkombination die lineare Hülle des Systems insgesamt nicht ändert, kann sich auch der Rang, die Dimension dieser Hülle, nicht ändern.
(b) Hierfür ist nachzuweisen, daß das geänderte System $S'$ die gleiche lineare Hülle wie $S$ besitzt. Dazu wird zunächst $L(S) \subseteq L(S')$ gezeigt. Ist $\underline{z}$ ein beliebiger Vektor aus $L(S)$, so ist $\underline{z}$ eine Linearkombination $\underline{z} = \mu\underline{u} + \underline{w}$, wobei $\underline{w}$ eine Linearkombination von Vektoren aus $S \setminus \{\underline{u}\}$ ist. Wegen $\underline{u} = \underline{\widetilde{u}} - \lambda\underline{v}$ gilt dann:

$$\underline{z} = \mu\underline{u} + \underline{w} = \mu(\underline{\widetilde{u}} - \lambda\underline{v}) + \underline{w} = \mu\underline{\widetilde{u}} - \mu\lambda\underline{v} + \underline{w} \in L(S').$$

Der Nachweis von $L(S') \subseteq L(S)$ verläuft in entsprechender Weise. □

**Beispiel 4.18** Das System $S = \{(1,1,1)^T, (1,0,1)^T, (1,\frac{1}{2},1)^T\}$ hat den Rang 2. Denn durch Addition des $(-1)$-fachen des ersten Vektors zu den übrigen geht $S$ über in $S' = \{(1,1,1)^T, (0,-1,0)^T, (0,-\frac{1}{2},0)^T\}$. Hierin ist der dritte Vektor ein Vielfaches des zweiten und kann damit weggelassen werden. Das verbleibende System aus zwei Vektoren ist aber linear unabhängig.[12]

Die Betrachtungen über den Rang von Vektorsystemen werden nun auf den Rang des Systems der Spalten bzw. Zeilen einer Matrix angewandt.

Eine Matrix $A = (a_{ij})_{i=1,\ldots,m;\ j=1,\ldots,n}$ vom Typ $(m,n)$ kann zum einen als das System ihrer $m$ Zeilenvektoren $\underline{z}_1, \ldots, \underline{z}_m$ und zum anderen als das System ihrer $n$ Spaltenvektoren $\underline{s}_1, \ldots, \underline{s}_n$ aufgefaßt werden:

$$\begin{pmatrix} a_{11} & \cdots & a_{1n} \\ \vdots & \ddots & \vdots \\ a_{m1} & \cdots & a_{mn} \end{pmatrix} = \begin{pmatrix} \underline{z}_1 \\ \vdots \\ \underline{z}_m \end{pmatrix} = (\underline{s}_1, \ldots, \underline{s}_n)$$

Die Zeilen der Matrix sind dabei Elemente des $n$-dimensionalen Vektorraumes der Zeilenvektoren, und die Spalten sind Elemente des $m$-dimensionalen Vektorraumes der Spaltenvektoren.

**4.3.7 (Zeilen- und Spaltenrang einer Matrix)** *Der Rang des Systems der Zeilenvektoren einer Matrix A heißt* ***Zeilenrang*** *von A, und der Rang des Systems aller Spaltenvektoren von A heißt* ***Spaltenrang*** *von A.*

[12]Die lineare Hülle von $S$ ist in der Abbildung 4.7 dargestellt.

Da die Zeilen Vektoren in einem $n$-dimensionalen Raum sind und ein System von mehr als $n$ Vektoren wegen des Satzes 4.3.2 in diesem Raum nicht linear unabhängig ist (und entsprechend: da die Spalten Vektoren in einem $m$-dimensionalen Raum sind und ein System von mehr als $m$ Vektoren in diesem Raum nicht linear unabhängig ist), gilt zunächst:

$$\begin{array}{lcl} \textbf{\textit{Spaltenrang von A}} & \leq & \textbf{\textit{Zeilenanzahl m von A}} \\ \textbf{\textit{Zeilenrang von A}} & \leq & \textbf{\textit{Spaltenanzahl n von A}} \end{array} \tag{4.14}$$

**Beispiel 4.19** Die aus den Spalten $\underline{s}_1, \underline{s}_2, \underline{s}_3$ und $\underline{s}_4$ im dreidimensionalen Spaltenraum bzw. aus den Zeilen $\underline{z}_1, \underline{z}_2$ und $\underline{z}_3$ im vierdimensionalen Zeilenraum gebildete Matrix

$$A = \begin{pmatrix} 1 & 0 & 1 & 1 \\ 2 & 1 & 1 & 3 \\ 0 & 1 & -1 & 1 \end{pmatrix}$$

besitzt den Spaltenrang 2 und den Zeilenrang 2. Denn für die Spalten gilt $\underline{s}_3 = \underline{s}_1 - \underline{s}_2$ und $\underline{s}_4 = \underline{s}_1 + \underline{s}_2$, während $\{\underline{s}_1, \underline{s}_2\}$ linear unabhängig ist, und für die Zeilen gilt $\underline{z}_3 = -2\underline{z}_1 + \underline{z}_2$, während $\{\underline{z}_1, \underline{z}_2\}$ linear unabhängig ist.

Die für dieses Beispiel festgestellte Übereinstimmung von Spalten- und Zeilenrang kann nun für jede beliebige Matrix $A$ nachgewiesen werden. Mit Hilfe des *Gauß*schen Algorithmus werden der Zeilen- und Spaltenrang in einfacher Weise ermittelt, und es stellt sich dabei heraus, daß beide Werte übereinstimmen.

### 4.3.8 (Rangsatz, Rangberechnung mit dem *Gauß*schen Algorithmus)

*Für eine beliebige Matrix* $A = (a_{ij})_{i=1,\dots,m;\,j=1,\dots,n}$ *stimmen Zeilen- und Spaltenrang überein. Die hiernach definierte Zahl* $\boldsymbol{r}$ = ***Zeilenrang*** = ***Spaltenrang*** *heißt* ***Rang von A*** *(Symbol:* $\mathbf{rg}(\boldsymbol{A})$*), – insbesondere haben die Matrix A und ihre transponierte Matrix den gleichen Rang:* $\mathbf{rg}(\boldsymbol{A}) = \mathbf{rg}(\boldsymbol{A^T})$.

*Die Zahl r kann mit Hilfe des* ***Gaußschen Algorithmus*** *berechnet werden:*

(a) ***Vertauschung von Zeilen***

(b) ***Vertauschung von Spalten***

(c) ***Zeilenelimination*** *(Addition von Vielfachen einer Zeile zu einer anderen)*

(d) *Durch Kombination der Schritte* (a)-(c) *kann A in eine Matrix* $\widetilde{A}$ *der Form*

$$\widetilde{A} = \begin{pmatrix} \widetilde{\boldsymbol{a}}_{11} & \widetilde{a}_{12} & \cdot & \cdots & \cdot & \cdots & \widetilde{a}_{1n} \\ 0 & \widetilde{\boldsymbol{a}}_{22} & \cdot & \cdots & \cdot & \cdots & \widetilde{a}_{2n} \\ 0 & 0 & \widetilde{\boldsymbol{a}}_{33} & \cdots & \cdot & \cdots & \widetilde{a}_{3n} \\ \vdots & \vdots & \ddots & \ddots & \vdots & \ddots & \vdots \\ 0 & 0 & \cdots & 0 & \widetilde{\boldsymbol{a}}_{rr} & \cdots & \widetilde{\boldsymbol{a}}_{rn} \\ 0 & 0 & \cdots & \cdots & 0 & \cdots & 0 \\ \vdots & \vdots & \ddots & \ddots & \vdots & \ddots & \vdots \\ 0 & 0 & \cdots & \cdots & 0 & \cdots & 0 \end{pmatrix} \tag{4.15}$$

*mit* $\tilde{a}_{11} \neq 0, \ldots, \tilde{a}_{rr} \neq 0$ (***Gaußsche Normalform***) *transformiert werden. Die Normalform liefert den Rang von A:* $\mathbf{rg}(A) = \mathbf{rg}(\widetilde{A}) = r$

Beweis:

(a) Durch Vertauschung von Zeilen ändert sich gewiß nicht der Zeilenrang. Aber auch der Spaltenrang bleibt unverändert! Denn für ein System von $k$ beliebigen Spalten der Matrix $A$, wofür zur Vereinfachung das der ersten Spalten $\underline{s}_1, \underline{s}_2, \ldots, \underline{s}_k$ gewählt werden darf, bedeutet dessen Unabhängigkeit, daß das lineare Gleichungssystem

$$\lambda_1 \underline{s}_1 + \ldots + \lambda_k \underline{s}_k = \begin{pmatrix} a_{11} & \cdots & a_{1k} \\ \vdots & \ddots & \vdots \\ a_{m1} & \cdots & a_{mk} \end{pmatrix} \begin{pmatrix} \lambda_1 \\ \vdots \\ \lambda_k \end{pmatrix} = \begin{pmatrix} 0 \\ \vdots \\ 0 \end{pmatrix} \tag{4.16}$$

nur die triviale Lösung besitzt. Beim Vertauschen zweier Zeilen der Matrix bleibt dieses System als Ganzes erhalten, – es ändert sich lediglich die Reihenfolge zweier Gleichungen, und damit ändert sich auch die Lösungsmenge nicht. Zeilenvertauschungen haben folglich keinen Einfluß auf die Abhängigkeit bzw. Unabhängigkeit von Spaltensystemen, und daher bleibt auch der Rang unverändert.

(b) Durch Vertauschung von Spalten ändert sich gewiß nicht der Spaltenrang. Daß sich aber auch der Zeilenrang nicht ändert, kann wie in (a) gezeigt werden (siehe Aufgabe 4.2).

(c) Bei einer Zeilenelimination ändert sich der Zeilenrang nicht, wie bereits in den Regeln 4.3.6 für ein beliebiges Vektorsystem gezeigt wurde. Um den Einfluß des Verfahrens auf den Spaltenrang zu klären, wird ein beliebiges System von $k$ Spalten der Matrix herausgegriffen, – der Einfachheit halber wieder das der ersten Spalten $\underline{s}_1, \underline{s}_2, \ldots, \underline{s}_k$. Die nach Addition des $\lambda$-fachen der $i$-ten Zeile zur $j$-ten Zeile hieraus entstehenden Spalten werden mit $\tilde{\underline{s}}_1, \ldots, \tilde{\underline{s}}_k$ bezeichnet. Nun sind aber die Systeme $\{\underline{s}_1, \ldots, \underline{s}_k\}$ und $\{\tilde{\underline{s}}_1, \ldots, \tilde{\underline{s}}_k\}$ entweder beide linear abhängig oder beide linear unabhängig! Denn die beiden Vektorgleichungen $\lambda_1 \underline{s}_1 + \ldots + \lambda_k \underline{s}_k = \underline{0}$ und $\lambda_1 \tilde{\underline{s}}_1 + \ldots + \lambda_k \tilde{\underline{s}}_k = \underline{0}$ sind gleichbedeutend mit den Gleichungssystemen

$$\begin{pmatrix} \cdot & \cdots & \cdot \\ a_{i1} & \cdots & a_{ik} \\ \cdot & \cdots & \cdot \\ a_{j1} & \cdots & a_{jk} \\ \cdot & \cdots & \cdot \end{pmatrix} \begin{pmatrix} \lambda_1 \\ \vdots \\ \lambda_k \end{pmatrix} = \begin{pmatrix} 0 \\ \vdots \\ 0 \end{pmatrix} \quad \text{bzw.} \quad \begin{pmatrix} \cdot & \cdots & \cdot \\ a_{i1} & \cdots & a_{ik} \\ \cdot & \cdots & \cdot \\ a_{j1} + \lambda a_{i1} & \cdots & a_{jk} + \lambda a_{ik} \\ \cdot & \cdots & \cdot \end{pmatrix} \begin{pmatrix} \lambda_1 \\ \vdots \\ \lambda_k \end{pmatrix} = \begin{pmatrix} 0 \\ \vdots \\ 0 \end{pmatrix}.$$

Es ist nun unmittelbar zu sehen, daß diese Systeme identische Lösungsmengen haben, also entweder beide nur die triviale Lösung oder beide weitere Lösungen besitzen!
Folglich bleibt die lineare Abhängigkeit bzw. Unabhängigkeit eines Spaltensystems und daher der Spaltenrang der Matrix bei allen drei Verfahrensschritten erhalten.

(d) Die Matrix $A$ habe den Spaltenrang $r$. Durch Spaltentausch werden jetzt die ersten $r$ Spalten durch *irgendein linear unabhängiges System* von $r$ Spalten ersetzt.

Die erste Spalte kann jetzt nicht nur aus Nullen bestehen, und daher kann durch einen Zeilentausch erreicht werden, daß dessen Element $\mathbf{c_1}$ in der ersten Position von Null verschieden ist. Für die Elemente der durch Spalten- und Zeilentausch entstandenen Matrix werden der Einfachheit halber die gleichen Bezeichnungen wie für $A$ verwendet. Nun werden die Zeileneliminationen

$$(i\text{-te Zeile}) \to (i\text{-te Zeile}) + \left(-\frac{a_{i1}}{c_1}\right) \times (1.\ \text{Zeile}) \qquad (i = 2, \ldots, m) \tag{4.17}$$

durchgeführt. Hierdurch entstehen unterhalb der ersten Position Nullen in der ersten Spalte. Die erste Zeile wird im weiteren nicht mehr verändert.
Ist $r > 1$, so kann in der resultierenden Matrix die zweite Spalte ab der zweiten Position nicht nur aus Nullen bestehen, da sonst das System der ersten beiden Spalten nicht unabhängig wäre! Dessen Unabhängigkeit bleibt aber bei den Verfahrensschritten erhalten. Nun wird durch einen Zeilentausch

(unter den letzten $m-1$ Zeilen) in die zweite Position der zweiten Spalte ein von Null verschiedenes Element $c_2$ gebracht, und damit werden die (4.17) entsprechenden Zeileneliminationen für die letzten $m-2$ Zeilen durchgeführt.
Das Verfahren wird fortgesetzt, bis die ersten $r$ Spalten aufgebraucht sind. In den verbleibenden Spalten können dann nach der $r$-ten Position nur noch Nullen stehen, da der Rang der Matrix sonst größer als $r$ wäre.

Die entstandene Normalform $\widetilde{A}$ hat $r$ als Zeilen- und Spaltenrang (vgl. Beispiel 4.12). □

Aus dem Beweis hat sich der folgende Zusatz ergeben, der bei der Lösung linearer Gleichungssysteme Bedeutung erlangt:

### 4.3.9 (*Gauß*scher Algorithmus und linear abhängige Spaltensysteme)

- *Die lineare Abhängigkeit bzw. Unabhängigkeit eines Systems von Spalten einer Matrix bleibt bei der Anwendung des Gaußschen Algorithmus erhalten.*

- *Wird durch Vertauschen von Spalten in einer Matrix $A$ vom Rang $r$ als System der ersten Spalten ein* ***beliebiges linear unabhängiges System von r Spalten*** *gewählt, dann kann die Gaußsche Normalform allein durch Zeilentausch und Zeilenelimination hergestellt werden.*

**Beispiel 4.20** In dem Tableau

| 4 | 1 | 2 | 3 | 2 | |
|---|---|---|---|---|---|
| 1 | −2 | 4 | 2 | 1 | |
| 2 | 2 | 4 | 1 | 2 | |
| 5 | 5 | 2 | 2 | 3 | |
| 1 | −2 | 4 | 2 | 1 | |
| 4 | 1 | 2 | 3 | 2 | −4 |
| 2 | 2 | 4 | 1 | 2 | −2 |
| 5 | 5 | 2 | 2 | 3 | −5 |
| 1 | −2 | 4 | 2 | 1 | |
| 0 | 9 | −14 | −5 | −2 | |
| 0 | 6 | −4 | −3 | 0 | −2/3 |
| 0 | 15 | −18 | −8 | −2 | −5/3 |
| 1 | −2 | 4 | 2 | 1 | |
| 0 | 9 | −14 | −5 | −2 | |
| 0 | 0 | 16/3 | 1/3 | 4/3 | |
| 0 | 0 | 16/3 | 1/3 | 4/3 | −1 |
| 1 | −2 | 4 | 2 | 1 | |
| 0 | 9 | −14 | −5 | −2 | |
| 0 | 0 | 16/3 | 1/3 | 4/3 | |
| 0 | 0 | 0 | 0 | 0 | |

wird der Rang der Matrix

$$A = \begin{pmatrix} 4 & 1 & 2 & 3 & 2 \\ 1 & -2 & 4 & 2 & 1 \\ 2 & 2 & 4 & 1 & 2 \\ 5 & 5 & 2 & 2 & 3 \end{pmatrix}$$

mit Hilfe des *Gauß*schen Algorithmus für die Zeilen berechnet.

Im ersten Schritt werden zur Vereinfachung der Rechnung die erste und zweite Zeile vertauscht. Im zweiten Schritt wird zur zweiten, dritten und vierten Zeile die mit den rechts angeschriebenen Faktoren $-4$, $-2$ bzw. $-5$ multiplizierte *erste* Zeile addiert. Im dritten Schritt wird zur dritten und vierten Zeile die mit den rechts angeschriebenen Faktoren $-2/3$ bzw. $-5/3$ multiplizierte *zweite* Zeile addiert. Im vierten Schritt wird die *dritte* Zeile mit $-1$ multipliziert und zur vierten Zeile addiert. Aus der Normalform ergibt sich 3 als Rang der Ausgangsmatrix.

Es sei jetzt $A$ insbesondere eine $n$-reihige Matrix. Die Bestimmung der *Gauß*schen Normalform erfordert die gleichen Rechenschritte wie die Berechnung der Determinante mittels Überführung der Matrix in eine obere Dreiecksmatrix $\widetilde{A}$ (vgl. 3.7.2). Da sich hierbei nur das Vorzeichen der Determinante (in Abhängigkeit von der Anzahl von Vertauschungen) ändern kann, ist $|\widetilde{A}| = \pm|A|$, und folglich ist $|\widetilde{A}| = 0$ mit $|A| = 0$ gleichbedeutend. Die Determinante $|\widetilde{A}|$ ist aber dann und nur dann von Null verschieden, wenn sich die (von 0 verschiedenen!) Diagonalelemente $\widetilde{a}_{11}, \ldots, \widetilde{a}_{rr}$ bis in die rechte untere Ecke der quadratischen Matrix $\widetilde{A}$ erstrecken, wenn also $r = n$ gilt. Dies ergibt einen wichtigen Zusammenhang von bisher nebeneinanderstehenden Begriffen für quadratische Matrizen:

**4.3.10 (Rang einer Matrix und Invertierbarkeit)**
*Für eine $n$-reihige Matrix $A$ sind die folgenden Eigenschaften gleichbedeutend:*

- *$A$ ist invertierbar.*
- *Die Determinante von $A$ ist von 0 verschieden.*
- *Die Matrix $A$ besitzt den (maximalen) Rang $n$.*
- *Das System der Zeilenvektoren von $A$ ist linear unabhängig.*
- *Das System der Spaltenvektoren von $A$ ist linear unabhängig.*

## 4.4 Lösbarkeit linearer Gleichungssysteme

Gegeben sei ein allgemeines lineares Gleichungssystem

$$\begin{array}{ccccccccccccc} a_{11}x_1 & + & a_{12}x_2 & + & \ldots & + & a_{1j}x_j & + & \ldots & + & a_{1n}x_n & = & b_1 \\ \cdot & \cdot & \cdot & \cdot & \cdots & \cdot & \cdot & \cdot & \cdots & \cdot & \cdot & \cdot & \cdot \\ a_{i1}x_1 & + & a_{i2}x_2 & + & \ldots & + & a_{ij}x_j & + & \ldots & + & a_{in}x_n & = & b_i \\ \cdot & \cdot & \cdot & \cdot & \cdots & \cdot & \cdot & \cdot & \cdots & \cdot & \cdot & \cdot & \cdot \\ a_{m1}x_1 & + & a_{m2}x_2 & + & \ldots & + & a_{mj}x_j & + & \ldots & + & a_{mn}x_n & = & b_m \end{array} \qquad (4.18)$$

aus $m$ Gleichungen für den gesuchten Vektor $\underline{x} = (x_1, \ldots, x_n)^T \in \mathbb{R}^n$ mit der Koeffizientenmatrix $A = (a_{ij})_{i=1,\ldots,m;\, j=1,\ldots,n}$ und der rechten Seite $\underline{b} = (b_1, \ldots, b_m)^T \in \mathbb{R}^m$. Sind $\underline{s}_1, \ldots, \underline{s}_n$ die Spalten der Koeffizientenmatrix, so kann das System auch in der Matrizenform bzw. Spaltenform

$$\boldsymbol{A \cdot \underline{x} = (\underline{s}_1, \ldots, \underline{s}_n) \begin{pmatrix} x_1 \\ \vdots \\ x_n \end{pmatrix} = x_1 \underline{s}_1 + \ldots + x_n \underline{s}_n = \underline{b}} \tag{4.19}$$

geschrieben werden. In dieser Schreibweise wird die inhaltliche Bedeutung einer Lösung und der Lösbarkeit des Systems (4.18) deutlich:

### 4.4.1 (Lösbarkeit eines linearen Gleichungssystems)

*Die Elemente eines Lösungsvektors $(x_1, \ldots, x_n)^T$ des linearen Gleichungssystems (4.19) sind die Koeffizienten einer Linearkombination der rechten Seite $\underline{b}$ durch die Spaltenvektoren der Koeffizientenmatrix $A$. Das Gleichungssystem ist dann und nur dann lösbar,*

(a) *wenn der Vektor $\underline{b}$ eine **Linearkombination der Spalten von $A$** ist, wenn also $\boldsymbol{\underline{b} \in L(\underline{s}_1, \ldots, \underline{s}_n)}$ gilt, oder, was dasselbe bedeutet,*

(b) *wenn der Rang der Koeffizientenmatrix $A$ sich durch Hinzunahme der rechten Seite nicht vergrößert, wenn also gilt:*

$$\mathbf{rg}(\underline{s}_1, \ldots, \underline{s}_n) = \mathbf{rg}(\underline{s}_1, \ldots, \underline{s}_n, \underline{b}) \tag{4.20}$$

B e w e i s : Die Bedingung (a) stellt lediglich eine andere Formulierung für die Darstellung (4.19) in Spaltenform dar.

(b) Ist das Gleichungssystem lösbar, so ist der Vektor $\underline{b}$ eine Linearkombination der Spalten von A und gehört damit der linearen Hülle des Spaltensystems $S$ an. Die lineare Hülle von $S$ und damit auch dessen Rang ändern sich folglich nicht, wenn die Linearkombination $\underline{b}$ hinzugefügt wird.
Andererseits habe jetzt das Spaltensystem $S$ den gleichen Rang $r$ wie das um den Vektor $\underline{b}$ erweiterte System. Aus $S$ kann ein linear unabhängiges Teilsystem $\{\underline{\tilde{s}}_1, \ldots, \underline{\tilde{s}}_r\}$ von $r$ Spalten ausgewählt werden. Wegen $r = \text{rg}(\underline{s}_1, \ldots, \underline{s}_n, \underline{b}) \geq \text{rg}(\underline{\tilde{s}}_1, \ldots, \underline{\tilde{s}}_r, \underline{b})$ ist $\{\underline{\tilde{s}}_1, \ldots, \underline{\tilde{s}}_r, \underline{b}\}$ linear abhängig. Daher gibt es eine nichttriviale Linearkombination $\underline{0} = \lambda_1 \underline{\tilde{s}}_1 + \cdots + \lambda_r \underline{\tilde{s}}_r + \lambda \underline{b}$ des Nullvektors. Hierin muß aber der Koeffizient von $\underline{b}$ von 0 verschieden sein, da sonst $\{\underline{\tilde{s}}_1, \ldots, \underline{\tilde{s}}_r\}$ linear abhängig wäre. Die Linearkombination läßt sich daher nach $\underline{b}$ auflösen: $\underline{b} = -\frac{\lambda_1}{\lambda}\underline{\tilde{s}}_1 - \cdots - \frac{\lambda_r}{\lambda}\underline{\tilde{s}}_r$. Folglich ist $\underline{x} = \left(-\frac{\lambda_1}{\lambda}, \ldots, -\frac{\lambda_r}{\lambda}, 0, \ldots, 0\right)^T$ eine Lösung des Gleichungssystems.
Damit ist gezeigt, daß die Bedingung (b) mit der Lösbarkeit des Gleichungssystems gleichbedeutend ist. □

**Beispiel 4.21** Das lineare Gleichungssystem

$$\begin{pmatrix} 2 & 4 & 5 & 4 \\ 2 & 6 & 8 & 7 \\ 5 & 5 & 5 & \frac{5}{2} \end{pmatrix} \begin{pmatrix} x_1 \\ x_2 \\ x_3 \\ x_4 \end{pmatrix} = \begin{pmatrix} b_1 \\ b_2 \\ b_3 \end{pmatrix}$$

ist in Abhängigkeit von der rechten Seite $\underline{b} \in \mathbb{R}^3$ auf Lösbarkeit zu untersuchen.

*Geometrische Betrachtung:* Das System ist dann und nur dann lösbar, wenn der Vektor $\underline{b}$ in der linearen Hülle des Systems $\{\underline{s}_1, \underline{s}_2, \underline{s}_3, \underline{s}_4\}$ der Spalten der Koeffizientenmatrix enthalten ist. In der Abbildung 4.9 sind ein Vektor $\underline{b} = (b_1, b_2, b_3)^T$, die vier Spaltenvektoren sowie deren lineare Hülle gezeichnet. Diese Hülle ist diejenige Ebene, welche den Koordinatenursprung und die Endpunkte von je zwei der vier Spaltenvektoren enthält; sie erfüllt die Gleichung $x_3 = 5x_1 - \frac{5}{2}x_2$. Daher gehört der Vektor $\underline{b}$ dann und nur dann der linearen Hülle des Spaltensystems an, wenn die Bedingung $b_3 = 5b_1 - \frac{5}{2}b_2$ erfüllt ist, – dies ist gerade die Lösbarkeitsbedingung für das Gleichungssystem.
Für den in der Abbildung eingezeichneten Vektor $\underline{b} = (5, 3, 0)^T$ ist das System nicht lösbar.

*Rang-Betrachtung:* Mit Hilfe des *Gauß*schen Algorithmus wird die um die rechte Seite erweiterte Matrix in die Normalform überführt:

$$\begin{pmatrix} 2 & 4 & 5 & 4 & b_1 \\ 2 & 6 & 8 & 7 & b_2 \\ 5 & 5 & 5 & \frac{5}{2} & b_3 \end{pmatrix} \to \begin{pmatrix} 2 & 4 & 5 & 4 & b_1 \\ 0 & 2 & 3 & 3 & b_2 - b_1 \\ 0 & -5 & -\frac{15}{2} & -\frac{15}{2} & b_3 - \frac{5}{2}b_1 \end{pmatrix} \to \begin{pmatrix} 2 & 4 & 5 & 4 & b_1 \\ 0 & 2 & 3 & 3 & b_2 - b_1 \\ 0 & 0 & 0 & 0 & b_3 - 5b_1 + \frac{5}{2}b_2 \end{pmatrix}$$

Die ursprüngliche Matrix hat demnach den Rang 2, und die erweiterte Matrix hat dann und nur dann den Rang 2, wenn das dritte Element in der letzten Spalte der Normalform den Wert 0 hat, also wenn die bereits angegebene Lösbarkeitsbedingung $b_3 = 5b_1 - \frac{5}{2}b_2$ erfüllt ist.

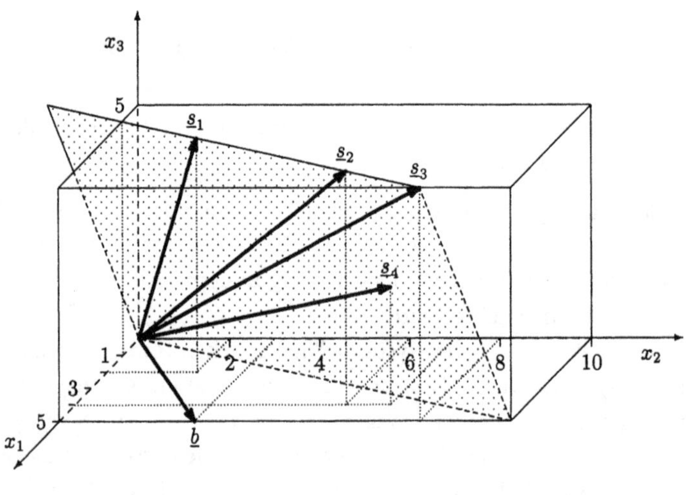


**Abb. 4.9:** Unlösbarkeit des Gleichungssystems $x_1\underline{s}_1 + x_2\underline{s}_2 + x_3\underline{s}_3 + x_4\underline{s}_4 = \underline{b}$

In Anwendungen, z. B. bei Aufgaben der linearen Optimierung, treten oft Gleichungssysteme auf, bei denen der Rang $r$ der Koeffizientenmatrix mit der Anzahl $m$ der

Gleichungen übereinstimmt: $r = m$. Dies bedeutet, daß das System der Zeilenvektoren der Matrix linear unabhängig ist, also keine der Zeilen durch die übrigen linear kombiniert werden kann, – *ein solches System enthält keine überflüssigen Gleichungen.* Da $r$ aber höchstens so groß wie die Anzahl $n$ der Spalten sein kann, gilt notwendig $m \leq n$. Das System der $n$ Spaltenvektoren im Raum $\mathbb{R}^m$ hat daher bereits den maximal möglichen Rang (die Raumdimension $m$); folglich kann sich dieser Rang nicht vergrößern, wenn zu den Spalten der Matrix *irgendein* Vektor $\underline{b}$ von $\mathbb{R}^m$ hinzugenommen wird! Also gilt:

**4.4.2 (Lösbarkeit von Gleichungssystemen bei unabhängigen Zeilen)**
*Ein lineares Gleichungssystem mit m Gleichungen, dessen Koeffizientenmatrix A den Rang m besitzt, oder gleichbedeutend, für welches das System der Zeilen von A linear unabhängig ist, besitzt – bei beliebiger rechter Seite – eine Lösung.*

## 4.5 Lösung linearer Gleichungssysteme

Der bereits bei der Determinanten- und Rangbestimmung verwendete *Gauß*sche Algorithmus ist zugleich ein effektives Verfahren zur Lösung linearer Gleichungssysteme. Für ein lineares Gleichungssystem $A\underline{x} = \underline{b}$ wird jetzt eine sich selbst erklärende übersichtliche Tableau-Schreibweise verwendet:

| $x_1$ | $x_2$ | $\cdots$ | $x_j$ | $\cdots$ | $x_n$ | $\underline{b}$ |
|---|---|---|---|---|---|---|
| $a_{11}$ | $a_{12}$ | $\cdots$ | $a_{1j}$ | $\cdots$ | $a_{1n}$ | $b_1$ |
| $\cdot$ | $\cdot$ | $\cdots$ | $\cdot$ | $\cdots$ | $\cdot$ | $\cdot$ |
| $a_{i1}$ | $a_{i2}$ | $\cdots$ | $a_{ij}$ | $\cdots$ | $a_{in}$ | $b_i$ |
| $\cdot$ | $\cdot$ | $\cdots$ | $\cdot$ | $\cdots$ | $\cdot$ | $\cdot$ |
| $a_{k1}$ | $a_{k2}$ | $\cdots$ | $a_{kj}$ | $\cdots$ | $a_{kn}$ | $b_k$ |
| $\cdot$ | $\cdot$ | $\cdots$ | $\cdot$ | $\cdots$ | $\cdot$ | $\cdot$ |
| $a_{m1}$ | $a_{m2}$ | $\cdots$ | $a_{mj}$ | $\cdots$ | $a_{mn}$ | $b_m$ |

(4.21)

**4.5.1 (Lösung linearer Gleichungssysteme: *Gauß*scher Algorithmus)**
*Das lineare Gleichungssystem* (4.21) *kann durch*

- *Vertauschung von Gleichungen,*
- *Vertauschung der Reihenfolge der Variablen (dem entspricht eine Vertauschung der Spalten der Koeffizientenmatrix) und*
- *Addition von Vielfachen von Gleichungen zu anderen Gleichungen*

***unter Beibehaltung der Lösungsmenge*** *in ein* ***gestaffeltes Gleichungssystem***

$$\begin{array}{|ccccccc|c|}
\hline
\widetilde{x}_1 & \widetilde{x}_2 & \cdots & \widetilde{x}_r & \cdots & \widetilde{x}_n & & \underline{b} \\
\hline
\widetilde{\boldsymbol{a}}_{11} & \widetilde{a}_{12} & \cdots & \widetilde{a}_{1r} & \cdots & \widetilde{a}_{1n} & & \widetilde{b}_1 \\
0 & \widetilde{\boldsymbol{a}}_{22} & \cdots & \widetilde{a}_{2r} & \cdots & \widetilde{a}_{2n} & & \widetilde{b}_2 \\
\vdots & \vdots & \ddots & \vdots & \ddots & \vdots & & \vdots \\
0 & 0 & \cdots & \widetilde{\boldsymbol{a}}_{rr} & \cdots & \widetilde{a}_{rn} & & \widetilde{b}_r \\
0 & 0 & \cdots & 0 & \cdots & 0 & & \widetilde{b}_{r+1} \\
\vdots & \vdots & \ddots & \vdots & \ddots & \vdots & & \vdots \\
0 & 0 & \cdots & 0 & \cdots & 0 & & \widetilde{b}_m \\
\hline
\end{array} \tag{4.22}$$

*überführt werden, bei dem die Diagonalelemente $\widetilde{a}_{11}, \ldots, \widetilde{a}_{rr}$ von 0 verschieden sind.*[13]

B e w e i s : Eine Änderung der Reihenfolge der Gleichungen oder der Variablen stellt lediglich eine schreibtechnische Änderung des Gleichungssystems dar, – hiervon wird die Lösungsmenge nicht beeinflußt. Aus dem Ausgangssystem (4.21) gehe jetzt das System (4.21)* dadurch hervor, daß allein die $k$-te Gleichung durch die Summe aus der $k$-ten Gleichung und dem $\lambda$-fachen der $i$-ten Gleichung ersetzt wird ($i \neq k$).
Ist $\underline{x} = (x_1, \ldots, x_n)^T$ eine Lösung von (4.21), so gilt $\underline{z}_i \cdot \underline{x} = b_i$ und $\underline{z}_k \cdot \underline{x} = b_k$ für die $i$-te Zeile $\underline{z}_i$ und die $k$-te Zeile $\underline{z}_k$ der Matrix dieses Systems. Hieraus folgt $(\underline{z}_k + \lambda \underline{z}_i) \cdot \underline{x} = b_k + \lambda b_i$, und damit ist $\underline{x}$ auch Lösung der $k$-ten Gleichung des Systems (4.21)* und natürlich auch aller übrigen (unveränderten) Gleichungen.
Ist $\underline{x}$ aber Lösung des Systems (4.21)*, so bedeuten dessen $i$-te und $k$-te Gleichung $\underline{z}_i \cdot \underline{x} = b_i$ und $(\underline{z}_k + \lambda \underline{z}_i) \cdot \underline{x} = b_k + \lambda b_i$. Hieraus folgt $\underline{z}_k \cdot \underline{x} = b_k$, und damit ist $\underline{x}$ Lösung der $k$-ten Gleichung des Ausgangssystems (und auch aller übrigen).
Daß durch eine Kombination der Verfahrensschritte die Normalform für die Koeffizientenmatrix erreicht werden kann, wurde bereits beim Verfahren 4.3.8 zur Rangbestimmung gezeigt. □

### 4.5.2 (Ergebnis des *Gauß*schen Algorithmus)

*Ein Gleichungssystem (4.22) in gestaffelter Form besitzt die folgenden Eigenschaften:*

- ***Rang:*** *Die Koeffizientenmatrix hat den **Rang r**.*
- ***Lösbarkeitsbedingung:*** $\widetilde{\boldsymbol{b}}_{r+1} = \ldots = \widetilde{\boldsymbol{b}}_m = 0$
- ***Lösung mit $n - r$ freien Parametern:*** *Ist die Lösbarkeitsbedingung erfüllt, so besitzt das nach Streichen der überflüssigen $m-r$ letzten Gleichungen verbleibende gestaffelte System aus $r$ Gleichungen eine **eindeutig bestimmte Lösung**, wenn die letzten $n - r$ Variablen $\widetilde{x}_{r+1}, \ldots, \widetilde{x}_n$ als **freie Parameter** beliebig vorgegeben werden. Diese Lösung kann durch **Rückwärtsrechnung** bestimmt werden. Dazu wird die $r$-te Gleichung nach der Variablen $\widetilde{x}_r$ aufgelöst*[14] *und $\widetilde{x}_r$ durch die freien Parameter dargestellt:*

$$\widetilde{\boldsymbol{x}}_r = \widetilde{\boldsymbol{b}}_r - \frac{\widetilde{\boldsymbol{a}}_{r+1}}{\widetilde{\boldsymbol{a}}_{rr}} \widetilde{\boldsymbol{x}}_{r+1} - \ldots - \frac{\widetilde{\boldsymbol{a}}_n}{\widetilde{\boldsymbol{a}}_{rr}} \widetilde{\boldsymbol{x}}_n$$

[13]Eine (eventuelle) Vertauschung der Reihenfolge von $x_1, \ldots, x_n$ ist hierin durch die geänderten Bezeichnungen $\widetilde{x}_1, \ldots, \widetilde{x}_n$ kenntlich gemacht.

[14]Diese Auflösung und die weiteren sind wegen $\widetilde{a}_{11} \neq 0, \ldots, \widetilde{a}_{rr} \neq 0$ möglich.

*Nach dem Einsetzen von $\widetilde{x}_r$ in die $(r-1)$-te Gleichung wird die Variable $\widetilde{x}_{r-1}$ durch die freien Parameter dargestellt, usw.*

### 4.5.3 (Praktische Durchführung des *Gauß* schen Algorithmus)

- ***Vorbereitung:*** *In der Ausgangsmatrix wird ein von 0 verschiedenes Element $a_{ij}$ gewählt, ein sog.* ***Pivot-Element.***[15] *Durch Vertauschung von Gleichungen des Systems und durch Vertauschung von Spalten der Koeffizientenmatrix (letztere mit Vertauschung der Variablen in der Kopfzeile) wird das Pivot-Element in die 1. Zeile und 1. Spalte verschoben. Die 1. Zeile heißt dann* ***Pivot-Zeile,*** *und die 1. Spalte heißt* ***Pivot-Spalte;*** *zur Vereinfachung wird das Pivot-Element wieder mit $a_{11}$ bezeichnet.*

- ***Zeilenelimination unter Einbeziehung der rechten Seite:***

  $$k\text{-te Zeile} \Rightarrow k\text{-te Zeile} + \left(-\frac{a_{k1}}{a_{11}}\right) \times (1.\ \text{Zeile}) \quad (k = 2, \ldots, m)\ ^{16} \tag{4.23}$$

  *Das hierdurch entstandene 2. Tableau enthält in der 1. Spalte als erstes Element das Pivot-Element und* ***darunter Nullen.***

- ***Iteration:*** *Im neuen Tableau wird jetzt das Pivot-Element aus den Elementen unterhalb der 1. Zeile und rechts neben der 1. Spalte bestimmt, dieses durch Zeilen- und Spaltentausch in die Position des 2. Diagonalelements verschoben und anschließend der Eliminationsschritt mit dem um die 1. Zeile verkürzten Tableau durchgeführt.*
  *Dabei kann sich in der 1. Zeile lediglich die Reihenfolge der Elemente (bei einem Spaltentausch) ändern, während die 1. Spalte unverändert bleibt!*

  *Das Verfahren wird fortgesetzt, bis die gestaffelte Form erreicht ist.*

Die Frage, welche der Variablen des Gleichungssystems als freie Parameter gewählt werden dürfen, kann ebenfalls aus dem *Gauß* schen Algorithmus entschieden werden. In 4.3.9 wurde festgestellt, daß ein beliebiges System von $r$ linear unabhängigen Spalten als System der ersten $r$ Spalten der *Gauß* schen Normalform gewählt werden kann. Damit treten die zu den verbleibenden Spalten gehörenden Variablen als freie Parameter in der Lösung des Gleichungssystems auf.

### 4.5.4 (Freie Parameter: Basis- und Nichtbasisvariable, Basislösung)

*Als System $S$ von Pivot-Spalten kann* ***jedes linear unabhängige Teilsystem aus $r$ Spalten*** *der Koeffizientenmatrix gewählt werden.*

---

[15] Gibt es ein solches Element nicht, so liegt die triviale gestaffelte Form vor: Die Ausgangsmatrix ist die Nullmatrix, und das System ist dann und nur dann lösbar, wenn die rechte Seite des Systems der Nullvektor ist; die Lösungsmenge ist dann der gesamte Raum $\mathbb{R}^n$.
Bei *umfangreichen* Systemen ist die Rechengenauigkeit von Bedeutung: Um den Einfluß der auftretenden Rundungsfehler bei nachfolgender Division durch das Pivot-Element möglichst klein zu halten, wird hierfür zweckmäßig ein Matrizenelement mit möglichst großem absoluten Betrag gewählt.

[16] Der für die $k$-te Zeile zuständige Faktor $-a_{k1}/a_{11}$ wird neben dem Tableau zweckmäßig in einer zusätzlichen Spalte geführt.

- *Die zu solch einem System S gehörenden Variablen heißen* ***Basisvariable***[17] (BV), *die übrigen* ***Nichtbasisvariable*** (NBV) (*bezüglich des Systems S*).
- *Die Nichtbasisvariablen sind die* ***freien Parameter*** (*bezüglich S*). *Nach Vorgabe dieser freien Parameter ist die Lösung des Gleichungssystems eindeutig bestimmt.*
- *Wird für die Nichtbasisvariablen insbesondere der Wert 0 gewählt, so heißt die hierdurch* (*eindeutig*) *bestimmte Lösung eine* ***Basislösung*** (*bezüglich S*).
  *Eine Lösung $\underline{x}$ ist also genau dann eine Basislösung, wenn das System S derjenigen Spalten der Koeffizientenmatrix, die zu den von 0 verschiedenen Koordinaten von $\underline{x}$ gehören,* ***linear unabhängig*** *ist.*

Für ein Gleichungssystem mit *quadratischer* Koeffizientenmatrix liefert der *Gauß*sche Algorithmus eine Matrix, deren Elemente unterhalb der Diagonale den Wert 0 haben (obere Dreiecksmatrix). In 3.7.2 wurde gezeigt, daß bei Eliminationsschritten die Determinante der Matrix erhalten bleibt, – bei Zeilen- und Spaltenvertauschungen ändert sich lediglich das Vorzeichen der Determinante. Die Determinante der ursprünglichen Matrix erwies sich als das Produkt der Diagonalelemente in der Dreiecksmatrix nach dem Abschluß des *Gauß*schen Algorithmus, wobei bei einer ungeraden Anzahl von Vertauschungen der Faktor $-1$ anzubringen ist. Insbesondere bleibt die Eigenschaft, daß die Determinante von 0 verschieden ist, beim *Gauß*schen Algorithmus erhalten.

Die Ergebnisse des *Gauß*schen Algorithmus speziell für quadratische Gleichungssysteme können wie folgt zusammengefaßt werden:

**4.5.5 (Quadratische Gleichungssysteme, reguläre Koeffizientenmatrix)**
*Ein quadratisches lineares Gleichungssystem $A\underline{x} = \underline{b}$ besitzt dann und nur dann eine* ***eindeutig bestimmte Lösung****, wenn die Koeffizientenmatrix A regulär ist, also $|A| \neq 0$ gilt. Gleichbedeutend damit ist die Invertierbarkeit von A.*[18]
*Ist die Koeffizientenmatrix nicht regulär, so ist das System entweder* ***nicht lösbar****, oder es treten* ***freie Parameter*** *in der Lösung auf.*

Für eine reguläre Matrix kann das Gleichungssystem generell auch mit Hilfe der *Cramer*schen Regel gelöst werden, doch ab $n = 4$ ist wegen des wesentlich geringeren Rechenaufwands der *Gauß*sche Algorithmus prinzipiell vorzuziehen.

**Beispiel 4.22** Aus 4 Rohstoffen $R_1$, $R_2$, $R_3$ und $R_4$ sind 6 Produkte $P_1, \ldots, P_6$ gemäß der angegebenen Direktbedarfsmatrix herzustellen, so daß die in der rechten Spalte eingetragenen Bestände $b_i$ der einzelnen Rohstoffe aufgebraucht werden:

| | $P_1$ | $P_2$ | $P_3$ | $P_4$ | $P_5$ | $P_6$ | $\underline{b}$ |
|---|---|---|---|---|---|---|---|
| $R_1$ | 8 | 4 | 8 | 7 | 8 | 0 | 20 |
| $R_2$ | 4 | 4 | 7 | 5 | 6 | 4 | 24 |
| $R_3$ | 16 | 4 | 10 | 11 | 12 | 4 | 36 |
| $R_4$ | 28 | 12 | 25 | 23 | 26 | 8 | 80 |

[17] Die Bezeichnung rührt daher, daß die Vektoren von $S$ eine Basis der ($r$-dimensionalen) linearen Hülle des Systems aller Spalten der Matrix bilden.

[18] Vgl. 3.6.7

Nach (4.2) ergeben sich die möglichen Produktvektoren $\underline{x} = (x_1, \ldots, x_6)^T$ aus dem Ressourcenvektor $\underline{b} = (20, 24, 36, 80)^T$ als Lösungen des Gleichungssystems $A\underline{x} = \underline{b}$ mit der obigen Direktbedarfsmatrix $A$.

Die Lösung des Systems wird mit Hilfe des *Gauß*schen Algorithmus bestimmt:

| $x_1$ | $x_2$ | $x_3$ | $x_4$ | $x_5$ | $x_6$ | $\underline{b}$ | Faktoren |
|---|---|---|---|---|---|---|---|
| 8 | 4 | 8 | 7 | 8 | 0 | 20 | |
| 4 | 4 | 7 | 5 | 6 | 4 | 24 | |
| 16 | 4 | 10 | 11 | 12 | 4 | 36 | |
| 28 | 12 | 25 | 23 | 26 | 8 | 80 | |
| $\underline{4}$ | 4 | 7 | 5 | 6 | 4 | 24 | |
| 8 | 4 | 8 | 7 | 8 | 0 | 20 | −2 |
| 16 | 4 | 10 | 11 | 12 | 4 | 36 | −4 |
| 28 | 12 | 25 | 23 | 26 | 8 | 80 | −7 |
| 4 | 4 | 7 | 5 | 6 | 4 | 24 | |
| 0 | $\underline{-4}$ | −6 | −3 | −4 | −8 | −28 | |
| 0 | −12 | −18 | −9 | −12 | −12 | −60 | −3 |
| 0 | −16 | −24 | −12 | −16 | −20 | −88 | −4 |
| 4 | 4 | 7 | 5 | 6 | 4 | 24 | |
| 0 | −4 | −6 | −3 | −4 | −8 | −28 | |
| 0 | 0 | 0 | 0 | 0 | 12 | 24 | |
| 0 | 0 | 0 | 0 | 0 | 12 | 24 | |
| $x_1$ | $x_2$ | $x_6$ | $x_4$ | $x_5$ | $x_3$ | $\underline{b}$ | |
| 4 | 4 | 4 | 5 | 6 | 7 | 24 | |
| 0 | −4 | −8 | −3 | −4 | −6 | −28 | |
| 0 | 0 | $\underline{12}$ | 0 | 0 | 0 | 24 | −1 |
| 0 | 0 | 12 | 0 | 0 | 0 | 24 | |
| 4 | 4 | 4 | 5 | 6 | 7 | 24 | |
| 0 | −4 | −8 | −3 | −4 | −6 | −28 | |
| 0 | 0 | 12 | 0 | 0 | 0 | 24 | |
| 0 | 0 | 0 | 0 | 0 | 0 | 0 | |

Zur Vereinfachung der Rechnung werden im 1. Tableau die 1. und 2. Zeile miteinander vertauscht. Anschließend werden zwei Schritte des *Gauß*schen Algorithmus (mit den jeweils markierten Pivot-Elementen) durchgeführt. Der Faktor, mit dem die jeweilige Pivot-Zeile multipliziert und diese dann anschließend zur $k$-ten Zeile addiert wird, ist in einer zusätzlichen Spalte rechts neben der $k$-ten Zeile eingetragen. Nach dem 4. Tableau werden die Spalten 3 und 6 vertauscht, um ein gestaffeltes Gleichungssystem zu erhalten, – hierbei ist auf die *Vertauschung der Variablenbezeichnungen* zu achten. Das letzte Tableau ist die gesuchte gestaffelte Form.

Aus der *Gauß*schen Normalform ergibt sich 3 als Rang der Koeffizientenmatrix. Werden $x_1$, $x_2$ und $x_6$ als Basisvariable gewählt, so sind die $n - r = 6 - 3 = 3$ verbleibenden Variablen $x_3$, $x_4$ und $x_5$ die Nichtbasisvariablen (freien Parameter). Die Rückwärtsrechnung ergibt bei dieser Wahl folgende Darstellung der Lösung:

$$\begin{aligned} 12x_6 &= 24 &\Rightarrow\quad & x_6 = 2 \\ -4x_2 - 8x_6 - 3x_4 - 4x_5 - 6x_3 &= -28 &\Rightarrow\quad & x_2 = 3 - \tfrac{3}{2}x_3 - \tfrac{3}{4}x_4 - x_5 \\ 4x_1 + 4x_2 + 4x_6 + 5x_4 + 6x_5 + 7x_3 &= 24 &\Rightarrow\quad & x_1 = 1 - \tfrac{1}{4}x_3 - \tfrac{1}{2}x_4 - \tfrac{1}{2}x_5 \end{aligned} \tag{4.24}$$

Der Wert von $x_6$ kann durch die freien Parameter nicht beeinflußt werden ($x_6$ ist eine ***gebundene*** Variable).

Spezielle Lösungen können aus der allgemeinen Lösung durch Verfügen über die freien Parameter gewonnen werden (z. B. $x_3 = x_4 = x_5 = 0$ ergibt $x_1 = 1$, $x_2 = 3$ und, unabhängig hiervon, $x_6 = 2$).

Am letzten Tableau kann auch abgelesen werden, welche der Variablen als Basisvariable gewählt werden und welche damit als freie Parameter auftreten können: Genau diejenigen Systeme aus drei Spalten sind linear unabhängig, welche die Spalte der Variablen $x_6$ enthalten! Aus den verbleibenden 5 Spalten können dann 2 beliebig herausgegriffen werden, – dies sind $\binom{5}{2} = 10$ Möglichkeiten. Die Nummern der jeweiligen Variablen sind in der folgenden Tabelle zusammengestellt:

| BV | | | NBV | | |
|---|---|---|---|---|---|
| 1 | 2 | 6 | 3 | 4 | 5 |
| 1 | 3 | 6 | 2 | 4 | 5 |
| 1 | 4 | 6 | 2 | 3 | 5 |
| 1 | 5 | 6 | 2 | 3 | 4 |
| 2 | 3 | 6 | 1 | 4 | 5 |
| 2 | 4 | 6 | 1 | 3 | 5 |
| 2 | 5 | 6 | 1 | 3 | 4 |
| 3 | 4 | 6 | 1 | 2 | 5 |
| 3 | 5 | 6 | 1 | 2 | 4 |
| 4 | 5 | 6 | 1 | 2 | 3 |

Zu beachten ist allerdings, daß ein Lösungsvektor mit negativen Komponenten keine sinnvolle Lösung der konkreten Aufgabe darstellt. Vielmehr dürfen die freien Parameter nicht negativ sein, und sie sind zudem so zu wählen, daß die durch sie bestimmten Basisvariablen ebenfalls nicht negativ sind. Dies bedeutet das lineare Ungleichungssystem

$$1 - \frac{1}{4}x_3 - \frac{1}{2}x_4 - \frac{1}{2}x_5 \geq 0,\ 3 - \frac{3}{2}x_3 - \frac{3}{4}x_4 - x_5 \geq 0,\ x_3 \geq 0,\ x_4 \geq 0,\ x_5 \geq 0.$$

Die Lösungsmenge dieses Ungleichungssystems ist ein Sechseck im $(x_3, x_4, x_5)$-Raum, das in der Abbildung 4.10 grafisch dargestellt ist. Für Einzelheiten wird auf das nächste Kapitel verwiesen.

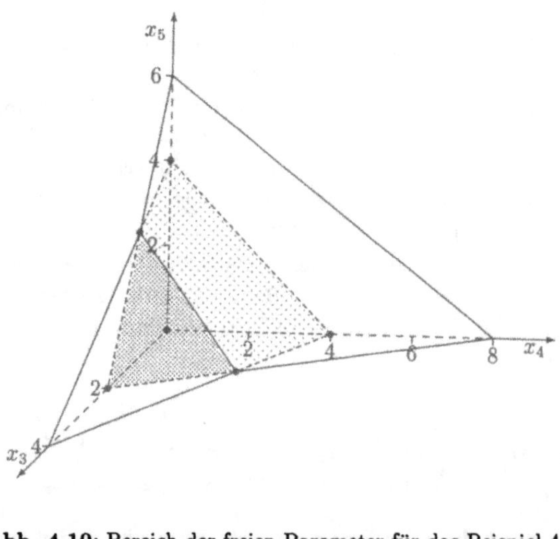


**Abb. 4.10:** Bereich der freien Parameter für das Beispiel 4.22

Vorwiegend in Algorithmen der linearen Optimierung wird zur Lösung des Gleichungssystems (4.21) das sogenannte *Austauschverfahren* als Variante des *Gauß*schen Algorithmus verwendet. Hierbei werden $r$ Spalten, die zu einem System von Basisvariablen gehören, in ein System von Einheitsvektoren transformiert. Aus der resultierenden Normalform lassen sich dann die Werte der Basisvariablen unmittelbar durch die freien Parameter (die Nichtbasisvariablen) darstellen. Auf diese Weise entfällt die bei der Normalform (4.22) erforderliche Rückwärtsrechnung, – dafür müssen aber von Tableau zu Tableau stets *alle Zeilen* des Gleichungssystems in den Algorithmus einbezogen werden.
Das Verfahren wird in Anlehnung an den *Gauß*schen Algorithmus in 4.5.3 beschrieben.

### 4.5.6 (Das Austauschverfahren als Variante des *Gauß*schen Algorithmus)

- ***Normiertes Pivot-Element:*** *Nach Wahl des Pivot-Elements $a_{ij} \neq 0$ wird die $i$-te Zeile des erweiterten Tableaus* ***durch $a_{ij}$ dividiert*** *und damit die* ***normierte Pivot-Zeile*** *gebildet. Diese enthält in der $i$-ten Zeile und $j$-ten Spalte eine 1 und wird als $i$-te Zeile in das nächste Tableau übernommen. Auf Spalten- oder Zeilentausch kann dabei verzichtet werden.*

- ***Zeilenelimination (Austausch-Schritt):***

$$k\text{-te Zeile} \;\Rightarrow\; k\text{-te Zeile} + (-\boldsymbol{a_{kj}}) \times (\text{normierte Pivot-Zeile})$$
$$(k \neq i;\; j = \text{Spaltenindex der Pivot-Zeile})$$

*Im Ergebnis eines solchen Austausch-Schrittes wird die Pivot-Spalte in den Einheitsvektor $(0,\ldots,0,1,0,\ldots,0)^T$ mit der 1 an der $i$-ten Stelle transformiert.*

- ***Iteration:*** *Bei der Ermittlung weiterer Pivot-Elemente werden die Zeilen und Spalten der bisherigen Pivot-Elemente nicht berücksichtigt. Hierdurch bleiben die bisher erzeugten Einheitsvektoren erhalten! Das Verfahren wird fortgesetzt, bis keine neuen Pivot-Elemente mehr gefunden werden können.*

- *Am Ende des Verfahrens hat ein lösbares Gleichungssystem – nach geeigneter Vertauschung von Zeilen und Variablen und Umbennung der Basisvariablen – folgende Form:*

| $x_1$ | $\cdots$ | $x_r$ | $\boldsymbol{x_{r+1}}$ | $\cdots$ | $\boldsymbol{x_n}$ | $\underline{b}$ |
|---|---|---|---|---|---|---|
| 1 | $\cdots$ | 0 | $\widetilde{a}_{1,r+1}$ | $\cdots$ | $\widetilde{a}_{1n}$ | $\widetilde{b}_1$ |
| $\vdots$ | $\ddots$ | $\vdots$ | $\vdots$ | $\ddots$ | $\vdots$ | $\vdots$ |
| 0 | $\cdots$ | 1 | $\widetilde{a}_{r,r+1}$ | $\cdots$ | $\widetilde{a}_{rn}$ | $\widetilde{b}_r$ |
| 0 | $\cdots$ | 0 | 0 | $\cdots$ | 0 | 0 |
| $\vdots$ | $\ddots$ | $\vdots$ | $\vdots$ | $\ddots$ | $\vdots$ | $\vdots$ |
| 0 | $\cdots$ | 0 | 0 | $\cdots$ | 0 | 0 |

(4.25)

*Hierbei sind die zu den ersten $r$ Einheitsvektoren gehörenden Variablen $x_1,\ldots,x_r$ Basisvariable. Die Lösung kann ohne Rückwärtsrechnung durch die $n-r$ Nichtbasisvariablen $x_{r+1},\ldots,x_n$ dargestellt werden, da jede der Basisvariablen in genau einer Gleichung auftritt.*

**4.5.7 (Folgerung: Struktur der Lösungsmenge von $A\underline{x} = \underline{b}$)**
*Mit den Spaltenbezeichnungen*

$$\underline{x}_0 = \begin{pmatrix} \widetilde{b}_1 \\ \vdots \\ \widetilde{b}_r \\ 0 \\ \vdots \\ 0 \end{pmatrix}, \quad \underline{\widetilde{s}}_{r+1} = \begin{pmatrix} -\widetilde{a}_{1,r+1} \\ \vdots \\ -\widetilde{a}_{r,r+1} \\ 1 \\ \vdots \\ 0 \end{pmatrix}, \ldots, \underline{\widetilde{s}}_n = \begin{pmatrix} -\widetilde{a}_{1n} \\ \vdots \\ -\widetilde{a}_{rn} \\ 0 \\ \vdots \\ 1 \end{pmatrix}$$

*lautet das Tableau* (4.25) *in vektorieller Form:*

$$\underline{x} = \underline{x}_0 + x_{r+1}\,\underline{\widetilde{s}}_{r+1} + \ldots + x_n\,\underline{\widetilde{s}}_n \tag{4.26}$$

*Hieran kann die Struktur der Lösungen des ursprünglichen Gleichungssystems $A\underline{x} = \underline{b}$ vollständig abgelesen werden:*

(a) *Für $\underline{b} = \underline{0}$ ist $\underline{x}_0 = \underline{0}$, und dann liefert* (4.26) ***alle*** *Lösungen des homogenen Systems: Die Menge der Lösungen von $A\underline{x} = \underline{0}$ ist ein $(n-r)$-dimensionaler Teilraum von $\mathbb{R}^n$, und zwar die lineare Hülle des unabhängigen Systems $\{\underline{\widetilde{s}}_{r+1}, \ldots, \underline{\widetilde{s}}_n\}$.*

(b) *Bei beliebigem $\underline{b}$ liefert die Darstellung* (4.26) *alle Lösungen des Systems $A\underline{x} = \underline{b}$ als Summe aus einer speziellen Lösung von $A\underline{x} = \underline{b}$ (der* ***Basislösung****, die zu der gewählten Verteilung der Basisvariablen gehört) und einer beliebigen Lösung des homogenen Systems.*

**Beispiel 4.23** Das Gleichungssystem des Beispiels 4.22 wird mit Hilfe des Austauschverfahrens gelöst.

| $x_1$ | $x_2$ | $x_3$ | $x_4$ | $x_5$ | $x_6$ | $\underline{b}$ | Faktoren |
|---|---|---|---|---|---|---|---|
| 8 | 4 | 8 | 7 | 8 | 0 | 20 | −8 |
| **4** | 4 | 7 | 5 | 6 | 4 | 24 | |
| 16 | 4 | 10 | 11 | 12 | 4 | 36 | −16 |
| 28 | 12 | 25 | 23 | 26 | 8 | 80 | −28 |
| 0 | **−4** | −6 | −3 | −4 | −8 | −28 | |
| 1 | 1 | 7/4 | 5/4 | 3/2 | 1 | 6 | −1 |
| 0 | −12 | −18 | −9 | −12 | −12 | −60 | 12 |
| 0 | −16 | −24 | −12 | −16 | −20 | −88 | 16 |
| 0 | 1 | 3/2 | 3/4 | 1 | 2 | 7 | −2 |
| 1 | 0 | 1/4 | 1/2 | 1/2 | −1 | −1 | 1 |
| 0 | 0 | 0 | 0 | 0 | **12** | 24 | |
| 0 | 0 | 0 | 0 | 0 | 12 | 24 | −12 |
| 0 | 1 | 3/2 | 3/4 | 1 | 0 | 3 | |
| 1 | 0 | 1/4 | 1/2 | 1/2 | 0 | 1 | |
| 0 | 0 | 0 | 0 | 0 | 1 | 2 | |
| 0 | 0 | 0 | 0 | 0 | 0 | 0 | |

Im letzten Tableau kann die überflüssige letzte Gleichung weggelassen werden, und die Variablen $x_1$, $x_2$ und $x_6$ können als Basisvariable gewählt werden, da das System der Einheitsvektoren in der 1., 2. und 6. Spalte linear unabhängig ist. Damit kann die bereits in (4.24) angegebene Lösung mit den freien Parametern $x_3$, $x_4$ und $x_5$ jetzt unmittelbar abgelesen werden:

$$x_1 = 1 - \frac{1}{4}x_3 - \frac{1}{2}x_4 - \frac{1}{2}x_5,\; x_2 = 3 - \frac{3}{2}x_3 - \frac{3}{4}x_4 - x_5,\; x_6 = 2$$

Soll statt einer der beiden Basisvariablen $x_1$ und $x_2$ eine der Nichtbasisvariablen $x_3$, $x_4$ oder $x_5$ an deren Stelle treten, so kann dies durch einen weiteren Schritt des Austauschverfahrens erreicht werden: So wird der Austausch $x_1 \leftrightarrow x_3$ durch die Wahl der dritten Spalte als Pivot-Spalte und der zweiten Zeile als Pivot-Zeile erreicht: [19]

| $x_1$ | $x_2$ | $x_3$ | $x_4$ | $x_5$ | $x_6$ | $\underline{b}$ | Faktoren |
|---|---|---|---|---|---|---|---|
| 0 | 1 | 3/2 | 3/4 | 1 | 0 | 3 | −3/2 |
| 1 | 0 | $\underline{1/4}$ | 1/2 | 1/2 | 0 | 1 | |
| 0 | 0 | 0 | 0 | 0 | 1 | 2 | 0 |
| −6 | 1 | 0 | −9/4 | −2 | 0 | −3 | |
| 4 | 0 | 1 | 2 | 2 | 0 | 4 | |
| 0 | 0 | 0 | 0 | 0 | 1 | 2 | |

Die Lösung mit den freien Parametern $x_1$, $x_4$ und $x_5$ lautet in der vektoriellen Form (4.26):

$$\begin{pmatrix} x_1 \\ x_2 \\ x_3 \\ x_4 \\ x_5 \\ x_6 \end{pmatrix} = \begin{pmatrix} 0 \\ -3 \\ 4 \\ 0 \\ 0 \\ 2 \end{pmatrix} + x_1 \begin{pmatrix} 1 \\ 6 \\ -4 \\ 0 \\ 0 \\ 0 \end{pmatrix} + x_4 \begin{pmatrix} 0 \\ 9/4 \\ -2 \\ 1 \\ 0 \\ 0 \end{pmatrix} + x_5 \begin{pmatrix} 0 \\ 2 \\ -2 \\ 0 \\ 1 \\ 0 \end{pmatrix}$$

## 4.6 Anwendungen linearer Gleichungssysteme

### 4.6.1 (Produktion bei gegebener Direktbedarfsmatrix)

*Unter Verwendung von m Ressourcen $R_1, \ldots, R_m$ (Rohstoffe, Kapazitäten an Arbeitskräften, Produktionsanlagen, Kapital, Zeit usw.) werden n Produkte $P_1, \ldots, P_n$ bei gegebener Direktbedarfsmatrix $A = (a_{ij})_{i=1,\ldots,m;\ j=1,\ldots,n}$ hergestellt (vgl. Abbildung 4.1).*

*Bezeichnet $b_i$ die Anzahl der von der Ressource $R_i$ verbrauchten Einheiten und $x_j$ die Anzahl der vom Produkt $P_j$ erzeugten Einheiten ($i = 1, \ldots, m$; $j = 1, \ldots, n$), so besteht zwischen dem* ***Ressourcenvektor*** *$\underline{b} = (b_1, \ldots, b_m)^T$, dem* ***Produktvektor*** *(oder auch Produktionsprogramm) $\underline{x} = (x_1, \ldots, x_n)^T$ und der Direktbedarfsmatrix A der Zusammenhang $\boldsymbol{A} \cdot \underline{\boldsymbol{x}} = \underline{\boldsymbol{b}}$.*[20]

*Dabei sind nur solche Vektoren $\underline{x}$ und $\underline{b}$ sinnvoll, die keine negativen Koordinaten enthalten: $x_1 \geq 0, \ldots, x_n \geq 0$, $b_1 \geq 0, \ldots, b_m \geq 0$ (symbolisch: $\underline{x} \geq \underline{0}$, $\underline{b} \geq \underline{0}$).*

(1) ***Ressourcenverbrauch zu gegebenem Produktionsprogramm:***
*Hierzu ist die Direktbedarfsmatrix A mit dem Produktvektor $\underline{x}$ zu multiplizieren.*

[19] Hierher rührt auch die Bezeichnung „Austausch"-Verfahren.

[20] Vgl. (4.2)

*Der Ressourcenverbrauch $\underline{b}$ ist eindeutig durch $\underline{x}$ bestimmt. Da die Direktbedarfsmatrix keine negativen Elemente enthält, ergibt sich zu jedem sinnvollen Produktvektor ein sinnvoller Ressourcenvektor.*

(2) ***Produktionsprogramm zu gegebenem Ressourcenverbrauch:***
*Hierzu ist das lineare Gleichungssystem $A\underline{x} = \underline{b}$ zu lösen.*
*Dieses ist entweder unlösbar, oder in der allgemeinen Lösung treten $n - r$ freie Parameter auf, wobei $r$ der Rang der Direktbedarfsmatrix ist. Dabei stellen jedoch nur Lösungsvektoren mit $\underline{x} \geq \underline{0}$ sinnvolle Produktionsprogramme dar.*
*Hat das System keine Lösungen oder keine mit nicht negativen Koordinaten, so gibt es kein Produktionsprogramm, bei dem die Ressourcen vollständig aufgebraucht werden.*

**Beispiel 4.24** Aus 5 verschiedenen Rohstoffen $R_1$, $R_2$, $R_3$, $R_4$ und $R_5$, gemessen in ein und derselben Volumeneinheit, sollen durch unterschiedliche Mischungsverhältnisse 4 Mischungen $P_1$, $P_2$, $P_3$ und $P_4$ hergestellt werden, wobei die als Parameter gegebenen Volumeneinheiten $b_i$ von $R_i$ $(i = 1, \ldots, 5)$ aufzubrauchen sind. Die Mischungsverhältnisse lauten: $1 : 1 : 0 : 5 : 0$ für $P_1$, $1 : 0 : 1 : 0 : 5$ für $P_2$, $2 : 1 : 1 : 5 : 5$ für $P_3$, $3 : 1 : 2 : 5 : 10$ für $P_4$.
Hieraus ergibt sich die Direktbedarfsmatrix $A$:

| | $P_1$ | $P_2$ | $P_3$ | $P_4$ |
|---|---|---|---|---|
| $R_1$ | 1/7 | 1/7 | 2/14 | 3/21 |
| $R_2$ | 1/7 | 0 | 1/14 | 1/21 |
| $R_3$ | 0 | 1/7 | 1/14 | 2/21 |
| $R_4$ | 5/7 | 0 | 5/14 | 5/21 |
| $R_5$ | 0 | 5/7 | 5/14 | 10/21 |

Mit Hilfe des Austauschverfahrens werden zunächst diejenigen Ressourcenvektoren $\underline{b} = (b_1, b_2, b_3, b_4, b_5)^T$, für welche das Gleichungssystem $A\underline{x} = \underline{b}$ für den Produktvektor $\underline{x}$ lösbar ist, bestimmt, und anschließend werden alle Lösungen $\underline{x} = (x_1, x_2, x_3, x_4)^T$ mit $\underline{x} \geq \underline{0}$ angegeben.

| $x_1$ | $x_2$ | $x_3$ | $x_4$ | $\underline{b}$ | Faktoren |
|---|---|---|---|---|---|
| **1/7** | 1/7 | 2/14 | 3/21 | $b_1$ | |
| 1/7 | 0 | 1/14 | 1/21 | $b_2$ | −1/7 |
| 0 | 1/7 | 1/14 | 2/21 | $b_3$ | 0 |
| 5/7 | 0 | 5/14 | 5/21 | $b_4$ | −5/7 |
| 0 | 5/7 | 5/14 | 10/21 | $b_5$ | 0 |
| 1 | 1 | 1 | 1 | $7b_1$ | −1 |
| 0 | **−1/7** | −1/14 | −2/21 | $b_2 - b_1$ | |
| 0 | 1/7 | 1/14 | 2/21 | $b_3$ | −1/7 |
| 0 | −5/7 | −5/14 | −10/21 | $b_4 - 5b_1$ | 5/7 |
| 0 | 5/7 | 5/14 | 10/21 | $b_5$ | −5/7 |
| 1 | 0 | 1/2 | 1/3 | $7b_2$ | |
| 0 | 1 | 1/2 | 2/3 | $7b_1 - 7b_2$ | |
| 0 | 0 | 0 | 0 | $b_3 - b_1 + b_2$ | |
| 0 | 0 | 0 | 0 | $b_4 - 5b_2$ | |
| 0 | 0 | 0 | 0 | $b_5 - 5b_1 + 5b_2$ | |

Das letzte Tableau liefert die Lösbarkeitsbedingung $b_3 = b_1 - b_2$, $b_4 = 5b_2$, $b_5 = 5(b_1 - b_2)$. Je zwei der vier Variablen können als Basisvariable gewählt werden. Die Lösung mit $x_3$ und $x_4$ als freien Parametern lautet:

$$x_1 = 7b_2 - \frac{1}{2}x_3 - \frac{1}{3}x_4, \quad x_2 = 7(b_1 - b_2) - \frac{1}{2}x_3 - \frac{2}{3}x_4$$

Die Bedingung $\underline{x} \geq \underline{0}$ für die Lösung bedeutet ein Ungleichungssystem für die freien Parameter:

$$\frac{1}{2}x_3 + \frac{1}{3}x_4 \leq 7b_2, \ \frac{1}{2}x_3 + \frac{2}{3}x_4 \leq 7(b_1 - b_2), \ x_3 \geq 0, \ x_4 \geq 0 \tag{4.27}$$

Wegen der zweiten Ungleichung in (4.27) muß notwendig $b_1 \geq b_2$ gelten[21], da sonst $x_3$ oder $x_4$ negativ wäre. Andererseits garantiert $b_1 \geq b_2$, daß bei gegebenen Werten von $b_1$ und $b_2$ das Ungleichungssystem (4.27) eine Lösung mit $x_3 \geq 0$ und $x_4 \geq 0$ besitzt.

Die Menge aller Lösungspaare $(x_3, x_4)$ dieses Ungleichungssystems bildet ein Viereck in der $(x_3, x_4)$-Ebene. Die Abbildung 4.11 stellt den Fall $b_1 = \frac{17}{7}, b_2 = 1$ (und damit $b_3 = \frac{10}{7}, b_4 = 5, b_5 = \frac{50}{7}$) dar. Zum Eckpunkt (8,9) gehört das Produktionsprogramm (0,0,8,9).

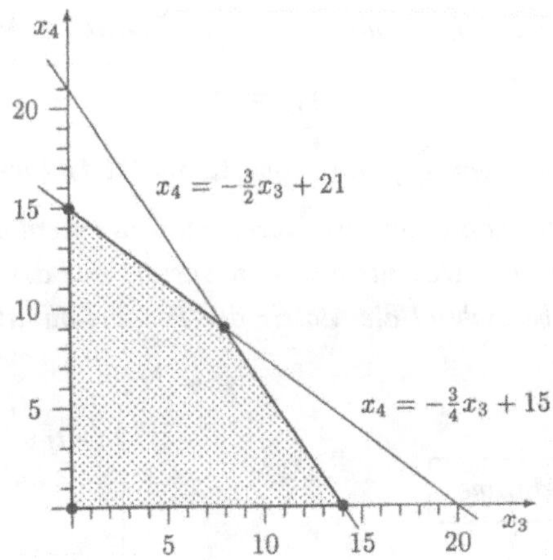


**Abb. 4.11:** Bereich der freien Parameter für das Beispiel 4.24

### 4.6.2 (Ein lineares Input-Output-Modell)

*Die Volkswirtschaft eines Landes sei in n Sektoren $S_1, \ldots, S_n$ sowie den Bereich der privaten Haushalte eingeteilt.*

***Bezeichnungen:*** *In einem Bilanzzeitraum, etwa einem Jahr, seien für $i, j = 1, \ldots, n$*

- $\boldsymbol{p_{ij}}$ *der Wert des Güterstromes $S_i \to S_j$ (**Input** des i-ten Sektors in den j-ten Sektor) und $P = (p_{ij})_{i,j=1,\ldots,n}$ die Matrix der Inputs,*
- $\boldsymbol{b_i}$ *der Wert der Nachfrage der privaten Haushalte nach Gütern des i-ten Sektors und $\underline{b} = (b_1, \ldots, b_n)^T$ der Vektor der privaten Nachfrage,*

[21] Das kann bereits an den Mischungsverhältnissen abgelesen werden, da in jeder der vier Mischungen der Anteil des ersten Rohstoffs nicht kleiner als der Anteil des zweiten Rohstoffs ist.

- $\boldsymbol{x_j}$ *der Wert der vom j-ten Sektor produzierten Güter (**Output**) des Sektors* $S_j$ *und* $\underline{x} = (x_1, \ldots, x_n)^T$ *der Vektor der Outputs.*

***Bilanzgleichungen:*** *Der Output des i-ten Sektors wird sowohl als Input für die Sektoren* $S_1, \ldots, S_n$ *als auch zur Befriedigung der privaten Nachfrage verwendet. Dies bedeutet das Gleichungssystem*

$$x_i = \sum_{j=1}^{n} p_{ij} + b_i = p_{i1} + p_{i2} + \ldots + p_{in} + b_i \quad (i = 1, \ldots, n). \tag{4.28}$$

***Modellannahmen:***

- *Der Output jedes Sektors* $S_j$ *ist größer als die Summe aller Inputs in diesen Sektor:*

$$x_j > p_{1j} + \ldots + p_{nj} \quad (j = 1, \ldots, n) \tag{4.29}$$

- *Der Input* $p_{ij} : S_i \to S_j$ *hängt ausschließlich vom Output* $x_j$ *des j-ten Sektors ab und ist hierzu direkt proportional (**lineares Leontiev-Modell**):*

$$\boldsymbol{p_{ij} = a_{ij} x_j} \tag{4.30}$$

*Dabei wird angenommen, daß die Proportionalitätsfaktoren* $a_{ij} = \frac{p_{ij}}{x_j}$ *Konstanten sind, sich also nicht von einem Bilanzzeitraum zu einem anderen ändern;* $a_{ij}$ *gibt an, wieviel Prozent des Outputs des j-ten Sektors aus dem i-ten Sektor stammen.* $A = (a_{ij})_{i,j=1,\ldots,n}$ *bezeichnet die Matrix der Proportionalitätsfaktoren.*

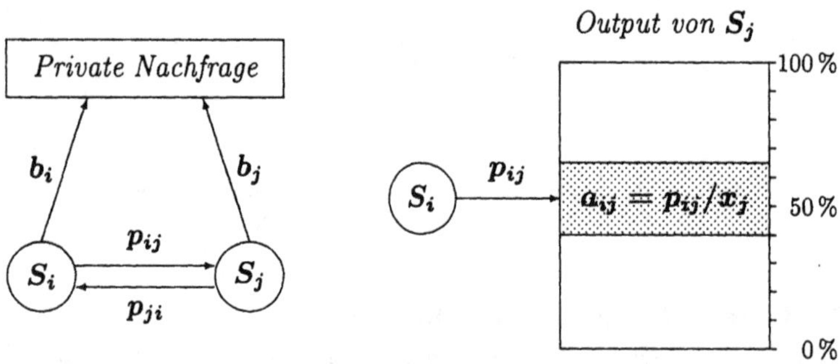


**Abb. 4.12:** Lineares Input-Output-Modell

Einsetzen der Proportionalität $p_{ij} = a_{ij}x_j$ in die Bilanzgleichungen (4.28) ergibt

$$x_i = \sum_{j=1}^{n} a_{ij}x_j + b_i = a_{i1}x_1 + a_{i2}x_2 + \ldots + a_{ii}x_i + \ldots + a_{in}x_n + b_i \quad (i = 1, \ldots, n)$$

und damit

$$x_i(1 - a_{ii}) + \sum_{\substack{j=1,\ldots,n \\ j \neq i}} (-a_{ij})x_j = b_i \quad (i = 1, \ldots, n).$$

In Matrizenform bedeutet das

$$\begin{pmatrix} (1-a_{11}) & -a_{12} & \cdots & -a_{1n} \\ -a_{21} & (1-a_{22}) & \cdots & -a_{2n} \\ \vdots & \vdots & \ddots & \vdots \\ -a_{n1} & -a_{n2} & \cdots & (1-a_{nn}) \end{pmatrix} \begin{pmatrix} x_1 \\ x_2 \\ \vdots \\ x_n \end{pmatrix} = \begin{pmatrix} b_1 \\ b_2 \\ \vdots \\ b_n \end{pmatrix}$$

bzw. in Kurzform:

$$(\boldsymbol{E} - \boldsymbol{A}) \cdot \underline{x} = \underline{b} \qquad (4.31)$$

*Die Koeffizientenmatrix $E - A$ dieses linearen Gleichungssystems, die Differenz zwischen der n-reihigen Einheitsmatrix $E$ und der Matrix $A$ der Proportionalitätsfaktoren, heißt* ***Technologie-Matrix****.*

Die Matrix der Proportionalitätsfaktoren (und damit die Technologie-Matrix) gibt die ***Verflechtung*** der einzelnen Wirtschaftssektoren wieder.
Bei gegebenen In- und Outputs eines beliebigen Bilanzzeitraums können diese Proportionalitätsfaktoren aus dem ***Input-Output-Schema*** berechnet werden:

| | $S_1$ | $\cdots$ | $S_j$ | $\cdots$ | $S_n$ | $\underline{b}$ | $\underline{x}$ |
|---|---|---|---|---|---|---|---|
| $S_1$ | $p_{11}$ | $\cdots$ | $p_{1j}$ | $\cdots$ | $p_{1n}$ | $b_1$ | $x_1$ |
| $\vdots$ | $\vdots$ | $\ddots$ | $\vdots$ | $\ddots$ | $\vdots$ | $\vdots$ | $\vdots$ |
| $S_i$ | $p_{i1}$ | $\cdots$ | $p_{ij}$ | $\cdots$ | $p_{in}$ | $b_i$ | $x_i$ |
| $\vdots$ | $\vdots$ | $\ddots$ | $\vdots$ | $\ddots$ | $\vdots$ | $\vdots$ | $\vdots$ |
| $S_n$ | $p_{n1}$ | $\cdots$ | $p_{nj}$ | $\cdots$ | $p_{nn}$ | $b_n$ | $x_n$ |
| $S_1$ | $a_{11}$ | $\cdots$ | $a_{1j}$ | $\cdots$ | $a_{1n}$ | | |
| $\vdots$ | $\vdots$ | $\ddots$ | $\vdots$ | $\ddots$ | $\vdots$ | | |
| $S_i$ | $a_{i1}$ | $\cdots$ | $a_{ij}$ | $\cdots$ | $a_{in}$ | | |
| $\vdots$ | $\vdots$ | $\ddots$ | $\vdots$ | $\ddots$ | $\vdots$ | | |
| $S_n$ | $a_{n1}$ | $\cdots$ | $a_{nj}$ | $\cdots$ | $a_{nn}$ | | |

Die Bilanzgleichungen (4.28) bedeuten, daß im oberen Teil des Schemas in jeder Zeile die Summe aus Inputs und Nachfrage mit dem rechts stehenden Output übereinstimmt; die Faktoren $a_{ij}$ der $j$-ten Spalte der darunterstehenden Matrix A ergeben sich durch Division der $j$-ten Spalte der Inputmatrix durch den $j$-ten Output.

**4.6.3 (Anwendung des Input-Output-Schemas)** *Bleiben die Verflechtungsbeziehungen zwischen den Wirtschaftszweigen, gegeben durch die Proportionalitätsfaktoren $a_{ij}$, über mehrere Bilanzperioden konstant, so kann die aus einem konkreten Input-Output-Schema berechnete Technologie-Matrix auch für weitere Perioden benutzt werden. Damit kann aus einer* ***vorgegebenen privaten Nachfrage $\underline{b}$*** *der* ***Outputvektor $\underline{x}$*** *als Lösung des linearen Gleichungssystems* (4.31) *bestimmt werden, und die erforderlichen Inputs werden hieraus gemäß* (4.30) *berechnet.*

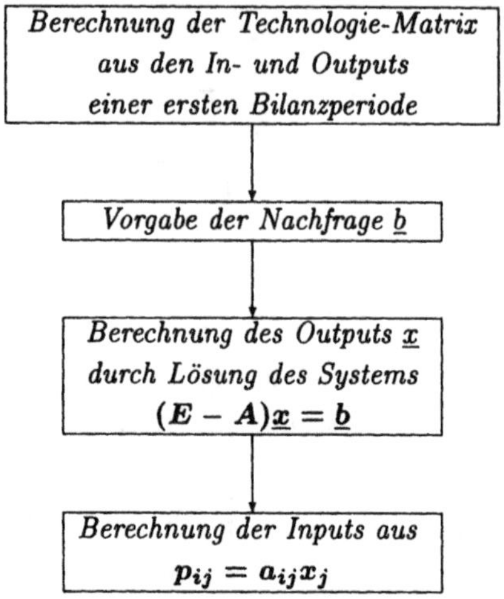


### 4.6.4 (Eigenschaften des Gleichungssystems (4.31))

*Die Technologie-Matrix $E - A$ des linearen Input-Output-Modells ist regulär, und ihre Inverse besitzt keine negativen Elemente. Daher hat das lineare Gleichungssystem $(E-A)\underline{x} = \underline{b}$ zu gegebenem Nachfragevektor $\underline{b}$ einen eindeutig bestimmten Outputvektor $\underline{x}$, und dieser enthält keine negativen Koordinaten, falls $\underline{b}$ keine negativen Koordinaten enthält.*[22]

B e w e i s (für $n = 2$): Die in den beiden Sektoren eintreffenden Inputs sind wegen der Modellannahme kleiner als die Outputs dieser Sektoren. Das bedeutet:

$$\begin{array}{lllll} p_{11} + p_{21} = a_{11}x_1 + a_{21}x_1 < x_1 & \Leftrightarrow & a_{11} + a_{21} < 1 & \Leftrightarrow & 1 - a_{11} > a_{21} \\ p_{12} + p_{22} = a_{12}x_2 + a_{22}x_2 < x_2 & \Leftrightarrow & a_{12} + a_{22} < 1 & \Leftrightarrow & 1 - a_{22} > a_{12} \end{array}$$

Das heißt, daß die *Summe der Elemente der Spalten in der Matrix $A$ kleiner als* 1 *ist.*[23]
Wegen $D = (1 - a_{11})(1 - a_{22}) - a_{12}a_{21} > a_{21}a_{12} - a_{12}a_{21} = 0$ ist dann die Determinante der Technologiematrix positiv, die Matrix ist daher insbesondere regulär, und ihre Inverse

$$(E - A)^{-1} = \frac{1}{D}\begin{pmatrix} 1 - a_{22} & a_{12} \\ a_{21} & 1 - a_{11} \end{pmatrix}$$

hat keine negativen Elemente. Die Lösung

$$\begin{pmatrix} x_1 \\ x_2 \end{pmatrix} = \frac{1}{D}\begin{pmatrix} 1 - a_{22} & a_{12} \\ a_{21} & 1 - a_{11} \end{pmatrix}\begin{pmatrix} b_1 \\ b_2 \end{pmatrix}$$

des Gleichungssystems $(E - a)\underline{x} = \underline{b}$ hat somit keine negativen Koordinaten, falls $\underline{b}$ keine negativen Koordinaten aufweist. □

[22]Das bedeutet, daß zu jeder sinnvollen Nachfrage der – eindeutig bestimmte – Outputvektor ebenfalls sinnvoll ist.

[23]Das gilt natürlich auch bei beliebig vielen Sektoren, und diese Eigenschaft wird wesentlich beim Beweis des Satzes für $n$ Sektoren verwendet. Unter dieser Voraussetzung kann gezeigt werden, daß die Folge der Matrizen $A_k = E + A + A^2 + \ldots + A^k$ (die *Neumann*sche Reihe) für $k \to \infty$ gegen die inverse Matrix $(E - A)^{-1}$ konvergiert (vgl. *H. Heuser*, 1998, und *H. R. Schwarz*, 1997), und zwar in dem Sinne, daß die Elemente der Differenzmatrix $A_k - (E - A)^{-1}$ eine Nullfolge bilden (vgl. 6.2.6). Da die Elemente von $A_k$ sämtlich positiv sind, sind folglich auch die Elemente von $(E - A)^{-1}$ positiv.

**Beispiel 4.25** Für ein Modell mit drei Sektoren sei in einem fixierten Jahr ein Input-Output-Schema gegeben:

| | $S_1$ | $S_2$ | $S_3$ | $\underline{b}$ | $\underline{x}$ |
|---|---|---|---|---|---|
| $S_1$ | 100 | 30 | 60 | 80 | 270 |
| $S_2$ | 40 | 80 | 60 | 100 | 280 |
| $S_3$ | 20 | 40 | 100 | 150 | 310 |

Hieraus ergeben sich die Matrix der Proportionalitätsfaktoren und die Technologie-Matrix, auf 4 Nachkommastellen gerundet:

$$A = \begin{pmatrix} 100/270 & 30/280 & 60/310 \\ 40/270 & 80/280 & 60/310 \\ 20/270 & 40/280 & 100/310 \end{pmatrix} \qquad E - A = \begin{pmatrix} 0,6296 & -0,1071 & -0,1935 \\ -0,1481 & 0,7143 & -0,1935 \\ -0,0741 & -0,1429 & 0,6774 \end{pmatrix}$$

Erhöht sich im folgenden Jahr – *bei gleichbleibender Technologie-Matrix* – die Nachfrage nach Gütern des zweiten Sektors um 10 %, während die Nachfrage nach Gütern der übrigen Sektoren unverändert bleibt, so ist der aktuelle Output-Vektor $\underline{x}$ die Lösung des Gleichungssystems $(E - A)\underline{x} = (80, 110, 150)^T$. Diese wird mit Hilfe des Austauschverfahrens bei Rundung der internen Ergebnisse auf vier Nachkommastellen bestimmt.

| $x_1$ | $x_2$ | $x_3$ | $\underline{b}$ | Faktoren |
|---|---|---|---|---|
| **0,6296** | −0,1071 | −0,1935 | 80 | |
| −0,1481 | 0,7143 | −0,1935 | 110 | 0,1481 |
| −0,0741 | −0,1429 | 0,6774 | 150 | 0,0741 |
| 1 | −0,1701 | −0,3073 | 127,0648 | 0,1701 |
| 0 | **0,6891** | −0,2390 | 128,8183 | |
| 0 | −0,1555 | 0,6546 | 159,4155 | 0,1555 |
| 1 | 0 | −0,3663 | 158,8628 | 0,3663 |
| 0 | 1 | −0,3468 | 186,9370 | 0,3468 |
| 0 | 0 | **0,6007** | 188,4842 | |
| 1 | 0 | 0 | 273,7983 | |
| 0 | 1 | 0 | 295,7540 | |
| 0 | 0 | 1 | 313,7743 | |

Die neuen Outputs lauten daher, auf eine Nachkommastelle gerundet:
$x_1 = 273,8; x_2 = 295,8; x_3 = 313,8$. Obwohl nur die Nachfrage nach Gütern des zweiten Sektors gestiegen ist, erhöhen sich die Outputs *aller* Sektoren, und zwar für $S_1$ um 1,4 %, für $S_2$ um 5,6 % und für $S_3$ um 1,2 %. Hierin kommt die Verflechtung der Sektoren zum Ausdruck.

Die neuen – auf eine Nachkommastelle gerundeten – Inputs ergeben sich durch Multiplikation der $j$-ten Spalte der Matrix $A$ mit dem $j$-ten Output. Damit lautet das neue Input-Output-Schema:

| | $S_1$ | $S_2$ | $S_3$ | $\underline{b}$ | $\underline{x}$ |
|---|---|---|---|---|---|
| $S_1$ | 101,4 | 31,7 | 60,7 | 80 | 273,8 |
| $S_2$ | 40,6 | 84,5 | 60,7 | 110 | 295,8 |
| $S_2$ | 20,3 | 42,3 | 101,2 | 150 | 313,8 |

Die Aufgabe, eine Funktion *von vorgegebenem Typ* aus einer gewissen Anzahl von Kurvenpunkten zu bestimmen, tritt bei zahlreichen praktischen Problemen auf. Bei einer größeren Anzahl von gegebenen Punkten können diese im allgemeinen nicht exakt auf einer Kurve des gegebenen Typs liegen, – vielmehr geht es dann darum, eine Funktion zu finden, die in einem gewissen Sinn „möglichst gut" in die gegebene Punktmenge paßt.
Im folgenden einfachen Spezialfall kann die Funktion jedoch eindeutig aus der Lösung eines linearen Gleichungssystems bestimmt werden.

### 4.6.5 (Interpolationspolynom)

*Zu $n+1$ paarweise voneinander verschiedenen Werten $x_0, x_1, \ldots, x_n$, den Stützstellen, gibt es genau ein Polynom*

$$x \mapsto p_n(x) = a_0 + a_1 x + a_2 x^2 + \ldots + a_n x^n \tag{4.32}$$

*von höchstens $n$-tem Grad, das in den gegebenen $x$-Werten (beliebig) vorgeschriebene Funktionswerte $y_0, y_1, \ldots, y_n$, die Stützwerte, annimmt:*

$$p_n(x_i) = y_i, \; i = 0, \ldots, n \tag{4.33}$$

*$p_n$ heißt das zu den gegebenen Stützstellen und Stützwerten gehörende Interpolationspolynom.*

B e w e i s : Die $n+1$ Bedingungen (4.33) bedeuten ein lineares Gleichungssystem für die $n+1$ gesuchten Koeffizienten $a_0, a_1, \ldots, a_n$ des Polynoms (4.32):

$$\begin{pmatrix} 1 & x_0 & x_0^2 & \cdots & x_0^n \\ 1 & x_1 & x_1^2 & \cdots & x_1^n \\ \vdots & \vdots & \vdots & \ddots & \vdots \\ 1 & x_n & x_n^2 & \cdots & x_n^n \end{pmatrix} \begin{pmatrix} a_0 \\ a_1 \\ \vdots \\ a_n \end{pmatrix} = \begin{pmatrix} y_0 \\ y_1 \\ \vdots \\ y_n \end{pmatrix} \tag{4.34}$$

Die Koeffizientenmatrix $A$ dieses Systems ist regulär. Denn andernfalls wäre das System der $n+1$ Spalten von $A$ linear abhängig. Wegen 4.2.3 hätte dann aber das *homogene* Gleichungssystem mit der Koeffizientenmatrix $A$ einen nichttrivialen Lösungsvektor $(a_0, a_1, \ldots, a_n)^T$, und folglich hätte das hiermit gebildete Polynom (4.32), dessen Koeffizienten nicht sämtlich verschwinden, an den $n+1$ Stützstellen den Wert 0. Das ist aber nicht möglich, denn ein von der Nullfunktion verschiedenes Polynom von höchstens $n$-tem Grade besitzt nicht mehr als $n$ Nullstellen.[24]

Aus der Regularität der Koeffizientenmatrix folgt nun, daß das System (4.34) zu beliebig vorgegebener rechter Seite genau eine Lösung besitzt. □

[24] Vgl. Fußnote 7

Durch zwei Punkte $(x_0, y_0)$ und $(x_1, y_1)$ mit $x_0 \neq x_1$ führt genau eine lineare Funktion $x \to p_1(x) = a_0 + a_1 x$. Diese reduziert sich im Falle $y_0 = y_1$ auf eine konstante Funktion. Entsprechend führt durch drei Punkte $(x_0, y_0), (x_1, y_1)$ und $(x_2, y_2)$ mit $x_0 \neq x_1$, $x_0 \neq x_2$ und $x_1 \neq x_2$ genau eine quadratische Funktion $x \to p_2(x) = a_0 + a_1 x + a_2 x^2$; diese reduziert sich auf eine lineare Funktion, wenn die Punkte auf einer Geraden liegen.

**Beispiel 4.26 (Quadratische Funktion aus drei Kurvenpunkten)**
Gesucht sind die Koeffizienten $a_0$, $a_1$ und $a_2$ einer Funktion $x \to p_2(x) = a_0 + a_1 x + a_2 x^2$, deren Kurve drei gegebene Punkte $(x_0, y_0)$, $(x_1, y_1)$ und $(x_2, y_2)$ enthält.
Das (4.34) entsprechende Gleichungssystem

$$\begin{pmatrix} 1 & x_0 & x_0^2 \\ 1 & x_1 & x_1^2 \\ 1 & x_2 & x_2^2 \end{pmatrix} \begin{pmatrix} a_0 \\ a_1 \\ a_2 \end{pmatrix} = \begin{pmatrix} y_0 \\ y_1 \\ y_2 \end{pmatrix}$$

wird mit der *Cramer*schen Regel gelöst. Die Determinante kann durch Überführung in eine Dreiecksmatrix berechnet werden:

$$D = \begin{vmatrix} 1 & x_0 & x_0^2 \\ 1 & x_1 & x_1^2 \\ 1 & x_2 & x_2^2 \end{vmatrix} = \begin{vmatrix} 1 & x_0 & x_0^2 \\ 0 & x_1 - x_0 & x_1^2 - x_0^2 \\ 0 & x_2 - x_0 & x_2^2 - x_0^2 \end{vmatrix} = (x_1 - x_0)(x_2 - x_0) \begin{vmatrix} 1 & x_0 & x_0^2 \\ 0 & 1 & x_1 + x_0 \\ 0 & 1 & x_2 + x_0 \end{vmatrix}$$

$$= (x_1 - x_0)(x_2 - x_0)(x_2 - x_1) \begin{vmatrix} 1 & x_0 & x_0^2 \\ 0 & 1 & x_1 + x_0 \\ 0 & 0 & 1 \end{vmatrix} = (x_1 - x_0)(x_2 - x_0)(x_2 - x_1)$$

Wegen der – bereits nachgewiesenen – Regularität der Matrix ist die Determinante von Null verschieden, – dies ergibt sich hier noch einmal explizit aus der Voraussetzung, daß die $x$-Werte paarweise voneinander verschieden sind.[25] Die Lösung lautet mit der Determinante $D = (x_1 - x_0)(x_2 - x_0)(x_2 - x_1)$:

$$a_0 = \frac{1}{D} \begin{vmatrix} y_0 & x_0 & x_0^2 \\ y_1 & x_1 & x_1^2 \\ y_2 & x_2 & x_2^2 \end{vmatrix} \quad a_1 = \frac{1}{D} \begin{vmatrix} 1 & y_0 & x_0^2 \\ 1 & y_1 & x_1^2 \\ 1 & y_2 & x_2^2 \end{vmatrix} \quad a_2 = \frac{1}{D} \begin{vmatrix} 1 & x_0 & y_0 \\ 1 & x_1 & y_1 \\ 1 & x_2 & y_2 \end{vmatrix}$$

Speziell für $x_0 = 1$, $x_1 = 4$, $x_2 = 7$, $y_0 = 1$, $y_1 = 3$ und $y_2 = 3$ ist

$$a_0 = \frac{1}{54} \begin{vmatrix} 1 & 1 & 1 \\ 3 & 4 & 16 \\ 3 & 7 & 49 \end{vmatrix} = -\frac{1}{9}, \; a_1 = \frac{1}{54} \begin{vmatrix} 1 & 1 & 1 \\ 1 & 3 & 16 \\ 1 & 3 & 49 \end{vmatrix} = \frac{11}{9}, \; a_2 = \frac{1}{54} \begin{vmatrix} 1 & 1 & 1 \\ 1 & 4 & 3 \\ 1 & 7 & 3 \end{vmatrix} = -\frac{1}{9}.$$

Das gesuchte Polynom ist also $x \mapsto p_2(x) = \frac{1}{9}(-1 + 11x - x^2)$.

[25] Auf diese Weise ergibt sich eine entsprechende Formel für die Determinante der Matrix $A$ des allgemeinen Gleichungssystems (4.34), aus der unmittelbar $|A| \neq 0$ hervorgeht:

$$|A| = [(x_1 - x_0) \cdots (x_n - x_0)]\,[(x_2 - x_1) \cdots (x_n - x_1)]\,[(x_3 - x_2) \cdots (x_n - x_2)] \cdots [x_n - x_{n-1}]$$

In der Abbildung 4.13 sind das bereits berechnete Interpolationspolynom $p_2$ sowie drei weitere zu den jeweils angegebenen Stützpunkten $(x_0, y_0), (x_1, y_1), \ldots$ dargestellt: $p_1$ mit den Stützpunkten $(1,1), (7,3)$, $p_3$ mit den Stützpunkten $(1,1), (3,2), (4,3), (7,3)$, $p_4$ mit den Stützpunkten $(1,1), (3,2), (4,3), (6,2), (7,3)$.[26]

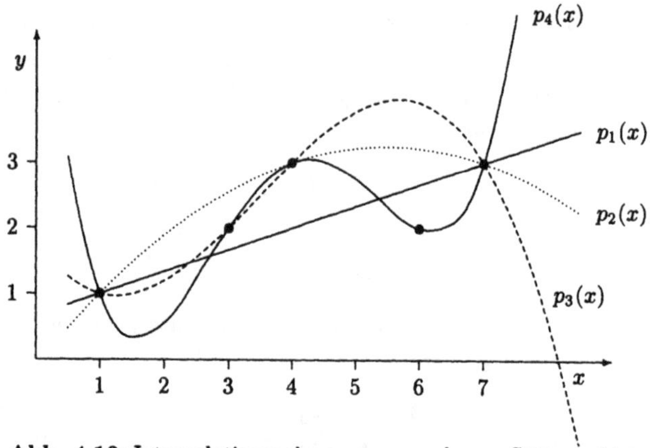


**Abb. 4.13:** Interpolationspolynome zu gegebenen Stützpunkten

## 4.7 Aufgaben zum Kapitel 4

**Aufgabe 4.1 (Linearkombinationen, Lineare Hülle, Basis)**

(a) Bestimmen Sie den Rang des Systems $S$, das aus den Vektoren $\underline{u}_1 = (0,1,-1)^T$, $\underline{u}_2 = (1,0,2)^T$, $\underline{u}_3 = (1,1,1)^T$ und $\underline{u}_4 = (1,-1,3)^T$ im Raum $\mathbb{R}^3$ besteht.
Beschreiben Sie die lineare Hülle $L(S)$ und geben Sie alle möglichen linear unabhängigen Teilsysteme von S an, die diese Hülle aufspannen. Ermitteln Sie für einen fest gewählten Vektor aus $L(S)$ alle möglichen Linearkombinationen durch das System $S$.

(b) Welche Vektoren der Form $(0, a, b, 0)^T$ ergänzen das Vektorsystem $\{(1,0,-1,1)^T, (0,1,2,1)^T, (1,1,1,0)^T\}$ zu einer Basis des Raumes $\mathbb{R}^4$?

**Aufgabe 4.2 (Matrizenrang)**

(a) Erklären Sie ohne Verwendung des Satzes 4.3.8 über den Matrizenrang, wieso sich der Zeilenrang einer Matrix bei Vertauschung zweier Spalten nicht ändern kann. (Verwenden Sie hierfür das beim Beweis von 4.3.8 (a) verwendete Verfahren.)

[26]Die Interpolationspolynome können in durchsichtiger Form wie folgt geschrieben werden:

$$p_1(x) = 1 + \frac{1}{3}(x-1) \qquad p_3(x) = p_2(x) - \frac{5}{72}(x-1)(x-4)(x-7)$$

$$p_2(x) = p_1(x) - \frac{1}{9}(x-1)(x-7) \quad p_4(x) = p_3(x) + \frac{23}{360}(x-1)(x-3)(x-4)(x-7)$$

(b) Die Matrix $\begin{pmatrix} 1 & -1 & 1 \\ 1 & 1 & -1 \\ 2 & 0 & 0 \end{pmatrix}$ hat die Determinante 0; daß ihre 9 Adjunkten nicht sämtlich von 0 verschieden sind, ist Ausdruck der Tatsache, daß die Matrix den Rang 2 hat:

*Eine $n$-reihige Matrix hat dann und nur dann den Rang $n-1$, wenn ihre Determinante den Wert 0 hat, aber (mindestens) eine ihrer Adjunkten von 0 verschieden ist.*

Geben Sie hierfür eine Begründung zunächst für $n = 3$ und anschließend für beliebiges $n$. (Anleitung: Die Aussage folgt daraus, daß für eine quadratische Matrix $A$ die Beziehung $|A| \neq 0$ mit der linearen Unabhängigkeit des Spalten- bzw. Zeilensystems äquivalent ist (vgl. 4.3.10) und der Übereinstimmung von Spalten- und Zeilenrang.)

**Aufgabe 4.3 (Rang einer Dreiecksmatrix)**

*Eine $n$-reihige Dreiecksmatrix hat dann und nur dann den Rang $n$, wenn die Diagonalelemente sämtlich von 0 verschieden sind.*

Begründen Sie diese Tatsache allein mit Hilfe der linearen Unabhängigkeit der Zeilen- bzw. Spaltenvektoren (unter Verwendung der Aussage 4.3.3 über die Lösungen eines homogenen Gleichungssystems).

**Aufgabe 4.4 (Homogenes lineares Gleichungssystem)**

(a) *Ist $\underline{x}_0$ irgendeine Lösung des linearen Gleichungssystems $A\underline{x} = \underline{b}$, so entstehen hieraus nach 4.5.7 alle Lösungen durch Addition einer beliebigen Lösung $\underline{x}_{hom}$ des zugehörigen homogenen Systems $A\underline{x} = \underline{0}$: $\underline{x} = \underline{x}_0 + \underline{x}_{hom}$*
Leiten Sie diese Aussage – ohne Verwendung von 4.5.7 – allein aus der Gestalt des Gleichungssystems ab.

(b) *Ein linearer Teilraum von $\mathbb{R}^n$ ist die Lösungsmenge eines geeigneten homogenen Gleichungssystems.*
Stellen Sie den Teilraum von $\mathbb{R}^4$, der von den Vektoren $\underline{u} = (1, 1, -1, 1)^T$ und $\underline{v} = (-1, 1, 1, -1)^T$ aufgespannt wird, als Lösungsmenge eines homogenen Gleichungssystems mit vier Variablen $x_1$, $x_2$, $x_3$ und $x_4$ dar.
Stellen Sie anschließend das Gleichungssystem für den Fall eines beliebigen linear unabhängigen Systems $\{\underline{u} = (u_1, u_2, u_3, u_4)^T,\ \underline{v} = (v_1, v_2, v_3, v_4)^T\}$ auf.

**Aufgabe 4.5 (Gleichungssystem mit freien Parametern)**

Geben Sie alle Lösungen des Gleichungssystems

$$\begin{array}{rcrcrcrcrcr} 3x_1 & + & 2x_2 & + & 4x_3 & + & x_4 & + & x_5 & = & 2 \\ x_1 & + & x_2 & + & 2x_3 & & & + & 2x_5 & = & 1 \\ & & x_2 & + & 2x_3 & - & x_4 & + & x_5 & = & 3 \\ x_1 & & & & & + & x_4 & + & x_5 & = & -2 \end{array}$$

an sowie alle Systeme von Variablen, die als freie Parameter in der Lösung gewählt werden können.

**Aufgabe 4.6 (Produktionsprogramme zu gegebenen Rohstoffkapazitäten)**

Für die Herstellung von 5 Produkten $P_1, P_2, P_3, P_4, P_5$ aus 5 Rohstoffen $R_1, R_2, R_3, R_4, R_5$ sei die Direktbedarfsmatrix

$$\begin{pmatrix} 1 & 2 & 1 & 2 & 1 \\ 2 & 1 & 2 & 1 & 1 \\ 1 & 1 & 2 & 1 & 2 \\ 3 & 3 & 3 & 3 & 2 \\ 2 & 2 & 1 & 2 & 0 \end{pmatrix}$$

gegeben. Von den Rohstoffen seien die Kapazitäten $b_1, b_2, b_3, b_4$ bzw. $b_5$ (in den jeweiligen Einheiten) vorhanden.

(a) Unter welchen Bedingungen an die Kapazitäten gibt es ein Produktionsprogramm, bei dem diese Kapazitäten vollständig aufgebraucht werden?

(b) Geben Sie für $b_1 = b_2 = 1, b_3 = \frac{3}{2}, b_4 = 2$ und $b_5 = \frac{1}{2}$ alle sinnvollen Produktionsprogramme an und untersuchen Sie dabei insbesondere, in welchen Grenzen sich – in Abhängigkeit von freien Parametern – die einzelnen Produkte herstellen lassen.

**Aufgabe 4.7 (Quadratische Interpolation)**
Das Wachstum einer Geldanlage mit einem Anfangskapitalwert $K_0$ im Verlaufe von zwei Jahren werde durch eine vom Zinssatz $p$ abhängende quadratische Funktion
$f(p) = K_0(a_0 + a_1 p + a_2 p^2)$ beschrieben.

Berechnen Sie die unbekannten Koeffizienten $a_0$, $a_1$ und $a_2$ aus den nachfolgenden Angaben und interpretieren Sie das Ergebnis:

(a) $f(p = 0) = K_0;\ f(p = 5\,\%) = 1{,}1025K_0;\ f(p = 10\,\%) = 1{,}21K_0$

(b) $f(p = 0) = K_0;\ f(p = 5\,\%) = 1{,}1025K_0;\ f(p = 10\,\%) = 1{,}205K_0$

**Aufgabe 4.8 (Input-Output-Modell)**
Für ein Input-Output-Modell 4.6.2 mit vier Sektoren sei das Input-Output-Schema

| | $S_1$ | $S_2$ | $S_3$ | $S_4$ | $\underline{b}$ |
|---|---|---|---|---|---|
| $S_1$ | 60 | 30 | 30 | 30 | 150 |
| $S_2$ | 40 | 70 | 40 | 50 | 150 |
| $S_3$ | 25 | 25 | 50 | 60 | 200 |
| $S_4$ | 50 | 50 | 25 | 75 | 200 |

mit den Inputs $p_{ij} : S_i \to S_j$ und der Nachfrage $b_i$ $(i, j = 1, 2, 3, 4)$ in einem fixierten Jahr gegeben. Bei Beibehaltung der entsprechenden Technologiematrix soll im folgenden Jahr die Nachfrage nach den Gütern der Sektoren $S_1$ und $S_2$ jeweils um 5 % steigen und die nach den übrigen Sektoren jeweils um 5 % fallen.

Geben Sie die Daten des zugehörigen Input-Schemas an, gerundet auf eine Kommastelle.
Wie verändert sich das Schema, wenn sich die Nachfrage nach allen Gütern einheitlich um p % ändert?

**Aufgabe 4.9 (Matrizeninversion mit Austauschverfahren)**
Mit Hilfe des *Gauß*schen Algorithmus können mehrere Gleichungssysteme mit ein und derselben Koeffizientenmatrix zweckmäßig simultan gelöst werden. Insbesondere eignet sich das Austauschverfahren für die Berechnung der Inversen einer regulären Matrix $A$; hierbei werden die $n$ linearen Gleichungssysteme $A\underline{x} = \underline{(1, \ldots, 0)}^T, \ldots, A\underline{x} = \underline{(0, \ldots, 1)}^T$ simultan gelöst. Die nach Beendigung des Verfahrens in dem letzten Tableau rechts stehende Matrix $C$ ist die gesuchte inverse Matrix $A^{-1}$.

| $x_1$ | … | $x_n$ | $\underline{b}_1$ | … | $\underline{b}_n$ |
|---|---|---|---|---|---|
| $a_{11}$ | … | $a_{1n}$ | 1 | … | 0 |
| ⋮ | ⋱ | ⋮ | ⋮ | ⋱ | ⋮ |
| $a_{n1}$ | … | $a_{nn}$ | 0 | … | 1 |

*Austauschverfahren* $\Longrightarrow \ldots \Longrightarrow$

| $x_1$ | … | $x_n$ | $\underline{b}_1$ | … | $\underline{b}_n$ |
|---|---|---|---|---|---|
| 1 | … | 0 | $\mathbf{c_{11}}$ | … | $\mathbf{c_{1n}}$ |
| ⋮ | ⋱ | ⋮ | ⋮ | ⋱ | ⋮ |
| 0 | … | 1 | $\mathbf{c_{n1}}$ | … | $\mathbf{c_{nn}}$ |

Geben Sie eine Begründung für diese Methode.

Berechnen Sie hiermit die Inverse der Technologiematrix des Input-Output-Schemas der Aufgabe 4.8 und stellen Sie damit eine Formel für die Inputs zu beliebig gegebenem Nachfragevektor $\underline{b}$ auf.

# Kapitel 5

# Elemente der linearen Optimierung

## 5.1 Konvexität

Einschränkungen des Definitionsbereichs von Variablen durch Systeme von Gleichungen oder Ungleichungen sind vor allem bei ökonomischen Anwendungen die Regel. Die Lösungsmengen derartiger Systeme sind spezielle *konvexe Mengen*, und diese können übersichtlich mit Hilfe linearer Gleichungssysteme dargestellt werden. Damit lassen sich dann die Extremalstellen linearer Funktionen, deren Variable durch lineare Gleichungs- und Ungleichungssysteme beschränkt sind, als spezielle Lösungen linearer Gleichungssysteme konstruieren.

Zunächst werden die Begriffe der Geraden durch zwei Punkte und der (geradlinigen) Verbindungsstrecke zwischen zwei Punkten in naheliegender Weise auf den $n$-dimensionalen Raum $\mathbb{R}^n$ übertragen.

**5.1.1 (Konvexe Menge)** *Es seien $\underline{x}$ und $\underline{y}$ zwei voneinander verschiedene Vektoren (Punkte) des Raums $\mathbb{R}^n$. Die von dem reellen Parameter $t$ abhängende Punktmenge*

$$\{\underline{g}(t) : t \in \mathbb{R}\} \quad \textit{mit} \quad \underline{g}(t) = (1-t)\underline{x} + t\underline{y} = \underline{x} + t(\underline{y} - \underline{x})$$

*heißt die durch $\underline{x}$ und $\underline{y}$ führende **Gerade**, und die Einschränkung*

$$\underline{s}(\underline{x}, \underline{y}) = \{(1-t)\underline{x} + t\underline{y} : 0 \le t \le 1\}^1 \tag{5.1}$$

*des Parameters $t$ auf das Intervall $[0,1]$ heißt (geradlinige) **Verbindungsstrecke** zwischen $\underline{x}$ und $\underline{y}$.*
*Eine Teilmenge $M \subseteq \mathbb{R}^n$ heißt **konvex**, wenn sie mit je zwei Punkten auch deren gesamte Verbindungsstrecke enthält:*[2]

$$\underline{x}, \underline{y} \in M,\ 0 \le t \le 1 \quad \Rightarrow \quad (1-t)\underline{x} + t\underline{y} \in M \tag{5.2}$$

---

[1] Die Parameterwerte $t = 0$ und $t = 1$ liefern hierbei die Punkte $\underline{x}$ bzw. $\underline{y}$.
[2] Insbesondere ist $\underline{s}(\underline{x}, \underline{y})$ selbst eine konvexe Menge.

Parameterdarstellung $t \to \underline{g}(t) = (1-t)\underline{x} + t\underline{y}$ der Geraden $\underline{g}$ durch die Punkte $\underline{x}$ und $\underline{y}$, Verbindungsstrecke $\underline{s}$ zwischen $\underline{x}$ und $\underline{y}$

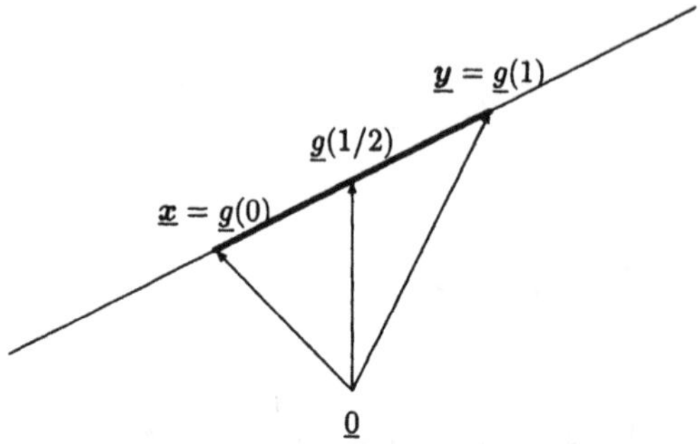


In der Abbildung 5.1 stellt die linke der beiden Mengen den Durchschnitt der konvexen Mengen $A = \{(x_1, x_2) : 0 \le x_1 \le 1,\ 0 \le x_2 \le 1\}$ und $B = \{(x_1, x_2) : x_1 + x_2 \ge 1\}$ dar, und dieser ist nach dem nachfolgenden Satz 5.1.2 automatisch konvex.
Die Vereinigung konvexer Mengen braucht aber nicht konvex zu sein, wie die rechte Figur zeigt.

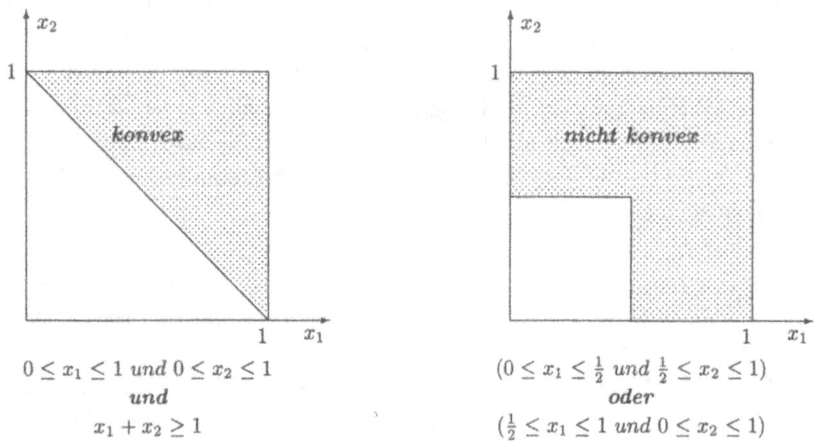


**Abb. 5.1:** Durchschnitt und Vereinigung konvexer Mengen

### 5.1.2 (Konvexität des Durchschnitts konvexer Mengen)[3]

*Der* ***Durchschnitt*** *zweier*[4] *konvexer Teilmengen von $\mathbb{R}^n$ ist konvex.*

**Beispiel 5.1 (Dreiecksfläche als konvexe Menge)** Die Fläche eines (ebenen oder räumlichen) Dreiecks einschließlich seiner Berandung ist eine konvexe Menge. In der Abbildung 5.2 ist das räumliche Dreieck mit den Ecken $\underline{v}_1 = (1,0,0)^T$, $\underline{v}_2 = (0,1,0)^T$ und $\underline{v}_3 = (0,0,1)^T$ dargestellt.

Jeder Punkt $\underline{x}$ einer Dreiecksfläche $\Delta$ läßt sich wie folgt durch seine Eckpunkte $\underline{v}_1$, $\underline{v}_2$ und $\underline{v}_3$ darstellen (vgl. die Abbildung 5.2):

---

[3]Vgl. Aufgabe 5.1

[4]und damit auch beliebig vieler konvexer Teilmengen

Bezeichnet $\underline{y}$ den Schnittpunkt der Geraden durch $\underline{x}$ und die Ecke $\underline{v}_1$ mit der $\underline{v}_1$ gegenüberliegenden Dreiecksseite, so liegt $\underline{x}$ auf der Verbindungsstrecke zwischen $\underline{v}_1$ und $\underline{y}$ und läßt sich folglich als Linearkombination $\underline{x} = (1-t)\underline{v}_1 + t\underline{y}$ mit einem Faktor $t$, $0 \leq t \leq 1$, darstellen. Da andererseits $\underline{y}$ auf der Verbindungsstrecke zwischen $\underline{v}_2$ und $\underline{v}_3$ liegt, ist $\underline{y} = (1-r)\underline{v}_2 + r\underline{v}_3$ mit einem Faktor $r$, $0 \leq r \leq 1$.[5]
Eingesetzt in die Darstellung für $\underline{x}$ ergibt dies

$$\underline{x} = \alpha_1\underline{v}_1 + \alpha_2\underline{v}_2 + \alpha_3\underline{v}_3 \quad mit \quad \alpha_1 \geq 0, \alpha_2 \geq 0, \alpha_3 \geq 0 \quad und \quad \alpha_1 + \alpha_2 + \alpha_3 = 1. \tag{5.3}$$

Hierbei ist $\alpha_1 = 1-t$, $\alpha_2 = t(1-r)$ und $\alpha_3 = tr$ gesetzt.
Umgekehrt erweist sich jeder Punkt $\underline{x}$ mit einer Darstellung (5.3) als ein Punkt der Dreiecksfläche, da aus den Koeffizienten $\alpha_i$ die Parameterwerte $r$ und $t$ für die Formeln $\underline{x} = (1-t)\underline{v}_1 + t\underline{y}$ und $\underline{y} = (1-r)\underline{v}_2 + r\underline{v}_3$ bestimmt werden können.[6]
Die Dreiecksfläche ist die kleinste konvexe Menge des Raumes, welche die gegebene Menge $M = \{\underline{v}_1, \underline{v}_2, \underline{v}_3\}$ der drei Eckpunkte enthält, deren sogenannte *konvexe Hülle*, und alle Punkte des Dreiecks lassen sich mit Hilfe einer speziellen Linearkombination der Form (5.3) aus den Ecken darstellen.

Auf entsprechende Weise wie beim Dreieck kann nun die konvexe Hülle einer beliebigen Menge $M \subseteq \mathbb{R}^n$ gebildet werden.

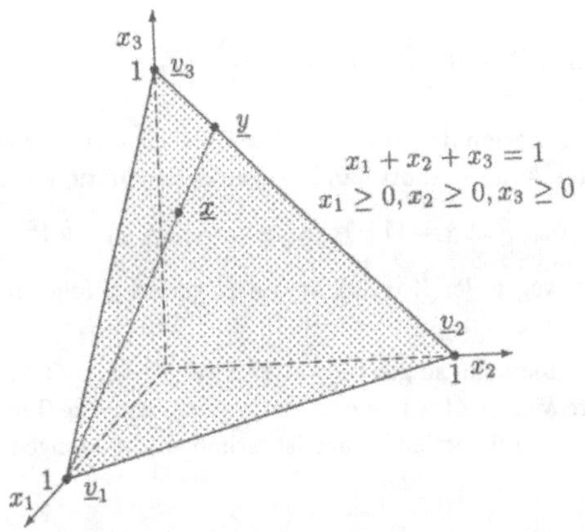


**Abb. 5.2:** Dreieck als konvexe Hülle seiner Eckpunkte

### 5.1.3 (Konvexe Hülle einer Menge, konvexe Linearkombination)

*Die kleinste unter allen konvexen Mengen, die eine gegebene Teilmenge $M$ von $\mathbb{R}^n$ enthalten, heißt* ***konvexe Hülle*** *von $M$ (Symbol: $\hat{M}$).*

- *$\hat{M}$ ist der Durchschnitt aller konvexen Mengen, welche die Menge $M$ enthalten.*
- *Die konvexe Hülle von $M$ ist die Menge aller* ***konvexen Linearkombinationen***

$$\underline{v} = \sum_{i=1}^{m} \alpha_i \underline{v}_i \quad mit \quad \alpha_1, \ldots, \alpha_m \geq 0 \quad und \quad \sum_{i=1}^{m} \alpha_i = 1 \tag{5.4}$$

*von beliebig gewählten Vektoren $\underline{v}_1, \ldots, \underline{v}_m$ aus $M$.*

[5] In der Abbildung 5.2 ist der Fall $r = 4/5$ und $t = 3/4$ dargestellt.
[6] Für $\alpha_1 = 1$ ist $\underline{x} = \underline{v}_1$, und für $\alpha_1 \neq 1$ ist $t = 1 - \alpha_1$ und $r = \dfrac{\alpha_3}{1-\alpha_1}$, wobei die Werte für $r$ und $t$ im Intervall [0,1] liegen.

B e w e i s : Die erste Aussage folgt unmittelbar aus dem Satz 5.1.2.
Der Nachweis der zweiten Aussage wird in drei Schritten geführt.

(1) *Die Menge $\hat{L}(M)$ aller konvexen Linearkombinationen ist konvex.*
Dazu ist zu zeigen, daß die Verbindungsstrecke zweier Vektoren aus $\hat{L}(M)$ ganz in $\hat{L}(M)$ verläuft. Für zwei beliebige Vektoren $\underline{x} = \alpha_1\underline{v}_1 + \ldots + \alpha_p\underline{v}_p$ und $\underline{y} = \beta_1\underline{w}_1 + \ldots + \beta_q\underline{w}_q$ aus $\hat{L}(M)$ sei ein Vektor

$$(1-t)\underline{x} + t\underline{y} = (1-t)\alpha_1\underline{v}_1 + \ldots + (1-t)\alpha_p\underline{v}_p + t\beta_1\underline{w}_1 + \ldots + t\beta_q\underline{w}_q \quad (0 \le t \le 1)$$

der Verbindungsstrecke zwischen $\underline{x}$ und $\underline{y}$ ausgewählt. Hierin haben die Koeffizienten der Vektoren $\underline{v}_1, \ldots, \underline{w}_q$ aus $M$ sämtlich Werte zwischen 0 und 1, und ihre Summe $(1-t)(\alpha_1+\ldots+\alpha_p)+t(\beta_1+\ldots+\beta_q)$ hat den Wert 1. Also ist $(1-t)\underline{x} + t\underline{y}$ eine konvexe Linearkombination von Vektoren von $M$.

(2) *Jede konvexe Menge $K$ enthält die Menge $\hat{L}(K)$ ihrer konvexen Linearkombinationen.*
Es sei dazu $\underline{x} = \alpha_1\underline{v}_1 + \ldots + \alpha_m\underline{v}_m$ eine beliebige konvexe Linearkombination von Vektoren aus $K$. Die Aussage wird mit Hilfe des Induktionsprinzips bewiesen.
Für $m = 1$ ist die Aussage wahr, denn dann ist $\underline{x} = \alpha_1\underline{v}_1 = 1\underline{v}_1 \in K$.
Die Aussage sei nun für alle natürlichen Zahlen $1, \ldots, m$ wahr, und es sei $\underline{x} = \alpha_1\underline{v}_1 + \ldots + \alpha_m\underline{v}_m + \alpha_{m+1}\underline{v}_{m+1}$ eine konvexe Linearkombination von $m+1$ Vektoren aus $K$.
Verschwinden hierin die ersten $m$ Koeffizienten, so ist $\alpha_{m+1} = 1$, und daher ist $\underline{x} = \alpha_{m+1}\underline{v}_{m+1} = \underline{v}_{m+1} \in K$. Andernfalls ist $\sum_{i=1}^{m}\alpha_i \neq 0$, und damit gilt:

$$\underline{x} = \left(\sum_{i=1}^{m}\alpha_i\right)\underline{y} + \alpha_{m+1}\underline{v}_{m+1} \quad \text{mit} \quad \underline{y} = \frac{\alpha_1}{\sum\alpha_i}\underline{v}_1 + \ldots + \frac{\alpha_m}{\sum\alpha_i}\underline{v}_m$$

Da die Summe der Koeffizienten der Linearkombination des Vektors $\underline{y}$ den Wert 1 hat, ist dieser eine konvexe Linearkombination von $m$ Vektoren aus $K$ und gehört damit wegen der Induktionsannahme der konvexen Menge $K$ an. Wegen $\sum_{i=1}^{m}\alpha_i = 1 - \alpha_{m+1}$ ist $\underline{x} = (1-\alpha_{m+1})\underline{y} + \alpha_{m+1}\underline{v}_{m+1}$ ein Punkt der Verbindungsstrecke zwischen $\underline{y}$ und $\underline{v}_{m+1}$, und wegen der Konvexität von $K$ gehört $\underline{x}$ folglich selbst der Menge $K$ an.

(3) Wird für $K$ speziell die konvexe Hülle $\hat{M}$ genommen, so gilt wegen (2) $\hat{L}(\hat{M}) \subseteq \hat{M}$, und daher ist $M \subseteq \hat{L}(M) \subseteq \hat{L}(\hat{M}) \subseteq \hat{M}$. Also ist die konvexe Menge $\hat{L}(M)$ eine $M$ umfassende konvexe Teilmenge der konvexen Hülle von $M$. Da $\hat{M}$ aber die kleinste derartige Menge ist, stimmen die Mengen $\hat{L}(M)$ und $\hat{M}$ überein. □

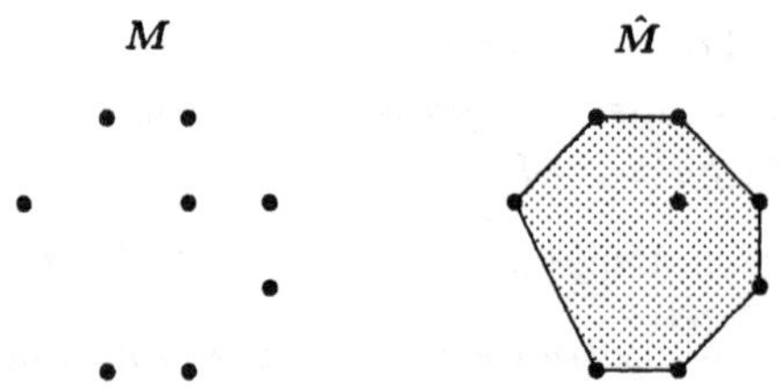


**Abb. 5.3:** Konvexe Hülle einer endlichen Menge

**5.1.4 (Halbräume, Nichtnegativitätsbedingung)** *Die durch die Beschränkung der i-ten Koordinate eines Vektors erzeugten speziellen konvexen Mengen*

$$\{\underline{x} = (x_1, \ldots, x_n)^T \in \mathbb{R}^n : x_i \le b_i\} \quad \text{und} \quad \{\underline{x} = (x_1, \ldots, x_n)^T \in \mathbb{R}^n : x_i \ge b_i\}$$

*heißen **Halbräume**. Durchschnitte von Halbräumen sind als Durchschnitte konvexer Mengen ebenfalls konvex.*

*Bei Anwendungen dürfen Vektoren $\underline{x}$ häufig keine negativen Koordinaten aufweisen:* $\boldsymbol{x_1 \geq 0, \ldots, x_n \geq 0}$, *symbolisch* $\underline{x} \geq \underline{0}$ (***Nichtnegativitätsbedingung***).
*Die Menge aller Vektoren aus* $\mathbb{R}^n$, *welche die Nichtnegativitätsbedingung erfüllen, ist als Durchschnitt* $\bigcap_{i=1}^{n} \{\underline{x} : x_i \geq 0\}$ *von Halbräumen eine konvexe Menge.*[7]

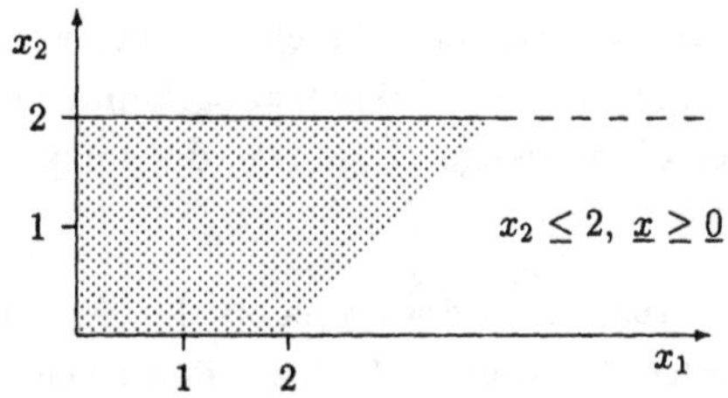


**Abb. 5.4:** Durchschnitt eines Halbraums mit der Menge $\{\underline{x} : \underline{x} \geq \underline{0}\}$

### 5.1.5 (Allgemeines Ungleichungssystem, zulässiger Bereich)

*Die Lösungsmenge eines allgemeinen Ungleichungssystems*[8]

$$\begin{pmatrix} a_{11} & \cdots & a_{1n} \\ \vdots & \ddots & \vdots \\ a_{m1} & \cdots & a_{mn} \end{pmatrix} \begin{pmatrix} x_1 \\ \vdots \\ x_n \end{pmatrix} (\leq, =, \geq) \begin{pmatrix} b_1 \\ \vdots \\ b_m \end{pmatrix} \tag{5.5}$$

*ist eine konvexe Teilmenge des Raumes* $\mathbb{R}^n$.
*Die Lösungen* $\underline{x} = (x_1, \ldots, x_n)^T$ *des Systems, welche darüber hinaus die Nichtnegativitätsbedingung* $\underline{x} \geq \underline{0}$ *erfüllen, heißen* ***zulässig***, *und die Menge aller zulässigen Lösungen heißt* ***zulässiger Bereich***.[9]
*Der zulässige Bereich ist eine konvexe Teilmenge der Menge aller Lösungen.*

Beweis: Erfüllen die Koordinaten der beiden Vektoren $\underline{x} = (x_1, \ldots, x_n)^T$ und $\underline{y} = (y_1, \ldots, y_n)^T$ die $i$-te Beziehung des Systems (5.5), so gilt das auch für jeden Vektor $\underline{z} = (z_1, \ldots, z_n)^T = (1-t)\underline{x} + t\underline{y}$ auf der Verbindungsstrecke zwischen $\underline{x}$ und $\underline{y}$. Denn für $0 \leq t \leq 1$ ist

$$\sum_{j=1}^{n} a_{ij} z_j = \sum_{j=1}^{n} a_{ij}((1-t)x_j + t y_j) = (1-t)\sum_{j=1}^{n} a_{ij} x_j + t \sum_{j=1}^{n} a_{ij} y_j \ (\leq, =, \geq)\ (1-t)b_i + t b_i = b_i,$$

wobei hierin das für die $i$-te Beziehung geltende Relationssymbol steht.
Erfüllen $\underline{x}$ und $\underline{y}$ jede der $m$ Beziehungen des Ungleichungssystems, so gilt dies auch für $\underline{z}$. □

[7] Für $n = 2$ ist dies der 1. Quadrant in einem $(x_1, x_2)$-Koordinatensystem.
[8] Das gemischte Relationssymbol bedeutet hierin, daß in dem System sowohl Gleichungen als auch Ungleichungen vom Typ $\leq$ und vom Typ $\geq$ auftreten dürfen.
[9] Statt der Nichtnegativitätsbedingungen können auch beliebige obere oder untere Schranken für die Koordinaten der Lösungen angegeben sein.

**Beispiel 5.2 (Produktionsprogramm zu gegebenen Ressourcenschranken)**
$A$ sei die Direktbedarfsmatrix für die Herstellung von $n$ Produkten unter Verwendung von $m$ Ressourcen, und $\underline{b} = (b_1, \ldots, b_m)^T$ sei der Vektor der Ressourcen-Kapazitäten.

- Die sinnvollen Produktionsprogramme bei vollständigem Ressourcenverbrauch[10] sind die zulässigen Lösungen des Gleichungssystems $A\underline{x} = \underline{b}$.
- Stellen einige der Ressourcen-Kapazitäten lediglich obere oder untere Schranken für den Verbrauch dar, so sind die sinnvollen Produktionsprogramme bei Beachtung der Ressourcenbeschränkungen die zulässigen Lösungen des entsprechenden Ungleichungssystems $A\underline{x}\ (\leq, =, \geq)\ \underline{b}$.

Die Abbildung 5.5 stellt die Lösungsmenge eines aus zwei Ungleichungen bestehenden Systems dar. Hierin bedeuten $x_1$ und $x_2$ die Salden zweier Konten, deren Summe durch eine Restriktion nach unten (etwa durch Vorgabe eines Kreditlimits seitens der Bank) und durch eine Restriktion nach oben (etwa durch Vorgabe einer oberen Schranke für das Gesamtguthaben seitens des Kunden) beschränkt ist.

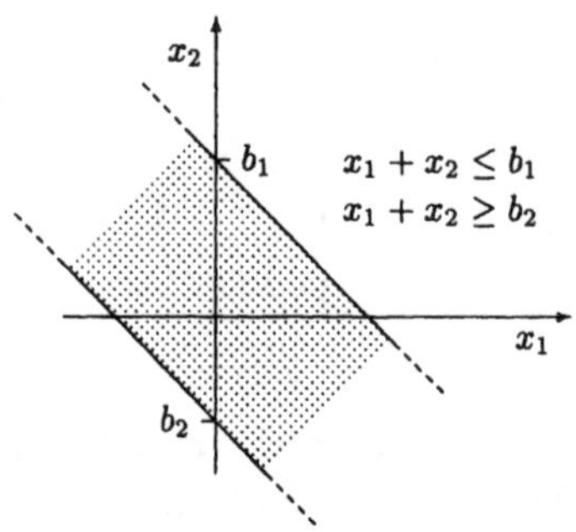


**Abb. 5.5:** Lösungsmenge eines Ungleichungssystems (Zwei-Konten-Modell)

# 5.2 Lösung linearer Ungleichungssysteme

Lineare Ungleichungs- und Gleichungssysteme sind eng miteinander verwandt: Unter Verwendung von künstlichen Variablen kann ein lineares Ungleichungssystem (5.5) in ein lineares Gleichungssystem mit der Nichtnegativitätsbedingung für alle Variablen übergeführt werden. Die Lösungsmenge des ursprünglichen Ungleichungssystems kann dann allein aus den zulässigen Basislösungen dieses Gleichungssystems konstruiert werden.

**5.2.1 (Schlupfvariable für ein Ungleichungssystem)**
*Gegeben sei ein lineares Ungleichungssystem $A\underline{x}\ (\leq, =, \geq)\ \underline{b}$ der Form*

$$\begin{array}{lllllll} \alpha_{i1}x_1 & + & \ldots & + & \alpha_{in}x_n & \leq & \alpha_i \quad (i = 1, \ldots, m_1) \\ \beta_{j1}x_1 & + & \ldots & + & \beta_{jn}x_n & \geq & \beta_j \quad (j = 1, \ldots, m_2) \\ \gamma_{k1}x_1 & + & \ldots & + & \gamma_{kn}x_n & = & \gamma_k \quad (k = 1, \ldots, m_3) \end{array} \tag{5.6}$$

[10] Vgl. 4.6.1

*aus $m = m_1+m_2+m_3$ Ungleichungen und Gleichungen (den* ***linearen Restriktionen****) für n Variable $x_1, \ldots, x_n$, wobei darüber hinaus die* ***Nichtnegativitätsbedingung***[11] *$\underline{x} \geq \underline{0}$ gefordert wird.*
*Durch Einführung von zusätzlichen $m_1 + m_2$ sogenannten* ***Schlupfvariablen***

$$\begin{array}{lcrcrcccrl} \boldsymbol{x_{n+i}} & = & \alpha_i & - & \alpha_{i1}x_1 & - & \ldots & - & \alpha_{in}x_n & (i = 1, \ldots, m_1) \\ \boldsymbol{x_{n+m_1+j}} & = & -\beta_j & + & \beta_{j1}x_1 & + & \ldots & + & \beta_{jn}x_n & (j = 1, \ldots, m_2) \end{array} \tag{5.7}$$

*wird das Ungleichungssystem (5.6) in ein* ***lineares Gleichungssystem***

$$\begin{array}{lcccrcrcll} \alpha_{i1}x_1 & + & \ldots & + & \alpha_{in}x_n & + & \boldsymbol{x_{n+i}} & = & \alpha_i & (i = 1, \ldots, m_1) \\ \beta_{j1}x_1 & + & \ldots & + & \beta_{jn}x_n & - & \boldsymbol{x_{n+m_1+j}} & = & \beta_j & (j = 1, \ldots, m_2) \\ \gamma_{k1}x_1 & + & \ldots & + & \gamma_{kn}x_n & & & = & \gamma_k & (k = 1, \ldots, m_3) \end{array} \tag{5.8}$$

*transformiert, wobei neben den ursprünglichen Variablen $x_1, \ldots, x_n$ auch die Schlupfvariablen die Nichtnegativitätsbedingung erfüllen.*

Aus den zulässigen Lösungen des Gleichungssystems (5.8) lassen sich die zulässigen Lösungen des ursprünglichen Ungleichungssystems (5.6) in eindeutiger Weise ermitteln, wie der folgende Zusammenhang zeigt.

### 5.2.2 (Zulässige Bereiche von Ungleichungs- und Gleichungssystem)

*Die Zuordnung*

$$(x_1, \ldots, x_n) \longmapsto (x_1, \ldots, x_n; \boldsymbol{x_{n+1}, \ldots, x_{n+m_1+m_2}}),$$

*also die Erweiterung um Schlupfvariable, stellt eine* ***umkehrbar eindeutige*** *Abbildung zwischen den zulässigen Bereichen von (5.6) und (5.8) dar. Das bedeutet genauer:*

- *Ist $\underline{x} = (x_1, \ldots, x_n)^T$ eine zulässige Lösung von (5.6), so sind die Schlupfvariablen durch die Formeln (5.7) eindeutig bestimmt, und sie sind auch sämtlich nicht negativ. Der erweiterte Vektor $\underline{x}^* = (x_1, \ldots, x_n; \boldsymbol{x_{n+1}, \ldots, x_{n+m_1+m_2}})^T$ ist folglich eine zulässige Lösung des Gleichungssystems (5.8).*

- *Umgekehrt: Ist $\underline{x}^* \in \mathbb{R}^{n+m_1+m_2}$ eine zulässige Lösung des Gleichungssystems (5.8), so entsteht hieraus durch Weglassen der Schlupfvariablen eine eindeutig bestimmte zulässige Lösung $\underline{x} \in \mathbb{R}^n$ des Ungleichungssystems (5.6).*

*Die Lösung eines linearen Ungleichungssystems ist damit auf die Lösung eines linearen Gleichungssystems mit Nichtnegativitätsbedingung zurückgeführt:*
*Der zulässige Bereich des Ungleichungssystems (5.6) entsteht aus dem zulässigen Bereich des Gleichungssystems (5.8) durch* ***Weglassen der Schlupfvariablen****.*

[11] Diese kann fehlen oder auch durch weitere Einschränkungen der Variablen ergänzt sein, – in diesem Falle sind die nachfolgenden Betrachtungen entsprechend zu modifizieren.

**Beispiel 5.3** Das Ungleichungssystem $\{x_1 + x_2 \leq 1,\ x_1 \geq 0,\ x_2 \geq 0\}$ wird mit Hilfe der Schlupfvariablen $x_3$ in das lineare Gleichungssystem $x_1 + x_2 + x_3 = 1$ mit der Nichtnegativitätsbedingung $x_1, x_2, x_3 \geq 0$ transformiert.

In der Abbildung 5.6 sind die zulässigen Bereiche beider Systeme dargestellt. Die senkrechte Projektion auf die $(x_1, x_2)$-Ebene stellt das Weglassen der Schlupfvariablen dar. Für die zulässige Lösung $(x_1, x_2) = (\frac{1}{5}, \frac{3}{10})$ des Ungleichungssystems ist die zulässige Lösung des Gleichungssystems mit dem Wert $x_3 = \frac{1}{2}$ für die Schlupfvariable eingetragen.

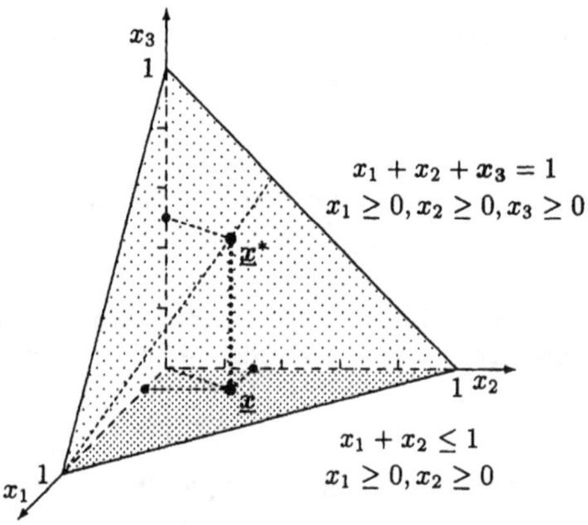


**Abb. 5.6:** Lösung eines Ungleichungssystems mit Schlupfvariablen

**5.2.3 (Schlupfvariable als freie Kapazitäten)** *Das Ungleichungssystem* (5.6) *stelle die Restriktionen für ein Produktionsprogramm* $\underline{x} = (x_1, \ldots, x_n)^T$ *mit der Direktbedarfsmatrix* $A$ *und dem Vektor* $\underline{b} = (b_1, \ldots, b_m)^T$ *der Ressourcen-Kapazitäten dar, welche nicht über- oder unterschritten werden dürfen bzw. genau aufzubrauchen sind.*

- *Ist* $x_{n+i}$ *die zu einer Ungleichung* $\alpha_{i1}x_1 + \ldots + \alpha_{in}x_n \leq \alpha_i$ *gehörende Schlupfvariable und ist* $\underline{x}^* = (x_1, \ldots, x_n, \ldots, \boldsymbol{x_{n+i}}, \ldots)^T$ *eine zulässige Lösung des zugehörigen Gleichungssystems* (5.8), *so gibt der Wert der Variablen* $\boldsymbol{x_{n+i}}$ *in dieser Lösung die Anzahl der Einheiten der i-ten Ressource an, die von dem entsprechenden Produktionsprogramm nicht genutzt werden* (***freie Kapazität***). *Entsprechend können die Schlupfvariablen für eine Beziehung der Form* $\geq$ *interpretiert werden.*

**Beispiel 5.4** Aus zwei Rohstoffen $R_1$ und $R_2$ mit den Kapazitäten von 6 bzw. 10 Einheiten sollen zwei Produkte $P_1$ und $P_2$ hergestellt werden, wobei pro Einheit von $P_1$ 2 Einheiten von $R_1$ und 5 Einheiten von $R_2$ und pro Einheit von $P_2$ 3 Einheiten von $R_1$ und 4 Einheiten von $R_2$ benötigt werden. Die Produkte werden zum Preis von

2 Geldeinheiten pro Einheit von $P_1$ und 3 Geldeinheiten pro Einheit von $P_2$ verkauft, und für den Gesamtumsatz sind 3 Geldeinheiten als untere Schranke vorgegeben. Für ein zulässiges Produktionsprogramm $(x_1, x_2)^T$ bedeuten diese Forderungen das Ungleichungssystem

$$2x_1 + 3x_2 \leq 6,\ 5x_1 + 4x_2 \leq 10,\ 2x_1 + 3x_2 \geq 3,\ x_1 \geq 0,\ x_2 \geq 0.$$

Mit Hilfe von drei Schlupfvariablen wird dieses in das Gleichungssystem

$$\begin{array}{rrrrrcr} 2x_1 & +3x_2 & +x_3 & & & = & 6 \\ 5x_1 & +4x_2 & & +x_4 & & = & 10 \\ 2x_1 & +3x_2 & & & -x_5 & = & 3 \end{array}$$

mit der Nichtnegativitätsbedingung für *alle* Variablen transformiert.

In der Abbildung 5.7 ist der zulässige Bereich des Ungleichungssystems mit der speziellen zulässigen Lösung $\underline{x} = (x_1, x_2)^T = (\frac{1}{2}, \frac{3}{2})^T$ dargestellt. Die Schlupfvariablen für diese Lösung haben die Werte $x_3 = \frac{1}{2}$, $x_4 = \frac{3}{2}$ und $x_5 = \frac{5}{2}$, und das bedeutet, daß für das konkrete Produktionsprogramm $\underline{x}$ die Rohstoffkapazitäten um $\frac{1}{2}$ bzw. $\frac{3}{2}$ Einheiten unterschritten und der Mindestumsatz um $\frac{5}{2}$ Einheiten überschritten werden.

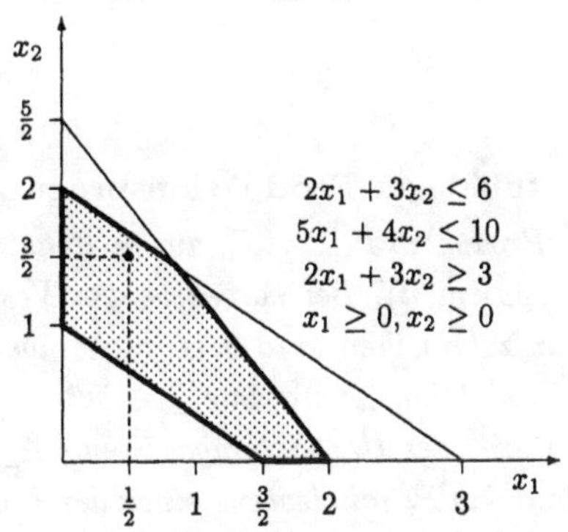


**Abb. 5.7:** Zulässiges Produktionsprogramm

Im weiteren Verlauf wird ein Verfahren zur Konstruktion des zulässigen Bereichs eines linearen Gleichungssystems angegeben.

Der zulässige Bereich eines Gleichungs- oder Ungleichungssystems kann Punkte mit beliebig großen Koordinaten aufweisen. Dieser Fall muß zunächst ausgeschlossen werden.

**5.2.4 (Beschränktheit des zulässigen Bereichs)** *Der zulässige Bereich eines linearen Ungleichungssystems heißt* ***beschränkt****, wenn es für jede der Koordinaten aller Lösungsvektoren* $\underline{x} = (x_1, \ldots, x_n)^T$ *eine obere und eine untere Schranke*[12] *gibt, andernfalls* ***unbeschränkt****.*

[12]Bei geforderter Nichtnegativitätsbedingung ist 0 generell eine untere Schranke für alle Koordinaten.

**Beispiel 5.5 (Unbeschränkter zulässiger Bereich)**
Der in der Abbildung 5.8 dargestellte zulässige Bereich des Ungleichungssystems $x_1 - x_2 + x_3 \leq 1$ mit $x_1, x_2, x_3 \geq 0$ ist unbeschränkt, – jede der drei Koordinaten kann beliebig große Werte annehmen. Die nach vorn weisende Berandungsfläche stellt den ebenfalls unbeschränkten zulässigen Bereich des Gleichungssystems $x_1 - x_2 + x_3 = 1$ dar.

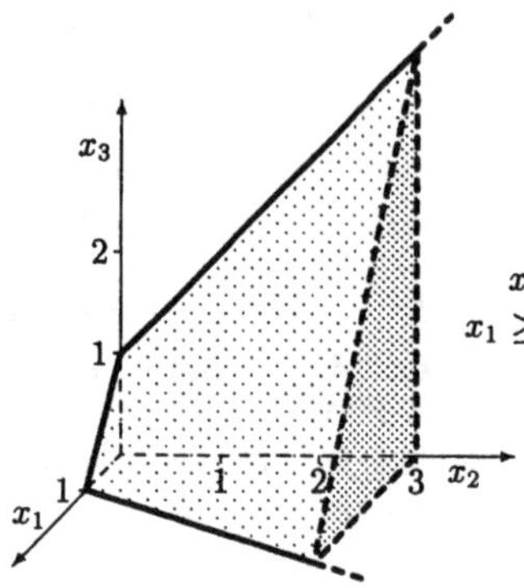


**Abb. 5.8:** Unbeschränkter zulässiger Bereich

**5.2.5 (Beschränktheit zulässiger Produktionsprogramme)**
*Für die Herstellung von n Produkten $P_1, \ldots, P_n$ aus m Rohstoffen $R_1, \ldots, R_m$ sei A die Direktbedarfsmatrix vom Typ $(m, n)$. Bei vorgegebenem Vektor $\underline{b} = (b_1, \ldots, b_m)^T$ der Rohstoffkapazitäten, die aufzubrauchen sind bzw. nicht überschritten werden dürfen, sind die entsprechenden Produktionsprogramme $\underline{x} \in \mathbb{R}^n$ die zulässigen Lösungen des Gleichungssystems $A\underline{x} = \underline{b}$ bzw. des Ungleichungssystems $A\underline{x} \leq \underline{b}$.*
*Geht dann in jedes der Produkte $P_j$ mindestens einer der Rohstoffe $R_i$ ein, so sind die jeweiligen zulässigen Bereiche beschränkt.* [13]

Die zulässigen Lösungen linearer *Gleichungssysteme* können in einfacher Weise aus den zulässigen Basislösungen konstruiert werden, falls der zulässige Bereich *beschränkt* ist. Dieser Sachverhalt soll wegen seiner grundsätzlichen Bedeutung insbesondere für die lineare Optimierung hier ausführlich dargestellt werden.

**5.2.6 (Zulässiger Bereich von Gleichungssystemen und Basislösungen)**
*Ist der zulässige Bereich M eines linearen Gleichungssystems $A\underline{x} = \underline{b}, \underline{x} \geq \underline{0}$, beschränkt, so ist dieser die* ***konvexe Hülle der Menge der zulässigen Basislösungen****.*

[13] Allgemeiner gilt (vgl. Aufgabe 5.4): Der zulässige Bereich eines Ungleichungssystems $A\underline{x}\ (\leq, =)\ \underline{b}$ mit der Nichtnegativitätsbedingung $\underline{x} \geq 0$ ist beschränkt, wenn die Koeffizienten der Matrix $A$ sämtlich nicht negativ sind (diese Bedingung ist im Beispiel 5.5 verletzt) und wenn jede der Unbekannten $x_i$ in mindestens einer der Gleichungen vorkommt.

B e w e i s : Nach 4.5.4 ist eine Basislösung eines linearen Gleichungssystems $A\underline{x} = \underline{b}$ eine solche Lösung $\underline{x}$, bei der das Teilsystem der Spalten von $A$, die zu den von 0 verschiedenen Koordinaten von $\underline{x}$ gehören, linear unabhängig ist. Eine ***zulässige*** Basislösung ist also dadurch charakterisiert, daß die zu deren ***positiven*** Koordinaten gehörenden Spalten der Koeffizientenmatrix ein linear unabhängiges System bilden.

Das Gleichungssystem wird nun in der Spaltenform $\sum_{i=1}^{n} x_i \underline{s}_i = \underline{b}$ geschrieben, und es wird eine zulässige Lösung $\underline{z}$ beliebig aus $M$ ausgewählt. Von den $n$ Koordinaten von $\underline{z}$ seien $k$ positiv.

Für $k = 0, 1, \ldots, n$ wird jetzt induktiv gezeigt, daß $\underline{z}$ eine konvexe Linearkombination der zulässigen Basislösungen ist.

Für $k = 0$ ist $\underline{z}$ der Nullvektor, und dieser ist dann sogar eine Basislösung.[14]

Die Aussage des Satzes sei für $0, 1, \ldots, k-1$ wahr. Die gewählte Lösung $\underline{z}$ habe genau $k$ positive Koordinaten. Durch bloße Änderung der Bezeichnungen kann angenommen werden, daß die ersten $k$ Koordinaten von $\underline{z}$ positiv sind: $\underline{z} = (z_1, \ldots, z_k, 0, \ldots)^T$, $z_1, \ldots, z_k > 0$. Weiter darf angenommen werden, daß die Menge der zugehörigen ersten $k$ Spalten von $A$ linear abhängig ist, denn andernfalls wäre $\underline{z}$ sogar eine zulässige Basislösung.

Folglich kann der Nullvektor aus den ersten $k$ Spalten der Matrix $A$ mit Faktoren $\lambda_1, \ldots, \lambda_k$, die nicht sämtlich den Wert 0 haben, linear kombiniert werden: $\sum_{i=1}^{k} \lambda_i \underline{s}_i = \underline{0}$. Der von dem Parameter $t$ abhängende Vektor $\underline{g}(t) = \underline{z} + t\underline{\lambda} = (z_1 + t\lambda_1, \ldots, z_k + t\lambda_k, 0, \ldots, 0)^T$ beschreibt eine durch den Punkt $\underline{z}$ führende Gerade, und alle Punkte dieser Geraden sind wegen

$$A\underline{z}(t) = A\underline{z} + tA(\lambda_1, \ldots, \lambda_k, 0, \ldots, 0)^T = A\underline{z} + t\sum_{i=1}^{k} \lambda_i \underline{s}_i = A\underline{z} + \underline{0} = \underline{b}$$

eine Lösung des Gleichungssystems.

Die Menge $M$ aller zulässigen Lösungen des Gleichungssystems ist wegen 5.1.5 konvex und nach Voraussetzung beschränkt, und somit schneidet die Gerade aus $M$ eine Strecke

$$\underline{g}(t) = \{\underline{z} + t\underline{\lambda} : a \leq t \leq b\}$$

heraus. Dann können aber die ersten $k$ Koordinaten weder von $\underline{g}(a)$ noch von $\underline{g}(b)$ sämtlich positiv sein, denn andernfalls gäbe es kleinere Werte $t$ als $a$ und größere Werte $t$ als $b$, so daß $\underline{g}(t)$ zulässig ist. Also haben $\underline{g}(a)$ und $\underline{g}(b)$ weniger als $k$ positive Koordinaten.

Auf Grund der Induktionsannahme gehören daher $\underline{g}(a)$ und $\underline{g}(b)$ bereits der konvexen Hülle der Menge der zulässigen Basislösungen an. Als Punkt auf der Verbindungsstrecke zwischen $\underline{g}(a)$ und $\underline{g}(b)$ gehört damit auch $\underline{z}$ dieser konvexen Hülle an. Damit ist die Aussage auch für $k$ bewiesen. □

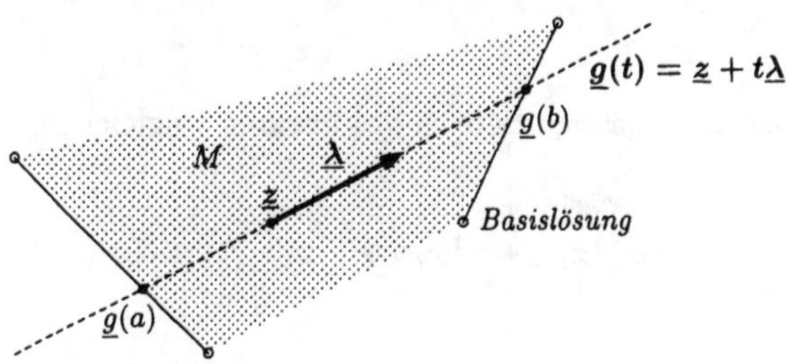


[14]Dieser Fall kann nur für $\underline{b} = \underline{0}$ eintreten. Der Nullvektor ist aber stets eine Basislösung eines homogenen linearen Gleichungssystems!

**5.2.7 (Folgerung: Zulässiger Bereich von Ungleichungssystemen)**
*Ist der zulässige Bereich eines linearen **Ungleichungssystems** (5.6) beschränkt, so trifft dies auch für den zulässigen Bereich desjenigen linearen **Gleichungssystems** (5.8) zu, das hieraus mit Hilfe von Schlupfvariablen gebildet wird. Dessen zulässiger Bereich ist die konvexe Hülle der Menge der zulässigen Basislösungen.*

- *Der zulässige Bereich des **Ungleichungssystems** ist dann die konvexe Hülle der Menge derjenigen Vektoren, die aus den zulässigen Basislösungen durch Weglassen der Schlupfvariablen entstehen.*

Beweis: Es ist lediglich zu zeigen, daß der zulässige Bereich von (5.8) beschränkt ist, falls dies für den zulässigen Bereich von (5.6) zutrifft.
Es sei dazu $a_1x_1 + \ldots + a_nx_n\ (\leq, \geq)\ b$ eine der Beziehungen des Ungleichungssystems. Diese geht durch Hinzunahme einer Schlupfvariablen $x^*$ in eine Gleichung $a_1x_1 + \ldots + a_nx_n \pm x^* = b$ und damit in $\pm x^* = b - a_1x_1 - \ldots - a_nx_n$ über. Hieraus und aus $x^* \geq 0$ folgt $x^* \leq |b| + |a_1|x_1 + \ldots + |a_n|x_n$. Da jede der ursprünglichen Koordinaten $x_i$ eine obere Schranke $k_i$ $(i = 1, \ldots, n)$ besitzt, ist $0 \leq x^* \leq |b| + |a_1|k_1 + \ldots + |a_n|k_n$, und damit hat auch die Schlupfvariable $x^*$ eine obere Schranke. □

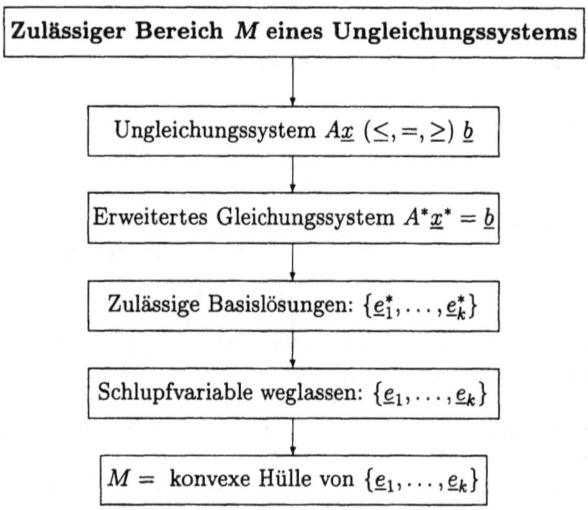


**Beispiel 5.6** Es ist der zulässige Bereich des linearen Ungleichungssystems

$$\begin{array}{rcrcrcl} \frac{1}{2}x_1 & + & x_2 & + & \frac{1}{2}x_3 & \leq & 1 \\ x_1 & + & \frac{1}{2}x_2 & + & x_3 & \leq & 1 \end{array}$$

zu bestimmen.
Durch Einführung zweier Schlupfvariabler wird das Ungleichungssystem in das Gleichungssystem

$$\begin{array}{rcrcrcrcrcl} \frac{1}{2}x_1 & + & x_2 & + & \frac{1}{2}x_3 & + & x_4 & & & = & 1 \\ x_1 & + & \frac{1}{2}x_2 & + & x_3 & & & + & x_5 & = & 1 \end{array}$$

mit den Nichtnegativitätsbedingungen für alle 5 Variablen übergeführt. Der zulässige Bereich dieses Systems ist offensichtlich beschränkt, und er ist daher die konvexe Hülle der Menge der zulässigen Basislösungen. Da die Koeffizientenmatrix den Rang 2 besitzt, gibt es höchstens $\binom{5}{2} = 10$ linear unabhängige Systeme von Spaltenvektoren und folglich maximal 10 Basislösungen. Da aber die erste und dritte Spalte übereinstimmen, können $x_1$ und $x_3$ nicht gemeinsam als Basisvariable auftreten, so daß sich die Zahl der Basislösungen bereits auf 9 reduziert. Diese werden nun mit Hilfe des Austauschverfahrens bestimmt.

| BV | $x_1$ | $x_2$ | $x_3$ | $x_4$ | $x_5$ | $\underline{b}$ | Faktoren | Basislösungen |
|---|---|---|---|---|---|---|---|---|
| $x_4$ | 1/2 | 1 | **1/2** | 1 | 0 | 1 | | $\underline{E}_1 = (0,0,0,1,1)^T$ |
| $x_5$ | 1 | 1/2 | 1 | 0 | 1 | 1 | −1 | |
| $x_1$ ($x_3$) | 1 | **2** | 1 | 2 | 0 | 2 | | $\underline{E}_7 = (2,0,0,0,-1)^T$ |
| $x_5$ | 0 | −3/2 | 0 | −2 | 1 | −1 | 3/2 | $\underline{E}_8 = (0,0,2,0,-1)^T$ |
| $x_2$ | 1/2 | 1 | 1/2 | 1 | 0 | 1 | −1/2 | $\underline{E}_2 = (0,1,0,0,1/2)^T$ |
| $x_5$ | **3/4** | 0 | 3/4 | −1/2 | 1 | 1/2 | | |
| $x_2$ | 0 | 1 | 0 | 4/3 | −2/3 | 2/3 | −4/3 | $\underline{E}_3 = (2/3,2/3,0,0,0)^T$ |
| $x_1$ ($x_3$) | 1 | 0 | 1 | **−2/3** | 4/3 | 2/3 | | $\underline{E}_4 = (0,2/3,2/3,0,0)^T$ |
| $x_2$ | **2** | 1 | 2 | 0 | 2 | 2 | | $\underline{E}_9 = (0,2,0,-1,0)^T$ |
| $x_4$ | −3/2 | 0 | −3/2 | 1 | −2 | −1 | 3/2 | |
| $x_1$ ($x_3$) | 1 | 1/2 | 1 | 0 | 1 | 1 | | $\underline{E}_5 = (1,0,0,1/2,0)^T$ |
| $x_4$ | 0 | 3/4 | 0 | 1 | −1/2 | 1/2 | | $\underline{E}_6 = (0,0,1,1/2,0)^T$ |

Von den 9 berechneten Basislösungen sind drei unzulässig. Die konvexe Hülle der Menge $\{\underline{E}_1, \ldots, \underline{E}_6\}$ der verbleibenden 6 Basislösungen bildet den zulässigen Bereich des Gleichungssystems. Durch Weglassen der Schlupfvariablen entsteht hieraus das in der Abbildung 5.9 skizzierte räumliche Sechseck, – dieses ist die konvexe Hülle der Menge $\{\underline{e}_1, \ldots, \underline{e}_6\}$ derjenigen 6 Vektoren, die aus den Basislösungen durch Weglassen der Schlupfvariablen entstehen:

$$\underline{E}_1 \to \underline{e}_1 = (0,0,0)^T \quad \underline{E}_2 \to \underline{e}_2 = (0,1,0)^T \quad \underline{E}_3 \to \underline{e}_3 = (\tfrac{2}{3}, \tfrac{2}{3}, 0)^T$$
$$\underline{E}_4 \to \underline{e}_4 = (0, \tfrac{2}{3}, \tfrac{2}{3})^T \quad \underline{E}_5 \to \underline{e}_5 = (1,0,0)^T \quad \underline{E}_6 \to \underline{e}_6 = (0,0,1)^T$$

Der im Beispiel 5.6 dargestellte geometrische Zusammenhang zwischen den *Ecken* des zulässigen Bereichs eines Ungleichungssystems und den zulässigen *Basislösungen* des entsprechenden Gleichungssystems gilt ganz allgemein.[15]
Für $n = 2$ wird dies genauer ausgeführt.

Dazu wird ein allgemeines Ungleichungssystem für zwei Variable $x_1$ und $x_2$ mit der Nichtnegativitätsbedingung $x_1 \geq 0,\ x_2 \geq 0$ betrachtet.

Tritt in dem System eine Gleichung auf, so kann mit dieser eine der beiden Variablen, etwa $x_2$, eliminiert werden. Damit verbleibt ein System von Ungleichungen für die Variable $x_1$, und dessen

[15] Vgl. *L. Collatz* und *W. Wetterling*, 1971

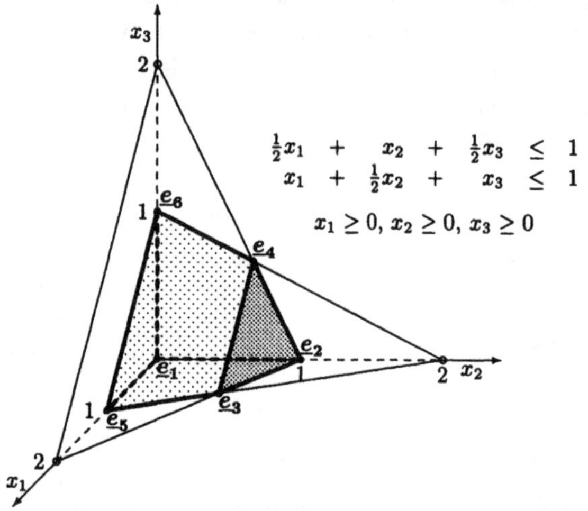


**Abb. 5.9:** Lösung eines Ungleichungssystems aus den Basislösungen des zugehörigen Gleichungssystems

Lösungsmenge ist ein abgeschlossenes Intervall $a_1 \leq x_1 \leq b_1$. Das zugehörige Gleichungssystem ist $x_1 - x_2 = a_1$ und $x_1 + x_3 = b_1$, und dieser einfache Fall kann hier ausgeschlossen werden.[16]

### 5.2.8 (Basislösungen bei Ungleichungssystemen mit zwei Variablen)

*Gegeben sei ein System*

$$a_{i1}x_1 + a_{i2}x_2 \ (\leq, \geq) \ b_i \quad (i = 1, \ldots, m) \tag{5.9}$$

*von m linearen Ungleichungen vom Typ $\leq$ oder $\geq$ für zwei Variable $x_1$ und $x_2$ mit der Nichtnegativitätsbedingung $x_1 \geq 0$, $x_2 \geq 0$. Mit entsprechenden Schlupfvariablen $y_1, \ldots, y_m$ lautet das zugehörige Gleichungssystem:*

$$\begin{pmatrix} a_{11} & a_{12} & \pm 1 & 0 & 0 & \cdots & 0 \\ a_{21} & a_{22} & 0 & \pm 1 & 0 & \cdots & 0 \\ \vdots & \vdots & \vdots & \vdots & \vdots & \ddots & \vdots \\ a_{m1} & a_{m2} & 0 & 0 & 0 & \cdots & \pm 1 \end{pmatrix} \begin{pmatrix} x_1 \\ x_2 \\ y_1 \\ \vdots \\ y_m \end{pmatrix} = \begin{pmatrix} b_1 \\ b_2 \\ \vdots \\ b_m \end{pmatrix} \tag{5.10}$$

- *Die nach Weglassen der Schlupfvariablen in den Basislösungen $(e_1, e_2, y_1, \ldots, y_m)^T$ von (5.10) verbleibenden Punkte (Projektionen) $(e_1, e_2)^T$ sind gerade die Schnittpunkte je zweier der Geraden $a_{i1}x_1 + a_{i2}x_2 = b_i$ $(i = 1, \ldots, m)$, $x_1 = 0$ und $x_2 = 0$.*

[16]Beispiel: Für das Ungleichungssystem $\{x_1 \leq 2,\ x_1 \geq 1\}$ mit der Lösungsmenge $1 \leq x_1 \leq 2$ hat das zugehörige Gleichungssystem $\{x_1 + x_2 = 2,\ x_1 - x_3 = 1\}$ die drei Basislösungen $(1, 1, 0)^T$, $(2, 0, 1)^T$, $(0, 2, -1)^T$, wovon die letztere unzulässig ist. Deren Projektionen auf die $x_1$-Achse sind die beiden Randpunkte $x_1 = 1$ und $x_1 = 2$ der Lösungsmenge des Ungleichungsystems sowie der aus der unzulässigen Basislösung stammende Punkt $x_1 = 0$.

- *Die **Ecken** des zulässigen Bereichs des Ungleichungssystems* (5.9) *sind die Projektionen der zulässigen Basislösungen.*

B e w e i s : Die Koeffizientenmatrix des erweiterten Gleichungssystems (5.10) hat den vollen Rang $m$. Daher gibt es $m$ Basisvariable, und in der Lösung des Systems treten zwei freie Parameter auf. Nachfolgend sind alle Möglichkeiten für die Wahl von Basisvariablen und die Projektionen der zugehörigen Basislösungen in die $(x_1, x_2)$-Ebene dargestellt.

(1) $\{y_1, \ldots, y_m\}$ ist ein System von *Basisvariablen*
*Projektion der Basislösung:* $\underline{e} = (0,0)^T$

(2a) $a_{i1} \neq 0 \Leftrightarrow \{x_1, \not{x}_2, \ldots, \not{y}_i, \ldots\}$ ist ein System von Basisvariablen
*Projektion der Basislösung:* $\underline{e} = (b_i/a_{i1}, 0)^T$
($\underline{e}$ ist der Schnittpunkt der Geraden $a_{i1}x_1 + a_{i2}x_2 = b_i$ mit der Koordinatenachse $x_2 = 0$.)

(2b) $a_{j2} \neq 0 \Leftrightarrow \{\not{x}_1, x_2, \ldots, \not{y}_j, \ldots\}$ ist ein System von Basisvariablen
*Projektion der Basislösung:* $\underline{e} = (0, b_j/a_{j2})^T$
($\underline{e}$ ist der Schnittpunkt der Geraden $a_{j1}x_1 + a_{j2}x_2 = b_j$ mit der Koordinatenachse $x_1 = 0$.)

(3) $D = \begin{vmatrix} a_{i1} & a_{i2} \\ a_{j1} & a_{j2} \end{vmatrix} \neq 0 \; (i \neq j)$ [17] $\Leftrightarrow \{x_1, x_2, \ldots, \not{y}_i, \ldots, \not{y}_j, \ldots\}$ ist ein System von Basisvariablen
*Projektion der Basislösung:* $\underline{e} = (e_1, e_2)^T$ mit $e_1 = \frac{1}{D}\begin{vmatrix} b_i & a_{i2} \\ b_j & a_{j2} \end{vmatrix}, \quad e_2 = \frac{1}{D}\begin{vmatrix} a_{i1} & b_i \\ a_{j1} & b_j \end{vmatrix}$
($\underline{e}$ ist der Schnittpunkt der Geraden $a_{i1}x_1 + a_{i2}x_2 = b_i$ und $a_{j1}x_1 + a_{j2}x_2 = b_j$.)

Die Projektionen der Basislösungen liefern also alle angegebenen Schnittpunkte. □

**Beispiel 5.7** $x_1$ Einheiten eines Artikels $A_1$ und $x_2$ Einheiten eines Artikels $A_2$ sollen unter den Bedingungen

$$6 \leq 3x_1 + 2x_2 \leq 18, \; x_1 + 2x_2 \leq 12, \; x_1 \leq 5$$

verkauft werden. Das Restriktionssystem wird mit vier Schlupfvariablen $y_1, y_2, y_3, y_4$ in das Gleichungssystem

$$\begin{pmatrix} 3 & 2 & 1 & 0 & 0 & 0 \\ 3 & 2 & 0 & -1 & 0 & 0 \\ 1 & 2 & 0 & 0 & 1 & 0 \\ 1 & 0 & 0 & 0 & 0 & 1 \end{pmatrix} \begin{pmatrix} x_1 \\ x_2 \\ y_1 \\ y_2 \\ y_3 \\ y_4 \end{pmatrix} = \begin{pmatrix} 18 \\ 6 \\ 12 \\ 5 \end{pmatrix} \tag{5.11}$$

(mit Nichtnegativitätsbedingung für alle Variablen) übergeführt.
Die möglichen $\binom{6}{4} = 15$ Kombinationen von 4 aus 6 Variablen ergeben mit Ausnahme von $\{x_2, y_1, y_2, y_3\}$ und $\{x_1, x_2, y_3, y_4\}$ Basisvariable.[18] Die verbleibenden 13 Möglichkeiten für die Wahl von Basisvariablen führen zu 13 Basislösungen, die hier paarweise

[17] Das ist gleichbedeutend mit der linearen Unabhängigkeit der beiden Zeilen $(a_{i1}, a_{i2})$ und $(a_{j1}, a_{j2})$ bzw. damit, daß die beiden Geraden $a_{i1}x_1 + a_{i2}x_2 = b_i$ und $a_{j1}x_1 + a_{j2}x_2 = b_j$ nicht zueinander parallel verlaufen.

[18] Dies kann unmittelbar an dem Gleichungssystem abgelesen werden, aber auch aus dem Beweis von 5.2.8, – Fall (2b) für das erste System und Fall (3) für das zweite System.

voneinander verschieden sind, und von diesen sind 7 unzulässig. In der Abbildung 5.10 sind die Projektionen der Basislösungen und der zulässige Bereich des Ungleichungssystems dargestellt.

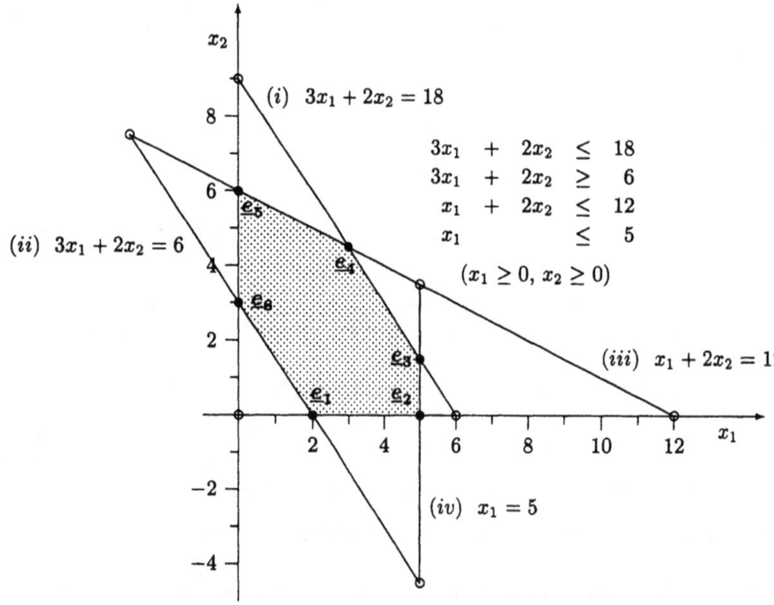


**Abb. 5.10:** Basislösungen und Ecken

**Beispiel 5.8** Für die Herstellung von zwei Produkten $P_1$ und $P_2$ aus zwei Rohstoffen $R_1$ mit der Kapazität $b_1$ und $R_2$ mit der Kapazität $b_2$ sei $A = \begin{pmatrix} a_{11} & a_{12} \\ a_{21} & a_{22} \end{pmatrix}$ die Direktbedarfsmatrix. Dabei wird jetzt vorausgesetzt, daß alle Koeffizienten von 0 verschieden sind und daß die Matrix den vollen Rang 2 besitzt. Sollen die Rohstoffkapazitäten nicht überschritten werden, so sind die zulässigen Produktionsprogramme $\underline{x} = (x_1, x_2)^T$ die Lösungen des Ungleichungssystems

$$a_{11}x_1 + a_{12}x_2 \le b_1,\ a_{21}x_1 + a_{22}x_2 \le b_2,\ x_1 \ge 0,\ x_2 \ge 0.$$

Die Geraden (1) $a_{11}x_1 + a_{12}x_2 = b_1$ und (2) $a_{21}x_1 + a_{22}x_2 = b_2$ schneiden sich im Punkt

$$\underline{u} = (u_1, u_2)^T \text{ mit } u_1 = \frac{1}{D}\begin{vmatrix} b_1 & a_{12} \\ b_2 & a_{22} \end{vmatrix} \text{ und } u_2 = \frac{1}{D}\begin{vmatrix} a_{11} & b_1 \\ a_{21} & b_2 \end{vmatrix},\ D = \begin{vmatrix} a_{11} & a_{12} \\ a_{21} & a_{22} \end{vmatrix}.$$

$A_1 = b_1/a_{11}$, $A_2 = b_1/a_{12}$ für die Gerade (1) und $B_1 = b_2/a_{21}$, $B_2 = b_2/a_{22}$ für die Gerade (2) bezeichnen die Schnittpunkte mit den Koordinatenachsen.
Dann hat das mit Schlupfvariablen gebildete Gleichungssystem

$$a_{11}x_1 + a_{12}x_2 + x_3 = b_1,\ a_{21}x_1 + a_{22}x_2 + x_4 = b_2$$

6 Basislösungen $\underline{E}_1, \ldots, \underline{E}_6$:

| | $x_1$ | $x_2$ | $x_3$ | $x_4$ | |
|---|---|---|---|---|---|
| $\underline{E}_1$ | 0 | 0 | $b_1$ | $b_2$ | alle Kapazitäten ungenutzt |
| $\underline{E}_2$ | $u_1$ | $u_2$ | 0 | 0 | alle Kapazitäten ausgeschöpft |
| $\underline{E}_3$ | $A_1$ | 0 | 0 | $b_2(1 - A_1/B_1)$ | Kapazität von $R_1$ ausgeschöpft und $x_2 = 0$ |
| $\underline{E}_4$ | 0 | $B_2$ | $b_1(1 - B_2/A_2)$ | 0 | Kapazität von $R_2$ ausgeschöpft und $x_1 = 0$ |
| $\underline{E}_5$ | $B_1$ | 0 | $b_1(1 - B_1/A_1)$ | 0 | Kapazität von $R_2$ ausgeschöpft und $x_2 = 0$ |
| $\underline{E}_6$ | 0 | $A_2$ | 0 | $b_2(1 - A_2/B_2)$ | Kapazität von $R_1$ ausgeschöpft und $x_1 = 0$ |

Für $A_1 < B_1$ (und gleichbedeutend damit $A_2 > B_2$) sind $\underline{E}_5$ und $\underline{E}_6$ unzulässig, und für $A_1 > B_1$ ($A_2 < B_2$) sind $\underline{E}_3$ und $\underline{E}_4$ unzulässig.
In der Abbildung 5.11 ist der Fall $A_1 < B_1$ dargestellt. Die Ecken $\underline{e}_1$, $\underline{e}_2$, $\underline{e}_3$ und $\underline{e}_4$ sind die Projektionen der zulässigen Basislösungen $\underline{E}_1$, $\underline{E}_2$, $\underline{E}_3$ bzw. $\underline{E}_4$.

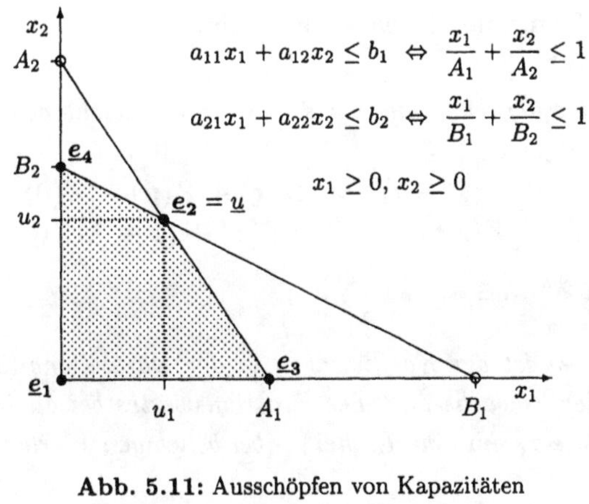


**Abb. 5.11:** Ausschöpfen von Kapazitäten in den Ecken des zulässigen Bereichs

# 5.3 Der Hauptsatz der linearen Optimierung

Die Produktion bei beschränkten Ressourcen mit der Direktbedarfsmatrix $A$ und dem Ressourcenvektor $\underline{b}$ führt auf ein lineares Ungleichungssystem $A\underline{x} \le \underline{b}$ mit der Nichtnegativitätsbedingung $\underline{x} \ge \underline{0}$ für das Produktionsprogramm $\underline{x} = (x_1, \ldots, x_n)^T$. Durch das Ungleichungssystem ist eine konvexe Menge $M$, der zulässige Bereich des Systems, als Menge aller möglichen Produktionsprogramme ausgezeichnet.
Bedeuten $p_i$ den erzielten Preis und $k_i$ die Herstellungskosten pro Einheit des $i$-ten Produkts für $i = 1, \ldots, n$, dann sind

$$U(\underline{x}) = p_1x_1 + \ldots + p_nx_n = (p_1, \ldots, p_n)\underline{x} \quad \text{und} \quad K(\underline{x}) = k_1x_1 + \ldots + k_nx_n = (k_1, \ldots, k_n)\underline{x}$$

der beim Verkauf des Produktionsprogramms $\underline{x}$ erzielte *Umsatz* bzw. dessen *Kosten*.

Gesucht ist ein *optimales* Produktionsprogramm $\underline{x}$, also ein solches, für das der Umsatz $U(\underline{x})$, verglichen mit dem Umsatz aller Elemente des zulässigen Bereichs $M$, möglichst groß wird, bzw.

ein solches, für das die Kosten $K(\underline{x})$ möglichst klein werden, verglichen mit den Kosten aller Elemente des zulässigen Bereichs.
Auf Grund der speziellen Gestalt der Umsatz- und der Kostenfunktion und der Konvexität des zulässigen Bereichs sind derartige Aufgaben vollständig mit den bisher eingeführten Methoden der linearen Algebra lösbar.

**5.3.1 (Lineare (Ziel-)Funktion)** *Eine Funktion $Z : \mathbb{R}^n \to \mathbb{R}$ von $n$ Veränderlichen $x_1, \ldots, x_n$ heißt* ***linear****, wenn sie mit einem gegebenen Koeffizientenvektor $\underline{c} = (c_1, \ldots, c_n)^T \in \mathbb{R}^n$ und einer weiteren Konstanten $c_0$ (dem Wert der Funktion für $\underline{x} = \underline{0}$) durch eine Beziehung*

$$\boldsymbol{Z(\underline{x}) = c_0 + c_1 x_1 + \ldots + c_n x_n = c_0 + \underline{c}^T \underline{x}} \tag{5.12}$$

*erklärt ist.*

**5.3.2 (Eigenschaften einer linearen Funktion)**

(a) *Die Linearität einer Funktion $Z : \mathbb{R}^n \to \mathbb{R}^n$ ist gleichbedeutend mit den beiden Eigenschaften*

$$\begin{aligned} \boldsymbol{Z(\underline{x}+\underline{y})} &= \boldsymbol{Z(\underline{x}) + Z(\underline{y}) - Z(\underline{0})} \\ \boldsymbol{Z(\lambda\underline{x})} &= \boldsymbol{\lambda Z(\underline{x}) + (1-\lambda) Z(\underline{0})} \end{aligned} \tag{5.13}$$

*für alle $\underline{x}$, $\underline{y} \in \mathbb{R}^n$, $\lambda \in \mathbb{R}$.*

(b) *Für $i = 1, \ldots, n$ ist der Koeffizient $c_i$ in der Darstellung (5.12) einer linearen Funktion $Z$ der Zuwachs $\Delta_i Z$ des Funktionswertes bei alleiniger Änderung der i-ten Koordinate $x_i$ um eine Einheit, – bei beliebigen Werten für $x_1, \ldots, x_n$:*

$$\boldsymbol{c_i = \Delta_i Z = Z(x_1, \ldots, x_i + 1, \ldots, x_n) - Z(x_1, \ldots, x_i, \ldots, x_n)} \tag{5.14}$$

*Für $\underline{x} = \underline{0}$ folgt hieraus mit dem i-ten Einheitsvektor $\underline{e}_i = (0, \ldots, 0, 1, 0, \ldots, 0)^T$:*

$$\boldsymbol{c_i = Z(\underline{e}_i) - Z(\underline{0})} \tag{5.15}$$

(c) *Hat eine lineare Funktion $Z : \mathbb{R}^n \to \mathbb{R}$ in zwei voneinander verschiedenen Punkten $\underline{a}$, $\underline{b} \in \mathbb{R}^n$ den gleichen Funktionswert, so ist sie auf der gesamten durch $\underline{a}$ und $\underline{b}$ führenden Geraden konstant:*

$$\underline{a}, \underline{b} \in \mathbb{R}^n,\ \underline{a} \neq \underline{b},\ Z(\underline{a}) = Z(\underline{b}) \ \Rightarrow\ Z(\underline{a} + t(\underline{b} - \underline{a})) = Z(\underline{a}) \text{ für alle } t \in \mathbb{R} \tag{5.16}$$

Beweis:
(a) Aus (5.12) folgen unmittelbar die Eigenschaften (5.13):

$$\begin{aligned} Z(\underline{x}+\underline{y}) &= c_0 + \underline{c}^T(\underline{x}+\underline{y}) = (c_0 + \underline{c}^T\underline{x}) + (c_0 + \underline{c}^T\underline{y}) - c_0 = Z(\underline{x}) + Z(\underline{y}) - Z(0) \\ Z(\lambda\underline{x}) &= c_0 + \underline{c}^T(\lambda\underline{x}) = c_0 + \lambda\underline{c}^T\underline{x} = \lambda(c_0 + \underline{c}^T\underline{x}) + (1-\lambda)c_0 = \lambda Z(\underline{x}) + (1-\lambda)Z(\underline{0}) \end{aligned}$$

Sind aber die beiden Eigenschaften (5.13) erfüllt, so gilt für einen beliebigen Vektor $\underline{x} = (x_1, \ldots, x_n)^T = x_1\underline{e}_1 + \ldots + x_n\underline{e}_n$, dargestellt durch die Basis der Einheitsvektoren:

$$\begin{aligned}
Z(\underline{x}) &= Z\Big(x_1\underline{e}_1 + (x_2\underline{e}_2 + \ldots + x_n\underline{e}_n)\Big) = Z(x_1\underline{e}_1) - Z(\underline{0}) + Z(x_2\underline{e}_2 + \ldots + x_n\underline{e}_n) \\
&= Z(x_1\underline{e}_1) + Z(x_2\underline{e}_2) - 2Z(\underline{0}) + Z(x_3\underline{e}_3 + \ldots) = \ldots = \sum_{i=1}^{n} Z(x_i\underline{e}_i) - (n-1)Z(\underline{0}) \\
&= \sum_{i=1}^{n} \Big(x_i Z(\underline{e}_i) + (1-x_i)Z(\underline{0})\Big) - (n-1)Z(\underline{0}) = \sum_{i=1}^{n} \Big(Z(\underline{e}_i) - Z(\underline{0})\Big)x_i + Z(\underline{0}) \\
&= \sum_{i=1}^{n} c_i x_i + Z(\underline{0}) \quad \text{mit} \quad c_i = Z(\underline{e}_i) - Z(\underline{0})
\end{aligned}$$

Die Eigenschaft (b) ist offensichtlich:

$$\Delta_i Z = c^T(x_1, \ldots, x_i + 1, \ldots, x_n)^T - c^T(x_1, \ldots, x_n) = c^T(0, \ldots, 1, \ldots, 0) = c_i$$

(c) Für eine beliebige reelle Zahl $t$ gilt im Fall $Z(\underline{a}) = Z(\underline{b})$:

$$Z(\underline{a}+t(\underline{b}-\underline{a})) = c_0+\underline{c}^T(\underline{a}+t(\underline{b}-\underline{a})) = c_0+\underline{c}^T\underline{a}+t(c_0+\underline{c}^T\underline{b})-t(c_0+\underline{c}^T\underline{a}) = Z(\underline{a})+t(Z(\underline{b})-Z(\underline{a})) = Z(\underline{a})$$

□

### 5.3.3 (Aufgabenstellung der linearen Optimierung)

*Gegeben seien ein allgemeines lineares Ungleichungssystem* (5.6) *für n Variable* $x_1, \ldots, x_n$ *und eine lineare Funktion Z.*
*Zu bestimmen ist der größte Funktionswert* $Z_{max}$ *bzw. der kleinste Funktionswert* $Z_{min}$, *den die lineare Funktion Z im zulässigen Bereich M des Ungleichungssystems annimmt. Das bedeutet: Gesucht ist ein Vektor* $\underline{x}_{max}$ *bzw.* $\underline{x}_{min}$ *aus M mit der Eigenschaft*

$$Z(\underline{x}) \leq Z(\underline{x}_{max}) = Z_{max} \quad \text{bzw.} \quad Z(\underline{x}) \geq Z(\underline{x}_{min}) = Z_{min} \quad \text{für alle } \underline{x} \in M.$$

*Für diese Aufgabe sind folgende Bezeichnungen üblich:*

| | |
|---|---|
| ***Entscheidungsvariable:*** | $x_1, \ldots, x_n$ |
| ***Zielfunktion:*** | $\underline{x} \to Z(x_1, \ldots, x_n)$ |
| ***Restriktionen:*** | *Bedingungen des Ungleichungssystems* |
| ***Zulässiger Bereich:*** | *Lösungsmenge des Ungleichungssystems* |
| ***Optimum (Maximum, Minimum):*** | $Z_{max}$, $Z_{min}$ |
| ***Optimale Stellen:***[19] | $\underline{x}_{max}$, $\underline{x}_{min}$ |
| ***Symbol:*** | $Z \to Max$ bzw. $Z \to Min$ |

Maximum- und Minimumaufgaben gehen durch Multiplikation der Zielfunktion mit $-1$ ineinander über. Denn nimmt die Funktion $Z$ ihr Maximum $Z_{max}$ im Vektor $\underline{x}_{max}$ an, so nimmt die Funktion $-Z$ dort ihr Minimum $-Z_{max}$ an, und umgekehrt: nimmt die Funktion $Z$ ihr Minimum $Z_{min}$ im Vektor $\underline{x}_{min}$ an, so nimmt die Funktion $-Z$ dort ihr Maximum $-Z_{min}$ an. Das bedeutet:

[19]Eine additive Konstante $c_0$ hat nur Einfluß auf das Optimum, nicht aber auf die optimalen Stellen. Für deren Bestimmung kann die Konstante $c_0$ weggelassen werden.

### 5.3.4 (Äquivalenz von Maximum- und Minimumaufgaben)[20]

*Die Optimierungsaufgaben $Z \to Max$ und $-Z \to Min$ sind gleichbedeutend.*

Optimierungsaufgaben können ***unlösbar*** sein, und im Falle der Lösbarkeit kann es ***mehrere optimale Stellen*** $\underline{x}_{max}$ bzw. $\underline{x}_{min}$ geben.

**Beispiel 5.9** In der Abbildung 5.12 ist links ein Restriktionssystem mit unbeschränktem und rechts ein Restriktionssystem mit beschränktem zulässigen Bereich dargestellt. Die Zielfunktion $Z(x_1, x_2) = x_1 + x_2$ nimmt bei beiden Systemen ihr Minimum $Z = 2$ im Punkt $P$ an. Beim linken System ist die Zielfunktion nach oben unbeschränkt, und für das rechte System wird das Maximum $Z = 8$ auf der gesamten Verbindungsstrecke zwischen den Punkten $Q$ und $R$ angenommen.

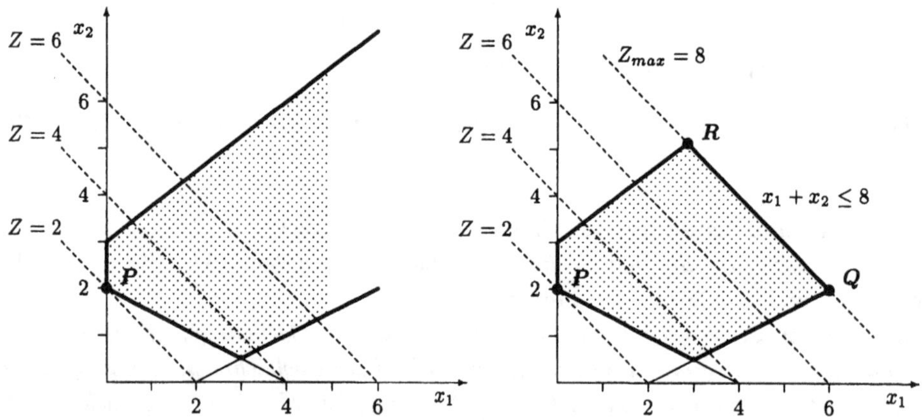


Restriktionen: $4x_2 \leq 12 + 3x_1$, $x_1 + 2x_2 \geq 4$, $x_1 \leq 2 + 2x_2$, rechts zusätzlich $x_1 + x_2 \leq 8$
Zielfunktion: $Z(x_1, x_2) = x_1 + x_2$

**Abb. 5.12:** Unlösbare und nicht eindeutig lösbare Optimierungsaufgabe

Die linke Optimierungsaufgabe in der Abbildung 5.12 ist nur deshalb nicht lösbar, weil der zulässige Bereich des Restriktionssystems unbeschränkt ist. Ist dieser hingegen beschränkt, so ist er nach 5.2.7 die konvexe Hülle einer Menge von endlich vielen Vektoren, und zwar derjenigen, die sich aus den Basislösungen des erweiterten Gleichungssystems nach Weglassen der Schlupfvariablen ergeben. Hieraus folgt die Lösbarkeit der Optimierungsaufgabe.

### 5.3.5 (Hauptsatz der linearen Optimierung)

*Gegeben sei ein lineares Ungleichungssystem $A\underline{x}\,(\leq, =, \geq)\,\underline{b}$ für $n$ Variable $x_1, \ldots, x_n$ mit* ***beschränktem zulässigen Bereich*** *$M$, und $\underline{x} \mapsto Z(\underline{x}) = c_0 + \underline{c}^T\underline{x}$ sei eine lineare Funktion von $n$ Veränderlichen. $M$ sei die konvexe Hülle der Menge $\{\underline{e}_1, \ldots, \underline{e}_k\}$ derjenigen Vektoren, die sich aus den Basislösungen des erweiterten Gleichungssystems nach Weglassen der Schlupfvariablen ergeben.*

[20]Diese Bemerkung kann von praktischer Bedeutung sein, da Programme zur Lösung von Optimierungsaufgaben gelegentlich nur für Maximum- oder nur für Minimumaufgaben ausgelegt sind.

- *Dann nimmt die Funktion $Z$ ihr Optimum auf der Menge $M$ in einem der Vektoren $\underline{e}_1, \ldots, \underline{e}_k$ an.*

- *Insbesondere: Ist das Restriktionssystem ein lineares Gleichungssystem mit Nichtnegativitätsbedingungen, so wird das Optimum der Zielfunktion in einer der zulässigen Basislösungen des Gleichungssystems angenommen.*

Beweis: Aus der Menge der Vektoren $\underline{e}_1, \ldots, \underline{e}_k$ wird ein Vektor $\underline{e}_{max}$ mit dem größten der $k$ Werte $\underline{c}^T(\underline{e}_1), \ldots, \underline{c}^T(\underline{e}_k)$ und ein Vektor $\underline{e}_{min}$ mit dem kleinsten dieser Werte ausgewählt. Ist $\underline{x}$ ein Vektor aus der konvexen Hülle $\hat{M}$ von $\{\underline{e}_1, \ldots, \underline{e}_k\}$, so ist dieser eine Linearkombination $\underline{x} = \sum_{i=1}^{k} \alpha_i \underline{e}_i$ mit $\sum_{i=1}^{k} \alpha_i = 1,\ \alpha_1, \ldots, \alpha_m \geq 0$. Dann gilt

$$\begin{aligned} Z(\underline{x}) &= c_0 + \underline{c}^T\Big(\sum_{i=1}^{k} \alpha_i \underline{e}_i\Big) = c_0 + \sum_{i=1}^{k} \alpha_i(\underline{c}^T \underline{e}_i) \\ &\leq c_0 + \sum_{i=1}^{k} \alpha_i(\underline{c}^T \underline{e}_{max}) = c_0 + \Big(\sum_{i=1}^{k} \alpha_i\Big)\underline{c}^T \underline{e}_{max} = c_0 + 1 \cdot \underline{c}^T \underline{e}_{max} = Z(\underline{e}_{max}), \end{aligned}$$

und für $\underline{e}_{min}$ gilt die entsprechende Beziehung mit dem Relationszeichen $\geq$ .
Daher sind $Z(\underline{e}_{max})$ und $Z(\underline{e}_{min})$ das Maximum bzw. das Minimum der Funktion $Z$ in ganz $M$.[21] □

**5.3.6 (Zielfunktion bei Schlupfvariablen)**
*Wird das Restriktionssystem einer Optimierungsaufgabe mit der Zielfunktion $Z(x_1, \ldots, x_n) = c_0 + \sum_{i=1}^{n} c_i x_i \to Max/Min$ mit Hilfe von Schlupfvariablen $x_{n+1}, \ldots$ in ein Gleichungssystem überführt, so kann die Zielfunktion formal auch als Funktion dieser zusätzlichen Variablen aufgefaßt werden:*

$$Z(x_1, \ldots, x_n; x_{n+1} \ldots) = c_0 + c_1 x_1 + \ldots + c_n x_n + \mathbf{0} \cdot \boldsymbol{x}_{n+1} + \mathbf{0} \cdot \boldsymbol{x}_{n+2} + \ldots \tag{5.17}$$

- *Die Zielfunktion auf dem zulässigen Bereich des ursprünglichen Restriktionssystems und die erweiterte Zielfunktion haben dann in Punkten, die durch Schlupfvariable gemäß* 5.2.2 *einander zugeordnet sind, den gleichen Funktionswert.*

- *Insbesondere stimmen die optimalen Funktionswerte überein, und durch Weglassen der Schlupfvariablen ergeben sich aus den optimalen Stellen der erweiterten Aufgabe die optimalen Stellen der ursprünglichen Aufgabe.*

[21] Beim Beweis wird lediglich verwendet, daß die Menge $M$ die konvexe Hülle der Vektoren $\underline{e}_1, \ldots, \underline{e}_k$ ist, – deren Herkunft aus dem Ungleichungssystem spielt hierbei keine Rolle.

- *Die Verwendung von Schlupfvariablen gestattet es daher, sich für das System von Nebenbedingungen einer Optimierungsaufgabe auf Systeme von* ***Gleichungen*** *zu beschränken. Damit können Optimierungsaufgaben für beliebige Ungleichungssysteme mit den bisher eingeführten Methoden der linearen Algebra zur Lösung linearer Gleichungssysteme behandelt werden.*

**Anwendung des Hauptsatzes auf die konkrete Lösung von Optimierungsaufgaben:**

Zur Lösung einer Optimierungsaufgabe mit einem linearen Gleichungssystem $A\underline{x} = \underline{b}$ und der Nichtnegativitätsbedingung $\underline{x} \geq \underline{0}$ als Nebenbedingung genügt es, *alle* zulässigen Basislösungen und unter diesen *eine* mit optimalem Wert der Zielfunktion zu bestimmen.

Ein solches Vorgehen ist jedoch nur von theoretischem Interesse. So kann bereits bei drei Entscheidungsvariablen und drei Ungleichungen durch die Einführung von drei Schlupfvariablen ein Gleichungssystem mit 6 Variablen vom Rang 3 entstehen. Hierbei können maximal $\binom{6}{3} = 20$ Basislösungen auftreten. Der mit der Berechnung aller Basislösungen verbundene Aufwand kann unvertretbar hoch sein (vgl. das Beispiel 5.6).

In der Praxis werden stattdessen wesentlich effektivere Algorithmen verwendet. Hierzu wird, ausgehend von einer bekannten zulässigen Lösung, eine Folge von zulässigen Lösungen konstruiert, wobei der Wert der Zielfunktion von Schritt zu Schritt wächst bzw. fällt.

Ist zum Beispiel eine zulässige *Basislösung* bekannt, so kann mit Hilfe des Austauschverfahrens eine Folge von zulässigen Basislösungen mit steigenden bzw. fallenden Werten der Zielfunktion berechnet werden. Da es nur endlich viele Basislösungen gibt, ist in endlich vielen Schritten eine optimale Basislösung erreicht, – vorausgesetzt, es kommen keine Wiederholungen (Zyklen) vor. Eine häufig angewandte derartige Methode ist das in 5.5 dargestellte *Simplex-Verfahren der linearen Optimierung*.

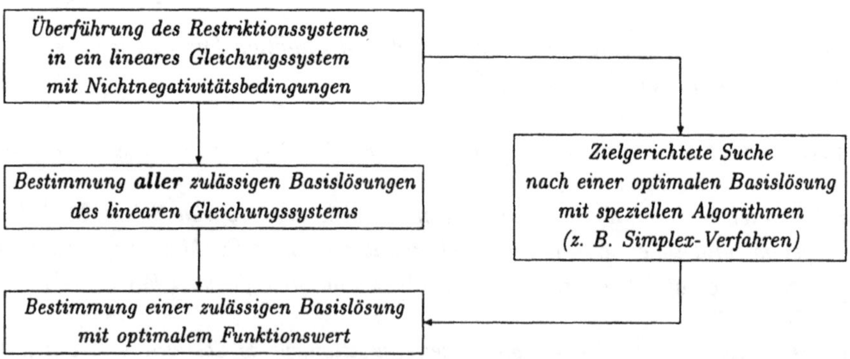


Der Hauptsatz der linearen Optimierung wird nun beispielhaft auf die klassische Aufgabe der Minimierung der Transportkosten angewendet; zunächst wird das allgemeine Modell vorgestellt, und anschließend wird ein einfaches Beispiel gelöst, bei welchem der zulässige Bereich des Restriktionssystems eine Strecke ist.

**5.3.7 (Allgemeines Modell der Transportoptimierung)**
*Ein in $m$ Depots gelagertes homogenes Gut wird von $n$ Kunden bestellt. Der Transport bei der direkten Auslieferung der bestellten Mengen ist so zu organisieren, daß die insgesamt entstehenden Transportkosten möglichst klein werden.*[22]

*Bezeichnungen:* $a_i$ = Lagerbestand des $i$-ten Depots, $b_j$ = Anzahl der vom $j$-ten Kunden bestellten Einheiten, $c_{ij}$ = Kosten für den Transport einer Einheit vom $i$-ten Depot zum $j$-ten Kunden, $x_{ij}$ = Anzahl der vom $i$-ten Depot zum $j$-ten Kunden transportierten Einheiten, $Z(\ldots, x_{ij}, \ldots)$ = (gesamte) Transportkosten ($i = 1, \ldots, m$; $j = 1, \ldots, n$).

Die Restriktionen der Optimierungsaufgabe ergeben sich einerseits daraus, daß die bestellten Mengen auch ausgeliefert werden müssen, und andererseits daraus, daß die in den Depots vorhandenen Bestände nicht überschritten werden dürfen (Modell 1: offenes Transport-Modell) bzw. die Bestände vollständig zu verteilen sind (Modell 2: abgeschlossenes Transport-Modell). Die generell vereinbarten Nichtnegativitätsbedingungen $x_{11}, \ldots, x_{mn} \geq 0$ bedeuten, daß kein Rücktransport von den Kunden zu den Depots stattfinden darf.

$$Z(x_{11}, \ldots, x_{mn}) = \sum_{i=1}^{m}\sum_{j=1}^{n} c_{ij}x_{ij} \to Min \qquad (5.18)$$

$$\sum_{i=1}^{m} x_{ij} = b_j, \quad \sum_{j=1}^{n} x_{ij} \leq a_i \quad (i = 1, \ldots, m, \; j = 1, \ldots, n) \qquad (\textit{Modell } 1) \quad (5.19)$$

$$\sum_{i=1}^{m} x_{ij} = b_j, \quad \sum_{j=1}^{n} x_{ij} = a_i \quad (i = 1, \ldots, m, \; j = 1, \ldots, n) \qquad (\textit{Modell } 2) \quad (5.20)$$

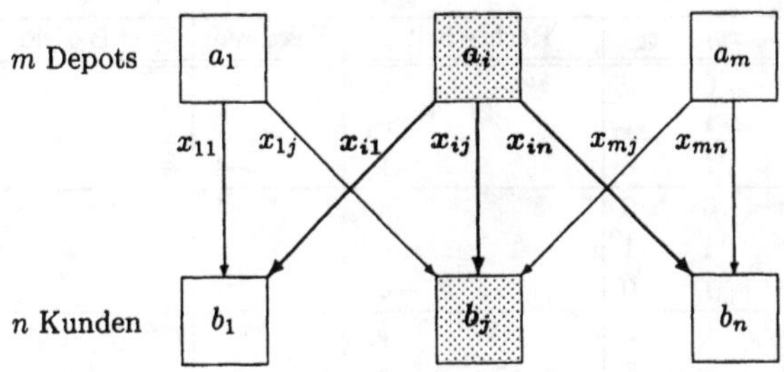


**Abb. 5.13:** Zum Modell der Transportoptimierung

**Bemerkungen zum abgeschlossenen Modell:** Die Nebenbedingungen des abgeschlossenen Modells (5.20) bestehen aus einem linearen Gleichungssystem von $m + n$ Gleichungen für die $mn$ Variablen $x_{11}, \ldots, x_{mn}$:

[22] Die spezielle Gestalt des zugehörigen Restriktionssystems (5.21) gestattet den Einsatz spezifischer und sehr effektiver Methoden, die auch für große Werte von $n$ und $m$ praktikabel sind (vgl. *F. Hillier* und *G. S. Lieberman*, 1997); hier wird lediglich der Hauptsatz der linearen Optimierung demonstriert. Die Möglichkeit, das Gut zwischen den Depots oder zwischen den Kunden hin und her zu bewegen, wird hier nicht berücksichtigt.

| $x_{11}$ | $x_{12}$ | $\dots$ | $x_{1n}$ | $x_{21}$ | $x_{22}$ | $\dots$ | $x_{2n}$ | $\dots$ | $\dots$ | $x_{m1}$ | $x_{m2}$ | $\dots$ | $x_{mn}$ | |
|---|---|---|---|---|---|---|---|---|---|---|---|---|---|---|
| **1** | 0 | $\dots$ | 0 | **1** | 0 | $\dots$ | 0 | $\dots$ | $\dots$ | **1** | 0 | $\dots$ | 0 | $b_1$ |
| 0 | **1** | $\dots$ | 0 | 0 | **1** | $\dots$ | 0 | $\dots$ | $\dots$ | 0 | **1** | $\dots$ | 0 | $b_2$ |
| $\vdots$ | $\vdots$ | $\ddots$ | $\vdots$ | $\vdots$ | $\vdots$ | $\ddots$ | $\vdots$ | $\dots$ | $\dots$ | $\vdots$ | $\vdots$ | $\ddots$ | $\vdots$ | $\vdots$ |
| 0 | 0 | $\dots$ | **1** | 0 | 0 | $\dots$ | **1** | $\dots$ | $\dots$ | 0 | 0 | $\dots$ | **1** | $b_n$ |
| **1** | **1** | $\dots$ | **1** | 0 | 0 | $\dots$ | 0 | $\dots$ | $\dots$ | 0 | 0 | $\dots$ | 0 | $a_1$ |
| 0 | 0 | $\dots$ | 0 | **1** | **1** | $\dots$ | **1** | $\dots$ | $\dots$ | 0 | 0 | $\dots$ | 0 | $a_2$ |
| $\vdots$ | $\vdots$ | $\ddots$ | $\vdots$ | $\vdots$ | $\vdots$ | $\ddots$ | $\vdots$ | $\dots$ | $\dots$ | $\vdots$ | $\vdots$ | $\ddots$ | $\vdots$ | $\vdots$ |
| 0 | 0 | $\dots$ | 0 | 0 | 0 | $\dots$ | 0 | $\dots$ | $\dots$ | **1** | **1** | $\dots$ | **1** | $a_m$ |

(5.21)

Die $m+n$ Gleichungen dieses Systems sind nicht sämtlich voneinander unabhängig. So stimmen die Summen der ersten $n$ Gleichungen und der letzten $m$ Gleichungen auf der linken Seite überein, – damit das System lösbar ist, muß dies auch für die rechte Seite zutreffen. Dies ergibt als Lösbarkeitsbedingung die vorausgesetzte Abgeschlossenheit des Modells:[23]

$$a_1 + \ldots + a_m = b_1 + \ldots + b_n. \tag{5.22}$$

**Beispiel 5.10 (Abgeschlossenes Transportmodell für $m = n = 2$)**
Von den vier Gleichungen des Systems (5.21) kann eine der Gleichungen wegen der Abgeschlossenheitsbedingung $a_1 + a_2 = b_1 + b_2$ weggelassen werden. Die Matrix des verbleibenden Systems hat den Rang 3, und je drei der vier Variablen können zusammen als System von Basisvariablen gewählt werden. Daher gibt es höchstens $\binom{4}{3} = 4$ mögliche Basislösungen. Diese werden zunächst – mit allgemeinen Parametern für die Lagerbestände $a_1$ und $a_2$ und die bestellten Einheiten $b_1$ und $b_2$ – mit Hilfe des Austauschverfahrens formelmäßig bestimmt.

| BV | $x_{11}$ | $x_{12}$ | $x_{21}$ | $x_{22}$ | Rechte Seite | Faktoren | Basislösungen |
|---|---|---|---|---|---|---|---|
| | $\underline{1}$ | 1 | 0 | 0 | $a_1$ | | |
| | 0 | 0 | 1 | 1 | $a_2$ | 0 | |
| | 1 | 0 | 1 | 0 | $b_1$ | $-1$ | |
| | 1 | 1 | 0 | 0 | $a_1$ | $-1$ | |
| | 0 | 0 | 1 | 1 | $a_2$ | 0 | |
| | 0 | $-\underline{1}$ | 1 | 0 | $b_1 - a_1$ | | |
| $x_{11}$ | 1 | 0 | 1 | 0 | $b_1$ | $-1$ | |
| $x_{22}$ | 0 | 0 | 1 | 1 | $a_2$ | $-1$ | $\underline{e}_1 = (b_1, a_1 - b_1, 0, a_2)^T$ |
| $x_{12}$ | 0 | 1 | $-\underline{1}$ | 0 | $a_1 - b_1$ | | |
| $x_{11}$ | 1 | 1 | 0 | 0 | $a_1$ | $-1$ | |
| $x_{22}$ | 0 | $\underline{1}$ | 0 | 1 | $a_1 + a_2 - b_1 = b_2$ | | $\underline{e}_2 = (a_1, 0, b_1 - a_1, b_2)^T$ |
| $x_{21}$ | 0 | $-1$ | 1 | 0 | $b_1 - a_1$ | 1 | |
| $x_{11}$ | 1 | 0 | 0 | $-\underline{1}$ | $a_1 - b_2$ | | |
| $x_{12}$ | 0 | 1 | 0 | 1 | $b_2$ | $-1$ | $\underline{e}_3 = (a_1 - b_2, b_2, a_2, 0)^T$ |
| $x_{21}$ | 0 | 0 | 1 | 1 | $b_1 + b_2 - a_1 = a_2$ | $-1$ | |
| $x_{22}$ | $-1$ | 0 | 0 | 1 | $b_2 - a_1$ | | |
| $x_{12}$ | 1 | 1 | 0 | 0 | $a_1$ | | $\underline{e}_4 = (0, a_1, b_1, b_2 - a_1)^T$ |
| $x_{21}$ | 1 | 0 | 1 | 0 | $a_1 + a_2 - b_2 = b_1$ | | |

(5.23)

[23]Die Matrix des Systems (5.21) hat den Rang $m + n - 1$, – die allgemeine Lösung des Systems enthält daher $mn - (m + n - 1)$ freie Parameter (vgl. Aufgabe 5.6).

Welche der Basislösungen zulässig sind, hängt jetzt von den konkreten Daten $a_1$, $a_2$, $b_1$ und $b_2$ ab, – dies ist in der Abbildung 5.14 dargestellt.

- Das Gleichungssystem der Nebenbedingungen hat demnach in jedem der möglichen Fälle zwei zulässige Basislösungen, die auch zusammenfallen können. *Der zulässige Bereich besteht folglich aus der zwischen den jeweiligen Basislösungen verlaufenden Strecke bzw. aus einer einzigen Basislösung, und das Minimum der Kostenfunktion wird in einer der Basislösungen angenommen.*

- Da jede der Basislösungen eine Nichtvariable enthält, muß für die optimale Basislösung eine der vier Größen $x_{11}, x_{12}, x_{21}, x_{22}$ den Wert Null haben, – *auf einem der möglichen Transportwege wird dann kein Gut befördert!*

Als konkrete Daten seien jetzt $a_1 = 6$, $a_2 = 4$, $b_1 = 4$ und $b_2 = 6$ gewählt. Dann besteht der zulässige Bereich aus der Strecke zwischen den Basislösungen $\underline{e}_1 = (4,2,0,4)^T$ und $\underline{e}_3 = (0,6,4,0)^T$, also aus allen Vektoren $\underline{x} = (x_{11}, x_{12}, x_{21}, x_{22})^T = \underline{e}_1 + t(\underline{e}_3 - \underline{e}_1)^T$ mit $0 \leq t \leq 1$.

Haben die Transportkosten pro Einheit speziell auf jedem der vier möglichen Wege ein und denselben Wert $c$, so ist $Z(\underline{e}_1) = Z(\underline{e}_3) = 10c$. Die Gesamtkosten sind dann wegen (5.16) auf der Strecke zwischen $\underline{e}_1$ und $\underline{e}_3$ konstant, haben also für jede zulässige Lösung des Gleichungssystems der Nebenbedingungen den gleichen Wert $10c$.

Für $c_{11} = c_{21} = c_{22} = c$ und $c_{12} = 2c$ ist $Z(\underline{e}_1) = 12c$ und $Z(\underline{e}_3) = 16c$. Das Minimum $12c$ der Gesamtkosten liegt folglich in der eindeutig bestimmten Basislösung $\underline{e}_1$: Vom ersten Depot werden vier Einheiten zum ersten und zwei Einheiten zum zweiten Kunden transportiert, und der Bestand des zweiten Depots wird ausschließlich zum zweiten Kunden transportiert.

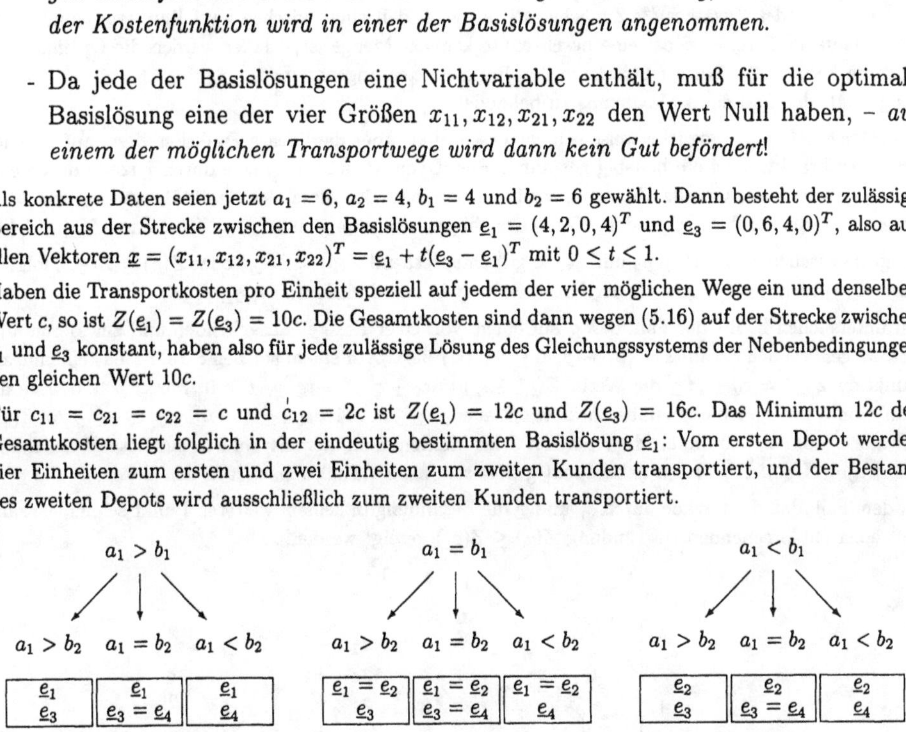


**Abb. 5.14:** Abgeschlossenes Transportmodell, zulässige Basislösungen im Tableau (5.23)

## 5.4 Optimierung bei zwei Variablen

Bei zwei Entscheidungsvariablen gestaltet sich die Lösung von Optimierungsaufgaben besonders einfach. Zum einen kann das Optimum durch einen Vergleich endlich vieler Funktionswerte der Zielfunktion ermittelt werden, zum anderen durch eine grafische Methode.

### 5.4.1 (Optimum durch Eckenvergleich)

*Der zulässige Bereich eines Ungleichungssystems* (5.9) *für zwei Entscheidungsvariable $x_1$ und $x_2$ mit $x_1 \geq 0$ und $x_2 \geq 0$ ist nach* 5.2.8 *eine von geradlinigen Strecken berandete konvexe Menge $M$.*

- *Falls $M$ beschränkt ist, werden wegen des Hauptsatzes* 5.3.5 *Maximum und Minimum einer linearen Zielfunktion in den (endlich vielen) Ecken von $M$ angenommen. Die Bestimmung des Optimums ist folglich durch den direkten Vergleich der Werte der Zielfunktion in den Ecken von $M$ möglich.*

- **Zusatz (Unbeschränkter zulässiger Bereich):** *Ist $M$ nicht beschränkt, aber die Zielfunktion auf $M$ nach oben oder unten beschränkt, so nimmt diese ihr Maximum bzw. Minimum auf $M$ ebenfalls in einer der Ecken von $M$ an.*

B e w e i s (des Zusatzes)[24]: Zunächst sei bemerkt, daß eine zwischen zwei Punkten $\underline{a}$ und $\underline{b}$ von $M$ verlaufende Strecke selbst eine beschränkte konvexe Menge ist,– daher werden die Optima einer linearen Funktion auf dieser Strecke in den Randpunkten angenommen.
Es genügt, den Fall eines Maximums zu behandeln.

Die Menge $M$ sei – möglicherweise – nicht beschränkt, aber die lineare Funktion $Z$ sei auf $M$ nach oben beschränkt. $\underline{x}$ sei ein beliebig gewählter Punkt von $M$, und $g$ sei eine durch $\underline{x}$ sowie durch eine Ecke $\underline{e}_1$ verlaufende Gerade. Zunächst wird angenommen, daß diese Gerade die Berandung von $M$ in einem weiteren Punkt $\underline{a}$ schneidet. Wegen der obigen Bemerkung ist $Z(\underline{x}) \leq Z(\underline{e}_1)$ oder $Z(\underline{x}) \leq Z(\underline{a})$.

Liegt $\underline{a}$ zwischen zwei Ecken $\underline{e}_2$ und $\underline{e}_3$, so gilt entsprechend $Z(\underline{a}) \leq Z(\underline{e}_2)$ oder $Z(\underline{a}) \leq Z(\underline{e}_3)$, folglich kann $Z(\underline{x})$ nicht größer sein als der Funktionswert in den drei Ecken $\underline{e}_1$, $\underline{e}_2$, $\underline{e}_3$.

Zu untersuchen bleibt der Fall, daß $\underline{a}$ auf einem von einer Ecke $\underline{e}^*$ ausgehenden und zur Berandung von $M$ gehörenden Strahl $s = \{\underline{e}^* + t\underline{v},\ 0 \leq t < \infty\}$ liegt. Auf einem solchen Strahl $s$ hat eine lineare Funktion $Z(\underline{x}) = c_0 + \underline{c}^T\underline{x}$ die Werte $Z(\underline{e}^* + t\underline{v}) = c_0 + \underline{c}^T\underline{e}^* + t\underline{c}^T\underline{v},\ t \geq 0$. Für $\underline{c}^T\underline{v} > 0$ wäre die Funktion $Z$ auf $s$ nach oben unbeschränkt. Ist aber $\underline{c}^T\underline{v} \leq 0$, so ist $c_0 + \underline{c}^T\underline{e}^* + t\underline{c}^T\underline{v} \leq c_0 + \underline{c}^T\underline{e}^* = Z(\underline{e}^*)$ für alle $t \geq 0$. Folglich nimmt die Funktion $Z$ ihr Maximum auf dem Strahl $s$ in der Ecke $\underline{e}^*$ an. Damit ist $Z(\underline{a}) \leq Z(\underline{e}^*)$. $Z(\underline{x})$ kann daher nicht größer sein als der Funktionswert in den Ecken $\underline{e}_1$ und $\underline{e}^*$.

In dem Fall, daß die Gerade durch $\underline{e}_1$ und $\underline{x}$ die Berandung in keinem weiteren Punkt schneidet, kann mit einer entsprechenden Begründung $Z(\underline{x}) \leq Z(\underline{e}_1)$ gezeigt werden! □

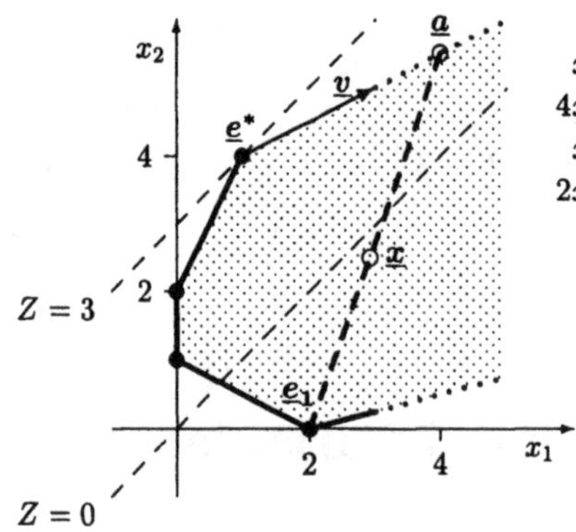


$$
\begin{aligned}
x_1 + 7 &\geq 2x_2 \\
4x_2 + 2 &\geq x_1 \\
x_1 + 2x_2 &\geq 2 \\
2x_1 + 2 &\geq x_2 \\
(x_1 \geq 0,\ &x_2 \geq 0) \\
Z(x_1, x_2) &= x_2 - x_1
\end{aligned}
$$

**Abb. 5.15:** Optimierung bei unbeschränktem Bereich, Beispiel zum Zusatz in 5.4.1

[24]Vgl. Abbildung 5.15

**Beispiel 5.11 (Parametrische Optimierung)**[25] Der zulässige Bereich des Restriktionssystem des Beispiels 5.7 ist eine beschränkte konvexe Menge mit den Ecken $\underline{e}_1, \ldots, \underline{e}_6$. Die dort angeführten Artikel werden jetzt zum Preis von einer Geldeinheit für den Artikel $A_1$ und von $p$ Geldeinheiten für den Artikel $A_2$ verkauft, – hierbei ist $p$ ein positiver Parameter. Die hiermit erklärte Umsatzfunktion $U(x_1, x_2) = x_1 + px_2$ nimmt ihre optimalen Werte in einer der 6 Ecken an. In der folgenden Tabelle ist der Umsatz in den Ecken für beliebiges $p$ und für einige spezielle Werte angegeben.

| Ecke | | | Wert der Zielfunktion | | | | | |
|---|---|---|---|---|---|---|---|---|
| $\underline{e}$ | $x_1$ | $x_2$ | $p$ | $p = 1/2$ | $p = 2/3$ | $p = 1$ | $p = 2$ | $p = 3$ |
| $\underline{e}_1$ | 2 | 0 | 2 | 2 | 2 | 2 | 2 | 2 |
| $\underline{e}_2$ | 5 | 0 | 5 | 5 | 5 | 5 | 5 | 5 |
| $\underline{e}_3$ | 5 | 3/2 | $5 + 3p/2$ | **23/4** | **6** | 13/2 | 8 | 19/2 |
| $\underline{e}_4$ | 3 | 9/2 | $3 + 9p/2$ | 21/4 | **6** | **15/2** | **12** | 33/2 |
| $\underline{e}_5$ | 0 | 6 | $6p$ | 3 | 4 | 6 | **12** | **18** |
| $\underline{e}_6$ | 0 | 3 | $3p$ | 3/2 | 2 | 3 | 6 | 9 |

Aus $U(\underline{e}_1) < U(\underline{e}_2) < U(\underline{e}_3)$ und $U(\underline{e}_6) < U(\underline{e}_5)$ bei beliebigem $p$ folgt zunächst, daß der Umsatz in den Ecken $\underline{e}_1$, $\underline{e}_2$ und $\underline{e}_6$ nicht maximal sein kann. Eine Diskussion der Ungleichungen $U(\underline{e}_3) < U(\underline{e}_4)$, $U(\underline{e}_3) < U(\underline{e}_5)$ und $U(\underline{e}_4) < U(\underline{e}_5)$ in Abhängigkeit vom Parameter $p$ ergibt:

| $p$-Intervall | $\underline{e}_{max}$[26] | $U_{max}$ |
|---|---|---|
| $p < 2/3$ | $\underline{e}_3$ | $5 + 3p/2$ |
| $p = 2/3$ | $\underline{e}_3$, $\underline{e}_4$ | 6 |
| $2/3 < p < 2$ | $\underline{e}_4$ | $3 + 9p/2$ |
| $p = 2$ | $\underline{e}_4$, $\underline{e}_5$ | 12 |
| $p > 2$ | $\underline{e}_5$ | $6p$ |

Als Alternative zum Wertevergleich in den Ecken kann auch ein einfaches grafisches Verfahren verwendet werden, – dessen Prinzip ist auch für nichtlineare Zielfunktionen von Bedeutung.

### 5.4.2 (Koeffizientenvektor senkrecht auf den Niveaugeraden)

*Eine nicht konstante lineare Funktion $Z = c_0 + c_1x_1 + c_2x_2$ besitzt auf der Geraden (**Niveaugeraden**) $c_0 + c_1x_1 + c_2x_2 = b$ den konstanten Wert $b$, und für alle Werte von $b$ liegen diese Geraden zueinander parallel.*

(a) *Der Koeffizientenvektor $\underline{c} = (c_1, c_2)^T$ steht **senkrecht** auf den Niveaugeraden.*

(b) *Der Zuwachs $Z(\underline{x}+\underline{v}) - Z(\underline{x})$ des Funktionswertes bei Verschiebung eines Punktes $\underline{x} \to \underline{x}+\underline{v}$ durch einen Vektor $\underline{v}$ der Länge 1 erreicht seinen **größten** Wert, wenn für $\underline{v}$ der in Richtung von $\underline{c}$ weisende Einheitsvektor $\underline{c}^* = \underline{c}/\sqrt{c_1^2 + c_2^2}$ gewählt*

[25] Vgl. Abbildung 5.10

[26] Wird das Optimum $U_{max}$ in zwei Ecken zugleich angenommen, so hat die Funktion $U$ wegen (5.16) auf der gesamten Strecke zwischen diesen Ecken den maximalen Wert.

*wird, und seinen* ***kleinsten*** *Wert, wenn für $\underline{v}$ der entgegengesetzte Vektor $-\underline{c}^*$ gewählt wird.*

*Bei einer Verschiebung um das $\lambda$-fache von $\underline{c}^*$ ($\lambda \in \mathbb{R}$) hat der Zuwachs den Wert*

$$\Delta Z = Z(\underline{x} + \lambda \underline{c}^*) - Z(\underline{x}) = \lambda\sqrt{c_1^2 + c_2^2}\,. \tag{5.24}$$

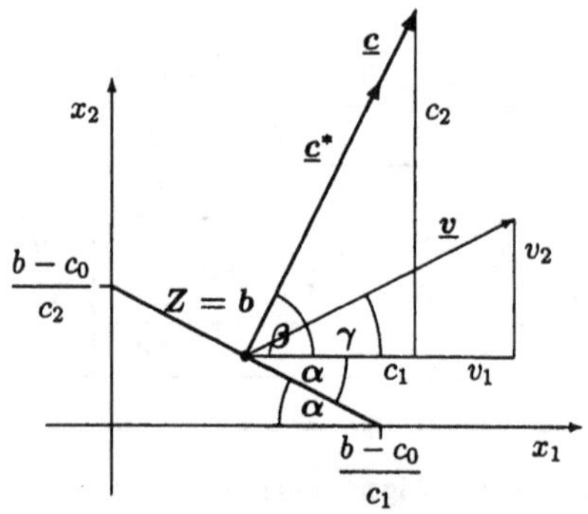


$\underline{c} = (c_1, c_2)^T$, $\underline{c}^* = \dfrac{1}{\sqrt{c_1^2 + c_2^2}}\underline{c}$

$\underline{v} = (v_1, v_2)^T$, $v_1^2 + v_2^2 = 1$

$Z(x_1, x_2) = c_0 + c_1x_1 + c_2x_2$

**Abb. 5.16:** Koeffizientenvektor einer linearen Funktion

B e w e i s[27] : (a) Die offensichtlichen Fälle $c_1 = 0$ (das bedeutet $\cos\beta = 0$) oder $c_2 = 0$ (das bedeutet $\cos\alpha = 0$) können ausgeschlossen werden, und damit schneidet die Gerade $Z = b$ beide Koordinatenachsen in den angebenenen Punkten. Zu zeigen ist dann, daß die Winkelsumme $\alpha + \beta$ den Wert $\pi/2$ (wie in der Abbildung 5.16 dargestellt) oder $3\pi/2$ hat, also daß $\cos(\alpha + \beta) = 0$ gilt.

Aus der Erklärung der Winkel folgt $\tan\alpha = c_1/c_2$ und $\tan\beta = c_2/c_1$.

Unter Verwendung des Additionstheorems $\cos(\alpha + \beta) = \cos\alpha\cos\beta - \sin\alpha\sin\beta$ ergibt sich hieraus:

$$\begin{aligned} 1 &= \frac{c_1}{c_2}\frac{c_2}{c_1} = \tan\alpha\tan\beta = \frac{\sin\alpha\sin\beta}{\cos\alpha\cos\beta} = \frac{\cos\alpha\cos\beta - \cos\alpha\cos\beta + \sin\alpha\sin\beta}{\cos\alpha\cos\beta} \\ &= \frac{\cos\alpha\cos\beta - \cos(\alpha+\beta)}{\cos\alpha\cos\beta} = 1 - \frac{\cos(\alpha+\beta)}{\cos\alpha\cos\beta} \quad\Rightarrow\quad \cos(\alpha+\beta) = 0 \end{aligned}$$

(b) Da $\underline{c}^*$ und $\underline{v}$ die Länge 1 haben, ist $\dfrac{c_1}{\sqrt{c_1^2 + c_2^2}} = \cos\beta$, $\dfrac{c_2}{\sqrt{c_1^2 + c_2^2}} = \sin\beta$, $v_1 = \cos\gamma$ und $v_2 = \sin\gamma$.

Daraus folgt:

$$\begin{aligned} Z(\underline{x} + \underline{v}) - Z(\underline{x}) &= \underline{c}^T\underline{v} = c_1v_1 + c_2v_2 = \sqrt{c_1^2 + c_2^2}\left(\frac{c_1}{\sqrt{c_1^2 + c_2^2}}v_1 + \frac{c_2}{\sqrt{c_1^2 + c_2^2}}v_2\right) \\ &= \sqrt{c_1^2 + c_2^2}\,(\cos\beta\cos\gamma + \sin\beta\sin\gamma) = \sqrt{c_1^2 + c_2^2}\,\cos(\beta - \gamma) \end{aligned}$$

Der hierin rechtsstehende Ausdruck nimmt den maximalen Wert $\sqrt{c_1^2 + c_2^2}$ für $\cos(\beta - \gamma) = 1$, also $\gamma = \beta$, und den minimalen Wert $-\sqrt{c_1^2 + c_2^2}$ für $\cos(\beta - \gamma) = -1$, also $\gamma = \beta + \pi$, an.

(5.24) ist offensichtlich: $Z(\underline{x} + \lambda\underline{c}^*) - Z(\underline{x}) = \lambda\underline{c}^T\underline{c}^* = \lambda\dfrac{1}{\sqrt{c_1^2 + c_2^2}}(c_1^2 + c_2^2) = \lambda\sqrt{c_1^2 + c_2^2}$ □

[27] Vgl. Abbildung 5.16

Mit Hilfe des Satzes 5.4.2 können Optimierungsaufgaben mit zwei Entscheidungsverfahren grafisch gelöst werden.

**5.4.3 (Grafische Optimierung bei zwei Variablen)** *Schneidet die Gerade $Z = b$ einer Zielfunktion $Z(\underline{x}) = c_0 + \underline{c}^T\underline{x}$ den zulässigen Bereich $M$ des Restriktionssystems, so liefert eine Parallelverschiebung dieser Geraden in Richtung des Vektors $\underline{c}$ oder $-\underline{c}$ in die „äußerste Lage“*[28]*, in der die verschobene Gerade den zulässigen Bereich trifft (dies ist eine Ecke oder eine ganze Kante des zulässigen Bereichs), das Maximum bzw. Minimum der Funktion $Z$ in $M$.*

**Beispiel 5.12** Die Optimierungsaufgabe $Z(x_1, x_2) = x_1 + px_2$ des Beispiels 5.11 wird in der Abbildung 5.17 für die beiden Fälle $p = \frac{1}{2}$ und $p = 2$ nochmals grafisch gelöst.[29]

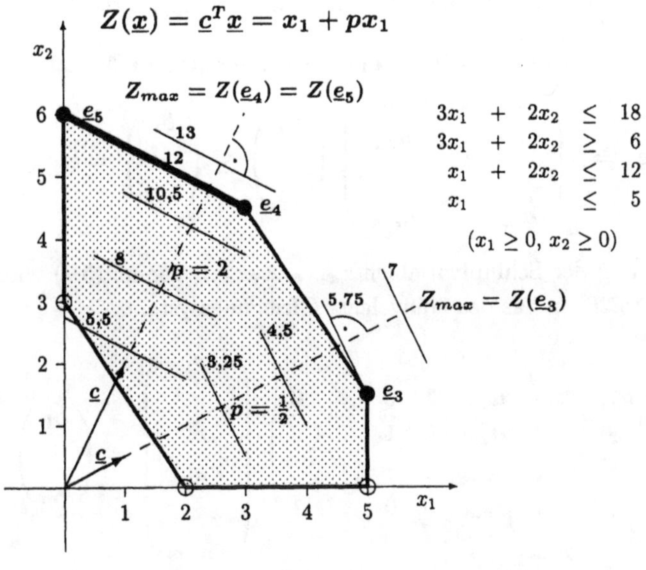


**Abb. 5.17:** Grafische Optimierung

[28]Bei einer Parallelverschiebung einer Geraden $\underline{g}$ in Richtung eines Vektors $\underline{c}$ geht ein Punkt $\underline{x}$ der Geraden in den Punkt $\underline{x} + t\underline{c}$ mit dem Verschiebungsparameter $t$ über. In der äußersten Lage, für welche die verschobene Gerade $\{\underline{x} + t\underline{c} \ : \ \underline{x} \in g\}$ die Menge $M$ schneidet, ist $t$ maximal bzw. minimal.

[29]Vgl. Aufgabe 5.5

## 5.5 Das Simplex-Verfahren der linearen Optimierung

Liegt das System der Nebenbedingungen einer (lösbaren) Optimierungsaufgabe als lineares Gleichungssystem (mit Nichtnegativitätsbedingungen) vor, so nimmt die Zielfunktion nach 5.3.5 ihr Optimum in einer zulässigen Basislösung an.

Das *Simplex-Verfahren* ist eine effektive Methode zur Bestimmung einer optimalen Basislösung; hierbei wird eine Folge von zulässigen Basislösungen bestimmt, bei welcher der Wert der Zielfunktion von Schritt zu Schritt wächst oder zumindest nicht fällt.

Nach 5.3.4 genügt es, Maximum-Aufgaben zu betrachten, - eine Minimum-Aufgabe geht durch Multiplikation der Zielfunktion mit $-1$ in eine Maximumaufgabe über.

*Zunächst wird vorausgesetzt, daß die Restriktionen ausschließlich von der Form* $\leq b_i$ *mit* $b_i \geq 0$ *sind.*[30]

Gegeben sei eine Optimierungsaufgabe für $n$ Entscheidungsvariable:

$$Z(\underline{x}) = c_0 + \underline{c}^T = c_0 + c_1x_1 + \ldots + c_nx_n \to Max \tag{5.25}$$

$$A\underline{x} = \begin{pmatrix} a_{11} & \cdots & a_{1n} \\ a_{21} & \cdots & a_{2n} \\ \vdots & \ddots & \vdots \\ a_{m1} & \cdots & a_{mn} \end{pmatrix} \begin{pmatrix} x_1 \\ \vdots \\ x_n \end{pmatrix} \leq \begin{pmatrix} b_1 \\ \vdots \\ b_m \end{pmatrix} = \underline{b}, \quad \underline{x} \geq \underline{0}. \tag{5.26}$$

Durch Einführung der Schlupfvariablen $x_{n+1}, \ldots, x_{n+m}$ gemäß (5.7) wird das Ungleichungssystem (5.26) in das das äquivalente Gleichungssystem

$$A'\underline{x}^* = \begin{pmatrix} a_{11} & \cdots & a_{1n} & 1 & 0 & \cdots & 0 \\ a_{21} & \cdots & a_{2n} & 0 & 1 & \cdots & 0 \\ \vdots & \ddots & \vdots & \vdots & \vdots & \ddots & \vdots \\ a_{m1} & \cdots & a_{mn} & 0 & 0 & \cdots & 1 \end{pmatrix} \begin{pmatrix} x_1 \\ \vdots \\ x_n \\ x_{n+1} \\ \vdots \\ x_{n+m} \end{pmatrix} = \begin{pmatrix} b_1 \\ \vdots \\ b_m \end{pmatrix} = \underline{b} \tag{5.27}$$

von $m$ Gleichungen für $n + m$ Variable mit der Nichtnegativitätsbedingung für alle Variablen übergeführt.

- Die Koeffizientenmatrix des Systems (5.27) hat den Rang $m$, - somit ist das System nach 4.4.2 lösbar, und die Lösung hängt von $n$ freien Parametern ab.

- Für das Maximum der Zielfunktion brauchen lediglich die (zulässigen) Basislösungen von (5.27) bestimmt zu werden. Jede dieser Basislösungen entsteht durch die

[30] Dieser Fall liegt zum Beispiel vor, wenn für die Herstellung von $n$ Produkten aus $m$ Ressourcen bei gegebener Direktbedarfsmatrix $A$ und gegebener oberer Schranke $b_i$ für die $i$-te Ressource $(i = 1, \ldots, m)$ der Ertrag $Z(\underline{x})$ des Produktionsprogramms $\underline{x}$ zu maximieren ist; hierbei bedeutet der Koeffizient $c_i$ den Ertrag einer Einheit des $i$-ten Produkts.
Der Fall gemischter Ungleichungen wird im nächsten Abschnitt behandelt.

Wahl eines Systems von $m$ Basisvariablen (BV), – entsprechend einem linear unabhängigen System von $m$ Spalten in der Matrix $A'$. Den restlichen frei wählbaren $n$ (Nichtbasis-) Variablen (NBV) wird der Wert 0 zugewiesen, und hiermit wird das verbleibende (eindeutig lösbare) System von $m$ Gleichungen für die $m$ Basisvariablen gelöst. Möglicherweise auftretende unzulässige Lösungen sind hierbei auszusondern.

- Für den Übergang von Basislösung zu Basislösung wird im folgenden der *Gauß*sche Algorithmus in der speziellen Form des Austauschverfahrens 4.5.6 verwendet; die zu einem System von Basisvariablen gehörenden Spalten sind dabei jeweils „Einheitsspalten“ $(0,\ldots,1,\ldots,0)^T$. Hierdurch ist gesichert, daß nach jedem Verfahrensschritt die Basisvariablen unmittelbar durch die Nichtbasisvariablen dargestellt sind.

Die lineare Gleichung der Zielfunktion wird jetzt in der Form

$$-c_1x_1 - \ldots - c_nx_n + 0x_{n+1} + \ldots + 0x_{n+m} = -Z + c_0$$

als $(m+1)$-te Zeile in den Algorithmus mit einbezogen. Das erweiterte Ausgangssystem (5.27) lautet dann, als Tableau geschrieben:[31]

| $x_1$ | $\ldots$ | $x_n$ | $x_{n+1}$ | $x_{n+2}$ | $\ldots$ | $x_{n+m}$ | $\underline{b}$ |
|---|---|---|---|---|---|---|---|
| $a_{11}$ | $\ldots$ | $a_{1n}$ | 1 | 0 | $\ldots$ | 0 | $b_1$ |
| $a_{21}$ | $\ldots$ | $a_{2n}$ | 0 | 1 | $\ldots$ | 0 | $b_2$ |
| $\vdots$ | $\ddots$ | $\vdots$ | $\vdots$ | $\vdots$ | $\ddots$ | $\vdots$ | $\vdots$ |
| $a_{m1}$ | $\ldots$ | $a_{mn}$ | 0 | 0 | $\ldots$ | 1 | $b_m$ |
| $-c_1$ | $\ldots$ | $-c_n$ | 0 | 0 | $\ldots$ | 0 | $c_0\ (-Z)$ |

(5.28)

Nach Wahl der Schlupfvariablen als BV kann hieraus die erste (triviale) Basislösung[32]

$$\boldsymbol{x_{n+1} = b_1,\ \ldots,\ x_{n+m} = b_m\ (\mathrm{BV})};\quad x_1 = \ldots = x_n = 0\ (\mathrm{NBV}) \qquad (5.29)$$

abgelesen werden. Die Zielfunktion hat hierin den Wert $Z(x_1,\ldots,x_n,x_{n+1},\ldots,x_{n+m}) = c_0 + c_10 + \ldots + c_n0 = c_0$.

Die Auflösung des Systems (5.28) nach den Basisvariablen – das ist die Darstellung der Basisvariablen durch die Nichtbasisvariablen – kann wegen dessen spezieller Gestalt sofort notiert werden:

[31] Bei Anwendung des *Gauß*schen Algorithmus auf das so erweiterte Gleichungssystem von $m+1$ Gleichungen für die $n+m+1$ Variablen $x_1, \ldots, x_{n+m}$, $Z$ bleibt die Lösungsmenge nach 4.5.1 erhalten, so daß dieser Schritt gerechtfertigt ist. Die Einbeziehung der Zielfunktions-Gleichung in das Verfahren hat den Sinn, daß nach jedem Schritt die Größe $Z$ ebenfalls allein durch die Nichtbasisvariablen dargestellt ist.
In der letzten Zeile wird der Ausdruck $-Z$ meist nicht notiert.

[32] Diese spezielle Basislösung ist nur zulässig, wenn der Vektor $\underline{b}$ keine negativen Elemente enthält, – dies ist aber zunächst vorausgesetzt.

$$\begin{pmatrix} x_{n+1} \\ \vdots \\ x_{n+m} \end{pmatrix} = \begin{pmatrix} b_1 \\ \vdots \\ b_m \end{pmatrix} - \begin{pmatrix} a_{11} & \dots & a_{1n} \\ \vdots & \ddots & \vdots \\ a_{m1} & \dots & a_{mn} \end{pmatrix} \begin{pmatrix} x_1 \\ \vdots \\ x_n \end{pmatrix} \qquad (5.30)$$

Im Ergebnis von Schritten des Austauschverfahrens, in welche auch die Zielfunktionszeile einbezogen wird, wird das System der ursprünglichen Basisvariablen durch ein neues System von Basisvariablen $y_1, \dots, y_m$ ersetzt.

Mit den neuen Nichtbasisvariablen $w_1, \dots, w_n$ und mit entsprechenden Bezeichnungen für die Koeffizienten lautet das Gleichungssystem (5.30) jetzt:

$$\begin{pmatrix} y_1 \\ \vdots \\ y_m \end{pmatrix} = \begin{pmatrix} b_1^* \\ \vdots \\ b_m^* \end{pmatrix} - \begin{pmatrix} a_{11}^* & \dots & a_{1n}^* \\ \vdots & \ddots & \vdots \\ a_{m1}^* & \dots & a_{mn}^* \end{pmatrix} \begin{pmatrix} w_1 \\ \vdots \\ w_n \end{pmatrix} \qquad (5.31)$$

Die zugehörige Basislösung ist

$$\boldsymbol{y_1 = b_1^*, \ \dots, \ y_m = b_m^*} \ \textbf{(BV)}; \quad w_1 = \dots = w_n = 0 \text{ (NBV)}, \qquad (5.32)$$

und die transformierte Gleichung der Zielfunktion lautet $-Z + c_0^* = -c_1^* w_1 - \dots - c_n^* w_n$. Hierin ist $c_0^*$ der Wert von $Z$ für die neue Basislösung.

Symbolische Darstellung des Systems (5.31) als Tableau:[33]

| (NBV) $w_j$ | $\dots$ | (BV) $y_i$ | $\dots$ | |
|---|---|---|---|---|
| $*$ | $\dots$ | $0$ | $\dots$ | $*$ |
| $\vdots$ | | $\vdots$ | | $\vdots$ |
| $a_{ij}^*$ | $\dots$ | $\mathbf{1}$ | $\dots$ | $b_i^*$ |
| $\vdots$ | | $\vdots$ | | $\vdots$ |
| $*$ | $\dots$ | $0$ | $\dots$ | $*$ |
| $\boldsymbol{-c_j^*}$ | $\dots$ | $\mathbf{0}$ | $\dots$ | $c_0^*$ $(-Z)$ |

(5.33)

Dieses Tableau T ist nun Ausgangspunkt der nachfolgenden Betrachtungen.

Hierin stellt die letzte Zeile die Gleichung $-Z + c_0^* = -c_1^* w_1 - \dots - c_n^* w_n$ für die Zielfunktion dar. Ist dabei keiner der Koeffizienten $-c_1^*, \dots, -c_n^*$ negativ, so ist, da für alle Variablen die Nichtnegativitätsbedingung erfüllt sein muß, $-c_1^* w_1 - \dots - c_n^* w_n \geq 0$ – für jede mögliche Wahl der freien Parameter $w_1, \dots, w_n$. Folglich gilt $Z \leq c_0^*$, und das bedeutet:

**5.5.1 (Hinreichendes Optimalitätskriterium)**[34] *Ist in der Zielfunktionszeile des Tableaus* (5.33) ***kein Koeffizient der Nichtbasisvariablen negativ****, so ist die*

[33]Zur Vereinfachung ist hierin die zur $i$-ten Zeile gehörende Basisvariable (das ist diejenige Basisvariable, deren zugehörige Einheitsspalte an der $i$-ten Stelle den Wert 1 besitzt) mit $y_i$ bezeichnet.

[34]Das Optimalitätskriterium 5.5.1 zeigt zwar das Vorliegen einer optimalen Basislösung mit Sicherheit an, ist aber hierfür nicht notwendig, wie das Beispiel 5.14 zeigt.

*zugehörige Basislösung* (5.32) *eine Maximalstelle, und* ***der Wert $c_0^*$ ist das Maximum der Zielfunktion*** *– unter den Restriktionen der Optimierungsaufgabe* (5.26).

In dem nun dargestellten *Simplex*-Verfahren wird, ausgehend von einer nicht optimalen zulässigen Basislösung, zielgerichtet eine neue zulässige Basislösung konstruiert, für welche die Zielfunktion einen größeren (oder zumindest keinen kleineren Funktionswert) besitzt.

### 5.5.2 (Simplex-Verfahren)

*Ausgangspunkt ist das Tableau* (5.33) *mit einer nicht optimalen zulässigen Basislösung* (5.32). *Wegen des Optimalitätskriteriums* (5.5.1) *ist dann unter den Koeffizienten $-c_1^*, \ldots, -c_n^*$ der Zielfunktionszeile unterhalb der Nichtbasisvariablen mindestens einer negativ.*

**1. *Schritt: Wahl einer Pivot-Spalte***

*In der Zielfunktionszeile wird ein* ***negativer Koeffizient*** *$-c_j^*$ mit möglichst großem absoluten Betrag gewählt.*

**2. *Schritt: Wahl einer Pivot-Zeile***

*Die Basislösung $y_1 = b_1^*, \ \ldots, \ y_m = b_m^*; \ w_1 = \ldots = w_n = 0$ wird jetzt – durch möglichst großes Ansteigen der Variablen $w_j$ von 0 aus und bei Beibehaltung von $w_k = 0$ für $k \neq j$ – in eine neue Basislösung transformiert. Hierbei vereinfacht sich das Gleichungssystem des Tableaus* (5.33)*:*

$$\begin{pmatrix} y_1 \\ \vdots \\ y_m \end{pmatrix} = \begin{pmatrix} b_1^* \\ \vdots \\ b_m^* \end{pmatrix} - \begin{pmatrix} a_{1j}^* \\ \vdots \\ a_{mj}^* \end{pmatrix} w_j \tag{5.34}$$

*Dabei treten zwei qualitativ verschiedene Fälle auf.*

(a) *Die zu $w_j$ gehörende Koeffizientenspalte $(a_{1j}^*, \ldots, a_{mj}^*)^T$ enthält* ***keine positiven Elemente.***

Dann kann der Wert von $w_j$ beliebig groß gewählt werden, ohne daß die Lösung des Systems (5.34) den zulässigen Bereich verläßt, – die Werte von $y_1, \ldots, y_m$ werden niemals negativ. Das bedeutet, daß der Wert $Z = c_0^* + c_j^* w_j$ der Zielfunktion beliebig groß werden kann. Also gilt:

### 5.5.3 (Kriterium für die Unlösbarkeit der Optimierungsaufgabe)

*Enthält das Tableau* (5.33) *in der über dem Koeffizienten $-c_j^*$ stehenden Spalte* ***kein positives Element****, so gibt es zulässige Lösungen mit beliebig großem Wert der Zielfunktion.*[35]

(b) *Die zu $w_j$ gehörende Koeffizientenspalte $(a_{1j}, \ldots, a_{mj})^T$ enthält* ***positive Elemente****.*

[35] Dies gilt übrigens für **jede** Spalte über einem negativen Koeffizienten der Zielfunktionszeile. Der Fall der Unlösbarkeit kann wegen des Hauptsatzes der linearen Optimierung nur dann eintreten, wenn der zulässige Bereich unbeschränkt ist.

Jetzt kann $w_j$ nicht mehr beliebig groß werden, ohne daß die aus dem Gleichungssystem (5.34) bestimmten Größen $y_1, \ldots, y_m$ negativ werden. Denn ist etwa der Koeffizient $a^*_{ij}$ der $i$-ten Zeile positiv, so gilt:

$$y_i = b^*_i - a^*_{ij} w_j \geq 0 \Leftrightarrow w_j \leq \frac{b^*_i}{a^*_{ij}}$$

*Hieraus ergibt sich eine* ***Obergrenze*** $\boldsymbol{\lambda_j}$ *für die Wahl von* $w_j$*:*

$$\boldsymbol{w_j \leq \lambda_j = \min Q_i}, \text{ wobei } \boldsymbol{Q_i = \frac{b^*_i}{a^*_{ij}}} \text{ für } \boldsymbol{a^*_{ij} > 0} \text{ gesetzt ist.} \tag{5.35}$$

Der Quotient $Q_i$ wird im Tableau (5.33) in einer zusätzlichen Spalte für diejenigen Zeilen notiert, in welcher die Pivot-Spalte ein positives Element enthält.[36]

**3. *Schritt: Austauschverfahren***

*Das Minimum der Quotienten $Q_i$ werde in der $i$-ten Zeile (mit der zugehörigen Basisvariablen $y_i$) angenommen, – das bedeutet:*

| $w_j$ | $\ldots$ | $y_i$ | $\ldots$ | | Quotienten |
|---|---|---|---|---|---|
| $\cdot$ | $\ldots$ | $\mathbf{0}$ | $\ldots$ | $\cdot$ | $\cdot$ |
| $\vdots$ | | $\vdots$ | | $\vdots$ | $\vdots$ |
| $\boldsymbol{a^*_{ij}} > 0$ | $\ldots$ | $\mathbf{1}$ | $\ldots$ | $b^*_i$ | $Q_i = \frac{b^*_i}{a^*_{ij}}$ *minimal* |
| $\vdots$ | | $\vdots$ | | $\vdots$ | $\vdots$ |
| $\cdot$ | $\ldots$ | $\mathbf{0}$ | $\ldots$ | $\cdot$ | $\cdot$ |
| $-c^*_j$ | $\ldots$ | $\mathbf{0}$ | $\ldots$ | $c^*_0$ | |

(5.36)

*Dann wird der Schritt des Austauschverfahrens*

$$\textit{Nichtbasisvariable } \boldsymbol{w_j} \quad \leftrightarrow \quad \textit{Basisvariable } \boldsymbol{y_i}$$

*durchgeführt, also* $\boldsymbol{a^*_{ij}}$ *als Pivot-Element gewählt.*
*In der neuen Basislösung hat die ursprüngliche Nichtbasisvariable den berechneten kleinsten der Quotienten $Q_i$ als Wert, und die ursprüngliche Basisvariable $y_i$ ist zur Nichtbasisvariablen mit dem Wert 0 geworden.*

***Resultat des Austauschschrittes:***

| | |
|---|---|
| *Neue Basisvariable:* | $y_1, \ldots, y_{i-1}, \boldsymbol{w_j}, y_{i+1}, \ldots, y_m$ |
| *Neue Nichtbasisvariable:* | $w_1, \ldots, w_{j-1}, \boldsymbol{y_i}, w_{j+1}, \ldots, w_n$ |
| *Zielfunktionswert für neue Basislösung:* | $Z = c^*_0 + \frac{b^*_i}{a^*_{ij}} c^*_j = \boldsymbol{c^*_0 + \lambda_j c^*_j}$ |

*Ist* $\boldsymbol{\lambda_j \neq 0}$*, so besitzt die Zielfunktion für die neue Basislösung einen* ***größeren Wert*** *als für die vorangegangene.*

[36] Eine Zeile mit $a^*_{ij} \leq 0$ kann dabei übergangen werden, da dann die Forderung $y_i = b^*_i - a^*_{ij} w_j \geq 0$ für alle $w_j \geq 0$ erfüllt ist.

*Das Verfahren ist beendet, falls das neue Tableau das Optimalitätskriterium* (5.5.1) *erfüllt, – andernfalls sind die Verfahrensschritte auf das resultierende Tableau anzuwenden.*

### 5.5.4 (Bemerkungen zum Simplex-Verfahren)

(a) ***Ausgeartete Basislösung:*** *Hat das Minimum der Quotienten im Tableau* (5.36) *den Wert* 0, *so liegt dies daran, daß der entsprechende Wert auf der rechten Seite des Gleichungssystems verschwindet und damit auch die zu dieser Zeile gehörende Basisvariable* $y_i$, *– die zugehörige Basislösung enthält also über die Nichtbasisvariablen hinaus weitere Nullen.*
*In diesem Fall führt der nächste Austauschschritt zu keiner Veränderung der Werte in der* $\underline{b}$*-Spalte und damit auch zu keiner Änderung der Basislösung.*[37] *Das Verfahren kann dann mit der geänderten Aufteilung von Basis- und Nichtbasisvariablen fortgesetzt werden.*[38]

(b) ***Eindeutigkeit und Mehrdeutigkeit der optimalen Lösung:*** *Sind in der Zielfunktionszeile eines Tableaus die zu den Nichtbasisvariablen* $w_1, \ldots, w_n$ *gehörenden Koeffizienten* ***sämtlich positiv****, so ist die zugehörige optimale Basislösung eindeutig bestimmt.*[39] *Ist also für ein Tableau das Optimalitätskriterium* 5.5.1 *erfüllt, so kann die optimale Basislösung nur dann nicht eindeutig bestimmt sein, wenn gewisse der zu den Nichtbasisvariablen gehörenden Koeffizienten in der Zielfunktionszeile den Wert* 0 *haben.*

**Beispiel 5.13 (Simplex-Verfahren: Eindeutige und mehrdeutige Lösung)**[40]
Für das Restriktionssystem

$$3x_1 + 2x_2 \leq 18,\; 3x_1 + 4x_2 \leq 24,\; 0 \leq x_1 \leq 5,\; 0 \leq x_2 \leq 5$$

werden zwei Optimierungsaufgaben gelöst:

$$Z(x_1, x_2) = 4x_1 + 5x_2 \to Max \quad \text{und} \quad Z'(x_1, x_2) = 3x_1 + 4x_2 \to Max$$

Die Quotienten $Q_i = b_i/a_{ij}$ für $a_{ij} > 0$ werden in einer zusätzlichen Spalte eingetragen, und die Pivot-Spalten und das Pivot-Element sind markiert. In den Zielfunktionszeilen

[37] Dabei wird die Basisvariable $y_i$ (mit dem Wert 0) gegen eine der vorherigen Nichtbasisvariablen ausgetauscht. Da die Pivot-Zeile auf der rechten Seite eine Null enthält, bleibt die Basislösung erhalten, – lediglich zwei Nullen tauschen die Bedeutung „Basisvariable ↔ Nichtbasisvariable".

[38] In ungünstigen Fällen kann dies zu einem geschlossenen Zyklus von Basislösungen mit gleichem Zielfunktionswert unterhalb des Optimums führen. Zur Vermeidung solcher – in der Praxis kaum auftretender – Zyklen gibt es spezielle Techniken (vgl. *L. Collatz* und *W. Wetterling*, 1971).

[39] Denn die Gleichung der Zielfunktion lautet dann $c_0^* - Z = -c_1^* w_1 - \ldots - c_n^* w_n$ bzw. $Z = c_0^* + c_1^* w_1 + \ldots + c_n^* w_n$, wobei die Koeffizienten $c_1^*, \ldots, c_n^*$ sämtlich negativ sind. Hierbei ist $c_0^*$ der maximal mögliche Wert für $Z$, und dieser kann wegen $w_1 \geq 0, \ldots, w_n \geq 0$ ***nur*** für $w_1 = \ldots = w_n = 0$, also für die Basislösung mit den Nichtbasisvariablen $w_1, \ldots, w_n$ erreicht werden.

[40] Vgl. Abbildung 5.18

ist zusätzlich die aktuelle Darstellung der Zielfunktion durch die Nichtbasisvariablen notiert. Zum Vergleich mit der Abbildung 5.18 wird die zu der jeweiligen Basislösung gehörende Ecke des zulässigen Bereichs angegeben.

Beim Simplex-Verfahren werden die Ecken in der Reihenfolge $\underline{e}_1$, $\underline{e}_2$, $\underline{e}_3$, $\underline{e}_4$ durchlaufen. Das liegt daran, daß beide Zielfunktionen vom Koordinatenursprung aus in $x_2$-Richtung stärker als in $x_1$-Richtung wachsen, – dies wird bei dem Verfahren durch die Wahl der Pivot-Spalten (Koeffizient der Zielfunktion mit größtem Betrag) realisiert.

| BV | $x_1$ | $x_2$ | $x_3$ | $x_4$ | $x_5$ | $x_6$ | $\underline{b}$ | Quot. | Faktor | Basislösung/Ecke |
|---|---|---|---|---|---|---|---|---|---|---|
| $x_3$ | 3 | 2 | 1 | 0 | 0 | 0 | 18 | 9 | −2 | $(0,0,18,24,5,5)^T$ |
| $x_4$ | 3 | 4 | 0 | 1 | 0 | 0 | 24 | 6 | −4 | $\underline{e}_1 = (0,0)^T$ |
| $x_5$ | 1 | 0 | 0 | 0 | 1 | 0 | 5 | | 0 | $Z = 4x_1 + 5x_2$ |
| $x_6$ | 0 | $\underline{\mathbf{1}}$ | 0 | 0 | 0 | 1 | 5 | → 5 | | $Z' = 3x_1 + 4x_2$ |
| $Z$ | −4 | **−5** | 0 | 0 | 0 | 0 | 0 | | 5 | $Z(\underline{e}_1) = 0$ |
| $Z'$ | −3 | **−4** | 0 | 0 | 0 | 0 | 0 | | 4 | $Z'(\underline{e}_1) = 0$ |
| $x_3$ | 3 | 0 | 1 | 0 | 0 | −2 | 8 | 8/3 | −3 | $(0,5,8,4,5,0)^T$ |
| $x_4$ | $\underline{\mathbf{3}}$ | 0 | 0 | 1 | 0 | −4 | 4 | → 4/3 | | $\underline{e}_2 = (0,5)^T$ |
| $x_5$ | 1 | 0 | 0 | 0 | 1 | 0 | 5 | 5 | −1 | $Z = 25 + 4x_1 - 5x_6$ |
| $x_2$ | 0 | 1 | 0 | 0 | 0 | 1 | 5 | | 0 | $Z' = 20 + 3x_1 - 4x_6$ |
| $Z$ | **−4** | 0 | 0 | 0 | 0 | 5 | 25 | | 4 | $Z'(\underline{e}_2) = 25$ |
| $Z'$ | **−3** | 0 | 0 | 0 | 0 | 4 | 20 | | 3 | $Z'(\underline{e}_2) = 20$ |
| $x_3$ | 0 | 0 | 1 | −1 | 0 | $\underline{\mathbf{2}}$ | 4 | → 2 | | $(4/3,5,4,0,11/3,0)^T$ |
| $x_1$ | 1 | 0 | 0 | 1/3 | 0 | −4/3 | 4/3 | | 4/3 | $\underline{e}_3 = (4/3,5)^T$ |
| $x_5$ | 0 | 0 | 0 | −1/3 | 1 | 4/3 | 11/3 | 11/4 | −4/3 | $Z = 91/3 - 4x_4/3 + x_6/3$ |
| $x_2$ | 0 | 1 | 0 | 0 | 0 | 1 | 5 | 5 | −1 | $Z' = 24 - x_4 + 0 \cdot x_6$ |
| $Z$ | 0 | 0 | 0 | 4/3 | 0 | **−1/3** | 91/3 | | 1/3 | $Z(\underline{e}_3) = 91/3$ |
| $Z'$ | 0 | 0 | 0 | 1 | 0 | 0 | **24** | | 0 | $\mathbf{Z'(\underline{e}_3) = 24}$ |
| $x_6$ | 0 | 0 | 1/2 | −1/2 | 0 | 1 | 2 | | | $(4,3,0,0,1,2)^T$ |
| $x_1$ | 1 | 0 | 2/3 | −1/3 | 0 | 0 | 4 | | | $\underline{e}_4 = (4,3)^T$ |
| $x_5$ | 0 | 0 | −2/3 | 1/3 | 1 | 0 | 1 | | | $Z = 31 - x_3/6 - 7x_4/6$ |
| $x_2$ | 0 | 1 | −1/2 | 1/2 | 0 | 0 | 3 | | | $Z' = 24 + 0 \cdot x_3 - x_4$ |
| $Z$ | 0 | 0 | 1/6 | 7/6 | 0 | 0 | **31** | | | $\mathbf{Z(\underline{e}_4) = 31}$ |
| $Z'$ | 0 | 0 | 0 | 1 | 0 | 0 | **24** | | | $\mathbf{Z'(\underline{e}_4) = 24}$ |

Für die Zielfunktion $Z$ ist das Optimalitätskriterium 5.5.1 im vierten Tableau erfüllt. Da die Koeffizienten der Nichtbasisvariablen sämtlich positiv sind, ist die optimale Basislösung und damit die zugehörige Ecke $\underline{e}_4$ eindeutig bestimmt. Grafisch bedeutet dies, daß die Gerade $Z(x_1, x_2) = Z_{max} = 31$ den zulässigen Bereich des Restriktionssystems genau in der Ecke $\underline{e}_4$ berührt.

Anders verhält es sich mit der zweiten Zielfunktion. Hier ist das Optimalitätskriterium bereits im dritten Tableau erfüllt, – die optimale Basislösung ist jedoch nicht eindeutig bestimmt. Da der Koeffizient der Nichtbasisvariablen $x_6$ für die Zielfunktion $Z'$ den Wert 0 hat, kann sich bei der Wahl von $x_6$ als neuer Basisvariabler und dem entsprechenden Übergang vom dritten zum vierten Tableau der Funktionswert von

$Z'$ nicht verändern. Das heißt, daß die Zielfunktion in den Basislösungen des dritten und vierten Tableaus den gleichen Wert besitzt. Grafisch bedeutet dies, daß die Gerade $Z'(x_1, x_2) = Z'_{max} = 24$ mit dem zulässigen Bereich des Restriktionssystems die Strecke zwischen den Ecken $\underline{e}_3$ und $\underline{e}_4$ gemeinsam hat.

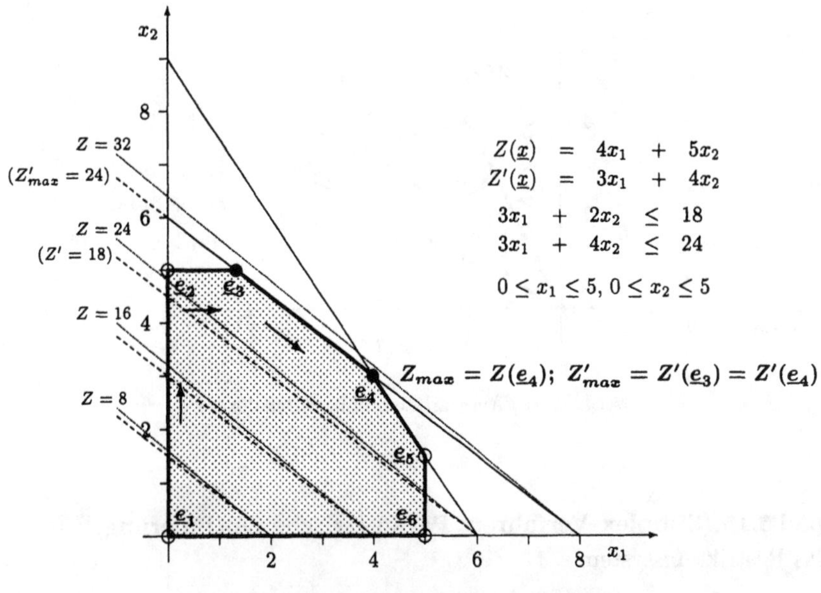


**Abb. 5.18:** Simplex-Verfahren, Beispiel 5.13

**Beispiel 5.14 (Simplex-Verfahren: Ausgeartete optimale Lösung)**[41]
Für das Restriktionssystem

$$-2x_1 + x_2 \leq 0,\ x_1 - 2x_2 \leq 0,\ x_1 + 4x_2 \leq 18,\ x_1 \geq 0,\ x_2 \geq 0$$

wird das Maximum der Zielfunktion $Z(x_1, x_2) = x_1 - 3x_2$ bestimmt.

| BV | $x_1$ | $x_2$ | $x_3$ | $x_4$ | $x_5$ | $\underline{b}$ | Quot. | Faktor | Basislösung/Ecke |
|---|---|---|---|---|---|---|---|---|---|
| $x_3$ | $-2$ | 1 | 1 | 0 | 0 | 0 | | 2 | $(0,0,0,0,18)^T$ |
| $x_4$ | $\underline{1}$ | $-2$ | 0 | 1 | 0 | 0 | $\to 0$ | | $\underline{e}_1 = (0,0)^T$ |
| $x_5$ | 1 | 4 | 0 | 0 | 1 | 18 | 18 | $-1$ | $Z = x_1 - 3x_2$ |
| $Z$ | $-1$ | 3 | 0 | 0 | 0 | 0 | | 1 | $Z(\underline{e}_1) = 0$ |
| $x_3$ | 0 | $-3$ | 1 | 2 | 0 | 0 | | | $(0,0,0,0,18)^T$ |
| $x_1$ | 1 | $-2$ | 0 | 1 | 0 | 0 | | | $\underline{e}_1 = (0,0)^T$ |
| $x_5$ | 0 | 6 | 0 | $-1$ | 1 | 18 | | | $Z = -x_2 - x_4$ |
| $Z$ | 0 | 1 | 0 | 1 | 0 | 0 | | | $Z(\underline{e}_1) = 0$ |

[41]Vgl. Abbildung 5.19

Die Ausartung zeigt sich bereits im ersten Tableau: Für die Basislösung $(0,0,0,0,18)^T$ des ersten Tableaus hat die Basisvariable $x_4$ den Wert 0, und damit enthält die Pivot-Zeile in der $\underline{b}$-Spalte eine 0. Daher bleibt beim Übergang zum nächsten Tableau die Basislösung komplett erhalten, – es wird jetzt lediglich $x_4$ Nichtbasisvariable, und die Nichtbasisvariable $x_1$ wird Basisvariable. Da das zweite Tableau das Optimalitätskriterium erfüllt, ist $Z(0,0) = 0$ das Maximum der Zielfunktion.

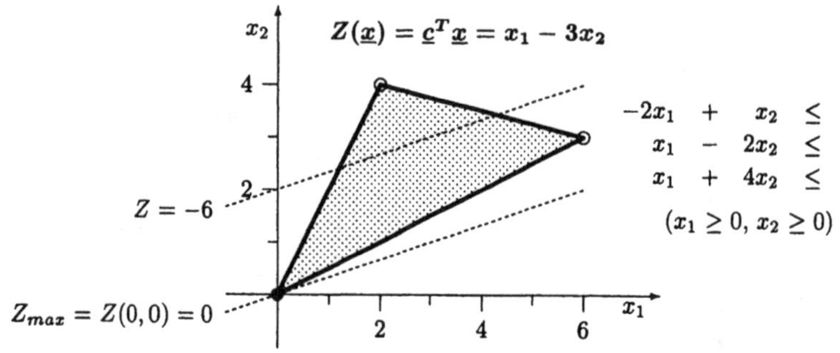


**Abb. 5.19:** Ausgeartete optimale Basislösung

**Beispiel 5.15 (Simplex-Verfahren: Parametrische Optimierung)**[42]
Für das Restriktionssystem

$$3x_1 + x_2 \leq 9,\ 2x_1 + x_2 \leq 7,\ x_1 + x_2 \leq 6,\ x_1 \geq 0,\ x_2 \geq 0$$

wird das Maximum der Zielfunktion $Z(x_1, x_2) = x_1 + px_2$ mit einem Parameter $p \geq 0$ mit Hilfe des Simplex-Verfahrens bestimmt.

Ab dem 2. Tableau ist jeweils für einen gewissen Bereich des Parameters $p$ das Optimalitätskriterium 5.5.1 erfüllt. Das Verfahren wird dann für solche Werte von $p$ fortgesetzt, für die das Optimalitätskriterium verletzt ist; die Wahl der Pivot-Spalte wird hierbei durch den Parameter geregelt.

2. Tableau: Für $p \geq 1$ ist die Basislösung $(0,6,3,1,0)^T$, entsprechend der Ecke $\underline{e}_2$, optimal; der optimale Funktionswert ist $Z(\underline{e}_2) = 6p$. Das Verfahren wird mit $p \leq 1$ fortgesetzt.
3. Tableau: Für $1/2 \leq p \leq 1$ ist die Basislösung $(1,5,1,0,0)^T$, entsprechend der Ecke $\underline{e}_3$, optimal; der optimale Funktionswert ist $Z(\underline{e}_3) = 5p + 1$. Das Verfahren wird mit $p \leq 1/2$ fortgesetzt.
4. Tableau: Für $1/3 \leq p \leq 1/2$ ist die Basislösung $(2,3,0,0,1)^T$, entsprechend der Ecke $\underline{e}_4$, optimal; der optimale Funktionswert ist $Z(\underline{e}_4) = 3p + 2$. Das Verfahren wird mit $p \leq 1/3$ fortgesetzt.
5. Tableau: Für $0 \leq p \leq 1/3$ ist die Basislösung $(3,0,0,1,3)^T$, entsprechend der Ecke $\underline{e}_5$, optimal; der optimale Funktionswert ist $Z(\underline{e}_5) = 3$. Das Verfahren ist beendet, da der Parameterbereich $p \geq 0$ abgedeckt ist.

---

[42]Vgl. Abbildung 5.20

Für die Randpunkte der angegebenen Intervalle des Parameters $p$ ist die optimale Ecke nicht eindeutig bestimmt: Für $p = 1$ ist $Z(\underline{e}_2) = Z(\underline{e}_3) = 6$, für $p = \frac{1}{2}$ ist $Z(\underline{e}_3) = Z(\underline{e}_4) = \frac{7}{2}$, und für $p = \frac{1}{3}$ ist $Z(\underline{e}_4) = Z(\underline{e}_5) = 3$. Die Zielfunktion nimmt dann wegen (5.16) auf den entsprechenden Verbindungsstrecken den konstanten Wert 6, $\frac{5}{2}$ bzw. $\frac{5}{3}$ an.

Diese Mehrdeutigkeit wird dadurch angezeigt, daß für die entsprechenden Parameterwerte in den Zielfunktionszeilen der jeweiligen Tableaus Koeffizienten von Nichtbasisvariablen den Wert 0 haben (siehe 5.5.4): Für $p = 1$ verschwinden im zweiten und dritten Tableau die Koeffizienten von $x_1$ bzw. $x_4$, für $p = \frac{1}{2}$ verschwinden im dritten und vierten Tableau die Koeffizienten von $x_5$ bzw. $x_3$, und für $p = \frac{1}{3}$ verschwinden im vierten und fünften Tableau die Koeffizienten von $x_4$ bzw. $x_2$.

| BV | $x_1$ | $x_2$ | $x_3$ | $x_4$ | $x_5$ | $\underline{b}$ | Quot. | Faktor | Parameterbereich |
|---|---|---|---|---|---|---|---|---|---|
| $x_3$ | 3 | 1 | 1 | 0 | 0 | 9 | 9 | $-1$ | $\underline{e}_1 = (0,0)^T$ |
| $x_4$ | 2 | 1 | 0 | 1 | 0 | 7 | 7 | $-1$ | $Z(\underline{e}_1) = 0$ |
| $x_5$ | 1 | $\underline{1}$ | 0 | 0 | 1 | 6 | $\to 6$ | | |
| $Z$ | $-1$ | $-p$ | 0 | 0 | 0 | 0 | | $p$ | $p \geq 1$ |
| $x_3$ | 2 | 0 | 1 | 0 | $-1$ | 3 | 3/2 | $-2$ | $\underline{e}_2 = (0,6)^T$ |
| $x_4$ | $\underline{1}$ | 0 | 0 | 1 | $-1$ | 1 | $\to 1$ | | $Z(\underline{e}_2) = 6p$ |
| $x_2$ | 1 | 1 | 0 | 0 | 1 | 6 | 6 | $-1$ | optimal für: |
| $Z$ | $\boldsymbol{p-1}$ | 0 | 0 | 0 | $p$ | $\boldsymbol{6p}$ | | $1-p$ | $\boldsymbol{p \geq 1}$ |
| $x_3$ | 0 | 0 | 1 | $-2$ | $\underline{1}$ | 1 | $\to 1$ | | $\underline{e}_3 = (1,5)^T$ |
| $x_1$ | 1 | 0 | 0 | 1 | $-1$ | 1 | | 1 | $Z(\underline{e}_3) = 5p+1$ |
| $x_2$ | 0 | 1 | 0 | $-1$ | 2 | 5 | 5/2 | $-2$ | optimal für: |
| $Z$ | 0 | 0 | 0 | $1-p$ | $\boldsymbol{2p-1}$ | $\boldsymbol{5p+1}$ | | $1-2p$ | $\boldsymbol{1/2 \leq p \leq 1}$ |
| $x_5$ | 0 | 0 | 1 | $-2$ | 1 | 1 | | 2 | $\underline{e}_4 = (2,3)^T$ |
| $x_1$ | 1 | 0 | 1 | $-1$ | 0 | 2 | | 1 | $Z(\underline{e}_4) = 3p+2$ |
| $x_2$ | 0 | 1 | $-2$ | $\underline{3}$ | 0 | 3 | $\to 1$ | | optimal für: |
| $Z$ | 0 | 0 | $1-2p$ | $\boldsymbol{3p-1}$ | 0 | $\boldsymbol{3p+2}$ | | $1-3p$ | $\boldsymbol{1/3 \leq p \leq 1/2}$ |
| $x_5$ | 0 | 2/3 | $-1/3$ | 0 | 1 | 3 | | | $\underline{e}_5 = (3,0)^T$ |
| $x_1$ | 1 | 1/3 | 1/3 | 0 | 0 | 3 | | | $Z(\underline{e}_5) = 3$ |
| $x_4$ | 0 | 1/3 | $-2/3$ | 1 | 0 | 1 | | | optimal für: |
| $Z$ | 0 | $1/3-p$ | 1/3 | 0 | 0 | **3** | | | $\boldsymbol{0 \leq p \leq 1/3}$ |

### 5.5.5 (Schlupfvariable in der optimalen Basislösung)

*Das Ungleichungssystem $A\underline{x} \leq \underline{b}$ wird nach 5.2.3 als Restriktionssystem für ein Produktionsprogramm $\underline{x} = (x_1, \ldots, x_n)$ mit der Direktbedarfsmatrix $A$ und dem Vektor $\underline{b} = (b_1, \ldots, b_m)^T$ der Kapazitäten an Ressourcen $R_1, \ldots, R_m$ interpretiert.*

- *Dann stellt die Schlupfvariable $x_{n+i}$ für $i = 1, \ldots, m$ die zu der $i$-ten Ressource gehörende freie Kapazität dar. Insbesondere gibt der Wert der Koordinate $x_{n+i}$ in einer optimalen Basislösung des Systems (5.27) an, um wieviele Einheiten die Kapazitätsobergrenze $b_i$ der Ressource $R_i$ im Optimum unterschritten wird.*

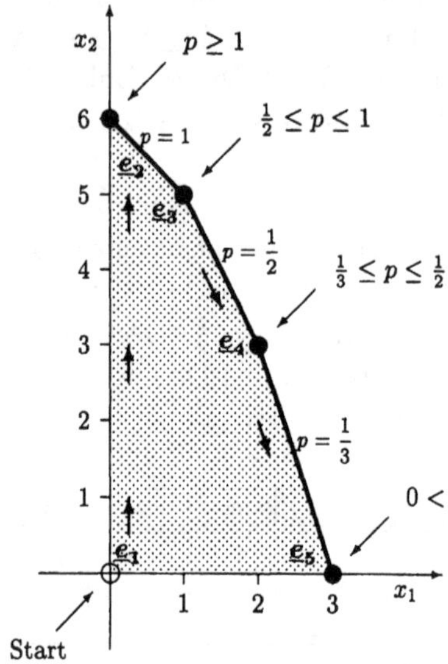


$$Z(\underline{x}) = \underline{c}^T \underline{x} = x_1 + p\,x_2$$

$$\begin{array}{rcrcl} 3x_1 & + & x_2 & \leq & 9 \\ 2x_1 & + & x_2 & \leq & 7 \\ x_1 & + & x_2 & \leq & 6 \end{array}$$

$$(x_1 \geq 0,\ x_2 \geq 0)$$

**Abb. 5.20:** Simplex-Verfahren bei parametrischer Optimierung

- *Da in jeder Basislösung n Nichtbasisvariable auftreten, haben insbesondere in der optimalen Basislösung mindestens n der m + n Koordinaten den Wert 0. Sind hierunter Schlupfvariable, so werden durch die optimale Lösung die Kapazitäten der entsprechenden Ressourcen ausgeschöpft.*

**Beispiel 5.16 (Freie Kapazitäten in der optimalen Lösung)** Im Beispiel 5.15 wurde die Optimierungsaufgabe $x_1 + px_2 \rightarrow Max$ mit dem Restriktionssystem

$$\begin{pmatrix} 3 & 1 \\ 2 & 1 \\ 1 & 1 \end{pmatrix} \begin{pmatrix} x_1 \\ x_2 \end{pmatrix} \leq \begin{pmatrix} 9 \\ 7 \\ 6 \end{pmatrix}$$

gelöst. Zu den Kapazitätsobergrenzen $b_1 = 9$, $b_2 = 7$ und $b_3 = 6$ gehören die Schlupfvariablen $x_3$, $x_4$ und $x_5$.

| Parameter $p$ | $\underline{x}_{max}$ | **Freie Ressourcen-Kapazitäten** | | |
|---|---|---|---|---|
| | | Ressource 1 | Ressource 2 | Ressource 3 |
| $p \geq 1$ | $(0,6)^T$ | $x_3 = 3$ | $x_4 = 1$ | $x_5 = 0$ |
| $1/2 \leq p \leq 1$ | $(1,5)^T$ | $x_3 = 1$ | $x_4 = 0$ | $x_5 = 0$ |
| $1/3 \leq p \leq 1/2$ | $(2,3)^T$ | $x_3 = 0$ | $x_4 = 0$ | $x_5 = 1$ |
| $0 \leq p \leq 1/3$ | $(3,0)^T$ | $x_3 = 0$ | $x_4 = 1$ | $x_5 = 3$ |

Für eine (optimale) Basislösung des erweiterten Gleichungssystems müssen stets $n = 2$ der $m + n = 5$ Koordinaten den Wert 0 haben. Da $\underline{x} = (0, 0)^T$ nicht optimal ist, muß in jedem Fall eine der *Schlupfvariablen* verschwinden, also eine der Ressourcen ausgeschöpft sein.

Ist die Lösung jedoch – wie für $p = 1$, $p = 1/2$ und $p = 1/3$ – nicht eindeutig bestimmt, so wird das Optimum auch außerhalb einer Basislösung erreicht, und zwar auf der gesamten Verbindungsstrecke zwischen den jeweiligen Basislösungen. Für $p = 1$ ist das die Strecke zwischen den Basislösungen $(0, 6, 3, 1, 0)^T$ und $(1, 5, 1, 0, 0)^T$. Diese hat die Darstellung $(1-t)(0, 6, 3, 1, 0)^T + t(1, 5, 1, 0, 0)^T = (t, 6-t, 3-2t, 1-t, 0)^T$, $0 \leq t \leq 1$. Hierin hat für $0 < t < 1$ nur die letzte Koordinate des Lösungsvektors den Wert 0.

## 5.6 Ergänzungen zum Simplex-Verfahren

Das optimale Tableau des Simplex-Verfahrens liefert – über den Optimalwert der Zielfunktion und die optimale Basislösung hinaus – weitere wertvolle Informationen über die Lösung der Optimierungsaufgabe. Erhält etwa in dem Restriktionssystem $A\underline{x} \leq \underline{b}$ bei fester Matrix $A$ der Vektor $\underline{b}$ der Kapazitäten einen Zuwachs $\underline{\Delta}$, so hängt der optimale Wert der Zielfunktion von $\underline{\Delta}$ ab, und diese Abhängigkeit kann – in gewissen Grenzen – dem optimalen Tableau der ursprünglichen Aufgabe entnommen werden. Die dazu erforderlichen Untersuchungen sind Bestandteil der *Dualitätstheorie der linearen Optimierung.*[43]

Die Abhängigkeit des Optimums vom Kapazitätenvektor soll hier jedoch ohne weitere Hilfsmittel dargestellt werden. Dazu ist es zweckmäßig, das Simplex-Verfahren noch einmal neu mit Hilfe von Matrizen darzustellen.

### 5.6.1 (Darstellung des Simplex-Verfahrens in Matrizenform)

*Ausgangspunkt ist die Optimierungsaufgabe* (5.25) *mit dem Restriktionssystem* (5.26)*; die zugehörigen Schlupfvariablen werden zur Unterscheidung von den eigentlichen Variablen* $x_1, \ldots, x_n$ *mit* $y_1, \ldots, y_m$ *bezeichnet.*

*Um eine (zulässige) Basislösung* $\underline{x}^*$ *des erweiterten Systems* (5.27) *zu gewinnen, wird nach* 4.5.4 *ein linear unabhängiges System von* $m$ *Spalten der Matrix von* (5.27) *fest gewählt.*

Gehören zu diesen Spalten $k$ der ursprünglichen Variablen und $m-k$ der Schlupfvariablen als Basisvariable, so kann durch Wahl geeigneter Bezeichnungen erreicht werden, daß dies die ersten $k$ der ursprünglichen Variablen und die ersten $m-k$ der Schlupfvariablen sind. Nach anschließendem Vertauschen von Zeilen und Spalten hat dann das erweiterte Gleichungssystem die Gestalt

[43] Vgl. *F. Hillier* und *G. S. Lieberman*, 1997

| $x_1$ | $\cdots$ | $x_k$ | $y_1$ | $\cdots$ | $y_{m-k}$ | $x_{k+1}$ | $\cdots$ | $x_n$ | $y_{m-k+1}$ | $\cdots$ | $y_m$ | $\underline{b}$ |
|---|---|---|---|---|---|---|---|---|---|---|---|---|
| $a_{11}$ | $\cdots$ | $a_{1k}$ | 1 | $\cdots$ | 0 | $a_{1,k+1}$ | $\cdots$ | $a_{1n}$ | 0 | $\cdots$ | 0 | $b_1$ |
| $\vdots$ | $\ddots$ | $\vdots$ | $\vdots$ | $\ddots$ | $\vdots$ | $\vdots$ | $\ddots$ | $\vdots$ | $\vdots$ | $\ddots$ | $\vdots$ | $\vdots$ |
| $\cdot$ | $\cdots$ | $\cdot$ | 0 | $\cdots$ | 1 | $\cdot$ | $\cdots$ | $\cdot$ | 0 | $\cdots$ | 0 | $b_{m-k}$ |
| $\cdot$ | $\cdots$ | $\cdot$ | 0 | $\cdots$ | 0 | $\cdot$ | $\cdots$ | $\cdot$ | 1 | $\cdots$ | 0 | $b_{m-k+1}$ |
| $\vdots$ | $\ddots$ | $\vdots$ | $\vdots$ | $\ddots$ | $\vdots$ | $\vdots$ | $\ddots$ | $\vdots$ | $\vdots$ | $\ddots$ | $\vdots$ | $\vdots$ |
| $a_{m1}$ | $\cdots$ | $a_{mk}$ | 0 | $\cdots$ | 0 | $a_{m,k+1}$ | $\cdots$ | $a_{mn}$ | 0 | $\cdots$ | 1 | $b_m$ |
| —— **Reguläre** Matrix $D$ —— | | | | | | —— Matrix $F$ —— | | | | | | |

(5.37)

oder in Matrizenform:

$$D(x_1,\ldots,x_k,y_1,\ldots,y_{m-k})^T + F(x_{k+1},\ldots,x_n)^T + (0,\ldots,0,y_{m-k+1},\ldots,y_m)^T = \underline{b} \tag{5.38}$$

Hierin wird die reguläre $m$-reihige Matrix $D$ von den ersten $k$ Spalten der ursprünglichen Matrix $A$ und von Einheitsvektoren zu den ersten $m-k$ Schlupfvariablen gebildet, und die Matrix $F$ vom Typ $(m, n-k)$ enthält die restlichen Spalten von $A$. Durch Multiplikation von (5.38) mit der inversen Matrix $D^{-1}$ ergibt sich die explizite Darstellung der Basisvariablen $x_1,\ldots,x_k$, $y_1,\ldots,y_{m-k}$ durch die Nichtbasisvariablen $y_{m-k+1},\ldots,y_m$, $x_{k+1},\ldots,x_n$:

$$\begin{pmatrix} x_1 \\ \vdots \\ x_k \\ y_1 \\ \vdots \\ y_{m-k} \end{pmatrix} = D^{-1}\underline{b} - D^{-1}\begin{pmatrix} 0 \\ \vdots \\ 0 \\ y_{m-k+1} \\ \vdots \\ y_m \end{pmatrix} - D^{-1}F\begin{pmatrix} x_{k+1} \\ \vdots \\ x_n \end{pmatrix} \tag{5.39}$$

*Die notwendige und hinreichende Bedingung dafür, daß die hierdurch erklärte* ***Basislösung*** $\underline{x}^*$ *(mit dem Wert 0 für* $x_{k+1},\ldots,x_n$, $y_{m-k+1},\ldots,y_m$*)* ***zulässig*** *ist, lautet:*

$$D^{-1}\underline{b} \geq \underline{0} \tag{5.40}$$

Aus der Matrizengleichung (5.39) wird jetzt eine Formel für den Wert $Z(\underline{x}^*)$ der Zielfunktion hergeleitet, aus der die Abhängigkeit dieses Wertes vom Kapazitätenvektor $\underline{b}$ hervorgeht.

Dazu wird diese Gleichung von links mit der aus den Koeffizienten der Zielfunktion gebildeten $m$-gliedrigen Zeile $\underline{c}^* = (c_1,\ldots,c_k,0,\ldots,0)$ multipliziert. Das dabei auftretende Produkt $\underline{c}^*D^{-1}$ erweist sich als eine mit $m-k$ Nullen beginnende Zeile:[44]

$$\underline{c}^*D^{-1} = (c_1,\ldots,c_k,0,\ldots,0)D^{-1} = (0,\ldots,0,\lambda_{m-k+1},\ldots,\lambda_m) \tag{5.41}$$

[44] Denn $(c_1,\ldots,c_k,0,\ldots,0)D^{-1} = (\lambda_1,\ldots,\lambda_m)$ bedeutet $(c_1,\ldots,c_k,0,\ldots,0) = (\lambda_1,\ldots,\lambda_m)D$, und das führt wegen der speziellen Gestalt der letzten $m-k$ Zeilen der Matrix $D$ im Tableau (5.37) unmittelbar zu $\lambda_1 = \ldots = \lambda_{m-k} = 0$.

Aus (5.39) folgt daher:

$$c_1x_1 + \ldots + c_kx_k = \sum_{j=m-k+1}^{m} \lambda_j(b_j - y_j) - \underline{c}^* D^{-1} F \begin{pmatrix} x_{k+1} \\ \vdots \\ x_n \end{pmatrix}$$

Durch Addition der Summe $c_0 + c_{k+1}x_{k+1} + \ldots + c_nx_n$ auf beiden Seiten dieser Gleichung entsteht hieraus die Darstellung der Zielfunktion für die ausgewählte Verteilung von Basis- und Nichtbasisvariablen:

$$Z = c_0 + \sum_{i=1}^{n} c_ix_i = c_0 + \sum_{j=m-k+1}^{m} \lambda_j(b_j - y_j) + \left((c_{k+1}, \ldots, c_n) - \underline{c}^* D^{-1} F\right) \begin{pmatrix} x_{k+1} \\ \vdots \\ x_n \end{pmatrix}$$

Diese Darstellung lautet in Summenform:

$$Z = \left[c_0 + \sum_{j=m-k+1}^{m} \lambda_j b_j\right] - \sum_{j=m-k+1}^{m} \lambda_j y_j + \sum_{p=k+1}^{n} \left(c_p - \sum_{j=m-k+1}^{m} \lambda_j a_{jp}\right) x_p \qquad (5.42)$$

Hierin ist die Zielfunktion allein durch die aktuellen Nichtbasisvariablen dargestellt. Der Funktionswert $Z(\underline{x}^*)$ der Basislösung $\underline{x}^*$ ist daher der in der eckigen Klammer von (5.42) stehende Ausdruck.

Da andererseits das zur Basislösung $\underline{x}^*$ gehörende Simplex-Tableau in der Zielfunktionszeile die Darstellung der Funktion $-Z + Z(\underline{x}^*)$ durch die Nichtbasisvariablen enthält, können beide Darstellungen miteinander verglichen werden. Hieraus ergibt sich der gesuchte Zusammenhang:

*Für die festgelegten Basisvariablen im Restriktionssystem* (5.37) *hat die Zielfunktion die formelmäßige Darstellung* (5.42) *durch die Nichtbasisvariablen. Hierin werden die Koeffizienten* $\lambda_{m-k+1}, \ldots, \lambda_m$ *nach* (5.41) *allein aus den Elementen der Matrix A und den Koeffizienten der Zielfunktion gebildet. Das Simplex-Tableau für die zugehörige Basislösung* $\underline{x}^*$ *hat dann – nach entsprechender Vertauschung von Zeilen – die folgende Darstellung:*

| | Basisvariable | | | Nichtbasisvariable | | | | | | |
|---|---|---|---|---|---|---|---|---|---|---|
| | $x_1 \ldots$ | $x_k\ y_1$ | $\ldots y_{m-k}$ | $x_{k+1}$ | $\ldots$ | $x_n$ | $y_{m-k+1}$ | $\ldots$ | $y_m$ | $\underline{b}$ |
| | 1 | $\ldots$ | 0 | $\cdot$ | $\ldots$ | $\cdot$ | $\cdot$ | $\ldots$ | $\cdot$ | $\cdot$ |
| | $\vdots$ | $\ddots$ | $\vdots$ | $\vdots$ | $\ddots$ | $\vdots$ | $\vdots$ | $\ddots$ | $\vdots$ | $\vdots$ |
| | 0 | $\ldots$ | 1 | $\cdot$ | $\ldots$ | $\cdot$ | $\cdot$ | $\ldots$ | $\cdot$ | $\cdot$ |
| Z | 0 | $\ldots$ | 0 | $\cdot$ | $\ldots$ | $\cdot$ | $\lambda_{m-k+1}$ | $\ldots$ | $\lambda_m$ | $Z(\underline{x}^*)$ |

(5.43)

$$Z(\underline{x}^*) = c_0 + \sum_{j=m-k+1}^{m} \lambda_j b_j \qquad (5.44)$$

**5.6.2 (Folgerung 1: Bedeutung der Zielfunktionszeile im Simplex-Tableau)** *Die Koeffizienten $\lambda_{m-k+1}, \ldots, \lambda_m$, berechnet für die in 5.6.1 gewählten Basisvariablen $x_1, \ldots, x_k, y_1, \ldots, y_{m-k}$, sind **unabhängig von den Kapazitäten $b_1, \ldots, b_m$**.*

- *Sind diese Koeffizienten bekannt, so ist die Formel (5.44) eine konkrete Vorschrift zur Berechnung des Funktionswertes $Z(\underline{x}^*)$ für die zugehörige Basislösung - in Abhängigkeit von dem variablen Kapazitätenvektor $\underline{b}$.*

- *Für $j = m - k + 1, \ldots, m$ gehen dabei die Kapazitäten $b_j$, versehen mit dem Faktor $\lambda_j$, in den Zielfunktionswert ein, während die Kapazitäten $b_1, \ldots, b_{m-k}$ (zu denen die Nichtbasisvariablen unter den Schlupfvariablen gehören) mit dem Faktor 0 versehen werden. Daher können die Koeffizienten unter den Schlupfvariablen in der Zielfunktionszeile von (5.43) als **Bewertungen** (oder Gewichte) der jeweiligen Kapazität interpretiert werden.*

- *Die Formel (5.44) ist gültig, solange die Basislösung zulässig, also die Bedingung (5.40) erfüllt ist.*

**5.6.3 (Folgerung 2: Abhängigkeit des Optimums von den Kapazitäten)** *Ist $\underline{x}^*$ insbesondere eine **optimale** (zulässige) Basislösung der Optimierungsaufgabe (5.25) mit dem Restriktionssystem (5.37), so ist das Optimum $Z_{max}$ eine Funktion des Kapazitätenvektors $\underline{b}$, und die Abhängigkeit von $Z_{max}$ von $\underline{b}$ kann aus dem optimalen Simplex-Tableau (5.43) bestimmt werden.*
*Dazu wird ein Kapazitätenvektor $\underline{b} + \underline{\boldsymbol{\Delta}} = (b_1 + \boldsymbol{\Delta}_1, \ldots, b_m + \boldsymbol{\Delta}_m)^T$ betrachtet.*

***Voraussetzung:** Bei der Änderung $\underline{b} \to \underline{b} + \underline{\boldsymbol{\Delta}}$ der Kapazitäten soll für die geänderte optimale Basislösung die Verteilung der Basis- und Nichtbasisvariablen gegenüber der ursprünglichen optimalen Basislösung $\underline{x}^*$ erhalten bleiben.*[45]

- *Diese Voraussetzung ist immer dann erfüllt, wenn die ursprüngliche optimale Basislösung $\underline{x}^*$ nicht ausgeartet ist und alle Änderungen $|\Delta_i|$ hinreichend klein sind.*[46]

- *Dann gilt für die Änderung des optimalen Wertes der Zielfunktion:*

$$Z_{max}(b_1 + \boldsymbol{\Delta}_1, \ldots, b_m + \boldsymbol{\Delta}_m) - Z_{max}(b_1, \ldots, b_m) = \sum_{j=m-k+1}^{m} \boldsymbol{\lambda}_j \cdot \boldsymbol{\Delta}_j \qquad (5.45)$$

  *Wird insbesondere nur eine der Kapazitäten um eine Einheit vergrößert oder verkleinert, so ändert sich das Optimum um den entsprechenden Wert $\lambda_i$ bzw. $-\lambda_i$.*

[45]Das ist wegen (5.40) gleichbedeutend damit, daß zugleich mit $D^{-1}\underline{b} \geq \underline{0}$ auch die Ungleichung $D^{-1}(b_1 + \Delta_1, \ldots, b_m + \Delta_m)^T \geq \underline{0}$ erfüllt ist.

[46]Denn der aus den Basisvariablen von $\underline{x}^*$ bestehende Vektor $D^{-1}\underline{b}$ enthält dann nur positive Koordinaten, und dies gilt auch für $D^{-1}(\underline{b}+\underline{\Delta}) = D^{-1}\underline{b}+D^{-1}\underline{\Delta}$ , wenn die Änderungen $\Delta_i$ dem absoluten Betrag nach sämtlich genügend klein gewählt werden.

**Beispiel 5.17 (Abhängigkeit des Optimums von den Kapazitäten)[47]**
Die Optimierungsaufgabe $Z = 4x_1 + 5x_2 \to Max$ mit dem Restriktionssystem

$$3x_1 + 2x_2 \leq b_1,\ 3x_1 + 4x_2 \leq b_2,\ 0 \leq x_1 \leq b_3,\ 0 \leq x_2 \leq b_4$$

wurde im Beispiel 5.13 für die speziellen Kapazitäten $b_1 = 18, b_2 = 24, b_3 = b_4 = 5$ mit dem Simplex-Verfahren gelöst. Die optimale Basislösung $\underline{x}^* = (4,3,0,0,1,2)^T$ wird am optimalen Tableau abgelesen:

| BV | $x_1$ | $x_2$ | $y_1$ | $y_2$ | $y_3$ | $y_4$ | $\underline{b}$ |
|---|---|---|---|---|---|---|---|
| $y_1$ | 3 | 2 | 1 | 0 | 0 | 0 | $b_1 = 18$ |
| $y_2$ | 3 | 4 | 0 | 1 | 0 | 0 | $b_2 = 24$ |
| $y_3$ | 1 | 0 | 0 | 0 | 1 | 0 | $b_3 = 5$ |
| $y_4$ | 0 | 1 | 0 | 0 | 0 | 1 | $b_4 = 5$ |
| Z | −4 | −5 | 0 | 0 | 0 | 0 | 0 |
| | ⋮ | ⋮ | ⋮ | ⋮ | ⋮ | ⋮ | ⋮ |
| $y_4$ | 0 | 0 | 1/2 | −1/2 | 0 | 1 | 2 |
| $x_1$ | 1 | 0 | 2/3 | −1/3 | 0 | 0 | 4 |
| $y_3$ | 0 | 0 | −2/3 | 1/3 | 1 | 0 | 1 |
| $x_2$ | 0 | 1 | −1/2 | 1/2 | 0 | 0 | 3 |
| $Z$ | 0 | 0 | 1/6 | 7/6 | 0 | 0 | 31 |

(5.46)

Der optimale Funktionswert ist $Z_{max} = 31$, und die Bewertungen der Kapazitäten 18, 24, 5 und 5 sind $\lambda_1 = 1/6$, $\lambda_2 = 7/6$ und $\lambda_3 = \lambda_4 = 0$. Aus (5.45) folgt dann

$$Z_{max}(18 + \Delta_1, 24 + \Delta_2, 5 + \Delta_3, 5 + \Delta_4) = 31 + \frac{1}{6}\Delta_1 + \frac{7}{6}\Delta_2, \tag{5.47}$$

falls die Änderungen der Kapazitäten dem absoluten Betrag nach hinreichend klein sind.

Genauer: Diese Formel gilt, solange die Verteilung der Basis- und Nichtbasisvariablen in der optimalen Basislösung erhalten bleibt. Das ist wegen (5.40) genau dann der Fall, solange die Zulässigkeitsbedingung $D^{-1}(\underline{b}+\underline{\Delta}) \geq \underline{0}$ erfüllt ist. Hierbei wird die Matrix $D = \begin{pmatrix} 3 & 2 & 0 & 0 \\ 3 & 4 & 0 & 0 \\ 1 & 0 & 1 & 0 \\ 0 & 1 & 0 & 1 \end{pmatrix}$ von denjenigen Spalten der Matrix des ersten Tableaus in (5.46) gebildet, die zu den Basisvariablen der optimalen Lösung gehören. Mit der Inversen von $D$ kann die Zulässigkeitsbedingung genau angegeben werden:

$$D^{-1}(\underline{b}+\underline{\Delta}) = \begin{pmatrix} 2/3 & -1/3 & 0 & 0 \\ -1/2 & 1/2 & 0 & 0 \\ -2/3 & 1/3 & 1 & 0 \\ 1/2 & -1/2 & 0 & 1 \end{pmatrix} \begin{pmatrix} 18+\Delta_1 \\ 24+\Delta_2 \\ 5+\Delta_3 \\ 5+\Delta_4 \end{pmatrix} = \begin{pmatrix} 4 + (2\Delta_1 - \Delta_2)/3 \\ 3 + (-\Delta_1 + \Delta_2)/2 \\ 1 + (-2\Delta_1 + \Delta_2)/3 + \Delta_3 \\ 2 + (\Delta_1 - \Delta_2)/2 + \Delta_4 \end{pmatrix} \geq \begin{pmatrix} 0 \\ 0 \\ 0 \\ 0 \end{pmatrix}$$

Da negative Kapazitäten nicht zugelassen sind, ist dieses Ungleichungssystem durch die Bedingungen $18 + \Delta_1 \geq 0,\ 24 + \Delta_2 \geq 0,\ 5 + \Delta_3 \geq 0,\ 5 + \Delta_4 \geq 0$ zu ergänzen. In einfachen Fällen kann dieses Ungleichungssystems sofort gelöst werden:

---

[47] Vgl. Beispiel 5.13

| | | | | |
|---|---|---|---|---|
| $\Delta_2 = \Delta_3 = \Delta_4 = 0$ | Bereich für $\Delta_1$ : | $-4 \leq \Delta_1 \leq 3/2$ | | |
| | Beispiel 1: | $Z_{max}(\mathbf{14}, 24, 5, 5)$ | $=$ | $31 + \mathbf{1/6} \cdot (-4)$ |
| | Beispiel 2 (!)[48]: | $Z_{max}(\mathbf{21}, 24, 5, 5)$ | $\neq$ | $31 + \mathbf{1/6} \cdot 3$ |
| $\Delta_1 = \Delta_3 = \Delta_4 = 0$ | Bereich für $\Delta_2$ : | $-3 \leq \Delta_2 \leq 4$ | | |
| | Beispiel 1: | $Z_{max}(18, \mathbf{21}, 5, 5)$ | $=$ | $31 + \mathbf{7/6} \cdot (-3)$ |
| | Beispiel 2 (!)[49]: | $Z_{max}(18, \mathbf{29}, 5, 5)$ | $\neq$ | $31 + \mathbf{7/6} \cdot 5$ |
| $\Delta_1 = \Delta_2 = 0$ | Bereich für $\Delta_3, \Delta_4$ : | $\Delta_3 \geq -1, \Delta_4 \geq -2$ | | |
| | Beispiel 1: | $Z_{max}(18, 24, \mathbf{4}, \mathbf{3})$ | $=$ | $31 + \mathbf{0} \cdot (-1) + \mathbf{0} \cdot (-2)$ |
| | Beispiel 2 (!)[50]: | $Z_{max}(18, 24, \mathbf{3}, \mathbf{2})$ | $\neq$ | $31 + \mathbf{0} \cdot (-2) + \mathbf{0} \cdot (-3)$ |

In der Abbildung 5.21 ist die Abhängigkeit des Optimums von der ersten Kapazität $b_1$ für $b_1 \leq 14$ grafisch dargestellt.

Für $14 \leq b_1 \leq 19,5$ wird das Optimum der Zielfunktion im Schnittpunkt der Geraden $3x_1 + 2x_2 = b_1$ und $3x_1 + 4x_2 = 24$ angenommen. Die Bewertung der Kapazität $b_1$ hat nach (5.46) hierfür den Wert $\lambda_1 = 1/6$.

Für $b_1 = 14$ ändert sich die Verteilung der Basisvariablen: jetzt tritt $y_2$ an die Stelle von $y_4$. Die zu der entsprechenden Ecke $\underline{e}_3$ gehörende Basislösung ist ausgeartetet, da drei der Schlupfvariablen – und damit auch eine Basisvariable – den Wert 0 haben. Das Simplex-Verfahren (5.46) mit $b_1 = 14$ ergibt den Wert $\lambda_1 = 4/3$ als Bewertung der Kapazität $b_1$. Für $10 \leq b_1 \leq 14$ wird das Optimum im Schnittpunkt von $3x_1 + 2x_2 = b_1$ mit $x_2 = 5$ angenommen. Die Verteilung der Basisvariablen in $\underline{e}_3$ bleibt bis zum nächsten Umschlagpunkt $b_1 = 10$ (mit der Ecke $\underline{e}_2$) erhalten.

Für $b_1 = 10$ tritt $y_4$ als Basisvariable an die Stelle von $x_2$. Die zu der Ecke $\underline{e}_2$ gehörende Basislösung ist wegen $x_1 = 0$ ebenfalls ausgeartet. Die Bewertung der Kapazität $b_1$ hat für $0 \leq b_1 \leq 10$ den Wert $\lambda_1 = 5/2$.

Bisher wurden ausschließlich Restriktionen vom Typ $\leq$ berücksichtigt, weil in diesem Fall wie in (5.29) automatisch eine erste zulässige Basislösung gegeben ist. Treten Gleichungen oder Ungleichungen vom Typ $\geq$ hinzu, so kann das Restriktionssystem unter Verwendung von Schlupfvariablen zwar in ein erweitertes Gleichungssystem überführt werden, – eine erste zulässige Basislösung, welche als Eingangsbedingung für das Simplex-Verfahren erforderlich ist, muß aber dann anderweitig bestimmt werden. Dazu bedient man sich zweckmäßig weiterer künstlicher Variabler.

Zunächst kann in einem beliebigen Ungleichungssystem (5.6) nach Multiplikation mit $-1$ erreicht werden, daß die auf der rechten Seite von (5.6) stehenden Koeffizienten sämtlich nicht negativ sind. Anschließend wird das System durch Addition bzw. Subtraktion von Schlupfvariablen in ein äquivalentes Gleichungssystem

$$\begin{array}{lcll} \alpha_{i1}x_1 + \ldots + \alpha_{in}x_n + \mathbf{x}_{n+i} & = & \alpha_i & (i = 1, \ldots, m_1) \\ \beta_{j1}x_1 + \ldots + \beta_{jn}x_n - \mathbf{x}_{n+m_1+j} & = & \beta_j & (j = 1, \ldots, m_2) \\ \gamma_{k1}x_1 + \ldots + \gamma_{kn}x_n & = & \gamma_k & (k = 1, \ldots, m_3) \end{array} \tag{5.48}$$

[48] Die Basisvariablen der optimalen Basislösung sind jetzt $x_1, x_2, y_1, y_4$.
[49] Die Basisvariablen der optimalen Basislösung sind jetzt $x_1, x_2, y_2, y_3$.
[50] Die Basisvariablen der optimalen Basislösung sind jetzt $x_1, x_2, y_1, y_2$.

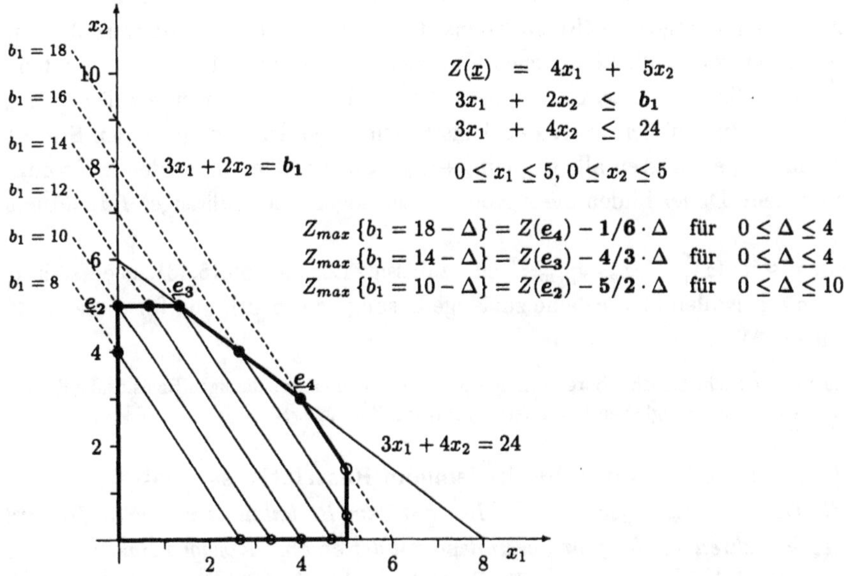


**Abb. 5.21:** Abhängigkeit des Optimums von den Kapazitäten

überführt. Zu den ursprünglichen Relationen der Form $\geq$ und den Gleichungen werden nun *künstliche Variable* $y_1, \ldots$ addiert, so daß ein Gleichungssystem

$$\begin{array}{llllll} \alpha_{i1}x_1 + \ldots + \alpha_{in}x_n & + \ x_{n+i} & & = & \alpha_i & (i = 1, \ldots, m_1) \\ \beta_{j1}x_1 + \ldots + \beta_{jn}x_n & - \ x_{n+m_1+j} & + \ \boldsymbol{y_j} & = & \beta_j & (j = 1, \ldots, m_2) \\ \gamma_{k1}x_1 + \ldots + \gamma_{kn}x_n & & + \ \boldsymbol{y_{m_2+k}} & = & \gamma_k & (k = 1, \ldots, m_3) \end{array} \tag{5.49}$$

– mit der Nichtnegativitätsbedingung für *alle* Variablen – entsteht. Hieran läßt sich sofort eine zulässige Basislösung mit folgenden Werten für die Basisvariablen ablesen:

$$x_{n+i} = \alpha_i \ (i = 1, \ldots, m_1), \ y_j = \beta_j \ (j = 1, \ldots, m_2), \ y_{m_2+k} = \gamma_k \ (k = 1, \ldots, m_3) \tag{5.50}$$

Für das Restriktionssystem (5.49) wird nun eine Hilfsaufgabe betrachtet:

$$\boldsymbol{\hat{Z} = -y_1 - \ldots - y_{m_2} - \ldots - y_{m_2+m_3} \to Max} \tag{5.51}$$

**5.6.4 (Hilfsaufgabe mit künstlichen Variablen)**

- *Das Restriktionssystem* (5.48) *hat dann und nur dann eine zulässige Lösung, wenn das Maximum der Optimierungsaufgabe* $\hat{Z} \to Max$ *mit dem Restriktionssystem* (5.49) *den Wert* 0 *hat.*

- *Aus einer optimalen Basislösung von* (5.49) *entsteht durch Weglassen der künstlichen Variablen eine zulässige Lösung von* (5.48).

B e w e i s : Da die künstlichen Variablen nicht negativ sein können, hat $\hat{Z}$ unter den Nebenbedingungen (5.49) höchstens den Wert 0. Der Optimalwert 0 kann nur dann eintreten, wenn alle künstlichen Variablen verschwinden. Die $x$-Koordinaten einer optimalen Stelle $(x_1, \ldots, x_{n+m_1+m_2}, 0, \ldots, 0)^T$ bilden dann aber eine zulässige Lösung von (5.48). Befinden sich unter den künstlichen Variablen der optimalen Stelle keine Basisvariablen, so müssen alle $m_1 + m_2 + m_3$ Basisvariablen unter den $x$-Koordinaten enthalten sein. Daher bilden die $x$-Koordinaten sogar eine (zulässige) *Basislösung* von (5.48).
Ist andererseits $(x_1, \ldots, x_{n+m_1+m_2})^T$ eine zulässige Lösung von (5.48), so entsteht durch Auffüllen mit Nullen hieraus eine zulässige Lösung von (5.49), und für diese hat $\hat{Z}$ den (optimalen) Wert 0. □

5.6.4 liefert eine leicht handhabbare Methode zur Gewinnung einer zulässigen Basislösung des Restriktionssystems der ursprünglichen Optimierungsaufgabe $Z \to Max$.

### 5.6.5 (Simplex-Verfahren bei beliebigem Restriktionssystem)

*Für die Optimierungsaufgabe $\hat{Z} \to Max$ mit dem Restriktionssystem* (5.49) *wird das Simplex-Verfahren durchgeführt, beginnend mit der ersten zulässigen Basislösung* (5.50). *In der Zielfunktionszeile ist dazu die Darstellung der Funktion $\hat{Z}$ durch die Nichtbasisvariablen einzutragen.*

- *Ist der Optimalwert $\hat{Z}_{max}$ negativ, so ist die ursprüngliche Aufgabe $Z \to Max$ nicht lösbar, da deren Restriktionssystem* (5.48) *keine zulässige Lösung besitzt.*

- *Ist $\hat{Z}_{max} = 0$ und enthält die optimale Basislösung $\underline{x}^*$ keine der künstlichen Variablen als Basisvariable*[51]*, so bilden die $x$-Koordinaten von $\underline{x}^*$ eine zulässige Basislösung des Restriktionssystems* (5.48).
*Mit dieser wird das Simplex-Verfahren für die ursprüngliche Aufgabe begonnen. Hierfür ist die Darstellung der Zielfunktion $Z$ durch die Nichtbasisvariablen erforderlich. Diese wird automatisch dadurch erzeugt, daß die Funktionsgleichung von $Z$ als zusätzliche Gleichung von Anfang an mit in das Austauschverfahren einbezogen wird.*

### Beispiel 5.18 (Simplex-Verfahren mit künstlichen Variablen)

Für das Restriktionssystem

$$10 \le x_1 + x_2 + x_3 + x_4 \le 20, \quad x_1 + x_2 \ge 1 + x_3 + x_4, \quad x_1, x_2, x_3, x_4 \ge 0$$

wird das Maximum der Zielfunktion $Z(x_1, x_2, x_3, x_4) = x_1 + x_2 + 2x_3 + x_4$ bestimmt. Das (5.49) entsprechende Gleichungssystem mit Schlupfvariablen und künstlichen

[51] In einer optimalen Basislösung haben die künstlichen Variablen den Wert 0. Ist nun darunter eine Basisvariable, so liegt eine ausgeartete Basislösung vor. Das Austauschverfahren ist dann nach dem in 5.5.4 beschriebenen Verfahren solange fortzusetzen, bis die Variablen derart aufgeteilt sind, daß alle künstlichen Variablen Nichtbasisvariable sind. Hierbei ändert sich die optimale Basislösung nicht.

Variablen lautet:

$$\begin{array}{rcrcrcrcrcrcrcrcrcl} x_1 & + & x_2 & + & x_3 & + & x_4 & + & x_5 & & & & & & & & & = & 20 \\ x_1 & + & x_2 & + & x_3 & + & x_4 & & & - & x_6 & & & + & y_1 & & & = & 10 \\ x_1 & + & x_2 & - & x_3 & - & x_4 & & & & & - & x_7 & & & + & y_2 & = & 1 \end{array}$$

Hieraus kann eine zulässige Basislösung mit $x_5 = 20$, $y_1 = 10$ und $y_2 = 1$ als Werten für die drei Basisvariablen $x_5$, $y_1$ und $y_2$ abgelesen werden. Die Darstellung der Zielfunktion der Hilfsaufgabe durch die Nichtbasisvariablen lautet:

$$\hat{Z} = -y_1 - y_2 = -11 + 2x_1 + 2x_2 - x_6 - x_7$$

Unter Einbeziehung der Gleichung $Z = x_1 + x_2 + 2x_3 + x_4$ in das Austauschverfahren wird nun das Simplex-Verfahren für die Aufgabe $\hat{Z} \to Max$ durchgeführt.

Nach drei Schritten ist der Maximalwert 0 für $\hat{Z}$ erreicht, und in der optimalen Basislösung $\underline{x}^* = (11/2, 0, 9/2, 0, 10, 0, 0, \mathbf{0}, \mathbf{0})$ sind $y_1$ und $y_2$ keine Basisvariablen. Jetzt kann das Simplex-Verfahren für die ursprüngliche Aufgabe mit der zulässigen Basislösung $\underline{x} = (11/2, 0, 9/2, 0, 10, 0, 0)$ begonnen werden, wobei die Spalten zu den künstlichen Variablen wegzulassen sind. Bereits nach einem Schritt ist das Optimalitätskriterium erfüllt.

| BV | $x_1$ | $x_2$ | $x_3$ | $x_4$ | $x_5$ | $x_6$ | $x_7$ | $y_1$ | $y_2$ | $\underline{b}$ | Quotient | Faktor |
|---|---|---|---|---|---|---|---|---|---|---|---|---|
| $x_5$ | 1 | 1 | 1 | 1 | 1 | 0 | 0 | 0 | 0 | 20 | 20 | −1 |
| $y_1$ | 1 | 1 | 1 | 1 | 0 | −1 | 0 | 1 | 0 | 10 | 10 | −1 |
| $y_2$ | $\underline{1}$ | 1 | −1 | −1 | 0 | 0 | −1 | 0 | 1 | 1 | → 1 | |
| $Z$ | −1 | −1 | −2 | −1 | 0 | 0 | 0 | 0 | 0 | 0 | | 1 |
| $\hat{Z}$ | −2 | −2 | 0 | 0 | 0 | 1 | 1 | 0 | 0 | −11 | | 2 |
| $x_5$ | 0 | 0 | 2 | 2 | 1 | 0 | 1 | 0 | −1 | 19 | 19/2 | −2 |
| $y_1$ | 0 | 0 | $\underline{2}$ | 2 | 0 | −1 | 1 | 1 | −1 | 9 | → 9/2 | |
| $x_1$ | 1 | 1 | −1 | −1 | 0 | 0 | −1 | 0 | 1 | 1 | | 1 |
| $Z$ | 0 | 0 | −3 | −2 | 0 | 0 | −1 | 0 | 1 | 1 | | 3 |
| $\hat{Z}$ | 0 | 0 | −2 | −2 | 0 | 1 | −1 | 0 | 2 | −9 | | 2 |
| $x_5$ | 0 | 0 | 0 | 0 | 1 | $\underline{1}$ | 0 | −1 | 0 | 10 | → 10 | |
| $x_3$ | 0 | 0 | 1 | 1 | 0 | −1/2 | 1/2 | 1/2 | −1/2 | 9/2 | | 1/2 |
| $x_1$ | 1 | 1 | 0 | 0 | 0 | −1/2 | −1/2 | 1/2 | 1/2 | 11/2 | | 1/2 |
| $Z$ | 0 | 0 | 0 | 1 | 0 | −3/2 | 1/2 | 3/2 | −1/2 | 29/2 | | 3/2 |
| $\hat{Z}$ | 0 | 0 | 0 | 0 | 0 | 0 | 0 | 1 | 1 | **0** | | |
| *Zulässige Basislösung für ursprüngliche Aufgabe $Z \to Max$ gefunden* | | | | | | | | | | | | |
| $x_6$ | 0 | 0 | 0 | 0 | 1 | 1 | 0 | | | 10 | | |
| $x_3$ | 0 | 0 | 1 | 1 | 1/2 | 0 | 1/2 | | | 19/2 | | |
| $x_1$ | 1 | 1 | 0 | 0 | 1/2 | 0 | −1/2 | | | 11/2 | | |
| $Z$ | 0 | 0 | 0 | 1 | 3/2 | 0 | 1/2 | | | **59/2** | | |
| *Optimale Basislösung für ursprüngliche Aufgabe $Z \to Max$ gefunden* | | | | | | | | | | | | |

## 5.7 Aufgaben zum Kapitel 5

**Aufgabe 5.1 (Konvexe Mengen)**

(a) Begründen Sie die Aussage 5.1.2 über die Konvexität des Durchschnitts konvexer Mengen im Raum $\mathbb{R}^n$. (Machen Sie sich den Sachverhalt auch grafisch an ebenen konvexen Mengen klar.)

(b) Im Beispiel 5.1 ist die Fläche eines ebenen Dreiecks mit den Ecken $\underline{v}_1$, $\underline{v}_2$ und $\underline{v}_3$ mit der Formel (5.3) als konvexe Hülle der Menge der drei Eckpunkte dargestellt.

- Charakterisieren Sie hiermit das Innere der Dreiecksfläche.
- Kann die Fläche eines ebenen Vierecks mit einer – um eine vierte Ecke erweiterten – entsprechenden Formel beschrieben werden?

**Aufgabe 5.2 (Konvexe Linearkombinationen)**
Die im Beispiel 5.6 konstruierte Lösungsmenge $M$ des Ungleichungssystems

$$\frac{1}{2}x_1 + x_2 + \frac{1}{2}x_3 \leq 1, \quad x_1 + \frac{1}{2}x_2 + x_3 \leq 1, \quad x_1, x_2 \geq 0$$

ist in der Abbildung 5.9 angegeben.

(a) Stellen Sie die Lösungsmenge $M$ als Menge von konvexen Linearkombinationen dar.

(b) Lösen Sie die Optimierungsaufgabe $Z(x_1, x_2, x_3) = 3x_1 + 5x_2 + 4x_3 \to Max$ unter den angegebenen Restriktionen allein unter Verwendung des Hauptsatzes 5.3.5 der linearen Optimierung.

**Aufgabe 5.3 (Basislösungen, Hauptsatz der Optimierung)**
Zur Herstellung zweier Produkte $P_1$ und $P_2$ mit den Preisen $p_1$ bzw. $p_2$ pro Einheit werden drei Anlagen $A_1$, $A_2$ und $A_3$ benötigt. Für eine Einheit von $P_1$ sind dabei drei Stunden Bearbeitungszeit auf $A_1$, zwei Stunden auf $A_2$ und eine Stunde auf $A_3$ erforderlich, und für eine Einheit von $P_2$ ist jeweils eine Stunde auf allen Anlagen erforderlich.
Die Anlagen $A_1$, $A_2$ und $A_3$ stehen hierfür wöchentlich 9, 7 bzw. 6 Stunden zur Verfügung.
Für die in einer Woche auf den Anlagen herstellbare Anzahl $x_1$ von Einheiten des Produkts $P_1$ und $x_2$ von Einheiten des Produkts $P_2$ ergeben sich hierdurch Restriktionen.

(a) Überführen Sie das Restriktionssystem in ein lineares Gleichungssystem mit Nichtnegativitätsbedingungen und bestimmen Sie alle zulässigen Basislösungen des Gleichungssystems und hieraus die Ecken des zulässigen Bereichs des Restriktionssystems (vgl. Abbildung 5.20).

(b) Ermitteln Sie durch Vergleich in den Ecken den maximal möglichen Umsatz in Abhängigkeit von den Preisen $p_1$ und $p_2$, der durch Verkauf der wöchentlich hergestellten Produkte erzielt werden kann. Überprüfen Sie die Ergebnisse durch grafische Optimierung mit Hilfe der Abbildung 5.20.

**Aufgabe 5.4 (Beschränktheit des zulässigen Bereichs eines Ungleichungssystems)**
*Der zulässige Bereich eines linearen Ungleichungssystems $A\underline{x}\,(\leq=)\,\underline{b}$ mit der Nichtnegativitätsbedingung $\underline{x} \geq 0$ ist immer dann beschränkt, wenn die Koeffizienten der Matrix $A$ nicht negativ sind und wenn jede der Unbekannten $x_i$ in mindestens einer der Gleichungen auftritt* (vgl. 5.2.5).
Geben Sie hierfür eine Begründung.

**Aufgabe 5.5 (Grafische Optimierung, parametrische Optimierung)**
Im Beispiel 5.11 ist die Lösung einer Optimierungsaufgabe in Abhängigkeit von einem Parameter $p$ in der Zielfunktion in einer Tabelle angegeben.

Stellen Sie die Lösung für alle Werte von $p \geq 0$ mit Hilfe der Methode 5.4.3 der grafischen Optimierung dar.

**Aufgabe 5.6 (Transportoptimierung: Rang der Koeffizientenmatrix)**
*Die Matrix des abgeschlossenen Modells* (5.21) *der Transportoptimierung in* 5.3.7 *bei $n$ Depots und $m$ Kunden besitzt den Rang $m+n-1$.*

Geben Sie hierfür eine Begründung.

(Anleitung: Berechnen Sie den Rang mit Hilfe des *Gauß*schen Algorithmus zunächst im Fall $n = 3$ und $m = 4$, und gehen Sie dann zum allgemeinen Fall über.)

**Aufgabe 5.7 (Simplex-Verfahren mit Nebenbedingungen in Gleichungsform)**
In zwei Depots $D_1$ und $D_2$ sei eine Ware gelagert. Diese soll vollständig an 3 Kunden $K_1$, $K_2$ und $K_3$ ausgeliefert werden, so daß deren Nachfrage befriedigt wird. In der folgenden Tabelle sind die Depotbestände, die nachgefragten Mengen und die Preise für den Transport je Einheit der Ware auf dem Weg von $D_i$ nach $K_j$ (in Geldeinheiten) für $i = 1,2, j = 1,2,3$ angegeben.

| | | $K_1$ | $K_2$ | $K_3$ | Bestand |
|---|---|---|---|---|---|
| Nachfrage | | 5 t | 7 t | 6 t | |
| Transportpreise | $D_1$ | 5 | 2 | 4 | 10 t |
| | $D_2$ | 2 | 2 | 3 | 8 t |

Ermitteln Sie ein Transportprogramm, das die geringsten Gesamtkosten verursacht.

(Anleitung: Für die Anwendung des Simplex-Verfahrens ist eine erste zulässige *Basislösung* des Gleichungssystems (5.21) erforderlich. Diese kann aber im konkreten Fall durch Probieren gefunden werden. Mit der dann gefundenen Aufteilung in Basis- und Nichtbasisvariable kann das Simplex-Verfahren begonnen werden.)

**Aufgabe 5.8 (Simplex-Verfahren bei einförmigen Ungleichungen, Bewertungen)**
Gegeben sei die Optimierungsaufgabe

$$Z(x_1, x_2, x_3) = 1{,}20x_1 + 3{,}00x_2 + 2{,}80x_3 \to Max$$

unter den Nebenbedingungen $x_1, x_2, x_3 \geq 0$ und

$$\begin{array}{rcrcrcl} x_1 & + & x_2 & + & 3x_3 & \leq & b_1 \\ x_1 & + & 3x_2 & + & 2x_3 & \leq & b_2 \\ 3x_1 & + & 8x_2 & + & 7x_3 & \leq & b_3. \end{array}$$

(a) Lösen Sie die Aufgabe für die speziellen Kapazitäten $b_1 = 24$, $b_2 = 31$ und $b_3 = 89$ mit Hilfe des Simplex-Verfahrens.

(b) Stellen Sie mit Hilfe der Bewertungen aus dem optimalen Simplex-Tableau eine (5.44) entsprechende Formel für das Optimum in Abhängigkeit von den Kapazitäten $b_1$, $b_2$ und $b_3$ auf.

- Prüfen Sie nach dem Muster des Beispiels 5.17 mit Hilfe der Bedingung (5.40), in welchen Grenzen die Formel mit Sicherheit gültig ist. Geben Sie insbesondere an, in welchen genauen Grenzen die Bewertungen der Kapazitäten bei Veränderung jeweils nur einer der drei Kapazitäten gültig sind.
- Untersuchen Sie dabei speziell die Gültigkeit der Formel, wenn die Kapazitäten jeweils um eine Einheit erhöht oder gesenkt werden.

**Aufgabe 5.9 (Simplex-Verfahren mit gemischten Ungleichungen, Bewertungen)**
Gegeben sei die Optimierungsaufgabe

$$Z(x_1, x_2) = 2x_1 + x_2 \rightarrow Max$$

unter den Nebenbedingungen $x_1, x_2, x_3 \geq 0$ und

$$\begin{array}{rcrcl} x_1 & + & 2x_2 & \leq & b_1 = 8 \\ x_1 & - & 3x_2 & \leq & b_2 = 2 \\ x_1 & + & 3x_2 & \geq & b_3 = 6 \\ 2x_1 & + & x_2 & \geq & b_4 = 6. \end{array}$$

(a) Lösen Sie die Aufgabe grafisch.

(b) Lösen Sie die Aufgabe mit Hilfe des Simplex-Algorithmus 5.6.5 unter Verwendung von künstlichen Variablen.
Untersuchen Sie anschließend den Einfluß der Kapazitäten auf das Optimum entsprechend dem Vorgehen in der Aufgabe 5.8. Verfolgen Sie dabei insbesondere das Absenken der Kapazität $b_1$ an der grafischen Lösung.

# Kapitel 6

# Zahlenfolgen

## 6.1 Einführung

**6.1.1 (Zahlenfolge)** *Eine Liste von aufeinanderfolgenden Daten (reellen Zahlen) kann mit Hilfe von* ***Indizes*** *dargestellt werden:*

| | | |
|---|---|---|
| $a_0 =$ | *Anfangszahl der Liste* | (Index 0, Anfangsindex) |
| $a_1 =$ | *Nachfolger von $a_0$ in der Liste* | (Index 1) |
| ... | ... | |
| $a_m =$ | *Letztes Glied der Liste* | (Index $m$, letzter Index) |

Der Anfangsindex kann auch eine beliebige natürliche Zahl sein, auch muß es keinen letzten Index geben, – in diesem Falle besteht die Liste aus unendlich vielen Daten. Die Menge der Indizes (*Indexmenge*) stellt einen Abschnitt der Menge $\mathbb{N}$ der natürlichen Zahlen dar, der aus einer Anfangszahl und deren Nachfolgern bis zu einer letzten Zahl bzw. allen Nachfolgern besteht.

*Eine derartige Liste heißt* ***Zahlenfolge****, kurz auch* ***Folge****. Für die gesamte Folge wird das Symbol $(a_n)_{n\in M}$ verwendet, wobei $n$ für den variablen Index und $M$ für die Indexmenge steht. Für ein konkretes Element $n$ der Indexmenge heißt $a_n$ das* ***n-te Glied*** *der Folge.*[1]

**6.1.2 (Zahlenfolge als Abbildung)** *Eine Zahlenfolge $(a_n)_{n\in M}$ kann auch als Abbildung $f : M \to \mathbb{R}$ der Indexmenge $M$ in die Menge $\mathbb{R}$ der reellen Zahlen (diskrete Funktion) interpretiert werden: Der Wert der Abbildung $f$ für die Variable $n$ ist dabei das $n$-te Glied $a_n$ der Zahlenfolge: $f(n) = a_n$.*

Dieser Zusammenhang wird deutlich durch die Darstellung einer Zahlenfolge als Funktionsgraph einer diskreten Funktion oder als Säulendiagramm. In der Abbildung 6.1 ist der Absatz des VW Käfer[2] zwischen 1945 und 1980 (in 100.000 Stück) dargestellt. Die für die Ermittlung der theoretischen Daten verwendete Trendfunktion (vgl. 8.5.4) beruht auf einer angenommenen Obergrenze für den Absatz von 23 Millionen Fahrzeugen.

---

[1]Die Angabe der Indexmenge darf auch entfallen. Eine endliche Folge $(a_n)$ mit dem letzten Glied $a_m$ kann durch die Festsetzung $a_{m+1} = a_{m+2} = \cdots = a_m$ in natürlicher Weise auch als unendliche Folge aufgefaßt werden.

[2]nach *Hansmann*, 1992

**Beispiel 6.1 (Kontinuierlich erklärte Funktionen und Zahlenfolgen)**
Die Abhängigkeit einer Größe $y$ von einer in einem Intervall frei beweglichen Variablen $t$ sei durch eine Funktion $t \mapsto y = f(t)$ gegeben. Wird die Größe $y$ nur in den diskreten Zeitpunkten einer Zahlenfolge $(t_n)_{n \in M}$ betrachtet, so stellt die durch $y_n = f(t_n)$ für $n \in M$ gegebene Zahlenfolge $(y_n)$ den Wert der Größe $y$ im Punkt $t_n$ dar.

Die in der Abbildung 6.1 angegebene Trendfunktion für den Absatz $t \mapsto f(t) = 6.256.000 \dfrac{e^{6,482-0,272t}}{(1+e^{6,482-0,272t})^2}$ ergibt für die diskreten Werte $t = n$ die angegebenen theoretischen Absatzwerte (weiße Kreise).

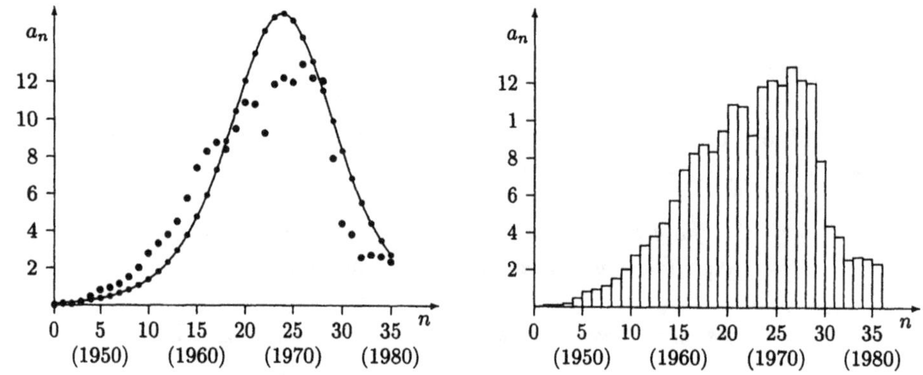


**Abb. 6.1:** Zahlenfolge als diskrete Funktion und als Säulendiagramm

**6.1.3 (Darstellung von Zahlenfolgen)** *Eine Zahlenfolge $(a_n)_{n \in M}$ ist gegeben, wenn für jeden Wert $n$ der Indexmenge $M$ der Wert des Gliedes $a_n$ durch eine Vorschrift bestimmt ist. Dafür gibt es vielfältige Möglichkeiten:*

- ***Aufzählung der Glieder*** *(einer endlichen Folge) in einer Liste*
- *Verbale Charakterisierung des $n$-ten Gliedes durch eine* ***charakterisierende Eigenschaft***
- *Angabe des $n$-ten Elements durch eine* ***explizite Formel $a_n = f(n)$***
- ***Induktive Vorschrift***[3] *zur Bestimmung des $n$-ten Glieds aus gewissen Vorgängern, etwa durch eine* ***rekursive Formel***

**Beispiel 6.2 (Rentenformel)** Durch Verzinsung eines Startkapitals $K_0$ mit dem Zinssatz $p$, anschließende Auszahlung einer Rente $R$, Verzinsung des Restkapitals mit dem gleichen Zinssatz, erneute Auszahlung der Rente $R$ und unbegrenzte Fortsetzung dieses

---

[3] Vgl. 1.6.2

Verfahrens ist eine Zahlenfolge $(K_n)_{n=0,1,2,...}$ erklärt (verbale Beschreibung). Rekursive bzw. explizite[4] Beschreibung:

$$K_n = K_{n-1}(1+p) - R,\ (n \geq 0), \quad K_n = \left(K_0 + \frac{R}{p}\right)(1+p)^n - \frac{R}{p},\ (n = 0, 1, \ldots)$$

**Beispiel 6.3 (Eine Differenzengleichung zweiter Ordnung)**
Die Größe $y_n$ bezeichne die Höhe des Bruttosozialprodukts einer Volkswirtschaft in der $n$-ten Periode. Wird hiervon in der gleichen Periode der Anteil $c_n$ konsumiert und der Anteil $s_n$ investiert bzw. gespart, so verbleibt ein Rest $g_n$, in dem alle übrigen Ausgaben wie für Verwaltung usw. enthalten sind. Damit gilt die Bilanzgleichung $y_n = c_n + s_n + g_n$. Nun wird weiter angenommen, daß die *Konsumneigung* $\alpha = \frac{c_n}{y_{n-1}}$, das Verhältnis zwischen dem aktuellen Konsum und dem Bruttosozialprodukt der vorangegangenen Periode, und die *Sparneigung* $\beta = \frac{s_n}{c_n - c_{n-1}}$, das Verhältnis zwischen dem aktuellen gesparten/investierten Anteil und dem Zuwachs an Konsum, für einen gewissen Zeitraum periodenunabhängige Konstanten mit $0 < \alpha < 1$ und $\beta > 0$ sind. Damit ist $y_n = c_n + s_n + g_n = \alpha y_{n-1} + \beta(\alpha y_{n-1} - \alpha y_{n-2}) + g_n$, und daraus folgt die Rekursionsformel

$$y_n = \alpha(1+\beta)y_{n-1} - \alpha\beta y_{n-2} + g_n, \quad n = 2, 3, \ldots \tag{6.1}$$

Ist die Folge $(g_n)$ der Rest-Ausgaben gegeben und sind die Konstanten $\alpha$ und $\beta$ bekannt, so können die Werte $y_2, y_3, \ldots$ bei bekannten Anfangsdaten $y_0$ und $y_1$ rekursiv berechnet werden.

Die Beziehung (6.1) stellt eine *Differenzengleichung zweiter Ordnung* für die Glieder der Folge $(y_n)$ dar. Sind zwei aufeinanderfolgende Glieder $y_k$ und $y_{k+1}$ bekannt, so sind alle Nachfolger durch das Bildungsgesetz eindeutig bestimmt.

Wird für die Rest-Ausgaben $g_n$ ein konstanter Wert $g_0$ angenommen, so kann die Lösung dieser Gleichung bei gegebenen Werten für $y_0$ und $y_1$ mit Methoden für Differenzengleichungen[5] formelmäßig angegeben werden. Für $\beta = 1$ hat die Lösung die Gestalt

$$y_n = \frac{g_0}{1-\alpha} + \sqrt{\alpha}^{\,n}(C_1 \cos n\varphi + C_2 \sin n\varphi) \text{ mit } \varphi = \arctan\sqrt{-1 + 1/\alpha},$$

wobei sich die Konstanten aus den gegebenen Anfangswerten $y_0$ und $y_1$ gemäß

$$C_1 = y_0 - \frac{g_0}{1-\alpha} \text{ und } C_2 = \frac{y_1 - \alpha y_0 - g_0}{\sqrt{\alpha - \alpha^2}}$$

ergeben; der Winkel $\varphi$ ist durch die Bedingung $0 < \varphi < \pi/2$ eindeutig festgelegt.

In der Abbildung 6.2 ist diese Lösung für die speziellen Daten $y_0 = 5$, $y_1 = 6$ und $g_0 = 1$ in Abhängigkeit vom Parameter $\alpha$ dargestellt. Die Werte für $y_n$ können hierin für ganzzahliges $n$ an den jeweiligen Kurven abgelesen werden. Die Grafik zeigt die zu den Daten gehörende Lösung

$$y_n = \frac{1}{1-\alpha} + \sqrt{\alpha}^{\,n}\left((5 - \frac{1}{1-\alpha})\cos n\varphi + 5\sqrt{-1+1/\alpha}\,\sin n\varphi\right), \tag{6.2}$$

wobei $n$ als kontinuierliche Variable aufgefaßt ist. Der Wert für den Parameter $\alpha$ steigt von 0,50 für die untere Kurve um jeweils 0,05 bis auf 0,90 für die obere Kurve.

[4]Vgl. (6.36)
[5]Vgl. *D. Dorninger* und *G. Karigl*, 1988

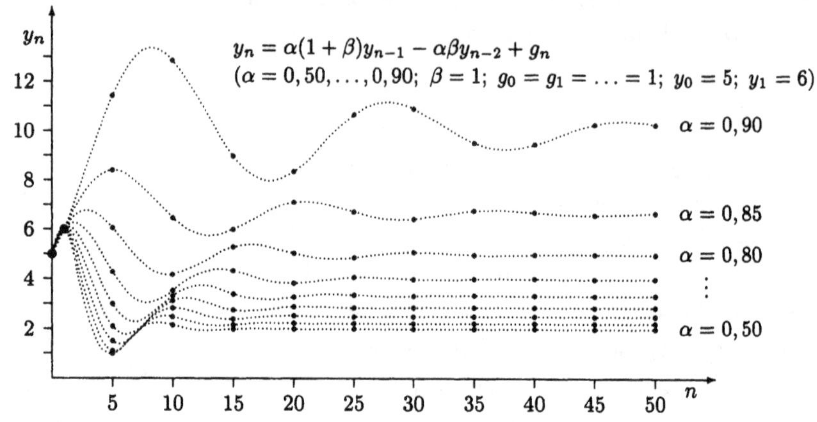


**Abb. 6.2:** Entwicklung des Bruttosozialprodukts $y_n$ im Beispiel 6.2

Häufig ist zu einer gegebenen Zahlenfolge $(a_n)$ die Folge $(S_n)$ der Summen der Folgenglieder zu bilden, z. B. der kumulierte Absatz ab einem bestimmten Jahr.

**6.1.4 (Summenfolge, Reihe)** *Aus einer Folge $a_k, a_{k+1}, \ldots$ wird die Folge $(S_n)_{n=0,1,\ldots}$ der Summen der ersten Folgenglieder, die zugehörige **Reihe**, gebildet:*

$$\boldsymbol{S_0 = a_k,\ S_1 = a_k + a_{k+1}, \ldots,\ S_n = \sum_{i=0}^{n} a_{k+i}} \quad (n = 0, 1, \ldots) \tag{6.3}$$

*Bei Verwendung des Summensymbols in* (6.3) *kann durch **Indexverschiebung** für den ersten Summationsindex eine beliebige ganze Zahl gewählt werden:*

$$\sum_{i=0}^{n} a_{k+i} = \sum_{i=1}^{n+1} a_{k+i-1} = \sum_{i=2}^{n+2} a_{k+i-2} = \ldots$$

**Beispiel 6.4 (Kumulativer Absatz)** Zu der in der Abbildung 6.1 dargestellten Absatz-Folge wird in der Abbildung 6.3 der kumulative Absatz $S_n = \sum_{i=0}^{n} a_i$ betrachtet. Die zugleich dargestellte Funktion $F(t) = 23.000.000/(1 + e^{6{,}482-0{,}272t})$, eine *logistische Funktion*[6], beruht auf einer angenommenen Obergrenze für den Absatz von 23 Millionen Stück.

[6]Die Funktion $F$ ergibt sich aus der im Beispiel 6.1 angegebenen Trendfunktion durch Integration zwischen den Grenzen 0 und $t$; die Integrationskonstante kann hier vernachlässigt werden.

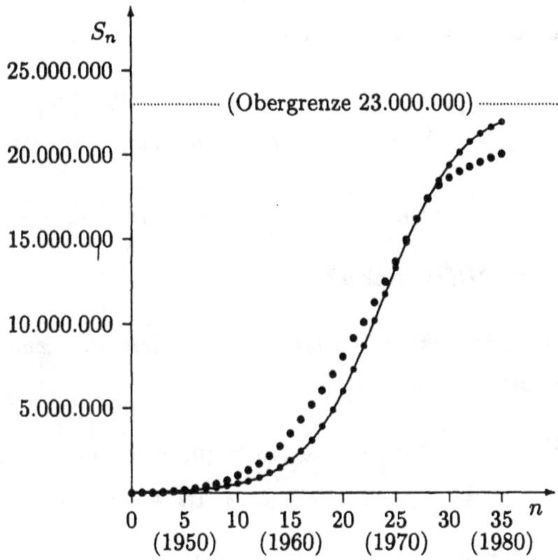


**Abb. 6.3:** Summenfolge (Kumulativer Absatz)

**6.1.5 (Regeln für das Summensymbol)**
***Vertauschbarkeit der Summationsreihenfolge:***

$$\sum_{i=n}^{N} a_i = a_n + \ldots + a_N = a_N + \ldots + a_n = \sum_{i=n}^{N} a_{N+n-i}$$

***Multiplikation einer Summe mit einer Zahl:***

$$\lambda \sum_{i=n}^{N} a_i = \sum_{i=n}^{N} (\lambda a_i)$$

***Addition zweier Summen:***

$$\sum_{i=n}^{N} a_i + \sum_{j=n}^{N} b_j = \sum_{k=n}^{N} (a_k + b_k)$$

***Multiplikation zweier Summen:***[7]

$$\sum_{i=n}^{N} a_i \cdot \sum_{j=m}^{M} b_j = \sum_{i=n}^{N} \sum_{j=m}^{M} a_i b_j = \sum_{j=m}^{M} \sum_{i=n}^{N} a_i b_j = \sum_{\substack{i=n,\ldots,N \\ j=m,\ldots,M}} a_i b_j$$

[7] Mit der rechtsstehenden Doppelsumme werden alle möglichen Produkte $a_i b_j$ mit $n \leq i \leq N$ und $m \leq j \leq M$ addiert. Dies ergibt gerade das gewünschte Produkt $(a_n + \ldots + a_N)(b_m + \ldots + b_M) = a_n b_m + \ldots + a_i b_j + \ldots + a_N b_M$.

Für das qualitative Verhalten einer Zahlenfolge sind die *Differenzen* aufeinanderfolgender Glieder der Folge von Bedeutung.

**6.1.6 (Differenzenfolge)** *Für eine gegebene Zahlenfolge $(a_k, a_{k+1}, \ldots)$ heißt die Folge $(a_{k+1} - a_k, a_{k+2} - a_{k+1}, \ldots)$ der fortlaufend gebildeten Differenzen*

$$\boldsymbol{\Delta a_n = a_n - a_{n-1}} \quad (n = k+1, k+2, \ldots) \tag{6.4}$$

*die Folge der (**ersten**) **Differenzen***[8].

- *Aus der Folge der ersten Differenzen werden die **zweiten Differenzen** (Differenzen zweiter Ordnung)*

  $$\begin{aligned} \boldsymbol{\Delta^{(2)} a_n} &= \boldsymbol{\Delta a_n - \Delta a_{n-1}} = (a_n - a_{n-1}) - (a_{n-1} - a_{n-2}) \\ &= a_n - 2a_{n-1} + a_{n-2} \quad (n = k+2, k+3, \ldots) \end{aligned} \tag{6.5}$$

  *und entsprechend Differenzen beliebiger Ordnung gebildet.*

- *Die erste Differenz $\Delta a_n = (a_n - a_{n-1})/1$ kann als **Änderungsgeschwindigkeit** der Folgenglieder zwischen den Stellen $n-1$ und $n$ und die zweite Differenz $\Delta^{(2)} a_n = (\Delta a_n - \Delta a_{n-1})/1$ als **Beschleunigung** der Folgenglieder zwischen den Stellen $n-2$ und $n$ interpretiert werden.*

**Beispiel 6.5 (Differenzen)**

(a) Für die Folge $(n^2)_{n=1,2,\ldots}$ der Quadratzahlen $1, 4, 9, \ldots$ ist

$$\begin{aligned} \Delta a_n &= n^2 - (n-1)^2 = 2n - 1 && (n = 2, 3, \ldots) \\ \Delta^{(2)} a_n &= \Delta a_n - \Delta a_{n-1} = (2n-1) - (2(n-1) - 1) = 2 && (n = 3, 4, \ldots) \end{aligned}$$

(b) Für eine Lösung $y_n$ der Differenzengleichung (6.1) gilt:

$$\begin{aligned} \Delta y_n &= \alpha(1+\beta)\Delta y_{n-1} - \alpha\beta\Delta y_{n-2} + \Delta g_n, && n = 3, 4, \ldots \\ \Delta^{(2)} y_n &= \alpha(1+\beta)\Delta^{(2)} y_{n-1} - \alpha\beta\Delta^{(2)} y_{n-2} + \Delta^{(2)} g_n, && n = 4, 5, \ldots \end{aligned}$$

Die Differenzen sind folglich ebenfalls Lösungen der Differenzengleichung, wobei $g_n$ durch $\Delta g_n$ bzw. $\Delta^{(2)} g_n$ zu ersetzen ist.

(c) In dem folgenden Ausschnitt aus einem *Differenzenschema* sind die Differenzen einer Folge $(a_n)$ bis zur dritten Ordnung dargestellt. Dabei ist $a_n = y_{(5n)}$, wobei $y_n$ die auf eine Kommastelle gerundete Lösung der Differenzengleichung (6.2) mit der Konsumneigung $\alpha = 0,9$ ist.[9]

---

[8] $\Delta a_n$ wird auch als *Rückwärtsdifferenz* bezeichnet, – im Unterschied zu der gelegentlich verwendeten *Vorwärtsdifferenz* $\Delta a_n = a_{n+1} - a_n$.

[9] Vgl. Abbildung 6.2

| $n$ | 0 | 1 | 2 | 3 | 4 | 5 | 6 | 7 | 8 | 9 | 10 |
|---|---|---|---|---|---|---|---|---|---|---|---|
| $a_n$ | 5,0 | 11,4 | 12,9 | 9,0 | 8,4 | 10,7 | 10,9 | 9,5 | 9,5 | 10,3 | 10,3 |
| $\Delta a_n$ | | 6,4 | 1,5 | −3,9 | −0,6 | 2,3 | 0,2 | −1,4 | 0,0 | 0,8 | 0,0 |
| $\Delta^{(2)} a_n$ | | | −4,9 | −5,4 | 3,3 | 2,9 | −2,1 | −1,6 | 1,4 | 0,8 | −0,8 |
| $\Delta^{(3)} a_n$ | | | | −0,5 | 8,7 | −0,4 | −5,0 | 0,5 | 3,0 | −0,6 | −1,6 |

**6.1.7 (Arithmetische Folge)** *Eine Folge $(a_n)$, für welche die Differenz $\Delta a_n$ zweier aufeinanderfolgender Glieder ein und denselben konstanten Wert d besitzt, heißt* ***arithmetische Folge*** *mit der Differenz d.*

- *Für das allgemeine Glied einer arithmetischen Folge mit der Differenz d gilt:*

$$a_{k+i} = a_k + id, \quad i = 0, 1, \ldots \tag{6.6}$$

- *Aus der speziellen Summenformel*[10]

$$\sum_{i=1}^{n} i = 1 + 2 + \ldots + n = \frac{n(n+1)}{2} \tag{6.7}$$

*folgt die allgemeine* ***Summenformel für eine arithmetische Reihe*** *mit der Differenz d:*

$$\sum_{i=0}^{n} a_{k+i} = (n+1)a_k + (1 + 2 + \cdots + n)d = (n+1)a_k + \frac{n(n+1)}{2} d \tag{6.8}$$

**Beispiel 6.6** Bei einem anfänglichen Monatsgehalt von 2.000 € werde eine halbjährliche Steigerung um 100 € vereinbart. Es sind das Gehalt am Ende des 15. Jahres und die bis dahin erzielte Summe aller Gehaltszahlungen zu bestimmen.

Bedeutet $a_i$ das Monatsgehalt zu Beginn des i-ten Halbjahres, gerechnet seit Beginn des Arbeitsverhältnisses, so ist $(a_i)_{i=1,\ldots,30}$ eine arithmetische Zahlenfolge mit der Differenz $d = 100$. Damit lautet das Endgehalt nach der 29. Steigerung:
$a_{30} = a_1 + 29 \cdot d = 2.000 + 29 \cdot 100 = 4.900$.
Da $b_i = 6a_i$ das während des i-ten Halbjahres erzielte Gesamtgehalt ist, ergibt sich aus (6.8) das kumulierte Gehalt:

$$6(a_1 + \cdots + a_{30}) = 6\sum_{i=0}^{29} a_{1+i} = 6(30a_1 + 29 \cdot 30/2 \cdot d) = 621.000$$

**6.1.8 (Geometrische Folge)** *Eine Folge $(a_n)$, für welche der Quotient zweier aufeinanderfolgender Glieder ein und denselben konstanten Wert q besitzt, heißt* ***geometrische Folge*** *mit dem Quotienten q.*

[10] Diese Summe ergibt sich durch Vertauschung der Summationsreihenfolge (erste Formel in 6.1.5):
$2\sum_{i=1}^{n} i = \sum_{i=1}^{n} i + \sum_{i=1}^{n}(n+1-i) = \sum_{i=1}^{n}(n+1) = n(n+1)$

- *Für das allgemeine Glied einer geometrischen Folge mit dem Quotienten q gilt:*

$$a_{k+i} = a_k q^i, \quad i = 0, 1, \ldots \tag{6.9}$$

- *Aus der speziellen Summenformel*[11]

$$1 + q + q^2 + \cdots + q^n = \begin{cases} \dfrac{q^{n+1} - 1}{q - 1} & \text{für } q \neq 1 \\ n + 1 & \text{für } q = 1 \end{cases} \tag{6.10}$$

*folgt die allgemeine* ***Summenformel für eine geometrische Reihe*** *mit dem Quotienten q:*

$$\sum_{i=0}^{n} a_{k+i} = a_k(1 + q + \cdots + q^n) = \begin{cases} a_k \dfrac{q^{n+1} - 1}{q - 1} & \text{für } q \neq 1 \\ a_k(n + 1) & \text{für } q = 1 \end{cases} \tag{6.11}$$

**Beispiel 6.7** Durch einen jährlichen Wertverlust um einen Faktor $c$, $0 < c < 1$, wird der Anfangswert $K_0$ eines Wirtschaftsgutes nach $i$ Jahren auf den Wert $K_i = K_0(1-c)^i$ reduziert. Die so entstehende Folge ist eine geometrische Folge mit dem Quotienten $q = 1 - c$. Die Folge der jährlichen Wertverluste $cK_0$, $cK_1 = cK_0(1 - c)$, $cK_2 = cK_0(1-c)^2, \ldots$ ist ebenfalls eine geometrische Folge mit dem Quotienten $(1-c)$. Der kumulierte Wertverlust $V_n$ nach $n$ Jahren ergibt sich sowohl durch Differenzbildung $V_n = K_0 - K_n = K_0(1 - (1 - c)^n)$ als auch durch Summation der jährlichen Verluste:

$$V_n = cK_0 + cK_0(1 - c) + \ldots + cK_0(1 - c)^{n-1} = cK_0 \frac{(1 - c)^n - 1}{(1 - c) - 1} = K_0(1 - (1 - c)^n)$$

**Beispiel 6.8** In eine Lebensversicherung werde 40 Jahre lang eine monatliche Prämie eingezahlt. Für eine anfängliche Prämie von 50 € im ersten Jahr und bei einer vereinbarten jährlichen Steigerung der Prämie um 4% ist die Gesamtsumme $S$ der Prämienzahlungen (die garantierte Rückzahlungssumme) zu berechnen.

Bedeutet $a_i$ die Summe der Prämienzahlungen im $i$-ten Jahr, so ist $a_{i+1} = qa_i$ mit $q = 1,04$, und die Gesamtsumme[12] kann nach (6.11) bestimmt werden:

$$\sum_{i=1}^{40} a_i = \sum_{i=0}^{39} a_{1+i} = 600\,\frac{1,04^{40} - 1}{0,04} = 57.015,31$$

[11] Diese Summe ergibt sich aus der Identität
$(1 + q + \ldots + q^n)(1 - q) = (1 + q + \ldots + q^n) - (q + q^2 + \ldots + q^{n+1}) = 1 - q^{n+1}$.

[12] Diese garantierte Rückzahlungssumme $S$ kann aber auch durch die Anlage des Einmalbetrags $S/1,04^{40} = 11.875,66$ bei einer 4%-igen Verzinsung über die gesamte Laufzeit von 40 Jahren erzielt werden.

## 6.2 Eigenschaften von Zahlenfolgen

### 6.2.1 (Obere und untere Schranken, Beschränktheit)

- *Eine Zahlenfolge $(a_n)$ heißt* ***nach oben beschränkt****, wenn ihre Glieder eine geeignete Zahl K nicht übertreffen, also* $\boldsymbol{a_n \leq K}$ *für alle n aus der Indexmenge gilt; jede reelle Zahl K mit dieser Eigenschaft heißt* ***obere Schranke*** *der Folge.*

- *Entsprechend heißt eine Folge $(a_n)$* ***nach unten beschränkt****, wenn es eine Zahl k gibt, so daß* $\boldsymbol{a_n \geq k}$ *für alle n aus der Indexmenge gilt; jede reelle Zahl k mit dieser Eigenschaft heißt* ***untere Schranke*** *der Folge.*

- *Eine Folge $(a_n)$, die sowohl eine obere als auch eine untere Schranke besitzt, heißt* ***beschränkt****. Dies ist gleichbedeutend damit, daß die Folge mit den Gliedern* $|\boldsymbol{a_n}|$ *nach oben beschränkt ist.*

### 6.2.2 (Einige Schranken)

(a) Eine geometrische Zahlenfolge mit dem Quotienten $q$ ist dann und nur dann beschränkt, wenn $|q| \leq 1$ gilt (vgl. Aufgabe 6.1).

(b) Für $n = 1, 2, \ldots$ gilt:[13] $\quad 0 < \frac{1}{n} \leq 1, \quad 1 \leq \sqrt[n]{n} < 2, \quad 0 \leq \frac{\ln n}{n} < 1$

(c) Für $0 \leq \alpha < 1$ ist die Folge $y_n$ der durch (6.2) erklärten Bruttosozialprodukte beschränkt, denn wegen $|\sin n\varphi| \leq 1$, $|\cos n\varphi| \leq 1$ und $|\sqrt{\alpha}^{\,n}| < 1$ gilt:

$$|y_n| \leq |\frac{1}{1-\alpha}| + |5 - \frac{1}{1-\alpha}| + 5\sqrt{-1 + 1/\alpha} \quad \text{für} \quad n = 0, 1, 2, \ldots$$

Für $\alpha = 1$ hingegen ist die Folge nicht beschränkt.[14]

### 6.2.3 (Monotonie)

- *Eine Zahlenfolge $(a_n)$ heißt* ***monoton steigend****, wenn $a_n \leq a_{n+1}$ für alle n aus der Indexmenge gilt. Ist hierbei für keinen Index n das Gleichheitszeichen möglich, so heißt die Folge* ***streng monoton steigend****.*

- *Entsprechend heißt die Folge* ***monoton fallend****, wenn $a_n \geq a_{n+1}$ für alle n aus der Indexmenge gilt. Ist hierbei für keinen Index n das Gleichheitszeichen möglich, so heißt die Folge* ***streng monoton fallend****.*

---

[13] Zu den oberen Schranken von $\sqrt[n]{n}$ und $\ln n/n$ vgl. Aufgabe 1.8; die kleinste obere Schranke ist jeweils das dritte Folgenglied.

[14] Für $\alpha = 1$ ist die Formel (6.2) für die Lösung der Differenzengleichung (6.1) nicht brauchbar. Letztere reduziert sich für $\alpha = \beta = g_n = 1$ auf die einfache Gleichung $y_n - 2y_{n-1} + y_{n-2} = \Delta^{(2)}y_n = 1$. Das bedeutet $\Delta y_n = C + n$ (mit der Konstanten $C = 0$ wegen $y_0 = 5$ und $y_0 = 6$), und hieraus ist ersichtlich, daß die Folge keine obere Schranke besitzen kann. Die Lösung lautet in diesem Fall: $y_n = 5 + n(n+1)/2$, $n = 0, 1, \ldots$

- *Eine Folge ist dann und nur dann monoton steigend oder fallend, wenn die Folge ihrer ersten Differenzen keine negativen bzw. keine positiven Glieder enthält.*

**6.2.4 (Monotonie und Schranken)** *Eine monoton steigende Folge ist nach unten beschränkt, und ihr erstes Glied ist die* ***größte untere Schranke****. Entsprechend ist eine monoton fallende Folge nach oben beschränkt, und ihr erstes Glied ist die* ***kleinste obere*** *Schranke.*

So ist die geometrische Folge $(a_0q^n)$ bei positivem $a_0$ für $q > 1$ streng monoton steigend, und es ist $a_0q^n > a_0$ für $n > 0$. Für $0 < q < 1$ ist die Folge streng monoton fallend, und es ist $a_0q^n < a_0$ für $n > 0$.

**Beispiel 6.9** Eine Schuld $S_0$ werde am Ende der ersten Periode mit einem festen Zinssatz $p$ verzinst, und anschließend werde eine Rate $R$ zurückgezahlt. Am Ende der zweiten Periode werde die *Restschuld* mit $p$ verzinst und erneut die Rate $R$ zurückgezahlt, usw. Dann gilt für die am Ende der $n$-ten Periode bestehende Restschuld $S_n$ die Rekursionsformel

$$S_n = (1+p)S_{n-1} - R \quad (n = 1, 2, \ldots)$$

Die Folge der Restschulden ist genau dann streng monoton fallend, wenn $S_0p - R$ negativ ist, also die Rate größer ist als der Zinsgewinn des Gläubigers aus der Anfangsschuld im ersten Jahr.[15]

**6.2.5 (Vorzeichen der zweiten Differenzen und Art des Wachstums)** *Die Bedeutung des Vorzeichens der zweiten Differenz für das Wachstum ist in der Abbildung* 6.4 *dargestellt, in der auch die jeweiligen Bezeichnungen angegeben sind.*

Die Lage der Sekante durch die Punkte $(i-2, a_{i-2})$ und $(i, a_i)$ wird dabei durch das Vorzeichen der zweiten Differenz bestimmt: Bei positiver zweiter Differenz liegt der Punkt $(i-1, a_{i-1})$ unterhalb dieser Sekante und bei negativer zweiter Differenz oberhalb.[16]

**Beispiel 6.10** Für einen Sättigungsprozeß $(a_n)$ werde ein *logistischer Verlauf* $a_n = \dfrac{a}{1+be^{-cn}}$ mit positiven Konstanten $a$, $b$ und $c$ angenommen. Dann ist $\Delta a_n > 0$ für alle $n$, $\Delta^{(2)}a_n > 0$ für $n < 1 + \ln b/c$ und $\Delta^{(2)}a_n < 0$ für $n > 1 + \ln b/c$. Ist daher $n^*$ die auf $\ln b/c$ folgende ganze Zahl bzw. ist $n^* = \ln b/c$, falls dieser Quotient ganzzahlig ist, so tritt für den Index $n^*$ ein Wechsel der Wachstumsart ein: Im Abschnitt links von $n^*$ bis einschließlich $n^*$ wächst der Prozeß beschleunigt und rechts von $n^*$ gebremst.[17] So ist $n^* = 4$ für $b = e^{3,7}$ und $c = 1$ sowie $n^* = 3$ für $b = e^3$ und $c = 1$.

[15] Zunächst bedeutet $\Delta S_1 < 0$ gerade $S_0p - R < 0$. Ist andererseits $\Delta S_1 < 0$, so ist die gesamte Folge monoton fallend. Denn ist $\Delta S_n$ für irgendeine natürliche Zahl $n \geq 1$ negativ, so ist wegen $\Delta S_{n+1} = (1+p)\Delta S_n$ auch $\Delta S_{n+1}$ negativ.

[16] Hierbei besteht eine Analogie mit dem – in der Differentialrechnung geklärten – Zusammenhang zwischen dem Krümmungsverhalten einer Funktion und dem Vorzeichen der zweiten Ableitung einer differenzierbaren Funktion.

[17] Vgl. Aufgabe 6.5; für die in der Abbildung 6.3 dargestellte Folge tritt der Wechsel der Wachstumsart bei $n^* = 23$ ein.

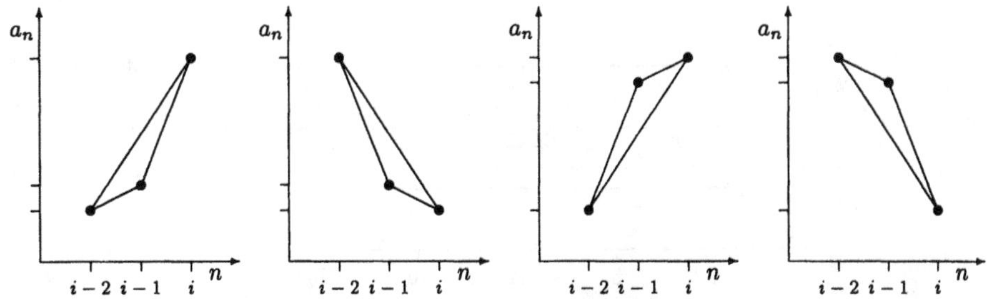


***Beschleunigt wachsend*** (Steigend, $\Delta^{(2)}a_i > 0$) ***Gebremst fallend*** (Fallend, $\Delta^{(2)}a_i > 0$) ***Gebremst wachsend*** (Steigend, $\Delta^{(2)}a_i < 0$) ***Beschleunigt fallend*** (Fallend, $\Delta^{(2)}a_i < 0$)

**Abb. 6.4**: Zweite Differenz und Art des Wachstums

Der *Grenzwertbegriff* bildet den zentralen Gegenstand der Analysis. Mit seiner Hilfe kann die Wirkung beliebig kleiner Änderungen von unabhängigen Veränderlichen auf eine abhängige Größe untersucht werden.

**6.2.6 (Grenzwert einer Zahlenfolge, Nullfolge)** *Nähern sich die Glieder einer Zahlenfolge* $(a_n)$ *mit unbeschränkt wachsendem* $n$ *einer Zahl* $g$ *„beliebig dicht" an, so heißt die Folge* ***konvergent*** *gegen* $g$*, und* $g$ *heißt* ***Grenzwert*** *oder* ***Limes*** *der Folge. Bezeichnung:*

$$\lim_{n\to\infty} a_n = g \quad \text{oder} \quad a_n \to g \quad (\text{für } n \to \infty) \tag{6.12}$$

- *Die Annäherung an den Grenzwert ist dabei wie folgt präzise zu verstehen: Zu jeder (beliebig kleinen) positiven Abweichung* $\varepsilon$ *kann eine bestimmte Zahl* $N(\varepsilon)$ *angegeben werden, so daß der Abstand* $|g - a_n|$ *zwischen dem Grenzwert* $g$ *und* ***allen*** *Gliedern der Folge mit einem Index oberhalb* $N(\varepsilon)$ *kleiner als* $\varepsilon$ *ist, – kurz:*

$$\lim_{n\to\infty} a_n = g \quad \Leftrightarrow \quad |a_n - g| < \varepsilon \ \textbf{für alle } n > N(\varepsilon) \tag{6.13}$$

- *Eine gegen 0 konvergente Folge heißt* ***Nullfolge****. Eine Folge* $(a_n)$ *hat daher genau dann den Grenzwert* $g$*, wenn die Folge mit den Gliedern* $a_n - g$ *eine Nullfolge ist.*

In der Abbildung 6.5 ist die Konvergenz der Folge $(a_n)$ mit $a_n = 1 + (-1)^n/n$ gegen den Grenzwert 1 veranschaulicht. Für $\varepsilon = 0{,}3$, $\varepsilon = 0{,}2$ und $\varepsilon = 0{,}1$ kann dabei $N(0{,}3) = 3$, $N(0{,}2) = 5$ bzw. $N(0{,}1) = 10$ gewählt werden. Die Glieder mit einem höheren Index als $N(\varepsilon)$ weichen um weniger als $\varepsilon$ vom Grenzwert 1 ab.

**6.2.7 (Divergenz gegen $+\infty$ und $-\infty$)** *Eine nicht konvergente Zahlenfolge* $(a_n)$ *heißt* ***divergent****. Insbesondere heißt die Folge* ***divergent gegen*** $+\infty$ *oder* $-\infty$*, wenn die Folgenglieder jede vorgegebene beliebig große Schranke ab einem gewissen Index sämtlich übersteigen bzw. jede beliebig kleine Schranke ab einem gewissen Index sämtlich unterschreiten. Bezeichnung:*

$$\lim_{n\to\infty} a_n = \pm\infty \quad \text{oder} \quad a_n \to \pm\infty \quad (\text{für } n \to \infty)$$

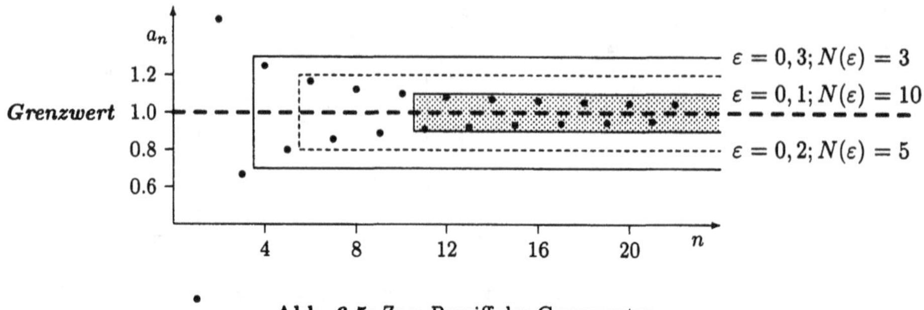


**Abb. 6.5:** Zum Begriff des Grenzwertes

Die folgenden Grenzwertsätze können ohne weitere Hilfsmittel aus der Erklärung des Grenzwertes durch elementares Operieren mit Ungleichungen und absoluten Beträgen hergeleitet werden.
Insbesondere die nachfolgenden Regeln (2) und (3) sind für die konkrete Berechnung von Grenzwerten von Bedeutung. Darüber hinaus sind diese Regeln die Grundlage entsprechender Regeln der Differentialrechnung und von Eigenschaften des bestimmten Integrals.

**6.2.8 (Grenzwertsätze für Zahlenfolgen)**

(1)
- *Eine Folge kann nicht zwei verschiedene Grenzwerte besitzen.*
- *Eine konvergente Folge ist beschränkt.*
- *Eine monoton steigende Folge ist genau dann konvergent, wenn sie eine obere Schranke besitzt, und eine monoton fallende Folge ist genau dann konvergent, wenn sie eine untere Schranke besitzt.*
  *Der Grenzwert ist dann die kleinste obere bzw. die größte untere Schranke.*

(2) *Ist die Folge $(a_n)$ beschränkt und ist $(b_n)$ eine Nullfolge, so ist das Produkt $(a_n \cdot b_n)$ ebenfalls eine Nullfolge.*

(3) *Haben die Folgen $(a_n)$ und $(b_n)$ jeweils einen Grenzwert, so gilt das auch für deren Summe, Differenz, Produkt und Quotienten*[18] *sowie alle Vielfachen, und diese können wie angegeben durch $\lim\limits_{n\to\infty} a_n$ und $\lim\limits_{n\to\infty} b_n$ dargestellt werden:*

$$\begin{aligned}
\lim_{n\to\infty}(a_n \pm b_n) &= \lim_{n\to\infty} a_n \pm \lim_{n\to\infty} b_n \\
\lim_{n\to\infty}(a_n \cdot b_n) &= \lim_{n\to\infty} a_n \cdot \lim_{n\to\infty} b_n \\
\lim_{n\to\infty} \frac{a_n}{b_n} &= \frac{\lim\limits_{n\to\infty} a_n}{\lim\limits_{n\to\infty} b_n} \\
\lim_{n\to\infty}(\lambda \cdot a_n) &= \lambda \cdot \lim_{n\to\infty} a_n \quad (\lambda \text{ eine reelle Zahl})
\end{aligned} \tag{6.14}$$

[18]Für die Quotientenregel ist $b_n \neq 0$ für alle betrachteten Indizes sowie $\lim\limits_{n\to\infty} b_n \neq 0$ vorauszusetzen.

B e w e i s: Wegen der Bedeutung dieser Regeln für die Infinitesimalrechnung sollen hier exemplarisch zwei der Aussagen mit typischen Schlußweisen hergeleitet werden, die Beschränktheit von konvergenten Folgen und die Multiplikationsregel in (6.14).
Ein unverzichtbares Hilfsmittel für diese und ähnliche Betrachtungen ist dabei die für alle reellen Zahlen $x$ und $y$ geltende *Dreiecksungleichung*

$$|x| - |y| \leq |x - y| \leq |x| + |y|.$$

Konvergiert die Folge $(a_n)$ gegen $a$, so kann in (6.13) speziell $\varepsilon = 1$ gewählt werden.
Dann ist $|a_n - a| \leq 1$ für $n > N(1)$ und damit auch $|a_n| - |a| \leq 1$, also $|a_n| < 1 + |a|$. Daher ist $1 + |a|$ eine Schranke für alle Glieder der Folge $(|a_n|)$ der absoluten Beträge, deren Index $n$ oberhalb von $N(1)$ liegt. Unter den hierbei nicht berücksichtigten ***endlich vielen*** Gliedern dieser Folge mit einem Index $n \leq N(1)$ gibt es ein betragsmäßig größtes, und damit ist dieses Glied oder die Zahl $1 + |a|$ eine Schranke für die Folge der absoluten Beträge.

Konvergiert $(a_n)$ gegen $a$ und $(b_n)$ gegen $b$, so kann zunächst eine gemeinsame Schranke $K > 0$ für beide Folgen $(|a_n|)$ und $(|b_n|)$ gewählt werden. Dann ist

$$|a_nb_n - ab| = |a_nb_n - a_nb + a_nb - ab| \leq |a_n| \cdot |b_n - b| + |a_n - a| \cdot |b| \leq K\Big(|b_n - b| + |a_n - a|\Big) \text{ für alle } n. \quad (6.15)$$

Wegen $(a_n) \to a$ und $(b_n) \to b$ gibt es zu jedem $\varepsilon > 0$ einen Index $N'$, so daß für alle $n > N'$ sowohl $|a_n - a| \leq \varepsilon/(2K)$ als auch $|b_n - b| \leq \varepsilon/(2K)$ gilt. Aus (6.15) ergibt sich damit $|a_nb_n - ab| < 2K\varepsilon/(2K) = \varepsilon$ für alle $n > N'$. Damit ist die Konvergenz $(a_nb_n) \to ab$ nachgewiesen. □

## 6.2.9 (Beispiele, Anwendungen der Grenzwertsätze)

(1) *Die geometrische Folge $(a_n)$ mit $a_n = q^n$ ist* ***für $|q| < 1$ eine Nullfolge****, hat für $q = 1$ den konstanten Wert 1 und divergiert sonst.*[19] *Die geometrische Reihe*

$$S_n = \sum_{i=0}^{n} q^n = 1 + q + q^2 + \ldots + q^n$$

***konvergiert für $|q| < 1$ gegen $1/(1-q)$*** *und ist in allen anderen Fällen divergent.*

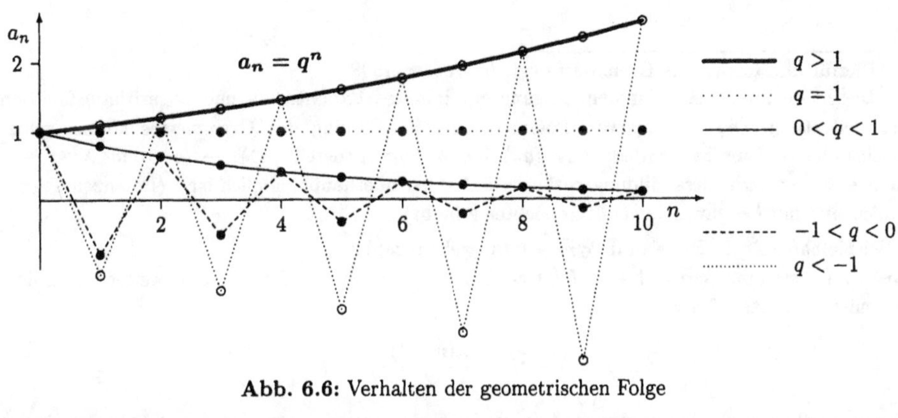


**Abb. 6.6:** Verhalten der geometrischen Folge

[19]Vgl. Abbildung 6.6 und Aufgabe 6.1

(2) *Die bei Wachstumsprozessen auftretende Folge* $(a_n)$ *mit* $a_n = \left(1+\frac{1}{n}\right)^n$ *erweist sich als monoton steigend und nach oben beschränkt. Ihr Grenzwert ist die irrationale Eulersche Zahl* $e = 2,71828\ldots$, *die Basis der natürlichen Logarithmen.*[20] *Darüber hinaus gilt für jede reelle Zahl* $p$:

$$\lim_{n\to\infty}(1+\frac{p}{n})^n = e^p \tag{6.16}$$

(3) *Die Folge* $(1/n)$ *ist eine Nullfolge und damit auch jede Potenz* $(1/n)^p$ *für* $p = 1, 2, \ldots$ *Mit Hilfe der Regeln (6.14) kann damit das Verhalten eines beliebigen Quotienten von ganzen rationalen Termen bestimmt werden:*

$$\lim_{n\to\infty}\frac{n^p + a_{p-1}n^{p-1} + \ldots + a_1 n + a_0}{n^q + b_{q-1}n^{q-1} + \ldots + b_1 n + b_0} = \begin{cases} 0 & \text{für } p < q \\ 1 & \text{für } p = q \\ \infty & \text{für } p > q \end{cases} \tag{6.17}$$

Die Beziehung (6.17) ergibt sich unmittelbar durch Division des Quotienten auf der linken Seite durch die höchste auftretende Potenz.
Beispiele: Von den Folgen $(y_n)$ mit

$$y_n = \frac{3n^2-2}{5n^3-2n+3}, \quad y_n = \frac{4n^3-3n^2+2}{-5n^3+2n+3}, \quad y_n = \frac{4n^3-3n^2+2}{1-2n}$$

konvergiert die erste gegen 0 und die zweite gegen $-4/5$, und die dritte divergiert gegen $-\infty$.

(4) *Weitere häufig verwendete Grenzwerte:*[21]

$$\begin{aligned} &\lambda > 0 \Rightarrow \lim_{n\to\infty}\sqrt[n]{\lambda} = 1, \text{ allgemein: } \lim_{n\to\infty}\lambda^{a_n} = 1 \text{ für } (a_n) \to 0 \\ &\lim_{n\to\infty}\sqrt[n]{n} = 1, \quad \lim_{n\to\infty}\frac{\ln n}{n} = 0, \quad \lim_{n\to\infty}\frac{e^{a_n}-1}{a_n} = 1 \text{ für } (a_n) \to 0 \\ &\lim_{n\to\infty} q^n n^\alpha = 0 \text{ für } |q| < 1 \text{ und } \alpha \in \mathbb{R} \end{aligned} \tag{6.18}$$

Die letzte Beziehung bedeutet, daß eine Folge $q^n$ für $|q| < 1$ so stark gegen 0 konvergiert, daß sogar das Produkt mit jeder Potenz $n^\alpha$ gegen 0 konvergiert.

---

[20] Hierfür und für weitere Grenzwerte vgl. *H. Heuser*, 1998

[21] Diese Grenzwerte sind für den Umgang mit Potenz-, Exponential- und Logarithmusfunktionen von Bedeutung. Die Bildung von Potenzen und die Bildung des Grenzwertes können generell miteinander vertauscht werden: Aus $(a_n) \to a$ folgt generell $(a_n^\lambda) \to a^\lambda$ und $\lambda^{a_n} \to \lambda^a$ für $\lambda \in \mathbb{R}$, – sofern diese Bildungen für reelle Zahlen überhaupt möglich sind (Potenzen negativer Zahlen sind nur bei ganzzahligem Exponenten erlaubt).

Beispielhaft soll ein Beweis für $\sqrt[n]{n} \to 1$ angegeben werden.
Aus der Darstellung $\sqrt[n]{n} = 1 + k_n$ folgt zunächst $k_n > 0$ ab $n = 2$ und damit weiter mit Hilfe des Binomischen Satzes (2.8):

$$n = (1+k_n)^n = 1 + nk_n + \frac{n(n-1)}{2}k_n^2 + \ldots > \frac{n(n-1)}{2}k_n^2$$

Hieraus ergibt sich die Ungleichung $k_n^2 < \frac{2}{n-1}$ und daraus $0 < k_n < \sqrt{2}/\sqrt{n-1}$. Also ist $(k_n)$ eine Nullfolge, und damit konvergiert $(\sqrt[n]{n})$ gegen 1.

(5) Die Folge $(y_n)$ der Bruttosozialprodukte[22] mit

$$y_n = \frac{1}{1-\alpha} + \sqrt{\alpha}^{\,n}\left((5 - \frac{1}{1-\alpha})\cos n\varphi + 5\sqrt{-1+1/\alpha}\,\sin n\varphi\right)$$

konvergiert für $0 \le \alpha < 1$ gegen $1/(1-\alpha)$, denn der rechte Faktor der Nullfolge $\sqrt{\alpha}^{\,n}$ ist beschränkt.

Die Entwicklung eines Kapitals bei periodischer Verzinsung und periodischen Ein- oder Auszahlungen kann in übersichtlicher Weise mit ein- und derselben Rekursionsformel, einer Differenzengleichung erster Ordnung, dargestellt werden. Die Lösung einer solchen Gleichung insbesondere mit konstanten Koeffizienten kann explizit angegeben werden.

**6.2.10 (Lineare Differenzengleichung erster Ordnung)** *Eine Gleichung*

$$y_n = a_n y_{n-1} + b_n, \quad n = 1, 2, \ldots \tag{6.19}$$

*für eine gesuchte Folge $(y_n)$ bei gegebenen Folgen $(a_n)$ und $(b_n)$ heißt (lineare)* ***Differenzengleichung*** *erster Ordnung.*[23] *Durch Vorgabe eines Anfangswertes $y_0$ ist die Lösung einer solchen Gleichung eindeutig bestimmt, und diese kann sukzessive berechnet werden: $y_1 = a_1 y_0 + b_1$, $y_2 = a_2 y_1 + b_2 = a_2(a_1 y_0 + b_1) + b_2$, usw.*

*Die Lösung der Differenzengleichung* ***mit konstanten Koeffizienten***

$$\boldsymbol{y_n = a y_{n-1} + b, \quad n = 1, 2, \ldots} \tag{6.20}$$

*mit dem Anfangswert $y_0$ kann in geschlossener Form angegeben werden:*

$$\boldsymbol{y_n = a^n y_0 + b(a^{n-1} + \ldots + a + 1) = a^n y_0 + b \begin{cases} \dfrac{a^n - 1}{a - 1} & \text{für } a \neq 1 \\ n & \text{für } a = 1 \end{cases}} \tag{6.21}$$

[22] Vgl. Beispiel 6.2 und die zugehörige Abbildung 6.2

[23] Die Bezeichnung rührt daher, daß sich die Gleichung auch in der Form

$$\Delta y_n = (a_n - 1) y_{n-1} + b_n$$

schreiben läßt; hierbei treten neben den Folgengliedern die ersten Differenzen auf.

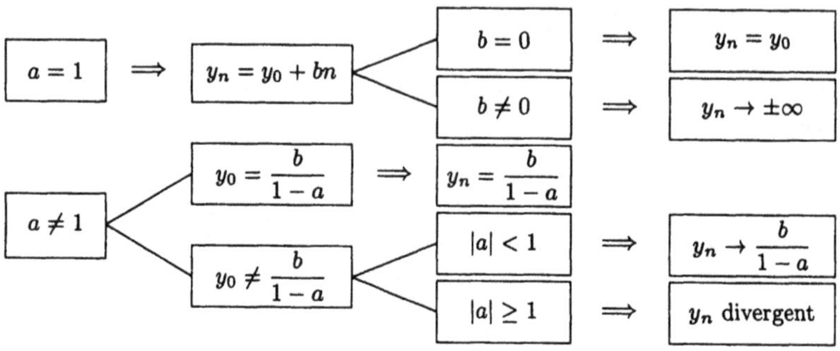


**Abb. 6.7:** Verhalten der Lösung einer Differenzengleichung erster Ordnung mit konstanten Koeffizienten

## 6.3 Zins-, Renten- und Tilgungsrechnung

**6.3.1 (Verzinsung, Zinseszins)**
*Durch einmalige **Verzinsung** eines Kapitals $K_0$ mit dem **Zinssatz** $p$ am Ende einer **Zinsperiode** wird der **Zins** (**Periodenzins**) $pK_0$ gebildet. Das um den Zins vermehrte Kapital hat den Wert $\boldsymbol{K_1 = K_0 + pK_0 = K_0 q}$ mit dem **Zinsfaktor** $\boldsymbol{q = 1 + p}$. Wird $K_1$ in der folgenden Zinsperiode erneut mit $p$ verzinst und werden die Zinsen dem Kapital hinzugefügt, entsteht das Kapital $K_2 = K_1 q = K_0 q^2 = K_0 + 2pK_0 + p^2 K_0$.*

Hierin ist $2pK_0$ der Zins nach zweimaliger Verzinsung des Anfangskapitals $K_0$, und $p^2 K_0$ ist der in der zweiten Periode erzielte Zinsgewinn für die in der ersten Periode erzielten Zinsen (***Zinseszins***).

*Die Fortsetzung der Verzinsung ergibt für das angehäufte Kapital eine geometrische Folge $(K_n)$ mit der Rekursionsvorschrift $K_n = qK_{n-1}$ und - mit Hilfe des Binomischen Satzes* (2.8) *- mit der expliziten Darstellung*

$$\begin{aligned} \boldsymbol{K_n} &= \boldsymbol{q^n K_0 = (1+p)^n K_0 \quad (n = 0, 1, \ldots)} \\ &= \boldsymbol{\binom{n}{0} K_0 + \binom{n}{1} p K_0 + \binom{n}{2} p^2 K_0 + \cdots + \binom{n}{n} p^n K_0}. \end{aligned} \tag{6.22}$$

Für den Zinssatz $p$ ist eine beliebige reelle Zahl möglich. Während die geometrische Folge $(1+p)^n$ für einen positiven Zinssatz monoton steigend nach $+\infty$ divergiert, konvergiert sie für $-1 < p < 0$ monoton fallend gegen 0. Kapitalverzinsung mit einem derartigen Zinssatz führt zum Wertverlust durch Abschreibung.

**6.3.2 (Geometrische Abschreibung)** *Verliert ein positives Anfangsguthaben $K_0$ in jeder Periode ein und dasselbe Vielfache $cK$ seines Wertes $K$ am Beginn dieser*

*Periode (geometrische* ***Abschreibung****), wobei die* ***Abschreibungsrate c*** *eine zwischen 0 und 1 liegende Konstante ist, so bilden die* ***Restwerte*** *eine geometrische Folge $(K_n)$ mit*

$$K_n = (1-c)^n K_0, \quad n = 0, 1, \ldots$$

In der Abbildung 6.8 ist die durch das Gesetz (6.22) erklärte Kapitalfolge $(K_n)$ für $K_0 = 1$ und $p = 20\,\%$ dargestellt.[24] Zusätzlich sind dabei die Folgen $(K_n^{(1)})$ und $(K_n^{(2)})$ dargestellt, die aus der Entwicklung (6.22) durch Weglassen höherer als erster bzw. zweiter Potenzen von $p$ entstehen.[25]

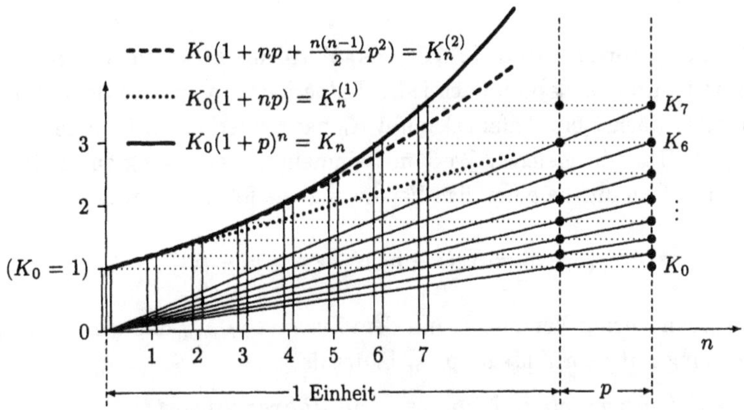


**Abb. 6.8:** Kapitalverzinsung

### 6.3.3 (Verzinsung bei variablem Zinssatz, Effektivzins, Abzinsen, Barwert)

*Tritt an die Stelle des periodenunabhängigen Zinssatzes p in 6.3.1 eine Folge $p_1, p_2, \ldots$ variabler Zinssätze, so hat das nach n Perioden angehäufte Kapital $K_n$ bei einem Anfangswert $K_0$ den Wert*

$$\boldsymbol{K_n = (1+p_1)(1+p_2)\ldots(1+p_n)K_0}. \tag{6.23}$$

- *Das Anfangskapital $K_0$ kann aus dem Kapital $K_n$ am Ende der n-ten Periode durch* ***Abzinsen*** *(****Diskontieren****) auf den Anfangszeitpunkt zurückgerechnet werden:*

$$\boldsymbol{K_0 = \frac{K_n}{(1+p_1)\cdot\ldots\cdot(1+p_n)}} \tag{6.24}$$

  *$K_0$ wird in diesem Zusammenhang als* ***Barwert*** *von $K_n$ bezeichnet.*

- *Das Kapital $K_n$ kann auch mit einem über n Perioden konstanten und vom Anfangskapital unabhängigen* ***Effektivzinssatz $p_{eff}$*** *erzielt werden:*

$$\boldsymbol{K_n = (1+p_{eff})^n K_0 \quad\Leftrightarrow\quad p_{eff} = \sqrt[n]{(1+p_1)\ldots(1+p_n)} - 1} \tag{6.25}$$

---

[24] Die Folgenglieder lassen sich hierbei aus der Rekursionsformel mit Hilfe des Strahlensatzes $K_n : (1+p) = K_{n-1} : 1$ gewinnen.

[25] Im ersten Fall wird der Zinseszins und im zweiten Fall der Zins des Zinseszinses weggelassen. Die Rekursionsformeln lauten: $K_n^{(1)} = K_{n-1} + pK_0$, $K_n^{(2)} = K_{n-1} + p(1 + [n-1]p)K_0$

**Beispiel 6.11 (Effektivzins, Barwert)** Ein Anfangskapital $K_0$ soll bei steigendem Zinssatz nach 8 Jahren ein Endkapital von 100.000 € erbringen. Der Zinssatz soll dabei von 3 % in den ersten beiden Jahren über 4 % in den folgenden 3 Jahren bis auf 5 % in den letzten drei Jahren steigen.
Das gesuchte Anfangskapital ergibt sich durch Abzinsen des Endbetrages auf den Anfangszeitpunkt: $K_0 = \dfrac{100.000}{1,03^2 \cdot 1,04^3 \cdot 1,05^3} = 72.386,51$
Der zugehörige Effektivzinssatz ist $p_{eff} = \sqrt[8]{1,03^2 \cdot 1,04^3 \cdot 1,05^3} \approx 4,12\,\%$.

**Beispiel 6.12 (Monats- und Jahreszins)** Wird eine Zinsperiode in $m$ Teilperioden aufgeteilt und wird das Kapital nach jeder Teilperiode mit ein und demselben Zinssatz $p_m$ verzinst, so wächst ein Anfangskapital $K_0$ nach einer vollen Periode auf den Wert $K_0(1+p_m)^m$. Um den gleichen Wert mit einmaliger Verzinsung zu erhalten, ist der gesuchte Zinssatz $p$ für die einmalige Verzinsung wie folgt zu berechnen:

$$K_0(1+p) = K_0(1+p_m)^m \Leftrightarrow p = (1+p_m)^m - 1$$

Speziell bei monatlicher Verzinsung mit dem Zinssatz $p_{Monat}$ und gleichwertiger jährlicher Verzinsung mit dem Zinssatz $p_{Jahr}$ lautet der

***Zusammenhang zwischen Monats- und Jahreszinssatz:***

$$\mathbf{1 + p_{Jahr} = (1 + p_{Monat})^{12} \quad \Leftrightarrow \quad p_{Monat} = \sqrt[12]{1 + p_{Jahr}} - 1} \tag{6.26}$$

Wegen des Einflusses von Kapitalverzinsung und Inflation können Kapitalerträge aus unterschiedlichen Perioden nicht unmittelbar miteinander verglichen werden. Durch Abzinsung auf einen gemeinsamen Anfangszeitpunkt werden diese Einflüsse jedoch „herausgerechnet".

**6.3.4 (Ertragsrechnung)** *Für $n$ Perioden seien die Periodenzinssätze $p_1, \ldots, p_n$ und die an den Periodenenden anfallenden Kapitalerträge (Renten) $E_1, \ldots, E_n$ gegeben. Werden die Erträge jeweils am Periodenende zu dem aktuellen Zinssatz angelegt, so entsteht unter Berücksichtigung der Verzinsung nach $n$ Perioden das Gesamtkapital*

$$\begin{aligned} I_n &= E_1(1+p_2)\ldots(1+p_n) + E_2(1+p_3)\ldots(1+p_n) + \ldots + E_n \\ &= (1+p_1)\ldots(1+p_n)\left(\frac{E_1}{1+p_1} + \frac{E_2}{(1+p_1)(1+p_2)} + \ldots + \frac{E_n}{(1+p_1)\ldots(1+p_n)}\right). \end{aligned}$$

*Hierin treten die Barwerte der Erträge, also die auf den Beginn der 1. Periode abgezinsten Erträge*

$$\mathbf{e_i = \frac{E_i}{(1+p_1)\ldots(1+p_i)} \quad (i = 1, \ldots, n)} \tag{6.27}$$

*auf. Das Endkapital ergibt sich durch Verzinsung der Summe der abgezinsten Erträge:*

$$\mathbf{I_n = c_0\,(1+p_1)\ldots(1+p_n), \quad c_0 = \sum_{i=1}^{n} e_i} \tag{6.28}$$

- Stammen die Erträge aus einer zum Anfangszeitpunkt getätigten Investition mit den Kosten $K_0$, so kann das Endkapital $I_n$ mit demjenigen Kapital

$$K_n = (1+p_1)\dots(1+p_n)K_0$$

verglichen werden, das die alleinige Anlage der Investitionssumme $K_0$ am Kapitalmarkt erbracht hätte.

*Die Investition ist dann und nur dann wirtschaftlich, wenn sie nicht weniger erbringt als die Kapitalanlage der Summe $K_0$. Das bedeutet:*

$$\boldsymbol{I_n \geq K_n \Leftrightarrow (1+p_1)\dots(1+p_n)(c_0 - K_0) \geq 0 \Leftrightarrow c_0 \geq K_0} \tag{6.29}$$

*Die Größe $c_0$ wird in diesem Zusammenhang als **Kapitalwert** (der Periodenerträge) bezeichnet.*

***Spezialfall konstanter Erträge und Zinssätze, Rentenbarwertfaktor:***
*Für konstante Zinssätze und Erträge (Renten) $p_1 = \dots p_n = p$; $E_1 = \dots = E_n = E$ gilt:*

$$I_n = (1+p)^n c_0 = \frac{(1+p)^n - 1}{p} E, \quad K_n = (1+p)^n K_0$$

$$\boldsymbol{I_n \geq K_n \Leftrightarrow E \geq \kappa K_0} \;\; \mathit{mit}\;\; \boldsymbol{\kappa = \frac{p(1+p)^n}{(1+p)^n - 1}} \tag{6.30}$$

- *Insbesondere: Um mit einem konstanten Periodenertrag (Rente) $E$ nach $n$ Perioden den gleichen Kapitalertrag wie durch Verzinsung der Summe $K_0$ zu erhalten, muß für $E$ die Größe $\kappa K_0$ gewählt werden.*

*Der Faktor $\boldsymbol{\kappa = \kappa(p, n)}$ wird als **Rentenbarwertfaktor** bezeichnet.*[26]

**Beispiel 6.13 (Ertragsrechnung)** In der Abbildung 6.9 sind die prognostizierten Erträge einer Investition für die Dauer von 5 Perioden angegeben. Die Investition ist wirtschaftlich, wenn dafür höchstens der Kapitalwert

$$c_0 = e_1 + e_2 + e_3 + e_4 + e_5 = 318.831,52$$

benötigt wird.

Wird dieser Kapitalwert jetzt für 5 Perioden zu einem Zinssatz von 4 % angelegt, so wird hiermit der gleiche Ertrag wie durch fünfmalige Zahlung der Rente

$$\boldsymbol{E = \kappa c_0} = \frac{0,04 \cdot 1,04^5}{1,04^5 - 1}\, 318.831,52 = 71.618,20$$

erzielt.

---

[26] Zur näherungsweisen Ermittlung des Zinssatzes $p$ aus dem Rentenbarwertfaktor bei gegebener Periodenzahl $n$ vgl. 6.3.15

| $i$ | $p_i$ | $E_i$ | $e_i$ |
|---|---|---|---|
| 1 | 3,5% | 50.000 | 48.309,18 |
| 2 | 3,9% | 70.000 | 65.094,18 |
| 3 | 4,5% | 85.000 | 75.639,17 |
| 4 | 4,2% | 80.000 | 68.320,35 |
| 5 | 4,2% | 75.000 | 61.468,64 |

Kapitalwert $c_0 = \sum_{i=1}^{5} e_i = 318.831,52$

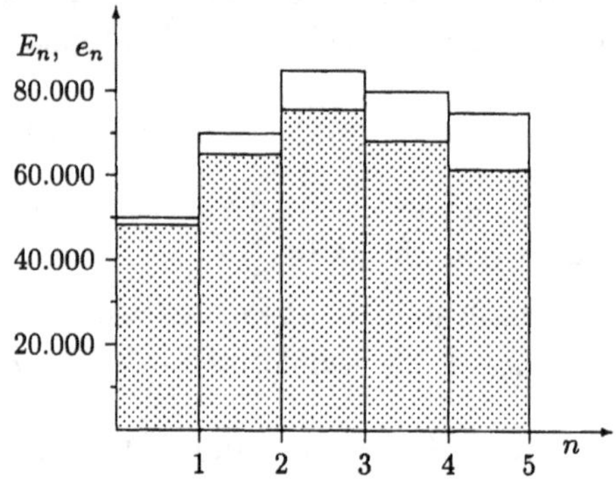


**Abb. 6.9:** Ertragsrechnung: Wirtschaftlichkeit einer Investition

Das diskrete Modell 6.3.1 für das Kapitalwachstum kann – mit Hilfe von Grenzprozessen – auch für die Erklärung kontinuierlicher Wachstumsvorgänge verwendet werden, bei denen keine sprunghaften Änderungen an Periodenübergängen auftreten.

**6.3.5 (Stetiges Wachstum, stetige Verzinsung)** *Bei einem gegebenen Zinssatz $p$ werde jede Periode in $m$ Teilperioden eingeteilt, und das Kapital werde nach jeder Teilperiode mit dem* ***anteiligen Zinssatz $p/m$*** *verzinst. Dann wächst ein Anfangskapital $K_0$ am Ende der ersten vollen Periode auf $K_0(1+p/m)^m$ und nach $n$ vollen Perioden auf*

$$K_n^{(m)} = \left(1 + \frac{p}{m}\right)^{mn}. \tag{6.31}$$

*Wächst bei fester Anzahl $n$ von Perioden die Unterteilungsanzahl $m$ unbegrenzt, so ergibt sich das Endkapital $K_n^{(\infty)}$ als Grenzwert von $K_n^{(m)}$ für $m \to \infty$ aus* (6.16):

$$\boldsymbol{K_n^{(\infty)} = K_0 \lim_{m\to\infty} \left(1 + \frac{p}{m}\right)^{mn} = K_0\, \mathrm{e}^{np}} \tag{6.32}$$

*Die Kapitalfolge $(K_n^{(\infty)})$ heißt* ***stetig wachsend mit der Wachstumsrate $p$****.*

In der Abbildung 6.10 werden die übliche Verzinsung mit dem Zinssatz $p$, die monatliche Verzinsung mit dem anteiligen Zinssatz $p/12$ und die stetige Verzinsung mit dem Zinssatz $\mathrm{e}^p$ für eine Periode miteinander verglichen. Dazu sind die Größen $(1+p)K_0$, $(1+\frac{p}{12})^{12}K_0$ und $\mathrm{e}^pK_0$ für $K_0 = 1$ als Funktionen von $p$ angegeben.

Aus der Darstellung

$$(1+\frac{p}{12})^{12} = 1 + \binom{12}{1}\frac{p}{12} + \binom{12}{2}\left(\frac{p}{12}\right)^2 + \ldots + \binom{12}{12}\left(\frac{p}{12}\right)^{12} = 1 + p + \ldots$$

mit Hilfe des Binomischen Satzes (2.8) folgt, daß $1+p$ für kleine positive Werte von $p$ eine gute Näherung für den Zinsfaktor $(1+\frac{p}{12})^{12}$ ist.
$1+p$ ist aber auch eine gute Näherung für $\mathrm{e}^p$ für kleine Werte von $p$. Dies liegt daran, daß die lineare Funktion $f(p) = 1+p$ die Tangente an die Exponentialfunktion im Punkt $p = 0$ ist (vgl. 7.3.13).

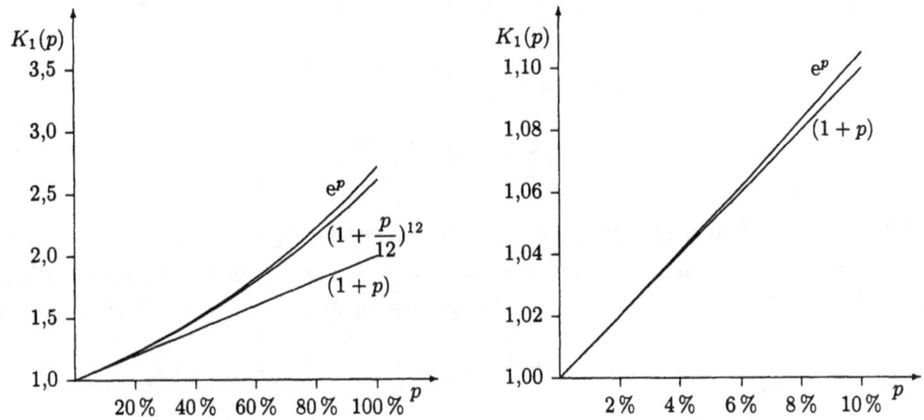


**Abb. 6.10:** Vergleich der Zinsfaktoren bei jährlicher, monatlicher und stetiger Verzinsung

**6.3.6 (Grundformeln der Rentenrechnung)** *Zu einem Anfangskapital $K_0$ werde jeweils zu Beginn (**vorschüssig**) bzw. am Ende der i-ten Periode (**nachschüssig**) eine **Rente $R_i$** (**Periodenrente**) hinzugefügt*[27]*, und das aufgelaufene Kapital werde am Ende jeder Periode mit dem Zinssatz $p_i$ verzinst, also mit dem Zinsfaktor $q_i = 1+p_i$ multipliziert $(i = 1, 2, \ldots)$.*
*Die Symbole $\boldsymbol{K_n^{(V)}}$ und $\boldsymbol{K_n^{(N)}}$ bezeichnen das durch vor- bzw. nachschüssige Rentenzahlung und jeweilige Verzinsung am Ende der n-ten Periode aufgelaufene Kapital.*

*Für $n = 1, 2, \ldots$ gelten die folgenden rekursiven und expliziten **Rentenformeln**:*

$$K_n^{(V)} = (K_{n-1}^{(V)} + R_n)q_n, \quad K_n^{(N)} = K_{n-1}^{(N)}q_n + R_n \tag{6.33}$$

$$\begin{aligned} K_n^{(V)} &= K_0q_1\ldots q_n + R_1q_1\ldots q_n + R_2q_2\ldots q_n + \ldots + R_nq_n \\ K_n^{(N)} &= K_0q_1\ldots q_n + R_1q_2\ldots q_n + R_2q_3\ldots q_n + \ldots + R_n \end{aligned} \tag{6.34}$$

*Speziell für konstanten Zinssatz p lauten die expliziten Rentenformeln mit $q = 1 + p$:*

$$\begin{aligned} K_n^{(V)} &= K_0q^n + (R_1q^{n-1} + R_2q^{n-2} + \ldots + R_{n-1}q + R_n)q \\ K_n^{(N)} &= K_0q^n + (R_1q^{n-1} + R_2q^{n-2} + \ldots + R_{n-1}q + R_n) \end{aligned} \tag{6.35}$$

Bei ***konstantem Periodenzins*** können die Rentenformeln mit Hilfe der Summenformeln für die arithmetische und geometrische Zahlenfolge geschlossen ausgewertet werden, wenn die Periodenrenten konstant sind oder eine arithmetische oder geometrische Progression bilden.

[27]Für die Rente ist hierbei auch eine negative Größe zugelassen, – dann gehen die angeführten Rentenformeln in die Formeln (6.41) und (6.42) für die Annuitätentilgung über.

**6.3.7 (Kapitalbildung bei konstanter Periodenrente)**
*Bei konstantem Periodenzinssatz* $p_1 = p_2 = \ldots = p > 0$ *und konstanter Periodenrente* $R_1 = R_2 = \ldots = R$ *lauten die vor- und nachschüssigen Rentenformeln:*[28]

$$\begin{aligned} K_n^{(V)} &= K_0(1+p)^n + R\frac{(1+p)^n - 1}{p}(1+p) \\ K_n^{(N)} &= K_0(1+p)^n + R\frac{(1+p)^n - 1}{p} \end{aligned} \qquad (6.36)$$

**6.3.8 (Kapitalbildung bei arithmetischer Rentenfolge)**
*Bei konstantem Periodenzinssatz* $p_1 = p_2 = \ldots = p > 0$ *und arithmetischer Rentenfolge* $R_1 = R, R_2 = R+d, R_3 = R+2d, \ldots$ *lauten die vor- und nachschüssigen Rentenformeln:*

$$\begin{aligned} K_n^{(V)} &= K_0(1+p)^n + \left(R\,\frac{(1+p)^n - 1}{p} + \frac{d}{p}\left(\frac{(1+p)^n - 1}{p} - n\right)\right)(1+p) \\ K_n^{(N)} &= K_0(1+p)^n + \left(R\,\frac{(1+p)^n - 1}{p} + \frac{d}{p}\left(\frac{(1+p)^n - 1}{p} - n\right)\right) \end{aligned} \qquad (6.37)$$

Beweis: In den Formeln (6.35) gilt für den Klammerausdruck auf der rechten Seite mit $q = 1+p$ im Falle $R_1 = R, R_2 = R+d, R_3 = R+2d, \ldots$:

$$\begin{aligned} &(R_1 q^{n-1} + R_2 q^{n-2} + \ldots + R_n) = Rq^{n-1} + (R+d)q^{n-2} + \ldots + (R + [n-1]d) \\ &= R(q^{n-1} + q^{n-2} + \ldots + 1) + d(q^{n-2} + 2q^{n-3} + 3q^{n-4} + \ldots + [n-1]) \end{aligned}$$

Der Klammerausdruck bei dem Faktor $d$ läßt sich als Summe von Summen geometrischer Reihen schreiben[29], und hieraus ergeben sich schließlich die Formeln (6.37) durch mehrfache Anwendung der Summenformel der geometrischen Reihe. □

**6.3.9 (Kapitalbildung bei geometrischer Rentenfolge)**
*Bei konstantem Periodenzinssatz* $p_1 = p_2 = \ldots = p > 0$ *wird eine geometrische Rentenfolge* $R_1 = R, R_2 = R(1+\hat{p}), R_3 = R(1+\hat{p})^2, \ldots$ *mit* $\hat{p} > 0$ *vorausgesetzt. Hierbei darf* $\hat{p}$ *vom Periodenzinssatz* $p$ *verschieden sein.*
*Mit den Symbolen* $\alpha = \hat{q}/q = (1+\hat{p})/(1+p)$ *lauten die vor- und nachschüssigen Rentenformeln:*

$$\begin{aligned} K_n^{(V)} &= K_0(1+p)^n + R(1+p)^n \begin{cases} n & \text{für } \alpha = 1 \\ (\alpha^n - 1)/(\alpha - 1) & \text{für } \alpha \neq 1 \end{cases} \\ K_n^{(N)} &= K_0(1+p)^n + R(1+p)^{n-1} \begin{cases} n & \text{für } \alpha = 1 \\ (\alpha^n - 1)/(\alpha - 1) & \text{für } \alpha \neq 1 \end{cases} \end{aligned} \qquad (6.38)$$

[28] In diesem Fall stellen die rekursiven Rentenformeln (6.33) Differenzengleichungen (6.20) mit konstanten Koeffizienten dar. Die Formeln (6.36) sind dann identisch mit der Lösungsformel (6.21) für $a = 1+p$ und $b = (1+p)R$ bzw. $b = R$.

[29] Vgl. Aufgabe 6.3

B e w e i s : In den Formeln (6.35) gilt für den Klammerausdruck auf der rechten Seite mit $q = 1 + p$ im Falle $R_2 = R\hat{q}, R_3 = R\hat{q}^2, \ldots$ :

$$R_1 q^{n-1} + R_2 q^{n-2} + \ldots + R_n = Rq^{n-1} + R\hat{q}q^{n-2} + R\hat{q}^2 q^{n-3} + \ldots + R\hat{q}^{n-1} =$$
$$Rq^{n-1}\left(1 + \frac{\hat{q}}{q} + \frac{\hat{q}^2}{q^2} + \ldots + \frac{\hat{q}^{n-1}}{q^{n-1}}\right) = Rq^{n-1}\left(1 + \alpha + \alpha^2 + \ldots + \alpha^{n-1}\right)$$

Mit der Summenformel der geometrischen Reihe ergeben sich hieraus die Rentenformeln (6.38). □

**Beispiel 6.14 (Renten konstant, arithmetisch, geometrisch)** Bei einem über 12 Jahre konstanten Zinssatz von 6 % soll ein Anfangskapital von 20.000 € durch vor- bzw. nachschüssige Zahlung einer konstanten, einer jährlich um 500 € bzw. einer jährlich um 3 % wachsenden Rente ein Endkapital von 200.000 € erbringen.

In den Formeln (6.36), (6.37) und (6.38) ist $n = 12$, $K_0 = 20.000$, $K_n = 200.000$, $p = 0,06$, $d = 500$ und $\alpha = 1,03/1,06$ zu setzen. Die Auflösung der jeweiligen Gleichung nach $R$ ergibt dann die konstante Rente bzw. die Anfangswerte für die arithmetisch und die geometrisch steigende Rente.

Rente konstant :
$$R^{(V)} = \frac{K_n^{(V)} - K_0(1+p)^n}{(1+p)^n - 1}\,\frac{p}{1+p} = 8.933,84$$
$$R^{(N)} = \frac{K_n^{(N)} - K_0(1+p)^n}{(1+p)^n - 1}\,p = 9.469,87$$

Rente arithmetisch :
$$R^{(V)} = \frac{\dfrac{K_n^{(V)} - K_0(1+p)^n}{1+p} - \dfrac{d}{p}\left(\dfrac{(1+p)^n - 1}{p} - n\right)}{(1+p)^n - 1}\,p = 6.528,20$$
$$R^{(N)} = \frac{K_n^{(N)} - K_0(1+p)^n - \dfrac{d}{p}\left(\dfrac{(1+p)^n - 1}{p} - n\right)}{(1+p)^n - 1}\,p = 7.064,23$$

Rente geometrisch :
$$R^{(V)} = \frac{\alpha - 1}{\alpha^n - 1}\,\frac{1}{(1+p)^n}\left(K_n^{(V)} - K_0(1+p)^n\right) = 7.709.97$$
$$R^{(N)} = \frac{\alpha - 1}{\alpha^n - 1}\,\frac{1}{(1+p)^{n-1}}\left(K_n^{(N)} - K_0(1+p)^n\right) = 8.172,56$$

**Beispiel 6.15 (Kapitallebensversicherung mit Beitragsdynamik)**
Für eine nach 30 Jahren fällige Kapitallebensversicherung wird eine monatliche vorschüssige Prämienzahlung vereinbart, wobei die Monatsprämien, mit $R = 50$ € im ersten Jahr beginnend, jährlich um $\hat{p} = 5\,\%$ steigen sollen. Wie hoch ist das angesparte Endkapital, wenn eine Verzinsung der eingezahlten Beträge mit $p = 4\,\%$ jährlich angenommen wird?

Im ersten Jahr fallen für die jeweils am Monatsbeginn gezahlte Prämie $R$ anteilige Zinsen in Höhe von $(12/12)pR, (11/12)pR, \ldots, (1/12)pR$ an. Das ergibt am Ende des ersten Jahres das angesparte Kapital

$$K_1 = R\left(1 + \frac{12}{12}p\right) + \ldots + R\left(1 + \frac{1}{12}p\right) = R\left(12 + \frac{1 + 2 + \ldots + 12}{12}p\right)$$

$$= R\left(12 + \frac{12\cdot 13}{2\cdot 12}p\right) = 12R\left(1+\frac{13}{24}p\right) = 12R(1+\overline{p}) \text{ mit } \overline{p} = \frac{13}{24}p.$$

Der Jahresbeitrag $12R$ wird also mit einem mittleren Zinssatz $\overline{p} = \frac{13}{24}p$ verzinst. Im zweiten Jahr wird das im ersten Jahr aufgelaufene Kapital mit dem Zinssatz $p$ verzinst, und hinzu kommt der mit $\overline{p}$ zu verzinsende neue Jahresbeitrag $12R(1+\hat{p})$, usw.
Mit den Bezeichnungen $q = 1+p$, $\overline{q} = 1+\overline{p}$ und $\hat{q} = 1+\hat{p}$ für die jeweiligen Zinsfaktoren bedeutet dies die Rekursionsformel

$$K_n = K_{n-1}q + (12R\hat{q}^{n-1})\overline{q}, \quad K_0 = 0,\, n = 1,2,\ldots$$

für das Kapital $K_n$ am Ende des $n$-ten Jahres. Eine explizite Formel wird mit der geometrischen Reihe gewonnen (hierbei ist $\alpha = \hat{q}/q$ gesetzt):

$$\begin{aligned}
K_1 &= 12R\overline{q}\\
K_2 &= K_1q + (12R\hat{q})\overline{q} = 12R\overline{q}(q+\hat{q})\\
K_3 &= K_2q + (12R\hat{q}^2)\overline{q} = 12R\overline{q}(q^2+q\hat{q}+\hat{q}^2)\\
&\vdots\\
K_n &= 12R\overline{q}\left(q^{n-1}+q^{n-2}\hat{q}+q^{n-3}\hat{q}^2+\ldots+\hat{q}^{n-1}\right)\\
&= 12R\overline{q}q^{n-1}\left(1+\frac{\hat{q}}{q}+\frac{\hat{q}^2}{q^2}+\ldots+\frac{\hat{q}^{n-1}}{q^{n-1}}\right) = 12R\overline{q}q^{n-1}\begin{cases}\dfrac{\alpha^n-1}{\alpha-1} & \text{für } \alpha\neq 1\\ n & \text{für } \alpha = 1\end{cases}
\end{aligned}$$

Für die angegebenen Werte führt das auf ein garantiertes Endkapital von 66.114,80 €.

Werden negative Renten zugelassen, so können die Formeln der Rentenrechnung zur Kapitalbildung auch für die Ermittlung der Restschuld bei der Zurückzahlung eines Kredits verwendet werden. Das aufgelaufene Kapital ist dann als Guthaben des Gläubigers zu interpretieren.

**6.3.10 (Prinzip der Kredittilgung)** *Bei der Rückzahlung eines Kredits $S_0$ an einen Gläubiger in $n$ aufeinanderfolgenden Perioden ist in der $i$-ten Periode – vor- oder nachschüssig – eine festgelegte* ***Tilgungsrate $T_i$*** *und am Periodenende für die während dieser Periode bestehende* ***Restschuld $S_i$*** *entsprechend dem aktuellen Zinssatz $p_i$ der* ***Periodenzins $Z_i = p_iS_i$*** *zu zahlen ($i = 1,\ldots,n$).*
*Dabei können die Tilgungsrate $T_i$ und die Periodenzinsen $Z_i$ getrennt in Rechnung gestellt als auch zu einer einheitlichen Zahlung* ***$A_i = T_i + Z_i$***, *der* ***Annuität***, *zusammengefaßt werden.*

Für die Rückzahlung werden je nach Art des Kredits und der Entwicklung des Marktzinssatzes verschiedene Möglichkeiten praktiziert, – üblich sind z. B.:

- *Getrennte Zahlung* ***konstanter Tilgungsraten*** *und entsprechender Zinsen, vorwiegend bei variablen Zinssätzen*
- *Zahlung konstanter Annuitäten (**Annuitätentilgung**), vorwiegend bei festem Zinssatz*

**6.3.11 (Konstante Tilgungsraten, getrennte Zinszahlung)**
*Bei gegebener Periodenzahl $n$ haben die Tilgungsraten den **konstanten Wert** $T = S_0/n$.*
*Schema für Restschuld und Periodenzinsen bei vor- und nachschüssiger Tilgungsrate:*

| *Periode* | *Zinssatz* | *Restschuld in der Periode* | | *Zinszahlung am Periodenende* | |
|---|---|---|---|---|---|
| | | *vorschüssig* | *nachschüssig* | *vorschüssig* | *nachschüssig* |
| 1 | $p_1$ | $S_0 - T$ | $S_0$ | $p_1(S_0 - T)$ | $p_1 S_0$ |
| 2 | $p_2$ | $S_0 - 2T$ | $S_0 - T$ | $p_2(S_0 - 2T)$ | $p_2(S_0 - T)$ |
| $\vdots$ | $\vdots$ | $\vdots$ | $\vdots$ | $\vdots$ | $\vdots$ |
| $i$ | $p_i$ | $S_0 - iT$ | $S_0 - (i-1)T$ | $p_i(S_0 - iT)$ | $p_i(S_0 - (i-1)T)$ |
| $\vdots$ | $\vdots$ | $\vdots$ | $\vdots$ | $\vdots$ | $\vdots$ |
| $n$ | $p_n$ | 0 | $T$ | 0 | $p_n T$ |

(6.39)

Hiermit können die Summen $Z^{(V)}$ und $Z^{(N)}$ aller Zinszahlungen bei vor- bzw. nachschüssiger Tilgung berechnet werden:

$$\begin{aligned} Z^{(V)} &= \left((1-\frac{1}{n})p_1 + (1-\frac{2}{n})p_2 + (1-\frac{3}{n})p_3 + \ldots + (1-\frac{n-1}{n})p_{n-1}\right) S_0 \\ Z^{(N)} &= \left((1-\frac{0}{n})p_1 + (1-\frac{1}{n})p_2 + (1-\frac{2}{n})p_3 + \ldots + (1-\frac{n-1}{n})p_n\right) S_0 \\ Z^{(N)} - Z^{(V)} &= (p_1 + p_2 + \ldots + p_n)\frac{S_0}{n} \end{aligned}$$

Insbesondere bei konstanten Periodenzinssätzen $p_1 = p_2 = \ldots = p_n = p$ folgt hieraus mit der Summenformel (6.8) für die arithmetische Reihe:

$$Z^{(V)} = \frac{n-1}{2} pS_0, \quad Z_n^{(N)} = \frac{n+1}{2} pS_0, \quad Z^{(N)} - Z^{(V)} = pS_0$$

**Beispiel 6.16 (Getrennte Tilgungs- und Zinszahlungen)** Ein Kredit in Höhe von 10.000 € ist in fünf Perioden durch Tilgungsraten von je 2.000 € (vor- bzw. nachschüssig) bei wachsendem Zinssätzen von 6 %, 7 %, 8 %, 9 % bzw. 10 % zurückzuzahlen.

| Periode | Zinssatz | Restschuld in der Periode | | Zinsen | |
|---|---|---|---|---|---|
| | | vorschüssig | nachschüssig | vorschüssig | nachschüssig |
| 1 | 6 % | 8.000 | 10.000 | 480 | 600 |
| 2 | 7 % | 6.000 | 8.000 | 420 | 560 |
| 3 | 8 % | 4.000 | 6.000 | 320 | 480 |
| 4 | 9 % | 2.000 | 4.000 | 180 | 360 |
| 5 | 10 % | 0 | 2.000 | 0 | 200 |

Die Formeln für die Restschuld bei Annuitätentilgung folgen unmittelbar aus den jeweiligen Rentenformeln (6.33) und (6.35), wenn dort anstelle von Renten die mit $-1$ multiplizierten Annuitäten eingetragen werden.

**6.3.12 (Annuitätentilgung bei konstanten Annuitäten und Zinssätzen)**
*Bei der Rückzahlung eines Kredits $S_0$ an einen Gläubiger in $n$ aufeinanderfolgenden Perioden ist in der $i$-ten Periode ($i = 1, \ldots, n$) – vor- oder nachschüssig – allein eine festgelegte* ***Annuität A*** *zu zahlen, und am Periodenende wird die während dieser Periode bestehende* ***Restschuld*** *mit dem konstanten Zinssatz $p > 0$ verzinst.*

*Für die am Ende der $n$-ten Periode verbleibende Restschuld $S_n^{(V)}$ bzw. $S_n^{(N)}$ gilt:*[30]

$$\boldsymbol{S_n^{(V)} = (S_{n-1}^{(V)} - A)(1+p), \quad S_n^{(N)} = S_{n-1}^{(N)}(1+p) - A} \tag{6.40}$$

$$\begin{aligned} \boldsymbol{S_n^{(V)}} &= \boldsymbol{S_0(1+p)^n - A\frac{(1+p)^n - 1}{p}(1+p)} \\ &= \boldsymbol{\left(S_0 - A\frac{1+p}{p}\right)(1+p)^n + A\frac{1+p}{p}} \end{aligned} \tag{6.41}$$

$$\boldsymbol{S_n^{(N)} = S_0(1+p)^n - A\frac{(1+p)^n - 1}{p} = \left(S_0 - \frac{A}{p}\right)(1+p)^n + \frac{A}{p}} \tag{6.42}$$

***Eigenschaften der Restschuld-Folgen:***

(1) $\boldsymbol{(1+p)A < pS_0}$ *(vorschüssig) bzw.* $\boldsymbol{A < pS_0}$ *(nachschüssig):*
*Die Folge der Restschulden ist monoton steigend und (nach oben) unbeschränkt.*[31]

(2) $\boldsymbol{(1+p)A = pS_0}$ *(vorschüssig) bzw.* $\boldsymbol{A = pS_0}$ *(nachschüssig):*
*Die Folge der Restschulden ist konstant.*[32]

(3) $\boldsymbol{(1+p)A > pS_0}$ *(vorschüssig) bzw.* $\boldsymbol{A > pS_0}$ *(nachschüssig):*
*Die Folge der Restschulden ist monoton fallend und (nach unten) unbeschränkt.*[33]

Im folgenden werden für den allein interessierenden Fall, daß die Bedingung (3) erfüllt ist, zwei Standardaufgaben der Tilgungsrechnung gelöst. Das Symbol $S_n$ steht dabei sowohl für $S_n^{(V)}$ bei vorschüssiger Tilgung als auch für $S_n^{(N)}$ bei nachschüssiger Tilgung.

[30] Bei periodenabhängigen Annuitäten und Zinssätzen ist die Restschuld ist nach den Grundformeln der Rentenrechnung in 6.3.6 zu berechnen, indem dort $R_n$ durch $-A_n$ ersetzt wird.

[31] (1) bedeutet: Bei vorschüssiger Zahlung ist die Höhe $(1+p)A$ der verzinsten Annuität geringer als der Zinsgewinn $S_0 p$ des Gläubigers aus der Anfangsschuld, und bei nachschüssiger Zahlung ist die Höhe der Annuität kleiner als dieser Zinsgewinn.

[32] (2) bedeutet, daß die verzinste Annuität bzw. die Annuität mit den Zinsen $S_0 p$ aus der Anfangsschuld übereinstimmt.

[33] (3) bedeutet, daß die verzinste Annuität bzw. die Annuität in jeder Periode den Zinsgewinn des Gläubigers übertrifft, – der Kredit kann vollständig zurückgezahlt werden.

**6.3.13 (Annuitätentilgung: Bestimmung der Laufzeit)** *Die monoton fallende Folge $(S_n)$ hat jetzt von einer Stelle ab negative Werte. Daher gibt es eine eindeutig bestimmte natürliche Zahl* $\boldsymbol{n_0}$ *mit* $\boldsymbol{S_{n_0} \geq 0}$ ***und*** $\boldsymbol{S_{n_0+1} < 0}$.

- *Spezialfall* $\boldsymbol{S_{n_0} = 0}$
  *Die Schuld ist mit der $n_0$-ten Zahlung der Annuität vollständig getilgt.*[34]

- *Allgemeiner Fall* $\boldsymbol{S_{n_0} > 0}$ ***und*** $\boldsymbol{S_{n_0+1} < 0}$
  *Dann gilt $S_{n_0} < A$ (vorschüssig) bzw. $S_{n_0}(1+p) < A$ (nachschüssig).*[35]
  *Die unverzinste bzw. verzinste Restschuld $S_{n_0}$ ist also kleiner als die Annuität.*
  Nach $n_0$ Perioden ist die Zahlung der regelmäßigen Annuität $A$ abgeschlossen, – eine Fortsetzung dieser Zahlung führt zu einer negativen Restschuld. Über die Zahlungsweise der verbleibenden Restschuld $S_{n_0}$ ist dann noch gesondert zu verfügen.

- *Berechnung der* ***Laufzeit:*** $\boldsymbol{n_0}$ *ist die* ***größte*** *der natürlichen Zahlen $n$, so daß die folgenden Ungleichungen gelten:* [36]

$$S_n^{(V)} \geq 0 \;\Leftrightarrow\; n \leq \ln\left(\frac{\frac{1+p}{p}A}{\frac{1+p}{p}A - S_0}\right) \Big/ \ln(1+p) \tag{6.43}$$

$$S_n^{(N)} \geq 0 \;\Leftrightarrow\; n \leq \ln\left(\frac{\frac{A}{p}}{\frac{A}{p} - S_0}\right) \Big/ \ln(1+p) \tag{6.44}$$

**Beispiel 6.17 (Berechnung der Laufzeit)**[37] Für einen mit $p = 7,5\,\%$ festverzinslichen Kredit in Höhe von 50.000 € wird Annuitätentilgung mit einer konstanten Annuität in Höhe von 8.000 € vereinbart. Die nach dem Ende der Zahlung der regelmäßigen Annuität verbleibende Restschuld soll dabei ein Jahr später, ebenfalls mit 7,5 % verzinst, zurückgezahlt werden. Es sind die Laufzeit des Kredits und die zurückzuzahlende Gesamtsumme bei vor- und bei nachschüssiger Zahlung der Annuität zu bestimmen.

Mit $A = 8.000$, $p = 0,075$ und $S_0 = 50.000$ kann der Kredit sowohl bei vor- als auch bei nachschüssiger Annuitätenzahlung getilgt werden, denn es ist $pS_0 = 0,075 \cdot 50.000 = 3.750 < 8.000 = A$ und damit natürlich auch $pS_0 < A(1+p)$. Es ist die größte natürliche Zahl $n$ zu bestimmen, für welche $S_n \geq 0$ gilt.

Die rechten Seiten von (6.43) und (6.44) liefern die Werte 7,93 bzw. 8,75. Daher sind bei vorschüssiger Tilgung $n_0 = 7$ und bei nachschüssiger Tilgung $n_0 = 8$ regelmäßige Annuitäten zu je 8.000 € zu zahlen. Die Gesamtsumme aller Zahlungen lautet:

$$\begin{aligned} n_0A + (1+p)S_{n_0}^{(V)} &= 7 \cdot 8.000 + 1,075 \cdot 7.381,49 = 63.935,10 \\ n_0A + (1+p)S_{n_0}^{(N)} &= 8 \cdot 8.000 + 1,075 \cdot 5.602,92 = 70.023,14 \end{aligned}$$

---

[34] Dieser Fall tritt dann ein, wenn die Gleichung $S_n = 0$ zufällig eine ganzzahlige Lösung $n_0$ besitzt.

[35] Das folgt wegen $S_{n_0+1} = (S_{n_0} - A)(1+p)$ bzw. $S_{n_0+1} = S_{n_0}(1+p) - A$ aus $S_{n_0+1} < 0$.

[36] Die Ungleichungen auf der rechten Seite von (6.43) und (6.44) ergeben sich unmittelbar aus der Auflösung der Ungleichungen $S_n^{(V)} \geq 0$ und $S_n^{(N)} \geq 0$ nach $n$, wobei für $S^{(V)}$ und $S^{(N)}$ die entsprechenden Ausdrücke in (6.41) bzw. (6.42) einzusetzen sind. Hierbei sind die Bedingungen $(1+p)A > pS_0$ bzw. $A > pS_0$ zu beachten.

[37] Vgl. Abbildung 6.11

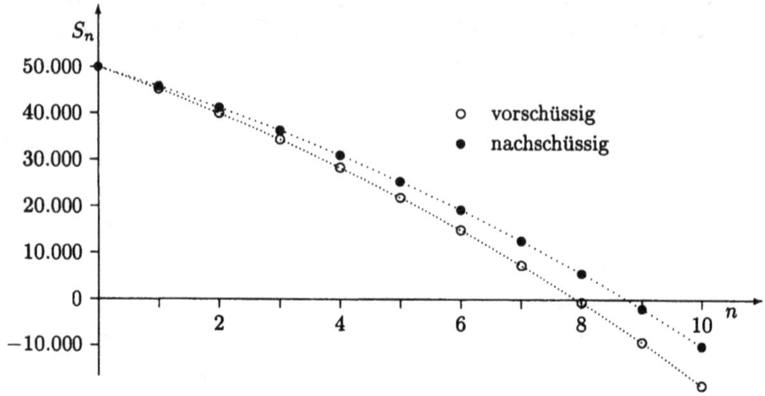


**Abb. 6.11:** Vor- und nachschüssige Annuitätentilgung mit $A = 8.000$ und $p = 7,5\,\%$

**6.3.14 (Annuitätentilgung: Bestimmung der Annuität)** *Zu gegebener Laufzeit $n$ und gegebenem Zinssatz $p$ ist die Annuität $A$, für welche die Restschuld nach $n$ Perioden den Wert 0 hat, durch die Formeln (6.41) bzw. (6.42) eindeutig bestimmt:*

$$S_n^{(V)} = 0 \iff A = \frac{p(1+p)^{n-1}}{(1+p)^n - 1} S_0 \tag{6.45}$$

$$S_n^{(N)} = 0 \iff A = \frac{p(1+p)^{n}}{(1+p)^n - 1} S_0 \tag{6.46}$$

Für das Beispiel 6.17 ergibt sich für $n = 8$ hieraus eine konstante Annuität von 7.940,79 € bei vorschüssiger und von 8.536,35 € bei nachschüssiger Tilgung.
Bei der Annuitätentilgung können auch allein die Periodenanzahl und die Annuität vorgegeben sein. Wird vorausgesetzt, daß die Gesamtsumme der gezahlten Annuitäten größer ist als die Anfangsschuld, so ist der Periodenzinssatz eindeutig bestimmt.

**6.3.15 (Annuitätentilgung: Bestimmung des Zinssatzes)** *Sind die Anzahl $n$ der Perioden und die Annuität $A$ gegeben, so daß $nA$ größer ist als die Anfangsschuld $S_0$, so gibt es genau einen Zinssatz $p > 0$, für den die Restschuld* (6.41) *und* (6.42) *bei vor- bzw. nachschüssiger Zahlung der Annuität $A$ nach Ablauf von $n$ Perioden vollständig getilgt ist.*
*Wird $\kappa = A/S_0$ gesetzt, so kann der Zinssatz $p$ aus den Gleichungen*

$$S_n^{(V)} = 0 \iff (1+p)^n[\kappa(1+p) - p] - \kappa(1+p) = 0 \tag{6.47}$$

$$S_n^{(N)} = 0 \iff (1+p)^n(\kappa - p) - \kappa = 0 \tag{6.48}$$[38]

*eindeutig ermittelt werden.*

[38]Wird die Größe $\kappa$ als Rentenbarwertfaktor im Sinne der Ertragsrechnung 6.3.4 interpretiert, so bedeutet die Lösung der Gleichung (6.48) die Bestimmung des Zinssatzes zu gegebenem Rentenbarwertfaktor.

Die Gleichungen (6.47) und (6.48) stellen bei gegebener Periodenzahl $n$ und gegebenem Verhältnis $\kappa = A/S_0$ Polynomgleichungen $n$-ten Grades[39] dar, für deren Lösung für $n > 2$ Näherungsverfahren verwendet werden.

Mit einer Kurvendiskussion läßt sich zeigen, daß diese Gleichungen für $0 < \kappa < 1$ dann und nur dann eine – und dann auch eindeutig bestimmte – positive Lösung haben, wenn bei vorschüssiger Tilgung $(n+1)\kappa > 1$, also $S_0 < (n+1)A$, und bei nachschüssiger Tilgung $n\kappa > 1$, also $S_0 < nA$, gilt.[40]

Für die praktische Bestimmung des von $n$ und $k$ abhängigen Zinssatzes $p$ werden Tabellen verwendet. In der Abbildung 6.12 sind für $n = 5$ die Graphen der Funktionen $p \mapsto (1+p)^n(\kappa(1+p)-p)-\kappa(1+p)$ und $p \mapsto (1+p)^n(\kappa-p)-\kappa$ für Werte des Rentenbarwertfaktors $\kappa = A/S_0$ zwischen 0,210 und 0,255 dargestellt. Bei einer Anfangsschuld von $S_0 = 100.000$ lassen sich für die Annuitäten $A = \kappa S_0$ die Zinssätze $p^{(V)}$ für die vorschüssige und $p^{(N)}$ für die nachschüssige Annuitätenzahlung näherungsweise ablesen:

| $A$ | 21.000 | 21.500 | 22.000 | 22.500 | 23.000 | 23.500 | 24.000 | 24.500 | 25.000 | 25.500 |
|---|---|---|---|---|---|---|---|---|---|---|
| $p^{(V)}$ | 2,5 % | 3,8 % | 5,0 % | 6,3 % | 7,5 % | 8,8 % | 10,1 % | 11,3 % | 12,6 % | 13,9 % |
| $p^{(N)}$ | 1,7 % | 2,5 % | 3,3 % | 4,1 % | 4,8 % | 5,7 % | 6,4 % | 7,2 % | 7,9 % | 8,7 % |

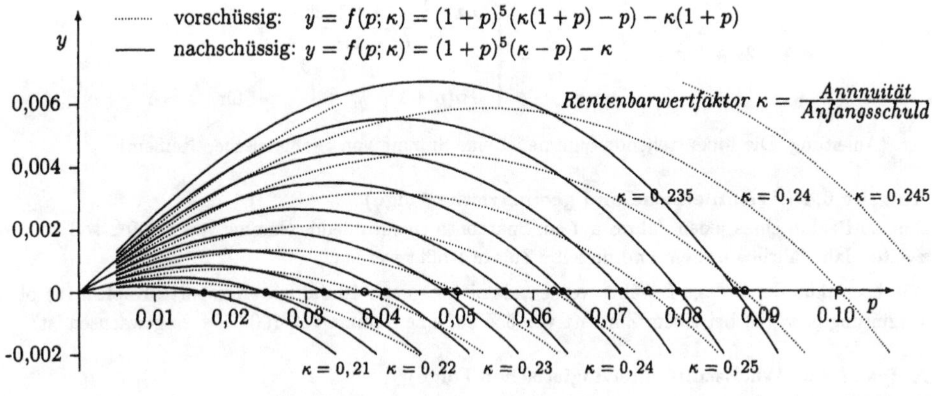


**Abb. 6.12:** Kurvenschar zur Ermittlung des Zinssatzes aus dem Rentenbarwertfaktor $\kappa$ bei 5 Perioden

[39]Die Gleichungen (6.47) und (6.48) enthalten kein absolutes Glied, so daß sich der formale Grad $n+1$ nach Division durch $p$ um 1 erniedrigt.

[40]Vgl. Beispiel 7.20. Daß die Bedingung $nA > S_0$ notwendig ist, ist offensichtlich, denn die Summe aller Annuitäten muß größer sein als die Anfangsschuld.

## 6.4 Aufgaben zum Kapitel 6

**Aufgabe 6.1 (Geometrische Folge)**
Untersuchen Sie die geometrische Zahlenfolge $(a_n)$ mit $a_n = a_0 q^n$ für $a_0 > 0$ in Abhängigkeit vom Quotienten $q$ auf Beschränktheit, Monotonie und Konvergenz (vgl. Abbildung 6.6).

Weisen Sie nach, daß die Differenzenfolgen $(\Delta a_n)$, $(\Delta^{(2)} a_n), \ldots$ einer geometrischen Folge ebenfalls geometrische Folgen sind.

**Aufgabe 6.2 (Geometrische Reihe)**
Ein Unternehmen vergrößert sein anfängliches Betriebskapital $K_0$ durch die Einlage eines jährlich um $p\,\%$ gegenüber dem Vorjahr wachsenden Betrages am Jahresende, beginnend mit der Einlage $E$ am Ende des ersten Jahres. Ab dem zweiten Jahr sind zu Jahresbeginn jeweils $c\,\%$ Steuern auf das gesamte Betriebskapital zu zahlen.
$K_n$ bezeichnet das nach der Steuerzahlung zu Beginn des $n$-ten Jahres verbleibende Kapital.

Geben Sie eine rekursive und eine explizite Formel für $K_n$ an, und untersuchen Sie für $c > 0$ das Verhalten von $K_n$ für $n \to \infty$ im Fall $p > 0$ und im Fall $p = 0$.

(Anleitung: Führen Sie die Größe $\alpha = \dfrac{1 - c/100}{1 + p/100}$ ein und verwenden Sie für den Ausdruck $1 + \alpha + \alpha^2 + \ldots + \alpha^k$ die Summenformel für die geometrische Reihe.)

**Aufgabe 6.3 (Summen von geometrischen Reihen)**
Leiten Sie die Summenformel

$$1 + 2x + 3x^2 + \ldots + nx^{n-1} = \begin{cases} \dfrac{nx^{n+1} - (n+1)x^n + 1}{(x-1)^2} & \text{für} \quad x \neq 1 \\ \frac{1}{2}n(n+1) & \text{für} \quad x = 1 \end{cases}$$

her. (Anleitung: Die links stehende Summe ist eine Summe von geometrischen Reihen.)

**Aufgabe 6.4 (Arithmetische und geometrische Folge)**
Eine zu Beginn eines jeden Jahres auf ein Sparkonto einzuzahlende Summe von 5.000 € soll ab dem zweiten Jahr jährlich um ein und dieselbe Zulage erhöht werden.

Wie hoch muß die Zulage gewählt werden, damit das nach 10 Jahren angesparte Kapital (a) ohne Verzinsung bzw. (b) bei einem Zinssatz von 5 % auf eine Summe von 100.000 € angewachsen ist?

**Aufgabe 6.5 (Wachstum einer logistischen Folge)**
Prüfen Sie die im Beispiel 6.10 angegebenen Aussagen über das Wachstum einer logistischen Folge

$$a_n = \frac{a}{1 + be^{-cn}} \quad \text{für } a, b, c > 0$$

anhand der ersten und zweiten Differenzen nach.
Ermitteln Sie speziell für $a = b = c = 1$ und zu gegebener natürlicher Zahl $k$, für welche Zahlen $n$ die Abweichung $|a - a_n|$ zwischen dem $n$-ten Glied der Folge und dem Grenzwert $a$ kleiner als $10^{-k}$ ist.

**Aufgabe 6.6 (Monatliche Verzinsung versus jährliche Verzinsung)**
Eine Bank verzinst das Guthaben eines Kunden monatlich mit dem zwölften Teil des jährlichen Zinssatzes $p$, zieht aber dafür nach jeder Verzinsung eine feste Gebühr $d$ vom Guthaben ab.

Wie hoch darf diese Gebühr bei einem Anfangsguthaben $K_0$ höchstens sein, damit der Kunde im Vergleich zur jährlichen Verzinsung nach 12 Monaten nicht benachteiligt wird?

Lösen Sie die Aufgabe speziell auch für ein Anfangsguthaben von 100.000 € und einen jährlichen Zinssatz $p = 4\,\%$. Welcher Zinsüberschuß gegenüber jährlicher Verzinsung entsteht in diesem Fall bei monatlicher Verzinsung nach Ablauf von 5 Jahren, wenn die Bank auf die Gebühr verzichtet?

**Aufgabe 6.7 (Stetiges Wachstum)**
Die durch jährliche Verzinsung mit dem Zinssatz $p$ bei einem Anfangskapital $K_0$ gebildete Folge $(K_n)$ und eine stetig mit der Wachstumsrate $p$ wachsende Folge $(K'_n)$ bei einem Anfangskapital $K'_0 < K_0$ werden miteinander verglichen.

Nach wieviel Zinsperioden hat das stetige Wachstum die Folge $K_n$ eingeholt?

**Aufgabe 6.8 (Grenzwertsätze)**
Untersuchen Sie die gegebenen Zahlenfolgen $(a_n)_{n=1,2,\ldots}$ auf Schranken, Monotonie und auf Konvergenz; ermitteln Sie dabei nach Möglichkeit die größte untere und die kleinste obere Schranke.

$$(1)\ a_n = \left(1 - \frac{1}{2^n}\right)\frac{2n-1}{n+2} \qquad (2)\ a_n = (-1)^n \frac{n^3 - n^2 + 2}{1+n^2}$$

$$(3)\ a_n = \left(2 + \frac{3}{n}\right)\frac{1}{n!} \qquad (4)\ a_n = \frac{e^{2n}}{2 + 3e^{2n}}$$

$$(5)\ a_n = \left(1 + \frac{1}{n^2}\right)\cos \pi n^2 \qquad (6)\ a_n = \frac{2^n}{n^n}$$

**Aufgabe 6.9 (Ertragsrechnung)**

(a) Der Kapitalwert einer Investition ist nach 6.3.4 die Summe der auf den Anfangszeitpunkt abgezinsten Periodenerträge (aus dieser Investition). Welchen Wert hat die auf den Anfangszeitpunkt abgezinste Summe der bis zum Endzeitpunkt verzinsten Periodenerträge?

(b) Der Ertrag einer Investition steige von 100.000 € im ersten Jahr jährlich um 8 %; die Erträge werden zu einem Zinssatz von 5,5 % angelegt.

Wie hoch darf die für die Investition ausgegebene Summe höchstens sein, damit sich die Investition nach 6 Jahren amortisiert hat?

(c) Mit welchem konstanten jährlichen Ertrag wird nach 6 Jahren bei einer Verzinsung mit 4 % das gleiche Kapital wie in (b) erreicht?

**Aufgabe 6.10 (Rentenrechnung)**
Für eine nach $n$ Jahren fällige Kapitallebensversicherung mit Prämienzahlungen zu Beginn jedes Monats sollen die Beiträge jährlich um $\hat{p}$ % steigen, während die eingezahlten Beträge mit 4 % verzinst werden.

Mit welcher monatlichen Prämienzahlung $R = R(S, n, \hat{p})$ muß begonnen werden, um ein gegebenes garantiertes Endkapital $S$ zu erreichen?
Berechnen Sie die Anfangsprämie $R$ allgemein sowie speziell für $n = 25$ und $S = 150.000$ € in den vier Fällen $\hat{p} = 2\,\%$, $\hat{p} = 3\,\%$, $\hat{p} = 4\,\%$ und $\hat{p} = 5\,\%$.

**Aufgabe 6.11 (Annuitätentilgung)**
Wie können die Formeln (6.41) und (6.42) für die Restschuld $S_n^{(V)}(p)$ und $S_n^{(N)}(p)$ bei vor- bzw. nachschüssiger Annuitätentilgung auch für den Zinssatz $p = 0$ verwendet werden?
Interpretieren Sie das Ergebnis.

**Aufgabe 6.12 (Tilgungsrechnung)**
Ein Kredit in Höhe von 400.000 € soll bei einem Zinssatz von 9 % getilgt werden.

(a) Der Kredit soll durch jährliche Zahlung einer konstanten vor- bzw. nachschüssigen Annuität von 48.000 € zurückgezahlt werden. Die am Ende der Laufzeit verbleibende *Restschuld* ist ebenfalls mit 9 % verzinst zurückzuzahlen.

Bestimmen Sie die Laufzeit des Kredits und die Summe aller Zahlungen.

(b) Welche konstante vor- bzw. nachschüssige Annuität ist zu zahlen, so daß der Kredit in 12 Jahren vollständig – ohne Restschuld – zurückgezahlt ist?

(c) Der Kredit soll durch eine Anzahlung – vor Beginn der Verzinsung – sowie durch Zahlung von 10 konstanten vor- bzw. nachschüssigen Annuitäten in Höhe von 50.000 € vollständig getilgt werden.

Bestimmen Sie die Höhe der Anzahlung.

(d) Der Kredit soll im Verlauf von 16 Jahren durch jährliche Zahlung einer vor- bzw. nachschüssigen konstanten Tilgungsrate von 25.000 € sowie entsprechende Zinszahlungen getilgt werden.

Ermitteln Sie die Summe der Zinszahlungen.

# Kapitel 7

# Differentialrechnung für Funktionen einer Veränderlichen

## 7.1 Einführung

Mit Hilfe einer Zahlenfolge $y_n$ kann die funktionale Abhängigkeit $y = f(x)$ einer Größe $y$ von einer in diskreten Punkten $x_1, x_2, \ldots$ gegebenen Größe $x$ dargestellt werden; – die Glieder der Folge sind durch $y_n = f(x_n)$ erklärt. Derartige ***diskrete funktionale Beziehungen*** treten zum Beispiel dann auf, wenn die Werte von $y$ in Form einer Zeitreihe gegeben sind wie etwa bei der Zinsrechnung: hier durchläuft $(x_n)$ eine Folge von diskreten Verzinsungs-Zeitpunkten.

Um dagegen den Einfluß einer ***kontinuierlichen Größe*** $x$, die sich in einem Intervall $I$ reeller Zahlen frei bewegen kann, auf eine abhängige Größe $y$ *für alle Werte von $x$ aus $I$* untersuchen zu können, sind feinere Methoden aus der Infinitesimalrechnung erforderlich.

In den folgenden Beispielen werden typische Fragestellungen für Beziehungen zwischen kontinuierlichen Größen in den Wirtschaftswissenschaften und damit zusammenhängende Aufgaben aus der Infinitesimalrechnung vorgestellt.

**Beispiel 7.1 (Faktor-Ertrags-Funktion)** Gegeben sei ein funktionaler Zusammenhang $f$ zwischen einer unabhängigen Größe $x$ (***Faktor, Input, Einflußgröße***), etwa die Konzentration eines Nährstoffs im Boden in mg/cm$^3$, und einer abhängigen Größe $y$ (***Ertrag, Output, Wirkungsgröße***), etwa die geerntete Masse in t/ha.

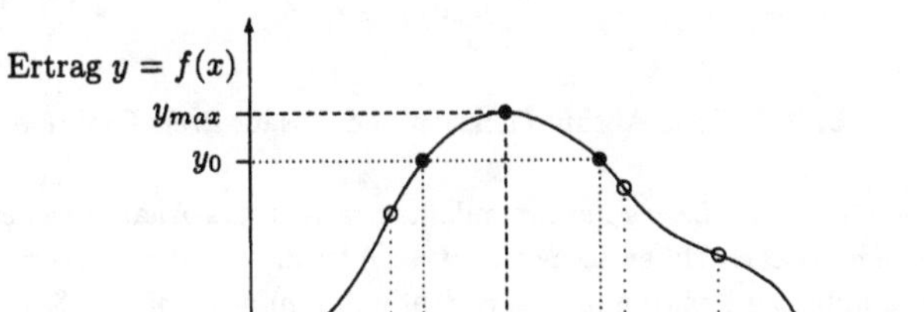


**Abb. 7.1:** Faktor-Ertrags-Beziehung

Fragestellungen:

(a) Bestimmung des maximal möglichen Ertrags $y_{max}$ und zugehöriger Extremalstellen $x_{max}$ mit $y_{max} = f(x_{max})$

(b) Untersuchung des Einflusses kleiner Änderungen von $x$ (absolut bzw. in Prozent, Promille,...) auf die absolute bzw. relative Änderung von $y$ (*Elastizität der Funktion* $f$)

(c) Untersuchung der Art des Wachstums der Funktion $f$ (*Krümmungsverhalten* der Kurve der Funktion $f$, Bestimmung der *Wendepunkte* $x_w$)

(d) Bestimmung eines Faktors $x$ zu gegebenem Ertrag $y_0$ (*Lösung der Gleichung* $f(x) = y_0$)

**Beispiel 7.2 (Preis-Absatz-Funktion)** Die unabhängige Größe $p$ sei der von einem Monopolisten vorgegebene Verkaufspreis einer Ware, die abhängige Größe sei die – in einem fixierten Zeitintervall – absetzbare Anzahl von Einheiten der Ware. Der funktionale Zusammenhang $\boldsymbol{p \mapsto a = f(p)}$ zwischen $p$ und $a$ wird durch eine – erfahrungsgemäß monoton fallende – Funktion $f$ beschrieben, die ***Preis-Absatz-Funktion***. Die im Falle der Monotonie existierende *Umkehrfunktion* $a \mapsto p = f^{-1}(a)$ stellt den Preis als Funktion des Absatzes dar (***Absatz-Preis-Funktion***); mit $f$ ist auch $f^{-1}$ fallend.
Mögliche Aufgaben sind hier (b)-(d) entsprechend dem Beispiel 7.1.

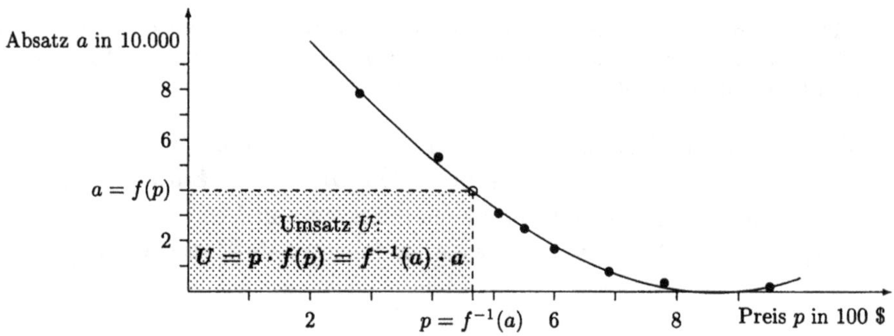


**Abb. 7.2:** Preis-Absatz-Funktion und Absatz-Preis-Funktion

Die Abbildung 7.2 stellt die von *Henry Ford* veranlaßte Preis-Absatz-Analyse seiner Automobile dar.[1] Zusammen mit den empirischen Daten (schwarze Kreise) ist die mit der Methode 8.5.4 der kleinsten Quadrate bestimmte kubische Funktion $p \mapsto a = f(p)$ mit $f(p) = 15,35 - 2,82p + 0,033p^2 + 0,01p^3$ eingetragen.

[1] Vgl. *F. Drenckhahn* und *E. Schneider*, Wirtschaft und Mathematik, B. G. Teubner, Leipzig, Berlin 1931

**Beispiel 7.3 (Preis-Absatz-Umsatz-Gewinn)** Ist $a \mapsto p = f^{-1}(a)$ die Absatz-Preis-Funktion des Beispiels 7.2 und sind $k(a)$ die dem Produzenten für die Herstellung von $a$ Einheiten entstehenden Kosten, so ist $\boldsymbol{U(a) = a \cdot f^{-1}(a)}$ der mit $a$ Einheiten erzielte ***Umsatz***[2], und $\boldsymbol{G(a) = U(a) - k(a)}$ ist der mit $a$ Einheiten erzielte ***Gewinn***. Mögliche Aufgaben sind hier (a)-(d) entsprechend dem Beispiel 7.1, insbesondere: Bestimmung des maximal möglichen Gewinns, auch für den Fall, daß für $a$ eine untere Schranke (zu garantierendes *Mindestangebot*) und eine obere Schranke (*Kapazitätsobergrenze*) gegeben sind.

**Beispiel 7.4 (Stückkosten, durchschnittliche Nutzungskosten)**[3]
Neben den – monoton steigenden – Kosten $k(x)$ als Funktion der hergestellten Anzahl $x$ von Einheiten einer Ware sind die ***durchschnittlichen Kosten*** (***Stückkosten***) $\boldsymbol{\overline{k}(x) = k(x)/x}$ eine ökonomisch interessierende Größe.
Mögliche Aufgaben sind die Bestimmung des Minimums der Stückkostenfunktion (insbesondere auch bei gegebener unterer und oberer Schranke für die unabhängige Veränderliche) und die Aufgaben (b)-(d) für die Funktionen $k$ und $\overline{k}$ entsprechend dem Beispiel 7.1.

Bedeutet $x$ die Zeit und gibt die Funktion $x \mapsto k(x)$ die Gesamtkosten an, die für die Nutzung einer Anlage in $x$ Zeiteinheiten entstehen, so gibt die Größe $\overline{k}(x)$ die ***durchschnittlichen Nutzungskosten*** an; die Minimalstelle der Funktion $\overline{k}$ ist dann die ***optimale Nutzungsdauer*** der Anlage.

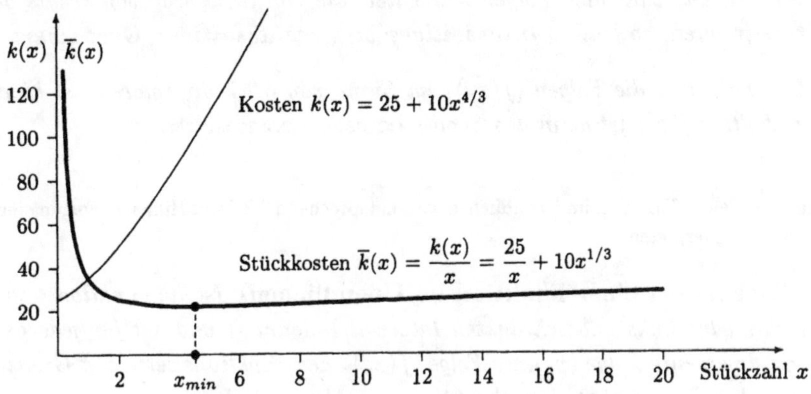


**Abb. 7.3:** Kosten- und Stückkostenfunktion

[2]In der Abbildung 7.2 stellt der Inhalt der dort eingetragenen Rechtecksfläche den Umsatz zum Absatz von $a$ Einheiten dar.

[3]Vgl. Abbildung 7.3

## 7.2 Grenzwerte von Funktionen und Stetigkeit

Der Begriff des Grenzwertes für Zahlenfolgen und die Grenzwertsätze 6.2.8 werden nun auf die Untersuchung des lokalen Verhaltens einer Funktion $f$ angewandt.

Dazu sei die Funktion $f$ in einer ***Umgebung*** $I$ eines Punktes $a$ erklärt; $I$ kann dabei ein Intervall sein, welches den Punkt $a$ als inneren Punkt, als rechten Randpunkt ($I$ heißt dann eine ***linksseitige Umgebung***) oder auch als linken Randpunkt ($I$ heißt dann eine ***rechtsseitige Umgebung***) enthält. Zunächst ist es gleichgültig, ob die Funktion auch für $x = a$ definiert ist.

Zur Beschreibung der Funktion in der Nähe des Punktes $a$ dienen *Folgen* $(x_n)$ *von Punkten aus I*, die gegen $a$ konvergieren und denen der Punkt $a$ *nicht* angehört.

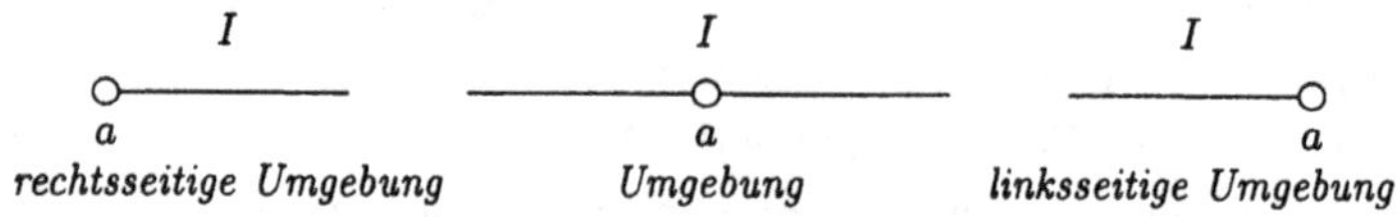


**7.2.1 (Grenzwert einer Funktion in einem Punkt)** *Die Funktion $f$ besitzt im Punkt $a$ den* ***Grenzwert g****, wenn für jede gegen $a$ konvergente Folge $(x_n)$ von Punkten aus $I$ die Folge der Funktionswerte $f(x_n)$ den Grenzwert $g$ besitzt:*

$$\lim_{n\to\infty} x_n = a \quad \Rightarrow \quad \lim_{n\to\infty} f(x_n) = g \tag{7.1}$$

*Bezeichnungen:* $\lim\limits_{x\to a} f(x) = g$ *oder* $f(x) \to g$ *für* $x \to a$

- *Werden ausschließlich Folgen betrachtet, die von links bzw. von rechts gegen $a$ konvergieren, so heißt $g$* ***linksseitiger*** *bzw.* ***rechtsseitiger Grenzwert****.*

- *Der Fall, daß die Folgen $(f(x_n))$ im Sinne von 6.2.7 divergieren, ist hierin mit enthalten: für $g$ ist dann das Symbol $\infty$ bzw. $-\infty$ zu setzen.*

Der Grenzwert einer Funktion im Unendlichen wird entsprechend 6.2.7 mit Hilfe von Folgen eingeführt, die gegen $\pm\infty$ divergieren.

**7.2.2 (Grenzwert einer Funktion im Unendlichen)** *Ist die Funktion $f$ in einem nach rechts oder links unbeschränkten Intervall $I$ definiert und hat für jede gegen $\infty$ bzw. $-\infty$ divergente Folge $(x_n)$ die Folge $(f(x_n))$ der Funktionswerte den Grenzwert $g$, so heißt $g$ der* ***Grenzwert der Funktion im Unendlichen****.*
*Bezeichnungen:* $\lim\limits_{x\to\pm\infty} f(x) = g$ *oder* $f(x) \to g$ *für* $x \to \pm\infty$

Der Begriff des (endlichen) Grenzwertes einer Funktion kann in anschaulicher Weise auch ohne Verwendung von Zahlenfolgen erklärt werden. Hierfür wird die präzise Erklärung (6.13) des Grenzwertes von Zahlenfolgen verwendet.

**7.2.3 (Äquivalente Erklärung des Grenzwertes einer Funktion)**
*Die Funktion $f$ besitzt im Punkt $a$ dann und nur dann den Grenzwert $g$, wenn sich die Funktionswerte in einer genügend kleinen Umgebung $I$ von $a$ beliebig wenig vom Wert $g$ unterscheiden.*

(a) Damit ist genau gemeint:

*Für jede (beliebig kleine) positive Zahl $\varepsilon$ gibt es eine – von $\varepsilon$ abhängige – positive Zahl $\delta_\varepsilon$ mit der Eigenschaft*

$$|f(x) - g| < \varepsilon \quad \textit{für alle } x \textit{ aus } I \textit{ mit } |x - a| < \delta_\varepsilon. \tag{7.2}$$

(b) Entsprechend gilt für den Grenzwert im Unendlichen:

*Die Funktion $f$ besitzt im Unendlichen dann und nur dann den Grenzwert $g$, wenn sich die Funktionswerte $f(x)$ für genügend große positive (bzw. genügend kleine negative) Werte von $x$ beliebig wenig vom Wert $g$ unterscheiden. Das bedeutet:*

*Für jede (beliebig kleine) positive Zahl $\varepsilon$ gibt es eine (von $\varepsilon$ abhängige) positive Zahl $\Delta_\varepsilon$ mit der Eigenschaft*

$$|f(x) - g| < \varepsilon \textit{ für alle } x > \Delta_\varepsilon \textit{ bzw. } x < -\Delta_\varepsilon.$$

Beweis: Die Äquivalenz der Erklärungen des Grenzwertes einer Funktion mittels Folgen und mittels der Eigenschaft (a) ist von grundsätzlicher Bedeutung. Daher soll hier für den Fall eines Grenzwertes in einem (endlichen) Punkt $a$ ein Beweis angegeben werden.

Teil 1: *Aus der Erklärung des Grenzwertes mittels Folgen folgt die Eigenschaft* (a).

Für jede gegen $a$ konvergente Folge $(x_n)$ von Punkten aus $I$ habe die Folge $(f(x_n))$ den Grenzwert $g$. Nun wird das Gegenteil „*Nicht zu jedem* $\varepsilon > 0$ gibt es ein $\delta > 0$ mit der Eigenschaft (7.2)“ der zu beweisenden Aussage angenommen und dieses unter Beachtung der logischen Verneinungsregel (1.4) geeignet umformuliert:

Es gibt eine positive Zahl $\varepsilon'$, so daß *für jede* positive Zahl $\delta$ die Ungleichung $|f(x) - g| < \varepsilon'$ nicht für alle $x \in I$ mit $|x - a| < \delta$ erfüllbar ist.

Für $\delta$ kann speziell die Zahl $1/n$ für $n = 1, 2, \ldots$ gewählt werden, und daher gibt es jeweils einen Punkt $x_n \in I$, so daß $|x_n - a| < 1/n$ und zugleich $|f(x_n) - g| \geq \varepsilon'$ gilt.

Die so konstruierte Folge $(x_n)$ konvergiert wegen 6.13 gegen $a$, jedoch haben die Funktionswerte $f(x_n)$ von $g$ mindestens den festen Abstand $\varepsilon'$. $g$ kann daher nicht der Grenzwert von $f$ für $x \to a$ sein.

Teil 2: *Aus der Eigenschaft* (a) *folgt die Konvergenz.*

Zu gegebener Zahl $\varepsilon > 0$ sei jetzt die Größe $\delta_\varepsilon > 0$ mit der Eigenschaft (7.2) bestimmt. Ist dann $(x_n)$ eine in $I$ verlaufende und gegen $a$ konvergente Folge, so gibt es eine Zahl $N(\varepsilon)$, so daß $|x_n - a| < \delta_\varepsilon$ für alle Indizes $n > N(\varepsilon)$ ist. Wegen (7.2) ist damit $|f(x_n) - g| < \varepsilon$ für alle $n > N(\varepsilon)$, und das bedeutet die Konvergenz der Folge $(f(x_n))$ gegen $g$. □

Die im folgenden angegebenen Grenzwertsätze sind unmittelbare Übertragungen der entsprechenden Aussagen für Zahlenfolgen in 6.2.8; die Fälle $a = \infty$ und $a = -\infty$ sind eingeschlossen. Für die Quotientenregel ist $g(x) \neq 0$ für alle $x$ in einer Umgebung von $a$ sowie $\lim\limits_{x\to a} g(x) \neq 0$ vorauszusetzen.

### 7.2.4 (Grenzwertsätze für Funktionen)

$$\begin{aligned}
\lim_{x\to a} (f(x) \pm g(x)) &= \lim_{x\to a} f(x) \pm \lim_{x\to a} g(x) \\
\lim_{x\to a} (f(x) \cdot g(x)) &= \lim_{x\to a} f(x) \cdot \lim_{x\to a} g(x) \\
\lim_{x\to a} \frac{f(x)}{g(x)} &= \frac{\lim\limits_{x\to a} f(x)}{\lim\limits_{x\to a} g(x)} \\
\lim_{x\to a} (\lambda \cdot f(x)) &= \lambda \cdot \lim_{x\to a} f(x) \quad (\lambda \in \mathbb{R})
\end{aligned} \tag{7.3}$$

**Beispiel 7.5 (Einige häufig verwendete Grenzwerte)**

$$\begin{array}{l} \lim\limits_{x\to\infty} \lambda^x = 0 \quad (0 \le \lambda < 1), \quad \lim\limits_{x\to-\infty} \lambda^x = 0 \quad (\lambda > 1) \\ \lim\limits_{x\to 0} \dfrac{e^{\lambda x}-1}{x} = \lambda \quad (\lambda \in \mathbb{R}), \quad \lim\limits_{x\to 0} x \ln x = 0, \quad \lim\limits_{x\to\infty} \dfrac{\ln x}{x} = 0 \end{array} \tag{7.4}$$

Die Grenzwerte der ersten Reihe können aus dem Verhalten der geometrischen Folge, die der zweiten Reihe aus den entsprechenden Grenzwerten (6.18) für Folgen abgeleitet werden.

**Beispiel 7.6 (Grenzwert der logistischen Funktion)**[4] Die von den Parametern $a$, $b$, $c$ und $t_0$ abhängende ***logistische Funktion*** (***Sättigungsfunktion***)

$$y = f(t) = \frac{a}{1 + be^{-c(t-t_0)}}, \quad a, b, c > 0, \tag{7.5}$$

hat für $t \to \infty$ den Grenzwert $a$ (***Sättigungswert***).

Denn die Ungleichung $|f(t) - a| < \varepsilon$ läßt sich unmittelbar nach $t$ auflösen:

$$\left| \frac{a}{1 + be^{-c(t-t_0)}} - a \right| = a - \frac{a}{1 + be^{-c(t-t_0)}} < \varepsilon \iff t > t_0 - \frac{\ln \dfrac{\varepsilon}{b(a-\varepsilon)}}{c} = \Delta_\varepsilon$$

Der Funktionswert weicht daher vom Sättigungswert um weniger als $\varepsilon$ ab, wenn $t$ rechts von $\Delta_\varepsilon$ liegt.

In der Abbildung 7.4 ist die logistische Funktion für die Parameterwerte $a = 100\,\%$, $b = 10$, $c = 1/10$ und $t_0 = 0$ dargestellt. Der Abstand zwischen $f(t)$ und dem Sättigungswert $100\,\%$ ist ab $t = 92{,}1$ Zeiteinheiten nach dem Anfangszeitpunkt $t_0$ kleiner als $\varepsilon = 10^{-3}$.

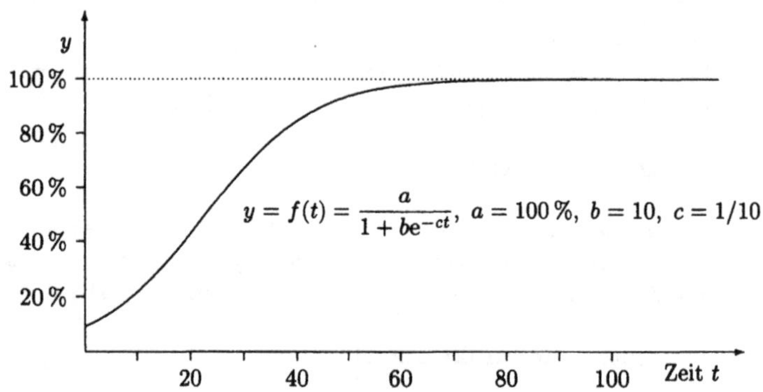


**Abb. 7.4:** Logistische Funktion

Nun wird vorausgesetzt, daß die Funktion $f$ in einer Umgebung $I$ – auch in einer links- oder rechtsseitigen Umgebung – einschließlich des Punktes $a$ erklärt ist.

[4]Derartige Funktionen treten bei der Modellierung von Sättigungsprozessen auf; vgl. auch das Beispiel 6.4

**7.2.5 (Stetigkeit einer Funktion)** *Eine in einer Umgebung $I$ des Punktes $a$ erklärte Funktion $f$ heißt* ***im Punkt a*** *stetig, wenn der Grenzwert der Funktion für $x \to a$ mit dem Funktionswert $f(a)$ übereinstimmt:*

$$\lim_{x \to a} f(x) = f(a) \tag{7.6}$$

- Die Forderung der Stetigkeit bedeutet, daß sich die Funktionswerte $f(x)$ beliebig wenig vom Funktionswert $f(a)$ unterscheiden, wenn der Abstand zwischen $x$ und $a$ genügend klein ist:

  *Für jede (beliebig kleine) positive Zahl $\varepsilon$ gibt es eine – von $\varepsilon$ abhängige – positive Zahl $\delta_\varepsilon$ mit der Eigenschaft*

$$|f(x) - f(a)| < \varepsilon \quad \textbf{für alle } x \textbf{ aus } I \textbf{ mit } |x - a| < \delta_\varepsilon. \tag{7.7}$$

- *Ist die Funktion in jedem Punkt ihres Definitionsbereichs stetig, so heißt sie (im Definitionsbereich)* ***stetig****.*

- *Ist die Funktion im Punkt a nicht stetig, so heißt sie dort* ***unstetig****.*

  Unstetigkeit bedeutet, daß die Funktionswerte $f(x)$ für $x \to a$ gegen einen anderen Grenzwert als den Funktionswert streben oder daß kein solcher Grenzwert existiert. Letzteres ist dann der Fall, wenn für irgendeine gegen a konvergente Folge aus $I$ die Folge der Funktionswerte nicht beschränkt ist oder wenn es zwei gegen $a$ konvergente Folgen $(x_n)$ und $(z_n)$ aus $I$ gibt, so daß die Folgen der Funktionswerte unterschiedliche Grenzwerte haben.

Die Funktion $x \mapsto f(x) = x$ ist für alle Werte der Variablen $x$ stetig. Auf Grund der Grenzwertsätze (7.3) sind daher alle Potenzen, Linearkombinationen dieser Potenzen und daraus gebildete Brüche stetig:

**7.2.6 (Stetigkeit rationaler Funktionen)** *Jede rationale Funktion*

$$f(x) = \frac{a_n x^n + a_{n-1}x^{n-1} + \ldots + a_1 x + a_0}{b_m x^m + b_{m-1}x^{m-1} + \ldots + b_1 x + b_0} \tag{7.8}$$

*ist für jeden Wert der Variablen $x$, mit eventueller Ausnahme der Nullstellen des Nennerpolynoms, stetig.*

**Beispiel 7.7 (Hebbare Unstetigkeit)** Die Funktion $f(x) = (x^3 - 1)/(x - 1)$ ist für alle $x \neq 1$ erklärt und dort auch stetig. Das Zählerpolynom ist ohne Rest durch $x - 1$ teilbar, und daher ist $(x^3 - 1)/(x - 1) = x^2 + x + 1$ für $x \neq 1$. Der rechtsstehende Term hat für $x \to 1$ den Grenzwert 3. Wird der Funktion $f$ für $x = 1$ der Wert $f(1) = 3$ zugewiesen, so ist die – jetzt für alle $x$ erklärte Funktion – überall stetig. Die Unstetigkeit kann also durch Zuweisen des Grenzwertes als Funktionswert ***behoben*** werden.

**Beispiel 7.8 (Nicht hebbare Unstetigkeit)**[5] Die für $x \neq 0$ erklärte Funktion $f(x) = \sin\left(\frac{\pi}{x}\right)$ hat für $x \to 0$ keinen Grenzwert, denn es gibt gegen Null konvergente Folgen

[5] Vgl. Abbildung 7.5

$(x_n)$ mit unterschiedlichen Grenzwerten für die Folgen der Funktionswerte. Beispielsweise haben für $x_n = \frac{1}{n}$ und $x_n = \frac{1}{2n+\frac{1}{2}}$ die Funktionswerte den konstanten Wert $\sin n\pi = 0$ bzw. $\sin(2n+1/2)\pi = 1$.

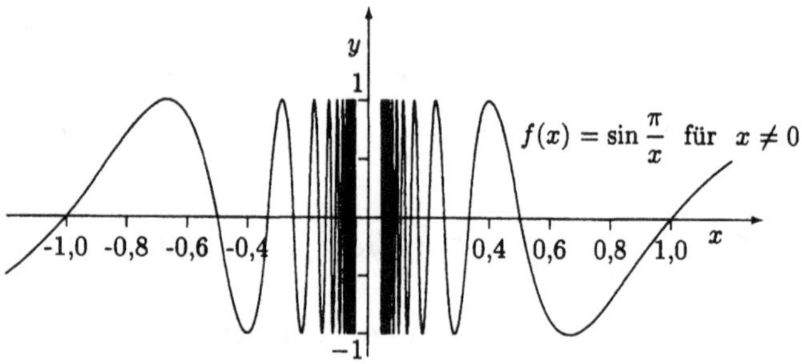


**Abb. 7.5:** Ausschnitt aus dem Graphen einer unstetigen Funktion

**Beispiel 7.9 (Unstetige Verteilungsfunktionen)** Bei einem zufälligen Wurf mit einem Würfel sei die Zufallsgröße $X$ die erreichte Augenzahl. $X$ nimmt nur die Werte 1, 2, 3, 4, 5 und 6 an, und zwar jeden mit der gleichen Wahrscheinlichkeit 1/6.
Für eine *beliebige reelle Zahl* $x$ bezeichne $\boldsymbol{P(X < x)}$ die Wahrscheinlichkeit dafür, daß $X$ einen Wert annimmt, der *kleiner als* $x$ ist, und $\boldsymbol{P(X \leq x)}$ die Wahrscheinlichkeit dafür, daß $X$ einen Wert annimmt, der *kleiner oder gleich* $x$ ist. In der Abbildung 7.6 sind die ***Verteilungsfunktionen*** $x \mapsto P(X < x)$ und $x \mapsto P(X \leq x)$ gegenübergestellt.

An den Sprungstellen $i = 1,2,3,4,5,6$ sind die Verteilungsfunktionen unstetig:
Nähert sich $x$ *von links* einer der Stellen $i$ an, so ist $P(X < x) = P(X < i) = \frac{i-1}{6}$ für die linke Funktion, und bei Annäherung von *rechts* ist $P(X \leq x) = P(X \leq i) = \frac{i}{6}$ für die rechte Funktion. Die Grenzwerte der Funktion $P(X < x)$ bei Annäherung von links und der Funktion $P(X \leq x)$ bei Annäherung von rechts an die Stelle $i$ stimmen also jeweils mit den Funktionswerten an der Stelle $i$ überein, – bei der Annäherung von der jeweils entgegengesetzten Seite trifft dies nicht zu.[6]
An allen übrigen Stellen sind die Verteilungsfunktionen stetig.

Die Stetigkeit einer Funktion in einem *abgeschlossenen* Intervall bedeutet eine gewisse Normalität des Kurvenverlaufs, die in den folgenden drei grundlegenden Eigenschaften zum Ausdruck kommt. Für deren Herleitung ist allerdings ein tieferes Eindringen in die Struktur der reellen Zahlen erforderlich.[7]

### 7.2.7 (In einem abgeschlossenen Intervall stetige Funktionen)[8]

*Eine in einem* ***abgeschlossenen Intervall*** $I = [a,b]$ *stetige Funktion hat die folgenden drei grundlegenden Eigenschaften:*

(1) ***Maximum und Minimum:*** *Die Funktion nimmt in* $I$ *ihren größten Funktionswert* $\boldsymbol{y_{max}}$ (***Maximum***) *an einer Stelle* $\boldsymbol{x_{max}}$ (***Maximalstelle***) *und ihren*

[6]Dieser Effekt wird auch als *einseitige* (*linksseitige bzw. rechtsseitige*) *Stetigkeit* bezeichnet
[7]Vgl. *R. Ansorge* und *H. J. Oberle*, 1997
[8]Vgl. Abbildung 7.7

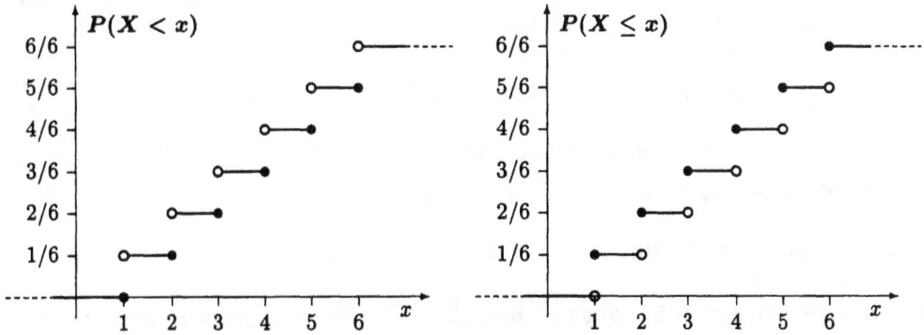


**Abb. 7.6:** Einseitige Stetigkeit von Verteilungsfunktionen

*kleinsten Funktionswert* $\boldsymbol{y_{min}}$ (***Minimum***) *an einer Stelle* $\boldsymbol{x_{min}}$ (***Minimalstelle***) *an,*[9] *– es gilt also*

$$y_{min} = f(x_{min}) \le f(x) \le f(x_{max}) = y_{max} \quad \textbf{für alle } x \in I. \tag{7.9}$$

(2) ***Zwischenwertsatz:*** *Die Funktion nimmt in* $I$ *jeden zwischen dem Minimum und dem Maximum gelegenen Funktionswert* $y_0$ *an.*
*Das bedeutet, daß die Gleichung* $f(x) = y_0$ *für jeden Wert* $y_0$ *aus dem Intervall* $[y_{min}, y_{max}]$ *mindestens eine Lösung* $x$ *im Intervall* $I$ *besitzt.*
*Die zur Achse der unabhängigen Variablen* $x$ *parallele Gerade durch den Punkt* $(0, y_0)$ *schneidet also den Graphen der Funktion in mindestens einem Punkt* $(x, y_0)$ *mit* $x \in I$.[10]

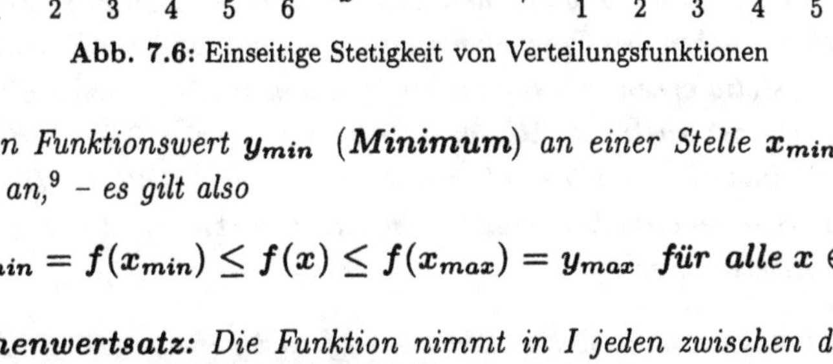


**Abb. 7.7:** Stetige Funktion in einem abgeschlossenen Intervall

***Folgerung:*** *Haben die Funktionswerte in den Randpunkten* $a$ *und* $b$ *unterschiedliches Vorzeichen, ist also* $f(a) \cdot f(b)$ *negativ, so besitzt die Funktion im Innern des Intervalls* ***mindestens eine Nullstelle.***

[9] Bei einer unstetigen Funktion muß kein größter oder kleinster Funktionswert existieren.
Beispiel: Die durch $f(x) = x^2$ für $0 \le x < 1$ und $f(1) = 0$ im Intervall $0 \le x \le 1$ definierte Funktion ist in der Sprungstelle $x = 1$ unstetig, der Wertebereich ist das rechts offene Intervall $[0, 1)$, und dieses hat kein größtes Element.

[10] Für die in der Abbildung 7.6 dargestellten Funktionen ist diese Eigenschaft verletzt, falls $y_0$ nicht einer der 7 möglichen Funktionswerte $0, 1/6, \ldots, 6/6$ ist.

(3) ***Umkehrfunktion:*** *Ist die Funktion* ***streng monoton steigend*** *bzw.* ***streng monoton fallend****, gilt also für alle $x_1, x_2$ aus I*

$$\boldsymbol{f(x_1) < f(x_2)} \quad \textit{bzw.} \quad \boldsymbol{f(x_1) > f(x_2)} \quad \textbf{\textit{für}} \quad \boldsymbol{x_1 < x_2}, \tag{7.10}$$

*so existiert die* ***Umkehrfunktion***[11] $\boldsymbol{f^{-1}}$*, und diese ist in ihrem Definitionsbereich $y_{min} \leq y \leq y_{max}$ ebenfalls* ***stetig.***[12]

**7.2.8 (Elementare Funktionen und deren Stetigkeit)**

(1) *Auf Grund der in* 6.2 *angegebenen Eigenschaften konvergenter Zahlenfolgen erweisen sich – neben den Potenzfunktionen mit ganzzahligem Exponenten und den bereits als stetig erkannten rationalen Funktionen* (7.8) *– auch alle Potenzfunktionen* $\boldsymbol{x \mapsto x^\lambda}$ ***mit*** $\boldsymbol{\lambda \in \mathbb{R}}$ *(für $x \geq 0$ und für $x > 0$ bei $\lambda < 0$) sowie alle Exponentialfunktionen* $\boldsymbol{x \mapsto \lambda^x}$ ***mit*** $\boldsymbol{\lambda > 0}$ *(für $x \in \mathbb{R}$) als stetig. Weiterhin sind die trigonometrischen Funktionen* **sin, cos, tan** *und* **cot** *innerhalb ihres Definitionsbereichs stetig.*

(2) *Darüber hinaus können stetige Funktionen f und g ineinander eingesetzt werden: Ist der Wertebereich von g im Definitionsbereich von f enthalten, so ist durch die Zuordnung* $\boldsymbol{x \mapsto f(g(x))}$ *eine im Definitionsbereich der „inneren" Funktion g stetige Funktion erklärt.*[13]

(3) *Ferner ist mit einer umkehrbar eindeutigen stetigen Funktion auch deren Umkehrfunktion stetig, und damit sind die Logarithmusfunktionen als Umkehrfunktionen der Exponentialfunktionen und die Umkehrfunktionen der trigonometrischen Funktionen stetig.*

*Auf Grund von* (a), (b) *und* (c) *und wegen der Grenzwertsätze* (7.3) *sind die sogenannten* ***elementaren Funktionen****, die sich aus den genannten Funktionen mit Hilfe der Grundrechenarten Addition, Subtraktion, Multiplikation und Division, durch Einsetzen von Funktionen ineinander und durch Bildung der Umkehrfunktion sowie durch beliebige Kombinationen dieser Operationen darstellen lassen,* ***in ihrem Definitionsbereich stetig.***

**Beispiel 7.10** Die Funktion $y = f(x) = \ln\left(1 - \sqrt{1 - x^2}\right)$ ist in ihrem Definitionsbereich $[-1, 0) \cup (0, 1]$ stetig, der Wertebereich ist das Intervall $(-\infty, 0]$. In jedem der beiden Teilintervalle des Definitionsbereichs ist die Funktion eindeutig umkehrbar,

---

[11] Die Existenz der Umkehrfunktion $f^{-1}$ folgt im übrigen bereits aus der Monotonie, – vgl. Aufgabe 1.11

[12] Für eine monoton fallende, stetige Preis-Absatz-Funktion $a = f(p)$ ist daher auch die Absatz-Preis-Funktion $p = f^{-1}(a)$ als Umkehrfunktion stetig: Eine stetige Abhängigkeit des Absatzes vom Preis bewirkt eine ebenfalls stetige Abhängigkeit des Preises vom Absatz.

[13] Die Stetigkeit der zusammengesetzten Funktion ist offensichtlich: Denn konvergiert $x_n$ gegen $a$, so konvergiert wegen der Stetigkeit von $g$ die Folge $(g(x_n))$ gegen $g(a)$, und damit konvergiert auf Grund der Stetigkeit von $f$ die Folge $(f(g(x_n)))$ gegen $f(g(a))$.

und die jeweiligen Umkehrungen $x = \sqrt{1-(1-e^y)^2}$ und $x = -\sqrt{1-(1-e^y)^2}$ sind in ihrem Definitionsbereich $(-\infty, 0]$ ebenfalls stetig.

Die Folgerung aus dem Zwischenwertsatz 7.2.7 (2) führt zu einer denkbar einfachen Methode, um eine Gleichung $f(x) = y_0$ mit einer gegebenen stetigen Funktion $f$ und gegebenem Wert $y_0$ zu lösen. Dabei genügt es, den Fall $y_0 = 0$ zu betrachten, denn die Lösungen dieser Gleichung sind die Nullstellen der ebenfalls stetigen Funktion $x \mapsto f(x) - y_0$.

### 7.2.9 (Halbierungsmethode zur Berechnung von Nullstellen)[14]

- ***Voraussetzung:*** *Die im abgeschlossenen Intervall $[a, b]$ stetige Funktion $f$ habe in den Randpunkten $a_0 = a$ und $b_0 = b$ unterschiedliches Vorzeichen.*
  *Dann besitzt die Funktion zwischen $a_0$ und $b_0$ (mindestens) eine Nullstelle.*

- ***Halbierungsmethode, Bisektion:***
  *Als **nullte Näherung** für eine der gesuchten Nullstellen dient der Mittelpunkt $\boldsymbol{c_0 = (a_0 + b_0)/2}$ des Intervalls $[a_0, b_0]$.*

  *Ist $f(c_0) \neq 0$, so hat die Funktion in den Randpunkten eines der beiden Teilintervalle $[a_0, c_0]$ und $[c_0, b_0]$ unterschiedliches Vorzeichen. Dieses wird mit $[a_1, b_1]$ bezeichnet, es tritt an die Stelle des Ausgangsintervalls, und die Funktion hat dann zwischen $a_1$ und $b_1$ eine Nullstelle.*
  *Mit Hilfe des Mittelpunkts $\boldsymbol{c_1 = (a_1 + b_1)/2}$ von $[a_1, b_1]$ als **erste Näherung** für die Nullstelle wird in entsprechender Weise das Intervall $[a_2, b_2]$ gebildet, usw.*

- ***Fehler des Verfahrens:*** *Ist keine der auftretenden Näherungen eine Nullstelle, so kann das Verfahren theoretisch unbegrenzt fortgesetzt werden. Dabei entsteht eine Folge von ineinander enthaltenen Intervallen, die sämtlich eine Nullstelle enthalten, wobei die Länge der Intervalle von Schritt zu Schritt halbiert wird:*

  $$[a_0, b_0] \supset [a_1, b_1] \supset \ldots \supset [a_n, b_n] \supset [a_{n+1}, b_{n+1}] \supset \ldots$$

  *Ist $\xi$ eine Nullstelle innerhalb des nach $n$ Halbierungen entstandenen Intervalls $[a_n, b_n]$, so gilt für die **Abweichung zwischen $\boldsymbol{\xi}$ und der $\boldsymbol{n}$-ten Näherung**:*

  $$|\xi - c_n| \leq \frac{1}{2}(b_n - a_n) = \frac{b-a}{2^{n+1}} \tag{7.11}$$

  *Wird für diese Abweichung eine Fehlerschranke $\varepsilon$ vorgegeben, so ist folglich $\boldsymbol{|\xi - c_n| < \varepsilon}$, **wenn** $\boldsymbol{b_n - a_n < 2\varepsilon}$ ist.*[15]

---

[14] Vgl. Abbildung 7.8; für das Verfahren von *Newton* zur näherungsweisen Berechnung von Nullstellen *differenzierbarer* Funktionen vgl. Aufgabe 7.7

[15] $b_n - a_n = (b-a)/2^n < 2\varepsilon$ bedeutet $n > \ln\left(\frac{b-a}{2\varepsilon}\right) / \ln 2$. Damit kann von vornherein eine obere Schranke für die Anzahl der erforderlichen Halbierungsschritte angegeben werden. Diese Schranke ist allerdings sehr grob, denn es werden dafür nur die Länge des Ausgangsintervalls und die vorgegebene Fehlerschranke, nicht aber die Funktion verwendet.

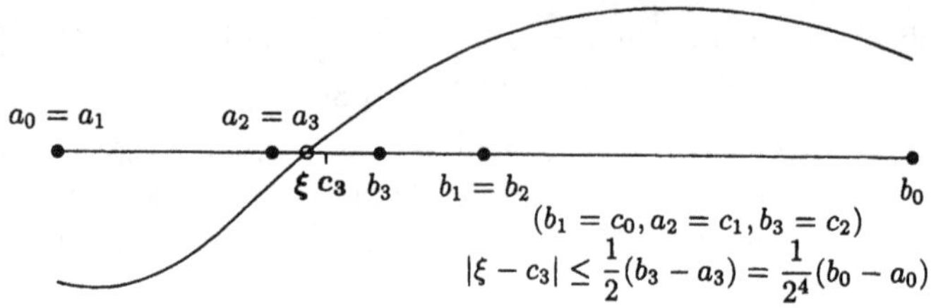


**Abb. 7.8:** Halbierungsmethode zur näherungsweisen Bestimmung von Nullstellen

**Beispiel 7.11 (Näherungsweise Berechnung des Zinssatzes aus dem Rentenbarwertfaktor)**
Zur Tilgung einer Schuld von $S_0 = 100.000$ € wird die Zahlung einer jährlichen nachschüssigen Annuität von $A = 23.000$ € bei einer Laufzeit von 5 Jahren vereinbart. Nach (6.48) ist der zugehörige Zinssatz $p$ die (eindeutig bestimmte) positive Nullstelle der stetigen Funktion $f(p;\kappa) = (1+p)^5(\kappa - p) - \kappa$ mit $\kappa = A/S_0 = 0,23$. Der Zinssatz ist in Prozent auf zwei Stellen nach dem Komma genau anzugeben.

Ein mögliches Anfangsintervall $[a_0, b_0]$ mit unterschiedlichem Vorzeichen der Funktion in den Randpunkten kann durch Probieren gefunden oder an der Abbildung 6.12 abgelesen werden. Die Rechnungen mit $a_0 = 4,7\,\%$ und $b_0 = 4,9\,\%$ sind in dem folgenden selbsterklärenden Schema zusammengestellt (Daten in Prozent, Vorzeichen des jeweiligen Wertes der Funktion $f$ in Klammern):

| $n$ | $a_n$ | | $b_n$ | | $c_n$ | |
|---|---|---|---|---|---|---|
| 0 | 4,7 | (+) | 4,9 | (−) | 4,8 | (+) |
| 1 | 4,8 | (+) | 4,9 | (−) | 4,85 | (−) |
| 2 | 4,8 | (+) | 4,85 | (−) | 4,825 | (+) |
| 3 | 4,825 | (+) | 4,85 | (−) | 4,8375 | (+) |
| 4 | 4,8375 | (+) | 4,85 | (−) | 4,84375 | (+) |
| 5 | 4,84375 | (+) | 4,85 | (−) | 4,846875 | (+) |
| 6 | 4,846875 | (+) | 4,85 | (−) | | |

Aus der letzten Zeile folgt für die gesuchte Lösung $4,846\,\% < p < 4,85\,\%$. Mit der geforderten Genauigkeit von zwei Nachkommastellen ist daher $p = 4,85\,\%$.

## 7.3 Grundbegriffe der Differentialrechnung

Das Wesen der Differentialrechnung besteht darin, einen nichtlinearen funktionalen Zusammenhang $x \mapsto y = f(x)$ zwischen zwei Größen $x$ und $y$ in einer Umgebung einer Stelle $x = a$ durch die „bestmögliche" *lineare Beziehung* $x \mapsto y = m(x-a) + f(a)$ zu ersetzen, die *Linearisierung* der Funktion $f$ an der Stelle $a$.
Der in der Linearisierung auftretende Anstieg $m$ erweist sich als der *Differentialquotient* (*Ableitung*) der Funktion $f$ an der Stelle $a$ und die Linearisierung damit als die *Tangente* an die Kurve der Funktion $f$ im Kurvenpunkt $(a, f(a))$.[16]
Mit Hilfe der Linearisierung können einerseits

[16]In der Abbildung 6.10 ist die Linearisierung im Punkt $a = 0$ für die Exponentialfunktion dargestellt: Die Funktion $x \mapsto f(x) = e^x$ wird in einer Umgebung des Nullpunktes durch ihre Tangente, die lineare Funktion $x \mapsto x + 1$ angenähert.

- *die Werte $y = f(x)$ in einer Umgebung von $a$ näherungsweise durch einen einfachen linearen Ausdruck berechnet und andererseits*
- *aus dem Verhalten der Linearisierung wesentliche Rückschlüsse auf die Eigenschaften der Funktion $f$ in einer Umgebung der Stelle $a$ selbst gezogen werden.*

Für die im folgenden auftretende Funktion $f$ wird vorausgesetzt, daß sie in einem Intervall $I$ einschließlich des Punktes $a$ erklärt ist; $a$ kann dabei ein innerer Punkt oder auch ein Randpunkt von $I$ sein. Dabei wird die Veränderung $\Delta f(a)$ des Funktionswertes $f(a)$ untersucht, wenn das Argument $a$ um den *Zuwachs* $\Delta a$ nach rechts oder links innerhalb des Intervalls $I$ verschoben wird ($\Delta a$ ist also bei einem linken Randpunkt positiv und bei einem rechten Randpunkt negativ zu wählen).

**7.3.1 (Differenzenquotient)**[17] *Der Quotient*

$$\frac{\Delta f(a)}{\Delta a} = \frac{f(a+\Delta a) - f(a)}{\Delta a} \quad (\Delta a \neq 0) \tag{7.12}$$

*heißt **Differenzenquotient** der Funktion $f$ an der Stelle $a$ zum Zuwachs $\Delta a$.*

- ***Differenzenquotient und Sekante:*** *Die Verbindungsgerade der Kurvenpunkte $P_a = (a, f(a))$ und $P_{a+\Delta a} = (a+\Delta a, f(a+\Delta a))$ ist die **Sekante $s$** durch diese Punkte; ihre Geradengleichung lautet:*

$$s(x; a, \Delta a) = \frac{\Delta f(a)}{\Delta a}(x-a) + f(a) \tag{7.13}$$

*Der Differenzenquotient ist der **Anstieg der Sekante** durch die Kurvenpunkte $P_a$ und $P_{a+\Delta a}$, der **Anstiegswinkel $\alpha_s$** der Sekante ist erklärt durch*

$$\tan \alpha_s = \Delta f(a)/\Delta a.$$

- *Wird durch die Beziehung $y = f(x)$ das Wachstum der Größe $y$ in Abhängigkeit von der Größe $x$ dargestellt, so ist der Differenzenquotient $\Delta f(a)/\Delta a$ die **durchschnittliche Änderungsgeschwindigkeit** der Größe $f(x)$ bei der Änderung von $x = a$ um den Zuwachs $\Delta a$.*

Bei festem Wert von $a$ ist der Differenzenquotient $\Delta a \mapsto \Delta f(a)/\Delta a$ eine Funktion des Zuwachses $\Delta a$; die Bildung des Grenzwertes im Sinne von 7.2.1 bezieht sich jetzt auf die Variable $\Delta a$.

**7.3.2 (Ableitung als Grenzwert des Differenzenquotienten)**
*Wenn der Differenzenquotient $\Delta f(a)/\Delta a$ für $\Delta a \to 0$ einen Grenzwert besitzt, also*

$$\lim_{\Delta a \to 0} \frac{f(a+\Delta a) - f(a)}{\Delta a} \quad (\Delta a \neq 0) \tag{7.14}$$

[17] Die hier und im folgenden verwendeten Bezeichnungen beziehen sich auf die Abbildung 7.9; dort ist die Funktion $f(x) = x^2$ in der Umgebung des Punktes $a = 0,4$ mit dem Zuwachs $\Delta a = 0,6$ dargestellt.

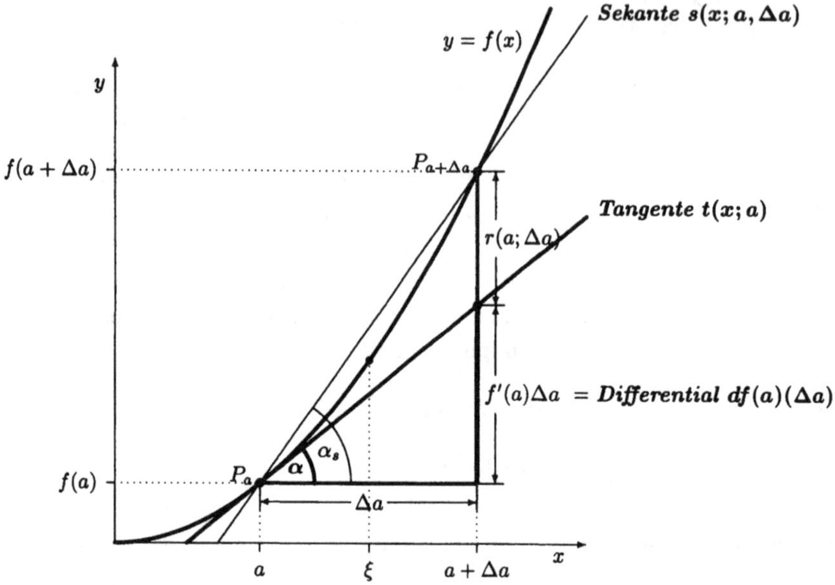


**Abb. 7.9:** Anstiegsdreieck der Sekante und Tangente, Differential und Restglied

*existiert, so heißt die Funktion $f$ an der Stelle $x = a$ differenzierbar*[18]*. Für den Grenzwert werden nach Newton bzw. Leibniz die Symbole*

$$\boldsymbol{f'(a)} \textit{ bzw. } \frac{\boldsymbol{df(x)}}{\boldsymbol{dx}}_{|x=a} \textit{ oder auch } \frac{\boldsymbol{d}}{\boldsymbol{dx}}\boldsymbol{f(x)}_{|x=a}$$

*verwendet; der Grenzwert heißt* ***Differentialquotient*** *oder (erste)* ***Ableitung*** *der Funktion $f$ an der Stelle $x = a$.*

- ***Differentialquotient und Tangente:*** *Die durch den Grenzprozeß für $\Delta a \to 0$ aus der Sekante $s(x; a, \Delta a)$ gebildete lineare Funktion* $\boldsymbol{t}$ *mit*

$$\boldsymbol{t(x; a) = f'(a)(x - a) + f(a)} \tag{7.15}$$

*heißt* ***Tangente*** *an die Kurve der Funktion $f$ im Kurvenpunkt $P_a = (a, f(a))$ (****Tangente als Grenzlage der Sekante****).*
*Die Tangente ist also diejenige durch den Kurvenpunkt $P_a$ führende Gerade, deren Anstieg gerade der Grenzwert des Sekantenanstiegs für $\Delta a \to 0$ ist.*[19]
*Für den Anstiegswinkel $\alpha$ der Tangente gilt:*

$$\boldsymbol{\tan\alpha = f'(a)}$$

[18] Im Falle eines links- oder rechtsseitigen Grenzwertes heißt die Funktion von links bzw. von rechts differenzierbar.

[19] Im Fall einer einseitigen Ableitung in den Randpunkten des Definitionsintervalls liegt eine rechts- bzw. linksseitige Tangente vor.

- *Wird der Differenzenquotient $\Delta f(a)/\Delta a$ als durchschnittliche Änderungsgeschwindigkeit der Größe $y$ bei der Änderung von $x = a$ um den Zuwachs $\Delta a$ interpretiert, so stellt die Ableitung $f'(a)$ die* ***momentane Änderungsgeschwindigkeit*** *der Größe $y = f(x)$ an der Stelle $x = a$ dar.*

Mit Hilfe der Ableitung kann die Änderung des Funktionswertes bei der Änderung $a \to a + \Delta a$ näherungsweise durch die Änderung der (linearen) Tangentenfunktion beschrieben werden; die entsprechende *Zerlegungsformel* ist ein Standard-Hilfsmittel der Differentialrechnung.

**7.3.3 (Restglied und Zerlegungsformel)** *In der Abbildung 7.9 ist der Funktionswertzuwachs $f(a+\Delta a) - f(a)$ mit Hilfe der Anstiegsdreiecke von Sekante und Tangente durch die* ***Zerlegungsformel*** *dargestellt:*

$$f(a + \Delta a) - f(a) = f'(a) \cdot \Delta a + r(a; \Delta a) \tag{7.16}$$

*oder auch*

$$\frac{f(a + \Delta a) - f(a)}{\Delta a} = f'(a) + \frac{r(a; \Delta a)}{\Delta a} \quad \text{für } \Delta a \neq 0 \tag{7.17}$$

*Die Größe* $\boldsymbol{r(a; \Delta a)}$ *heißt* ***Restglied*** *der Funktion $f$ an der Stelle $a$ zum Zuwachs $\Delta a$; sie stellt den Fehler beim Ersetzen des exakten Funktionswertes durch den Wert der Tangentenfunktion an der Stelle $a + \Delta a$ dar.*

- *Das Restglied $r(a; \Delta a)$ konvergiert für $\Delta a \to 0$ gegen 0, und zwar so stark, daß sogar das Verhältnis $r(a; \Delta a)/\Delta a$ gegen 0 konvergiert:*

$$\lim_{\Delta a \to 0} \frac{r(a; \Delta a)}{\Delta a} = 0 \tag{7.18}$$

*Das bedeutet, daß für hinreichend kleine Werte des absoluten Zuwachses $|\Delta a|$ das Restglied $r(a; \Delta a)$ gegenüber dem Zuwachs $\Delta a$ vernachlässigt werden kann.*

**7.3.4 (Unmittelbare Folgerungen aus der Zerlegungsformel)**

(1) *Ist die Funktion $f$ an der Stelle $a$* ***differenzierbar****, so ist sie dort auch* ***stetig****, – also folgt aus der Differenzierbarkeit in einem Intervall $I$ die Stetigkeit in jedem Punkt von $I$.*

(2) ***Ist $f'(a) > 0$, so steigt die Funktion im Punkt $a$****: Es ist $f(x) < f(a)$ für alle $x$ aus einer genügend kleinen linksseitigen Umgebung und $f(x) > f(a)$ für alle $x$ aus einer genügend kleinen rechtsseitigen Umgebung von $a$.*

***Ist $f'(a) < 0$, so fällt die Funktion im Punkt $a$****: Es ist $f(x) > f(a)$ für alle $x$ aus einer genügend kleinen linksseitigen Umgebung und $f(x) < f(a)$ für alle $x$ aus einer genügend kleinen rechtsseitigen Umgebung von $a$.*

(3) *Ist die Ableitung einer Funktion $f$ in einem ganzen Intervall positiv oder in einem ganzen Intervall negativ, so ist die Funktion* ***streng monoton steigend*** *bzw.* ***streng monoton fallend***[20] *und daher dort eindeutig umkehrbar.*

Beweis: (1) Aus $r(a; \Delta a) \to 0$ für $\Delta a \to 0$ und der Zerlegungsformel (7.16) folgt die Konvergenz $f(a + \Delta a) \to f(a)$ für $\Delta a \to 0$, und das bedeutet die Stetigkeit.

(2) Da der Quotient $|r(a; \Delta a)/\Delta a|$ für hinreichend kleine Werte von $|\Delta a|$ beliebig klein wird, ist die Summe $f'(a) + r(a; \Delta a)/\Delta a$ und damit auch die linke Seite der Gleichung (7.17) bei positiver Ableitung $f'(a)$ positiv und bei negativer Ableitung negativ, falls $|\Delta a|$ genügend klein gewählt wird.
Daher haben $f(a+\Delta a) - f(a)$ und $\Delta a$ bei positiver Ableitung gleiches Vorzeichen und bei negativer Ableitung entgegengesetztes Vorzeichen.[21] □

**7.3.5 (Ableitung als Funktion, Ableitungen höherer Ordnung)**
*Ist eine Funktion $f$ in jedem Punkt eines Intervalls $I$ differenzierbar, so heißt die durch $x \mapsto f'(x)$ im gesamten Intervall $I$ erklärte Funktion $f'$ die (**erste**) **Ableitung** der Funktion $f$ in $I$.*

*Ist dann $f'$ an einer Stelle $a \in I$ differenzierbar, so heißt $f$ dort zweimal differenzierbar, und der Wert $f''(a) = (f')'(a)$ heißt die **zweite Ableitung** (**Ableitung zweiter Ordnung**) von $f$ an der Stelle $a$. Existiert die zweite Ableitung überall in $I$, so heißt die durch $x \mapsto f''(x)$ erklärte Funktion $\boldsymbol{f^{(2)} = f''}$ die **zweite Ableitung** der Funktion $f$ in $I$.*

*Für eine beliebige natürliche Zahl $n$ wird die **n-te Ableitung** (**Ableitung der Ordnung n**) induktiv erklärt:*

$$\boldsymbol{f^{(n)} = (f^{(n-1)})', \quad f^{(1)} = f'}$$

**Beispiel 7.12 (Potenzfunktion)** Für die Potenzfunktion $x \mapsto f(x) = Cx^n$ mit $n = 0, 1, 2, \ldots$ und einer Konstanten C kann der Differentialquotient an einer beliebigen Stelle $x$ mit Hilfe des Binomischen Satzes (2.8) genau angegeben werden:

$$\begin{aligned}\lim_{\Delta x \to 0} \frac{C(x+\Delta x)^n - Cx^n}{\Delta x} &= C \lim_{\Delta x \to 0} \frac{\binom{n}{0}x^n + \binom{n}{1}x^{n-1}\Delta x + \ldots + \binom{n}{n}(\Delta x)^n - x^n}{\Delta x} \\ &= C \lim_{\Delta x \to 0} \left( nx^{n-1} + \binom{n}{2}x^{n-2}\Delta x + \ldots + \binom{n}{n}(\Delta x)^{n-1} \right) = Cnx^{n-1}\end{aligned}$$

Damit ist die Funktion $f(x) = Cx^n$ an jeder Stelle $x$ differenzierbar, und ihre erste Ableitung hat den Wert $f'(x) = Cnx^{n-1}$, – insbesondere ist die Ableitung einer konstanten Funktion $f(x) = C = Cx^0$ die Nullfunktion. Aus der ersten Ableitung können die Ableitungen zweiter und höherer Ordnung berechnet werden:

$$f''(x) = Cn(n-1)x^{n-2}, \ldots, f^{(n)}(x) = Cn!, \; f^{(n+1)}(x) = f^{(n+2)}(x) = \ldots = 0$$

[20] Vgl. (7.10)

[21] Mit Hilfe dieser und ähnlicher einfacher Betrachtungen können weitere grundlegende Aussagen der Differentialrechnung, wie etwa der Mittelwertsatz 7.3.6, hergeleitet werden.

Das Restglied lautet:

$$r(x;\Delta x) = (x+\Delta x)^n - x^n - nx^{n-1}\Delta x = \binom{n}{2}x^{n-2}(\Delta x)^2 + \ldots + \binom{n}{n}(\Delta x)^n$$

Werden hierin für kleine Werte von $|\Delta x|$ höhere als zweite Potenzen des Zuwachses weggelassen, so ist $r(x;\Delta x) \approx \binom{n}{2}x^{n-2}(\Delta x)^2$.

Für $n = 12$ ist $(x+\Delta x)^{12} - x^{12} = 12x^{11}\Delta x + r(x;\Delta x)$, wobei $r(x;\Delta x) \approx 66x^{10}(\Delta x)^2$ für kleine Werte von $|\Delta x|$ gesetzt werden kann. Ist speziell $x = 1$ und $\Delta x$ ein monatlicher Zinssatz $p_{Monat}$, so bedeutet das für den zugehörigen Jahreszinssatz nach (6.26) die Näherungsformel

$$p_{Jahr} = (1+p_{Monat})^{12} - 1 \approx 12p_{Monat} + 66(p_{Monat})^2, \tag{7.19}$$

die für einen kleinen monatlichen Zinssatz einen brauchbaren Näherungswert für den zugehörigen jährlichen Zinssatz liefert.

So beträgt bei einem Monatszinssatz von $0,5\,\%$ die Abweichung zwischen dem exakten Jahreszinssatz und dem nach (7.19) berechneten Näherungswert ca. $0,00003 = 0,003\,\%$.

**Beispiel 7.13 (Steuerformel)** Die Höhe $f(x)$ der Einkommenssteuer (in DM) einer steuerpflichtigen Person mit einem zu versteuernden Jahreseinkommen $x$ (in DM) wird in der Steuergesetzgebung der Bundesrepublik Deutschland durch eine von Zeit zu Zeit aktualisierte „Steuerformel" geregelt. Ab dem Jahr 2002 lautet diese Formel:[22]

$$f(x) = \begin{cases} 0 & \text{für } 0 \le x \le x_1 \\ f_1(x) = \left(a_1\dfrac{x-14.040}{10.000} + b_1\right)\dfrac{x-14.040}{10.000} & \text{für } x_1 < x \le x_2 \\ f_2(x) = \left(a_2\dfrac{x-18.036}{10.000} + b_2\right)\dfrac{x-18.036}{10.000} + c_2 & \text{für } x_2 < x \le x_3 \\ f_3(x) = a_3x - b_3 & \text{für } x > x_3 \end{cases} \tag{7.20}$$

Hierin treten die *Umschlagpunkte* $x_1 = 14.093$ (das steuerfreie Existenzminimum), $x_2 = 18.089$ und $x_3 = 107.567$ (der Beginn der linearen Spitzenbesteuerung), die beiden *quadratischen* Funktionen $f_1$ und $f_2$ sowie die *lineare* Funktion $f_3$ auf.

In der Abbildung 7.10 ist diese Funktion mit den im Steuergesetz festgelegten Konstanten

$$a_1 = 387,89;\ b_1 = 1.990;\ a_2 = 142,49;\ b_2 = 2.300;\ c_2 = 857;\ a_3 = 0,485;\ b_3 = 19.299 \tag{7.21}$$

dargestellt. Mit diesen Konstanten gilt für die Ableitungen, auf eine Nachkommastelle gerundet:

$$f_1'(x_1) = 19,9\,\%;\ f_2'(x_2) = 23,0\,\%;\ f_3'(x_3) = 48,5\,\% \tag{7.22}$$

Aus der Abbildung 7.10 kann zunächst grob folgender Sachverhalt abgelesen werden:

Die quadratischen Funktionen $f_1$ und $f_2$ gehen im mittleren Umschlagpunkt $x_2$ *stetig und sogar differenzierbar* ineinander über (die Parabeln haben im Punkt $x_2$ die gleiche Tangente), und im oberen Umschlagpunkt $x_3$ geht die Funktion $f_2$ *stetig und differenzierbar* in die lineare Funktion $f_3$ über

[22] Vgl. NBW Nr. 15 vom 12. 4. 1999
Für Hinweise hierzu danke ich Herrn *Dr. Michael Droege.*

eine Kurve, die, abgesehen vom Punkt $x_1$, keine Knicke enthält.
Die in (7.22) berechneten Ableitungen $f_2'(x_2)$ und $f_3'(x_3)$ sind daher die Ableitungen der Steuerfunktion $f$ im Punkt $x_2$ bzw. $x_3$, während $f_1'(x_1)$ deren *rechtsseitige* Ableitung im Punkt $x_1$ ist (die linksseitige hat den Wert 0).

Allein wegen dieser geometrischen Eigenschaft der Steuerkurve und wegen der in (7.22) festgelegten Prozentsätze, – dem *Eingangsssteuersatz* von 19,9 %, dem *mittleren* Steuersatz von 23 % und dem *Spitzensteuersatz* von 48,5 % –, müssen 7 Bedingungen erfüllt sein:

$$\begin{array}{lll} f_1'(x_1) = 0,199 & f_1'(x_2) = f_2'(x_2) = 0,23 & f_2'(x_3) = f_3'(x_3) = 0,485 \\ & f_1(x_2) = f_2(x_2) & f_2(x_3) = f_3(x_3) \end{array} \qquad (7.23)$$

Aus diesem System von 7 Gleichungen können die 7 Konstanten (7.21) in der Steuerfunktion eindeutig ermittelt werden, – diese stimmen dann annähernd mit den gesetzlichen Konstanten (7.21) überein.[23]

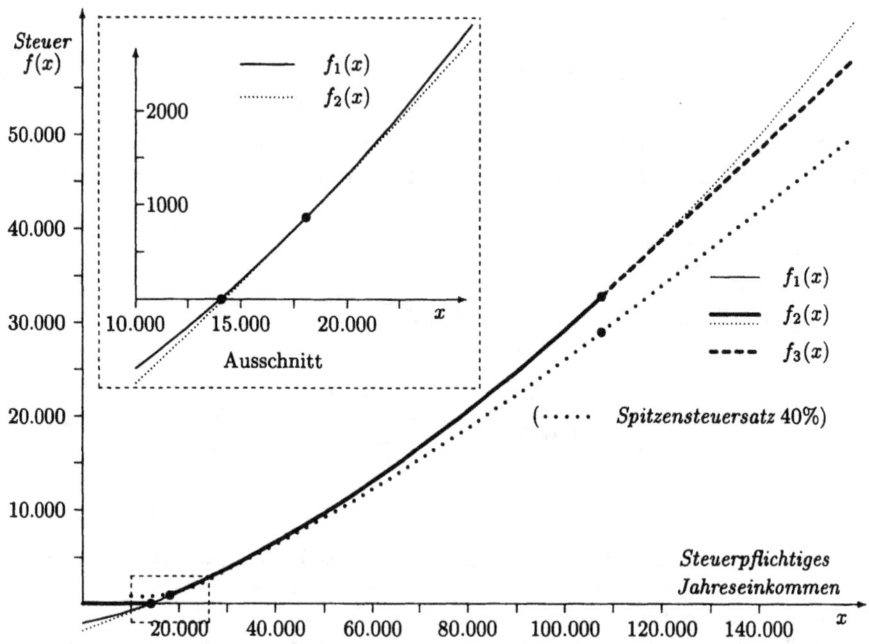


**Abb. 7.10:** Steuerformel in der Bundesrepublik Deutschland, geltend ab dem Jahr 2002 (zusätzlich ist die theoretische Kurve bei einem Spitzensteuersatz von 40 % eingezeichnet)

Der folgende *Mittelwertsatz* dient als Hilfsmittel zur Herleitung grundlegender Eigenschaften differenzierbarer Funktionen einer – und später auch mehrerer Veränderlicher.

[23]Das System kann auch für geänderte Vorgaben der Steuersätze oder auch der Umschlagpunkte verwendet werden und liefert dann jeweils die aktuell gewünschte Steuerfunktion. Vgl. hierzu die Aufgabe 7.1

**7.3.6 (Mittelwertsatz der Differentialrechnung)**[24]
*Ist die Funktion $y = f(x)$ in dem abgeschlossenen Intervall $[a, b]$ differenzierbar, so gibt es einen Wert $\boldsymbol{\xi}$ (**Mittelwert**) im Innern des Intervalls mit der Eigenschaft*

$$\frac{f(b) - f(a)}{b - a} = f'(\xi). \tag{7.24}$$

*Die Formel (7.24) bedeutet, daß die Sekante an die Kurve der Funktion durch die Kurvenpunkte $(a, f(a))$ und $(b, f(b))$ parallel zur Tangente in einem geeigneten Kurvenpunkt $(\xi, f(\xi))$ verläuft, bzw. daß die durchschnittliche Änderungsgeschwindigkeit der Größe $f(x)$ zwischen $x = a$ und $x = b$ mit der momentanen Änderungsgeschwindigkeit an einer geeigneten Stelle $\xi$ übereinstimmt.*

B e w e i s : Die Funktion $g(x) = f(x) - f(a) - \dfrac{f(b) - f(a)}{b - a}(x - a)$ hat in den Randpunkten des Intervalls den Wert 0, ist im gesamten Intervall $I = [a, b]$ differenzierbar, und ihre Ableitung kann auch ohne Verwendung der nachfolgenden Differentiationsregeln (7.3.7) leicht angegeben werden: $g'(x) = f'(x) - \dfrac{f(b) - f(a)}{b - a}$.
Die gesuchten Punkte $\xi$ mit der Eigenschaft (7.24) sind also gerade die Nullstellen der Ableitung $g'$.
Hat $g$ ausschließlich den Wert 0 (dann ist $f$ eine lineare Funktion), so kann für $\xi$ jeder Wert zwischen $a$ und $b$ genommen werden. Andernfalls hat $g$ zwischen $a$ und $b$ positive oder negative Funktionswerte. Als differenzierbare Funktion ist $g$ insbesondere in $[a, b]$ stetig und nimmt dort wegen 7.2.7 (2) an einer inneren Stelle $\xi$ von $I$ ein positives Maximum oder ein negatives Minimum an. In einer solchen Stelle kann aber wegen 7.3.4 (2) die Ableitung $g'(\xi)$ weder positiv noch negativ sein. Damit ist eine Nullstelle der Ableitung gefunden. □

## Beispiel 7.14 (Mittelwertsatz)

- In der Abbildung 7.9 ist die Funktion $f(x) = x^2$ über dem Intervall $0 \leq x \leq 1$ dargestellt. Der Differenzenquotient zwischen $x = a = 0,4$ und $x = a + \Delta a = 1$ hat den Wert $(1-0.4^2)/0,6 = 1,4$, und dieser stimmt mit dem Wert der Ableitung $f'(x) = 2x$ im Punkt $\xi = 0,7$ überein.

- Ein Fahrzeug, das eine bestimmte Wegstrecke mit der durchschnittlichen Geschwindigkeit $v$ zurücklegt, muß an mindestens einem Punkt der Strecke die Momentangeschwindigkeit $v$ besitzen!

Unter Verwendung der Grenzwertsätze (7.3) für Funktionen und der Zerlegungsformel für differenzierbare Funktionen können die folgenden Differentiationsregeln hergeleitet werden. Mit deren Hilfe kann die Ableitung beliebig kompliziert zusammengesetzter Funktionen aus denen der einzelnen Bestandteile berechnet werden.

[24] Vgl. Abbildung 7.9

**7.3.7 (Grundregeln)** *Sind die Funktionen $f$ und $g$ an der Stelle $x$ differenzierbar, so sind es auch die daraus abgeleiteten Summen, Produkte und Quotienten, und deren Ableitungen berechnen sich nach den folgenden Regeln:*

***Produkt mit einer Zahl $\lambda$:*** $$(\lambda \cdot f)'(x) = \lambda \cdot f'(x)$$

***Summe zweier Funktionen:*** $$(f \pm g)'(x) = f'(x) \pm g'(x)$$

***Produktregel:*** $$(f \cdot g)'(x) = f'(x) \cdot g(x) + f(x) \cdot g'(x)$$

***Quotientenregel:***[25] $$\left(\frac{f}{g}\right)'(x) = \frac{f'(x) \cdot g(x) - f(x) \cdot g'(x)}{(g(x))^2}$$

**7.3.8 (Ableitung einer mittelbaren Funktion, Kettenregel)**
*Die Funktionswerte einer aus einer „**inneren**" Funktion $f$ und einer „**äußeren**" Funktion $g$ zusammengesetzten „**mittelbaren**" Funktion $x \mapsto G(x) = g(f(x))$ können durch eine*

$$\textbf{\textit{Substitution}}\quad u = f(x), \quad y = g(u)$$

*in zwei aufeinanderfolgenden Operationen berechnet werden. Diese Substitution kann auch für die Berechnung der Ableitung der mittelbaren Funktion verwendet werden:*
*Die innere Funktion $x \mapsto u = f(x)$ sei in einem Intervall $I$ der $x$-Achse differenzierbar, die äußere Funktion $u \mapsto y = g(u)$ sei in einem Intervall $J$ der $u$-Achse differenzierbar, und der Wertebereich der inneren Funktion sei im Intervall $J$ enthalten (Zusammensetzbarkeit der Funktionen).*
*Dann ist die mittelbare Funktion $x \mapsto y = G(x) = g(f(x))$ im Intervall $I$ differenzierbar, und es gilt:*

$$G'(x) = g'(u)_{|u=f(x)} \cdot f'(x), \quad \textit{symbolisch:}\ \frac{dy}{dx} = \frac{dy}{du} \cdot \frac{du}{dx} \tag{7.25}$$

Die Kettenregel folgt ohne weitere Hilfsmittel aus der Zerlegungsformel (7.16) für die innere und die äußere Funktion und der Eigenschaft (7.18) für beide Restglieder.

**7.3.9 (Ableitung der Umkehrfunktion)** *Die Funktion $x \mapsto y = f(x)$ sei in einem Intervall $I$ differenzierbar, und die Ableitung $f'(x)$ sei dort für alle $x$ entweder positiv oder negativ. Dann ist die nach 7.3.4 (3) existierende Umkehrfunktion $y \mapsto x = f^{-1}(y)$ auf dem Wertebereich $f(I)$ differenzierbar, und ihre Ableitung an der Stelle $y = f(x)$ lautet:*[26]

$$(f^{-1})'(y)_{|y=f(x)} = \frac{1}{f'(x)} \tag{7.26}$$

[25] für $g(x) \neq 0$

[26] Wenn die Differenzierbarkeit der Umkehrfunktion schon bekannt ist, kann die Ableitungsformel auch unmittelbar durch Differenzieren der Identität $f^{-1}(f(x)) = x$ unter Verwendung der Kettenregel gewonnen werden, indem in (7.25) für die äußere Funktion $g$ die Umkehrfunktion $f^{-1}$ gesetzt wird.

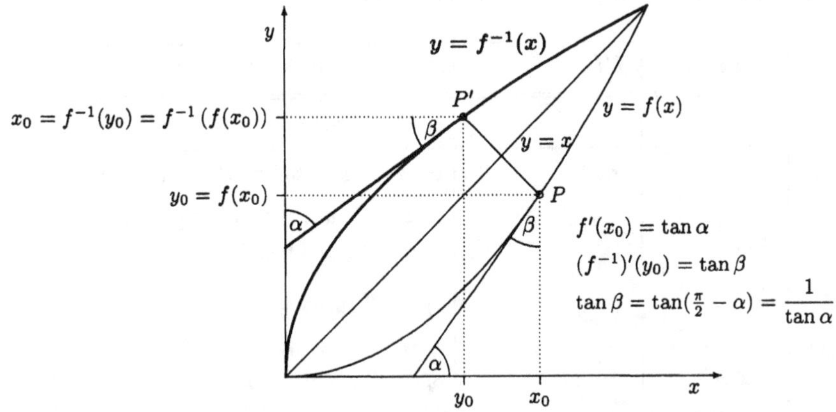


**Abb. 7.11:** Ableitung der Umkehrfunktion, geometrische Interpretation

B e w e i s : Wird für einen festen Punkt $y$ ein Zuwachs $\Delta y$ so gewählt, daß $y$ und $y + \Delta y$ dem Wertebereich $f(I)$ angehören, so ist $y = f(x)$ und $y + \Delta y = f(x + \Delta x)$ mit eindeutig bestimmten Größen $x \in I$ und $x + \Delta x \in I$. Daher gilt:

$$\frac{f^{-1}(y+\Delta y) - f^{-1}(y)}{\Delta y} = \frac{\Delta x}{\Delta y} = \frac{1}{\dfrac{f(x+\Delta x) - f(x)}{\Delta x}} \tag{7.27}$$

Da $f$ als differenzierbare Funktion stetig ist, ist die Umkehrfunktion nach 7.2.7 (3) ebenfalls stetig, und daher konvergiert $\Delta x = f^{-1}(y + \Delta y) - f^{-1}(y)$ für $\Delta y \to 0$ ebenfalls gegen 0. Folglich konvergiert für $\Delta y \to 0$ der in (7.27) rechtsstehende Quotient gegen $1/f'(x)$, und das ist zugleich der Grenzwert des Differenzenquotienten für die Umkehrfunktion. □

In der Abbildung 7.11 sind eine Funktion $f$ und deren Umkehrfunktion $f^{-1}$ *als Funktionen der horizontal aufgetragenen Variablen* $x$ dargestellt. Der Graph der Funktion $x \mapsto y = f^{-1}(x)$ entsteht dabei aus dem Graphen von $f$ durch *Spiegelung* an der Achse $y = x$. Die Tangente an die Kurve der Funktion $f$ im Punkt $P$ geht bei dieser Spiegelung in die Tangente an die Kurve der Umkehrfunktion im Spiegelpunkt $P'$ über. Dementsprechend liegen die eingetragenen Anstiegsdreiecke in den Punkten $P$ und $P'$ zueinander spiegelbildlich, und daher ergänzen sich die Tangentenwinkel $\alpha$ und $\beta$ zum rechten Winkel.

**7.3.10 (Differenzierbarkeit der elementaren Funktionen)** *Durch Anwendung der Differentiationsregeln* 7.3.7, *der Kettenregel und der Regel für die Ableitung der Umkehrfunktion sowie unter Verwendung einiger spezieller Grenzwerte*[27], *z. B. des Grenzwertes von* $(e^x - 1)/x$ *für* $x \to 0$, *zeigt sich, daß die* ***elementaren Funktionen***[28] *im Inneren ihres Definitionsbereichs differenzierbar sind – und sogar beliebig oft.*

[27] Vgl. (7.4)
[28] Vgl. 7.2.8

**7.3.11 (Ableitung einiger elementarer Funktionen)**

| $f(x)$ | $f'(x)$ | *Bemerkungen* |
|---|---|---|
| $C$ | $0$ | $C$ *eine beliebige reelle Zahl* |
| $x^\alpha$ | $\alpha x^{\alpha-1}$ | $\alpha$ *eine beliebige reelle Zahl, aber:*<br>$x > 0$, *wenn* $\alpha$ *nicht ganzzahlig*<br>$x \neq 0$, *wenn* $\alpha = -1, -2, \ldots$ |
| $\frac{1}{x}$ | $-\frac{1}{x^2}$ | *speziell für* $\alpha = -1$ |
| $\sqrt{x}$ | $\frac{1}{2\sqrt{x}}$ | *speziell für* $\alpha = 1/2$ |
| $a^x$ | $a^x \ln a$ | $a$ *eine beliebige positive reelle Zahl* |
| $e^x$ | $e^x$ | *speziell für* $a = e$ |
| $\ln \lvert x \rvert$ | $1/x$ | $x \neq 0$ |
| $\sin x$ | $\cos x$ | |
| $\cos x$ | $-\sin x$ | |
| $\tan x$ | $1/\cos^2 x$ | $\cos x \neq 0$ |
| $\arctan x$ | $1/(1+x^2)$ | |
| $g(ax+b)$ | $ag'(u)_{\lvert u=ax+b}$ | $g$ *eine differenzierbare Funktion der Variablen* $u$ |

**Beispiel 7.15**

(1) Für die mittelbare Funktion $x \mapsto y = \sqrt{1-\sqrt{x}}$ ist $u = f(x) = 1 - \sqrt{x}$ und $y = g(u) = \sqrt{u}$ eine mögliche Substitution. Für $0 < x < 1$ ist die innere Funktion differenzierbar und positiv, – die äußere Wurzelfunktion ist also auf dem Wertebereich der inneren Funktion differenzierbar. Damit kann die Kettenregel angewandt werden:

$$\frac{d}{dx}\sqrt{1-\sqrt{x}} = \frac{d}{du}\sqrt{u}_{\lvert u=1-\sqrt{x}}\,\frac{d}{dx}(1-\sqrt{x}) = \frac{1}{2\sqrt{u}}_{\lvert u=1-\sqrt{x}}\,\frac{-1}{2\sqrt{x}} = -\frac{1}{4}\frac{1}{\sqrt{x(1-\sqrt{x})}}$$

(2) Die Funktion $x \mapsto y = f(x) = x^n, x > 0$ ( $n$ eine natürliche Zahl) hat die positive Ableitung $f'(x) = nx^{n-1}$. Auf dem Wertebereich $(0, \infty)$ ist daher die Umkehrfunktion $y \mapsto x = f^{-1}(y) = \sqrt[n]{y}$ differenzierbar, und ihre Ableitung an der Stelle $y = x^n$ lautet:

$$\frac{d}{dy}\sqrt[n]{y}_{\lvert y=x^n} = \frac{1}{nx^{n-1}}$$

Wird hierin auf der linken Seite die Substitution $y = x^n$ nicht durchgeführt und dafür auf der rechten Seite $x$ durch den Ausdruck $\sqrt[n]{y}$ ersetzt, so ergibt sich die Differentiationsregel

$$\frac{d}{dy}\sqrt[n]{y} = \frac{1}{ny^{\frac{n-1}{n}}} = \frac{1}{n}y^{\frac{1}{n}-1} = \frac{1}{n}\frac{\sqrt[n]{y}}{y}.$$

**7.3.12 (Differential)**[29] *Das Tangentendreieck im Kurvenpunkt $P_a = (a, f(a))$ wird von den Eckpunkten $P_a$, $(a+\Delta a, f(a))$ und $P_{a+\Delta a} = (a+\Delta a, f(a)+f'(a)\Delta a)$ gebildet, und die – evtl. mit einem Vorzeichen zu versehende – Länge der vertikalen Kathete in diesem Dreieck hat den Wert $f'(a)\Delta a$. Die Größe*

$$\boldsymbol{df(a)(\Delta a) = f'(a)\Delta a} \tag{7.28}$$

*heißt **Differential**[30] der Funktion $f$ an der Stelle $a$ zum Zuwachs $\Delta a$.*

- *Mit dem Restglied $r(a; \Delta a)$ gilt:*

$$\boldsymbol{df(a)(\Delta a) = f'(a)\Delta a = f(a+\Delta a) - f(a) - r(a;\Delta a)} \tag{7.29}$$

  *Das Differential ist daher die (absolute) Änderung des Funktionswertes $\Delta f(a) = f(a+\Delta a) - f(a)$, – **bei Vernachlässigung des Restgliedes**.*

- *Bei festgehaltener Stelle $x = a$ ist das Differential eine **lineare Funktion des Zuwachses $\Delta a$** mit dem Anstieg $f'(a)$.*

Nach der Einführung der Grundbegriffe der Differentialrechnung wird jetzt die an der Stelle $x = a$ festgehaltene Variable durch die frei bewegliche Variable $x$ ersetzt.

**7.3.13 (Differential und Linearisierung)** *Da das Restglied $r(x; \Delta x)$ für $\Delta x \to 0$ gegen 0 konvergiert, kann der Funktionswert an der Stelle $x + \Delta x$ mit Hilfe des Differentials näherungsweise durch $f(x)$ dargestellt werden:*

$$\boldsymbol{f(x+\Delta x) \approx f(x) + f'(x)\Delta x} \tag{7.30}$$

---

[29] Vgl. Abbildung 7.9

[30] Das Differential der speziellen Funktion $x \mapsto g(x) = x$ an der Stelle $x = a$ hat den Wert $dg(a)(\Delta a) = g'(a) \cdot \Delta a = 1 \cdot \Delta a = \Delta a$. Wird hierfür kurz $da(\Delta a)$ geschrieben, so erscheint die Ableitung $f'(a)$ in der Tat als Quotient zweier Differentiale:

$$\frac{df(a)(\Delta a)}{da(\Delta a)} = \frac{f'(a)\Delta a}{\Delta a} = f'(a)$$

Wird schließlich hierin der Zuwachs $\Delta a$ weggelassen und die Variable wieder mit $x$ bezeichnet, so ergibt sich die von *Leibniz* stammende Schreibweise der Ableitung als echter Quotient zweier Differentiale:

$$f'(x) = df(x) : dx$$

*Bei dieser Näherung, der* ***Linearisierung von f an der Stelle x****, ist der Funktionswert $f(x+\Delta x)$ durch den Wert der (linearen) Tangentenfunktion an der Stelle $x+\Delta x$ ersetzt. Der hierbei auftretende* ***Linearisierungsfehler*** *ist gerade das Restglied, und die Eigenschaft* (7.18) *bedeutet jetzt, daß der relative Linearisierungsfehler für hinreichend kleine Werte von $|\Delta x|$ gegenüber dem Zuwachs vernachlässigt werden kann:*

$$\lim_{\Delta x \to 0} \frac{f(x+\Delta x) - [f(x) + f'(x)\Delta x]}{\Delta x} = 0$$

**Beispiel 7.16 (Einige Linearisierungen)** Die in der Zinsrechnung für kleine Werte des Zinssatzes $p$ brauchbaren Näherungsformeln

$$\begin{aligned} \mathbf{e}^{p} &\approx 1+p \\ (1+p)^{12} &\approx 1+12p \\ \sqrt[12]{1+p} &\approx 1+\frac{1}{12}p \end{aligned} \tag{7.31}$$

stellen Linearisierungen dar,[31] ebenso die folgenden *für kleine Werte* von $|x|$ geeigneten Näherungsformeln:[32]

$$\begin{aligned} \frac{1}{1+x} &\approx 1-x \\ \sin x &\approx x \\ \ln(1+x) &\approx x \\ (1+x)^{\lambda} &\approx 1+\lambda x \quad (\lambda \in \mathbb{R}) \end{aligned} \tag{7.32}$$

### 7.3.14 (Genauigkeit der Linearisierung, Grenzgröße)

*Die Linearisierung einer Funktion $y = f(x)$ mit Hilfe des Differentials ist wegen der Restglied-Eigenschaft* (7.18) *um so genauer, je kleiner der absolute Betrag des Zuwachses $\Delta x$ ist. In der Praxis ist man jedoch oft genötigt, die Linearisisierung auch für größere Werte von $|\Delta x|$ zu verwenden, etwa bei der Änderung von $x$ um eine ganze Einheit.*

*Bei ökonomischen Anwendungen wird in der Regel sowohl der Zuwachs $\Delta y$ der abhängigen Größe $y$ bei Änderung der unabhängigen Größe $x$ um eine Einheit als auch die Ableitung $f'(x)$ als* ***Grenzgröße*** *(****Grenzertrag, Grenzkosten usw.****) bezeichnet. Die Gleichsetzung mit der Ableitung $f'(x)$ ist dabei im Sinne einer Näherung zu verstehen:*

$$\Delta y = f(x+1) - f(x) \approx f'(x) \tag{7.33}$$

Mit Hilfe der folgenden für die Differentialrechnung wichtigsten Formel kann die Genauigkeit der Linearisierung bei gegebenem Zuwachs näher untersucht werden.

---

[31] $f(x) = e^x$ und $x = 0$, $f(x) = x^{12}$ und $x = 1$ bzw. $f(x) = \sqrt[12]{x}$ und $x = 1$; Zuwachs $\Delta x = p$

[32] Vgl. Aufgabe 7.3

**7.3.15 (*Taylor*sche Formel 2. Ordnung)**[33] *Die Funktion $f$ sei in einem offenen Intervall $I$ zweimal differenzierbar, und die zweite Ableitung sei dort eine stetige Funktion. Sind dann $x$ und $x + \Delta x$ Punkte von $I$, so gibt es einen zwischen $x$ und $x + \Delta x$ gelegenen Punkt $\xi$ mit der Eigenschaft*

$$f(x + \Delta x) = f(x) + f'(x)\Delta x + \frac{1}{2}f''(\xi)(\Delta x)^2. \tag{7.34}$$

**Beispiel 7.17 (Grenzkosten)** Die Kosten $k(x)$ in Abhängigkeit von der produzierten Anzahl $x > 0$ von Einheiten seien durch eine Funktion $y = f(x) = k_0 + k_1 x + k_2 x^{1+\alpha}$ mit $0 \le \alpha < 1$ und Konstanten $k_0$ (Fixkosten), $k_1$ und $k_2$ gegeben. Die *Taylor*sche Formel liefert für den Kostenzuwachs $\Delta k(x)$ bei $x \to x + \Delta x$ den Ausdruck

$$\Delta k(x) = k(x + \Delta x) - k(x) = k'(x)\Delta x + \frac{1}{2}k''(\xi)(\Delta x)^2 = k_1 \Delta x + \frac{k_2}{2}\frac{\alpha(1+\alpha)}{\xi^{1-\alpha}}(\Delta x)^2,$$

wobei die Größe $\xi$ zwischen $x$ und $x + \Delta x$ liegt.

Für $x \to \infty$ konvergiert die zweite Ableitung der Kostenfunktion gegen 0. Folglich kann das Restglied für große Werte von $x$ selbst für den Zuwachs $\Delta x = 1$ vernachlässigt werden, - die näherungsweise Ersetzung des Kostenzuwachses durch die Grenzkosten ist also gerechtfertigt.

In der Abbildung 7.12 ist der Sachverhalt für die Kostenfunktion $k(x) = x + x^{1,4}$ dargestellt.

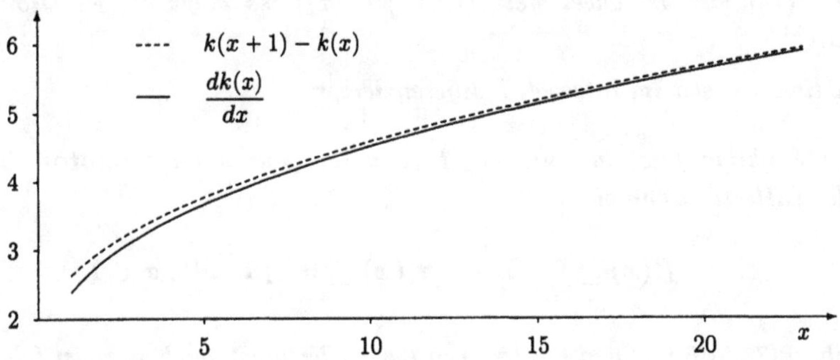


**Abb. 7.12:** Vergleich von $k'(x)$ und $k(x+1) - k(x)$ bei $k''(x) \to 0$ für $x \to \infty$

[33] Für die klassische Herleitung der *Taylor*schen Formel sind Hilfsmittel aus der Integralrechnung erforderlich. Die Formel ergibt sich dann durch Auswertung der Beziehung

$$f(x + \Delta x) - f(x) = \int_{t=0}^{t=1} \frac{d}{dt} f(x + t\Delta x)dt$$

mit Hilfe von zweimaliger partieller Integration und Anwendung des Zwischenwertsatzes für stetige Funktionen. Herleitungen ohne diese Hilfsmittel finden sich bei *R. Ansorge* und *H. J. Oberle*, 1997, sowie *H. Heuser*, 1998

Die Aussage des Beispiels 7.17 kann verallgemeinert werden:

**7.3.16 (Zweite Ableitung und Grenzgröße)** *Ist die Abhängigkeit einer Größe $y$ von einer Größe $x$ durch eine in einem Intervall $(a, \infty)$ zweimal differenzierbare Funktion $f$ mit der Eigenschaft*

$$\lim_{x \to \infty} f''(x) = 0$$

*gegeben, konvergiert also die Beschleunigung der Größe $y$ für $x \to \infty$ gegen 0, so folgt aus der Taylorschen Formel speziell für $\Delta x = 1$:*

$$\lim_{x \to \infty} \Big( f(x+1) - f(x) - f'(x) \Big) = 0$$
$$\Rightarrow \quad f(x+1) - f(x) \approx f'(x) \quad \textbf{\textit{für große } } x$$

## 7.4 Eigenschaften differenzierbarer Funktionen

Monotonie- und Krümmungseigenschaften sowie Extrema differenzierbarer Funktionen können mit Hilfe der Ableitungen erster und zweiter Ordnung beschrieben werden.

**7.4.1 (Monotonie und Vorzeichen der Ableitung)** *Eine in einem Intervall $I$ erklärte Funktion $x \mapsto y = f(x)$ heißt dort* ***monoton steigend*** *oder* ***fallend****, wenn für alle $x_1$ und $x_2$ aus $I$ mit $x_1 < x_2$ für die Funktionswerte $f(x_1) \leq f(x_2)$ bzw. $f(x_1) \geq f(x_2)$ gilt. Ist dabei stets $f(x_1) \neq f(x_2)$, so heißt die Funktion* ***streng monoton****.*[34]

*Die Funktion sei jetzt im Intervall $I$ differenzierbar.*

(1) *Die Funktion $f$ ist im Intervall $I$ dann und nur dann* ***monoton steigend*** *oder* ***fallend****, wenn gilt:*

$$f'(x) \geq 0 \quad \textit{bzw.} \quad f'(x) \leq 0 \quad \textit{für alle } x \in I \tag{7.35}$$

(2) *Gilt in (7.35) für keinen Punkt $x$ von $I$ das Gleichheitszeichen, so ist $f$ dort streng monoton.*[35]

B e w e i s : Einerseits kann wegen 7.3.4 (2) die Ableitung einer monotonen Funktion nicht unterschiedliches Vorzeichen haben. Die Umkehrung folgt aus dem Mittelwertsatz (7.24): Aus $f(x_2) - f(x_1) = f'(\xi)(x_2 - x_1)$ und $x_1 < \xi < x_2$ ergibt sich $f(x_2) \geq f(x_1)$ und $f(x_2) \leq f(x_1)$, falls die Ableitung in $I$ nicht negativ bzw. nicht positiv ist.
Die Aussage (2) wurde bereits in 7.3.4 hergeleitet. □

---

[34] Vgl. (7.10)

[35] Das Beispiel der Funktion $x \mapsto x^3$ zeigt, daß auch bei einer streng monotonen Funktion Nullstellen der Ableitung möglich sind.

**7.4.2 (Konvexität und Konkavität)**[36]
*Eine in einem Intervall $I$ erklärte Funktion $x \mapsto y = f(x)$ heißt dort* ***konvex*** *oder* ***konkav****, wenn für alle $x_1$ und $x_2$ aus $I$ mit $x_1 < x_2$ und jedes $x$ zwischen $x_1$ und $x_2$ der Kurvenpunkt $P = (x, f(x))$* ***nicht oberhalb*** *bzw.* ***nicht unterhalb*** *der Sekante durch die Kurvenpunkte $P_1 = (x_1, f(x_1))$ und $P_2 = (x_2, f(x_2))$ liegt:*

$$x_1 < x < x_2 \Rightarrow f(x_1) + \frac{f(x_2) - f(x_1)}{x_2 - x_1}(x - x_1) \begin{cases} \geq f(x) & (\textit{konvex}) \\ \leq f(x) & (\textit{konkav}) \end{cases} \tag{7.36}$$

***Strenge*** *Konvexität und Konkavität liegt dabei vor, wenn der Kurvenpunkt $P$ nicht auf der Sekante liegt. Gleichwertig mit (7.36) ist:*

$$x_1 < x < x_2 \Rightarrow \frac{f(x_2) - f(x_1)}{x_2 - x_1} \binom{\geq}{\leq} \frac{f(x) - f(x_1)}{x - x_1} \tag{7.37}$$

*Konvexität und Konkavität bedeuten daher das monotone* ***Steigen*** *bzw.* ***Fallen der durchschnittlichen Änderungsgeschwindigkeit*** *des Funktionswertes, ausgehend von einem festen Anfangspunkt $x_1 \in I$.*

**7.4.3 (Konvexität, Konkavität und Ableitungen)**

(1) *Ist eine Funktion $f$ in einem Intervall $I$ differenzierbar, so ist sie dort dann und nur dann konvex oder konkav, wenn für jeden Punkt $a$ aus $I$ die* ***Tangentenfunktion*** *$x \mapsto t(x; a)$ an den Graphen der Funktion im Punkt $P_a = (a, f(a))$ im gesamten Intervall nirgends oberhalb bzw. unterhalb der Funktionskurve verläuft:*

$$a, x \in I \Rightarrow t(x; a) = f(a) + f'(a)(x - a) \begin{cases} \leq f(x) & (\textit{konvex}) \\ \geq f(x) & (\textit{konkav}) \end{cases} \tag{7.38}$$

(2) *Ist eine Funktion $f$ in einem Intervall $I$ zweimal differenzierbar, so ist sie dort dann und nur dann* ***konvex*** *oder* ***konkav****, wenn gilt:*

$$f''(x) \geq 0 \quad \textit{bzw.} \quad f''(x) \leq 0 \quad \textit{für alle } x \in I \tag{7.39}$$

- *Konvexität und Konkavität bedeuten daher monotones* ***Steigen*** *bzw.* ***Fallen*** *der* ***momentanen Änderungsgeschwindigkeit*** *des Funktionswertes im gesamten Intervall.*
- ***Interpretation als Krümmung:*** *Durchläuft ein Punkt die Kurve der Funktion in Richtung wachsender Abszissenwerte, so liegt er bei einer konvexen Funktion auf einem* ***nach links gekrümmten Bogen*** *(zunehmende Änderungsgeschwindigkeit) und bei einer konkaven Funktion auf einem* ***nach rechts gekrümmten Bogen*** *(abnehmende Änderungsgeschwindigkeit).*

[36] Vgl. Abbildung 7.13
Der Begriff der konvexen Funktion kann auch mit dem in 5.1.1 angegebenen Begriff der konvexen Menge formuliert werden, – siehe hierzu die Aufgabe 7.5.

(3) ***Strenge** Konvexität oder Konkavität liegt immer dann vor, wenn für $x \neq a$ in (7.38) bzw. in (7.39) das Gleichheitszeichen ausgeschlossen ist.*

B e w e i s (für die Konvexität):

(1) Die Bedingung $f'(a)(x-a)+f(a) \leq f(x)$ kann für $x \neq a$ auch als

$$\frac{f'(a)(x-a)-(f(x)-f(a))}{(a-x)^2} \leq 0 \tag{7.40}$$

geschrieben werden. Wird nun bei *festem* $x$ der Differenzenquotienten $Q(a;x) = \dfrac{f(a)-f(x)}{a-x}$ als *Funktion von* $a$ betrachtet, so bedeutet die Ungleichung (7.40) gerade $\dfrac{d}{da}Q(a;x) \geq 0$, also das monotone Steigen von $Q(a;x)$ bezüglich $a$, und damit $Q(a;x) \leq Q(x_2;x)$ für jedes $x_2 > a$. Wird hierin speziell für $x$ ein Wert $x_1 < a$ eingesetzt, so ergibt sich die Konvexitätsbedingung (7.36) mit $a$ anstelle von $x$:

$$\frac{f(x_2)-f(x_1)}{x_2-x_1}(a-x_1)+f(x_1) \geq f(a) \tag{7.41}$$

Für die Umkehrung wird in der Bedingung (7.37) $x_1 = a$ gesetzt, der Grenzübergang $x \to a$ vollzogen und anschließend $x_2 = x$ gesetzt. Das Ergebnis ist die Tangentenbedingung (7.38) für $x \geq a$. Für den Nachweis im Fall $x \leq a$ ist die (mit (7.37) gleichwertige) Bedingung $\dfrac{f(x_2)-f(x_1)}{x_2-x_1} \leq \dfrac{f(x)-f(x_2)}{x-x_2}$ zu verwenden.

(2) $a$ sei ein beliebig gewählter Punkt aus dem Intervall $I$. Die Konvexitätsbedingung $f'(a)(x-a)+f(a) \leq f(x)$ kann für $x \neq a$ wegen des Mittelwertsatzes als

$$f'(a)(x-a) \leq f(x)-f(a) = f'(\xi)(x-a) \Leftrightarrow (f'(a)-f'(\xi))(x-a) \leq 0$$

geschrieben werden, wobei $\xi$ ein zwischen $x$ und $a$ gelegener Wert ist. Wird bei festem $a$ der Wert $x$ rechts von $a$ gewählt[37], so bedeutet dies $f'(a) \leq f'(\xi)$, wobei $\xi$ durch geeignete Wahl von $x$ dem Punkt $a$ beliebig nahekommt. Dann muß wegen 7.3.4 (2) notwendig $f''(a) \geq 0$ sein.

Für den Umkehrschluß muß der Mittelwertsatz zweimal angewandt werden. Sind $x$ und $a$ aus $I$ mit $a \neq x$ fest gewählt, so gilt mit geeigneten Mittelwerten $\xi$ und $\eta$:

$$f'(a)(x-a)-(f(x)-f(a)) = (f'(a)-f'(\xi))(x-a) = f''(\eta)(a-\xi)(x-a) \tag{7.42}$$

Hierbei ist $a < \eta < \xi < x$ bei $a < x$ und $x < \xi < \eta < a$ bei $x < a$. Wenn nun die zweite Ableitung nirgends in $I$ negativ ist, so ist die rechte Seite in (7.42) für kein $a$ und kein $x$ aus $I$ positiv, und das bedeutet die Konvexitätsbedingung 7.38.

(3) Die Aussage zur strengen Monotonie ergibt sich ohne weitere Hilfsmittel aus den Beweisschritten (1) und (2). □

Von besonderem Interesse sind Kurvenpunkte, in denen sich das Krümmungsverhalten ändert, also ein nach links gekrümmter Bogen in einen nach rechts gekrümmten Bogen übergeht bzw. umgekehrt. Die Bedingungen für einen solchen *Wendepunkt* ergeben sich unmittelbar aus 7.4.3.

**7.4.4 (Wendepunkt, notwendige und hinreichende Bedingungen)** *Ist eine in einem Intervall $I$ erklärte Funktion $f$ rechts und links von einem inneren Punkt $x_0 \in I$ unterschiedlich gekrümmt, ist sie also in einem links an $x_0$ angrenzenden Teilintervall*

[37] Sollte $a$ ein rechter Randpunkt des Intervalls sein, so ist $x$ links von $a$ zu wählen und entsprechend zu argumentieren.

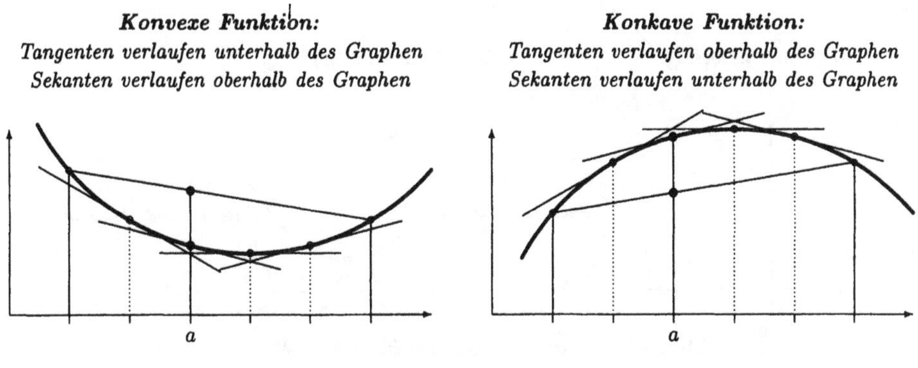


**Abb. 7.13:** Konvexität, Konkavität, Sekante und Tangente

*streng konvex und in einem rechts an $x_0$ angrenzenden Intervall streng konkav bzw. umgekehrt, so heißt $x_0$ ein **Wendepunkt** der Funktion.*
*Für Wendepunkte einer zweimal differenzierbaren Funktion gilt:*

- *Die Bedingung $f''(x_0) = 0$ ist **notwendig** dafür, daß $x_0$ ein Wendepunkt von $f$ ist.*
- *Eine **hinreichende** Bedingung dafür, daß $x_0$ ein Wendepunkt von $f$ ist, besteht darin, daß die zweite Ableitung in irgendeinem links an $x_0$ angrenzenden Intervall nur positive und in irgendeinem rechts an $x_0$ angrenzenden Intervall nur negative Werte besitzt, bzw. umgekehrt.*
- *Besitzt die Funktion in $I$ eine dritte Ableitung, so ist $f'''(x_0) \neq 0$, zusammen mit der notwendigen Bedingung $f''(x_0) = 0$, ebenfalls **hinreichend** dafür, daß $x_0$ ein Wendepunkt von $f$ ist.*

**Beispiel 7.18 (Wendepunkt der logistischen Funktion)**[38] Die in der Abbildung 7.4 dargestellte logistische Funktion $f(x) = a/(1 + be^{-cx})$ $(a, b, c > 0)$ hat für $x > 0$ den einzigen Wendepunkt $x_0 = (\ln b)/c$, denn für $x < x_0$ ist $f''(x) > 0$, und für $x > x_0$ ist $f''(x) < 0$.

**7.4.5 (Zweite Ableitung als Beschleunigung)** *Die zweite Ableitung einer Funktion $x \mapsto y = f(x)$ stellt die momentane Änderungsgeschwindigkeit der ersten Ableitung und damit die - positive oder negative - Beschleunigung des Wachstums der Größe $y$ in Abhängigkeit von $x$ dar. In der Abbildung 7.14 sind alle möglichen Fälle dargestellt:*

| | | |
|---|---|---|
| ***Beschleunigtes Steigen:*** | $f'(x) \geq 0, f''(x) \geq 0$ | *(steigend und konvex)* |
| ***Gebremstes Steigen:*** | $f'(x) \geq 0, f''(x) \leq 0$ | *(steigend und konkav)* |
| ***Beschleunigtes Fallen:*** | $f'(x) \leq 0, f''(x) \leq 0$ | *(fallend und konkav)* |
| ***Gebremstes Fallen:*** | $f'(x) \leq 0, f''(x) \geq 0$ | *(fallend und konvex)* |

[38] Vgl. Beispiel 6.10 und Aufgabe 7.2

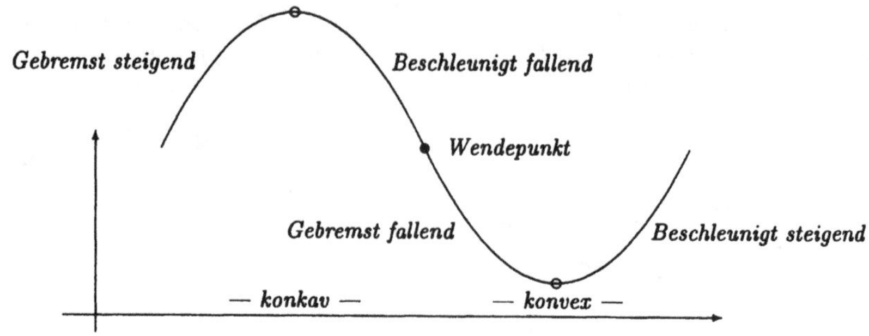


**Abb. 7.14:** Gebremstes und beschleunigtes Wachstum

In einem abgeschlossenen Intervall stetige Funktionen nehmen nach 7.2.7 (2) dort einen größten und kleinsten Funktionswert in den entsprechenden Extremalstellen an. Bei differenzierbaren Funktionen sind innere Extremalstellen generell Nullstellen der Ableitung.

### 7.4.6 (Relative und absolute Extrema)

*Die Funktion $f$ sei in einem **abgeschlossenen** Intervall $I$ erklärt.*

- *Ein Punkt $x_0$ von $I$ heißt **relative** (oder **lokale**) **Extremalstelle** (Maximal- bzw. Minimalstelle), und der zugehörige Funktionswert $f(x_0)$ heißt **relatives** (oder **lokales**) **Extremum** (Maximum bzw. Minimum), wenn es ein $x_0$ enthaltendes Teilintervall von $I$ gibt, in dem $f(x_0)$ der größte Funktionswert bzw. der kleinste Funktionswert ist.*[39]

- *Das Maximum oder Minimum der Funktion im gesamten Intervall $I$ (auch **absolutes** oder **globales** Maximum bzw. Minimum) ist dann das größte bzw. kleinste relative Extremum.*

Aus 7.3.4 (2) folgt, daß eine differenzierbare Funktion $f$ in einem *inneren* Punkt $x_0$ ihres Definitionsbereichs weder ein lokales Maximum noch ein lokales Minimum haben kann, wenn dort die Ableitung von Null verschieden ist. In einer Extremalstelle $x_0$ hat also notwendig die erste Ableitung den Wert 0, oder, was dasselbe bedeutet, die Tangente an die Kurve der Funktion im Punkt $(x_0, f(x_0))$ muß horizontal verlaufen. Ob $x_0$ tatsächlich eine Extremalstelle ist, kann mit der Ableitung zweiter Ordnung und gegebenfalls mit Ableitungen höherer Ordnung entschieden werden.

### 7.4.7 (Relative Extremalstellen einer differenzierbaren Funktion)

*Die Funktion $f$ sei in einem Intervall differenzierbar, und $x_0$ sei ein innerer Punkt des Intervalls.*

(1) ***Notwendige Bedingung:*** *Die Bedingung*

$$f'(x_0) = 0 \tag{7.43}$$

[39]Für einen Randpunkt $x_0$ des Intervalls sind entsprechend Teilintervalle zu betrachten, die links bzw. rechts an $x_0$ anstoßen.

*ist* ***notwendig*** *dafür, daß $x_0$ eine relative Extremalstelle der Funktion $f$ ist. Ein Punkt, der die Bedingung (7.43) erfüllt, heißt* ***stationärer Punkt*** *von $f$.*

(2) ***Hinreichende Bedingungen:*** *Folgende Bedingungen sind – jede für sich – hinreichend dafür, daß ein innerer* ***stationärer Punkt*** *eine relative Extremalstelle der Funktion ist:*

(a) ***Die Funktion ändert im stationären Punkt ihr Monotonieverhalten:*** *$f$ verläuft in einem geeigneten links an $x_0$ angrenzenden Teilintervall monoton und in einem geeigneten rechts an $x_0$ angrenzenden Intervall entgegengesetzt monoton. Das bedeutet:*

$$\begin{aligned} f'(x) \leq 0 \text{ links von } x_0,\ f'(x) \geq 0 \text{ rechts von } x_0 \quad &\Rightarrow \quad x_0 \text{ ist Minimalstelle} \\ f'(x) \geq 0 \text{ links von } x_0,\ f'(x) \leq 0 \text{ rechts von } x_0 \quad &\Rightarrow \quad x_0 \text{ ist Maximalstelle} \end{aligned}$$

(b) ***Die Funktion ist in einer Umgebung des stationären Punktes konvex oder konkav:***

$$\begin{aligned} f \text{ in Umgebung von } x_0 \text{ konvex} \quad &\Rightarrow \quad x_0 \text{ ist Minimalstelle} \\ f \text{ in Umgebung von } x_0 \text{ konkav} \quad &\Rightarrow \quad x_0 \text{ ist Maximalstelle} \end{aligned} \tag{7.44}$$

(c) ***Die zweite Ableitung ist im stationären Punkt ungleich 0:***

$$\begin{aligned} f''(x_0) > 0 \quad &\Rightarrow \quad x_0 \textbf{ ist Minimalstelle} \\ f''(x_0) < 0 \quad &\Rightarrow \quad x_0 \textbf{ ist Maximalstelle} \end{aligned} \tag{7.45}$$

B e w e i s : (1) ist bereits geklärt, und (2a) ist offensichtlich. Die Aussagen (7.44) ergeben sich aus der Ungleichung 7.38, indem dort für $a$ der stationäre Punkt $x_0$ eingesetzt wird.
Für den Nachweis von (7.45) ist 7.3.4 (2) auf die erste Ableitung anzuwenden. Ist dann $f''(x_0) > 0$, so ist in einer Umgebung des stationären Punktes $f'(x) > f'(x_0) = 0$ rechts von $x_0$ und $f'(x) < f'(x_0) = 0$ links von $x_0$. Also fällt die Funktion $f$ links vom stationären Punkt und steigt rechts. Entsprechend wird für $f''(x_0) < 0$ geschlossen. □

### 7.4.8 (Absolute Extrema einer differenzierbaren Funktion)

Ein stationärer Punkt ist dadurch ausgezeichnet, daß dort die momentane Änderungsgeschwindigkeit des Funktionswertes den Wert 0 besitzt. Dies sagt allein noch nichts über die Größe des Funktionswertes aus. So haben die ungeraden Potenzfunktionen $x \mapsto x^{2n+1}$ $(n = 1, 2, \ldots)$ zwar $x = 0$ als stationären Punkt, aber die Funktionen sind überall streng monoton steigend.

- *Ist ein Randpunkt $x_0$ des Definitionsbereichs eine relative Extremalstelle, so braucht dort die (einseitige) Ableitung nicht den Wert 0 zu haben, wie das Beispiel einer linearen Funktion zeigt, – Randpunkte mit positiver oder negativer einseitiger Ableitung sind aber stets relative Extremalstellen.*

- *In die Suche nach dem größten und kleinsten Funktionswert müssen daher die folgenden Stellen einbezogen werden:*
  - ***Innere stationäre Punkte***
  - ***Randpunkte des Definitionsbereichs***
  - ***Punkte, in denen die Funktion nicht differenzierbar ist***

  *Aus diesen Punkten kann das absolute Maximum oder Minimum durch* ***Vergleich der Funktionswerte*** *gewonnen werden.*

- *Hat die zweite Ableitung einer Funktion $f$ in einem ganzen Intervall einerlei Vorzeichen, so ist ein innerer stationärer Punkt stets eine absolute Extremalstelle. Dabei liegt* ***bei $f''(x) \geq 0$ (Konvexität) ein absolutes Minimum*** *und* ***bei $f''(x) \leq 0$ (Konkavität) ein absolutes Maximum*** *vor.*[40]

**Beispiel 7.19 (*Cournot*scher Punkt)** Vom Umsatz $U(x)$, der beim Verkauf von $x$ Einheiten eines Erzeugnisses erzielt wird, verbleibt als Gewinn $G(x)$ die Differenz zwischen dem Umsatz und den Gesamtkosten $k(x)$:

$$G(x) = U(x) - k(x)$$

Sind die Umsatz- und die Kostenfunktion differenzierbar, so ist eine (innere) Maximalstelle des Gewinns notwendig ein stationärer Punkt:

$$G'(x) = U'(x) - k'(x) = 0 \Leftrightarrow U'(x) = k'(x) \tag{7.46}$$

Eine Lösung $x_C$ der Gleichung (7.46), ein sog. ***Cournot*scher Punkt**, ist dadurch charakterisiert, daß die für $x = x_C$ gebildeten Tangenten an die Umsatz- und die Kostenkurve zueinander parallel verlaufen.

In der Abbildung 7.15 ist als Kostenkurve eine lineare Funktion $k(x) = b_0 + b_1 x$ mit $b_1 > 0$ dargestellt. Die *Cournot*schen Punkte können daher durch Parallelverschiebung dieser Kostengeraden in eine Tangente an die Umsatzkurve bestimmt werden. Das absolute Glied $b_0$ der linearen Funktion $k$ hat auf das Ergebnis keinen Einfluß.

Für die dort verwendete Umsatzfunktion $U(x) = \dfrac{ax}{1+\lambda x}$ mit $a > 0$ und $\lambda > 0$ gilt:

$$\begin{aligned} G'(x) &= U'(x) - k'(x) = \frac{a}{(1+\lambda x)^2} - b_1 = 0 \quad \Leftrightarrow \quad x = \frac{1}{\lambda}\left(\sqrt{\frac{a}{b_1}} - 1\right) \\ G''(x) &= -\frac{2a\lambda}{(1+\lambda x)^3} \end{aligned}$$

Hieraus folgt, daß es genau dann einen (positiven) *Cournot*schen Punkt gibt, wenn $a > b_1$ ist. Da die zweite Ableitung für $x > 0$ negativ ist, nimmt die Gewinnfunktion im *Cournot*schen Punkt $x_C = \frac{1}{\lambda}(\sqrt{a/b_1} - 1)$ ihr absolutes Maximum an.

Für die in der Abbildung 7.15 verwendeten konkreten Daten $a = 3$, $\lambda = 1/10$ und $b_1 = 1/5$ ist $x_C \approx 28{,}7$.

[40] Vgl. Aufgabe 7.6

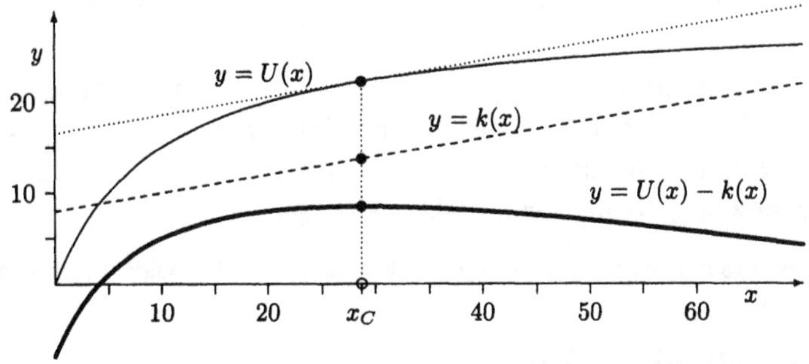


**Abb. 7.15:** *Cournot*scher Punkt

**Beispiel 7.20 (Kurvendiskussion: Zinssatz und Rentenbarwertfaktor)**[41]
Es ist der Verlauf der bei nachschüssiger Annuitätentilgung auftretenden Funktion

$$y = f(p) = (1+p)^n(\kappa - p) - \kappa, \quad (n = 1, 2, \dots, \quad 0 < \kappa < 1)$$

für $p \geq 0$ zu untersuchen.

***Extrema:*** Zunächst gilt $f(0) = 0$ und $f(p) \to -\infty$ für $p \to \infty$. Die erste Ableitung lautet:

$$f'(p) = (1+p)^{n-1}\Big(n(\kappa - p) - (1+p)\Big) = (n+1)(1+p)^{n-1}\left(\frac{n\kappa - 1}{n+1} - p\right)$$

Für $p > 0$ ist die Ableitung im Fall $n\kappa \leq 1$ beständig negativ, – die Funktion fällt also streng monoton gegen $-\infty$. Im Fall $n\kappa > 1$ hat die Ableitung die (einzige) positive Nullstelle $p_0 = \dfrac{n\kappa - 1}{n+1}$. Dann ist $f'(p) > 0$ für $p < p_0$ und $f'(p) < 0$ für $p > p_0$, und daher steigt die Funktion links von $p_0$, fällt rechts von $p_0$ nach $-\infty$ und erreicht folglich im stationären Punkt $p_0$ ihr globales Maximum.

***Krümmung:*** Aus der zweiten Ableitung

$$\begin{aligned} f''(p) &= (n-1)(1+p)^{n-2}\Big(n\kappa - 1 - p(n+1)\Big) - (1+p)^{n-1}(n+1) \\ &= (1+p)^{n-2}\Big((n-1)(n\kappa - 1) - (n+1) - n(n+1)p\Big) \\ &= (n+1)(1+p)^{n-2}\left(\frac{n-1}{n+1}(n\kappa - 1) - 1 - np\right) \end{aligned}$$

folgt, daß die Funktion für

$$p < p_W = \frac{1}{n}\left(\frac{n-1}{n+1}(n\kappa - 1) - 1\right) = \frac{\kappa(n-1) - 2}{n+1}$$

konvex und für $p > p_W$ konkav ist. Der Wendepunkt $p_W$ liegt dann und nur dann im positiven Bereich, wenn der Parameter $\kappa$ die Bedingung $\kappa > 2/(n-1)$ erfüllt.

[41] Vgl. hierzu 6.3.15

Auf jeden Fall ist aber $p_W < p_0$, so daß der stationäre Punkt im konkaven Bereich der Funktion liegt.

***Nullstelle:*** Auf Grund des Monotonieverhaltens besitzt die Funktion im Fall $n\kappa > 1$ genau eine positive Nullstelle, und diese liegt rechts von $p_0$ – und links von $\kappa$, denn für $p = \kappa$ hat die Funktion bereits einen negativen Wert. Diese Nullstelle ist der in 6.3.15 gesuchte Zinssatz zum Rentenbarwertfaktor $\kappa$.

Weitere Extremwertaufgaben für ökonomische Funktionen werden im Beispiel 7.25 gelöst.

## 7.5 Marginalanalyse

Mit Hilfe der Wachstumsrate wird die Änderung einer Größe $y$ in Abhängigkeit von der Änderung einer Größe $x$ ***in absoluten Werten*** beschrieben, – sowohl für eine diskrete als auch für eine kontinuierliche unabhängige Größe.

**7.5.1 (Wachstumsrate einer diskreten Größe)** *Für eine (diskrete) Größe $y$, die durch eine Zahlenfolge $y_k, y_{k+1}, \ldots$ mit beständig von 0 verschiedenen Gliedern gegeben ist, heißt der Wert*

$$w_i = \frac{\Delta y_i}{y_{i-1}} = \frac{y_i - y_{i-1}}{y_{i-1}} \quad (i = k+1, k+2, \ldots)$$

*die* ***Wachstumsrate*** *der Größe $y$ an der Stelle $i$.*

- *$w_i$ ist die* ***relative Änderung*** *der Größe $y_i$ gegenüber $y_{i-1}$, und speziell ist $100w_i$ die Änderung der Größe $y_i$ gegenüber $y_{i-1}$ in Prozent.*
- *Eine konstante Wachstumsrate $w_i = p$ liegt genau dann vor, wenn $(y_i)$ eine geometrische Folge (6.9) mit dem Quotienten $1 + p$ ist:*

$$w_i = p \quad \Leftrightarrow \quad y_i = (1+p)y_{i-1} \quad \Leftrightarrow \quad y_i = (1+p)^{i-k}y_k \quad (i = k+1, k+2, \ldots)$$

Die Abhängigkeit der Größe $y$ von einem in einem Intervall frei beweglichen Faktor $x$ sei jetzt durch eine differenzierbare Funktion $x \mapsto y = f(x)$ gegeben. Für die Änderung von $y$ zwischen zwei festen $x$-Werten kann die durchschnittliche Wachstumsrate und hieraus durch Grenzübergang die momentane Wachstumsrate gebildet werden. Entsprechend der Interpretation des Differenzenquotienten in 7.3.1 stellen die Wachstumsraten *relative* Änderungsgeschwindigkeiten dar.

**7.5.2 (Wachstumsrate einer kontinuierlichen Größe)**

(1) *Für einen Wert $x$ mit $f(x) \neq 0$ und einen Zuwachs $\Delta x \neq 0$ heißt das Verhältnis*

$$w(x; \Delta x) = \frac{\dfrac{f(x+\Delta x) - f(x)}{\Delta x}}{f(x)}$$

*die* ***durchschnittliche Wachstumsrate*** *der Größe $y$ zwischen $x$ und $x + \Delta x$.*

- $w(x;\Delta x)$ *ist die* ***relative Änderungsgeschwindigkeit*** *der Größe* $y$ *zwischen* $x$ *und* $x+\Delta x$.
- $100\Delta x\, w(x;\Delta x) = 100\,\dfrac{f(x+\Delta x)-f(x)}{f(x)}$ *ist die* ***prozentuale Änderung*** *von* $f(x)$*, wenn der Größe* $x$ *der (absolute) Zuwachs* $\Delta x$ *erteilt wird.*
- *Speziell für* $\Delta x = 1/100$*, also für eine* ***absolute Änderung*** *von* $x$ *um den Wert* $\Delta x = 1/100$*, ist* $w(x;\Delta x)$ *die* ***prozentuale Änderung*** *von* $f(x)$.

(2) *Der Grenzwert*

$$\boldsymbol{w(x) = \lim_{\Delta x\to 0} w(x;\Delta x) = \lim_{\Delta x\to 0} \frac{\dfrac{f(x+\Delta x)-f(x)}{\Delta x}}{f(x)} = \frac{f'(x)}{f(x)}} \tag{7.47}$$

*heißt (**momentane**)* ***Wachstumsrate*** *der Funktion* $f$ *an der Stelle* $x$.

Die näherungsweise Ersetzung der Funktionswertdifferenz $f(x+\Delta x)-f(x)$ durch das Differential $f'(x)\Delta x$ nach (7.30) führt auf eine einfache Näherungsformel für die relative Änderung in Prozent bei einer – ***absoluten*** – Änderung des Arguments unter Verwendung der Wachstumsrate.
Deren Genauigkeit hängt von der Größe des Restgliedes $r(x;\Delta x)$ ab.

### 7.5.3 (Wachstumsrate und absolute Änderung des Arguments)

$$\boldsymbol{100\,\frac{f(x+\Delta x)-f(x)}{f(x)} \approx (100\Delta x)\frac{f'(x)}{f(x)} = (100\Delta x)w(x)} \tag{7.48}$$

*Speziell für einen* ***absoluten*** *Zuwachs* $\Delta x = k/100$ *bedeutet das:*

$$\boldsymbol{100\,\frac{f(x+\frac{k}{100})-f(x)}{f(x)} \approx k\frac{f'(x)}{f(x)} = k\cdot w(x)} \tag{7.49}$$

**Beispiel 7.21 (Wachstumsrate der Exponentialfunktion)**
Die Exponentialfunktion $f(x) = Ce^{\lambda x}$ (und nur diese, – siehe 7.5.6) hat die konstante Wachstumsrate $\lambda$. Demnach ändert sich der Funktionswert bei einer Verschiebung $x \to x + k/100$ näherungsweise um $k\lambda\,\%$.

Die Genauigkeit der Näherung wird mit Hilfe der *Taylor*schen Formel (7.34) kontrolliert.

$$100\frac{\Delta y}{y} = 100\frac{Ce^{\lambda(x+\frac{k}{100})}-Ce^{\lambda x}}{Ce^{\lambda x}} = 100\left[e^{\frac{\lambda k}{100}}-1\right] = 100\left[\frac{\lambda k}{100}+\frac{1}{2}e^{\xi}\left(\frac{\lambda k}{100}\right)^2\right] = \lambda k + e^{\xi}\frac{(\lambda k)^2}{200}$$

Die Variable $x$ tritt in dieser Darstellung nicht auf, so daß die nachfolgende Fehlerbetrachtung von $x$ unabhängig ist. Das Argument $\xi$ der Exponentialfunktion liegt hierbei zwischen den Grenzen 0 und $\lambda k/100$, und damit hat die Größe $e^{\xi}$ höchstens den Wert 1 (für $\lambda k < 0$) bzw. den Wert $e^{\lambda k/100}$ (für $\lambda k > 0$). Werden diese Werte für $e^{\xi}$ genommen, so stellt die Größe $e^{\xi}\frac{(\lambda k)^2}{200}$ eine obere Schranke für die Abweichung zwischen $100\frac{\Delta y}{y}$ und $\lambda k$ dar.

Speziell für $\lambda = 0,5$ sind die Abweichungen zwischen der prozentualen Änderung und dem Wert $\lambda k$ für einige Werte für $k$, jeweils auf 6 Nachkommastellen gerundet, tabellarisch angegeben. Die rechte Spalte enthält die zugehörige ungünstigste Fehlerschranke aus der *Taylor*schen Formel.

| $k$ | $100\frac{\Delta y}{y} - \lambda k$ | Schranke für $e^{\xi}\frac{(\lambda k)^2}{200}$ |
|---|---|---|
| 0,1 | 0,000013 | 0,000013 |
| 1,0 | 0,001252 | 0,001256 |
| 2,0 | 0,005017 | 0,005050 |
| 5,0 | 0,031512 | 0,032041 |
| −0,1 | 0,000012 | 0,000012 |
| −1,0 | 0,001248 | 0,001250 |
| −2,0 | 0,004983 | 0,005000 |
| −5,0 | 0,030991 | 0,031250 |

Während die Wachstumsrate die (relative) Empfindlichkeit einer abhängigen Größe $y$ gegenüber einer ***absoluten Änderung*** $x \to x + \Delta x$ der unabhängigen Größe $x$ beschreibt, gibt die ***Elastizität*** die Empfindlichkeit gegenüber ***relativen*** Änderungen der unabhängigen Veränderlichen an. Für eine in einem Intervall differenzierbare Funktion $x \mapsto y = f(x)$ wird zunächst die durchschnittliche Elastizität und hieraus durch Grenzübergang die momentane Elastizität eingeführt.

### 7.5.4 (Reagibilität und Elastizität)

(1) *Bei gegebenem Zuwachs $\Delta x$ der unabhängigen Veränderlichen $x$ werden die* ***relativen*** *Änderungen $\Delta y/y = (f(x+\Delta x)-f(x))/f(x)$ und $\Delta x/x$ ins Verhältnis gesetzt. Der Quotient*

$$\rho(x;\Delta x) = \frac{\frac{\Delta y}{y}}{\frac{\Delta x}{x}} = x \cdot \frac{\frac{\Delta y}{\Delta x}}{y} = x\, w(x;\Delta x) \quad (x \neq 0, y \neq 0)$$

*heißt* ***Reagibilität*** *oder* ***durchschnittliche Elastizität*** *der Größe $y$ zwischen $x$ und $x + \Delta x$.*

- *Speziell für $\Delta x = \pm x/100$, also eine* ***relative Änderung*** *von $x$ um $\pm 1$ %, ist $\rho(x;\Delta x)$ die* ***prozentuale Änderung*** *von $f(x)$.*

(2) *Der Grenzwert*

$$\varepsilon(x) = \lim_{\Delta x \to 0} \rho(x;\Delta x) = \lim_{\Delta x \to 0} \frac{\frac{f(x+\Delta x)-f(x)}{f(x)}}{\frac{\Delta x}{x}} = x\,\frac{f'(x)}{f(x)} \tag{7.50}$$

*heißt* ***Elastizität*** *der Funktion $f$ an der Stelle $x$.*

Wie bei der Wachstumsrate führt die näherungsweise Ersetzung der Differenz $\Delta y$ durch das Differential auf eine praktische Näherungsformel für die relative Änderung in Prozent, jetzt aber bei einer *relativen* Änderung des Arguments, unter Verwendung der Elastizität; die Genauigkeit dieser Formel hängt davon ab, wie stark die Funktion von einer linearen Funktion abweicht.

### 7.5.5 (Elastizität und relative Änderung des Arguments)

$$100\,\frac{f(x+\Delta x)-f(x)}{f(x)} \approx 100\,\frac{f'(x)\Delta x}{f(x)} = \left(100\,\frac{\Delta x}{x}\right)\varepsilon(x) \tag{7.51}$$

*Speziell für einen* ***relativen*** *Zuwachs von $x$ um $k\,\%$, also für $\Delta x = kx/100$, heißt das:*

$$100\,\frac{f(x+k\frac{x}{100})-f(x)}{f(x)} \approx k\cdot x\frac{f'(x)}{f(x)} = k\varepsilon(x) \tag{7.52}$$

**Beispiel 7.22 (Elastizität der Potenzfunktion)**
Für die Potenzfunktion $f(x) = Cx^\lambda$ gilt

$$\rho(x;\Delta x) = x\,\frac{\frac{\Delta y}{\Delta x}}{y} = \frac{(x+\Delta x)^\lambda - x^\lambda}{\Delta x}\frac{1}{x^{\lambda-1}} \quad \text{und} \quad \varepsilon(x) = x\,\frac{f'(x)}{f(x)} = \lambda.$$

(1) ***Reagibilität:*** Ist $\lambda$ speziell eine natürliche Zahl, so kann die Reagibilität mit Hilfe des Binomischen Satzes (2.8) berechnet werden:

$$\rho(x;\Delta x) = \frac{(x+\Delta x)^\lambda - x^\lambda}{\Delta x\, x^{\lambda-1}} = \lambda + \frac{\lambda(\lambda-1)}{1\cdot 2}\left(\frac{\Delta x}{x}\right) + \frac{\lambda(\lambda-1)(\lambda-2)}{1\cdot 2\cdot 3}\left(\frac{\Delta x}{x}\right)^2 + \ldots$$

Für $\Delta x/x = 1/100$ ist das die genaue Änderung des Funktionswertes in Prozent:

$$100\,\frac{\Delta y}{y} = \lambda + \frac{\lambda(\lambda-1)}{1\cdot 2}10^{-2} + \frac{\lambda(\lambda-1)(\lambda-2)}{1\cdot 2\cdot 3}10^{-4} + \ldots \tag{7.53}$$

Werden hierin die Zehnerpotenzen vernachlässigt, so verbleibt der Exponent $\lambda$ als Näherungswert für die prozentuale Änderung des Funktionswertes. Da auf der rechten Seite von (7.53) die Variable $x$ nicht mehr auftritt, ist der Näherungswert für alle $x$ von gleicher Güte.

(2) ***Elastizität:*** Die Potenzfunktion $f(x) = Cx^\lambda$ (und nur diese – siehe 7.5.6) besitzt die konstante Elastizität $\lambda$. Daher ändert sich der Funktionswert bei einer Änderung von $x$ um $k\,\%$ näherungsweise um $k\lambda\,\%$.

Die Genauigkeit dieser Näherung wird wieder mit Hilfe der *Taylor*schen Formel (7.34) kontrolliert.

$$\begin{aligned} 100\frac{\Delta y}{y} &= 100\frac{C(x+k\frac{x}{100})^\lambda - Cx^\lambda}{Cx^\lambda} = 100\left[\left(1+\frac{k}{100}\right)^\lambda - 1\right] \\ &= 100\left[\lambda\frac{k}{100} + \frac{\lambda(\lambda-1)}{2}\left(\frac{k}{100}\right)^2\xi^{\lambda-2}\right] = \lambda k + \frac{\lambda(\lambda-1)}{200}k^2\xi^{\lambda-2} \end{aligned}$$

Die Variable $x$ tritt in dieser Darstellung nicht auf, so daß die nachfolgende Fehlerbetrachtung von $x$ unabhängig ist. Die Größe $\xi$ liegt hierbei zwischen den Grenzen 1 und $1 + k/100$.

Speziell für $\lambda = 1,5$ hat $\xi^{\lambda-2} = 1/\sqrt{\xi}$ höchstens den Wert $1/\sqrt{1+k/100}$ (für $k < 0$) bzw. den Wert 1 (für $k > 0$). Werden diese Werte für $\xi^{\lambda-2}$ genommen, so stellt die Größe $\frac{\lambda(\lambda-1)}{200}k^2\xi^{\lambda-2}$ eine obere Schranke für die Abweichung zwischen $100\frac{\Delta y}{y}$ und $\lambda k$ dar.

Für den gewählten Wert $\lambda = 1,5$ sind die Abweichungen zwischen der prozentualen Änderung und dem Wert $\lambda k$ für einige Werte für $k$, jeweils auf 6 Nachkommastellen gerundet, in einer Tabelle angegeben. Die rechte Spalte enthält die zugehörige ungünstigste Fehlerschranke aus der *Taylor*schen Formel.

| $k$ | $100\frac{\Delta y}{y} - \lambda k$ | Schranke für $\frac{\lambda(\lambda-1)}{200}k^2\xi^{\lambda-2}$ |
|---|---|---|
| 0,1 | 0,000038 | 0,000038 |
| 1,0 | 0,003744 | 0,003750 |
| 2,0 | 0,014950 | 0,015000 |
| 5,0 | 0,092983 | 0,093750 |
| −0, 1 | 0,000038 | 0,000038 |
| −1, 0 | 0,003756 | 0,003769 |
| −2, 0 | 0,015050 | 0,015152 |
| −5, 0 | 0,094546 | 0,096185 |

**7.5.6 (Funktionen mit gegebener Wachstumsrate bzw. Elastizität)**
*Sind die in einem Intervall $I$ stetigen Funktionen $w$ und $\varepsilon$ gegeben und ist $W$ eine Stammfunktion*[42] *von $w$ und $E$ eine Stammfunktion der Funktion $x \mapsto \varepsilon(x)/x$ in $I$, so besitzen die mit einer beliebigen Konstanten $C$ gebildeten Funktionen*

$$f(x) = C\mathrm{e}^{W(x)} \quad \text{und} \quad g(x) = C\mathrm{e}^{E(x)} \tag{7.54}$$

*die **Wachstumsrate $w$** bzw. die **Elastizität $\varepsilon$**, und alle Funktionen mit der Wachstumsrate $w$ bzw. der Elastizität $\varepsilon$ haben diese Darstellung.*[43]
*Insbesondere gilt für konstante Wachstumsrate bzw. Elastizität:*

- *Die **Exponentialfunktionen $f(x) = C\mathrm{e}^{\lambda x}$** sind die Funktionen mit der **konstanten Wachstumsrate $\lambda$**.*
- *Die **Potenzfunktionen $g(x) = Cx^{\lambda}$** sind die Funktionen mit der **konstanten Elastizität $\lambda$**.*

B e w e i s : Aus $W'(x) = w(x)$ folgt $f'(x) = \frac{d}{dx}C\mathrm{e}^{W(x)} = C\mathrm{e}^{W(x)}w(x) = f(x)w(x)$. Also hat $f$ die Wachstumsrate $w$. Ist $\hat{f}$ eine weitere Funktion mit der Wachstumsrate $w$, so ist $\frac{f'(x)}{f(x)} = \frac{\hat{f}'(x)}{\hat{f}(x)}$, folglich $f'(x)\hat{f}(x) - f(x)\hat{f}'(x) = 0$ und damit $\frac{d}{dx}\frac{f(x)}{\hat{f}(x)} = 0$ im ganzen Intervall $I$. Somit ist der Quotient der Funktionen $f$ und $\hat{f}$ konstant, und daher unterscheiden sich beide Funktionen nur um einen konstanten Faktor.
Entsprechend wird bei gegebener Elastizität geschlossen. □

In den nächsten Abbildungen ist jeweils für eine fallende und eine steigende Funktion $f$ mit positiven Funktionswerten die Elastizität $\varepsilon(x)$ als Verhältnis von Strecken auf der Abszissenachse bzw. auf der Tangente an die Kurve der Funktion im Punkt $P = (x, f(x))$ dargestellt. Die Punkte $R$ und $Q$ bezeichnen hierbei die Schnittpunkte der Tangente mit der Achse der unabhängigen bzw. abhängigen Veränderlichen.
In der Abbildung 7.16 wird zunächst der Fall konstanter Elastizität betrachtet, in der Abbildung 7.17 der allgemeine Fall.

---

[42] Für eine stetige Funktion $g$ ist das bestimmte Integral $x \mapsto G(x) = \int_{x_0}^{x} g(t)dt$ eine Stammfunktion (Hauptsatz der Differential- und Integralrechnung).

[43] Die Konstante $C$ ist festgelegt, wenn der Wert $f(x_0)$ der Funktion an einer fixierten Stelle $x_0$ bekannt ist: $f(x_0) = y_0 \Rightarrow C = y_0\mathrm{e}^{-W(x_0)}$ bzw. $g(x_0) = y_0 \Rightarrow C = y_0\mathrm{e}^{-E(x_0)}$.

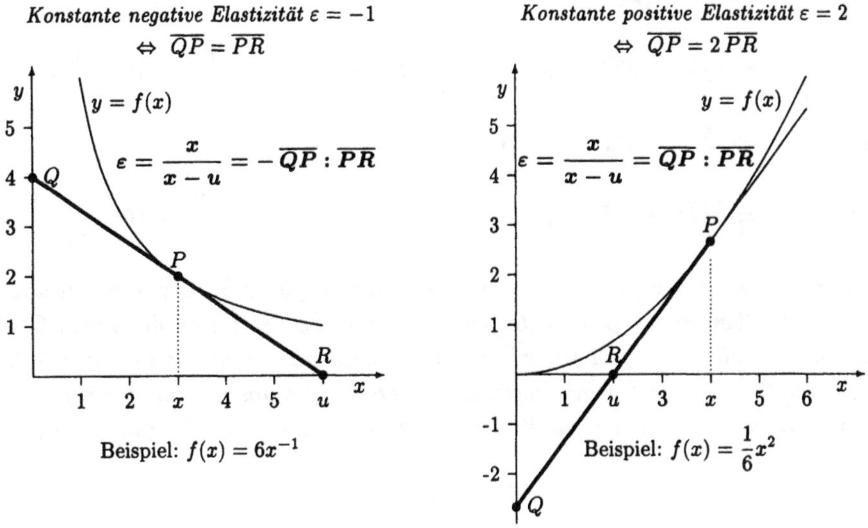


**Abb. 7.16:** Konstante Elastizität

Die in den Abbildungen angegebene Formel für die Elastizität folgt unmittelbar aus der Erklärung der Ableitung als Anstieg der Tangente und unter Verwendung des Strahlensatzes, etwa für das linke der Bilder in der Abbildung 7.16: Aus $f'(x) = -\frac{f(x)}{u-x}$ folgt zunächst $\varepsilon(x) = x\frac{f'(x)}{f(x)} = -\frac{x}{u-x}$ und hieraus wegen des Strahlensatzes $\overline{PR} : (u-x) = \overline{QP} : x$ die angegebene Darstellung.
Die Elastizität beschreibt das Verhältnis zwischen den prozentualen Änderungen von Funktionswert und unabhängiger Veränderlicher; zur geometrischen Interpretation wird auf die Abbildung 7.17 mit den dort verwendeten Bezeichnungen verwiesen.

**7.5.7 (Proportionales Wachstum)** *Es sei $f$ eine differenzierbare Funktion, die in einer Umgebung eines Punktes $x_0 > 0$ positive Funktionswerte*[44] *besitzt. Der absolute Betrag $|\Delta x|$ sei hinreichend klein gewählt.*

***Fallende Kurve* $(\varepsilon(x_0) \leq 0)$ :**

$$
\begin{aligned}
\varepsilon(x_0) < -1 \Leftrightarrow \overline{QP} > \overline{PR} \quad &\Leftrightarrow \quad 100\frac{|\Delta y|}{y} \approx |\varepsilon(x_0)| \cdot 100\frac{|\Delta x|}{x_0} > 100\frac{|\Delta x|}{x_0} \\
\varepsilon(x_0) = -1 \Leftrightarrow \overline{QP} = \overline{PR} \quad &\Leftrightarrow \quad 100\frac{|\Delta y|}{y} \approx 100\frac{|\Delta x|}{x_0} \qquad (7.55) \\
\varepsilon(x_0) > -1 \Leftrightarrow \overline{QP} < \overline{PR} \quad &\Leftrightarrow \quad 100\frac{|\Delta y|}{y} \approx |\varepsilon(x_0)| \cdot 100\frac{|\Delta x|}{x_0} < 100\frac{|\Delta x|}{x_0}
\end{aligned}
$$

*Die Funktion heißt* ***für $\varepsilon < -1$ überproportional, für $\varepsilon = -1$ proportional*** *und* ***für $\varepsilon > -1$ unterproportional*** *fallend. Im Falle $\varepsilon(x_0) = -1$ ist der Kurvenpunkt $P$ der Mittelpunkt der Strecke zwischen $Q$ und $R$.*

[44]Der Fall $f(x_0) < 0$ wird durch Betrachtung der Funktion $-f$ auf den Fall positiver Funktionswerte zurückgeführt.

***Steigende Kurve*** $(\varepsilon(x_0) \geq 0)$ :

$$\begin{aligned}
\varepsilon(x_0) < 1 &\Leftrightarrow \overline{QP} < \overline{PR} \quad\Leftrightarrow\quad 100\frac{|\Delta y|}{y} \approx \varepsilon(x_0)\cdot 100\frac{|\Delta x|}{x_0} < 100\frac{|\Delta x|}{x_0} \\
\varepsilon(x_0) = 1 &\Leftrightarrow \overline{QP} = \overline{PR} \quad\Leftrightarrow\quad 100\frac{|\Delta y|}{y} \approx 100\frac{|\Delta x|}{x_0} \\
\varepsilon(x_0) > 1 &\Leftrightarrow \overline{QP} > \overline{PR} \quad\Leftrightarrow\quad 100\frac{|\Delta y|}{y} \approx \varepsilon(x_0)\cdot 100\frac{|\Delta x|}{x_0} > 100\frac{|\Delta x|}{x_0}
\end{aligned} \tag{7.56}$$

*Die Funktion heißt* ***für*** $\varepsilon < 1$ ***unterproportional****, **für*** $\varepsilon = 1$ ***proportional*** *und* ***für*** $\varepsilon > 1$ ***überproportional*** *steigend. Im Falle* $\varepsilon(x_0) < 1$ *liegt der Punkt* $Q$ *oberhalb und im Falle* $\varepsilon(x_0) > 1$ *unterhalb der Abszissenachse. Im Falle* $\varepsilon(x_0) = 1$ *fallen die Punkte* $Q$ *und* $R$ *mit dem Koordinatenursprung zusammen, – in einem Punkt mit proportionalem Wachstum verläuft also die Tangente durch den Koordinatenursprung.*

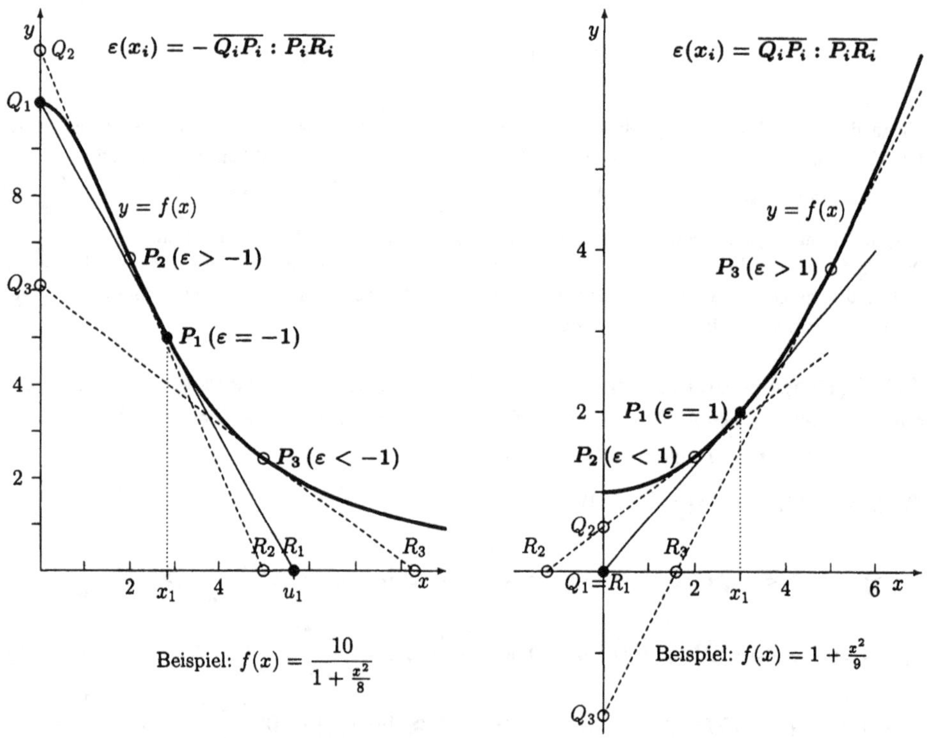


**Abb. 7.17:** Elastizität fallender und steigender Funktionen
$\left(P_i = (x_i, f(x_i)),\ \ \varepsilon(x_i) = \dfrac{x_i}{x_i - u_i},\ \ i = 1,2,3\right)$

**Beispiel 7.23** Für die beiden in der Abbildung 7.17 dargestellten Funktionen wird das Wachstum in der Nähe eines Punktes mit der Elastizität $-1$ bzw. $1$ untersucht.

- Fallende Funktion (linkes Bild):

$$f(x) = \frac{10}{1+\frac{x^2}{8}}, \quad \varepsilon(x) = -\frac{1}{4}\frac{x^2}{1+\frac{x^2}{8}} \begin{cases} > -1 & \text{für } x < \sqrt{8} \quad (\textit{unterproportional}) \\ = -1 & \text{für } x = \sqrt{8} \quad (\textit{proportional}) \\ < -1 & \text{für } x > \sqrt{8} \quad (\textit{überproportional}) \end{cases}$$

$$\begin{array}{lll} x = 2, & \varepsilon(x) = -2/3, & \text{Änderung von } x \text{ um } k\,\% \;\Rightarrow\; 100\Delta y/y \approx -(2/3)k \\ x = \sqrt{8}, & \varepsilon(x) = -1, & \text{Änderung von } x \text{ um } k\,\% \;\Rightarrow\; 100\Delta y/y \approx -k \\ x = 4, & \varepsilon(x) = -4/3, & \text{Änderung von } x \text{ um } k\,\% \;\Rightarrow\; 100\Delta y/y \approx -(4/3)k \end{array}$$

- Steigende Funktion (rechtes Bild):

$$f(x) = 1 + \frac{x^2}{9}, \quad \varepsilon(x) = \frac{2}{9}\frac{x^2}{1+\frac{x^2}{9}} \begin{cases} < 1 & \text{für } x < 3 \quad (\textit{unterproportional}) \\ = 1 & \text{für } x = 3 \quad (\textit{proportional}) \\ > 1 & \text{für } x > 3 \quad (\textit{überproportional}) \end{cases}$$

$$\begin{array}{lll} x = 2, & \varepsilon(x) = 8/13, & \text{Änderung von } x \text{ um } k\,\% \;\Rightarrow\; 100\Delta y/y \approx (8/13)k \\ x = 3, & \varepsilon(x) = 1, & \text{Änderung von } x \text{ um } k\,\% \;\Rightarrow\; 100\Delta y/y \approx k \\ x = 4, & \varepsilon(x) = 32/25, & \text{Änderung von } x \text{ um } k\,\% \;\Rightarrow\; 100\Delta y/y \approx (32/25)k \end{array}$$

Aus der Differentiationsregel 7.3.9 für die Ableitung der Umkehrfunktion ergibt sich ein natürlicher Zusammenhang zwischen den Elastizitäten einer Funktion und deren Umkehrfunktion.

**7.5.8 (Elastizität der Umkehrfunktion)** *In jedem Kurvenpunkt* $(x, y)$ *des Graphen einer (umkehrbaren) Funktion* $f$ *sind die Elastizitäten* $\varepsilon_f(x)$ *der Funktion* $f$ *und* $\varepsilon_g(y)$ *der Umkehrfunktion* $g = f^{-1}(y)$ ***zueinander reziprok:***

$$\boldsymbol{\varepsilon_f(x) = \frac{x\frac{dy}{dx}}{y} = \frac{1}{\frac{y\frac{dx}{dy}}{x}} = \frac{1}{\varepsilon_g(y)}} \tag{7.57}$$

**Beispiel 7.24 (Elastizität der Umkehrfunktion)** In der Abbildung 7.18 ist die Funktion $f(x) = 1/(x+1)$ dargestellt; die jeweiligen Schnittpunkte der Kurventangente mit den Achsen für die Funktion und ihre Umkehrfunktion $g = f^{-1}$ sind durch den Index $f$ bzw. $g$ kenntlich gemacht.

Es ist $\varepsilon_f(x) = -\frac{x}{x+1}$, $x = g(y) = -1 + \frac{1}{y}$ und daher $\varepsilon_g(y) = \frac{1}{\varepsilon_f(x)} = -\frac{1}{1-y}$. Speziell für $x_0 = 1$ ist $y_0 = f(x_0) = 1/2$, $\varepsilon_f(x_0) = -1/2$ und $\varepsilon_g(y_0) = -2$. Daher bewirkt eine Steigerung von $x$ um 1 %, ausgehend von $x = 1$, näherungsweise eine Senkung von $y$ um 1/2 %, und eine Steigerung von $y$ um 1 %, ausgehend von $y = 1/2$, bewirkt näherungsweise eine Senkung von $x$ um 2 %.

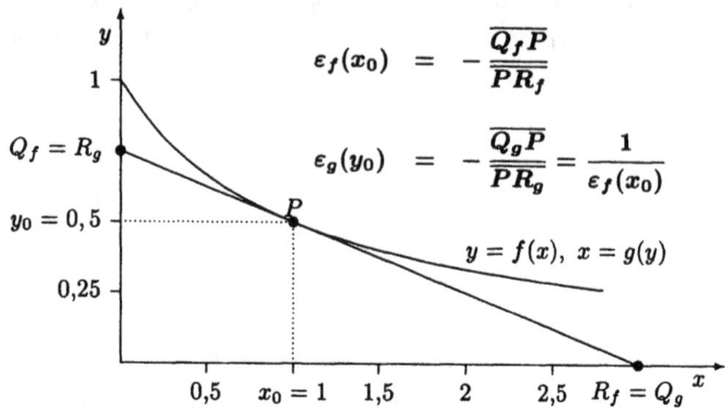


**Abb. 7.18:** Elastizität der Umkehrfunktion, Beispiel $f(x) = 1/(1+x)$

### 7.5.9 (Elastizität, Durchschnitts- und Umsatzfunktion)[45]

***Minimale Stückkosten:*** *Die Gesamtkosten für die Herstellung von $x > 0$ Einheiten eines Erzeugnisses seien durch eine differenzierbare positive Funktion $k$ gegeben.*

- *Zwischen der Kostenfunktion $k$ und ihrer Elastizität $\varepsilon_k$ sowie der Durchschnittsfunktion $x \mapsto \overline{k}(x) = \dfrac{k(x)}{x}$, den* ***Stückkosten****, besteht der Zusammenhang*

$$\frac{d}{dx}\overline{k}(x) = \frac{xk'(x) - k(x)}{x^2} = \frac{k(x)}{x^2}\left(\varepsilon_k(x) - 1\right). \tag{7.58}$$

- *Für die Suche nach einem Minimum der Stückkosten sind die stationären Punkte von $\overline{k}$ zu bestimmen. Wegen (7.58) gilt:*

$$x_0 \textit{ ist ein stationärer Punkt von } \overline{k}(x) \quad \Leftrightarrow \quad \varepsilon_k(x_0) = 1 \tag{7.59}$$

*Daher ist ein Punkt $x_0$ genau dann ein stationärer Punkt der Stückkostenfunktion, wenn die Tangente an die Kurve der Kostenfunktion im Punkt $P = (x_0, k(x_0))$ durch den Koordinatenursprung führt.*

***Maximaler Umsatz:*** *Der Absatz einer Ware sei durch eine differenzierbare positive Preis-Absatz-Funktion $p \mapsto f(p)$ gegeben.*

- *Zwischen der Preis-Absatz-Funktion $f$ und ihrer Elastizität $\varepsilon_f$ sowie der* ***Umsatzfunktion*** $p \mapsto U(p) = pf(p)$ *besteht der Zusammenhang*

$$\frac{d}{dp}U(p) = f(p) + pf'(p) = f(p)(1 + \varepsilon_f(p)). \tag{7.60}$$

[45] Vgl. die Beispiele 7.4 und 7.3

- *Für die Suche nach einem Maximum des Umsatzes sind die stationären Punkte von U zu bestimmen. Wegen* (7.60) *gilt:*

$$\boldsymbol{p_0 \text{ ist ein stationärer Punkt von } U \quad \Leftrightarrow \quad \varepsilon_f(p_0) = -1} \tag{7.61}$$

*Daher ist ein Punkt $p_0$ genau dann ein stationärer Punkt der Umsatzfunktion, wenn die Abschnitte der Tangente an die Kurve der Preis-Absatz-Funktion im Punkt $P = (p_0, f(p_0))$ zwischen P und den Koordinatenachsen die gleiche Länge haben.*

**Beispiel 7.25** Für die in der Abbildung 7.19 dargestellten Kosten- und Preis-Absatz-Funktionen werden die minimalen Stückkosten und der maximale Umsatz bestimmt.

- **Minimale Stückkosten:** Für die Kostenfunktion $k(x) = a + bx^{1+\lambda}$ mit positiven Fixkosten $a$ und weiteren positiven Konstanten $b$ und $\lambda$ gilt:

$$\begin{aligned} \overline{k}'(x) &= \frac{d}{dx}\left(\frac{a}{x} + bx^{\lambda}\right) = -\frac{a}{x^2} + b\lambda x^{\lambda-1} = \frac{b\lambda}{x^2}\left(x^{1+\lambda} - \frac{a}{b\lambda}\right) \\ \varepsilon_k(x) &= b(1+\lambda)\frac{x^{1+\lambda}}{a + bx^{1+\lambda}} \end{aligned} \tag{7.62}$$

Der einzige stationäre Punkt $x_0$ von $\overline{k}$ ist $x_0 = \left(\frac{a}{b\lambda}\right)^{1/(1+\lambda)}$. Das ist auch die eindeutig bestimmte Minimalstelle der Stückkosten, denn diese fallen links von $x_0$ wegen $\overline{k}'(x) < 0$ und steigen rechts von $x_0$ wegen $\overline{k}'(x) > 0$. Auf Grund von (7.59) ist $\varepsilon(x_0) = 1$, wie auch noch einmal aus (7.62) hergeleitet werden kann. Eine Steigerung der hergestellten Anzahl von Einheiten gegenüber der Minimalstelle $x_0$ um 1 % zieht daher eine Kostensteigerung um etwa 1 % nach sich.
In der Abbildung 7.19 ist links der Fall $a = 5$, $b = 1$ und $\lambda = 1,2$ dargestellt.

- **Maximaler Umsatz:** Für die Preis-Absatz-Funktion $f(p) = 1/(1 + \lambda p^2)$ mit einer positiven Konstanten $\lambda$ gilt:

$$U'(p) = \frac{1 - \lambda p^2}{(1 + \lambda p^2)^2}, \quad \varepsilon_f(p) = -2\lambda\frac{p^2}{1 + \lambda p^2} \tag{7.63}$$

Der einzige stationäre Punkt $p_0$ von $U$ ist $p_0 = 1/\sqrt{\lambda}$. Dies ist auch die eindeutig bestimmte Maximalstelle des Umsatzes, denn der Umsatz steigt links von $p_0$ wegen $U'(p) > 0$ und fällt rechts von $p_0$ wegen $U'(p) < 0$. Auf Grund von (7.61) ist $\varepsilon(p_0) = -1$, was auch noch einmal direkt aus (7.63) gewonnen werden kann. Eine Steigerung des Preises in der Maximalstelle um 1 % bedeutet daher einen Rückgang des Absatzes um etwa 1 %.
In der Abbildung 7.19 ist rechts der Fall $\lambda = 1/4$ dargestellt.

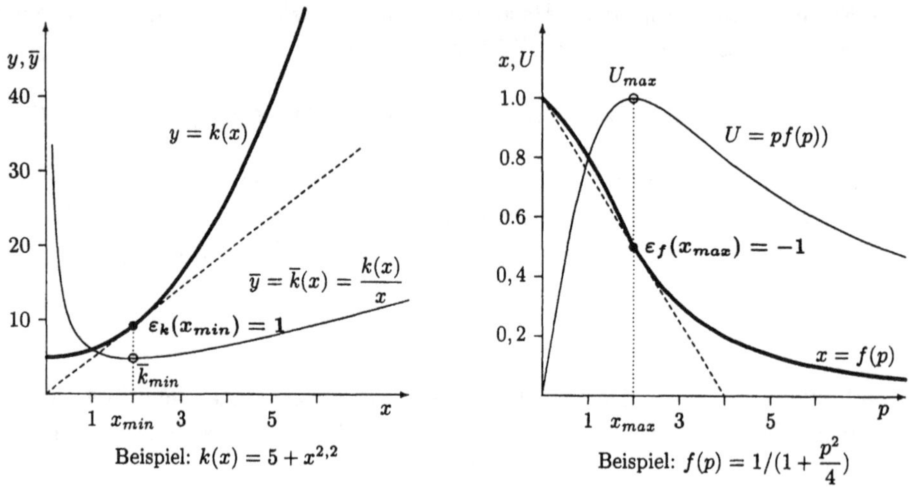


**Abb. 7.19:** Minimum der Stückkosten und Maximum des Umsatzes

## 7.6 Konsumentenrente

Ohne auf Einzelheiten der Integralrechnung einzugehen, wird im folgenden an Hand des Begriffs der *Konsumentenrente* eine kurze Erklärung des bestimmten Integrals für eine Preis-Absatz-Funktion gegeben.

Der Absatz einer Ware sei durch eine in einem Intervall $[a, b]$ stetige und monoton fallende Preis-Absatz-Funktion $p \mapsto y = f(p)$ festgelegt. Für einen Preis $p \in [a, b]$ stellt $U(p) = pf(p)$ den zugehörigen Umsatz dar. Wird die Ware ausschließlich zum Höchstpreis $b$ angeboten, wird der Umsatz $U(b) = bf(b)$ erzielt, für den niedrigsten Preis der Umsatz $U(a) = af(a)$.

- Der Preis soll nun vom höchsten Preisniveau $b$ in $n$ Stufen auf das unterste Preisniveau $a$ abgesenkt werden: $b = p_n > p_{n-1} > \ldots > p_1 > p_0 = a$.
  Für $i = 1, \ldots, n$ ist dann der Wert $f(p_i)$ die Anzahl der Einheiten, die bei denjenigen Käufern abgesetzt werden können, die bereit sind, die Ware zum Preis $p_i$ zu kaufen. Die Menge $K_i$ dieser Käufer nimmt mit fallendem Preis zu:
  $K_n \subseteq K_{n-1} \subseteq \ldots \subseteq K_1 \subseteq K_0$.

- *Jetzt wird vorausgesetzt, daß diejenigen Kunden, die bereits zum höheren Preis gekauft haben, beim niedrigeren Preis nicht noch einmal kaufen.*
  Ist dann der zum Preis $p_i$ gehörende Umsatz $p_i f(p_i)$ erzielt, so bewirkt die Preissenkung $p_i \to p_{i-1}$ den zusätzlichen Umsatz $p_{i-1}[f(p_{i-1} - f(p_i)]$. Die Addition der einzelnen Umsätze ergibt – je nach Zusammenfassung der Glieder – den Gesamtumsatz:

$$
\begin{aligned}
\boldsymbol{U(a,b)} &= p_n f(p_n) + p_{n-1}[f(p_{n-1}) - f(p_n)] + \ldots + p_0[f(p_0) - f(p_1)] \\
&= \boldsymbol{p_n f(p_n) + \sum_{i=1}^{n} p_{i-1}[f(p_{i-1} - f(p_i)]} \qquad (7.64)
\end{aligned}
$$

$$\begin{aligned} &= f(p_0)p_0 + f(p_1)(p_1 - p_0) + \ldots + f(p_n)(p_n - p_{n-1}) \\ &= \boldsymbol{f(p_0)p_0 + \sum_{i=1}^{n} f(p_i)(p_i - p_{i-1})} \end{aligned} \tag{7.65}$$

Die in (7.65) rechtsstehende Summe stellt den ***Mehrerlös*** dar, den der Anbieter gegenüber einem einmaligen Angebot zum niedrigsten Preisniveau $p_0 = a$ erzielt.

**7.6.1 (Konsumentenrente)**[46] *Wächst die Anzahl $n$ der Preissenkungen über alle Grenzen, so daß dabei die größte der Differenzen zwischen je zwei aufeinanderfolgenden Preisen nach 0 strebt, so konvergiert der Mehrerlös gegen das bestimmte Integral über die Funktion $f$ zwischen den Grenzen $a$ und $b$:*

$$\boldsymbol{\lim_{n\to\infty} \sum_{i=1}^{n} f(p_i)(p_i - p_{i-1}) = K(a,b) = \int_{p=a}^{p=b} f(p)dp} \tag{7.66}$$

*Das Integral, genannt **Konsumentenrente**, ist der Grenzwert des Mehrerlöses, den die Konsumenten dem Anbieter insgesamt zahlen, wenn der Preis schrittweise vom Maximalpreis $b$ auf den Minimalpreis $a$ gesenkt wird.*

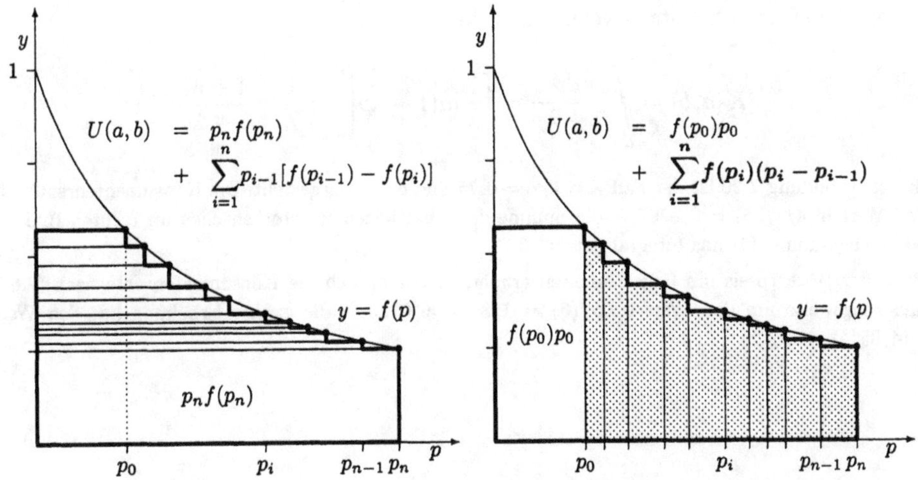


**Abb. 7.20:** Herleitung der Konsumentenrente aus zwei unterschiedlichen Summationsmethoden

Auf die angegebene Weise kann für eine beliebige stetige Funktion das bestimmte (*Riemann*sche) Integral als Grenzwert von Summen von Rechtecksflächen eingeführt werden. Der Nachweis der Konvergenz und der wichtigsten Eigenschaften des Integrals erfordert allerdings eine weitergehende Untersuchung des Begriffs der Stetigkeit.[47]

[46] Vgl. Abbildung 7.20

[47] Zur Integralrechnung wird auf *R. Ansorge* und *H. J. Oberle*, 1997, verwiesen.

**7.6.2 (Nachfrage als Änderungsgeschwindigkeit der Konsumentenrente)** *Wird bei festem Minimalpreis a der Höchstpreis $p = b$ als Veränderliche betrachtet, so ist die Konsumentenrente eine **differenzierbare** Funktion $p \mapsto K(a;p) = \int\limits_a^p f(x)dx$ des Höchstpreises.*

- *Für deren Ableitung gilt nach dem **Hauptsatz der Differential- und Integralrechnung**:*

$$\frac{d}{dp}K(a;p) = \frac{d}{dp}\int\limits_a^p f(x)dx = f(p).$$

*Die Nachfrage $f(p)$ kann daher als Änderungsgeschwindigkeit der Konsumentenrente $K(a;p)$ bezüglich der oberen Preisgrenze p interpretiert werden.*

- *Die Änderung der Konsumentenrente bei einer konkreten Änderung der Preis-Obergrenze kann näherungsweise mit Hilfe des Differentials berechnet werden:*

$$\Delta K = K(a;p+\Delta p) - K(a;p) \approx f(p)\Delta p \tag{7.67}$$

**Beispiel 7.26** Für die Preis-Absatz-Funktion $p \mapsto f(p) = 1/(1+\lambda p)$ mit einem positiven Parameter $\lambda$ hat die Konsumentenrente bei Absenkung des Preises vom obersten Niveau $b$ auf das unterste Niveau $a$ den Wert

$$K(a,b) = \int\limits_a^b \frac{dp}{1+\lambda p} = \left[\frac{1}{\lambda}\ln(1+\lambda p)\right]_a^b = \frac{1}{\lambda}\ln\frac{1+\lambda b}{1+\lambda a}.$$

In der Abbildung 7.20 ist der Fall $\lambda = 1$, $a = 0,75$ und $b = 3$ dargestellt. Die Konsumentenrente hat den Wert $\ln(4/1,75) = 0,8267$, – die Summe der schattierten Rechtecksflächen im rechten Bild als Näherungssumme für das Integral beträgt 0,79.

Wird der Höchstpreis um 0,05 Einheiten erhöht, so erhöht sich die Konsumentenrente nach (7.67) näherungsweise um den Wert $0,05f(3) = 1/80 = 0,0125$, – die exakte Erhöhung hat den Wert $\ln(4,05/4) = 0,0124\ldots$

## 7.7 Aufgaben zum Kapitel 7

**Aufgabe 7.1 (Steuerformel)**
Aktualisieren Sie die Parameter der im Beispiel 7.13 angegebenen Steuerfunktion für einen Spitzensteuersatz von 40 % (bei Beibehaltung der übrigen Daten) aus den Stetigkeits- und Differenzierbarkeitsbedingungen (7.23) (vgl. Abbildung 7.10). Geben Sie dabei die Parameter $a_1$ und $a_2$ mit zwei Stellen nach dem Komma und die übrigen Parameter in ganzen Zahlen an.
Bestimmen Sie anschließend die Parameter der Steuerfunktion aus dem System (7.23) für einen allgemeinen Eingangssteuersatz $\alpha_1$, einen mittleren Steuersatz $\alpha_2$ und einen Spitzensteuersatz $\alpha_3$ und für allgemeine Umschlagpunkte $x_1$, $x_2$ und $x_3$.

**Aufgabe 7.2 (Logistische Funktion)**
Beschreiben Sie das Krümmungsverhalten der logistischen Funktion $f(x) = a/(1+be^{-cx})$ für $a, b, c > 0$. Vergleichen Sie das Ergebnis mit dem Verhalten der logistischen Folge im Beispiel 6.10.

**Aufgabe 7.3 (Linearisierung)**
Erklären Sie die Näherungsformeln (7.32) als Linearisierungen und experimentieren Sie damit.

**Aufgabe 7.4 (Differential, *Taylor*sche Formel, Ableitung der Umkehrfunktion)**
Zwischen dem Ertrag $E$ und einem Input-Faktor $x$ ist durch die Beziehung $x\,\mathrm{e}^{-E/x} - 1 = 0$ eine eindeutige Funktion $E = f(x)$ gegeben (e ist die Basis der natürlichen Logarithmen).

(a) Skizzieren Sie den Graphen der Funktion $f$ und die Kurventangente im Punkt $x = \mathrm{e}$; kontrollieren Sie die Skizze mit Hilfe der Tangentengleichung.

(b) Bestimmen Sie näherungsweise mit Hilfe des Differentials den Ertragszuwachs $E(\mathrm{e}+\Delta x) - E(\mathrm{e})$ für $\Delta x = \pm 0,01; \pm 0,05; \pm 0,10; \pm 0,50; \pm 1,00; \pm 2,00$, und vergleichen Sie die Ergebnisse mit den exakten Werten. Geben Sie nach dem Muster des Beispiels 7.21 mit Hilfe der *Taylor*schen Formel Schranken für die Abweichung zwischen dem Ertragszuwachs und dem Differential an.

(c) Ermitteln Sie die momentane Änderungsgeschwindigkeit des Faktors $x$ für denjenigen Ertrag $E_0$, für den der Faktor $x$ den Wert e hat.

**Aufgabe 7.5 (Konvexe Funktionen und konvexe Mengen)**
*Eine in einem Intervall $I$ erklärte Funktion $y = f(x)$ ist dort konvex im Sinne von 7.4.2, wenn die oberhalb des Graphen liegende Teilmenge $M = \{(x,y) : y \geq f(x)\}$ von $\mathbb{R} \times \mathbb{R}$ konvex im Sinne von 5.1.1 ist.*

Geben Sie hierfür eine Begründung; erklären Sie auf entsprechende Weise den Begriff der konkaven Funktion.

**Aufgabe 7.6 (Absolute Extrema bei konvexen und konkaven Funktionen)**
*Eine in einem Intervall $I$ differenzierbare konvexe oder konkave Funktion nimmt in einem inneren stationären Punkt das absolute Minimum bzw. Maximum der Funktion in $I$ an.*

Geben Sie hierfür eine Begründung mit Hilfe von 7.4.3, und zwar unter Verwendung der Tangente sowie - bei zweimaliger Differenzierbarkeit - unter Verwendung der zweiten Ableitung.

**Aufgabe 7.7 (Näherungsweise Lösung von Gleichungen mit dem *Newton*-Verfahren)**
Nullstellen einer differenzierbaren Funktion $y = f(x)$ können wesentlich effektiver als mit der Halbierungsmethode 7.2.9 mit Hilfe eines Verfahrens näherungsweise berechnet werden, bei dem die Funktion in einer Umgebung der Nullstelle durch ihre Linearisierung ersetzt wird.
Dafür ist lediglich vorauszusetzen, daß die Funktion im Inneren eines Intervalls eine Nullstelle $x^*$ besitzt und die Ableitung in $I$ ungleich 0 ist, - letzteres sichert, daß in $I$ keine weitere Nullstelle liegt und daß die Tangenten an die Kurve der Funktion die Koordinatenachse $y = 0$ schneiden.

***Verfahren von Newton:*** *Es wird ein beliebiger Anfangspunkt $x_0 \in I$ gewählt und statt der unbekannten Nullstelle der Funktion als Näherungswert $x_1$ die Nullstelle*

$$x_1 = x_0 - \frac{f(x_0)}{f'(x_0)}$$

*der **Tangente** an die Kurve der Funktion im Punkt $(x_0, f(x_0))$ bestimmt.*
*Genügt diese Näherung nicht den Genauigkeitsanforderungen, so wird das Verfahren mit $x_1$ anstelle von $x_0$ fortgesetzt, usw. Die so entstehende Folge $x_0, x_1, \ldots$ konvergiert gegen die gesuchte Nullstelle $x^*$, falls der Anfangspunkt genügend dicht bei $x^*$ liegt.*

Leiten Sie die Formel für $x_1$ her.

Wenden Sie das Verfahren auf die Berechnung des Zinssatzes bei vorschüssiger Annuitätentilgung (vgl. 6.3.15 und die Abbildung 6.12) als Nullstelle der Funktion

$$p \mapsto f(p; \kappa) = (1+p)^n(\kappa(1+p) - p) - \kappa(1+p)$$

an. Berechnen Sie damit speziell denjenigen Zinssatz in Prozent auf eine Kommastelle genau, der bei der Rückzahlung eines Kredits von 100.000 € durch vorschüssige Zahlung einer Annuität in Höhe von jährlich 23.000 € im Verlauf von 5 Jahren erhoben wird.

**Aufgabe 7.8 (Elastizität einer linearen Funktion)**
In der *Näherungsformel* $100\Delta y/y \approx (100\Delta x/x) \cdot \varepsilon(x)$ für die relative Änderung einer abhängigen Größe $y = f(x)$ tritt die Elastizität der Funktion $f$ nach 7.5.5 als Faktor der relativen Änderung der unabhängigen Veränderlichen $x$ auf.

Welche Form hat die Näherungsformel im Fall einer linearen Funktion $y = f(x) = ax + b$?
Zeigen Sie, daß eine lineare Funktion bei $a > 0$ für $x \to \infty$ nahezu proportional wächst.

**Aufgabe 7.9 (*Cournot*scher Punkt)**
Ein Händler erzielt beim Verkauf von $n$ Exemplaren eines Erzeugnisses einen Stückpreis $p(n) = 2.960/(120 + n)$, und die gesamten Kosten zur Beschaffung von $n$ Exemplaren betragen $k(n) = 12n + 0,05n^2$ (jeweils in Geldeinheiten).
Bestimmen Sie in den drei Fällen (1) $10 \le n \le 25$, (2) $20 \le n \le 40$ und (3) $35 \le n \le 50$ diejenige Stückzahl, für welche der Händler den größten Gewinn erzielt.

**Aufgabe 7.10 (Minimale Stückkosten)**
Die Gesamtkosten (in Geldeinheiten) für die Herstellung von $x$ Einheiten einer Ware seien durch eine exponentiell wachsende Funktion $k(x) = a + be^{cx}$ mit positiven Parametern $a, b, c$ gegeben.

(a) Weisen Sie nach, daß die Stückkosten $\overline{k}(x) = k(x)/x$ für $0 < x < \infty$ ein absolutes Minimum besitzen. (Anleitung: Diskussion des Vorzeichens der ersten Ableitung)

(b) Ermitteln Sie die absolute Minimalstelle für die Daten $a = 50$, $b = 1$ und $c = 0,075$ bis auf eine Kommastelle genau. Bestimmen Sie näherungsweise mit Hilfe der Elastizität, um wieviel Prozent sich die Kosten $k(x)$ ändern, wenn die Minimalstelle der Stückkosten um eine Einheit über- oder unterschritten wird. Testen Sie diese Ergebnisse. Berechnen Sie mit den speziellen Daten die Minimalstelle, wenn $x$ auf das Intervall $[0, 40]$ eingeschränkt ist.

**Aufgabe 7.11 (Maximaler Umsatz)**
Der Zusammenhang zwischen der abgesetzten Anzahl $x$ von Einheiten einer Ware und dem Preis $p$ (in Geldeinheiten) sei durch eine Absatz-Preis-Funktion $p(x) = (10 + \frac{1}{5}x)/(1 + \frac{5}{100}x^2)$ gegeben.

(a) Bestimmen Sie das absolute Maximum des Umsatzes für $0 \le x < \infty$.

(b) Berechnen Sie mit Hilfe der Elastizität der Funktion $p$ näherungsweise, um wieviel Prozent der Preis sinken muß, wenn der Absatz gegenüber der in (a) berechneten Maximalstelle (!) (Fall 1) und gegenüber dem Absatz von 6 Einheiten (Fall 2) um 0,1 Einheiten gesteigert werden soll. Kontrollieren Sie die Ergebnisse an den exakten Werten.

# Kapitel 8

# Differentialrechnung für Funktionen mehrerer Veränderlicher

## 8.1 Einführung

Im $n$-dimensionalen Raum $\mathbb{R}^n$ aller Vektoren (Zeilenvektoren[1], Punkte) $\underline{x} = (x_1, \ldots, x_n)$ werden zunächst Quader- und Kugelumgebungen eines Punktes eingeführt, - diese treten an die Stelle der Intervallumgebungen auf der Zahlengeraden $\mathbb{R}^1 = \mathbb{R}$.

**8.1.1 ($n$-dimensionaler Quader, Quaderumgebung)** *Für gegebene reelle Zahlen $a_1 < b_1, \ldots, a_n < b_n$ heißt die Produktmenge*

$$\begin{aligned} Q &= (a_1, b_1) \times \ldots \times (a_n, b_n) \\ &= \{\underline{x} \in \mathbb{R}^n : a_1 < x_1 < b_1, \ldots, a_n < x_n < b_n\} \end{aligned} \tag{8.1}$$

*von offenen Intervallen der Zahlengerade* ***offener Quader*** *im $n$-dimensionalen Raum (mit den Kantenlängen $b_1 - a_1, \ldots, b_n - a_n$), und das (8.1) entsprechende Produkt $Q$ von abgeschlossenen Intervallen heißt* ***abgeschlossener Quader****.*

*Der von den Mittelpunkten der Intervalle gebildete Punkt $\underline{m} = \left(\frac{a_1 + b_1}{2}, \ldots, \frac{a_n + b_n}{2}\right)$ heißt* ***Mittelpunkt*** *von $Q$, und $Q$ heißt auch (offene bzw. abgeschlossene)* ***Quaderumgebung*** *des Punktes $\underline{m}$.*

Für $n = 1$, $n = 2$ und $n = 3$ sind die Quader in der Abbildung 8.1 dargestellt. Für $n = 1$ ist $Q$ das offene bzw. abgeschlossene Intervall mit den Randpunkten $a_1$ und $b_1$. Für $n = 2$ ist Q ein Rechteck mit den Eckpunkten $(a_1, a_2)$, $(b_1, a_2)$, $(b_1, b_2)$ und $(a_1, b_2)$, wobei im Falle eines abgeschlossenen Rechtecks die gesamte Berandung und im Falle eines offenen Rechtecks kein Punkt der Berandung zu Q gehört. Entsprechendes gilt für den räumlichen Quader.

An die Stelle des Abstands $|p - q|$ zweier Punkte $p$ und $q$ der Zahlengeraden tritt im zwei- und dreidimensionalen Raum die Länge der geradlinigen Verbindungsstrecke zwischen diesen Punkten; die

[1] Die Verwendung von Zeilen- statt Spaltenvektoren hat lediglich schreibtechnische Gründe, - eine Unterscheidung zwischen Zeilen und Spalten ist nur dann erforderlich, wenn mit diesen Matrizenoperationen ausgeführt werden.

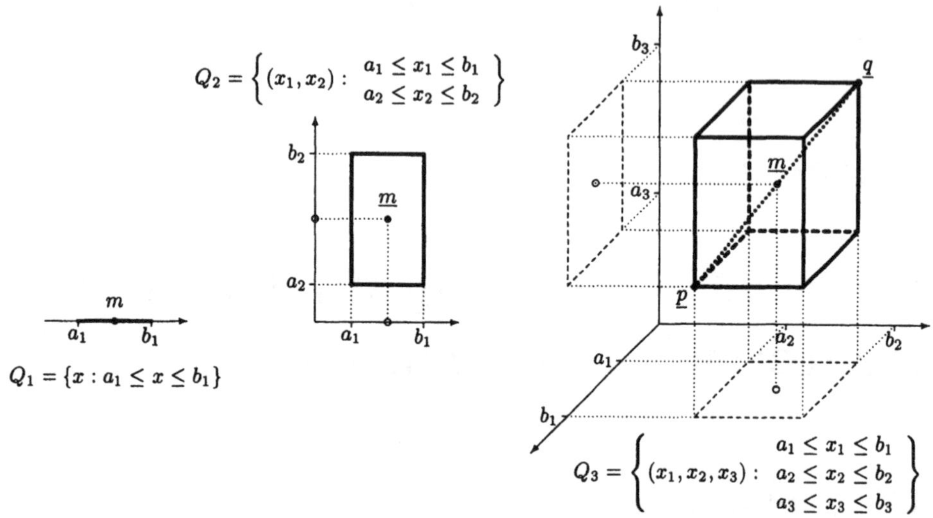


**Abb. 8.1:** Quaderumgebungen für $n = 1, 2, 3$

Länge kann nach dem Satz von *Pythagoras* berechnet werden. In der Abbildung 8.1 ist die Verbindungsstrecke zwischen den Endpunkten $\underline{p} = (b_1, a_2, a_3)$ und $\underline{q} = (a_1, b_2, b_3)$ einer Diagonale des dreidimensionalen Quaders eingezeichnet; deren Länge beträgt $\sqrt{(a_1 - b_1)^2 + (a_2 - b_2)^2 + (a_3 - b_3)^2}$. Mit einer unmittelbaren Übertragung dieser Formel von *Pythagoras* auf Vektoren mit $n$ Koordinaten wird nun der (geradlinige) Abstand (8.2) im Raum $\mathbb{R}^n$ eingeführt; weitere geometrische Begriffsbildungen, die auf diesem Abstandsbegriff beruhen, können damit auch im $n$-dimensionalen Raum erklärt werden.

### 8.1.2 (Euklidischer Abstand im Raum $\mathbb{R}^n$)

*Zu zwei gegebenen Punkten $\underline{x} = (x_1, \ldots, x_n)$ und $\underline{y} = (y_1, \ldots, y_n)$ heißt die Zahl*

$$||\underline{x} - \underline{y}|| = \sqrt{(x_1 - y_1)^2 + \ldots + (x_n - y_n)^2} \tag{8.2}$$

*der (Euklidische)* ***Abstand*** *von $\underline{x}$ und $\underline{y}$.*
*Der Abstand $||\underline{x}||$ zwischen $\underline{x}$ und dem Nullpunkt des Koordinatensystems heißt (Euklidische)* ***Länge*** *des Vektors $\underline{x}$:*

$$||\underline{x}|| = \sqrt{x_1^2 + \ldots + x_n^2} \tag{8.3}$$

**8.1.3 ($n$-dimensionale Kugel, Kugelumgebung)** *Zu gegebenem Punkt $\underline{m} \in \mathbb{R}^n$ und gegebener reeller Zahl $r > 0$ heißen die Mengen*

$$K(\underline{m}, r) = \begin{cases} \{\underline{x} \in \mathbb{R}^n : ||\underline{x} - \underline{m}|| < r\} \\ \{\underline{x} \in \mathbb{R}^n : ||\underline{x} - \underline{m}|| \le r\} \end{cases} \tag{8.4}$$

***offene Kugel*** *bzw.* ***abgeschlossene Kugel*** *mit dem* ***Mittelpunkt $\underline{m}$*** *und dem* ***Radius $r$*** *oder auch* ***Kugelumgebung*** *von $\underline{m}$.*
*$K(\underline{m}, r)$ ist die Menge aller derjenigen Punkte $\underline{x} \in \mathbb{R}^n$, deren Abstand vom Punkt $\underline{m}$ kleiner als $r$ bzw. nicht größer als $r$ ist.*

Für $n = 1$ ist $K(\underline{m}, r)$ das offene Intervall $(\underline{m}-r, \underline{m}+r)$ bzw. das abgeschlossene Intervall $[\underline{m}-r, \underline{m}+r]$. Für $n = 2$ stellt $K(\underline{m}, r)$ die Fläche eines Kreises vom Radius $r$ mit dem Mittelpunkt $\underline{m}$ dar, - ohne die berandende Kreislinie bzw. einschließlich der berandenden Kreislinie. Für $n = 3$ ist $K(\underline{m}, r)$ der Körper einer Kugel vom Radius $r$ mit dem Mittelpunkt $\underline{m}$, - ohne die berandende Kugeloberfläche bzw. einschließlich dieser Fläche.

### 8.1.4 (Innere, äußere und Randpunkte; offene/abgeschlossene Mengen)

*Es sei M eine Teilmenge des Raumes $\mathbb{R}^n$.*

(1) *Ein Punkt $\underline{m} \in M$ heißt* ***innerer Punkt*** *von M, wenn er Mittelpunkt eines ganz in M liegenden Quaders ist.*
*Das bedeutet: Bei einer hinreichend kleinen Änderung seiner Koordinaten verbleibt ein innerer Punkt $\underline{m}$ von M stets* ***innerhalb*** *der Menge M.*

(2) *Ein Punkt $\underline{m} \in M$ heißt* ***äußerer Punkt*** *von M, wenn er Mittelpunkt eines Quaders ist, der keine Punkte von M enthält.*
*Das bedeutet: Bei einer hinreichend kleinen Änderung seiner Koordinaten verbleibt ein äußerer Punkt $\underline{m}$ von M stets* ***außerhalb*** *der Menge M.*

(3) *Ein Punkt $\underline{m} \in M$ heißt* ***Randpunkt*** *von M, wenn er weder innerer noch äußerer Punkt von M ist.*
*Das bedeutet: Jede Quaderumgebung von $\underline{m}$ enthält sowohl Punkte aus M als auch Punkte, die M nicht angehören.*
*Die Menge aller Randpunkte heißt* ***Rand*** *von M.*

(4) *Die Teilmenge M heißt* ***offen****, wenn jeder ihrer Punkte ein innerer Punkt ist.*

(5) *Eine Teilmenge M, der alle ihre Randpunkte angehören, heißt* ***abgeschlossen****.*

Für die Erklärung der inneren, äußeren und Randpunkte können anstelle von Quadern auch Kugeln verwendet werden, da jeder Quader mit $\underline{m}$ als Mittelpunkt eine Kugel mit dem gleichen Mittelpunkt enthält und und auch umgekehrt jede Kugel mit $\underline{m}$ als Mittelpunkt einen Quader mit dem gleichen Mittelpunkt enthält.

Die äußeren Punkte einer Kugel $K(\underline{m}, r)$ sind diejenigen, deren Abstand vom Mittelpunkt größer als $r$ ist; der Rand von $K(\underline{m}, r)$ wird von den Punkten mit dem Abstand $r$ vom Mittelpunkt gebildet.

**Beispiel 8.1 (Innere und äußere Punkte und Randpunkte der Lösungsmenge eines linearen Ungleichungssystems)** Es sei $M$ die Menge der Lösungen $\underline{x} = (x_1, \ldots, x_n)$ eines linearen Ungleichungssystems (5.6) für $n$ Variable $x_1, \ldots, x_n$, das aus einer beliebigen Anzahl von Beziehungen der Form $a_1x_1 + \ldots + a_nx_n \leq (\geq, =)\, b$ besteht, wobei vorausgesetzt wird, daß jeweils mindestens ein Koeffizient auf der linken Seite von 0 verschieden ist. Für einen Punkt $\underline{m} \in \mathbb{R}^n$ gilt:

(1) $\underline{m}$ ist innerer Punkt von M $\Leftrightarrow$ $\underline{m} \in M$ und *keine* der Ungleichungen ist in $\underline{m}$ als Gleichung erfüllt.
Folgerung: Enthält das System eine Gleichung, so besitzt die Lösungsmenge keine inneren Punkte!

(2) $\underline{m}$ ist äußerer Punkt von M $\Leftrightarrow$ *mindestens eine* der Beziehungen des Systems ist im Punkt $\underline{m}$ verletzt.

(3) $\underline{m}$ ist Randpunkt von M $\Leftrightarrow$ $\underline{m} \in M$, und *mindestens eine* der Ungleichungen ist in $\underline{m}$ als Gleichung erfüllt.

Beweis: Es wird gezeigt, daß in einem inneren Punkt $\underline{m} = (m_1, \ldots, m_n)$ keine der Ungleichungen des Systems als Gleichung erfüllt sein kann, - die übrigen Aussagen können durch eine ähnliche Betrachtung nachgewiesen werden.

Es sei $a_1x_1 + \ldots + a_nx_n \leq (\geq, =)\, b$ eine der Beziehungen des Systems, und für $x_1 = m_1, \ldots, x_n = m_n$ gelte $a_1x_1 + \ldots + a_nx_n = b$. Da nicht alle Koeffizienten $a_1, \ldots, a_n$ den Wert 0 haben dürfen, kann etwa $a_1 \neq 0$ angenommen werden. Bei einer Änderung $m_1 \to m_1 + \Delta$ nur der ersten Koordinate des Punktes $\underline{m}$ hat die linke Seite der Beziehung den Wert

$$a_1(m_1 + \Delta) + \ldots + a_nm_n = a_1\Delta + (a_1m_1 + \ldots + a_nm_n) = a_1\Delta + b.$$

Der rechtsstehende Wert ist aber größer als $b$ bei gleichem Vorzeichen von $\Delta$ und $a_1$ und kleiner als $b$ bei unterschiedlichem Vorzeichen, - wie klein auch $|\Delta|$ gewählt wird. Jede der drei Typen von Beziehungen wird also durch geeignete Wahl des Vorzeichens von $\Delta$ verletzt. □

**Beispiel 8.2** In der Abbildung 8.2 ist die Lösungsmenge $M$ des linearen Ungleichungssystems $x_1 + x_2 \leq 4, x_1 \geq 0, x_2 \geq 0$ mit inneren, äußeren und Randpunkten dargestellt. Bei den vier inneren Punkten $\underline{m}$ ist der größte Kreis mit $\underline{m}$ als Mittelpunkt[2] angegeben, der noch zur Menge $M$ gehört. Die drei äußeren Punkte $\underline{m}_1$, $\underline{m}_2$ und $\underline{m}_3$ verletzen eine bzw. zwei der Ungleichungen, die drei Eckpunkte – als Randpunkte – erfüllen jeweils zwei der Ungleichungen als Gleichungen, der Randpunkt $\underline{m}_0 = (3/2, 5/2)$ erfüllt eine der Bedingungen als Gleichung.

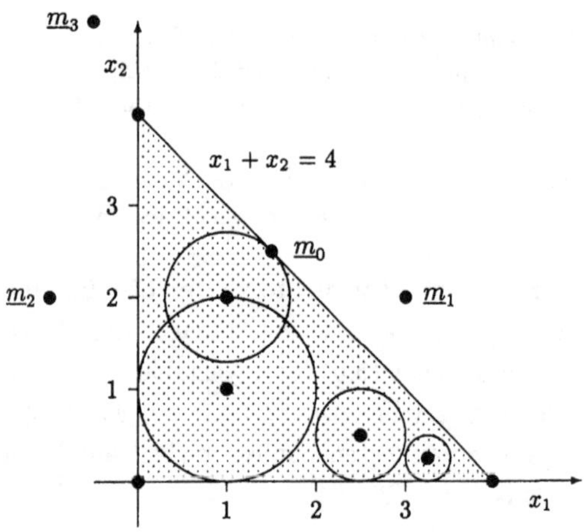


**Abb. 8.2:** Lösungsmenge eines Ungleichungssystems mit inneren, äußeren und Randpunkten

[2]Vgl. Aufgabe 8.2

Der Grenzwertbegriff 6.2.6 für Folgen reeller Zahlen kann mit Hilfe des Abstandes unmittelbar auf Folgen von Punkten im Raum $\mathbb{R}^n$ übertragen werden.

**8.1.5 (Konvergenz einer Folge im $n$-dimensionalen Raum)**
*Eine Folge $\underline{a}^{(1)}, \underline{a}^{(2)}, \ldots$ von Punkten $\underline{a}^{(k)} \in \mathbb{R}^n$* ***konvergiert gegen einen Grenzpunkt*** $\underline{a} \in \mathbb{R}^n$, *wenn die Zahlenfolge der Abstände $||\underline{a}^{(1)} - \underline{a}||, ||\underline{a}^{(2)} - \underline{a}||, \ldots$ gegen Null konvergiert.*[3]

- *Die Konvergenz im Raum $\mathbb{R}^n$ ist gleichbedeutend mit der* ***koordinatenweisen Konvergenz****: Die Folge der 1. Koordinaten konvergiert gegen die 1. Koordinate des Grenzpunktes, die Folge der 2. Koordinaten konvergiert gegen die 2. Koordinate des Grenzpunktes, usw.*

Die letzte Aussage folgt aus der Erklärung (8.2) des Abstands: In der Beziehung

$$||\underline{a}^{(k)} - \underline{a}||^2 = (a_1^{(k)} - a_1)^2 + \ldots + (a_n^{(k)} - a_n)^2$$

konvergiert die linken Seite dann und nur dann gegen 0 für $k \to \infty$, wenn dies für jeden einzelnen der $n$ Summanden auf der rechten Seite zutrifft.

## 8.2 Funktionen mehrerer Veränderlicher und ihre Darstellung

Die Abhängigkeit einer Größe $y$ von mehreren unabhängigen Veränderlichen $x_1, \ldots, x_n$ stellt eine Abbildung $\underline{x} = (x_1, \ldots, x_n) \mapsto y = f(\underline{x}) = f(x_1, \ldots, x_n)$ einer Teilmenge $M$ des Raums $\mathbb{R}^n$ (des Definitionsbereichs) in die Menge $\mathbb{R}$ der reellen Zahlen dar, – die tatsächlich vorkommenden Werte $f(\underline{x})$ bilden den Wertebereich.

**Beispiel 8.3** Die bei der nachschüssigen Annuitätentilgung auftretende Restschuld (6.42) nach einer Anzahl von $n$ Perioden ist eine Funktion $(S_0, A, p) \mapsto S_n = (S_0 - A/p)(1+p)^n + A/p$ der drei unabhängigen Veränderlichen $S_0$ (Anfangsschuld), $A$ (Annuität) und $p$ (Zinssatz). Formal ist diese Funktion für alle Tripel $(S_0, A, p)$ mit $p \neq 0$ erklärt. Soll die Annuität größer als der Zinsgewinn des Gläubigers nach der ersten Periode sein[4], so ist der Definitionsbereich durch die drei Restriktionen $A > pS_0$, $p > 0$, $S_0 > 0$ bestimmt.

**8.2.1 (Graph, Relief)** *Für eine Funktion $f$ von $n$ Veränderlichen heißt die Menge aller Paare $(\underline{x}, f(\underline{x}))$, für welche der Punkt $\underline{x}$ dem Definitionsbereich der Funktion angehört, der* ***Graph*** *oder auch das* ***Relief*** *der Funktion $f$.*
*Der Graph ist eine Teilmenge des $(n+1)$-dimensionalen Raums $\mathbb{R}^n \times \mathbb{R} = \mathbb{R}^{n+1}$.*

Für $n = 1$ ist der Graph die Kurve der Funktion $y = f(x_1)$. Die Abbildung 8.3 stellt den Graphen einer Funktion von zwei Veränderlichen dar: über jedem Punkt $\underline{x}$ des Definitionsbereichs in der $(x_1, x_2)$-Ebene ist der Funktionswert $y = f(x_1, x_2)$ in der vertikalen Raumrichtung aufgetragen. Für das skizzierte Kurvengitter ist jeweils eine der Veränderlichen konstant.

---

[3]Der Folgenindex wird zur Unterscheidung von der Nummer der jeweiligen Raumkoordinate als Exponent in Klammern angegeben.

[4]Das bedeutet nach 6.3.12 (3), daß der Kredit in endlicher Zeit getilgt werden kann.

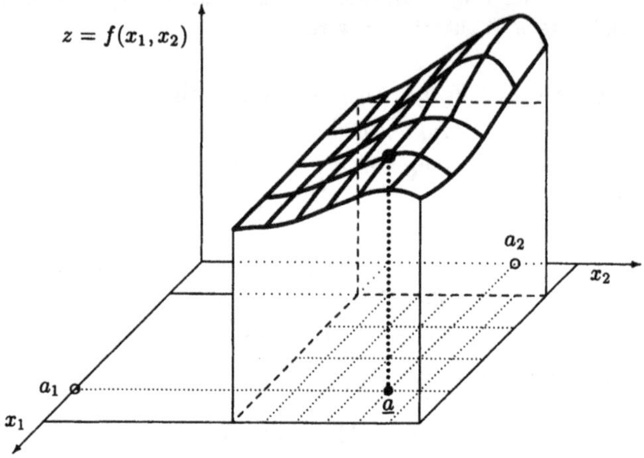


**Abb. 8.3:** Projektion eines Punktes auf dem Relief einer Funktion in den Definitionsbereich

**8.2.2 (Isoquanten, Niveaulinien)** *Diejenige Teilmenge des Definitionsbereichs einer Funktion von n Veränderlichen, auf der die Funktionswerte ein und denselben konstanten Wert C haben, heißt* ***Isoquante*** *zum Wert C.*

- $\boldsymbol{n = 2}$ : *Die Gleichung* $\boldsymbol{f(x_1, x_2) = C}$ *definiert eine funktionale Beziehung zwischen den Veränderlichen* $x_1$ *und* $x_2$*, eine* ***implizite Funktion****.*
  *Läßt sich diese Gleichung nach einer der beiden Veränderlichen* ***eindeutig*** *auflösen, so ist die Isoquante zum Wert C als* ***explizite*** *Funktion*

  $$\boldsymbol{x_2 = g(x_1)} \quad \text{oder} \quad \boldsymbol{x_1 = h(x_2)} \tag{8.5}$$

  *dargestellt. Auf den Funktionskurven von g bzw. h in der* $(x_1, x_2)$*-Ebene, den* ***Niveaulinien****, besitzt dann die Funktion f den konstanten Wert C.*[5]

- $\boldsymbol{n = 3}$ : *Die Gleichung* $f(x_1, x_2, x_3) = C$ *bedeutet eine Abhängigkeit zwischen den drei Veränderlichen* $x_1$*,* $x_2$ *und* $x_3$*. Die Menge aller Lösungen* $(x_1, x_2, x_3)$ *einer solchen Gleichung bildet – unter gewissen Voraussetzungen – eine Fläche im dreidimensionalen Raum. Auf dieser* ***Niveaufläche*** *besitzt die Funktion den konstanten Wert C.*

[5]Niveaulinien können nicht generell mit Hilfe einer einzigen expliziten Funktion dargestellt werden. So ist die Isoquante der Funktion $f(x_1, x_2) = x_1^2 + x_2^2$ zu einem Wert $C > 0$ der Kreis vom Radius $\sqrt{C}$ mit dem Koordinatenursprung als Mittelpunkt. Für dessen Darstellung werden mindestens zwei Funktionen benötigt, z. B. das Funktionenpaar $x_2 = g_1(x_1) = \sqrt{C - x_1^2}$ und $x_2 = g_2(x_1) = -\sqrt{C - x_1^2}$, oder auch $x_1 = h_1(x_2) = \sqrt{C - x_2^2}$ und $x_1 = h_2(x_2) = -\sqrt{C - x_2^2}$.
Vgl. hierzu auch die Isoquanten in der Abbildung 8.8 und das Beispiel 8.14

Es werden nun einige bei ökonomischen Anwendungen häufig auftretende Klassen von Funktionen beschrieben.

*Vielfache Verwendung finden die in* 5.12 *eingeführten* ***linearen Funktionen***

$$y = f(x_1, \ldots, x_n) = c_0 + c_1 x_1 + \ldots + c_n x_n \quad (c_0, c_1, \ldots, c_n \textit{ Parameter })$$

*mit den dort angegebenen einfachen Eigenschaften.*

**Beispiel 8.4** Für den Verkauf von drei Produkten werde eine *lineare* Umsatzfunktion $U(x_1, x_2, x_3) = p_1 x_1 + p_2 x_2 + p_3 x_3$ ($x_i$ die Anzahl der abgesetzten Einheiten des $i$-ten Produkts, $p_i$ der Preis pro Einheit, $i = 1, 2, 3$) mit dem natürlichen Definitionsbereich $\underline{x} \geq \underline{0}$ angenommen. Dann ist die Niveaufläche $U(\underline{x}) = C$ das in der Abbildung 8.4 dargestellte Dreieck mit den Eckpunkten $(C/p_1, 0, 0)$, $(0, C/p_2, 0)$ und $(0, 0, C/p_3)$.

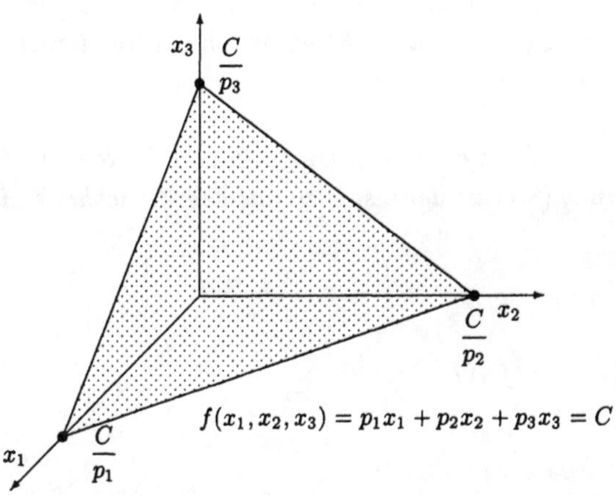


**Abb. 8.4:** Niveaufläche einer linearen Umsatzfunktion

*In* 8.3.9 *treten lineare Funktionen als Linearisierungen differenzierbarer Funktionen mehrerer Veränderlicher auf. Das lokale Verhalten einer nichtlinearen Funktionen wird dann – wie bei Funktionen einer Veränderlichen – mit Hilfe ihrer Linearisierung beschrieben.*

In 7.4.2 wurden konvexe Funktionen einer Veränderlichen zunächst durch eine geometrische Bedingung eingeführt: eine in einem Intervall $I$ erklärte Funktion $f$ ist dort konvex, wenn für jedes Teilintervall $[x_1, x_2]$ von $I$ und jeden zwischen $x_1$ und $x_2$ gelegenen Punkt $z$ der Kurvenpunkt $(z, f(z))$ nicht oberhalb der Sekante durch die Kurvenpunkte $(x_1, f(x_1))$ und $(x_2, f(x_2))$ liegt.

Nun sind die Punkte $z$ des Intervalls $[x_1, x_2]$ genau von der Form $z = (1 - \lambda)x_1 + \lambda x_2$ mit einem Parameter $\lambda$, $0 \leq \lambda \leq 1$, wobei das Intervall für steigende Werte von $\lambda$ in der Richtung von $x_1$ nach $x_2$ durchlaufen wird. Unter Verwendung dieses Parameters erhält die Konvexitätsbedingung (7.36), wie in der Abbildung 8.5 dargestellt, die Form

$$0 \le \lambda \le 1,\ x_1, x_2 \in I \quad \Rightarrow \quad f((1-\lambda)x_1 + \lambda x_2) \le (1-\lambda)f(x_1) + \lambda f(x_2). \tag{8.6}$$

Bei der Übertragung dieser Beziehung auf Funktionen mehrerer Veränderlicher tritt an die Stelle eines Intervalls $[x_1, x_2]$ die Strecke durch zwei Punkte des Raums $\mathbb{R}^n$. Für je zwei Punkte des Definitionsbereichs muß diese Strecke ganz im Definitionsbereich der Funktion liegen, – dies ist die Bedingung (5.2) für die Konvexität des Definitionsbereichs.

**8.2.3 (Konvexe Funktion mehrerer Veränderlicher)** *Eine in einer konvexen Menge $K \subseteq \mathbb{R}^n$ definierte Funktion $f$ heißt* ***konvex****, wenn für je zwei Punkte $\underline{a}$ und $\underline{b}$ aus $K$ und jede reelle Zahl $\lambda$ mit $0 \le \lambda \le 1$ gilt:*

$$f((1-\lambda)\underline{a} + \lambda\underline{b}) \le (1-\lambda)f(\underline{a}) + \lambda f(\underline{b}) \tag{8.7}$$

- *Diese allgemeine Konvexitätsbedingung kann als Konvexität einer Funktion* ***einer*** *Veränderlichen gedeutet werden:*[6] *Bei fest gewählten Punkten $\underline{a}$ und $\underline{b}$ aus $K$ stellt die von der reellen Variablen $\lambda$ abhängende Funktion $\lambda \mapsto f((1-\lambda)\underline{a} + \lambda\underline{b})$ die Einschränkung der Funktion $\underline{x} \mapsto f(\underline{x})$ auf die Verbindungsstrecke zwischen $\underline{a}$ und $\underline{b}$ dar. Die Konvexitätsbedingung* (8.6) *für diese Funktion einer Veränderlichen ist identisch mit der Ungleichung* (8.7).

- *Eine lineare Funktion $f : \mathbb{R}^n \to \mathbb{R}$ ist eine im gesamten Raum $\mathbb{R}^n$ konvexe Funktion; die Konvexitätsbeziehung* (8.7) *ist dann speziell mit dem Gleichheitszeichen erfüllt.*

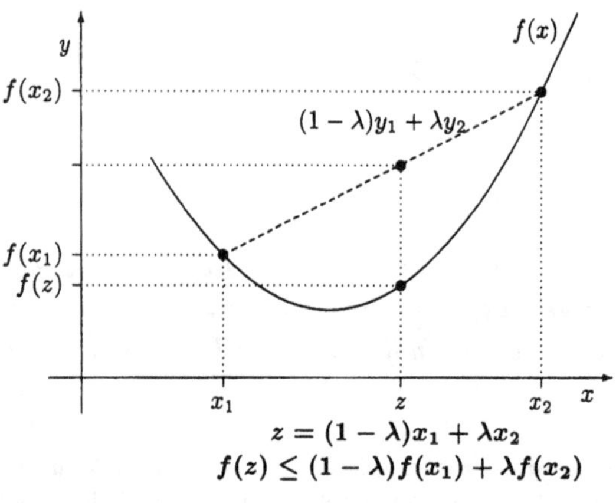


**Abb. 8.5:** Konvexitätsbedingung für eine Funktion einer Veränderlichen

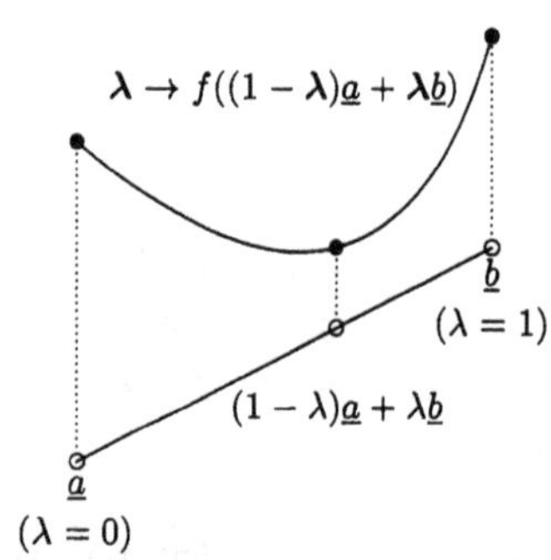


**Abb. 8.6:** Einschränkung einer konvexen Funktion mehrerer Veränderlicher auf eine Strecke

[6] Vgl. Abbildung 8.6

**Beispiel 8.5 (Konvexe quadratische Form)**
Die mit den Parametern $A$, $B$ und $C$ gebildete quadratische Funktion

$$f(x_1, x_2) = Ax_1^2 + 2Bx_1x_2 + Cx_2^2 \quad \textit{mit} \quad A > 0,\ C > 0,\ AC - B^2 > 0 \tag{8.8}$$

ist in der gesamten Ebene $\mathbb{R}^2$ konvex.[7]

B e w e i s : (1) Zunächst hat eine Funktion $f$ der Form (8.8) - abgesehen von der Nullstelle im Koordinatenursprung - nur positive Funktionswerte.
Denn für $x_2 \neq 0$ ist $f(x_1, x_2) = x_2^2(Az^2 + 2Bz + C)$ mit $z = x_1/x_2$, und hierin ist der Klammerausdruck wegen

$$Az^2 + 2Bz + C = A\left(z^2 + 2\frac{B}{A}z + \frac{B^2}{A^2}\right) - \frac{B^2}{A} + C = A\left(z + \frac{B}{A}\right)^2 + \frac{AC - B^2}{A}$$

positiv. Entsprechend wird für $x_1 \neq 0$ geschlossen. Also ist $f(x_1, x_2)$ positiv für $x_1 \neq 0$ oder $x_2 \neq 0$.
(2) Für zwei fest gewählte Punkte $\underline{a} = (a_1, a_2)$ und $\underline{b} = (b_1, b_2)$ lautet die zu beweisende Ungleichung (8.7) für $0 \leq \lambda \leq 1$ konkret:

$$\begin{aligned} & A\Big((1-\lambda)a_1 + \lambda b_1\Big)^2 + 2B\Big((1-\lambda)a_1 + \lambda b_1\Big)\Big((1-\lambda)a_2 + \lambda b_2\Big) + C\Big((1-\lambda)a_2 + \lambda b_2\Big)^2 \\ \leq\ & (1-\lambda)(Aa_1^2 + 2Ba_1a_2 + Ca_2^2) + \lambda(Ab_1^2 + 2Bb_1b_2 + Cb_2^2) \end{aligned}$$

Diese kann nach kurzer Zwischenrechnung gleichwertig auch in der Form

$$\lambda(1-\lambda)\Big(A(a_1 - b_1)^2 + 2B(a_1 - b_1)(a_2 - b_2) + c(a_2 - b_2)^2\Big) = \lambda(1-\lambda)f(a_1 - b_1, a_2 - b_2) \geq 0$$

geschrieben werden. Die letztere Ungleichung ist aber wegen des ersten Beweisschrittes erfüllt. □

Der Hauptsatz 5.3.5 der linearen Optimierung über das Maximum linearer Funktionen in einer konvexen Hülle 5.1.3 kann wörtlich auf konvexe Funktionen ausgedehnt werden.

### 8.2.4 (Maximum einer konvexen Funktion in einer konvexen Menge)

*Die Menge $K$ sei die konvexe Hülle endlich vieler Punkte*[8] *(Ecken) $\underline{e}_1, \ldots, \underline{e}_k$. Dann nimmt eine auf $K$ erklärte konvexe Funktion ihr Maximum in einer dieser Ecken an.*

B e w e i s : Sind $\underline{e}_1, \ldots, \underline{e}_k$ die Ecken von $K$, so läßt sich jeder Punkt $\underline{x} \in K$ als konvexe Linearkombination

$$\underline{x} = \sum_{i=1}^{k} \lambda_i \underline{e}_i, \quad (0 \leq \lambda_i,\ \lambda_1 + \cdots + \lambda_k = 1)$$

darstellen. Aus der mit zwei Punkten formulierten Konvexitätsbedingung (8.7) kann (etwa durch Induktion) die mit $k$ Punkten formulierte Konvexitätsbedingung

$$f(\underline{x}) = f\left(\sum_{i=1}^{k} \lambda_i \underline{e}_i\right) \leq \sum_{i=1}^{k} \lambda_i f(\underline{e}_i) \tag{8.9}$$

[7] Der nachfolgende Beweis zeigt, daß die Aussage auch dann gilt, wenn die Funktion einen zusätzlichen linearen Anteil $Ex_1 + Fx_2 + G$ enthält.

[8] Insbesondere: Ist die Menge $K$ der Lösungen eines linearen Ungleichungssystems beschränkt, so kann $K$ als konvexe Hülle aus endlich vielen Basislösungen des erweiterten Gleichungssystems nach dem in 5.2.6 und 5.2.7 beschriebenen Verfahren gewonnen werden.

gewonnen werden. Ist dann $f(\underline{e}_{max})$ ein größter Funktionswert *unter den Werten in den k Ecken*, so folgt aus (8.9):

$$f(\underline{x}) \leq \sum_{i=1}^{k} \lambda_i f(\underline{e}_{max}) = f(\underline{e}_{max}) \sum_{i=1}^{k} \lambda_i = f(\underline{e}_{max}) \cdot 1$$

Da $\underline{x}$ beliebig aus $K$ gewählt werden kann, erweist sich der „Eckenwert" $f(\underline{e}_{max})$ als das absolute Maximum der Funktion $f$ in der Menge $K$. □

**8.2.5 (Funktionen vom *Cobb-Douglas*-Typ)**

$$y = f(x_1, \dots, x_n) = C x_1^{\lambda_1} \dots x_n^{\lambda_n} \quad (C, \lambda_1, \dots, \lambda_n \text{ Parameter}) \qquad (8.10)$$

*Wird hierin eine der Größen $x_i$ allein als Variable betrachtet, so ist der Exponent $\lambda_i$ gerade die Elastizität der Größe $y$ in Bezug auf die Variable $x_i$, die **i-te partielle Elastizität**[9].*

*Der Definitionsbereich ist bei nicht negativen Variablen die konvexe Menge $\underline{x} \geq \underline{0}$.*

Da nach 7.5.6 gerade die Potenzfunktionen die Funktionen mit konstanter Elastizität sind, kann mit einer *Cobb-Douglas*-Funktion (8.10) die Abhängigkeit einer Größe $y$ von $n$ unabhängigen Größen (Faktoren) $x_1, \dots, x_n$ *näherungsweise* beschrieben werden, wenn bekannt ist, daß sich für $i = 1, \dots, n$ die Größe $y$ jeweils bei alleiniger Änderung des $i$-ten Faktors um 1 % etwa um $\lambda_i$ % ändert.

**Beispiel 8.6** Für die Funktion $f(x_1, x_2) = x_1^{\lambda_1} x_2^{\lambda_2}$ mit dem Definitionsbereich $x_1 > 0$ und $x_2 > 0$ und den positiven Parametern $\lambda_1$ und $\lambda_2$ können die Isoquanten $f(x_1, x_2) = C$ für eine positive Zahl $C$ eindeutig nach $x_1$ und nach $x_2$ aufgelöst werden:

$$x_2 = g(x_1) = C^{1/\lambda_2} x_1^{-\lambda_1/\lambda_2}, \quad x_1 = h(x_2) = C^{1/\lambda_1} x_2^{-\lambda_2/\lambda_1}$$

**8.2.6 (Homogene Funktionen)** *Der Definitionsbereich einer Funktion $f$ von $n$ Veränderlichen enthalte mit jedem Vektor $\underline{x}$ auch alle Vielfachen $\lambda \underline{x}$ mit $\lambda > 0$, also den vom Ursprung ausgehenden Strahl in Richtung des Vektors $\underline{x}$.*[10]

*Die Funktion $f$ heißt **homogen** und die Zahl $r$ heißt **Homogenitätsgrad** von $f$, wenn für alle Punkte $\underline{x} = (x_1, \dots, x_n)$ des Definitionsbereiches gilt:*

$$f(\lambda \underline{x}) = f(\lambda x_1, \dots, \lambda x_n) = \lambda^r f(\underline{x}) \text{ für alle } \lambda > 0 \qquad (8.11)$$

*In Worten: Eine Vervielfachung aller unabhängigen Variablen mit ein und demselben positiven Faktor $\lambda$ führt zu einer Vervielfachung der abhängigen Variablen mit dem Faktor $\lambda^r$.*

[9] Vgl. (8.36)

[10] Das ist insbesondere der Fall, wenn der Definitionsbereich allein durch die Nichtnegativitätsbedingung $\underline{x} \geq \underline{0}$ erklärt ist.

**Beispiel 8.7** Lineare Funktionen – ohne absolutes Glied – sind homogen vom Grad 1. Eine *Cobb-Douglas*-Funktion (8.10) hat den Homogenitätsgrad $r = \lambda_1 + \ldots + \lambda_n$.
Haben zwei homogene Funktionen den gleichen Homogenitätsgrad $r$, so hat ihre Summe ebenfalls den Homogenitätsgrad $r$.

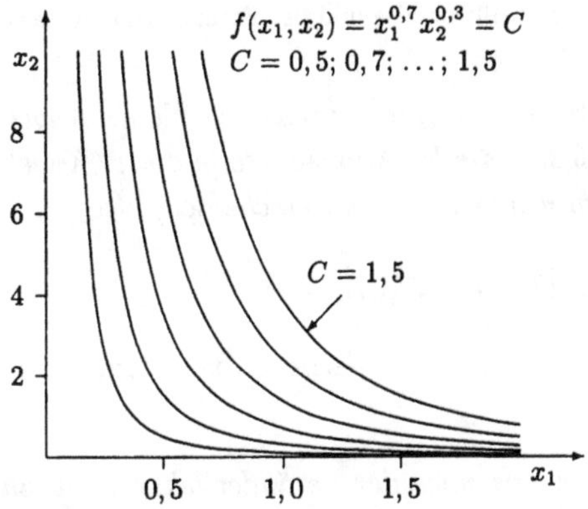


**Abb. 8.7:** Niveaulinien einer Funktion vom *Cobb-Douglas*-Typ

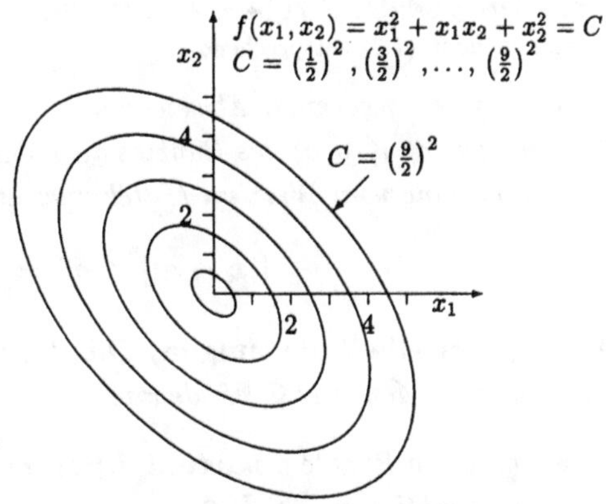


**Abb. 8.8:** Geschlossene Niveaulinien einer homogenen Funktion

# 8.3 Partielle Ableitungen

Werden die unabhängigen Veränderlichen einer Funktion mehrerer Veränderlicher bis auf eine fixiert, so verbleibt eine Funktion *einer* Veränderlichen, – deren Eigenschaften können mit den *bisherigen* Mitteln der Differentialrechnung untersucht werden. Die *partiellen* Ableitungen nach diesen einzelnen Veränderlichen bilden in ihrer Gesamtheit den *Gradienten* der Funktion, der an die Stelle der Ableitung für eine Funktion einer Veränderlichen tritt. Aus den Eigenschaften dieses Gradienten können jetzt Rückschlüsse auf das Verhalten der Funktion bei einer gleichzeitigen Änderung aller einzelnen Variablen gezogen werden.

Während eine Reihe von grundlegenden Aussagen der Differentialrechnung wie etwa die *Taylor*sche Formel oder die Aussagen 7.4.7 über *innere Extrema* relativ einfach auf Funktionen mehrerer Veränderlicher übertragen werden kann, treten auch völlig neue Effekte auf.
So kann beispielsweise aus der Existenz der Ableitungen nach jeder einzelnen Variablen nicht wie in 7.3.4 auf die Stetigkeit geschlossen werden; ein Beispiel hierfür ist die in der folgenden Fußnote 11 angegebene Funktion. Auch die Bestimmung *absoluter Extrema* von Funktionen ist jetzt eine wesentlich komplexere Aufgabe, da die Ränder der Definitionsbereiche bei mehreren Veränderlichen eine komplizierte geometrische Gestalt aufweisen können.

**8.3.1 (Stetigkeit einer Funktion mehrerer Veränderlicher)** *Die Funktion $f$ sei in einer offenen Menge $D \subseteq \mathbb{R}^n$ definiert. $f$ heißt in einem Punkt $\underline{a} \in D$* ***stetig****, wenn für jede in $D$ verlaufende und gegen $\underline{a}$ konvergente Folge $\underline{a}^{(1)}, \underline{a}^{(2)} \ldots$ die Folge der Funktionswerte gegen $f(\underline{a})$ konvergiert.*[11]

*Die Funktion $f$ heißt* ***stetig*** *in $D$, wenn sie in jedem Punkt von $D$ stetig ist.*

Die Stetigkeit im Punkt $\underline{a}$ bedeutet, daß die Funktionswerte in einer hinreichend kleinen Umgebung des Punktes $\underline{a}$ beliebig dicht beim Wert $f(\underline{a})$ liegen. Das heißt präzise und der Formulierung für eine Veränderliche in (7.7) entsprechend:

- *Zu jeder gegebenen Abweichung $\varepsilon > 0$ gibt es eine hinreichend kleine Kugelumgebung $K(\underline{a}, \delta)$ des Punktes $\underline{a}$, so daß sich die Funktionswerte in dieser Kugelumgebung vom Wert im Mittelpunkt um weniger als $\varepsilon$ unterscheiden, also:*

$$||\boldsymbol{x} - \boldsymbol{a}|| < \delta \quad \Rightarrow \quad |f(\underline{x}) - f(\underline{a})| < \varepsilon$$

**8.3.2 (Partielle Ableitungen)** *Die Funktion $f$ der Veränderlichen $x_1, \ldots, x_n$ sei in einer offenen Menge $D \subseteq \mathbb{R}^n$ definiert.*

- *$f$ heißt im Punkte $\underline{a}$* ***partiell differenzierbar*** *nach der Veränderlichen $x_i$, wenn die Funktion $\boldsymbol{x_i} \mapsto f(a_1, \ldots, \boldsymbol{x_i}, \ldots, a_n)$ der einen Veränderlichen $x_i$ im Punkt $x_i = a_i$ differenzierbar ist, wenn also der Grenzwert*

$$\lim_{\Delta x_i \to 0} \frac{f(a_1, \ldots, a_{i-1}, \boldsymbol{a_i} + \boldsymbol{\Delta x_i}, a_{i+1}, \ldots, a_n) - f(a_1, \ldots, a_n)}{\Delta x_i}$$

*existiert. Die Ableitung dieser – auf die i-te Variable eingeschränkten – Funktion heißt* ***partielle Ableitung nach $\boldsymbol{x_i}$*** *im Punkt $\underline{a}$. Als Symbole werden verwendet:*

$$\frac{\partial f(\underline{x})}{\partial x_i}_{|\underline{x}=\underline{a}}, \quad \frac{\partial}{\partial x_i} f(\underline{x})_{|\underline{x}=\underline{a}}, \quad f_{x_i}(\underline{a})$$

- ***Partielle Ableitung als Funktion:*** *Ist die Funktion $f$ in jedem Punkt $\underline{x}$ von $D$ partiell nach der Variablen $x_i$ differenzierbar, so heißt die hierdurch in $D$ erklärte Funktion*

$$\underline{x} \mapsto \frac{\partial}{\partial x_i} f(\underline{x}) = f_{x_i}(\underline{x})$$

*die* ***partielle Ableitung*** *der Funktion $f$ nach der Variablen $x_i$.*

---

[11] Die Konvergenz einer Punktfolge im $n$-dimensionalen Raum gegen einen Punkt $\underline{a}$ kann wesentlich vielgestaltiger ausfallen als auf der Zahlengeraden. Dies führt dazu, daß die Stetigkeit in einem Punkt eine stärkere Forderung ist als die sog. *partielle Stetigkeit*: Hierbei werden nur Folgen betrachtet, die in Richtung der einzelnen Koordinatenachsen gegen den Punkt $\underline{a}$ konvergieren (partielle Stetigkeit ist dann gleichbedeutend mit der Stetigkeit in jeder einzelnen Variablen, – bei festgehaltenen übrigen Variablen). So hat zum Beispiel die Funktion $f(x,y) = \begin{cases} 0 & \text{für } x = 0 \\ y/x & \text{für } x \neq 0 \end{cases}$ auf den Koordinatenachsen den konstanten Wert 0. Damit gilt natürlich $f(x,0) \to f(0,0)$ für $x \to 0$ und $f(0,y) \to f(0,0)$ für $y \to 0$ (partielle Stetigkeit). Auf den Geraden $y = ax$ hat die Funktion jedoch den konstanten Wert $a$. Folglich streben die Funktionswerte bei Annäherung an den Ursprung längs unterschiedlicher Geraden gegen unterschiedliche Werte, und die Funktion ist daher im Koordinatenursprung unstetig.

Da partielle Ableitungen als Ableitungen von Funktionen einer Veränderlichen mit gewissen Parametern (denjenigen Veränderlichen, nach denen nicht differenziert wird) aufgefaßt werden können, ist eine besondere Technik des partiellen Differenzierens nicht erforderlich. Eine Besonderheit tritt jedoch bei der Bildung von Ableitungen höherer Ordnung auf: hier ist zumindest theoretisch die Reihenfolge, in der nach den einzelnen Variablen differenziert wird, von Bedeutung. In den meisten praktischen Anwendungen hat man es jedoch überwiegend mit „gutartigen" Funktionen zu tun, bei denen diese Reihenfolge völlig gleichgültig ist. Für diesen – durchaus nicht selbstverständlichen – Sachverhalt wird auf *R. Ansorge* und *H. J. Oberle* (1997) verwiesen.

**8.3.3 (Höhere Ableitungen, Reihenfolge der Differentiation)** *Ist die Funktion $f$ in einer offenen Menge $D \subseteq \mathbb{R}^n$ nach der Variablen $x_i$ differenzierbar und ist die partielle Ableitung $f_{x_i}$ nach der Variablen $x_j$ partiell differenzierbar, so heißt die Ableitung*

$$\frac{\partial}{\partial x_j}\left(\frac{\partial}{\partial x_i} f(\underline{x})\right) \tag{8.12}$$

***zweite** partielle Ableitung von $f$ oder Ableitung zweiter Ordnung. Weitere Symbole:*

$$f_{x_i x_j}(\underline{x}), \quad \frac{\partial^2}{\partial x_i \partial x_j} f(\underline{x}), \quad \text{insbesondere für } i = j: \quad \frac{\partial^2}{\partial x_i^2} f(\underline{x}) = f_{x_i x_i}(\underline{x})$$

Die mit der Formel (8.12) verbundene Reihenfolge in der Bildung der Ableitungen – Differentiation zuerst nach $x_i$ und anschließend nach $x_j$ – ist nicht generell gleichgültig. Es gilt jedoch die von *H. A. Schwarz* stammende Vertauschungsregel für gemischte partielle Ableitungen:

- *Sind die partiellen Ableitungen zweiter Ordnung in $D$ stetig, so kommt es auf die **Reihenfolge** der Differentiation bei den **gemischten Ableitungen** nicht an:*

$$\frac{\partial}{\partial x_j}\left(\frac{\partial}{\partial x_i} f(\underline{x})\right) = \frac{\partial}{\partial x_i}\left(\frac{\partial}{\partial x_j} f(\underline{x})\right) \quad (i, j = 1, \ldots, n) \tag{8.13}$$

Im weiteren Verlauf wird, sobald gemischte zweite Ableitungen auftreten, grundsätzlich von der Vertauschbarkeit der Reihenfolge der Ableitungen Gebrauch gemacht.

**Beispiel 8.8** Die Funktion $f(x_1, x_2) = \sqrt{x_1} \ln x_2 + x_1\sqrt{1 - x_2^2}$ ist für $x_1 > 0$ und $0 < x_2 < 1$ differenzierbar. Die partiellen Ableitungen erster und die gemischte Ableitung zweiter Ordnung lauten:

$$f_{x_1} = \frac{\ln x_2}{2\sqrt{x_1}} + \sqrt{1 - x_2^2}, \quad f_{x_2} = \frac{\sqrt{x_1}}{x_2} - \frac{x_1 x_2}{\sqrt{1 - x_2^2}}, \quad f_{x_1 x_2} = f_{x_2 x_1} = \frac{1}{2x_2\sqrt{x_1}} - \frac{x_2}{\sqrt{1 - x_2^2}}$$

**8.3.4 (Tangentialebene einer Funktion zweier Veränderlicher)**
*In der Abbildung 8.9 sind für eine Funktion $y = f(x_1, x_2)$ die partiellen Ableitungen erster Ordnung in einem Punkt $\underline{a} = (a_1, a_2)$ als Anstieg von Tangenten dargestellt:*

*$T_1$ ist die Tangente an den Graphen der Funktion $y = f(x_1, a_2)$ im Punkt $x_1 = a_1$,*
*$T_2$ ist die Tangente an den Graphen der Funktion $y = f(a_1, x_2)$ im Punkt $x_2 = a_2$.*

$$y = T_1(x_1) = f(\underline{a}) + f_{x_1}(\underline{a})(x_1 - a_1), \quad y = T_2(x_2) = f(\underline{a}) + f_{x_2}(\underline{a})(x_2 - a_2)$$

*Beide Tangenten spannen im $(x_1, x_2, y)$-Raum die* ***Tangentialebene*** *an die Fläche der Funktion im Punkt $(a_1, a_2, f(a_1, a_2))$ auf. Diese Ebene ist das Relief der* ***linearen Funktion***

$$T(x_1, x_2) = f(a_1, a_2) + f_{x_1}(\underline{a})(x_1 - a_1) + f_{x_2}(\underline{a})(x_2 - a_2). \tag{8.14}$$

$T$ ist diejenige lineare Funktion, deren – konstante – Ableitungen erster Ordnung mit denen der Funktion $f$ im Punkt $\underline{a}$ übereinstimmen und die im Punkt $\underline{a}$ den Funktionswert $f(\underline{a})$ besitzt.

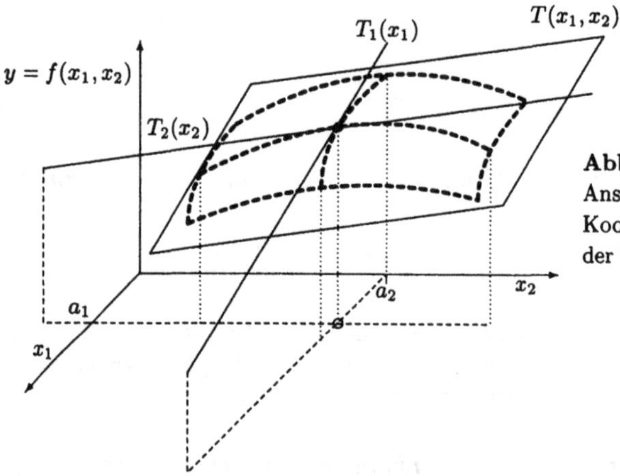


**Abb. 8.9:** Partielle Ableitungen als Anstiege von Tangenten gegen die Koordinatenebene und Darstellung der Tangentialebene

Der *Gradient* einer Funktion von mehreren Veränderlichen übernimmt inhaltlich die Rolle der Ableitung für eine Funktion einer Veränderlichen, – dies wird an den nachfolgenden grundlegenden Eigenschaften differenzierbarer Funktionen deutlich.

**8.3.5 (Gradient einer Funktion von $n$ Veränderlichen)** *Der aus den partiellen Ableitungen $f_{x_i}(\underline{a})$ $(i = 1, \ldots, n)$ einer Funktion $f$ von $n$ Veränderlichen gebildete Zeilenvektor $\nabla f(\underline{a})$ heißt* ***Gradient*** *der Funktion $f$ im Punkte $\underline{a}$:*

$$\nabla f(\underline{a}) = (f_{x_1}(\underline{a}), \ldots, f_{x_n}(\underline{a})) \tag{8.15}$$

Sind die unabhängigen Variablen $x_1, \ldots, x_n$ einer Funktion $f$ selbst Funktionen ein und derselben unabhängigen Variablen $t$, so ist die zusammengesetzte Funktion $t \mapsto F(t) = f(x_1(t), \ldots, x_n(t))$ eine Funktion von $t$ allein. Deren Ableitung läßt sich aus den Ableitungen der Koordinatenfunktionen $x_i(t)$ und dem Gradienten von $f$ zusammensetzen. Die entsprechende Formel ist die Übertragung der Kettenregel 7.3.8 auf den Fall mehrerer Veränderlicher.

**8.3.6 (Kettenregel bei mehreren Veränderlichen)** *Die Funktion $f$ sei in einer offenen Menge $D \subseteq \mathbb{R}^n$ partiell differenzierbar und habe dort stetige partielle Ableitungen. Die Variablen $x_1, \ldots, x_n$ seien selbst differenzierbare Funktionen einer Veränderlichen $t$ in einem Intervall $I$ mit dort stetigen Ableitungen, und zwar so, daß für alle $t \in I$ der Vektor $\underline{x}(t) = (x_1(t), \ldots, x_n(t))$ dem Definitionsbereich $D$ der Funktion $f$ angehört.*

*Dann ist die zusammengesetzte Funktion $t \mapsto F(t) = f(x_1(t), \ldots, x_n(t))$ im Intervall $I$ differenzierbar, und ihre Ableitung lautet:*

$$\boldsymbol{F'(t) = \frac{d}{dt} f(\underline{x}(t)) = \nabla f(\underline{x})_{|\underline{x}=\underline{x}(t)} \cdot \begin{pmatrix} x_1'(t) \\ \vdots \\ x_n'(t) \end{pmatrix} = \sum_{i=1}^{n} f_{x_i}(\underline{x}(t))\, x_i'(t)} \tag{8.16}$$

*Die einzelnen Koordinaten des Gradientenvektors werden also mit der Änderungsgeschwindigkeit der jeweiligen Koordinatenfunktion $\boldsymbol{x_i(t)}$ gewichtet.*

B e w e i s (Muster für $n = 2$): Die Differenz $\Delta y = F(t + \Delta t) - F(t)$ wird durch geeignete Addition von 0 als Summe zweier Differenzen von Funktionswerten geschrieben, und hierauf wird jeweils der Mittelwertsatz 7.3.6 für Funktionen *einer* Veränderlichen angewandt:

$$\begin{aligned}
\Delta y &= f(x_1(t+\Delta t), x_2(t+\Delta t)) - f(x_1(t), x_2(t)) \\
&= \Big(f(x_1(t+\Delta t), x_2(t+\Delta t)) - f(x_1(t), x_2(t+\Delta t))\Big) + \\
&\quad \Big(f(x_1(t), x_2(t+\Delta t)) - f(x_1(t), x_2(t))\Big) \\
&= f_{x_1}(\xi_1, x_2(t+\Delta t))\Big(x_1(t+\Delta t) - x_1(t)\Big) + f_{x_2}(x_1(t), \xi_2)\Big(x_2(t+\Delta t) - x_2(t)\Big) \\
&= f_{x_1}(\xi_1, x_2(t+\Delta t)) \cdot x_1'(\lambda_1)\Delta t + f_{x_2}(x_1(t), \xi_2) \cdot x_2'(\lambda_2)\Delta t
\end{aligned}$$

Hierin bedeuten die Größen $\lambda_1$ und $\lambda_2$ nach dem Mittelwertsatz bestimmte Zahlen zwischen $t$ und $t + \Delta t$ sowie die Größen $\xi_1$ und $\xi_2$ Zahlen zwischen $x_1(t)$ und $x_1(t + \Delta t)$ bzw. $x_2(t)$ und $x_2(t + \Delta t)$. Auf Grund der vorausgesetzten Stetigkeit aller Ableitungen ergibt sich aus der Gleichung nach Division durch $\Delta t$ und dem Grenzübergang $\Delta t \to 0$ die Beziehung (8.16). □

**Beispiel 8.9 (Richtungsableitung)** *Die Variablen $x_1, \ldots, x_n$ seien insbesondere* ***lineare*** *Funktionen der Veränderlichen $t$, also $x_1(t) = a_1 + c_1 t, \ldots, x_n = a_n + c_n t$ bzw. $\underline{x}(t) = \underline{a} + t\underline{c}$ mit gegebenen Vektoren $\underline{a}$, $\underline{c} \in \mathbb{R}^n$.*
*Die Kettenregel für die zusammengesetzte Funktion $F(t) = f(\underline{a} + t\underline{c})$ lautet dann:*

$$F'(t) = \frac{d}{ds} f(\underline{a} + t\underline{c}) = \nabla f(\underline{x})_{|\underline{x}=\underline{a}+t\underline{c}} \cdot \begin{pmatrix} c_1 \\ \vdots \\ c_n \end{pmatrix} = \sum_{i=1}^{n} f_{x_i}(\underline{a} + t\underline{c}) \cdot c_i$$

*Für $t = 0$ folgt hieraus:*

$$\boldsymbol{F'(0) = \sum_{i=1}^{n} f_{x_i}(\underline{a}) \cdot c_i} \tag{8.17}$$

*Für einen Vektor $\underline{c}$ der Länge 1, also mit $||\underline{c}|| = 1$, heißt dieser Wert die Ableitung der Funktion $f$* ***in Richtung des Vektors $\underline{c}$*** *(**Richtungsableitung**).*
*$F'(0)$ ist der Anstieg der Funktion $f$ im Punkt $\underline{a}$ in der Richtung des Vektors $\underline{c}$.*

In der Abbildung 8.10 ist der Fall $n = 2$ dargestellt: Wird die Funktion nur über dem Strahl betrachtet, der durch den Punkt $\underline{a}$ führt und in Richtung des Vektors $\underline{c}$ weist, so hat die Tangente an den Graphen dieser Funktion im Punkt $\underline{a}$ in der Tat den Anstieg $\tan\alpha = F'(0) = f_{x_1}c_1 + f_{x_2}c_2$.

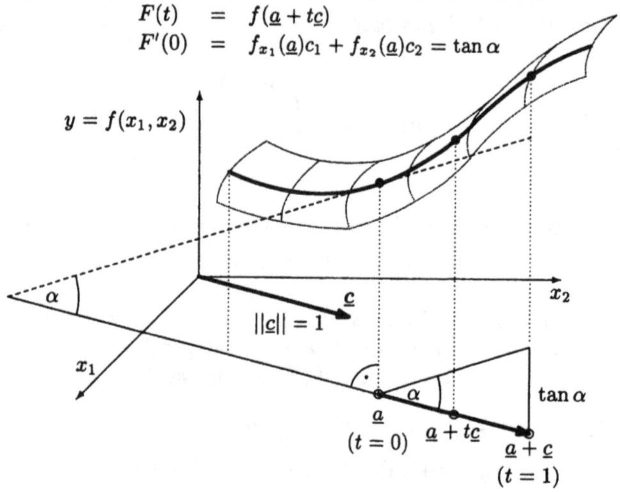


**Abb. 8.10:** Ableitung der Funktion $f$ im Punkt $\underline{a}$ in Richtung eines Vektors $\underline{c}$ der Länge 1 (Richtungsableitung)

**Beispiel 8.10** Eine lineare Funktion $f(\underline{x}) = c_0 + c_1x_1 + \ldots + c_nx_n$ hat den konstanten Gradienten $\underline{c}$. Die Ableitung einer hiermit zusammengesetzten Funktion $f(\underline{x}(t)) = c_0 + c_1x_1(t) + \ldots + c_nx_n(t)$ nach der Variablen $t$ lautet:

$$\frac{d}{dt}f(\underline{x}(t)) = \underline{c}\cdot\begin{pmatrix} x_1'(t) \\ \vdots \\ x_n'(t) \end{pmatrix} = \sum_{i=1}^{n} c_i x_i'(t)$$

**8.3.7 (Mittelwertsatz bei mehreren Veränderlichen)** *Die Funktion $f$ habe in einer offenen Menge $D \subseteq \mathbb{R}^n$ stetige partielle Ableitungen nach allen Veränderlichen. Gehört dann mit den Punkten $\underline{a} = (a_1, \ldots, a_n)$ und $\underline{b} = (b_1, \ldots, b_n)$ auch die Verbindungsstrecke $\underline{s}(\underline{a}, \underline{b})$ der Punkte $\underline{a}$ und $\underline{b}$ zu $D$, so gibt es einen zwischen $\underline{a}$ und $\underline{b}$ gelegenen Punkt $\underline{\xi}$ auf der Strecke $\underline{s}$ mit der Eigenschaft*

$$\boldsymbol{f(\underline{b}) - f(\underline{a}) = \nabla f(\underline{\xi})\cdot\begin{pmatrix} b_1 - a_1 \\ \vdots \\ b_n - a_n \end{pmatrix} = \sum_{i=1}^{n} f_{x_i}(\underline{\xi})(b_i - a_i).} \tag{8.18}$$

B e w e i s : Auf der Strecke $\underline{s}(\underline{a}, \underline{b}) = \{\underline{a} + t(\underline{b} - \underline{a}) : 0 \leq t \leq 1\}$ zwischen $\underline{a}$ und $\underline{b}$ wird die Funktion $f$ als Funktion $t \mapsto F(t) = f(\underline{a} + t(\underline{b} - \underline{a}))$ der einen Veränderlichen $t$ dargestellt. Die Kettenregel ergibt $F'(t) = \sum\limits_{i=1}^{n} f_{x_i}(\underline{a} + t(\underline{b} - \underline{a}))(b_i - a_i)$.

Wegen des Mittelwertsatzes 7.3.6 für Funktionen einer Veränderlichen ist andererseits

$F(1) - F(0) = F'(\lambda)$ mit einer geeigneten Zahl $\lambda$ zwischen 0 und 1. Also ist

$$f(\underline{b}) - f(\underline{a}) = F(1) - F(0) = \sum_{i=1}^{n} f_{x_i}(\underline{a} + \lambda(\underline{b} - \underline{a}))(b_i - a_i),$$

und damit gilt die Formel (8.18) für den speziellen Vektor $\underline{\xi} = \underline{a} + \lambda(\underline{b} - \underline{a})$. □

Das in der Fußnote 11 angegebene Beispiel einer zwar partiell differenzierbaren, aber dennoch unstetigen Funktion zeigt, daß bei Funktionen mehrerer Veränderlicher das qualitative Verhalten nicht allein aus dem Verhalten in Richtung der Koordinatenachsen bestimmt werden kann. Um damit verbundene Schwierigkeiten zu umgehen, wird im weiteren nicht nur die Existenz der partiellen Ableitungen gefordert, sondern auch deren Stetigkeit.

### 8.3.8 (Stetig partiell differenzierbare Funktionen sind stetig)

*Eine in einer offenen Menge $D \subseteq \mathbb{R}^n$ nach allen Variablen partiell differenzierbare Funktion, deren Ableitungen in $D$ stetig sind, ist dort überall stetig.*

Beweis: Die Aussage folgt unmittelbar aus dem Mittelwertsatz 8.3.7. Denn konvergiert in der Menge $D$ die Folge $(\underline{b}^{(k)})$ gegen den Punkt $\underline{a}$ und ist für $k = 1, 2, \ldots$ der Zwischenpunkt $\underline{\xi}^{(k)}$ mit der Eigenschaft

$$f(\underline{b}^{(k)}) - f(\underline{a}) = \sum_{i=1}^{n} f_{x_i}(\underline{\xi}^{(k)})(b_i^{(k)} - a_i) \tag{8.19}$$

gemäß (8.18) gewählt, so konvergiert die Folge $(\underline{\xi}^{(k)})$ gegen $\underline{a}$. Wegen der Stetigkeit der partiellen Ableitungen konvergiert für $k \to \infty$ die Summe auf der rechten Seite von (8.19) gegen 0 und damit auch die linke Seite. □

Für eine Funktion $x \mapsto y = f(x)$ einer Veränderlichen kann der Zuwachs $\Delta y$ des Funktionswertes für eine Änderung $\Delta x$ der unabhängigen Veränderlichen näherungsweise durch das Differential $f'(x)\Delta x$ ersetzt werden. Bei festem $x$ ist das Differential eine lineare Funktion der Variablen $\Delta x$.
Eine derartige Linearisierung mit Hilfe des Differentials ist nun auch bei Funktionen mehrerer Veränderlicher möglich, – die nachfolgende Grafik 8.11 ist der Abbildung 7.9 im Falle einer Veränderlichen nachgebildet. Für das Restglied bei mehreren Veränderlichen gilt eine entsprechende Beziehung wie (7.18).

### 8.3.9 (Partielle Differentiale und totales Differential, Restglied)[12]

*Die Funktion $f$ habe in einer offenen Menge $D \subseteq \mathbb{R}^n$ stetige partielle Ableitungen erster Ordnung nach allen Veränderlichen. Für einen fixierten Punkt $\underline{a} \in D$ wird eine Änderung $\Delta\underline{a} = (\Delta a_1, \ldots, \Delta a_n)$ aller Koordinaten betrachtet.*

- *Für einen Zuwachs $\Delta a_i$ der i-ten Koordinate von $\underline{a}$ heißt die Größe $\boldsymbol{f_{x_i}(\underline{a})\Delta a_i}$ i-tes **partielles Differential**[13] der Funktion $f$ (im Punkt $\underline{a}$ zum Zuwachs $\Delta a_i$).*

  *Die Summe $\boldsymbol{df(\underline{a})(\Delta\underline{a})}$ der partiellen Differentiale heißt **totales** oder **vollständiges Differential** der Funktion $f$ (im Punkt $\underline{a}$ zum Zuwachs $\Delta\underline{a}$):*

$$\boldsymbol{df(\underline{a})(\Delta\underline{a}) = \nabla f(\underline{a}) \cdot \begin{pmatrix} \Delta a_1 \\ \vdots \\ \Delta a_n \end{pmatrix} = \sum_{i=1}^{n} f_{x_i}(\underline{a})\Delta a_i} \tag{8.20}$$

---

[12] Vgl. Abbildung 8.11 für $n = 2$

[13] $f_{x_i}(\underline{a})\Delta a_i$ ist eine Näherung für die Änderung des Funktionswertes, wenn die übrigen Variablen keinen Zuwachs erhalten: $f(a_1, \ldots, a_i + \Delta a_i, \ldots, a_n) - f(\underline{a}) \approx f_{x_i}(\underline{a})\Delta a_i$ ($|\Delta a_i|$ hinreichend klein)

- *Die Differenz*

$$\boldsymbol{r(\underline{a}; \Delta\underline{a}) = f(\underline{a} + \Delta\underline{a}) - f(\underline{a}) - df(\underline{a})(\Delta\underline{a})} \tag{8.21}$$

*zwischen dem Zuwachs des Funktionswertes und dem totalen Differential heißt das zum Zuwachs $\Delta\underline{a}$ gehörende* ***Restglied****. Es hat die Eigenschaft*[14]

$$\lim_{||\Delta\underline{a}|| \to 0} \frac{\boldsymbol{r(\underline{a}; \Delta\underline{a})}}{||\Delta\underline{a}||} = \boldsymbol{0}. \tag{8.22}$$

- *Die näherungsweise Ersetzung*

$$\boldsymbol{f(\underline{a} + \Delta\underline{a}) \approx f(\underline{a}) + \sum_{i=1}^{n} f_{x_i}(\underline{a})\Delta a_i} \tag{8.23}$$

*heißt* ***Linearisierung*** *der Funktion an der Stelle $\underline{a}$.*
*Wegen der Eigenschaft (8.22) kann der Linearisierungsfehler – das ist das Restglied – gegenüber der Größe des Zuwachses $\Delta\underline{a}$ vernachlässigt werden.*

### 8.3.10 (Interpretation des totalen Differentials für $n = 2$)

In der Abbildung 8.11 ist die Tangentialebene $T$ an die Fläche der Funktion im Punkt $\underline{a} = (a_1, a_2)$ gelegt. Die vertikale Gerade durch den Fußpunkt $\underline{a} + \Delta a$ und den darüberliegenden Flächenpunkt $P'$ trifft die Tangentialebene im Punkt Q. Damit hat der Niveauunterschied zwischen den Punkten $Q$ und $R$ den Wert $T(\underline{a} + \Delta a) - T(\underline{a}) = T(\underline{a} + \Delta a) - f(\underline{a})$.

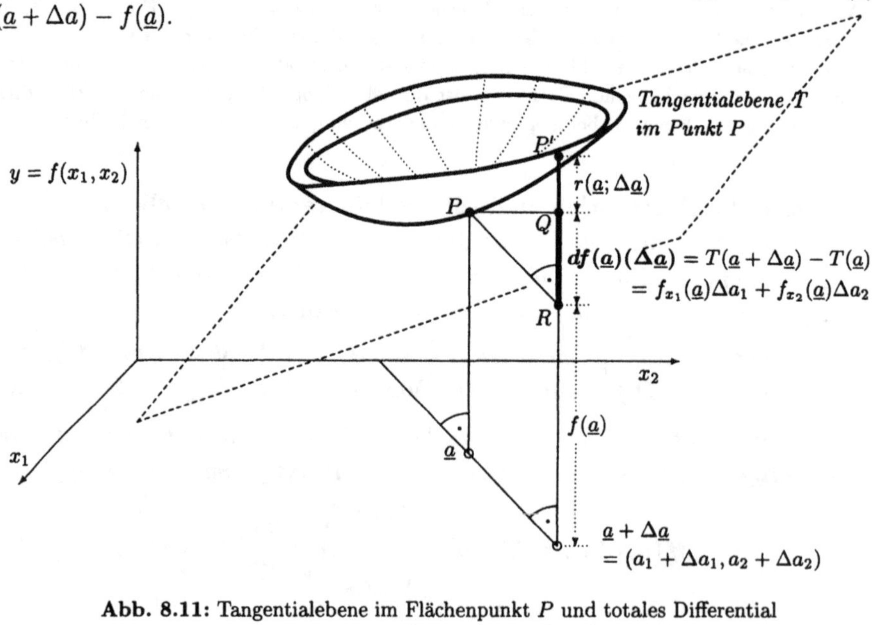


**Abb. 8.11:** Tangentialebene im Flächenpunkt $P$ und totales Differential

[14] Vgl. *R. Ansorge* und *H. J. Oberle*, 1997

*In der **Zerlegungsformel** für zwei Variable*

$$\boldsymbol{f(\underline{a}+\Delta\underline{a})-f(\underline{a})=df(\underline{a})(\Delta\underline{a})+r(\underline{a};\Delta\underline{a})} \tag{8.24}$$

*bedeuten die Summanden auf der rechten Seite:*

- $df(\underline{a})(\Delta\underline{a})=T(\underline{a}+\Delta\underline{a})-T(\underline{a})$:
  ***totales Differential = Zuwachs auf der Tangentialebene***
- $r(\underline{a};\Delta\underline{a})=f(\underline{a}+\Delta\underline{a})-T(\underline{a}+\Delta\underline{a})$:
  ***Niveaudifferenz zwischen Relief und Tangentialebene***

Wie bei Funktionen einer Veränderlichen mit der Formel (7.34) kann der Linearisierungsfehler mit Hilfe einer expliziten Darstellung für das Restglied genauer beschrieben werden.

### 8.3.11 (*Taylor*sche Formel 2. Ordnung bei mehreren Veränderlichen)

*Die Funktion $f$ sei in einer offenen Menge $D\subseteq\mathbb{R}^n$ zweimal nach allen Veränderlichen partiell differenzierbar, und die partiellen Ableitungen erster und zweiter Ordnung seien dort stetig.*

*Liegt mit einem Punkt $\underline{x}$ bei einem Zuwachs $\Delta\underline{x}=(\Delta x_1,\dots,\Delta x_n)$ auch die Verbindungsstrecke zwischen $\underline{x}$ und $\underline{x}+\Delta\underline{x}$ in $D$, so gibt es auf dieser einen Punkt $\underline{\xi}$ mit der Eigenschaft*

$$\boldsymbol{f(\underline{x}+\Delta\underline{x})=f(\underline{x})+\sum_{i=1}^{n}f_{x_i}(\underline{x})\Delta x_i+\frac{1}{2}\sum_{i,j=1}^{n}f_{x_ix_j}(\underline{\xi})\Delta x_i\Delta x_j}\,. \tag{8.25}$$

*Speziell für zwei Veränderliche lautet die Taylorsche Formel mit $\underline{\xi}=(\xi_1,\xi_2)$:*

$$\begin{aligned}\boldsymbol{f(x_1+\Delta x_1,x_2+\Delta x_2)}&\boldsymbol{=}\\ &\boldsymbol{f(x_1,x_2)+f_{x_1}(x_1,x_2)\Delta x_1+f_{x_2}(x_1,x_2)\Delta x_2}\\ &\boldsymbol{+\frac{1}{2}\Big(f_{x_1x_1}(\xi_1,\xi_2)(\Delta x_1)^2+2f_{x_1x_2}(\xi_1,\xi_2)\Delta x_1\Delta x_2+f_{x_2x_2}(\xi_1,\xi_2)(\Delta x_2)^2\Big)}\end{aligned} \tag{8.26}$$

Die allgemeine *Taylor*sche Formel kann durch Anwendung der *Taylor*schen Formel (7.34) für Funktionen einer Veränderlichen auf die Funktion $t\mapsto F(t)=f(\underline{x}+t\Delta\underline{x})$ erhalten werden, wenn die Ableitungen mit Hilfe der Kettenregel (8.16) berechnet werden. Die Summanden $f_{x_ix_j}\Delta x_i\Delta x_j$ und $f_{x_jx_i}\Delta x_j\Delta x_i$ stimmen überein und können zu einem Summanden zusammengefaßt werden.

**Beispiel 8.11** Für eine *Cobb-Douglas*-Funktion $f(x_1,x_2)=x_1^{\lambda_1}x_2^{\lambda_2}$ lautet das totale Differential im Punkt $(x_1,x_2)$ zum Zuwachs $(\Delta x_1,\Delta x_2)$:

$$df(x_1,x_2)(\Delta x_1,\Delta x_2)=\lambda_1x_1^{\lambda_1-1}x_2^{\lambda_2}\Delta x_1+\lambda_2x_1^{\lambda_1}x_2^{\lambda_2-1}\Delta x_2$$

Hieraus folgt durch Linearisierung die Näherungsformel

$$\begin{aligned}(x_1+\Delta x_1)^{\lambda_1}(x_2+\Delta x_2)^{\lambda_2}&\approx x_1^{\lambda_1}x_2^{\lambda_2}+\lambda_1x_1^{\lambda_1-1}x_2^{\lambda_2}\Delta x_1+\lambda_2x_1^{\lambda_1}x_2^{\lambda_2-1}\Delta x_2\\ &=x_1^{\lambda_1}x_2^{\lambda_2}\left(1+\lambda_1\frac{\Delta x_1}{x_1}+\lambda_2\frac{\Delta x_2}{x_2}\right).\end{aligned}$$

Für die speziellen Daten $x_1 = x_2 = 1$, $\lambda_1 = 1,7$ und $\lambda_2 = 1,5$, $\Delta x_1 = 1/100$ und $\Delta x_2 = -1/100$ ergibt das den Näherungswert $f(1,01;0,99) \approx 1 + 2/1000$.

Die *Taylor*sche Formel (8.26) ergibt andererseits:

$$(1+\Delta x_1)^{\lambda_1}(1+\Delta x_2)^{\lambda_2} = 1 + \lambda_1 \Delta x_1 + \lambda_2 \Delta x_2$$
$$+\frac{1}{2}\Big(\lambda_1(\lambda_1-1)\xi_1^{\lambda_1-2}\xi_2^{\lambda_2}(\Delta x_1)^2 + 2\lambda_1\lambda_2\xi_1^{\lambda_1-1}\xi_2^{\lambda_2-1}\Delta x_1 \Delta x_2 + \lambda_2(\lambda_2-1)\xi_1^{\lambda_1}\xi_2^{\lambda_2-2}(\Delta x_2)^2\Big)$$

Wird hierin für den unbekannten Punkt $(\xi_1, \xi_2)$ auf der Strecke zwischen $(1,1)$ und $(1+\Delta x_1, 1+\Delta x_2)$ näherungsweise der Punkt $(1,1)$ gesetzt, so liefert diese Formel mit einer Genauigkeit von 6 Stellen nach dem Komma den Funktionswert 1,001842.

## 8.4 Gradient und Isoquanten, Anwendungen

Um die Bedeutung des Gradientenvektors einer Funktion für deren Wachstum beschreiben zu können, ist zunächst ein Hilfsmittel aus der Vektorrechung erforderlich.

**8.4.1 (Skalarprodukt von Vektoren)** *Für je zwei Vektoren $\underline{a} = (a_1, \ldots, a_n)$ und $\underline{b} = (b_1, \ldots, b_n)$ heißt die Zahl*

$$\underline{a} \cdot \underline{b}^T = (a_1, \ldots, a_n) \cdot \begin{pmatrix} b_1 \\ \vdots \\ b_n \end{pmatrix} = \sum_{i=1}^{n} a_i b_i$$

*das **Skalarprodukt**[15] von $\underline{a}$ und $\underline{b}$.*

(1) *Die **Länge** (8.3) eines Vektors $\underline{a}$ kann mit Hilfe des Skalarprodukts dargestellt werden:*

$$||\underline{a}|| = \sqrt{\sum_{i=1}^{n} a_i^2} = \sqrt{\underline{a} \cdot \underline{a}^T}$$

*Für einen vom Nullvektor $\underline{0} = (0, \ldots, 0)$ verschiedenen Vektor $\underline{a}$ hat der Vektor $\frac{1}{||\underline{a}||} \cdot \underline{a}$ die Länge 1 (**Einheitsvektor in Richtung von $\underline{a}$**).*

(2) *Für je zwei Vektoren $\underline{a}$ und $\underline{b}$ gilt die Ungleichung von Cauchy:*

$$|\underline{a} \cdot \underline{b}^T| \leq ||\underline{a}|| \cdot ||\underline{b}||, \quad \textit{speziell:}^{16} \quad |\underline{a} \cdot \underline{b}^T| \leq ||\underline{a}|| \textit{ für } ||\underline{b}|| = 1 \tag{8.27}$$

Beweis der Ungleichung (8.27) von *Cauchy* (Muster für $n = 2$):

Die zu beweisende Ungleichung $|a_1 b_1 + a_2 b_2| \leq ||\underline{a}|| \cdot ||\underline{b}|| = \sqrt{a_1^2 + a_2^2}\sqrt{b_1^2 + b_2^2}$ wird durch Quadrieren äquivalent umgeformt. Sie lautet dann ausmultipliziert

$$(a_1 b_1 + a_2 b_2)^2 = a_1^2 b_1^2 + a_2^2 b_2^2 + 2a_1 a_2 b_1 b_2 \leq (a_1^2 + a_2^2)(b_1^2 + b_2^2) = a_1^2 b_1^2 + a_1^2 b_2^2 + a_2^2 b_1^2 + a_2^2 b_2^2$$

[15] An Stelle der Matrizenschreibweise $\underline{a} \cdot \underline{b}^T$ (Skalarprodukt als Matrizenprodukt eines Zeilenvektors mit einem Spaltenvektor) wird auch die Schreibweise $\underline{a} \cdot \underline{b}$ verwendet.

[16] Zusatz: Dabei gilt $|\underline{a} \cdot \underline{b}^T| = ||\underline{a}||$ (außer im trivialen Fall $\underline{a} = \underline{0}$) nur dann, wenn $\underline{b}$ der Einheitsvektor in Richtung von $\underline{a}$ oder $-\underline{a}$ ist.

und weiter vereinfacht:

$$0 \le a_1^2 b_2^2 - 2a_1 a_2 b_1 b_2 + a_2^2 b_1^2 = (a_1 b_2 - a_2 b_1)^2$$

Da das hierin rechtsstehende Quadrat nicht negativ werden kann, ist die Ungleichung bewiesen. □

Die Ungleichung von *Cauchy* wird nun auf die Richtungsableitung einer Funktion angewandt: Die Ableitung einer Funktion $f(x_1, \ldots, x_n)$ in einem fixierten Punkt $\underline{a} \in \mathbb{R}^n$ in Richtung eines Einheitsvektors $\underline{c}$ lautet nach (8.17):

$$\frac{d}{dt} f(\underline{a} + t\underline{c})_{|t=0} = \nabla f(\underline{a}) \cdot \underline{c}^T$$

Wegen (8.27) gilt aber:

$$-||\nabla f(\underline{a})|| \le \nabla f(\underline{a}) \cdot \underline{c}^T \le ||\nabla f(\underline{a})||$$

Hierbei steht das Gleichheitszeichen (außer im trivialen Fall $\nabla f(\underline{a}) = \underline{0}$) auf der rechten oder linken Seite nur dann, wenn $\underline{c}$ der Einheitsvektor in Richtung des Gradienten bzw. der entgegengesetzte Vektor ist. Die Richtung des Gradientenvektors hat somit die folgende charakteristische Eigenschaft:

### 8.4.2 (Gradientenrichtung als Richtung des maximalen Anstiegs)

*Die Funktion $f(x_1, \ldots, x_n)$ habe in einer offenen Menge $D \subseteq \mathbb{R}^n$ stetige partielle Ableitungen erster Ordnung, und der Gradient $\nabla f(\underline{x})$ sei in einem Punkt $a \in D$ vom Nullvektor verschieden.*

- *Dann erreicht die Ableitung der Funktion im Punkt $\underline{a}$ in Richtung eines Einheitsvektors $\underline{c}$ dann und nur dann ihren größten oder kleinsten Wert $||\nabla f(\underline{a})||$ bzw. $-||\nabla f(\underline{a})||$, wenn für $\underline{c}$ die Richtung des Gradientenvektors bzw. die entgegengesetzte Richtung gewählt wird:*

$$\begin{aligned} \max_{||\underline{c}||=1} \frac{d}{dt} f(\underline{a} + t\underline{c})_{|t=0} &= ||\nabla f(\underline{a})|| \\ \min_{||\underline{c}||=1} \frac{d}{dt} f(\underline{a} + t\underline{c})_{|t=0} &= -||\nabla f(\underline{a})|| \end{aligned} \tag{8.28}$$

- Mit Hilfe der maximalen Richtungsableitung kann der Zuwachs des Funktionswertes *in der extremalen Richtung* näherungsweise durch das gewöhnliche Differential der Funktion $F(t) = f(\underline{a} + t\underline{c})$ im Punkt $t = 0$ angegeben werden. Dabei ist wegen (8.17):

$$F'(0) = \nabla f(\underline{a}) \cdot \underline{c}^T = \nabla f(\underline{a}) \cdot (\nabla f(\underline{a})^T / ||\nabla f(\underline{a})||) = ||\nabla f(\underline{a})||$$

Die für kleine Werte von $|\delta|$ gültige Beziehung $F(\delta) \approx F(0) + \delta F'(0)$ bedeutet dann:

$$f(\underline{a} + \delta\underline{c}) \approx f(\underline{a}) + \delta \cdot ||\nabla f(\underline{a})|| \quad \textit{für} \quad \underline{c} = \frac{\nabla f(\underline{a})}{||\nabla f(\underline{a})||} \tag{8.29}$$

**Beispiel 8.12 (Lineare Funktion)** Eine lineare Funktion $f(\underline{x}) = c_0 + \underline{c} \cdot \underline{x}^T$ hat den konstanten Gradientenvektor $\nabla f = \underline{c}$, und dieser gibt in jedem Punkt $\underline{x}$ die Richtung des stärksten Wachstums an. Die Ableitung in Richtung des Einheitsvektors $\underline{c}/||\underline{c}||$ hat den Wert $||\underline{c}||$. Die Näherungsformel (8.29) gilt hier als Gleichung:

$$f\left(\underline{x} + \delta \frac{\underline{c}}{||\underline{c}||}\right) - f(\underline{x}) = \frac{\delta}{||\underline{c}||} \underline{c} \cdot \underline{c}^T = \delta ||\underline{c}||$$

Für die Funktion $f(x_1, x_2) = 3x_1 + 4x_2$ ist $||f(x_1, x_2)|| = \sqrt{3^2 + 4^2} = 5$; die Richtung des maximalen Anstiegs ist durch den Einheitsvektor $\underline{e} = (3/5, 4/5)$ gegeben. Ein Fortschreiten um $\delta\underline{e}$ von einem beliebigen Punkt aus erbringt daher einen Zuwachs des Funktionswertes um $5\delta$ Einheiten.

**Beispiel 8.13** (***Cobb-Douglas*-Funktion**)
Für eine Funktion $y = f(x_1, x_2) = x_1^{\lambda_1} x_2^{\lambda_2}$ gilt:

$$\nabla f(x_1, x_2) = (\lambda_1 x_1^{\lambda_1 - 1} x_2^{\lambda_2}, \lambda_2 x_1^{\lambda_1} x_2^{\lambda_2 - 1}) = y\left(\frac{\lambda_1}{x_1}, \frac{\lambda_2}{x_2}\right), \quad ||\nabla f(x_1, x_2)|| = y\sqrt{\left(\frac{\lambda_1}{x_1}\right)^2 + \left(\frac{\lambda_2}{x_2}\right)^2}$$

Die Richtung des stärksten Wachstums im Punkt $(x_1, x_2)$ ist durch den Einheitsvektor $\underline{e} = (e_1, e_2) = \frac{1}{\sqrt{\left(\frac{\lambda_1}{x_1}\right)^2 + \left(\frac{\lambda_2}{x_2}\right)^2}}\left(\frac{\lambda_1}{x_1}, \frac{\lambda_2}{x_2}\right)$ gegeben; dieser schließt mit der $x_1$-Achse den Winkel $\varphi = \arctan\frac{e_2}{e_1} = \arctan\frac{\lambda_2}{\lambda_1}\frac{x_1}{x_2}$ ein. Insbesondere für einen Punkt $\underline{x}$ mit übereinstimmenden Koordinaten ist $\varphi < 45°$ für $\lambda_1 > \lambda_2$, $\varphi = 45°$ für $\lambda_1 = \lambda_2$ und $\varphi > 45°$ für $\lambda_1 < \lambda_2$.
Von einem beliebigen Punkt $(x_1, x_2)$ aus erbringt ein Fortschreiten um $\delta\underline{e}$ näherungsweise einen Zuwachs des Funktionswertes um den Wert $\delta f(x_1, x_2)\sqrt{\left(\frac{\lambda_1}{x_1}\right)^2 + \left(\frac{\lambda_2}{x_2}\right)^2}$.
Speziell für $x_1 = x_2 = 1$ und die im Beispiel 8.11 gewählten Parameterwerte $\lambda_1 = 1,7$ und $\lambda_2 = 1,5$ ist $||\nabla f(\underline{x})|| = \sqrt{5,14}$. Der Einheitsvektor $\underline{e} = \frac{1}{\sqrt{5,14}}(1,7; 1,5)$ der Richtung des stärksten Wachstums im Punkt $(1,1)$ weist wegen $\lambda_1 > \lambda_2$ stärker in Richtung der $x_1$-Achse ($\varphi \approx 41,4°$). Ein Fortschreiten um $0,01\underline{e}$ vom Punkt $(1,1)$ erbringt nach (8.29) einen Zuwachs von $0,01 \cdot \sqrt{5,14} = 0,02267$. Das entspricht einem Fehler von $\approx -0,8\,\%$ gegenüber dem exakten Wert $f(1 + 0,01e_1; 1 + 0,01e_2) - f(1,1)$ für den Zuwachs.

Die Aufgabe, eine Isoquante $f(x_1, \ldots, x_n) = C$ einer Funktion von $n$ Veränderlichen als Niveaulinie, Niveaufläche usw. zu interpretieren, also eine der Variablen als eindeutige Funktionen der übrigen – frei wählbaren – Variablen darzustellen, ist von praktischer Bedeutung. Wie in 8.2.2 an einem Beispiel gezeigt, ist eine derartige „Auflösung" nicht immer *global* möglich.

Der folgende grundlegende *Satz über implizite Funktionen* sichert *bei zwei Variablen* die eindeutige Existenz einer lokalen Auflösung mit Hilfe der Differentialrechnung, – eine sinngemäße Aussage gilt auch für $n$ Variable.

### 8.4.3 (Satz über implizite Funktionen, Niveaulinien und Gradient)

*Die Funktion $f(x_1, x_2)$ habe in einer offenen Menge $D \subseteq \mathbb{R}^2$ stetige partielle Ableitungen erster Ordnung, und es sei dort $\boldsymbol{\nabla f(\underline{x}) \neq \underline{0}}$, – es können also nirgends die Ableitungen $f_{x_1}(\underline{x})$ und $f_{x_2}(\underline{x})$ gemeinsam verschwinden.*
*Für einen gegebenen Punkt $\underline{a} = (a_1, a_2) \in D$ wird die durch $\underline{a}$ führende* ***Isoquante*** $\boldsymbol{f(x_1, x_2) = C = f(\underline{a})}$ *betrachtet.*

(1) ***Auflösung der Isoquante nach $x_1$ oder $x_2$***:

- *Ist $f_{x_2}(\underline{a}) \neq 0$, so führt durch den Punkt $\underline{a}$ eine in einem gewissen Intervall $I_1$ um den Punkt $x_1 = a_1$ eindeutig bestimmte Niveaulinie $x_2 = g(x_1)$, auf der die Funktion $f$ konstant den Wert $C = f(\underline{a})$ besitzt.*
- *Ist $f_{x_1}(\underline{a}) \neq 0$, so führt durch den Punkt $\underline{a}$ eine in einem gewissen Intervall $I_2$ um den Punkt $x_2 = a_2$ eindeutig bestimmte Niveaulinie $x_1 = h(x_2)$, auf der die Funktion $f$ konstant den Wert $C = f(\underline{a})$ besitzt.*

(2) ***Implizite Differentiation nach $x_1$ oder $x_2$***: *Die nach (1) existierenden Funktionen $g$ und $h$ sind in ihren jeweiligen Intervallen differenzierbar, und die Ableitungen können durch die partiellen Ableitungen der Funktion $f$ dargestellt werden:*

$$\begin{aligned} \frac{d}{dx_1} g(x_1) &= -\frac{f_{x_1}(\underline{x})}{f_{x_2}(\underline{x})}_{|\underline{x}=(x_1, g(x_1))} \\ \frac{d}{dx_2} h(x_2) &= -\frac{f_{x_2}(\underline{x})}{f_{x_1}(\underline{x})}_{|\underline{x}=(h(x_2), x_2)} \end{aligned} \tag{8.30}$$

(3) *In jedem Punkt $\underline{x}$ der Kurven der Funktionen $g$ und $h$ (Niveaulinien) steht der Gradientenvektor* $\nabla f(\underline{x})$ ***senkrecht auf der Kurventangente.***

Für die Auflösbarkeit und Differenzierbarkeit, auch für eine allgemeinere Fassung des Satzes bei mehr als zwei Variablen, wird auf *H. Heuser* (1998) verwiesen. Die Ableitungsregeln (8.30) jedoch folgen unmittelbar aus der Kettenregel (8.16):

Für die Auflösung $x_2 = g(x_1)$ hat die Funktion $x_1 \mapsto f(x_1, g(x_1))$ im Intervall $I_1$ den konstanten Wert $C$ der Isoquante, und die Differentiation der Identität $f(x_1, g(x_1)) = C$ nach der Kettenregel ergibt gerade die Gleichung $f_{x_1} \cdot 1 + f_{x_2} g'(x_1) = 0$.
Hieraus kann auch die Eigenschaft (3) des Gradienten abgelesen werden:
Denn der Vektor $(1, g'(x_1))$ weist in die Richtung der Kurventangente an die Niveaulinie, und die Gleichung

$$f_{x_1} \cdot 1 + f_{x_2} g'(x_1) = \nabla f(x_1, g(x_1)) \cdot (1, g'(x_1))^T = 0$$

bedeutet gerade, daß Gradienten- und Tangentenvektor aufeinander senkrecht stehen.[17]

**Beispiel 8.14 (Kreislinie)** In der Abbildung 8.12 ist die Isoquante der Funktion $f(x_1, x_2) = (x_1 - 1)^2 + (x_2 - 3)^2$ zum Wert $C = 4$ dargestellt, die Kreislinie mit dem Mittelpunkt $(1, 3)$ und dem Radius 2. $f_{x_2}(x_1, x_2) \neq 0$ bedeutet $x_2 \neq 3$. Folglich kann die Kreislinie außer in den beiden Äquator-Punkten $(-1, 3)$ und $(3, 3)$ lokal als eindeutige differenzierbare Funktion $x_2 = g(x_1)$ dargestellt werden. Deren Ableitung lautet nach (8.30) $\dfrac{dg(x_1)}{dx_1} = -\dfrac{f_{x_1}(x_1, x_2)}{f_{x_2}(x_1, x_2)} = -\dfrac{x_1 - 1}{x_2 - 3}$, wobei $x_2 = g(x_1)$ zu setzen ist. Entsprechend ist, außer in den Polen $(1, 5)$ und $(1, 1)$, eine Darstellung als Funktion von $x_1 = h(x_2)$ möglich.

[17] Für zwei ebene Vektoren (und das gilt auch für räumliche Vektoren) $\underline{a} \neq \underline{0}$ und $\underline{b} \neq \underline{0}$ bedeutet $\underline{a} \cdot \underline{b}^T = 0$, daß die Vektoren senkrecht zueinander liegen. Das kann mit einer einfachen Winkelbetrachtung, etwa wie bei der Herleitung von 5.4.2, gezeigt werden.

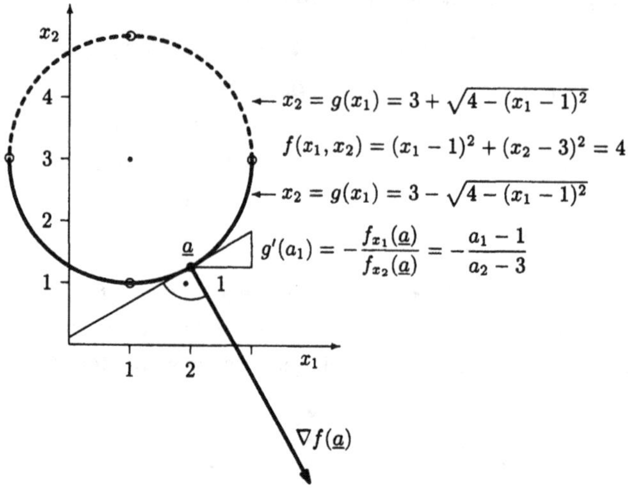


**Abb. 8.12:** Zum Satz über implizite Funktionen

**Beispiel 8.15 (*Cobb-Douglas*-Funktion)** Für die Funktion $f(x_1, x_2) = x_1^{\lambda_1} x_2^{\lambda_2}$ $(x_1 > 0, x_2 > 0)$ sind die partiellen Ableitungen beide überall von Null verschieden. Daher ist eine Auflösung der Niveaulinie $f(x_1, x_2) = C$ nach beiden Variablen möglich:

$$x_2 = g(x_1) = C^{1/\lambda_2} x_1^{-\lambda_1/\lambda_2}, \quad x_1 = h(x_2) = C^{1/\lambda_1} x_2^{-\lambda_2/\lambda_1}$$

Für die Ableitungen gilt:

$$\frac{d}{dx_1} g(x_1) = -\frac{f_{x_1}(\underline{x})}{f_{x_2}(\underline{x})} = -\frac{\lambda_1 x_1^{\lambda_1 - 1} x_2^{\lambda_2}}{\lambda_2 x_1^{\lambda_1} x_2^{\lambda_2 - 1}} = -\frac{\lambda_1}{\lambda_2}\frac{x_2}{x_1}, \quad \frac{d}{dx_2} h(x_2) = -\frac{f_{x_2}(\underline{x})}{f_{x_1}(\underline{x})} = -\frac{\lambda_2}{\lambda_1}\frac{x_1}{x_2}$$

In der Abbildung 8.13 ist die Niveaulinie für die Parameterwerte $C = 1$, $\lambda_1 = 1,7$ und $\lambda_2 = 1,5$ durch den Punkt $x_1 = x_2 = 1$ dargestellt, zusammen mit dem im Beispiel 8.13 berechneten Winkel $\varphi \approx 41,4°$ zwischen dem Gradienten und der Richtung der $x_1$-Achse. Der Anstieg der Tangente an die Kurve $x_2 = g(x_1)$ im Punkt $x_1 = x_2 = 1$ ist $g'(1) = -\frac{\lambda_1}{\lambda_2} = -\frac{1,7}{1,5}$, entsprechend einem Anstiegswinkel $\alpha \approx 131,4° = 90° + \varphi$.

**Beispiel 8.16 (Grafische lineare Optimierung)**[18] Die in 5.4.2 und 5.4.3 dargestellte einfache Methode der grafischen Optimierung kann auch mit Hilfe der Differentialrechnung begründet werden.

Die Niveaulinien $Z = C$ einer linearen Zielfunktion $Z(x_1, x_2) = c_0 + c_1 x_1 + c_2 x_2$ bilden eine Schar von zueinander parallelen Geraden $c_0 + c_1 x_1 + c_2 x_2 = C$. Der von den Koeffizienten der Funktion gebildete (konstante) Gradientenvektor $\nabla Z = (c_1, c_2)$ steht auf allen Geraden dieser Schar senkrecht und weist in die Richtung des stärksten Wachstums. Die Verschiebung einer beliebigen Niveaugeraden in der (dazu senkrechten) Richtung des Vektors $(c_1, c_2)$ führt somit – bei gegebenem linearen Ungleichungssystem –

[18] Vgl. Abbildung 5.17

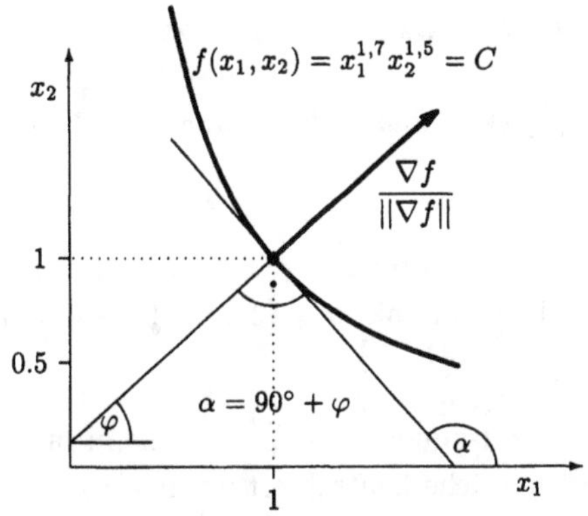


**Abb. 8.13:** Gradient und Niveaulinie einer *Cobb-Douglas*-Funktion

zur maximalen Ecke der Zielfunktion und bei Verschiebung in die entgegengesetzte Richtung zur minimalen Ecke.

**8.4.4 (Grenzrate der Substitution)**[19] *Die Abhängigkeit einer Größe $y$ von zwei Faktoren $x_1$ und $x_2$ sei durch eine Funktion $y = f(x_1, x_2)$ mit stetigen partiellen Ableitungen 1. und 2. Ordnung gegeben.*

***Substitution der Veränderlichen:*** *Ein Punkt $\underline{a} = (a_1, a_2)$ mit dem Funktionswert $C = f(\underline{a})$ soll* ***geradlinig*** *in einen Punkt $\underline{a}' = (a_1 + \Delta x_1, a_2 + \Delta x_2)$ derart verschoben werden, daß sich der Punkt $\underline{a}'$ hierbei möglichst wenig von der Isoquante $f = C$ entfernt.*

Eine geradlinige Verschiebung $\underline{a} \to \underline{a}'$ bedeutet, daß der Zuwachs des zweiten Faktors ein festes Vielfaches $\lambda\Delta x_1$ des Zuwachses des ersten Faktors bzw. der Zuwachs des ersten Faktors ein festes Vielfaches $\lambda\Delta x_2$ des Zuwachses des zweiten Faktors ist:

$$\boldsymbol{\Delta x_2 = \lambda \Delta x_1 \quad \textit{bzw.} \quad \Delta x_1 = \lambda \Delta x_2} \tag{8.31}$$

- *Genau für die Parameterwahl*[20]

$$\boldsymbol{\lambda} = - \begin{cases} -\dfrac{f_{x_1}(\underline{a})}{f_{x_2}(\underline{a})} & \textbf{\textit{für die Substitution }} \boldsymbol{\Delta x_2 = \lambda \Delta x_1} \\[2ex] -\dfrac{f_{x_2}(\underline{a})}{f_{x_1}(\underline{a})} & \textbf{\textit{für die Substitution }} \boldsymbol{\Delta x_1 = \lambda \Delta x_2} \end{cases} \tag{8.32}$$

  *verschwinden in der Taylorschen Formel* (8.26) *die Glieder mit den ersten Potenzen von $\Delta x_1$ und $\Delta x_2$,* – ***der Zuwachs $\Delta y$ wird dann mit den Quadraten von $\Delta x_1$ und $\Delta x_2$ klein.***

- *Der Faktor $\lambda$ in* (8.32) *heißt* ***Grenzrate der Substitution*** *von $x_2$ durch $x_1$ bzw. von $x_1$ durch $x_2$ im Punkt $\underline{a}$; er ist nach* (8.30) *der Anstieg der Tangente*

[19]Vgl. Abbildung 8.14

[20]Bei $\nabla f(\underline{a}) \neq \underline{0}$ ist daher stets eine der beiden Substitutionen möglich.

*an die durch den Punkt $\underline{a}$ führende Niveaulinie der Funktion gegen die $x_1$- bzw. $x_2$-Achse.*
*Die gesuchte lineare Verschiebung $\underline{a} \to \underline{a}'$ findet also* ***längs der Tangente an die Niveaulinie*** *statt.*

**Beispiel 8.17** In der Abbildung 8.14 ist die Isoquante $f(x_1, x_2) = 1$ der Funktion $f(x_1, x_2) = x_2 - \sqrt{x_1 - 1}$ dargestellt. Im Kurvenpunkt $\underline{a} = (2, 2)$ hat die Grenzrate der Substitution $\Delta x_2 = \lambda \Delta x_1$ den Wert $\lambda = -\frac{f_{x_1}(\underline{a})}{f_{x_2}(\underline{a})} = \frac{1}{2}$.
Wie weit sich der Punkt $\underline{a}'$ hierbei von der Isoquante wegbewegt, kann mit Hilfe der *Taylor*schen Formel (7.34) für eine Veränderliche kontrolliert werden.[21]

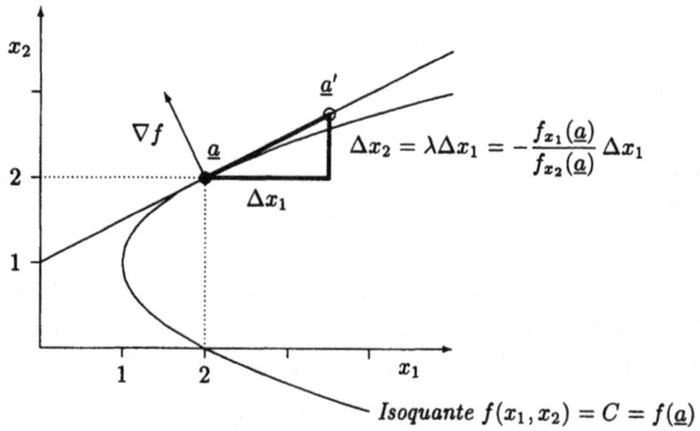


**Abb. 8.14:** Grenzrate der Substitution

Bei einer Funktion einer Veränderlichen wurde in 7.5.5 mit Hilfe der Elastizität der Einfluß einer relativen Änderung der unabhängigen Variablen auf die relative Änderung des Funktionswertes beschrieben. Eine entsprechende Beschreibung gelingt im allgemeinen Fall mit Hilfe des totalen Differentials, wobei jetzt alle ***partiellen Elastizitäten*** bezüglich der einzelnen Veränderlichen zu berücksichtigen sind. Die Genauigkeit der angeführten Näherungsformeln kann im konkreten Fall mit Hilfe der *Taylor*schen Formel kontrolliert werden.

[21] Für den Zuwachs des Funktionswertes bei der Verschiebung $\underline{a} \to \underline{a}'$ gilt mit $\lambda = \frac{1}{2}$:

$$f(\underline{a}') - f(\underline{a}) = f(2 + \Delta x_1, 2 + \frac{\Delta x_1}{2}) - f(2,2) = 1 + \frac{\Delta x_1}{2} - \sqrt{1 + \Delta x_1}$$

Für die rechtsstehende Wurzel lautet die *Taylor*sche Formel

$$\sqrt{1 + \Delta x_1} = 1 + \frac{\Delta x_1}{2} - \frac{1}{8}\xi^{-3/2}(\Delta x_1)^2,$$

wobei die Größe $\xi$ zwischen 1 und $1 + \Delta x_1$ liegt. Der Zuwachs enthält damit in der Tat nur noch die zweite Potenz von $\Delta x_1$: $f(\underline{a}') - f(\underline{a}) = \frac{1}{8}\xi^{-3/2}(\Delta x_1)^2$.
Wird bei $\Delta x_1 > 0$ für $\xi$ der kleinstmögliche Wert 1 genommen, so folgt: $0 \le f(\underline{a}') - f(\underline{a}) \le \frac{1}{8}(\Delta x_1)^2$

**8.4.5 (Partielle Elastizitäten)** *Die Funktion $f$ habe in einer offenen Menge $D \subseteq \mathbb{R}^n$ stetige partielle Ableitungen erster Ordnung.*
*Die partielle Elastizität $\varepsilon_i(\underline{x})$ im Punkt $\underline{x} = (x_1, \ldots, x_n) \in D$ bezüglich der Variablen $x_i$ ($i = 1, \ldots, n$, $x_i \neq 0$, $f(\underline{x}) \neq 0$) ist als Elastizität der auf die i-te Variable eingeschränkten Funktion $x_i \mapsto f(\ldots, x_i, \ldots)$ erklärt:*

$$\varepsilon_i(\underline{x}) = \lim_{\Delta x_i \to 0} \frac{\dfrac{f(x_1, \ldots, x_i + \Delta x_i, \ldots, x_n) - f(\underline{x})}{f(\underline{x})}}{\dfrac{\Delta x_i}{x_i}} = x_i \frac{f_{x_i}(\underline{x})}{f(\underline{x})} \tag{8.33}$$

- *Die **partielle Elastizität** $\varepsilon_i(\underline{x})$ ist nach* (7.51) *– näherungsweise für kleine Werte von $|\Delta x_i|$ – das Verhältnis zwischen den relativen Änderungen des Funktionswertes und allein der Variablen $x_i$:*

$$100\, \frac{f(x_1, \ldots, x_i + \Delta x_i, \ldots, x_n) - f(\underline{x})}{f(x)} \approx \left(100\, \frac{\Delta x_i}{x_i}\right) \varepsilon_i(\underline{x}) \tag{8.34}$$

- *Aus der Linearisierung* (8.23) *folgt die für hinreichend kleine Änderungen **aller Variablen** geltende Näherungsformel*

$$100\, \frac{f(\underline{x} + \Delta \underline{x}) - f(\underline{x})}{f(\underline{x})} \approx \sum_{i=1}^{n} \left(100\, \frac{\Delta x_i}{x_i}\right) \varepsilon_i(\underline{x}), \tag{8.35}$$

*worin die partiellen Elastizitäten als „Gewichte" der relativen Änderungen der jeweiligen Variablen auftreten.*

**Beispiel 8.18** Eine *Cobb-Douglas*-Funktion $f(x_1, \ldots, x_n) = Cx_1^{\lambda_1} \ldots x_n^{\lambda_n}$ besitzt die Exponenten $\varepsilon_i = \lambda_i$ ($i = 1, \ldots, n$) als partielle Elastizitäten.[22] Damit gilt:

$$100\, \frac{f(\underline{x} + \Delta \underline{x}) - f(\underline{x})}{f(\underline{x})} \approx \sum_{i=1}^{n} \lambda_i \left(100 \frac{\Delta x_i}{x_i}\right) \tag{8.36}$$

Für zwei Veränderliche mit den Daten $\lambda_1 = 1,7$, $\lambda_2 = 1,5$ und $x_1 = x_2 = 1$ aus dem Beispiel 8.15 und für die Änderungen $\Delta x_1 = 0,01$ und $\Delta x_2 = -0,01$ beträgt die mit (8.36) berechnete Änderung des Funktionswertes $\lambda_1 \frac{\Delta x_1}{x_1} + \lambda_2 \frac{\Delta x_2}{x_2} = 0,2\,\%$, – gegenüber $0,18\ldots\%$ als exakter Änderung.[23]

[22] Mit der Methode, die bei der Herleitung von 7.5.6 im Fall einer Veränderlichen verwendet wurde, kann nachgewiesen werden, daß die *Cobb-Douglas*-Funktionen auch die einzigen Funktionen mit konstanten partiellen Elastizitäten sind.

[23] Eine solche lineare Vereinfachung hat auch ihre Grenzen:
Wird für das Verhältnis $\lambda = \Delta x_2 / \Delta x_1$ die Grenzrate der Substitution von $x_2$ durch $x_1$ gewählt, also

$$\Delta x_2 = -\frac{f_{x_1}}{f_{x_2}} \Delta x_1 = -\frac{\lambda_1}{\lambda_2} \frac{x_2}{x_1} \Delta x_1$$

gesetzt, so hat die in (8.36) rechts stehende Summe exakt den Wert 0, obwohl die relative Änderung des Funktionswertes groß werden kann. So ändert sich für $\Delta_1 = 0,1$ und $\Delta_2 = -(\lambda_1/\lambda_2)\Delta_1 = -0,1133$ die Funktion gegenüber dem Wert im Punkt $(1,1)$ um ca. $-1,8\,\%$.

**8.4.6 (Wachstumsrate bei mehreren Veränderlichen)**
*Unter den Voraussetzungen für die Kettenregel* (8.16) *kann die Wachstumsrate* (7.47) *einer mittelbaren Funktion* $t \mapsto F(t) = f(x_1(t), \ldots, x_n(t))$ *mit Hilfe der partiellen Elastizitäten der Funktion* $f$ *dargestellt werden:*

$$w_F(t) = \frac{F'(t)}{F(t)} = \sum_{i=1}^{n} \varepsilon_i(\underline{x}(t)) w_{x_i}(t) \tag{8.37}$$

*Hierin treten die partiellen Elastizitäten* $\varepsilon_i$ *der Funktion* $f$ *als Faktoren der Wachstumsraten der jeweiligen Koordinatenfunktion* $x_i(t)$ *auf.*

**Beispiel 8.19** Sind die unabhängigen Faktoren einer *Cobb-Douglas*-Funktion $y = f(x_1, \ldots, x_n) = Cx_1^{\lambda_1} \ldots x_n^{\lambda_n}$ stetig differenzierbare Funktionen der Zeit $t$, so sind die konstanten Elastizitäten der Funktion $f$ die „Gewichte" der Wachstumsraten der zeitabhängigen Funktionen $x_1(t), \ldots, x_n(t)$: $w_F(t) = \sum \lambda_i w_{x_i}(t)$

## 8.5 Extrema bei mehreren Veränderlichen

Die Begriffe des relativen (lokalen) und absoluten (globalen) Extremums für eine Funktion einer Veränderlichen und des stationären Punktes in 7.4.6 und 7.4.7 können unmittelbar auf Funktionen mehrerer Veränderlicher übertragen werden.

**8.5.1 (Innere relative Extrema, absolute Extrema)**
*Die Funktion* $f$ *sei in einer Teilmenge* $D$ *des* $n$*-dimensionalen Raumes erklärt.*

- *Ein innerer Punkt* $\underline{a}$ *von* $D$ *heißt* ***relative*** *(oder* ***lokale****)* ***Extremalstelle*** *(Maximal- bzw. Minimalstelle), und der zugehörige Funktionswert* $f(\underline{a})$ *heißt* ***relatives*** *(oder* ***lokales****)* ***Extremum*** *(Maximum bzw. Minimum), wenn es eine zu* $D$ *gehörende Kugelumgebung* $K$ *von* $\underline{a}$ *gibt, so daß* $f(\underline{a})$ *der größte bzw. kleinste Funktionswert der Funktion* $f$ *in* $K$ *ist.*

- *Der größte und der kleinste Funktionswert der Funktion* $f$ *in ganz* $D$ *heißen* ***absolutes*** *(oder* ***globales****)* ***Maximum*** *bzw.* ***Minimum*** *der Funktion in* $D$*.*

**8.5.2 (Mögliche Extremalstellen einer differenzierbaren Funktion)**

(1) ***Notwendige Bedingung:*** *Die Bedingung*

$$\nabla f(\underline{a}) = \underline{0} \tag{8.38}$$

*ist* ***notwendig*** *dafür, daß* $\underline{a}$ *eine (innere) relative Extremalstelle der Funktion* $f$ *ist.*[24] *Ein Punkt* $\underline{a}$*, der die Bedingung* (8.38) *erfüllt, heißt* ***stationärer Punkt*** *der*

[24]Das Verschwinden aller partiellen Ableitungen erster Ordnung ist für eine Extremalstelle nur notwendig, aber nicht generell hinreichend. So ist für die Funktion $f(x_1, x_2) = x_1 x_2$ der Koordinatenursprung stationär, aber die Funktion hat in *jeder* Umgebung von $(0, 0)$ sowohl positive als auch negative Werte, so daß $f(\underline{0}) = 0$ weder ein Maximum noch ein Minimum der Funktion sein kann.

*Funktion. Bei zwei Veränderlichen ist $\underline{a}$ genau dann ein stationärer Punkt, wenn die Tangentialebene an den Graphen der Funktion dort parallel zur Koordinatenebene verläuft.*

(2) *In die Suche nach dem absoluten Extremum sind daher die folgenden Stellen einzubeziehen:*

- ***Innere stationäre Punkte***
- ***Randpunkte des Definitionsbereichs***
- ***Punkte, in denen die Funktion nicht differenzierbar ist***

B e w e i s von (1): Für einen inneren Punkt $\underline{a} = (a_1, \ldots, a_n)$ kann jede einzelne der Koordinaten des Punktes $\underline{a}$ ein Stück nach links und nach rechts verschoben werden, ohne daß der Definitionsbereich verlassen wird. Ist $\underline{a}$ eine relative Extremalstelle, so ist für die $i$-te Koordinate $f(a_1, \ldots, x_i, \ldots, a_n) \leq f(\underline{a})$ bzw. $f(a_1, \ldots, x_i, \ldots, a_n) \geq f(\underline{a})$ in einem geeigneten offenen Zahlenintervall um den Punkt $x_i = a_i$ für $i = 1, \ldots, n$. Also hat die Funktion $x_i \mapsto f(a_1, \ldots, x_i, \ldots, a_n)$ der einen Veränderlichen $x_i$ an der Stelle $a_i$ ein relatives Extremum, und folglich verschwindet dort deren (gewöhnliche) Ableitung, – das ist aber die partielle Ableitung $f_{x_i}(\underline{a})$. □

**Beispiel 8.20 (Lineare Funktionen)** Der Gradientenvektor einer linearen Funktion $f(\underline{x}) = c_0 + c_1x_1 + \ldots + c_nx_n$ ist der konstante Koeffizientenvektor $(c_1, \ldots, c_n)$, – ein stationärer Punkt kann folglich nur bei einer konstanten Funktion auftreten. Eine nicht konstante lineare Funktion besitzt daher, wie bereits bei der linearen Optimierung festgestellt, keine inneren Extrema.

Wie im Fall einer Veränderlichen sind für das Verhalten einer Funktion in einer Umgebung eines stationären Punktes höhere Ableitungen entscheidend. Zur Darstellung dieses Sachverhalts bei mehr als zwei Veränderlichen sind weitere Hilfsmittel aus der linearen Algebra (quadratische Formen) erforderlich, – hierzu wird auf *H. **Heuser*** (1998) verwiesen.

Für zwei Veränderliche wird eine hinreichende Bedingung für die Existenz eines Extremums in einem stationären Punkt angegeben. Diese tritt an die Stelle der Vorzeichenbedingung für die zweite Ableitung im Falle einer Veränderlichen.

### 8.5.3 (Hinreichende Bedingung für innere relative Extrema bei $n = 2$)

*Die Funktion $f$ besitze in einer offenen Menge $D \subseteq \mathbb{R}^2$ stetige partielle Ableitungen erster und zweiter Ordnung, und $\underline{a} \in M$ sei ein **stationärer Punkt**.*
*Entscheidend für das Verhalten der Funktion in einer Umgebung von $\underline{x} = \underline{a}$ ist das Vorzeichen der **Diskriminante***

$$\boldsymbol{H(\underline{a})} = \begin{vmatrix} f_{x_1x_1}(\underline{a}) & f_{x_1x_2}(\underline{a}) \\ f_{x_2x_1}(\underline{a}) & f_{x_2x_2}(\underline{a}) \end{vmatrix} = f_{x_1x_1}(\underline{a})f_{x_2x_2}(\underline{a}) - (f_{x_1x_2}(\underline{a}))^2 \tag{8.39}$$

*der Funktion $f$ im stationären Punkt $\underline{x} = \underline{a}$:*

$$\begin{array}{lll} \boldsymbol{H(a) > 0} \;\Rightarrow & \left\{ \begin{array}{l} f_{x_1x_1}(\underline{a}) < 0 \;\Rightarrow \\ f_{x_1x_1}(\underline{a}) > 0 \;\Rightarrow \end{array} \right. & \begin{array}{l} \underline{a} \textit{ ist relative } \textbf{Maximalstelle}^{25} \\ \underline{a} \textit{ ist relative } \textbf{Minimalstelle} \end{array} \\ \boldsymbol{H(\underline{a}) < 0} \;\Rightarrow & & \underline{a} \textit{ ist } \textbf{keine Extremalstelle} \end{array} \tag{8.40}$$

- *Im Fall $H(\underline{a}) < 0$ gibt es in jeder Umgebung von $\underline{a}$ Punkte $\underline{x}$ mit $f(\underline{x}) > f(\underline{a})$ und Punkte $\underline{x}$ mit $f(\underline{x}) < f(\underline{a})$.*
*Ein derartiger stationärer Punkt $\underline{a}$ heißt* ***Sattelpunkt*** *der Funktion.*

- *Im Fall $H(\underline{a}) = 0$ sind zur Entscheidung über ein Extremum weitere Kenntnisse über die Funktion erforderlich, z. B. Eigenschaften höherer Ableitungen.*

Beweisskizze: In einem stationären Punkt $\underline{a}$ reduziert sich der Funktionswertzuwachs $\Delta y$ bei einer kleinen Abweichung $\underline{a} \mapsto \underline{a} + (\Delta x_1, \Delta x_2)$ vom Punkt $\underline{a}$ näherungsweise auf einen quadratischen Ausdruck:

$$\begin{aligned} \Delta y &= f(a_1 + \Delta x_1, a_2 + \Delta x_2) - f(a_1, a_2) \\ &\approx F(\Delta x_1, \Delta x_2) = \frac{1}{2}\Big(f_{x_1x_1}(\underline{a})(\Delta x_1)^2 + 2f_{x_1x_2}(\underline{a})\Delta x_1 \Delta x_2 + f_{x_2x_2}(\underline{a})(\Delta x_2)^2\Big) \end{aligned} \tag{8.41}$$

Dieser entsteht aus der Taylorschen Formel (8.26) dadurch, daß die partiellen Ableitungen zweiter Ordnung *im Punkt $\underline{a}$ selbst* genommen werden.
Hierin ist die Funktion $F(\Delta x_1, \Delta x_2)$ von der Form $A(\Delta x_1)^2 + 2B\Delta x_1 \Delta x_2 + C(\Delta x_2)^2$ mit $A = f_{x_1x_1}/2$, $B = f_{x_1x_2}/2$ und $C = f_{x_2x_2}/2$. Die Bedingung $H(\underline{a}) = 4(AC - B^2) > 0$ bedeutet im Falle $f_{x_1x_1}(\underline{a}) > 0$ nach (8.8) die Konvexität der Funktion $F$ und im Falle $f_{x_1x_1}(\underline{a}) < 0$ die Konvexität der Funktion $-F$.
Eine solche Funktion nimmt aber, wie im Beispiel 8.5 ausgeführt, außer im Punkt $(0,0)$ nur positive bzw. negative Werte an. Aus (8.41) folgt dann aber $\Delta y > 0$ bzw. $\Delta y < 0$, wenn die absoluten Beträge der Abweichungen beide genügend klein und beide Abweichungen von 0 verschieden sind.
Also ist $\underline{a}$ im ersten Fall eine Minimalstelle und im zweiten Fall eine Maximalstelle.[26] □

**Beispiel 8.21 (Quadratische Funktion)**[27] Die Funktion

$$y = f(x_1, x_2) = Ax_1^2 + 2Bx_1x_2 + Cx_2^2 + Ex_1 + Fx_2 + G$$

besitzt die partiellen Ableitungen

$$f_{x_1} = 2Ax_1 + 2Bx_2 + E,\; f_{x_2} = 2Bx_1 + 2Cx_2 + F,\; f_{x_1x_1} = 2A,\; f_{x_1x_2} = 2B,\; f_{x_2x_2} = 2C.$$

Die Diskriminante $H$ hat den konstanten Wert $H = 4(AC - B^2)$. Für $H \neq 0$ hat das lineare Gleichungssystem

$$\nabla f(\underline{x}) = \underline{0} \;\Leftrightarrow\; \begin{pmatrix} 2A & 2B \\ 2B & 2C \end{pmatrix} \begin{pmatrix} x_1 \\ x_2 \end{pmatrix} = -\begin{pmatrix} E \\ F \end{pmatrix}$$

---

[25] $f_{x_1x_1}(\underline{a}) f_{x_2x_2}(\underline{a}) - \big(f_{x_1x_2}(\underline{a})\big)^2 > 0$ ist nur möglich, wenn die Ableitungen $f_{x_1x_1}(\underline{a})$ und $f_{x_2x_2}(\underline{a})$ entweder beide positiv oder beide negativ sind. Für die Entscheidung, ob im Fall $H(\underline{a})$ ein Maximum oder ein Minimum vorliegt, kann daher jede dieser beiden Ableitungen gewählt werden.

[26] Auf Grund der Stetigkeit der partiellen Ableitungen treffen diese Argumente auch dann zu, wenn die *korrekte Taylor*sche Formel verwendet wird.

[27] Vgl. das Beispiel 8.5 und die Abbildungen 8.8 und 8.15

genau eine Lösung.[28] Der stationäre Punkt wird mit der *Cramer*schen Regel bestimmt:

$$x_1 = \frac{1}{4(AC-B^2)}\begin{vmatrix} -E & 2B \\ -F & 2C \end{vmatrix}, \quad x_2 = \frac{1}{4(AC-B^2)}\begin{vmatrix} 2A & -E \\ 2B & -F \end{vmatrix}$$

$\boldsymbol{AC - B^2 > 0,\ A > 0} \Rightarrow$ (***absolutes***) ***Minimum*** *im stationären Punkt*
$\boldsymbol{AC - B^2 > 0,\ A < 0} \Rightarrow$ (***absolutes***) ***Maximum*** *im stationären Punkt*
$\boldsymbol{AC - B^2 < 0} \Rightarrow$ ***Sattelpunkt*** (*kein Extremum im stationären Punkt*)

Im Beispiel 8.5 ist gezeigt, daß aus $AC - B^2 > 0$ und $A > 0$ die Konvexität der Funktion $f$ folgt. Der Graph einer solchen Funktion verläuft oberhalb der – horizontalen – Tangentialebene im stationären Punkt, und daher ist der stationäre Punkt eine absolute Minimalstelle.
Ist $AC - B^2 > 0$ und $A < 0$, so ist die Funktion $-f$ konvex, der stationäre Punkt ist eine absolute Minimalstelle von $-f$ und folglich eine absolute Maximalstelle von $f$.

| | | |
|---|---|---|
| Abbildung 8.8: | $A = C = 1,\ B = 1/2,\ H = 3/4$ | Minimum im stationären Punkt $(0,0)$ |
| Abbildung 8.15 (rechts): | $A = C = 1,\ B = -\sqrt{2},\ H = -1$ | Sattel im stationären Punkt $(0,0)$ |

Für die in der Abbildung 8.15 links dargestellte Funktion $y = (x_1-x_2)^2 - x_1 + x_2$ ist $H = AC - B^2 = 0$. Die Menge der stationären Punkte ist die Gerade $x_2 = x_1 - 1/2$. Die Niveaulinien $f(x_1, x_2) = C$ sind die zueinander parallelen Geraden $x_2 = x_1 - \frac{1}{2} \pm \sqrt{\frac{1}{4} + C}$ für $C \geq -\frac{1}{4}$.
Der Wert $C = -\frac{1}{4}$ ergibt die Gerade der stationären Punkte (mit dem niedrigsten Niveau für die Funktion), und auf beiden Seiten dieser Geraden steigen die Funktionswerte an.

### Beispiel 8.22 (Umsatz bei konkurrierenden Produkten)

Von zwei Produkten $P_1$ und $P_2$ sollen $x_1$ Einheiten von $P_1$ zum Preis $p_1$ und $x_2$ Einheiten von $P_2$ zum Preis $p_2$ verkauft werden. Konkurrieren die Produkte am Markt miteinander, so sind $x_1$ und $x_2$ Funktionen der *beiden* Preise $p_1$ und $p_2$. Ein einfaches Modell hierfür, bei dem $x_1$ bezüglich $p_1$ fällt und bezüglich $p_2$ wächst und $x_2$ bezüglich $p_2$ fällt und bezüglich $p_1$ wächst, ist[29]

$$\begin{aligned} &x_1(p_1,p_2) = a_1(b_1 - p_1)p_2, \quad x_2(p_1,p_2) = a_2(b_2 - p_2)p_1 \\ &0 \leq p_1 \leq b_1, \ 0 \leq p_2 \leq b_2 \end{aligned} \tag{8.42}$$

mit positiven Konstanten $a_1, a_2, b_1, b_2$. Der *Umsatz* $f(p_1, p_2)$ beim Verkauf der beiden Produkte lautet dann:

$$f(p_1,p_2) = p_1x_1(p_1,p_2) + p_2x_2(p_1,p_2) = (a_1b_1 + a_2b_2 - a_1p_1 - a_2p_2)p_1p_2$$

Es ist das Maximum der Umsatzfunktion in den durch (8.42) gegebenen Grenzen für $p_1$ und $p_2$ zu bestimmen.

[28] Für $H = 0$ gibt es entweder überhaupt keinen stationären Punkt (Beispiel: $y = (x_1+x_2)^2 + x_1 - x_2$), oder die stationären Punkte bilden eine Gerade (vgl. Abbildung 8.15 links), oder die Funktion ist konstant.

[29] Vgl. *D. Dorninger* und *G. Karigl*, 1988

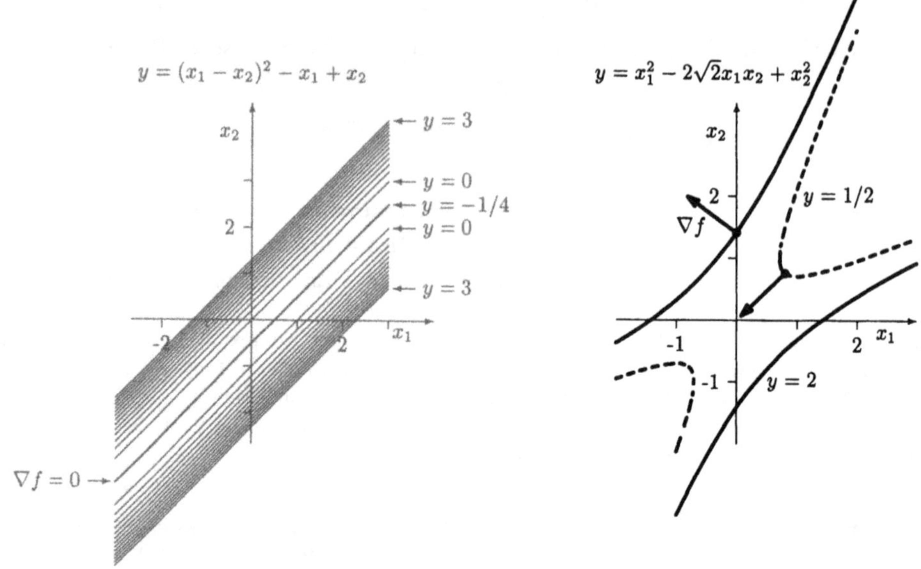


**Abb. 8.15:** Niveaulinien einer Funktion $y = f(x_1, x_2) = Ax_1^2 + 2Bx_1x_2 + Cx_2^2 + Ex_1 + Fx_2 + G$ in der Umgebung von stationären Punkten: links $H = AC - B^2 = 0$, rechts $H = AC - B^2 < 0$

Die Aufgabe wird für die speziellen Parameterwerte $a_1 = a_2 = 1, b_1 = b_2 = 1/2$ gelöst.

$$f(p_1, p_2) = (1 - p_1 - p_2)p_1p_2, \; f_{p_1} = (1 - 2p_1 - p_2)p_2, \; f_{p_2} = (1 - 2p_2 - p_1)p_1$$

$$f_{p_1p_1} = -2p_2, \; f_{p_2p_2} = -2p_1, \; f_{p_1p_2} = 1 - 2(p_1 + p_2)$$

Die Funktion $f$ besitzt, zunächst in der gesamten $(p_1, p_2)$-Ebene betrachtet, die vier stationären Punkte $(0,0)$, $(0,1)$, $(1,0)$ und $(1/3, 1/3)$. Die Diskriminante $H = f_{p_1p_1}f_{p_2p_2} - f_{p_1p_2}^2$ hat die Werte $H(0,0) = H(0,1) = H(1,0) = -1$ und $H(1/3, 1/3) = 1/3$. Daher sind $(0,0)$, $(0,1)$ und $(1,0)$ Sattelpunkte, während $(1/3, 1/3)$ wegen $f_{p_1p_1}(1/3, 1/3) < 0$ eine relative Maximalstelle mit dem Funktionswert $f(1/3, 1/3) = 1/27$ ist.

Statt unter den Einschränkungen $0 \leq p_1 \leq 1/2$ und $0 \leq p_2 \leq 1/2$ aus (8.42) kann das Maximum unter den schwächeren Bedingungen $p_1 + p_2 \leq 1, p_1 \geq 0, p_2 \geq 0$, also innerhalb des Dreiecks $\Delta$ mit den Eckpunkten $(0,0)$, $(1,0)$ und $(0,1)$ gesucht werden. Da die Funktion auf dem Rand dieses Dreiecks den Wert 0 annimmt, im Inneren positiv ist und schließlich dort nur eine einzige relative Maximalstelle besitzt, ist diese notwendig die absolute Maximalstelle. Die Maximalstelle erfüllt überdies die ursprünglichen Einschränkungen.

In der Abbildung 8.16 sind innerhalb des Dreiecks $\Delta$ die Niveaulinien $f = 0{,}01$, $f = 0{,}02$ und $f = 0{,}03$ eingetragen. Die Isoquante $f = 0$ der – jetzt in der gesamten $(p_1, p_2)$-Ebene betrachteten – Funktion besteht aus den drei Geraden $p_1 = 0$, $p_2 = 0$ und $p_1 + p_2 = 1$. In den drei Schnittpunkten dieser Geraden läßt sich die Isoquante nicht eindeutig als Funktion von $p_1$ oder $p_2$ darstellen: Diese Punkte sind stationäre Punkte, – der Satz 8.4.3 über implizite Funktionen ist hier nicht anwendbar!

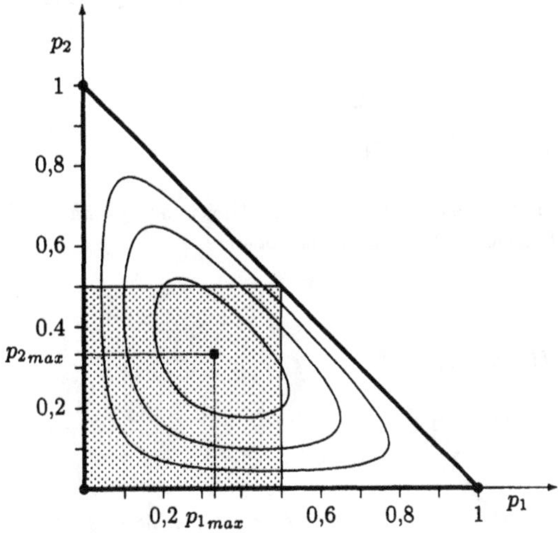


**Abb. 8.16:** Umsatzmaximum bei konkurrierenden Produkten

### 8.5.4 (Methode der kleinsten Quadrate, Ausgleichsrechnung)

*Für die Beziehung zwischen zwei Größen $x$ und $y$ wird eine von $k+1$ Parametern $a_0, a_1, \ldots, a_k$ abhängende* ***Trendfunktion***

$$y = f(x; \boldsymbol{a_0}, \ldots, \boldsymbol{a_k}) \tag{8.43}$$

*angenommen, deren konkrete Gestalt vorab als bekannt vorausgesetzt wird.*
*Aus einer Meßreihe (Datenreihe) von $n$ Paaren $(x_1, y_1), \ldots, (x_n, y_n)$ sind die unbekannten Parameter der Trendfunktion „möglichst gut" zu bestimmen; hierbei wird vorausgesetzt, daß nicht alle $x_i$ untereinander gleich sind.*

Da die Datenreihe im allgemeinen aus wesentlich mehr Gliedern besteht als die Trendfunktion Parameter besitzt, kann nicht erwartet werden, daß die Reihe zu einer Trendfunktion exakt paßt, also die $k+1$ Parameter so bestimmt werden können, daß alle Meßwerte die Funktionsgleichung (8.43) exakt erfüllen. Die Aufgabe besteht vielmehr darin, die unbekannten Parameter an die Daten möglichst gut anzupassen.

- ***Maß für die Abweichung*** *der Meßreihe von einer Trendfunktion des betrachteten Typs:*

  $$\sum_{i=1}^{n}(f(x_i; a_0, \ldots, a_k) - y_i)^2$$

  Diese Fehlersumme, die sich aus den Quadraten der Differenzen zwischen den einzelnen Meßwerten $y_i$ und den Funktionswerten $f(x_i; \ldots)$ der Trendfunktion zusammensetzt, gilt es, durch geeignete Wahl der Parameter zu minimieren.

- ***Extremalaufgabe für eine Funktion von $k+1$ Variablen:***

$$\boldsymbol{F(\underline{a}) = F(a_0, \ldots, a_k) = \sum_{i=1}^{n} (f(x_i; a_0, \ldots, a_k) - y_i)^2} \;\rightarrow\; \boldsymbol{Min} \tag{8.44}$$

- ***Notwendige Bedingung*** *für die Lösung von* (8.44) *bei einer differenzierbaren Trendfunktion:*

$$\frac{\partial F(\underline{a})}{\partial a_0} = \ldots = \frac{\partial F(\underline{a})}{\partial a_k} = 0 \tag{8.45}$$

Im Fall eines Polynoms von höchstens $k$-tem Grad ist (8.45) ein lineares Gleichungssystem; die Lösung für eine lineare Trendfunktion wird nachfolgend als Modellfall angegeben.

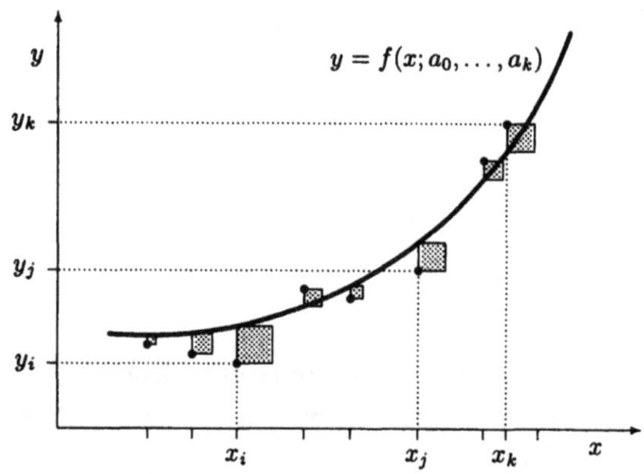


**Abb. 8.17:** Methode der kleinsten Quadrate

### 8.5.5 (Methode der kleinsten Quadrate für polynomiale Trendfunktionen)

*Für eine polynomiale Trendfunktion*

$$\boldsymbol{f(x; a_0, a_1, \ldots, a_k) = a_0 + a_1 x + \ldots + a_k x^k} \tag{8.46}$$

*ist die notwendige Bedingung* (8.45) *– zu einer gegebenen Reihe* $(x_1, y_1), \ldots, (x_n, y_n)$ *von* $\boldsymbol{n \geq k+1}$ *Datenpaaren – ein* ***lineares Gleichungssystem*** *von* $k+1$ *Gleichungen für die* $k+1$ *gesuchten Koeffizienten des Polynoms.*
*Dieses System hat eine eindeutig bestimmte Lösung, und für diese Lösung nimmt die Summe der Fehlerquadrate in* (8.44) *ihren kleinstmöglichen Wert an.*[30]

***Lösung für eine lineare Trendfunktion als Modellfall:***

Für eine lineare Trendfunktion $f(x; a_0, a_1) = a_0 + a_1 x$ lautet die Fehlerfunktion

$$F(a_0, a_1) = \sum_{i=1}^{n} (a_0 + a_1 x_i - y_i)^2 \tag{8.47}$$

[30]Für $n \leq k+1$ gibt es Polynome von höchstens $k$-tem Grad, für welche alle Meßwerte die Funktionsgleichung exakt erfüllen: Im Fall $n = k+1$ ist das Interpolationspolynom nach 4.6.5 eindeutig bestimmt, und bei weniger Meßwerten gibt es unendlich viele solcher Polynome.

und damit die notwendige Bedingung $F_{a_0} = 0,\ F_{a_1} = 0$:

$$\begin{aligned} F_{a_0} &= 2\sum_{i=1}^{n}(a_0 + a_1 x_i - y_i) &= 2a_0 n + 2a_1\sum_{i=1}^{n} x_i - 2\sum_{i=1}^{n} y_i &= 0 \\ F_{a_1} &= 2\sum_{i=1}^{n}(a_0 + a_1 x_i - y_i)x_i &= 2a_0\sum_{i=1}^{n} x_i + 2a_1\sum_{i=1}^{n} x_i^2 - 2\sum_{i=1}^{n} x_i y_i &= 0 \end{aligned}$$

Dies bedeutet das lineare Gleichungssystem

$$\begin{pmatrix} n & [x] \\ [x] & [x^2] \end{pmatrix} \cdot \begin{pmatrix} a_0 \\ a_1 \end{pmatrix} = \begin{pmatrix} [y] \\ [x \cdot y] \end{pmatrix} \tag{8.48}$$

mit der von *Gauss* eingeführten Symbolik

$$[x] = \sum_{i=1}^{n} x_i,\ [x^2] = \sum_{i=1}^{n} x_i^2,\ [x \cdot y] = \sum_{i=1}^{n} x_i y_i \quad \text{usw.} \tag{8.49}$$

Für die Determinante $D$ der Koeffizientenmatrix des Systems (8.48) ist

$$D = n[x^2] - [x]^2 = n\sum_{i=1}^{n}(x_i - \overline{x})^2 > 0 \quad \text{mit dem arithmetischen Mittel} \quad \overline{x} = \frac{x_1 + \ldots + x_n}{n} \tag{8.50}$$

der Meßwerte $x_1, \ldots, x_n$.[31] Da die $x$-Werte nicht sämtlich zusammenfallen, ist $D$ positiv.

- ***Lösungsformel:*** *Die Lösung des linearen Gleichungssystems* (8.48) *ist daher eindeutig bestimmt:*

$$a_0 = \frac{[x^2][y] - [x][x \cdot y]}{D}, \quad a_1 = \frac{n[x \cdot y] - [x][y]}{D} \tag{8.51}$$

- ***Hinreichende Bedingung:*** *Für den eindeutig bestimmten stationären Punkt der Fehlersumme ist auch die hinreichende Bedingung* (8.40) *für ein* (*relatives*) *Minimum erfüllt, denn es gilt* (*sogar in jedem Punkt* $\underline{a} = (a_0, a_1)$)*:*

$$F_{a_0 a_0} F_{a_1 a_1} - F_{a_0 a_1}^2 = 4\left(n[x^2] - [x]^2\right) = 4D > 0, \quad F_{a_1 a_1} = 2[x^2] > 0 \tag{8.52}$$

Andererseits kann die Fehlersumme (8.47) auch in der Form

$$F(a_0, a_1) = na_0^2 + 2[x]a_0 a_1 + a_1^2[x^2] - 2[y]a_0 - 2[x \cdot y]a_1 + [y^2] = Aa_0^2 + 2Ba_0 a_1 + Ca_1^2 + Ea_0 + Fa_1 + G$$

geschrieben werden, und (8.52) besagt gerade $AC - B^2 > 0,\ A > 0$.
Im Beispiel 8.21 wurde gezeigt, daß eine derartige Funktion im stationären Punkt ihr *absolutes* Minimum annimmt.

---

[31] Es ist $[x] = n\overline{x}$, und daher ist

$$n\sum(x_i - \overline{x})^2 = n([x^2] - 2[x]\overline{x} + n\overline{x}^2) = n[x^2] - 2[x][x] + [x]^2 = n[x^2] - [x]^2 = D.$$

***Statistische Interpretation der minimalen Geraden $y = a_0 + a_1 x$:***
*Werden die um die arithmetischen Mittel $\overline{x} = \frac{1}{n}\sum x_i$ und $\overline{y} = \frac{1}{n}\sum y_i$ verschobenen Größen $X_i = x_i - \overline{x}$ und $Y_i = y_i - \overline{y}$ (mit dem Mittelwert 0) eingeführt, so folgt nach einigen Umformungen*[32] *aus den Formeln* (8.51):

$$f(x; a_0, a_1) = a_0 + a_1 x = \overline{y} + \frac{\sum X_i Y_i}{\sum X_i^2}(x - \overline{x}) \tag{8.53}$$

*Werden die Meßwerte $(x_i)$ und $(y_i)$ als Realisierung einer Zufallsgröße $X$ bzw. $Y$ interpretiert, so stellt* (8.53) *die Gleichung der empirischen Regressionsgeraden von $Y$ bezüglich $X$ dar.*[33]

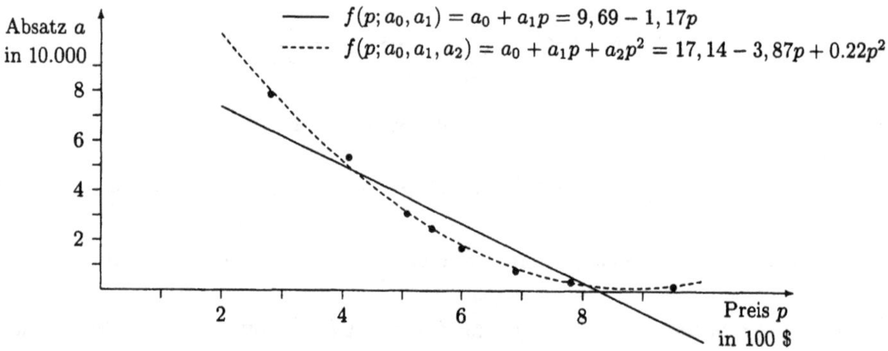


**Abb. 8.18:** Methode der kleinsten Quadrate, lineares und quadratisches Ausgleichspolynom für die Preis-Absatz-Daten aus der Abbildung 7.2

Bei praktischen Problemen der Extremwertbestimmung ist der Definitionsbereich der zu maximierenden oder minimierenden Funktion $f$ von $n$ Veränderlichen oft durch zusätzliche Nebenbedingungen in Form eines Gleichungs- bzw. Ungleichungssystems für die Variablen eingeschränkt, wobei die stationären Punkte der Funktion diese Bedingungen keineswegs zu erfüllen brauchen. Die Untersuchung derartiger Probleme ist Gegenstand der allgemeinen (nichtlinearen) Optimierung.

So sind in der *linearen* Optimierung die Extrema einer linearen Funktion unter Nebenbedingungen in Form eines allgemeinen linearen Ungleichungssystems zu bestimmen. Die Extrema werden in gewissen Ecken der (konvexen) Lösungsmenge des Ungleichungssystems angenommen, – stationäre Punkte treten überhaupt nicht auf, es sei denn, die Funktion ist konstant.

---

[32]Das ergibt sich unmittelbar wie folgt:

$$\begin{aligned}\sum x_i y_i &= \sum (X_i + \overline{x})(Y_i + \overline{y}) = \sum X_i Y_i + \overline{y}\sum X_i + \overline{x}\sum Y_i + n\overline{x}\,\overline{y} = \sum X_i Y_i + n\overline{x}\,\overline{y} \\ \sum x_i^2 &= \sum (X_i + \overline{x})^2 = \sum X_i^2 + 2\overline{x}\sum X_i + n\overline{x}^2 = \sum X_i^2 + n\overline{x}^2\end{aligned}$$

[33]Vgl. *B. Rönz* und *H.-G. Strohe*, 1994

Bei Nebenbedingungen in Form von Gleichungen $\varphi_1(\underline{x}) = 0, \ldots, \varphi_m(\underline{x}) = 0$ werden zwei prinzipiell verschiedene Lösungsverfahren angewandt.

- Es kann versucht werden, diese Gleichungen in die Funktion $f$ „einzubinden", etwa durch deren Auflösung nach geeigneten Variablen und Einsetzen dieser Variablen in die Funktionsgleichung. Von der verbleibenden Funktion – mit einer reduzierten Variablenzahl – sind dann die inneren Extrema zu bestimmen. Diese ***Substitutionsmethode*** ist allerdings nur dann sinnvoll, wenn eine derartige Auflösung der Nebenbedingungen effektiv möglich ist.

- Eine weitere Möglichkeit besteht darin, die Funktionen $\varphi_i$ mit künstlichen Faktoren $\lambda_i$ zu „gewichten" und die inneren Extrema der erweiterten *Lagrange*-Funktion $\mathcal{L}(\underline{x}, \lambda_1, \ldots, \lambda_m) = f + \lambda_1\varphi_1 + \ldots \lambda_m\varphi_m$ mit einer um die Anzahl der Nebenbedingungen vergrößerten Variablenzahl zu untersuchen. Diese – zunächst komplizierter erscheinende – Methode hat den Vorteil, daß mit Hilfe der Multiplikatoren $\lambda_i$ der Einfluß der Nebenbedingungen auf den extremalen Funktionswert beschrieben werden kann.[34]

### 8.5.6 (Substitutionsmethode bei Nebenbedingungen in Gleichungsform)

*Zu bestimmen sind die Extrema einer Funktion $f(x_1, \ldots, x_n)$ unter $\boldsymbol{m < n}$ Nebenbedingungen*

$$\boldsymbol{\varphi_1(x_1, \ldots, x_n) = 0, \quad \ldots, \quad \varphi_m(x_1, \ldots, x_n) = 0.} \tag{8.54}$$

- *Es sei eine Auflösung des Gleichungssystem der Nebenbedingungen nach $m$ der Variablen gegeben, etwa nach den ersten:*

$$x_1 = g_1(x_{m+1}, \ldots, x_n), \quad \ldots, \quad x_m = g_m(x_{m+1}, \ldots, x_n) \tag{8.55}$$

*Nach Einsetzen dieser Darstellungen in die Funktionsgleichung für $f$ verbleibt eine Funktion $F$ der letzten $n - m$ Variablen:*

$$F(x_{m+1}, \ldots, x_n) = f\Big(g_1(x_{m+1}, \ldots, x_n), \ldots, g_m(x_{m+1}, \ldots, x_n), x_{m+1}, \ldots, x_n\Big)$$

- *Ein Punkt $(x_1^*, \ldots, x_n^*)$ ist dann und nur dann eine Extremalstelle der Funktion $f$ unter den Nebenbedingungen* (8.54), *wenn die letzten $n - m$ Koordinaten eine Extremalstelle der Funktion $F$ bilden. Sind die Extremalstellen $(x_{m+1}^*, \ldots, x_n^*)$ von $F$ bekannt, so ergeben sich hieraus durch Ergänzen der ersten $m$ Koordinaten aus* (8.55) *die Extremalstellen für die Funktion $f$ unter den Nebenbedingungen.*

Die notwendige Bedingung $\nabla F = \underline{0}$ kann im Fall von zwei Veränderlichen mit *einer* Nebenbedingung konkret angegeben werden.[35]

---

[34]Für die lineare Optimierung wurde in 5.6.3 der Einfluß von Parametern in den Nebenbedingungen auf den optimalen Wert der Zielfunktion mit Hilfe von gewissen Koeffizienten aus dem Simplex-Tableau beschrieben. Diese Koeffizienten stellen im Rahmen der übergeordneten Theorie von *Kuhn-Tucker*, die auch Ungleichungen als Nebenbedingungen einschließt, Multiplikatoren einer entsprechenden *Lagrange*-Funktion dar. Literatur: *L. Collatz* und *W. Wetterling* (1971), *F. Hillier* und *G. S. Liebermann* (1997), *P. Kall* (1982), *K. Schöler* (1999)

[35]Eine prinzipiell auch mögliche hinreichende Bedingung mit Hilfe der zweiten Ableitung von Funktionen einer Veränderlichen ist etwas unübersichtlich, – hierfür wird in 8.5.9 eine einfache Formulierung unter Verwendung der *Lagrange*-Funktion angegeben.

**8.5.7 (Substitutionsmethode bei zwei Variablen)** *Zu bestimmen sind die Extrema einer Funktion* $f(x_1, x_2)$ *unter einer Nebenbedingung* $\varphi(x_1, x_2) = 0$.
*Dazu wird vorausgesetzt, daß beide Funktionen* $f$ *und* $\varphi$ *in einer offenen Menge* $D \subseteq \mathbb{R}^2$ *erklärt sind und dort stetige partielle Ableitungen erster Ordnung haben. Verläuft die Isoquante* $\varphi(x_1, x_2) = 0$ *durch* $D$ *und ist* $\nabla\varphi(x_1, x_2) \neq \underline{0}$ *auf dieser Isoquante, so ist nach dem Satz 8.4.3 über implizite Funktionen lokal eine Auflösung* $x_2 = g(x_1)$ *oder* $x_1 = h(x_2)$ *möglich.*

Unter Verwendung der Kettenregel und der Formeln (8.30) für die implizite Differentiation ergibt sich hieraus jeweils eine der folgenden (gleichwertigen) notwendigen Bedingungen:

- ***Notwendige Bedingung für einen Extremalpunkt*** $(x_1, x_2)$ **:**

$$\begin{aligned} \frac{d}{dx_1} f(x_1, g(x_1)) = 0 \quad &\Leftrightarrow \quad f_{x_1} + \frac{dg}{dx_1} f_{x_2} = f_{x_1} - \frac{\varphi_{x_1}}{\varphi_{x_2}} f_{x_2} = 0 \\ \frac{d}{dx_2} f(h(x_2), x_2) = 0 \quad &\Leftrightarrow \quad \frac{dh}{dx_2} f_{x_1} + f_{x_2} = f_{x_2} - \frac{\varphi_{x_2}}{\varphi_{x_1}} f_{x_1} = 0 \end{aligned} \tag{8.56}$$

**Beispiel 8.23 (Minimalkostenkombination mit Substitutionsmethode)**[36]
$x_1, x_2$ seien die Inputfaktoren eines Prozesses, dessen Ertrag $E$ durch eine *Cobb-Douglas*-Funktion und dessen Kosten $k$ durch eine lineare Funktion beschrieben werden:

$$E(x_1, x_2) = Cx_1^{\alpha_1} x_2^{\alpha_2}, \quad k(x_1, x_2) = d_0 + d_1 x_1 + d_2 x_2$$

Eine ***Minimalkostenkombination*** ist ein solches Paar $(x_1, x_2)$ von Faktoren, welches zu gegebenem Ertrag $E(x_1, x_2) = b$ die Kosten minimiert, also eine Lösung der Extremalaufgabe

$$k(x_1, x_2) \to \text{Min}\ , \quad \varphi(x_1, x_2) = E(x_1, x_2) - b = 0.$$

Für die Auflösung $x_2 = g(x_1)$ von $E(x_1, x_2) = b$ ist $g'(x_1) = -\dfrac{\alpha_1}{\alpha_2} \dfrac{x_2}{x_1}$. Die partiellen Ableitungen der linearen Kostenfunktion sind die Konstanten $d_1$ und $d_2$, und damit lautet die notwendige Bedingung $K'(x_1) = 0$ für die Funktion $K(x_1) = k(x_1, g(x_1))$:

$$\frac{d}{dx_1} k(x_1, g(x_1)) = k_{x_1} + \frac{dg}{dx_1} k_{x_2} = d_1 - \frac{\alpha_1}{\alpha_2} \frac{x_2}{x_1} d_2 = 0 \Leftrightarrow x_2 = \frac{d_1}{\alpha_1} \frac{\alpha_2}{d_2} x_1 \tag{8.57}$$

Aus den beiden konkreten Auflösungen

$$x_1 = \left(\frac{b}{C}\right)^{1/\alpha_1} x_2^{-\alpha_2/\alpha_1}, \quad x_2 = \left(\frac{b}{C}\right)^{1/\alpha_2} x_1^{-\alpha_1/\alpha_2} \tag{8.58}$$

und (8.57) ergibt sich nach einigen einfachen Umformungen mit den Abkürzungen

$$r = \alpha_1 + \alpha_2 \ (\textit{Homogenitätsgrad des Ertrages}) \quad \textit{und} \quad q = \left(\frac{\alpha_1}{d_1}\right)^{\alpha_1/r} \left(\frac{\alpha_2}{d_2}\right)^{\alpha_2/r} C^{1/r}$$

[36] Vgl. auch das Beispiel 8.15

ein eindeutig bestimmtes Lösungspaar der notwendigen Bedingung (8.56):

$$\boldsymbol{x_1 = \frac{\alpha_1}{d_1}\frac{b^{1/r}}{q}, \quad x_2 = \frac{\alpha_2}{d_2}\frac{b^{1/r}}{q}} \tag{8.59}$$

Das Vorzeichen der zweiten Ableitung $K''(x_1)$ kann auf der gesamten Niveaulinie wegen $x_2' = g'(x_1) = -\frac{\alpha_1}{\alpha_2}\frac{x_2}{x_1}$ aus (8.57) berechnet werden:

$$K''(x_1) = -\frac{\alpha_1}{\alpha_2}d_2\frac{x_2'x_1 - x_2}{x_1^2} = -\frac{\alpha_1}{\alpha_2}d_2\frac{-\frac{\alpha_1}{\alpha_2}\frac{x_2}{x_1}x_1 - x_2}{x_1^2} = \frac{\alpha_1}{\alpha_2}d_2x_2\frac{\frac{\alpha_1}{\alpha_2}+1}{x_1^2} > 0$$

Da $K''(x_1)$ für alle Punkte $(x_1, x_2)$ auf der Niveaulinie $E(x_1, x_2) = b$ positiv ist, ist die Funktion $K(x_1)$ für $x_1 > 0$ konvex, – folglich nimmt sie im gefundenen stationären Punkt ihr absolutes Minimum an.

**Beispiel 8.24 (Substitutionsmethode bei mehreren Nebenbedingungen)**
Zu bestimmen ist der maximale Umsatz

$$f(x_1, x_2, x_3, x_4) = p_1x_1 + p_2x_2 + p_3x_3 + p_4x_4$$

beim Verkauf von 4 Produkten, wobei für die ersten beiden Produkte ein konstanter Preis von $p_1 = 2$ bzw. $p_2 = 5,9$ Geldeinheiten pro abgesetzte Einheit erzielt wird und für die übrigen Produkte Absatz-Preis-Funktionen (mit den Konstanten $a_3 = 5$ und $a_4 = 0,1$) angenommen werden:

$$p_3(x_3) = \frac{1}{a_3 + x_3}, \quad p_4(x_4) = \frac{1}{a_4 + x_4}$$

Die Nebenbedingungen seien als ein lineares Gleichungssystem gegeben:

$$\begin{aligned} \varphi_1(x_1, x_2, x_3, x_4) &= x_1 + 2x_2 + x_3 + 2x_4 - 6 = 0 \\ \varphi_2(x_1, x_2, x_3, x_4) &= x_1 + x_2 + 2x_3 + 2x_4 - 8 = 0 \end{aligned} \tag{8.60}$$

Die Koeffizientenmatrix dieses Systems hat den Rang 2; $x_3$ und $x_4$ können beispielsweise als freie Parameter gewählt werden, und die Auflösung nach den ersten beiden Variablen ergibt:

$$x_1 = 10 - 3x_3 - 2x_4, \quad x_2 = x_3 - 2 \tag{8.61}$$

Da keine der Variablen negativ sein darf, ist der zulässige Bereich für die freien Parameter das durch $x_3 \geq 2$, $3x_3 + 2x_4 \leq 10$ und $x_3 \geq 0$, $x_4 \geq 0$ bestimmte Dreieck $\Delta$ in der $(x_3, x_4)$-Ebene mit den Ecken $\underline{e}_1 = (2, 0)$, $\underline{e}_2 = (10/3, 0)$ und $\underline{e}_3 = (2, 2)$. Nach Einsetzen der aufgelösten Nebenbedingungen in die Umsatzfunktion ergibt sich eine Maximum-Aufgabe für eine Funktion von zwei Veränderlichen mit Restriktionen in Form von Ungleichungen:

$$F(x_3, x_4) = (10 - 3x_3 - 2x_4)p_1 + (-2 + x_3)p_2 + \frac{x_3}{a_3 + x_3} + \frac{x_4}{a_4 + x_4} \to Max \tag{8.62}$$

$$\textit{Nebenbedingungen:}\quad 3x_3 + 2x_4 \leq 10,\ x_3 \geq 2,\ x_3 \geq 0,\ x_4 \geq 0$$

Stationäre Punkte von $F(x_3, x_4)$:

$$\frac{\partial}{\partial x_3} F(x_3, x_4) = -3p_1 + p_2 + \frac{a_3}{(a_3 + x_3)^2} = 0, \quad \frac{\partial}{\partial x_4} F(x_3, x_4) = -2p_1 + \frac{a_4}{(a_4 + x_4)^2} = 0$$

Dieses System kann explizit gelöst werden:

$$\begin{aligned} (a_3 + x_3)^2 &= \frac{a_3}{3p_1 - p_2} \quad \Rightarrow \quad x_3 = -a_3 \pm \sqrt{\frac{a_3}{3p_1 - p_2}} \\ (a_4 + x_4)^2 &= \frac{a_4}{2p_1} \quad \Rightarrow \quad x_4 = -a_4 \pm \sqrt{\frac{a_4}{2p_1}} \end{aligned} \tag{8.63}$$

Wegen $x_3 \geq 0$ und $x_4 \geq 0$ kommen nur die positiven Wurzelwerte in Betracht. Der einzige stationäre Punkt ist dann $(x_3 = 2,071, x_4 = 0,058)$ – bei einer Genauigkeit von drei Nachkommastellen, und dieser liegt auch innerhalb des Dreiecks $\Delta$. Wegen $F_{x_3x_4} = 0$, $F_{x_3x_3} < 0$ und $F_{x_4x_4} < 0$ ist die Diskriminante positiv, und da $F_{x_3x_3}$ negativ ist, liegt ein relatives Maximum mit dem Funktionswert $F_{max} = 8,421$ vor. [37]
Die fehlenden $x_1$- und $x_2$-Werte der Maximalstelle werden aus den Auflösungen (8.61) bestimmt: $x_1 = 3,671$ und $x_2 = 0,071$.

Die Substitutionsmethode 8.5.7 bei zwei Variablen mit einer Gleichung $\varphi(x_1, x_2) = 0$ als Nebenbedingung führt durch eine einfache neue Interpretation der Gleichungen (8.56) zur Multiplikatorenmethode von *Lagrange*:

Wegen der Forderung $\nabla\varphi(x_1, x_2) \neq \underline{0}$ auf der Isoquante $\varphi = 0$ ist dort jeweils eine der beiden partiellen Ableitungen von $\varphi$ von Null verschieden.
Wird im Extremalpunkt etwa $\varphi_{x_2} \neq 0$ angenommen, so kann die notwendige Bedingung

$$f_{x_1} - \frac{\varphi_{x_1}}{\varphi_{x_2}} f_{x_2} = 0 \Leftrightarrow f_{x_1} - \left(\frac{f_{x_2}}{\varphi_{x_2}}\right) \varphi_{x_1} = 0, \text{ zusammen mit der Identität } f_{x_2} = \left(\frac{f_{x_2}}{\varphi_{x_2}}\right) \varphi_{x_2},$$

auch in der Form

$$f_{x_1}(x_1, x_2) + \lambda \varphi_{x_1}(x_1, x_2) = 0, \quad f_{x_2}(x_1, x_2) + \lambda \varphi_{x_2}(x_1, x_2) = 0, \quad \lambda = -\frac{f_{x_2}}{\varphi_{x_2}} \tag{8.64}$$

geschrieben werden. Im Fall $\varphi_{x_2} = 0$ ist entsprechend $\lambda = -\dfrac{f_{x_1}}{\varphi_{x_1}}$ zu setzen.

### 8.5.8 (Methode der *Lagrange*-Multiplikatoren bei zwei Variablen)

*Zu bestimmen sind die Extrema einer Funktion $f(x_1, x_2)$ unter einer Nebenbedingung $\varphi(x_1, x_2) = 0$. Dazu wird vorausgesetzt, daß beide Funktionen $f$ und $\varphi$ in einer offenen Menge $D \subseteq \mathbb{R}^2$ erklärt sind und dort stetige partielle Ableitungen erster Ordnung haben und daß die Isoquante $\varphi(x_1, x_2) = 0$ durch $D$ verläuft.*

---

[37] Ob dieser Wert auch das absolute Maximum der Funktion innerhalb des Dreiecks $\Delta$ ist, kann nicht allein daraus geschlossen werden, daß innerhalb von $\Delta$ und auch auf dessen Rand kein weiterer stationärer Punkt liegt. Um das zu entscheiden, müßte die Funktion auf den einzelnen Strecken des Randes getrennt untersucht werden, – dies führt jeweils auf eine Extremwertaufgabe für eine Funktion einer Veränderlichen.

Eine derartige getrennte Behandlung des Inneren und des Randes des Definitionsbereichs ist allerdings nur in Spezialfällen durchführbar und sinnvoll, – eine einheitliche Behandlung solcher Aufgaben erfordert die Technik der *Lagrange*-Multiplikatoren.

- *Nimmt die Funktion $f$ in einem Punkt $(x_1, x_2) \in D$ ein* ***lokales Extremum unter der Nebenbedingung*** $\varphi = 0$ *an und ist* $\nabla\varphi(x_1, x_2) \neq \underline{0}$, *so gibt es eine reelle Zahl $\lambda$, so daß für $(x_1, x_2, \lambda)$ die* ***notwendige Bedingung***

$$\begin{aligned} f_{x_1}(x_1, x_2) + \lambda\varphi_{x_1}(x_1, x_2) &= 0 \\ f_{x_2}(x_1, x_2) + \lambda\varphi_{x_2}(x_1, x_2) &= 0 \\ \varphi(x_1, x_2) &= 0 \end{aligned} \tag{8.65}$$

*bzw. das gleichwertige System*

$$\nabla f(x_1, x_2) = -\lambda \cdot \nabla\varphi(x_1, x_2), \quad \varphi(x_1, x_2) = 0 \tag{8.66}$$

*erfüllt ist. Für eine Lösung* $(x_1, x_2, \lambda)$ *dieses Systems heißt* $\lambda$ *der zugehörige* ***Lagrange-Multiplikator***.

- *Wird die von drei Variablen abhängende* ***Lagrange-Funktion***

$$\mathcal{L}(x_1, x_2, \lambda) = f(x_1, x_2) + \lambda\varphi(x_1, x_2)$$

*eingeführt, so bedeutet das System (8.65) das Verschwinden* ***aller*** *drei partiellen Ableitungen von $\mathcal{L}$ an der Stelle $(x_1, x_2, \lambda)$, – die notwendige Bedingung lautet dann:*[38]

$$\frac{\partial \mathcal{L}}{\partial x_1} = \frac{\partial \mathcal{L}}{\partial x_2} = \frac{\partial \mathcal{L}}{\partial \lambda} = 0 \tag{8.67}$$

Ist $\nabla f(\underline{x}) \neq \underline{0}$, so führt nach 8.4.3 durch den Punkt $\underline{x}$ eine Niveaulinie der Funktion $f$, und $\nabla f$ steht auf der Tangente an diese Niveaulinie im Punkt $\underline{x}$ senkrecht. Erfüllt $\underline{x}$ die Nebenbedinglung $\varphi = 0$, so steht der Vektor $\nabla\varphi$ senkrecht auf der Tangente an die Niveaulinie $\varphi = 0$ im Punkt $\underline{x}$. Ist schließlich $\underline{x} = (x_1, x_2)$, zusammen mit dem Multiplikator $\lambda$, eine Lösung von (8.66), so ist – im Punkt $\underline{x}$ – der Gradientenvektor der Funktion $f$ das $-\lambda$-fache des Gradientenvektors der Funktion $\varphi$. Folglich fallen die Tangenten an beide Niveaulinien im Punkt $\underline{x}$ zusammen. Es gilt aber auch die Umkehrung: Übereinstimmung der Tangenten an die Niveaulinien bedeutet, daß die beiden Gradienten Vielfache voneinander sind.

- ***Geometrische Interpretation des Lagrange-Multiplikators:***[39]
*Ist in einem Punkt $\underline{x} = (x_1, x_2)$ der Gradientenvektor $\nabla f(\underline{x})$ vom Nullvektor verschieden, so ist $\underline{x} = (x_1, x_2)$, zusammen mit einem geeigneten Multiplikator $\lambda$, dann und nur dann eine Lösung des Systems (8.65) der notwendigen Bedingung, wenn die Tangente an die Kurve $\varphi = 0$ mit der Tangente an die Niveaulinie der Funktion $f$ im Punkt $\underline{x}$ zusammenfällt.*

[38] Die letzte der drei Gleichungen ist mit der Nebenbedingung identisch.

[39] Vgl. Abbildung 8.19

**8.5.9 (Eine hinreichende Bedingung bei zwei Variablen)**
*Zusätzlich zu den Voraussetzungen für 8.5.8 wird die Existenz und Stetigkeit der partiellen Ableitungen zweiter Ordnung beider Funktionen $f$ und $\varphi$ vorausgesetzt.*
*Ist dann $(x_1, x_2, \lambda)$ eine Lösung des Systems (8.67) der notwendigen Bedingungen, so liefert das Vorzeichen der mit der Lagrange-Funktion gebildeten Determinante*[40]

$$H(x_1,x_2,\lambda) = \begin{vmatrix} \mathcal{L}_{x_1x_1} & \mathcal{L}_{x_1x_2} & \varphi_{x_1} \\ \mathcal{L}_{x_1x_2} & \mathcal{L}_{x_2x_2} & \varphi_{x_2} \\ \varphi_{x_1} & \varphi_{x_2} & 0 \end{vmatrix} = \begin{matrix} -\mathcal{L}_{x_1x_1}\varphi_{x_2}^2 \\ +2\mathcal{L}_{x_1x_2}\varphi_{x_1}\varphi_{x_2} \\ -\mathcal{L}_{x_2x_2}\varphi_{x_1}^2 \end{matrix} \tag{8.68}$$

*eine **hinreichende Bedingung** für das Vorhandensein eines (lokalen) Extremums der Funktion $f$ im Punkt $(x_1, x_2)$ unter der Nebenbedingung $\varphi(x_1, x_2) = 0$ :*

$$\begin{aligned} H(x_1,x_2,\lambda) > 0 &\Rightarrow \textit{lokales Maximum im Punkt } (x_1,x_2) \\ H(x_1,x_2,\lambda) < 0 &\Rightarrow \textit{lokales Minimum im Punkt } (x_1,x_2) \end{aligned} \tag{8.69}$$

B e w e i s : Alle im folgenden auftretenden Ableitungen werden in dem fixierten Punkt $\underline{x} = (x_1, x_2)$ berechnet, und $\lambda$ bedeutet den hierzu gehörenden *Lagrange*-Multiplikator.
Da im Punkt $(x_1, x_2)$ nicht beide Ableitungen $\varphi_{x_1}$ und $\varphi_{x_2}$ verschwinden dürfen, kann $\varphi_{x_1}(x_1, x_2) \neq 0$ angenommen werden. $x_2 = g(x_1)$ bezeichnet die nach dem Satz 8.4.3 existierende Auflösung von $\varphi = 0$ nach $x_2$ mit der implizit berechnete Ableitung $g'(x_1) = -\frac{\varphi_{x_1}}{\varphi_{x_2}}$.
Die Ableitungen 1. und 2. Ordnung der Funktion $F(x_1) = f(x_1, g(x_1))$ werden mit Hilfe der Kettenregel und der Produktregel berechnet, wobei die Argumente teilweise weggelassen sind:

$$\begin{aligned} F'(x_1) &= f_{x_1}(x_1,g(x_1)) + f_{x_2}(x_1,g(x_1))g'(x_1) = f_{x_1} + f_{x_2}g' \\ F''(x_1) &= \frac{d}{dx_1}f_{x_1}(x_1,g(x_1)) + g'(x_1)\frac{d}{dx_1}f_{x_2}(x_1,g(x_1)) + f_{x_2}(x_1,g(x_1))g''(x_1) \\ F''(x_1) &= f_{x_1x_1} + 2f_{x_1x_2}g' + f_{x_2x_2}g'^2 + f_{x_2}g'' \end{aligned}$$

Entsprechend kann auch die zweite Ableitung der konstanten Nullfunktion $\phi(x_1) = \varphi(x_1, g(x_1))$ berechnet werden: $\phi''(x_1) = \varphi_{x_1x_1} + 2\varphi_{x_1x_2}g' + \varphi_{x_2x_2}g'^2 + \varphi_{x_2}g'' = 0$
Durch Addition von $F''(x_1)$ und $0 = \lambda\phi''(x_1)$ folgt hieraus:

$$\begin{aligned} F''(x_1) &= (f_{x_1x_1} + \lambda\varphi_{x_1x_1}) + 2(f_{x_1x_2} + \lambda\varphi_{x_1x_2})g' + (f_{x_2x_2} + \lambda\varphi_{x_2x_2})g'^2 + (f_{x_2} + \lambda\varphi_{x_2})g'' \\ &= \mathcal{L}_{x_1x_1} + 2\mathcal{L}_{x_1x_2}g' + \mathcal{L}_{x_2x_2}g'^2 + \mathcal{L}_{x_2}g'' \end{aligned}$$

Wegen der notwendigen Bedingung $\mathcal{L}_{x_2} = 0$ und wegen $g'(x_1) = -\frac{\varphi_{x_1}}{\varphi_{x_2}}$ gilt dann:

$$F''(x_1) = \mathcal{L}_{x_1x_1} + 2\mathcal{L}_{x_1x_2}g' + \mathcal{L}_{x_2x_2}g'^2 = \frac{1}{\varphi_{x_2}^2}\left(\mathcal{L}_{x_1x_1}\varphi_{x_2}^2 - 2\mathcal{L}_{x_1x_2}\varphi_{x_1}\varphi_{x_2} + \mathcal{L}_{x_2x_2}\varphi_{x_1}^2\right) = -\frac{1}{\varphi_{x_2}^2}H$$

$H > 0$ bedeutet damit $F''(x_1) < 0$, und das ist hinreichend für ein Maximum im Punkt $x_1$, und entsprechend ist $H < 0$ hinreichend für ein Minimum. □

Im Beispiel 8.23 wurde das Minimum einer Kostenfunktion $k$ unter der Bedingung gesucht, daß eine Ertragsfunktion $E$ einen gegebenen Wert $b$ annimmt. Die Auswirkung einer (marginalen) Änderung der Größe $b$ auf die – von $b$ abhängenden – optimalen Kosten $k_{opt}$ wird jetzt mit der Methode

[40]Die hierbei auftretende Matrix wird als „geränderte *Hesse*sche Matrix" bezeichnet.

der *Lagrange*-Multiplikatoren bestimmt: Dazu wird die *Lagrange*-Funktion $\mathcal{L} = k + \lambda(b - E)$ aufgestellt, und es zeigt sich, daß der Multiplikator $\lambda$ die Änderungsgeschwindigkeit (marginale Änderung) der optimalen Kosten bezüglich der Größe $b$ ist.

### 8.5.10 (*Lagrange*-Multiplikator als marginale Änderung des Extremums)

*Die Funktion $\varphi$ sei jetzt von der Form $\psi(x_1, x_2) = b$ mit der Größe $b$ als Parameter. Unter den Voraussetzungen in 8.5.8 sind die Extrema der Funktion $f(x_1, x_2)$ unter der Nebenbedingung $\psi(x_1, x_2) = b$ zu bestimmen. Die Lagrange-Funktion lautet jetzt:*

$$\mathcal{L}(x_1, x_2, \lambda) = f(x_1, x_2) + \lambda(b - \psi(x_1, x_2)) \tag{8.70}$$

*Zu fixiertem $b$ sei der Punkt $\underline{x} = (x_1, x_2)$, einschließlich des Multiplikators $\lambda$, eine Lösung des (8.65) entsprechenden Gleichungssystems*

$$f_{x_1}(x_1, x_2) = \lambda\psi_{x_1}(x_1, x_2), \quad f_{x_2}(x_1, x_2) = \lambda\psi_{x_2}(x_1, x_2), \quad \psi(x_1, x_2) = b. \tag{8.71}$$

- *Gibt es in einer Umgebung von $(x_1, x_2, \lambda)$ keine weiteren Lösungen*[41], *so sind die Koordinaten $x_1$ und $x_2$ und damit auch der Multiplikator $\lambda$ eindeutige Funktionen $x_1(b)$, $x_2(b)$ und $\lambda(b)$ des Parameters $b$ mit stetigen Ableitungen.*
  *Dann ist auch der Funktionswert $f(x_1(b), x_2(b))$ eine differenzierbare Funktion von $b$, und* ***dessen Ableitung ist der zugehörige Lagrange-Multiplikator****:*

$$\frac{d}{db} f(x_1(b), x_2(b)) = \lambda(b) \tag{8.72}$$

- *Insbesondere: Nimmt $f$ im Punkt $(x_1(b), x_2(b))$ ein Extremum $f_{opt}(b)$ an, so ist*

$$\frac{d}{db} f_{opt}(b) = \lambda(b) \tag{8.73}$$

***Lagrange-Multiplikator als Bewertung des Parameters b:***
*Durch Linearisierung ergibt sich hieraus eine für kleine Werte von $|\Delta b|$ gültige Näherungsformel:*

$$f_{opt}(b + \Delta b) \approx f_{opt}(b) + \lambda(b) \cdot \Delta b \tag{8.74}$$

B e w e i s : Während sich die differenzierbare Abhängigkeit der Koordinaten von $b$ auf den Satz 8.4.3 über implizite Funktionen zurückführen läßt, ergibt sich die Ableitungsformel (8.72) unmittelbar aus der Kettenregel (8.16) und aus (8.71):

$$\begin{aligned}\frac{d}{db} f(x_1(b), x_2(b)) &= f_{x_1}(x_1(b), x_2(b))x_1'(b) + f_{x_2}(x_1(b), x_2(b))x_2'(b) \\ &= \lambda\psi_{x_1}(x_1(b), x_2(b))x_1'(b) + \lambda\psi_{x_2}(x_1(b), x_2(b))x_2'(b) = \lambda\frac{d}{db}\psi(x_1(b), x_2(b)) = \lambda\frac{d}{db}b = \lambda\end{aligned}$$

[41] Hierzu müssen die Funktionen $f$ und $\psi$ einige weitere Eigenschaften haben, worauf hier nicht eingegangen wird. Bei stetigen Ableitungen von $f$ und $\psi$ bis zur zweiten Ordnung genügt es zum Beispiel, daß die in (8.68) erklärte Determinante der geränderten *Hesse*schen Matrix in dem Lösungspunkt $(x_1, x_2, \lambda)$ von 0 verschieden ist.

**Beispiel 8.25 (Minimalkostenkombination mit Multiplikatorenmethode)**
Die Aufgabe, minimale Kosten bei gegebenem Ertrag zu bestimmen, wurde im Beispiel 8.23 mit Hilfe der Substitutionsmethode gelöst. An Hand des gleichen Beispiels, dem auch die Bezeichnungen entnommen sind, wird die Methode der *Lagrange*-Multiplikatoren demonstriert.

Die *Lagrange*-Funktion lautet hier:

$$\mathcal{L}(x_1, x_2, \lambda) = k(x_1, x_2) + \lambda(b - E(x_1, x_2)) = d_0 + d_1x_1 + d_2x_2 + \lambda(b - Cx_1^{\alpha_1}x_2^{\alpha_2}) \quad (8.75)$$

**1.** Die notwendigen Bedingungen $\nabla\mathcal{L} = \underline{0}$ ergeben jetzt:

$$k_{x_1} = d_1 = \lambda E_{x_1} = \lambda C\alpha_1 x_1^{\alpha_1 - 1}x_2^{\alpha_2} = \lambda\frac{\alpha_1}{x_1}Cx_1^{\alpha_1}x_2^{\alpha_2} = \lambda\frac{\alpha_1}{x_1}b \;\Rightarrow\; x_1 = \lambda\frac{\alpha_1}{d_1}b$$
$$k_{x_2} = d_2 = \lambda E_{x_2} = \lambda C\alpha_2 x_1^{\alpha_1}x_2^{\alpha_2 - 1} = \lambda\frac{\alpha_2}{x_2}Cx_1^{\alpha_1}x_2^{\alpha_2} = \lambda\frac{\alpha_2}{x_2}b \;\Rightarrow\; x_2 = \lambda\frac{\alpha_2}{d_2}b$$

$$E(x_1, x_2) = Cx_1^{\alpha_1}x_2^{\alpha_2} = b \Rightarrow C(\lambda b)^{\alpha_1 + \alpha_2}\left(\frac{\alpha_1}{d_1}\right)^{\alpha_1}\left(\frac{\alpha_2}{d_2}\right)^{\alpha_2} = b$$

Hieraus folgen mit den Abkürzungen $r = \alpha_1 + \alpha_2$ und $q = \left(\frac{\alpha_1}{d_1}\right)^{\alpha_1/r}\left(\frac{\alpha_2}{d_2}\right)^{\alpha_2/r}C^{1/r}$ die bereits in (8.59) gefundenen Koordinaten $x_1$ und $x_2$ der *Minimalkostenkombination* und der *Lagrange*-Multiplikator:

$$x_1 = \frac{\alpha_1}{d_1}\frac{1}{q}b^{1/r}, \; x_2 = \frac{\alpha_2}{d_2}\frac{1}{q}b^{1/r}, \; \lambda = \frac{b^{\frac{1-r}{r}}}{q}$$

Zur Minimalkostenkombination gehören die Kosten

$$k(x_1(b), x_2(b)) = d_0 + d_1\frac{\alpha_1}{d_1}\frac{1}{q}b^{1/r} + d_2\frac{\alpha_2}{d_2}\frac{1}{q}b^{1/r} = d_0 + \frac{r}{q}b^{1/r}.$$

**2.** Die Beziehung (8.72) kann nun konkret durch Differenzieren nachgerechnet werden:

$$\frac{d}{db}k(x_1(b), x_2(b)) = \frac{b^{\frac{1-r}{r}}}{q} = \lambda$$

**3.** Die Minimaleigenschaft kann mit der hinreichenden Bedingung (8.69) nachgewiesen werden. Dazu ist dort $\varphi = b - Cx_1^{\alpha_1}x_2^{\alpha_2}$ zu setzen. Mit den dafür benötigten Ableitungen

$$\varphi_{x_1} = -C\alpha_1 x_1^{\alpha_1-1}x_2^{\alpha_2}, \quad \varphi_{x_2} = -C\alpha_2 x_1^{\alpha_1}x_2^{\alpha_2-1}$$
$$\mathcal{L}_{x_1} = d_1 - \lambda C\alpha_1 x_1^{\alpha_1-1}x_2^{\alpha_2}, \quad \mathcal{L}_{x_2} = d_2 - \lambda C\alpha_2 x_1^{\alpha_1}x_2^{\alpha_2-1}$$
$$\mathcal{L}_{x_1x_1} = -\lambda C\alpha_1(\alpha_1 - 1)x_1^{\alpha_1-2}x_2^{\alpha_2}, \quad \mathcal{L}_{x_2x_2} = -\lambda C\alpha_2(\alpha_2 - 1)x_1^{\alpha_1}x_2^{\alpha_2-2}$$
$$\mathcal{L}_{x_1x_2} = -\lambda C\alpha_1\alpha_2 x_1^{\alpha_1-1}x_2^{\alpha_2-1}$$

ergibt sich für die Determinante der geänderten *Hesse*schen Matrix:

$$\begin{aligned} H &= -\mathcal{L}_{x_1x_1}\varphi_{x_2}^2 + 2\mathcal{L}_{x_1x_2}\varphi_{x_1}\varphi_{x_2} - \mathcal{L}_{x_2x_2}\varphi_{x_1}^2 \\ &= \lambda C^3\alpha_1\alpha_2 x_1^{3\alpha_1-2}x_2^{3\alpha_2-2}((\alpha_1 - 1)\alpha_2 - 2\alpha_1\alpha_2 + \alpha_1(\alpha_2 - 1)) = -\lambda\alpha_1\alpha_2 r b^3 x_1^{-2}x_2^{-2} \end{aligned}$$

Damit ist die hinreichende Bedingung $H < 0$ für ein Minimum erfüllt.

**4.** In der Abbildung 8.19 sind für die konkreten Daten $d_0 = 0$, $d_1 = 3$, $d_2 = 5$, $\alpha_1 = 0,2$, $\alpha_2 = 0,4$, $C = 1$ und $b = 2$ die Isoquante des Ertrags und die Niveaugeraden der Kostenfunktion dargestellt. Die unter 1. angegebenen Formeln liefern die folgenden auf vier Nachkommastellen gerundeten Werte:

$$x_1 = 2,8114;\ x_2 = 3,3737;\ k_{min} = 25,3030;\ \lambda = 21,0858$$

Die wiederholte Lösung der Extremalaufgabe mit dem Wert $b + \Delta b$ für $\Delta b = 0,02$ ergibt einen Anstieg der minimalen Kosten von 0,4231.
Zum Vergleich: Der näherungsweise durch $\Delta k_{min} = k_{min}(b + \Delta b) - \Delta b \approx \lambda \cdot \Delta b$ bestimmte Kostenanstieg hat den Wert $0,02\lambda = 0,4217$.

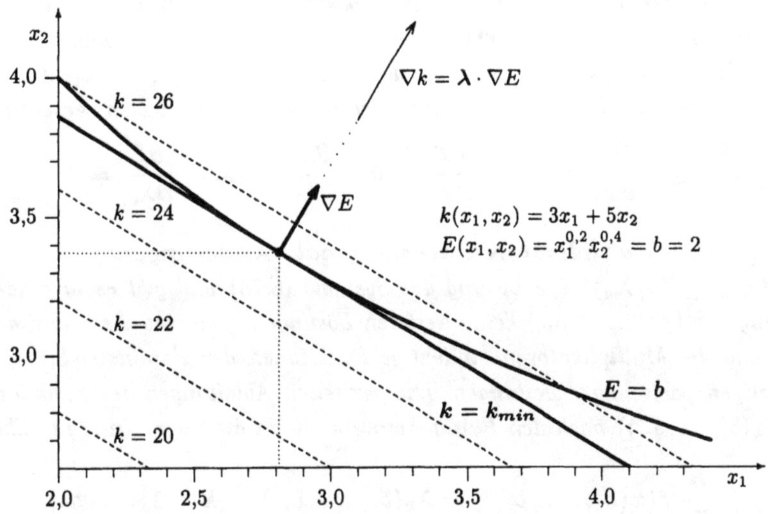


**Abb. 8.19:** Minimalkostenkombination und *Lagrange*-Multiplikator

Die Methode des *Lagrange*-Multiplikators bei zwei Variablen und einer Gleichung als Nebenbedingung stellt eine praktikable Interpretation der Substitutionsmethode dar, wobei der Multiplikator nicht lediglich eine Rechengröße ist, sondern als marginale Änderung des optimalen Funktionswertes eine eigenständige Bedeutung besitzt.
Allgemeiner kann für eine Funktion von $n$ Variablen mit $m < n$ Nebenbedingungen eine *Lagrange*-Funktion mit analogen Eigenschaften eingeführt werden, wobei als Hilfsmittel eine allgemeinere Fassung der Kettenregel für Funktionen mehrerer Veränderlicher dient. Die vom System der Nebenbedingungen zu fordernden Eigenschaften stellen sicher, daß eine Auflösung der Bedingungen (8.55) nach $m$ Variablen zumindest theoretisch möglich ist; Grundlage für die Auflösung von Systemen von Gleichungen ist ein allgemeinerer Satz über implizite Funktionen (vgl. *H. Heuser* (1998) sowie die zur Theorie von *Kuhn* und *Tucker* in der Fußnote 34 angegebene Literatur).
So stellt zum Beispiel ein System $\{\varphi_1(x_1, x_2, x_3) = 0,\ \varphi_2(x_1, x_2, x_3) = 0\}$ den Durchschnitt zweier Niveauflächen dar, und das ist – unter entsprechenden Voraussetzungen an die Auflösbarkeit dieses Systems nach zwei Variablen – eine räumliche Kurve $k$. Die Extrema einer Funktion $f(x_1, x_2, x_3)$ unter der Nebenbedingung $\varphi_1 = \varphi_2 = 0$ sind dann auf der Kurve $k$ zu suchen.

**8.5.11 (Methode der *Lagrange*-Multiplikatoren bei $m$ Gleichungen)**

*Zu bestimmen sind die Extrema einer Funktion $f(x_1, \ldots, x_n)$ unter $m < n$ Nebenbedingungen*

$$\psi_1(x_1, \ldots, x_n) = b_1, \quad \ldots, \quad \psi_m(x_1, \ldots, x_n) = b_m. \tag{8.76}$$

*Die Funktionen $f(\underline{x})$ und $\psi_1(\underline{x}), \ldots, \psi_m(\underline{x})$ seien in einer offenen Menge $D \subseteq \mathbb{R}^n$ erklärt und haben dort stetige partielle Ableitungen erster Ordnung.*

*Die von $\underline{x} = (x_1, \ldots, x_n)$ und $m$ Multiplikatoren $\lambda_1, \ldots, \lambda_m$ abhängende Funktion*

$$\mathcal{L}(\underline{x}, \lambda_1, \ldots, \lambda_m) = f(\underline{x}) + \sum_{i=1}^{m} \lambda_i (b_i - \psi_i(\underline{x})) \tag{8.77}$$

*heißt **Lagrange**-Funktion des Extremalproblems.*

- ***Notwendige Bedingung:*** *Nimmt die Funktion $f$ in einem Punkt $\underline{x} \in D$ ein **lokales Extremum unter den Nebenbedingungen** (8.76) an und ist dort das System der $m$ Gradientenvektoren $\nabla\psi_1, \ldots, \nabla\psi_m$ linear unabhängig[42], so gibt es **Multiplikatoren $\lambda_1, \ldots, \lambda_m$**, so daß an der Stelle $(\underline{x}, \lambda_1, \ldots, \lambda_m)$ die partiellen Ableitungen der Lagrange-Funktion nach allen $n+m$ Variablen verschwinden:*[43]

$$\frac{\partial \mathcal{L}}{\partial x_1} = \ldots = \frac{\partial \mathcal{L}}{\partial x_n} = 0, \quad \frac{\partial \mathcal{L}}{\partial \lambda_1} = \ldots = \frac{\partial \mathcal{L}}{\partial \lambda_m} = 0 \tag{8.78}$$

- ***Lagrange-Multiplikatoren als marginale Änderungen:***
  *Ist $(\underline{x}, \lambda_1, \ldots, \lambda_m)$ eine Lösung des Systems (8.78) und gibt es in einer Umgebung von $(\underline{x}, \lambda_1, \ldots, \lambda_m)$ keine weiteren Lösungen[44], so sind die Koordinaten von $\underline{x}$ und die Multiplikatoren eindeutige Funktionen der Parameter $b_1, \ldots, b_m$ mit stetigen partiellen Ableitungen. Die partiellen Ableitungen des Funktionswertes $f(\underline{x}(b_1, \ldots, b_m))$ nach den Parametern sind dann die Lagrange-Multiplikatoren:*

$$\frac{\partial}{db_k} f(\underline{x}(b_1, \ldots, b_m)) = \lambda_k(b_1, \ldots, b_m), \quad (k = 1, \ldots, m) \tag{8.79}$$

- *Insbesondere: Hat $f$ im Punkt $\underline{x}(b_1, \ldots, b_m)$ ein Extremum $f_{opt}(b_1, \ldots, b_m)$, so ist*

$$\frac{\partial}{\partial b_k} f_{opt}(b_1, \ldots, b_m) = \lambda_k(b_1, \ldots, b_m), \quad (k = 1, \ldots, m). \tag{8.80}$$

***Lagrange-Multiplikatoren als Bewertungen der Parameter:***

*Durch Linearisierung ergibt sich hieraus eine für kleine Werte von $|\Delta b_1|, \ldots, |\Delta b_m|$ gültige Näherungsformel:*

$$f_{opt}(b_1 + \Delta b_1, \ldots, b_m + \Delta b_m) \approx f_{opt}(b_1, \ldots, b_m) + \sum_{i=1}^{m} \lambda_i \cdot \Delta b_i \tag{8.81}$$

---

[42]Diese Eigenschaft bedeutet, daß die Matrix mit den Zeilen $\nabla\psi_1, \ldots, \nabla\psi_m$ den maximalen Rang $m$ besitzt. Dadurch ist die lokale Auflösbarkeit des Systems der Nebenbedingungen gesichert.

[43]Die zweite Gruppe der Bedingungen ist mit dem System der Nebenbedingungen identisch.

[44]Vgl. hierzu die Fußnote 41

**Beispiel 8.26** Die Methode der *Lagrange*-Multiplikatoren wird jetzt an dem bereits mit der Substitutionsmethode behandelten Beispiel 8.24 demonstriert. Dazu werden die in (8.60) angegebenen Nebenbedingungen $\varphi_i = 0$ durch Gleichungen $b_i - \psi_i = 0$ mit Parametern $b_1, b_2$ ersetzt:[44]

$$\begin{aligned} \psi_1(x_1,x_2,x_3,x_4) &= x_1 + 2x_2 + x_3 + 2x_4 = b_1 \\ \psi_2(x_1,x_2,x_3,x_4) &= x_1 + x_2 + 2x_3 + 2x_4 = b_2 \end{aligned} \tag{8.82}$$

Die *Lagrange*-Funktion lautet:

$$\mathcal{L}(x_1,x_2,x_3,x_4,\lambda_1,\lambda_2) = p_1x_1 + p_2x_2 + \frac{x_3}{a_3+x_3} + \frac{x_4}{a_4+x_4}$$
$$+\lambda_1(b_1 - x_1 - 2x_2 - x_3 - 2x_4) + \lambda_2(b_2 - x_1 - x_2 - 2x_3 - 2x_4)$$

Das System (8.78) der notwendigen Bedingungen enthält außer den Nebenbedingungen (8.82) die folgenden vier Gleichungen für die Unbekannten $\lambda_1$, $\lambda_2$, $x_3$ und $x_4$:

$$\begin{aligned} \mathcal{L}_{x_1} &= p_1 - \lambda_1 - \lambda_2 = 0 & \mathcal{L}_{x_3} &= \frac{a_3}{(a_3+x_3)^2} - \lambda_1 - 2\lambda_2 = 0 \\ \mathcal{L}_{x_2} &= p_2 - 2\lambda_1 - \lambda_2 = 0 & \mathcal{L}_{x_4} &= \frac{a_4}{(a_4+x_4)^2} - 2\lambda_1 - 2\lambda_2 = 0 \end{aligned} \tag{8.83}$$

Die hierin linksstehenden Gleichungen liefern die *Lagrange*-Multiplikatoren:

$$\lambda_1 = p_2 - p_1, \quad \lambda_2 = 2p_1 - p_2 \tag{8.84}$$

Durch deren Einsetzen in die rechten Gleichungen von (8.83) ergeben sich die Formeln (8.63) aus dem Beispiel 8.24, – die Werte sind von $b_1$ und $b_2$ unabhängig! Schließlich werden die Variablen $x_1$ und $x_2$ aus den Nebenbedingungen mit Hilfe der bereits erhaltenen Werte für $x_3$ und $x_4$ ermittelt:

$$\begin{aligned} x_1 = x_1(b_1,b_2) &= -b_1 + 2b_2 - 3x_3 - 2x_4, & x_2 = x_2(b_1,b_2) &= b_1 - b_2 + x_3 \\ x_3 &= -a_3 + \sqrt{\frac{a_3}{3p_1 - p_2}}, & x_4 &= -a_4 + \sqrt{\frac{a_4}{2p_1}} \end{aligned} \tag{8.85}$$

Im Beispiel 8.24 wurde mit Hilfe einer hinreichenden Bedingung gezeigt, daß bei den speziellen Werten $b_1 = 6$ und $b_2 = 8$ der Umsatz im Punkt $(x_1, x_2, x_3, x_4)$ ein Maximum annimmt, – dieses Argument bleibt auch bei beliebigen Werten für $b_1$ und $b_2$ gültig, wie die Darstellung (8.62) der Umsatzfunktion zeigt.
Der Umsatz $f_{max}(b_1, b_2) = f(x_1(b_1,b_2), x_2(b_1,b_2), x_3, x_4)$ für die – eindeutig bestimmte – Lösung des Systems der notwendigen Bedingungen lautet damit:

$$\begin{aligned} f_{max}(b_1,b_2) &= p_1(-b_1 + 2b_2 - 3x_3 - 2x_4) + p_2(b_1 - b_2 + x_3) + \frac{x_3}{a_3+x_3} + \frac{x_4}{a_4+x_4} \\ &= (p_2 - p_1)b_1 + (2p_1 - p_2)b_2 + x_3\left(\frac{1}{a_3+x_3} - 3p_1 + p_2\right) + x_4\left(\frac{1}{a_4+x_4} - 2p_1\right) \end{aligned}$$

---

[44] Die für die Anwendung der Multiplikatorenmethode erforderliche Unabhängigkeit der Gradienten $\nabla\psi_1$ und $\nabla\psi_2$ ist hier gegeben: Die Gradienten sind die Koeffizientenvektoren der linearen Funktionen $\psi_1$ und $\psi_2$, und diese sind linear unabhängig, da die Matrix $\begin{pmatrix} 1 & 2 & 1 & 2 \\ 1 & 1 & 2 & 2 \end{pmatrix}$ den Rang 2 besitzt. Diese Tatsache sichert gerade die Auflösbarkeit des System nach zwei der Variablen.

Da $x_3$ und $x_4$ von den Parametern der Nebenbedingung unabhängig sind, ist $f_{max}(b_1, b_2)$ eine lineare Funktion in den Variablen $b_1$ und $b_2$, und die Koeffizienten von $b_1$ und $b_2$ sind als partielle Ableitungen wegen (8.79) die *Lagrange*-Multiplikatoren!
Auf Grund der Linearität gilt dann sogar exakt:

$$f_{max}(b_1 + \Delta_1, b_2 + \Delta_2) = f_{max}(b_1, b_2) + \lambda_1 \Delta b_1 + \lambda_2 \Delta b_2$$

Diese Beziehung ist allerdings nur für solche Werte $\Delta b_1$ und $\Delta b_2$ gültig, für welche die Lösung (8.85) keine negativen Koordinaten besitzt.
Mit den im Beispiel 8.24 verwendeten Daten $p_1 = 2$, $p_2 = 5,9$, $a_3 = 5$ und $a_4 = 0,1$ und den dort berechneten Werten $x_3 = 2,071$ und $x_4 = 0,058$ gilt:

$$x_1 = -b_1 + 2b_2 - 6,329; \; x_2 = b_1 - b_2 + 2,071; \; \lambda_1 = 3,9; \lambda_2 = -1,9$$

Die Forderungen $x_1 \geq 0$ und $x_2 \geq 0$ bedeuten damit $3,165 + \frac{1}{2}b_1 \leq b_2 \leq 2,071 + b_1$, und innerhalb dieser Grenzen ist die Formel

$$f_{max}(b_1 + \Delta_1, b_2 + \Delta_2) = f_{max}(b_1, b_2) + 3,9\Delta b_1 - 1,9\Delta b_2$$

anwendbar.

## 8.6 Aufgaben zum Kapitel 8

**Aufgabe 8.1 (Konvexe Funktion)**
*Die Funktion $f(x_1, x_2)$ sei in einer ebenen konvexen Menge $M$ konvex. Dann ist für jede reelle Zahl $C$ die Teilmenge $\{(x_1, x_2) \in M : f(x_1, x_2) \leq C\}$ des Definitionsbereichs konvex* (vgl. die Abbildung 8.8).
Begründen Sie diese Tatsache. Gilt auch die Umkehrung?

**Aufgabe 8.2 (Konvexe Funktionen, Umgebungen)**
Bestimmen Sie (nach 8.2.4) das absolute Maximum der Funktion $f(x, y) = 5x^2 + 8xy + 4y^2 + 5x - 5y$ unter den Restriktionen

$$6 \leq 2x + 3y \leq 24, \quad -2x + 3y \leq 12, \quad 2x \leq y + 12, \quad y \leq 5, \quad x \leq 7, \quad x \geq 0, \quad y \geq 0.$$

Die Punkte $\underline{x}_1 = (1, 4)$ und $\underline{x}_2 = (6, 1)$ erfüllen das Restriktionssystem.
Ermitteln Sie jeweils das größte Quadrat mit $\underline{x}_1$ bzw. $\underline{x}_2$ als Mittelpunkt, so daß alle Punkte der Quadrate das Restriktionssystem erfüllen.

**Aufgabe 8.3 (Homogene Funktionen und partielle Elastizitäten)**
*Für eine homogene Funktion $y = f(x_1, \dots, x_n)$ vom Grad $r$ hat die Summe der partiellen Elastizitäten den Wert $r$:*

$$x_1 \frac{f x_1}{f} + x_2 \frac{f x_2}{f} + \ldots + x_n \frac{f x_n}{f} = \varepsilon_1 + \varepsilon_2 + \ldots + \varepsilon_n = r$$

(a) Begründen Sie diese Eigenschaft. (Anleitung: Differentiation der Gleichung (8.11) nach $\lambda$)

(b) Ermitteln Sie näherungsweise durch Berechnung der partiellen Elastizitäten der Funktion

$$f(x_1, x_2, x_3) = x_1^{0,3} x_2^{0,2} x_3^{0,4} + x_1^{0,2} x_2^{0,6} x_3^{0,1} + x_1^{0,1} x_2^{0,1} x_3^{0,7}$$

im Punkt $(2, 3, 4)$ die relative Änderung des Funktionswertes in Prozent bei Änderung aller drei Koordinaten jeweils um 1 %; testen Sie die Näherungswerte durch konkrete Berechnung des Funktionswertzuwachses.
Läßt sich die Rechnung durch Anwendung des obigen Satzes vereinfachen?

**Aufgabe 8.4 (Gradient, totales Differential)**
Bei einer Temperatur $T$ und einer Windgeschwindigkeit $v$, gemessen in °C bzw. km/h, wird die „gefühlte Temperatur" $T_w$ (die sog. *Windchill*-Temperatur) nach der Formel

$$T_w(v,T) = 33 + (0,478 + 0,237\sqrt{v} - 0,0124v)(T - 33)$$

berechnet; so wird die tatsächliche Temperatur von 0° C bei einer Windgeschwindigkeit von 24 km/h (Windstärke 4) als Temperatur von ca. −11,3° C empfunden.

Skizzieren Sie die Isoquanten der Funktion $T_w$ für $15 \leq v \leq 25$, $0 \leq T \leq 10$ anhand der Gradienten. Berechnen Sie im Punkt $P = (20,5)$ die Richtung, in der die Windchill-Temperatur am stärksten steigt. Um welchen Wert ändert sich $T_w$, wenn der Punkt bei der Zunahme der Temperatur $T$ um 1° C in diese Richtung verschoben wird?

Geben Sie mit Hilfe des totalen Differentials eine allgemeine Näherungsformel für die Änderung von $T_w$ bei kleinen Änderungen der Temperatur und der Windstärke an und testen Sie die Genauigkeit der Näherung.

**Aufgabe 8.5 (Grenzrate der Substitution)**
Skizzieren Sie für die Umsatzfunktion

$$f(p_1,p_2) = (1 - p_1 - p_2)p_1p_2$$

des Beispiels 8.22 die durch den Punkt $P$ mit den Koordinaten $p_1 = 0,1$ und $p_2 = 0,2$ führende Isoquante. Stellen Sie die Isoquante in einer Umgebung dieses Punktes als Funktion einer der beiden Preise $p_1$ oder $p_2$ formelmäßig dar, berechnen Sie deren Ableitung im Punkt $p_1 = 0,1$ bzw. $p_2 = 0,2$ mittels impliziter Differentiation und kontrollieren Sie das Ergebnis mittels gewöhnlicher Differentiation.

Wie ändert sich der Umsatz, wenn die erste Koordinate von $P$ um $\Delta p_1 = 0,01$, $\Delta p_1 = 0,001$ bzw. um $\Delta p_1 = 0,001$ erhöht und gleichzeitig die zweite Koordinate um $\lambda\Delta p_1$ verändert wird, wobei für $\lambda$ die Grenzrate der Substitution von $p_2$ durch $p_1$ gewählt wird?

Verwenden Sie anschließend anstelle von $\lambda$ den Wert $-1/\lambda$ und interpretieren Sie die unterschiedlichen Ergebnisse.

**Aufgabe 8.6 (Innere Extrema bei zwei Veränderlichen)**

(a) Ermitteln Sie alle stationären Punkte der Funktion

$$f(x,y) = (1 - x^2 - y^2)(x^2 - y^2) \text{ für } -\infty < x < \infty, -\infty < y < \infty$$

und untersuchen Sie, in welchen dieser Punkte die Funktion relative Maxima bzw. Minima hat. Bestimmen Sie anschließend das absolute Maximum und das absolute Minimum unter der Einschränkung $x^2 + y^2 \leq 1$.

(b) Ermitteln Sie die stationären Punkte und Isoquanten der Funktion

$$f(x,y) = \frac{x^2 - y^2}{x^2 + y^2} \quad \text{für} \quad x^2 + y^2 > 0.$$

Besitzt diese Funktion einen größten und einen kleinsten Funktionswert?
Die Funktion ist zunächst im Punkt $(0,0)$ nicht definiert. Ist es aber möglich, einen geeigneten Wert für $f(0,0)$ festzulegen, mit dem die Funktion im Koordinatenursprung stetig wird?

**Aufgabe 8.7 (Methode der kleinsten Quadrate)**
Stellen Sie – nach dem Muster 8.5.5 – die notwendige Bedingung für die mit der Methode der kleinsten Quadrate zu bestimmende quadratische Trendfunktion $f(x; a_0, a_1, a_2) = a_0 + a_1x + a_2x^2$ auf.

Prüfen Sie damit die in der Abbildung 8.18 angegebene quadratische Trendfunktion (mit den dort verwendeten Daten) nach:

| $i$ | 1 | 2 | 3 | 4 | 5 | 6 | 7 | 8 |
|---|---|---|---|---|---|---|---|---|
| $x_i$ | 2,80 | 4.10 | 5.08 | 5,50 | 6,00 | 6,90 | 7,80 | 9,50 |
| $y_i$ | 7,854 | 5,340 | 3,082 | 2,483 | 1,682 | 0,784 | 0,345 | 0,187 |

**Aufgabe 8.8 (Extremalaufgaben mit einer Nebenbedingung)**
Lösen Sie die folgenden beiden Extremwertaufgaben mit Hilfe der Substitutionsmethode sowie mit Hilfe der *Lagrange*-Funktion. Zeigen Sie insbesondere, daß der *Lagrange*-Multiplikator $\lambda$ für das Minimum die Ableitung des minimalen Funktionswertes $F_{min}$ nach dem Volumenparameter $V_0$ ist.

(a) Welche Gestalt hat ein Quader von gegebenem Volumen $V_0$ mit minimaler Oberfläche $F$? Geben Sie mit Hilfe des *Lagrange*-Multiplikators für ein Volumen von $V_0 = 1.000\,cm^3$ näherungsweise an, um welchen Wert die (minimale) Oberfläche wächst, wenn das Volumen um $50\,cm^3$ vergrößert wird.

(b) Welche Gestalt hat ein gerader Kreiszylinder von gegebenem Volumen $V_0$ mit minimaler Oberfläche? Prüfen Sie insbesondere die mit der *Hesse*schen Matrix formulierte hinreichende Bedingung (8.69) nach.
Testen Sie die Güte des Näherungswertes $F_{min}(V_0) + \lambda\Delta V$ für das Minimum $F_{min}(V_0 + \Delta V)$ bei kleinen Werten von $|\Delta V|$. Wieso ist das Minimum generell kleiner als der Näherungswert?

**Aufgabe 8.9 (Minimalkostenkombination)**
Mit drei Input-Faktoren $x$, $y$ und $z$ werde der Ertrag $E(x,y,z) = x^\alpha y^\beta z^\gamma$ erzielt, und die damit verbundenen Kosten seien durch eine lineare Funktion $k(x,y,z) = px + qy + rz$ gegeben. Hierbei sind $\alpha, \beta, \gamma, p, q, r$ positive Parameter.

Bestimmen Sie mit Hilfe der Methode der *Lagrange*-Multiplikatoren diejenige Kombination $(x,y,z)$, für welche die Kosten bei gegebenem Ertrag $C$ minimal werden. Zeigen Sie, dass der *Lagrange*-Multiplikator $\lambda$ die Ableitung der minimalen Kosten $k_{min}$ nach dem Ertragsparameter ist.
Testen Sie die Näherungsformel $k_{min}(C + \Delta C) \approx k_{min}(C) + \lambda \cdot \Delta C$ mit den konkreten Daten $\alpha = 0,2;\ \beta = 0,3;\ \gamma = 0,1;\ p = 3;\ q = 2;\ r = 4;\ C = 10;\ \Delta C = 0,1.$

# Anhang: Lösungen ausgewählter Aufgaben

## A Grundlagen, Kombinatorik und lineare Algebra

**Aufgabe 1.1**: (a) und (c) sowie (b) und (d) sind jeweils Umkehrungen voneinander;
(a) und (d) sowie (b) und (c) sind als Kontrapositionen jeweils logisch gleichwertig.

**Aufgabe 1.3**: (a) Mindestens eines der Produkte ist von minderer Qualität, und es ist nicht im Preis reduziert.
(b) Manche Zimmer des Hotels haben einen Balkon, aber keinen Blick zum Meer, oder sie haben Blick zum Meer, dafür aber keinen Balkon, oder sie haben weder Balkon noch Meeresblick.

**Aufgabe 1.5**:

$$
\begin{array}{rcl@{\qquad}rcl}
A\cap(B\cup C) &=& (\frac{1}{2},1) & \overline{A\cap(B\cup C)} &=& (0,\frac{1}{2}]\cup[1,3] \\
A\cup(B\cap C) &=& (0,1)\cup(\frac{3}{2},2) & \overline{A\cup(B\cap C)} &=& [1,\frac{3}{2}]\cup[2,3] \\
(D\setminus C)\cap A &=& \emptyset & \overline{(D\setminus C)\cap A} &=& (0,3] \\
(D\setminus C)\cup A &=& (0,\frac{3}{2}] & \overline{(D\setminus C)\cup A} &=& (\frac{3}{2},3] \\
(C\setminus D)\cap B &=& \emptyset & \overline{(C\setminus D)\cap B} &=& (0,3] \\
(C\setminus D)\cup B &=& (\frac{1}{2},2)\cup(2,3) & \overline{(C\setminus D)\cup B} &=& (0,\frac{1}{2}]\cup\{2,3\}
\end{array}
$$

**Aufgabe 1.6**: Nur die linke der Beziehungen (b) und die rechte der Beziehungen (c) gelten allgemein.

**Aufgabe 1.7**: Mit den Bezeichnungen $A = (0,4)$, $B = (6,0)$, $C = (8,0)$, $D = (\frac{24}{5}, \frac{32}{5})$, $E = (8,8)$, $F = (4,8)$ und $O = (0,0)$ für Punkte in einem $(x,y)$-Koordinatensystem lautet die Lösung:
(a): Viereck $ABCD$ einschließlich der Kanten;
(b): Dreieck $CDE$ – ohne die Kante $\overline{CD}$ – sowie das Dreieck $OAB$ – ohne die Kante $\overline{AB}$;
(c): $\emptyset$;
(d): Viereck $AOCE$ sowie das Dreieck $DEF$ – ohne die Kante $\overline{DF}$ –, aber einschließlich des Punktes $D$.

**Aufgabe 1.8**: $5\ln n < n$ gilt für $n = 1$ und ab $n = 13$, $50n < 2^n$ gilt ab $n = 9$, $10^n < n!$ gilt ab $n = 25$.

**Aufgabe 1.9**: Von $4^3$ Abbildungen sind 24 umkehrbar eindeutig.

**Aufgabe 1.10**: $f^{-1}(u,v) = \dfrac{1}{13}(2u + 3v - 8, 3u - 2v + 1)$

**Aufgabe 1.11**: Die Umkehrung gilt nicht.

**Aufgabe 1.12**:

| | | | |
|---|---|---|---|
| (1) | $x \neq \frac{1}{3}$ | $y \neq \frac{2}{3}$ | $x = f^{-1}(y) = (1+y)/(3y-2)$ |
| (2) | $-\infty < x < \infty$ | $1 \leq y < \infty$ | $x = \begin{cases} f_1^{-1}(y) = (1+y)/2 & \text{für } x \geq 1 \\ f_2^{-1}(y) = (3-y)/2 & \text{für } x < 1 \end{cases}$ |
| (3) | $-\infty < x < \infty$ | $10^{-4} \leq y < \infty$ | $x = f^{-1}(y) = \pm\sqrt{(4+\lg y)}/\sqrt{5}$ für $x \geq 0$ $(x < 0)$ |
| (4) | $\frac{2}{3} \leq x \leq 1$ | $0 \leq y \leq 1$ | $x = f^{-1}(y) = (2+(1-y^2)^2)/3$ |
| (5) | $0 < x < \infty$ | $-\infty < y < \infty$ | $x = f^{-1}(y) = 10^{y/(1+2\ln 10)}$ |
| (6) | $x < 0$ oder $x > \frac{3}{2}$ | $y \neq \ln 2$ | $x = f^{-1}(y) = 3/(2-e^y)$ |

**Aufgabe 2.1**:
(a) $(n_1 + \ldots + n_k)! = 12!$ bzw. $k!(n_1! \cdot \ldots \cdot n_k!) = 41.472$
(b) $\dfrac{(n_1 + \ldots + n_k)!}{n_1! \cdot \ldots \cdot n_k!} = 277.200$ bzw. $k! = 24$

**Aufgabe 2.2**:
(b) Die erste der Formeln (2.10) ergibt sich durch Induktion (Schluß von $t$ auf $t+1$) bei beliebiger natürlicher Zahl $s$; die zweite Formel folgt unmittelbar aus der ersten mit Hilfe des Additionstheorems.

**Aufgabe 2.3**: Der erforderliche Grad des Polynoms $\sum_{i=0}^{k} \binom{10}{i} p^i$ ist $k = 2$ für $p = 1\%$, $k = 3$ ab $p = 2\%$, $k = 4$ ab $p = 5\%$ und $k = 5$ ab $p = 8\%$.

**Aufgabe 2.4**: 1.820

**Aufgabe 2.5**: (a) 125.970, (b) 6.720, (c) 1.860.480

**Aufgabe 2.6**: 216

**Aufgabe 2.7**: Um doppelte Zählungen zu vermeiden, können die einzelnen Fälle in einander ausschließende Fälle mit einer feststehenden Anzahl von Nullen aufgeteilt werden.
(a) 1.270 bzw. 999.945
(b) $S_1 = \sum_{i=k}^{n} \binom{n}{i} 9^{n-i}$ bzw. $S_2 = \sum_{i=0}^{k} \binom{n}{i} 9^{n-i}$, $S_1 + S_2 = (9+1)^n + \binom{n}{k} 9^{n-k} = 10^n + \binom{n}{k} 9^{n-k}$

**Aufgabe 2.8**: Es gibt 11 zugelassene Antworten für *eine* der Fragen, davon 10 falsche. Die Chance, die Prüfung allein durch Raten zu bestehen, beträgt $\dfrac{84.376.721}{11^{12}} \approx 0,003\%$.

**Aufgabe 2.10**: Es gibt 8 einfarbige, 840 zweifarbige und 8.400 dreifarbige Türme.

**Aufgabe 2.11**: Nach Festlegung *eines* von fünf Partnern für eine der Mannschaften verbleiben drei Möglichkeiten für ein Turnier; ingesamt gibt es $5 \times 3$ Möglichkeiten für ein Turnier. Für $2n$ Mannschaften ergeben sich (durch Anwendung des Induktionsprinzips)

$$(2n-1)(2n-3)\ldots 1 = \frac{(2n-1)!}{2^{n-1}(n-1)!}$$

und speziell für $2n = 70$ Mannschaften $\approx 3 \cdot 10^{49}$ Möglichkeiten.

**Aufgabe 3.2**: Das Produkt stimmt mit der Summe aller Matrizenelemente (= Summe der Zeilensummen = Summe der Spaltensummen) der Produktmatrix überein:

$$\sum_{k=1}^{p} s_{k_A} z_{k_B} = \sum_{k=1}^{p}\left(\sum_{i=1}^{m} a_{ik}\cdot\sum_{j=1}^{n} b_{kj}\right) = \sum_{i=1}^{m}\sum_{j=1}^{n}\left(\sum_{k=1}^{p} a_{ik}b_{kj}\right) = \sum_{i=1}^{m}\left(\sum_{j=1}^{n} c_{ij}\right) = \sum_{i=1}^{m} z_{i_C}$$

**Aufgabe 3.3**: Der Binomische Satz gilt immer dann, wenn die Faktoren vertauschbar sind.

**Aufgabe 3.4**: 67 Einheiten von $M_1$, 99 Einheiten von $M_2$, 74 Einheiten von $M_3$

**Aufgabe 3.5**: $x_{21} = x_{31} = 3 - x_{11}$, $x_{22} = 2 - x_{12}$ und $x_{32} = 3 - x_{12}$ mit Parametern $x_{11}$ und $x_{12}$, die in den Grenzen $0 \le x_{11} \le 3$ und $0 \le x_{12} \le 2$ frei wählbar sind.

**Aufgabe 3.6**: (a) Werden in der Matrizengleichung $AX = A$ für die Matrix $A$ nacheinander diejenigen Matrizen eingesetzt, die bis auf *eine* 1 in der Diagonale nur aus Nullen bestehen, so ergeben sich für die gesuchte Matrix $X$ der Reihe nach die Zeilen der Einheitsmatrix.
(b) Mit den gleichen Matrizen für $A$ ergibt sich zunächst aus $AX = XA$, daß $X$ eine Diagonalmatrix ist. Hieraus folgt die behauptete Form für $X$ durch Wahl einer Matrix $A$, die in *einer* Zeile nur Einsen und sonst nur Nullen enthält.

**Aufgabe 3.7**:

$$A^n = \begin{cases} 2^{n/2}E & \text{für gerades } n \\ 2^{(n-1)/2}A & \text{für ungerades } n \end{cases} \qquad (A^n)^{-1} = \begin{cases} 2^{-n/2}E & \text{für gerades } n \\ 2^{(-n-1)/2}A & \text{für ungerades } n \end{cases}$$

Mit der Matrix $A$ – und daher auch mit allen Potenzen von $A$ – sind genau die Matrizen $X$ der Form $X = \begin{pmatrix} a+2b & b \\ b & a \end{pmatrix}$ mit frei wählbaren Parametern $a$ und $b$ vertauschbar.

**Aufgabe 3.8**: (b) Zur Lösung der Matrizengleichung $AX = E$ für eine obere Dreiecksmatrix werden die Elemente $x_{ij}$ zeilenweise mit absteigendem Zeilenindex (bzw. mit aufsteigendem Zeilenindex bei einer unteren Dreiecksmatrix) berechnet.

**Aufgabe 3.9**: (a) Die Umkehrung gilt wegen $|AB| = |A|\cdot|B|$.
(b) Die Antwort ergibt sich durch Multiplikation jeder der beiden Gleichungen mit der Inversen.
(c) Die Antwort ergibt sich durch Transponieren der Beziehung $A\cdot A^{-1} = E$.

**Aufgabe 3.11**: (b) Werden in einer Anordnung $(\pi_1, \pi_2, \ldots, \pi_i, \pi_{i+1}, \ldots, \pi_n)$ der Zahlen $1, 2, \ldots, n$ zwei benachbarte Elemente $\pi_i$ und $\pi_{i+1}$ vertauscht, so nimmt die Anzahl der Inversionen um 1 zu oder ab, je nachdem, ob $\pi_i < \pi_{i+1}$ oder $\pi_i > \pi_{i+1}$ ist.

**Aufgabe 3.12**:

$$\begin{pmatrix} x_1 \\ x_2 \\ x_3 \\ x_4 \end{pmatrix} = B \begin{pmatrix} b_1 \\ b_2 \\ b_3 \\ b_4 \end{pmatrix} \quad \text{mit } B = \frac{1}{3}\begin{pmatrix} 1 & -2 & 1 & 1 \\ 1 & 1 & 0 & 0 \\ 0 & 0 & 1 & 1 \\ 1 & 1 & -1 & 2 \end{pmatrix}$$

Hierbei ist $B$ bereits die gesuchte inverse Matrix, denn diese ergibt sich durch konkretes Einsetzen der Einheitsvektoren anstelle der rechten Seite des Gleichungssystems.

**Aufgabe 4.1**: (a) $S$ hat den Rang 2, $L(S)$ ist die durch die Punkte $(0,0,0)$, $(1,0,2)$ und $(1,1,1)$ führende Ebene.
(b) Genau die Vektoren mit $b \neq 2a$ ergänzen das Vektorsystem zu einer Basis von $\mathbb{R}^4$.

**Aufgabe 4.2**: (a) Die Aussage ergibt sich unmittelbar aus der folgenden einfachen Beobachtung: Für die ersten $k$ Zeilen $\underline{z}_1, \ldots, \underline{z}_k$ einer Matrix $A = (a_{ij})_{i=1,\ldots,m;j=1,\ldots,n}$ bedeutet deren lineare Unabhängigkeit, daß das aus $n$ Gleichungen bestehende System

$$\begin{pmatrix} \lambda_1 a_{11} + & \ldots & +\lambda_k a_{k1} \\ \vdots & \ddots & \vdots \\ \lambda_1 a_{1n} + & \ldots & +\lambda_k a_{kn} \end{pmatrix} = A^T(\lambda_1, \ldots, \lambda_k, 0, \ldots, 0)^T = \begin{pmatrix} 0 \\ \vdots \\ 0 \end{pmatrix}$$

nur die triviale Lösung besitzt. Ein Spaltentausch in der Matrix $A$ bewirkt einen Zeilentausch in der transponierten Matrix, und das hat lediglich eine Änderung der Reihenfolge der Gleichungen dieses Systems zur Folge.

(b) Hat eine $n$-reihige Matrix $A$ den Rang $n-1$, so kann in $A$ ein linear unabhängiges System von $n-1$ *Spalten* ausgewählt werden. Nach Streichen einer geeigneten $j$-ten Spalte verbleibt eine Matrix vom Rang $n-1$, in der ein linear unabhängiges System von $n-1$ *Zeilen* ausgewählt werden kann. Wird hierin eine geeignete $i$-te Zeile gestrichen, so ist die Determinante der resultierenden $(n-1)$-reihigen regulären Matrix bis auf das Vorzeichen die (von 0 verschiedene) Adjunkte $A_{ij}$.

Umkehrung: Ist eine Adjunkte $A_{ij}$ von 0 verschieden, so ist das durch Weglassen der $i$-ten Zeile aus der Matrix $A$ verbleibende Zeilensystem linear unabhängig! $A$ hat daher mindestens den Rang $n-1$. Da aber $n$ als Rang wegen $|A| = 0$ ausgeschlossen ist, hat $A$ den Rang $n-1$.

**Aufgabe 4.4**: (a) Die Differenz zweier Lösungen von $A\underline{x} = \underline{b}$ ist eine Lösung des homogenen Systems, und die Summe aus einer beliebigen Lösung von $A\underline{x} = \underline{b}$ und einer beliebigen Lösung des homogenen Systems ist eine Lösung von $A\underline{x} = \underline{b}$.

(b) Für den speziellen Teilraum lautet das homogene System: $x_1 + x_3 = 0,\ x_1 - x_4 = 0$

**Aufgabe 4.5**: $x_1 = -\frac{3}{2} - x_4,\ x_2 = \frac{7}{2} - 2x_3 + x_4,\ x_5 = -\frac{1}{2}$, mit $x_3$ und $x_4$ als freien Parametern

Weitere mögliche Systeme freier Parameter: $\{x_1, x_2\}$, $\{x_1, x_3\}$, $\{x_2, x_3\}$, $\{x_2, x_4\}$

**Aufgabe 4.6**: (a) $b_1 + b_2 = b_4 = b_3 + b_5$

(b) $x_1 = -\frac{1}{2} + x_5,\ x_2 = \frac{1}{3} - x_4 - \frac{1}{3}x_5,\ x_3 = \frac{5}{6} - \frac{4}{3}x_5$ ($x_4$ und $x_5$ sind freie wählbare Parameter unter den Einschränkungen $\frac{1}{2} \le x_5 \le \frac{5}{8}$, $x_4 \ge 0$ und $3x_4 + x_5 \le 1$)

**Aufgabe 4.7**: (a) $f(p) = K_0(1+p)^2$ (Kapitalwachstum mit Zins und Zinseszins)

(b) $f(p) = K_0(1 + 2{,}05p)$ (lineares Kapitalwachstum)

**Aufgabe 4.8**:

| | $S_1$ | $S_2$ | $S_3$ | $S_4$ | $\underline{b}$ | $\underline{x}$ |
|---|---|---|---|---|---|---|
| $S_1$ | 61,6 | 30,6 | 29,0 | 29,2 | 157,5 | 307,9 |
| $S_2$ | 41,0 | 71,5 | 38,7 | 48,7 | 157,5 | 357,4 |
| $S_3$ | 25,7 | 25,5 | 48,3 | 58,4 | 190,0 | 347,9 |
| $S_4$ | 51,3 | 51,1 | 24,2 | 73,0 | 190,0 | 389,6 |

**Aufgabe 4.9**:

$$C = (E-A)^{-1} = \begin{pmatrix} 1,3378 & 0,1913 & 0,1689 & 0,1841 \\ 0,3071 & 1,3528 & 0,2267 & 0,2783 \\ 0,2153 & 0,1817 & 1,2277 & 0,2745 \\ 0,3469 & 0,2927 & 0,1794 & 1,3409 \end{pmatrix}$$

Die Inputs zu gegebenem Nachfragevektor $\underline{b}$ lauten: $p_{ij} = a_{ij}x_j = a_{ij}\sum_{k=1}^{4} c_{jk}b_k$

Beispiel: $p_{23} = a_{23}(c_{31}b_1 + c_{32}b_2 + c_{33}b_3 + c_{34}b_4) = \frac{1}{9}(0{,}2153b_1 + 0{,}1817b_2 + 1{,}2277b_3 + 0{,}2745b_4)$

**Aufgabe 5.1**: (b) Das Innere des Dreiecks mit den Eckpunkten $\underline{v}_1$, $\underline{v}_2$ und $\underline{v}_3$ ist die Menge aller konvexen Linearkombinationen $\underline{x} = \alpha_1\underline{v}_1 + \alpha_2\underline{v}_2 + \alpha_3\underline{v}_3$, wobei *alle* Koeffizienten von 0 verschieden sind.

Ein Viereck kann dann und nur dann durch eine entsprechende Formel beschrieben werden, wenn es *konvex* ist.

**Aufgabe 5.2**: (a) Mit den im Beispiel 5.6 angegebenen Punkten gilt:

$$\underline{x} \in M \;\Leftrightarrow\; \underline{x} = \alpha_2\underline{e}_2 + \alpha_3\underline{e}_3 + \alpha_4\underline{e}_4 + \alpha_5\underline{e}_5 + \alpha_6\underline{e}_6 = \left(\frac{2}{3}\alpha_3 + \alpha_5,\; \alpha_2 + \frac{2}{3}\alpha_3 + \frac{2}{3}\alpha_4,\; \frac{2}{3}\alpha_4 + \alpha_6\right)^T$$

mit $\alpha_2, \ldots, \alpha_6 \geq 0$ und $\alpha_2 + \alpha_3 + \alpha_4 + \alpha_5 + \alpha_6 \leq 1$.

(b) Bestimmung des Maximums durch Eckenvergleich: $Z_{max} = Z(\underline{e}_4) = 6$

**Aufgabe 5.3**: (a) Das um drei Schupfvariable erweiterte Gleichungssystem

$$\begin{pmatrix} 3 & 1 & 1 & 0 & 0 \\ 2 & 1 & 0 & 1 & 0 \\ 1 & 1 & 0 & 0 & 1 \end{pmatrix} \underline{x} = \begin{pmatrix} 9 \\ 7 \\ 6 \end{pmatrix}$$

besitzt fünf zulässige Basislösungen: $\underline{E}_1 = (0,0,9,7,6)^T$, $\underline{E}_2 = (0,6,3,1,0)^T$, $\underline{E}_3 = (1,5,1,0,0)^T$, $\underline{E}_4 = (2,3,0,0,1)^T$, $\underline{E}_5 = (3,0,0,1,3)^T$.

(b) Für das jeweilige Verhältnis zwischen den Preisen lautet der maximale Umsatz:

| $p_2 > p_1$ | $p_2 = p_1$ | $\frac{1}{2}p_1 < p_2 < p_1$ | $p_2 = \frac{1}{2}p_1$ | $\frac{1}{3}p_1 < p_2 < \frac{1}{2}p_1$ | $p_2 = \frac{1}{3}p_1$ | $p_2 < \frac{1}{3}p_1$ |
|---|---|---|---|---|---|---|
| $6p_2$ | $6p_1 = 6p_2$ | $p_1 + 5p_2$ | $\frac{7}{2}p_1$ | $2p_1 + 3p_2$ | $3p_1$ | $3p_1$ |

**Aufgabe 5.6**: Wird in dem Tableau (5.21) die Summe der ersten $n$ Zeilen der Matrix von der $(n+1)$-ten Zeile subtrahiert, so haben die Matrizenelemente der resultierenden $(n+1)$-ten Zeile nach der $n$-ten Position sämtlich den Wert $-1$. Wird diese Zeile nun zur $(n+2)$-ten Zeile addiert, die Summe zur $(n+3)$-ten Zeile usw., so kann der Rang $m+n-1$ unmittelbar abgelesen werden.

**Aufgabe 5.7**: Bezeichnet $x_{ij}$ für $i = 1,2$ und $j = 1,2,3$ die Anzahl der von $D_i$ nach $K_j$ zu transportierenden Einheiten, so lautet das Gleichungssystem (5.21) für das abgeschlossene Transportmodell:

$$x_{11} + x_{21} = 5,\; x_{12} + x_{22} = 7,\; x_{13} + x_{23} = 6,\; x_{11} + x_{12} + x_{13} = 10,\; x_{21} + x_{22} + x_{23} = 8$$

Hierin kann die überflüssige 5. Gleichung weggelassen werden. Eine durch Probieren gefundene zulässige Basislösung (hierfür müssen mindestens zwei der Koordinaten den Wert 0 haben) ist $x_{11} = 5$, $x_{12} = 0$, $x_{13} = 5$, $x_{21} = 0$, $x_{22} = 7$, $x_{23} = 1$. Statt der Minimumaufgabe wird die gleichwertige Maximumaufgabe $Z^* = -5x_{11} - 2x_{12} - 4x_{13} - 2x_{21} - 2x_{22} - 3x_{23} \to Max$ gelöst.
Das Ausgangstableau für das Austauschverfahren mit den gefundenen Basisvariablen $x_{11}, x_{13}, x_{22}, x_{23}$ lautet dann:

| BV | $x_{11}$ | $x_{12}$ | $x_{13}$ | $x_{21}$ | $x_{22}$ | $x_{23}$ | $\underline{b}$ |
|---|---|---|---|---|---|---|---|
| $x_{11}$ | 1 | 0 | 0 | 1 | 0 | 0 | 5 |
| $x_{22}$ | 0 | 1 | 0 | 0 | 1 | 0 | 7 |
| $x_{23}$ | 0 | 0 | 1 | 0 | 0 | 1 | 6 |
| $x_{13}$ | 1 | 1 | 1 | 0 | 0 | 0 | 10 |
| $Z^*$ | 5 | 2 | 4 | 2 | 2 | 3 | 0 |

Mit Hilfe des Austauschverfahrens werden zunächst die Spalten zu den Basisvariablen – unter Einbeziehung der Zeile für die Zielfunktion – in Einheitsvektoren transformiert. Damit wird die Zielfunktion allein durch die Nichtbasisvariablen $x_{12}$ und $x_{21}$ dargestellt. Mit dem nach vier Schritten gefundenen Tableau kann das eigentliche Simplex-Verfahren durchgeführt werden. Das Optimalitätskriterium ist nach drei Verfahrensschritten erfüllt.

Optimale Basislösung: $x_{11} = x_{22} = 0,\ x_{12} = 7,\ x_{13} = 3,\ x_{21} = 5,\ x_{23} = 3;\ Z_{min} = 45$

**Aufgabe 5.8**: (a) Nach vier Schritten des Simplex-Verfahrens ist das Optimalitätskriterium erfüllt. Mit den Schlupfvariablen $x_4,\ x_5\ ,x_6$ für die erste, zweite bzw. dritte Restriktion lautet die optimale Lösung:

$$x_1 = \frac{103}{5};\ x_2 = \frac{17}{5};\ x_5 = \frac{1}{5};\ x_3 = x_4 = x_6 = 0;\ \ Z_{max} = \frac{873}{25} = 34,92$$

(b) Die Bewertungen sind nach (5.44) die Koeffizienten der Schlupfvariablen in der Zielfunktionszeile des optimalen Tableaus:

$$Z_{max} = \boldsymbol{\lambda_1}\, b_1 + \mathbf{0} \cdot b_2 + \boldsymbol{\lambda_3}\, b_3,\quad \lambda_1 = \frac{3}{25},\ \lambda_3 = \frac{9}{25}$$

Die Matrix $D$ der Spalten zu den Basisvariablen im optimalen Tableau bestimmt den Geltungsbereich dieser Formel:

$$D^{-1}\underline{b} = \begin{pmatrix} 1 & 1 & 0 \\ 1 & 3 & 1 \\ 3 & 8 & 0 \end{pmatrix}^{-1} \begin{pmatrix} b_1 \\ b_2 \\ b_3 \end{pmatrix} = \begin{pmatrix} 8/5 & 0 & -1/5 \\ -3/5 & 0 & 1/5 \\ 1/5 & 1 & -2/5 \end{pmatrix} \begin{pmatrix} b_1 \\ b_2 \\ b_3 \end{pmatrix} \geq \underline{0}$$

| Variable Kapazität | Feste Kapazitäten | Geltungsbereich | $\Delta = 1$ | $\Delta = -1$ |
|---|---|---|---|---|
| $b_1$ | $b_2 = 31,\ b_3 = 89$ | $23 \leq b_1 \leq \frac{89}{3}$ | $\Delta Z_{max} = \lambda_1$ | $\Delta Z_{max} = -\lambda_1$ |
| $b_2$ | $b_1 = 24,\ b_3 = 89$ | $\frac{154}{5} \leq b_2 < \infty$ | $\Delta Z_{max} = 0$ | |
| $b_3$ | $b_1 = 24,\ b_2 = 31$ | $72 \leq b_3 \leq \frac{179}{2}$ | | $\Delta Z_{max} = -\lambda_3$ |

(In den rechten Spalten ist der Zuwachs des Optimums bei der Änderung $\Delta = \pm 1$ der variablen Kapazität angegeben, soweit diese Änderung im Geltungsbereich liegt.)

*Bemerkung:* Das Simplex-Verfahren ist eine Folge von Austauschschritten, wobei die zu den Basisvariablen der optimalen Basislösung gehörenden Spalten des Ausgangstableaus in Einheitsvektoren transformiert werden. Entsprechend dem Verfahren zur Matrizeninversion (vgl. Aufgabe 4.9) kann dann die Inverse $D^{-1}$ aus dem optimalen Tableau nach geeigneter Vertauschung von Zeilen abgelesen werden, – eine Matrizeninversion ist nicht mehr erforderlich!

**Aufgabe 5.9**: Neben den vier Schlupfvariablen $x_1, x_2, x_3, x_4$ sind für die dritte und vierte Ungleichung künstliche Variable $y_1$ und $y_2$ einzuführen. Die Zielfunktion $\hat{Z} = -y_1 - y_2$ der Hilfsaufgabe wird durch die Nichtbasisvariablen der ersten zulässigen Basislösung dargestellt: $\hat{Z} = -12 + 3x_1 + 4x_2 - x_5 - x_6$ Damit lautet das um die künstlichen Variablen erweiterte Tableau für das Simplex-Verfahren:

| BV | $x_1$ | $x_2$ | $x_3$ | $x_4$ | $x_5$ | $x_6$ | $y_1$ | $y_2$ | $\underline{b}$ | Quotient | Faktor |
|---|---|---|---|---|---|---|---|---|---|---|---|
| $x_3$ | 1 | 2 | 1 | 0 | 0 | 0 | 0 | 0 | 8 | 4 | −2 |
| $x_4$ | 1 | −3 | 0 | 1 | 0 | 0 | 0 | 0 | 2 | | 3 |
| $y_1$ | 1 | $\underline{\mathbf{3}}$ | 0 | 0 | −1 | 0 | 1 | 0 | 6 | 2 | |
| $y_2$ | 2 | 1 | 0 | 0 | 0 | −1 | 0 | 1 | 6 | 6 | −1 |
| $Z$ | −2 | −1 | 0 | 0 | 0 | 0 | 0 | 0 | 0 | | 1 |
| $\hat{Z}$ | −3 | −4 | 0 | 0 | 1 | 1 | 0 | 0 | −12 | | |

Nach zwei Schritten ist das Optimum 0 für die Hilfsaufgabe erreicht, – hierbei sind die künstlichen Variablen keine Basisvariablen. Damit ist eine zulässige Basislösung für das reduzierte Tableau gegeben, und nach zwei weiteren Austausch-Schritten mit dem reduzierten Tableau ist das Optimum der ursprünglichen Aufgabe gefunden.

Optimale Basislösung: $\underline{x} = \frac{1}{5}(28, 6, 0, 0, 16, 32)^T$; $Z_{max} = \frac{62}{5}$

Bestimmung der Bewertungen der Kapazitäten entsprechend dem Vorgehen in der Aufgabe 5.8:

$$Z_{max} = \lambda_1 b_1 + \lambda_2 b_2 + 0 \cdot b_3 + 0 \cdot b_4, \quad \lambda_1 = \frac{7}{5}, \ \lambda_2 = \frac{3}{5}$$

| Variable Kapazität | Feste Kapazitäten | Geltungsbereich | $\Delta = 1$ | $\Delta = -1$ |
|---|---|---|---|---|
| $b_1$ | $b_2 = 2, b_3 = b_4 = 6$ | $\frac{16}{3} \leq b_1 < \infty$ | $\Delta Z_{max} = \lambda_1$ | $\Delta Z_{max} = -\lambda_1$ |
| $b_2$ | $b_1 = 8, b_3 = b_4 = 6$ | $0 \leq b_2 \leq 8$ | $\Delta Z_{max} = \lambda_2$ | $\Delta Z_{max} = -\lambda_2$ |
| $b_3$ | $b_1 = 8, b_2 = 2, b_4 = 6$ | $0 \leq b_3 \leq \frac{46}{5}$ | $\Delta Z_{max} = 0$ | $\Delta Z_{max} = 0$ |
| $b_4$ | $b_1 = 8, b_2 = 2, b_3 = 6$ | $0 \leq b_4 \leq \frac{62}{5}$ | $\Delta Z_{max} = 0$ | $\Delta Z_{max} = 0$ |

(In den rechten Spalten ist der Zuwachs des Optimums bei der Änderung $\Delta = \pm 1$ der variablen Kapazität angegeben.)

# B Zahlenfolgen und Differentialrechnung

**Aufgabe 6.1**: Auch beliebige Differenzenfolgen einer geometrischen Folge mit dem Quotienten $q$ sind geometrische Folgen mit dem gleichen Quotienten (Anwendung des Induktionsprinzips):

$$a_n = a_0 q^n \quad \Rightarrow \quad \Delta^{(k)} a_n = \Delta^{(k-1)} a_n - \Delta^{(k-1)} a_{n-1} = a_0 \left(1 - \frac{1}{q}\right)^k q^n \quad \text{für} \quad k = 1, 2, \ldots, \ q \neq 0$$

**Aufgabe 6.2**:

$$K_1 = K_0, \ K_n = \left(K_{n-1} + E(1 + p/100)^{n-2}\right)(1 - c/100), \quad n = 2, 3, \ldots$$

$$K_n = K_0(1 - c/100)^{n-1} + \frac{\alpha E}{\alpha - 1}(1 + p/100)^{n-1}(\alpha^{n-1} - 1), \quad \alpha = \frac{1 - c/100}{1 + p/100}, \ n = 1, 2, \ldots$$

Die Kapitalfolge $K_n$ wächst für $p > 0$ unbegrenzt und hat für $p = 0$ den Grenzwert $\frac{1 - c/100}{c/100} E$.

**Aufgabe 6.3**:

$$\begin{aligned}
& 1 + 2x + 3x^2 + \ldots + nx^{n-1} \\
= \ & (1 + x + \ldots + x^{n-1}) + (x + x^2 + \ldots + x^{n-1}) + (x^2 + x^3 + \ldots + x^{n-1}) + \ldots + x^{n-1} \\
= \ & (1 + x + \ldots + x^{n-1}) + x(1 + x + \ldots + x^{n-2}) + \ldots + x^{n-2}(1 + x) + x^{n-1} \cdot 1 \\
= \ & 1 \cdot \frac{x^n - 1}{x - 1} + x \frac{x^{n-1} - 1}{x - 1} + x^2 \frac{x^{n-2} - 1}{x - 1} + \ldots + x^{n-2} \frac{x^2 - 1}{x - 1} + x^{n-1} \frac{x - 1}{x - 1} \\
= \ & \frac{nx^n - (1 + x + \ldots + x^{n-1})}{x - 1} = \frac{nx^n - (x^n - 1)/(x - 1)}{x - 1} = \frac{nx^{n+1} - (n+1)x^n + 1}{(x - 1)^2} \quad \text{für} \ x \neq 1
\end{aligned}$$

**Aufgabe 6.4**: (b) Für die Zahlungen $a_1 = 5.000$, $a_2 = 5.000 + x$, ..., $a_{10} = 5.000 + 9x$ ist die Zulage $x$ so zu bestimmen, daß das nach 10 Perioden entstandene Guthaben $K_{10}$ den Wert 100.000 ergibt.

$$K_{10} = 5.000(1,05^{10}+1,05^9+\ldots+1,05)+x(1,05^9+2\cdot 1,05^8+\ldots+9\cdot 1,05) = 100.000 \;\Rightarrow\; x = 627,42$$

Hierbei kann der Faktor von $x$ mit Hilfe der Lösung der Aufgabe 6.3 berechnet werden.

**Aufgabe 6.5**: Die im Beispiel 6.10 behaupteten Wachstumseigenschaften ergeben sich unmittelbar aus folgender Darstellung der ersten und zweiten Differenzen (hierbei ist $C = \mathrm{e}^{-c}$ gesetzt):

$$\Delta a_n = ab(1-C)\frac{C^{n-1}}{(1+bC^n)(1+bC^{n-1})}, \quad \Delta^{(2)} a_n = ab(1-C)^2 \frac{C^{n-2}(bC^{n-1}-1)}{(1+bC^n)(1+bC^{n-1})(1+bC^{n-2})}$$

**Aufgabe 6.6**: Das nach zwölfmaliger monatlicher Verzinsung entstandene Kapital $K_{12}$ kann mit der Rentenformel (6.36) für nachschüssige Rentenzahlung mit $R = -d$ bei dem Zinssatz $r = p/12$ bestimmt werden:

$$K_{12} = K_0(1+r)^{12} - \frac{d}{r}((1+r)^{12}-1) \geq K_0(1+p) = K_0(1+12r) \quad \Leftrightarrow \quad d \leq rK_0\frac{(1+r)^{12}-(1+12r)}{(1+r)^{12}-1}$$

**Aufgabe 6.8**: In der Zusammenstellung sind jeweils die größte untere und die kleinste obere Schranke angegeben.

| | Monotonie | Schranken | Grenzwert |
|---|---|---|---|
| (1) | steigend | $a_1 \leq a_n < 2$ | $\lim a_n = 2$ |
| (2) | — | — | — |
| (3) | fallend | $0 < a_n \leq a_1$ | $\lim a_n = 0$ |
| (4) | steigend | $a_1 \leq a_n < \frac{1}{3}$ | $\lim a_n = \frac{1}{3}$ |
| (5) | — | $a_1 \leq a_n \leq a_2$ | — |
| (6) | fallend | $0 < a_n \leq a_1$ | $\lim a_n = 0$ |

**Aufgabe 6.9**: (a) Beide Größen stimmen überein.
(b) Die für die Investition ausgegebene Summe darf 603.495,96 € (den Kapitalwert $c_0$) nicht übersteigen.
(c) $E = \kappa c_0 = 0,055 \cdot 1,055^6/(1,055^6 - 1)\, c_0 = 120.807,84$ ($\kappa$ =Rentenbarwertfaktor)

**Aufgabe 6.10**: Unter Verwendung der im Beispiel 6.15 dargestellten Kapitalentwicklung ergeben sich folgende Werte für die monatliche Prämiensumme $R$, die nach 25 Jahren eine Auszahlungssumme von 150.000 € sichert:

| $\hat{p}$ | 2 % | 3 % | 4 % | 5 % |
|---|---|---|---|---|
| $R$ | 238,68 | 213,88 | 190,92 | 169,81 |

**Aufgabe 6.11**: Die Formeln (6.41) und (6.42) für die Restschuld stellen lediglich formal gebrochen rationale Funktionen des Zinssatzes $p$ dar, wie durch Ersetzen der Potenz $(1+p)^n$ durch die binomische Entwicklung und nach Kürzen mit $p$ für $p \neq 0$ unmittelbar zu sehen ist. Die auf diese Weise vereinfachten Formeln ergeben für $p = 0$ den Wert $S_n^V(p=0) = S_n^N(p=0) = S_0 - nA$, und das ist die Restschuld nach $n$-maliger Zahlung der Annuität $A$, wenn keine Zinsen erhoben werden.
(Die formale Unstetigkeit der Funktionen $S^V(p)$ und $S^N(p)$ im Punkt $p = 0$ wird durch die Zuweisung dieses Funktionswertes „behoben", vgl. Beispiel 7.7.)

**Aufgabe 6.12**:

| | (a) Laufzeit / Summe | (b) Annuität | (c) Anzahlung | (d) Zinszahlungen |
|---|---|---|---|---|
| vorschüssig | 13 Jahre / 651.686,83 | 51.247,95 | 50.237,66 | 270.000,00 |
| nachschüssig | 16 Jahre / 772.315,55 | 55.860,26 | 79.117,11 | 306.000,00 |

**Aufgabe 7.1**:

$$a_1 = \frac{1}{2}\frac{\alpha_2 - \alpha_1}{x_2 - x_1}10^8; \quad a_2 = \frac{1}{2}\frac{\alpha_3 - \alpha_2}{x_3 - x_2}10^8$$
$$b_1 = \alpha_1 10^4 - 2a_1\frac{x_1 - 14.040}{10^4}; \quad b_2 = \alpha_2 10^4 - 2a_2\frac{x_2 - 18.036}{10^4}; \quad b_3 = \alpha_3 x_3$$
$$c_2 = \left(a_1\frac{x_2 - 14.040}{10^4} + b_1\right)\frac{x_2 - 14.040}{10^4} - \left(a_2\frac{x_2 - 18.036}{10^4} + b_2\right)\frac{x_2 - 18.036}{10^4}$$

Für einen Spitzensteuersatz $\alpha_3 = 40\,\%$ und die ansonsten ungeänderten Parameter im Beispiel 7.13 gilt:

$$a_1 = 387,89; \quad a_2 = 95,00; \quad b_1 = 1.986; \quad b_2 = 2.299; \quad b_3 = 13.972; \quad c_2 = 856$$

**Aufgabe 7.2**: Die Krümmungseigenschaften können aus dem Vorzeichen der zweiten Ableitung abgelesen werden: $f''(x) = \frac{abc^2 e^{-cx}}{(1 + be^{-cx})^3}(be^{-cx} - 1)$

**Aufgabe 7.3**: Die Näherungsformeln (7.32) sind von der Form $f(u_0 + \Delta u) \approx f(u_0) + f'(u_0)\Delta u$, wenn für $f(z)$ die Funktionen $1/z$, $\sin z$, $\ln z$ und $z^\lambda$ gewählt werden, für $u_0$ die Punkte 1, 0, 1 bzw. 1 und für den Zuwachs $\Delta z$ die Variable $x$.

**Aufgabe 7.4**: (b) Für die Funktion $E(x) = x \ln x$ lautet die *Taylor*sche Formel:
$\Delta E - E'(\mathrm{e})\Delta x = E(\mathrm{e} + \Delta x) - E(\mathrm{e}) - 2\Delta x = \frac{(\Delta x)^2}{2\xi}$ mit einem Wert $\xi$ zwischen $\mathrm{e} + \Delta x$ und e.
Daher gilt für die Differenz zwischen Ertragszuwachs und Differential:

$$0 \le \Delta E - E'(\mathrm{e})\Delta x \le \frac{(\Delta x)^2}{2\mathrm{e}} \text{ für } \Delta x \ge 0, \quad 0 \le \Delta E - E'(\mathrm{e})\Delta x \le \frac{(\Delta x)^2}{2(\mathrm{e} + \Delta x)} \text{ für } \Delta x \le 0$$

(c) $\frac{dx}{dE}|E = f(\mathrm{e}) = \frac{1}{E'(\mathrm{e})} = \frac{1}{2}$

**Aufgabe 7.7**: Das Verfahren von *Newton* hat im konkreten Fall die Darstellung

$$p_1 = p_0 - \frac{(1 + p_0)^n((\kappa - 1)p_0 + \kappa) - \kappa(1 + p_0)}{(1 + p_0)^{n-1}\Big((n + 1)((\kappa - 1)p_0 + \kappa) - 1\Big) - \kappa}\,.$$

Für $n = 5$, $\kappa = 0,23$ (Verhältnis zwischen Annuität und Anfangsschuld) und den Startwert $p_0 = 0,07$ (vgl. Abbildung 6.12) ergibt sich $p_1 = 0,075708$ als erste Näherung, anschließend mit $p_1$ als Startwert $p_2 = 0,075204$ als zweite Näherung. Die Entscheidung für den Zinssatz $p = 7,5\,\%$ (bei der geforderten Genauigkeit der Prozentwerte auf eine Kommastelle) kann durch Vergleich der vorschüssigen Restschulden getroffen werden: $S^{(V)}(0,075) \approx -49$, $S^{(V)}(0,076) \approx 199$.

**Aufgabe 7.8**: Bei einer linearen Funktion ist die Elastizität das genaue Verhältnis zwischen der relativen Änderung der unabhängigen und der abhängigen Veränderlichen.

**Aufgabe 7.9**: Die Aufgabe kann durch Untersuchung des Vorzeichens der Ableitung der Gewinnfunktion $G(x) = xp(x) - k(x)$ gelöst werden. In $G'(x) = \frac{g(x)}{(120 + x)^2}$ ist $g(x)$ ein für $x > 0$ fallendes Polynom dritten Grades mit einer Nullstelle zwischen 32 und 33. Hieraus folgt:
$n_{max} = 25$ für $10 \le n \le 25$, $n_{max} = 33$ für $20 \le n \le 40$, $n_{max} = 35$ für $35 \le n \le 35$

**Aufgabe 7.10**: (a) Für $x > 0$ ist die Funktion $g(x)$ in der Darstellung $\frac{d}{dx}\overline{k}(x) = g(x)/x^2$ monoton steigend. In der positiven Nullstelle $x_{min}$ von $g$ nehmen die Stückkosten ihr absolutes Minimum an.
(b) Für $a = 50$, $b = 1$ und $c = 0,075$ und bei der geforderten Genauigkeit ist $x_{\min} = 42,0$. Da die Kostenfunktion im Minimalpunkt der Stückkosten die Elastizität 1 besitzt, steigen oder fallen

die Kosten um $1/42 \approx 2,38\,\%$ gegenüber $k(x_0)$, wenn $x$ um eine Einheit wächst bzw. fällt.

**Aufgabe 7.11**:(a) Der maximale Umsatz $U_{max} \approx 24,5$ wird für $x_{max} = (2 + 6\sqrt{14})/5$ erreicht.
(b) Da der Preis als Funktion des Absatzes im Punkt $x_{max}$ – und damit auch der Absatz als Funktion des Preises im Punkt $p(x_{max})$ – die Elastizität $-1$ besitzt, erfordert eine Absatzsteigerung um $\Delta x = 0,1$ gegenüber dem Maximalpunkt einen Preisnachlaß in Prozent um $100\Delta x/x_{max} \approx 2$.
Für eine Absatzsteigerung von 6 auf 6,1 Einheiten hat der erforderliche Preisnachlaß in Prozent näherungsweise den Wert $-\varepsilon_p(6)100 \cdot 0,1/6 \approx 1,96$.

**Aufgabe 8.1**: Die Umkehrung gilt nicht.

**Aufgabe 8.2**: Die Funktion $f(x_1, x_2)$ ist konvex und nimmt daher ihr Maximum in einer der Ecken der Lösungsmenge des Restriktionssystems an. Die maximale Ecke (unter 8 Ecken des Restriktionssystems) ist der Schnittpunkt der Geraden $2x + 3y = 24$ und $x = 7$; $f_{max} = f(7, 10/3) = 4.450/9$.
Die gesuchten Quadrate haben die Seitenlänge 4/5 für den Mittelpunkt $\underline{x}_1$ und 2/3 für den Mittelpunkt $\underline{x}_2$.

**Aufgabe 8.3**: (a) Bei festen Werten $u_1 \ldots, u_n$ wird die Identität $\lambda^r f(u_1, \ldots, u_n) = f(\lambda u_1, \ldots, \lambda u_n)$ nach dem Parameter $\lambda$ differenziert:

$$r\lambda^{r-1} f(u_1, \ldots, u_n) = \frac{d}{d\lambda}\lambda^r f(u_1, \ldots, u_n) = \frac{d}{d\lambda} f(\lambda u_1, \ldots, \lambda u_n)$$

$$= \sum_{i=1}^{n} \frac{\partial f(x_1, \ldots, x_n)}{\partial x_i}\Big|_{x_i = \lambda u_i} \cdot \frac{d(\lambda u_i)}{d\lambda} = \sum_{i=1}^{n} \frac{\partial f(x_1, \ldots, x_n)}{\partial x_i}\Big|_{x_i = \lambda u_i} \cdot u_i$$

Für $u_i = x_i$ $(i = 1, \ldots, n)$ und $\lambda = 1$ ergibt sich aus dem ersten und letzten Glied der Gleichungskette die behauptete Beziehung.
(b) Die gegebene Funktion $y = f(x_1, \ldots, x_n)$ hat den Homogenitätsgrad 0,9, und dieser Wert stimmt mit der Summe der Elastizitäten überein. Also ist $100\Delta y/y \approx \varepsilon_1 + \varepsilon_2 + \varepsilon_3 = 0,9$ bei Änderung aller Argumente um jeweils 1 %.

**Aufgabe 8.4**: Die Richtung des stärksten Wachstums im Punkt $(20, 5)$ in einem rechtwinkligen $(v, T)$-Koordinatensystem bildet mit der $v$-Achse einen Winkel von 107,01°. Bei Fortschreiten in dieser Richtung erhöht sich die *Windchill*-Temperatur um 1,4° beim Anstieg der Temperatur $T$ um 1° C.

$$T_w(v + \Delta v, T + \Delta T) - T_w(v, T) \approx \left(\frac{0,237}{2\sqrt{v}} - 0,0124\right)(T - 33)\Delta v + (0,478 + 0,237\sqrt{v} - 0,0124v)\Delta T$$

**Aufgabe 8.5**:

$$p_2 = \frac{1 - p_1}{2} - \frac{1}{2}\sqrt{(1 - p_1)^2 - \frac{0,056}{p_1}}, \quad \frac{dp_2}{dp_1} = -\frac{\partial f}{\partial p_1} / \frac{\partial f}{\partial p_2} = -2,4 \text{ für } p_1 = 0,1$$

Diese Ableitung ist die Grenzrate $\lambda$ der Substitution von $p_2$ durch $p_1$ im Punkt $p_1 = 0,1$. Die Änderung $(p_1, p_2) \to (p_1 + \Delta_1, p_2 + \lambda\Delta_1)$ ist eine Bewegung tangential zur Isoquante, während die Änderung $(p_1, p_2) \to (p_1 + \Delta_1, p_2 - (1/\lambda)\Delta_1)$ eine hierzu senkrechte Bewegung in Richtung des stärksten Wachstums der Funktion $f(p_1, p_2)$ darstellt.

| $\Delta_1$ | $f(0,1 + \Delta_1; 0,2 + \lambda\Delta_1) - f(0,1; 0,2)$ | $f(0,1 + \Delta_1; 0,2 - 1/\lambda\Delta_1) - f(0,1; 0,2)$ |
|---|---|---|
| 0,01 | $-1,8 \cdot 10^{-4}$ | $1,4 \cdot 10^{-3}$ |
| 0,001 | $-1,7 \cdot 10^{-6}$ | $1,4 \cdot 10^{-4}$ |
| 0,0001 | $-1,7 \cdot 10^{-8}$ | $1,4 \cdot 10^{-5}$ |

**Aufgabe 8.6**: (a) Die Funktion besitzt lokale Minima in den Punkten $(0, \pm\frac{1}{2}\sqrt{2})$ mit dem Funktionswert $-1/4$ und lokale Maxima in den Punkten $(\pm\frac{1}{2}\sqrt{2}, 0)$ mit dem Funktionswert $1/4$ und darüber hinaus 5 Sattelpunkte. Unter der Einschränkung $x^2+y^2 \leq 1$ (mit dem Funktionswert 0 auf dem Rand!) sind die lokalen Extrema auch die absoluten Extrema.
(b) Die Menge der stationären Punkte wird von den Achsen des Koordinatensystems (außer dem Ursprung) gebildet. Die Isoquanten sind die Geraden durch den Ursprung, die Funktionswerte sind dort $f(x, y = ax) = \dfrac{1-a^2}{1+a^2}$ bzw. $f(0, y) = -1$.
Das absolute Minimum $-1$ wird auf der Achse $x = 0$ und das absolute Maximum 1 auf der Achse $y = 0$ angenommen.
Wegen der Lage der Isoquanten wird die Funktion durch *keine* Festlegung eines Funktionswertes im Koordinatenursprung stetig.

**Aufgabe 8.7**: Mit den Bezeichnungen aus 8.5.5 lautet das lineare Gleichungssystem der notwendigen Bedingung:

$$\begin{pmatrix} n & [x] & [x^2] \\ [x] & [x^2] & [x^3] \\ [x^2] & [x^3] & [x^4] \end{pmatrix} \begin{pmatrix} a_0 \\ a_1 \\ a_2 \end{pmatrix} = \begin{pmatrix} [y] \\ [xy] \\ [x^2y] \end{pmatrix}$$

**Aufgabe 8.8**:
(a) Die Lösung der Aufgabe $F(x,y,z) = 2(xy + xz + yz) \to Min,\quad xyz = V_0,\ x,y,z > 0$, wird von einem Würfel mit der Kantenlänge $a = V_0^{1/3}$ angenommen.

- *Substitutionsmethode:* Die Funktion $G(x,y) = F\left(x, y, \dfrac{V_0}{xy}\right)$ nimmt ihr absolutes Minimum $F_{min} = 6\,V_0^{2/3}$ im (einzigen) stationären Punkt $(a, a)$ an.
- *Lagrange*-Funktion: $\mathcal{L}(x,y,z,\lambda) = 2(xy + xz + yz) + \lambda(V_0 - xyz)$
Das System $\nabla\mathcal{L}(x,y,z,\lambda) = \underline{0}$ besitzt die (einzige) Lösung $x = y = z = a,\ \lambda = 4V_0^{-1/3}$.
Speziell für $V_0 = 1.000$ und $\Delta V_0 = 50$ ist $F_{min}(V_0) = 600$ und $\lambda = F'_{min}(V_0) = 0{,}4$. Damit gilt:

$$(619{,}84 =)\ F_{min}(V_0 + \Delta V) \approx F_{min}(V_0) + \lambda\Delta V = 600 + 0{,}4 \cdot 50 = 620$$

(b) Die Lösung der Aufgabe $F(r,h) = 2\pi(r^2 + rh) \to Min,\quad \pi r^2 h = V_0,\ h,r > 0$, wird von einem geraden Kreiszylinder mit dem Radius $a = \left(\dfrac{V_0}{2\pi}\right)^{1/3}$ und der Höhe $h = 2a$ angenommen.

- *Substitutionsmethode:* Die Funktion $G(r) = F\left(r, \dfrac{V_0}{\pi r^2}\right)$ nimmt ihr absolutes Minimum $F_{min} = 6\pi a^2$ im (einzigen) stationären Punkt $a$ an.
- *Lagrange*-Funktion: $\mathcal{L}(r,h,\lambda) = 2\pi(r^2 + rh) + \lambda(V_0 - \pi r^2 h)$
Das System $\nabla\mathcal{L}(r,h,\lambda) = \underline{0}$ besitzt die (einzige) Lösung $r = a,\ h = 2a,\ \lambda = \dfrac{2}{a}$.
Hinreichende Bedingung für ein Minimum mit der *Hesse*schen Matrix:
$$H(r,h,\lambda) = -12\pi^3 r^4 < 0$$
- Die Ungleichung $F_{min}(V_0 + \Delta V) < F_{min}(V_0) + \lambda\Delta V$ folgt daraus, daß die zweite Ableitung der Funktion
$$F_{min}(V_0) = 6\pi\left(\frac{V_0}{2\pi}\right)^{2/3}$$
beständig negativ ist: Die Funktion $F_{min}$ ist konkav, und daher liefert die Linearisierung größere Werte als die Funktionswerte. Die genaue Differenz kann mit Hilfe der *Taylor*schen Formel berechnet werden (hierin ist $\xi$ ein geeigneter Wert zwischen $V_0$ und $V_0 + \Delta V$):
$$F_{min}(V_0 + \Delta V) = F_{min}(V_0) + \lambda\Delta V - \frac{(2\pi)^{1/3}}{3}\xi^{-4/3}(\Delta V)^2$$

**Aufgabe 8.9**: *Lagrange*-Funktion:

$$\mathcal{L}(x, y, z, \lambda) = px + qy + rz + \lambda(C - x^\alpha y^\beta z^\gamma)$$

Das System $\nabla\mathcal{L}(x, y, z, \lambda) = \underline{0}$ besitzt die (einzige) Lösung

$$x^* = \lambda\frac{\alpha}{p}C,\ y^* = \lambda\frac{\beta}{q}C,\ z^* = \lambda\frac{\gamma}{r}C,$$

wobei der Multiplikator $\lambda$ aus der Nebenbedingung gewonnen wird:

$$\rho = \alpha + \beta + \gamma,\ \sigma = \left(\frac{\alpha}{p}\right)^\alpha \left(\frac{\beta}{q}\right)^\beta \left(\frac{\gamma}{r}\right)^\gamma \quad \Rightarrow \quad \lambda = \frac{C^{1/\rho - 1}}{\sigma^{1/\rho}}$$

Hierbei ist $\rho$ der Homogenitätsgrad der Ertragsfunktion. Für das gegebene Ertragsniveau nehmen die Kosten für die gefundenen Input-Faktoren das absolute Minimum an.

$$k(x^*, y^*, z^*) = \rho C\lambda(C) = \rho\frac{C^{1/\rho}}{\sigma^{1/\rho}} \quad \Rightarrow \quad \frac{d}{dC}k(x^*, y^* z^*) = \lambda$$

Für die angegebenen Daten ist $k_{min}(C = 10) = 327,954$ und $\lambda = 54,659$. Damit gilt für $\Delta C = 0,1$:

$$(333,438 =)\ k_{min}(10 + \Delta C) \approx k_{min}(10) + \lambda \cdot 0,1 = 333,420$$

# Verzeichnis der Abbildungen

# Verzeichnis der Beispiele

# Literaturhinweise

## Mathematik für Wirtschaftswissenschaftler (Grundstudium)


*Bosch, K.:* Brückenkurs Mathematik, 8. Auflage, R. Oldenbourg Verlag, München, Wien 1999.

*Huang, D. S. und W. Schulz:* Einführung in die Mathematik für Wirtschaftswissenschaftler, 8. Auflage, R. Oldenbourg Verlag, München, Wien 1999.

*Jäger, A. und G. Wäscher:* Mathematische Propädeutik für Wirtschaftswissenschaftler: Lineare Algebra und Lineare Optimierung, R. Oldenbourg Verlag, München, Wien 1998.

*Kallischnigg, G., Kockelkorn, U. und A. Dinge:* Mathematik für Volks- und Betriebswirte: Arbeitsbuch für Studienanfänger, 3. Auflage, R. Oldenbourg Verlag, München, Wien 1998.

*Luderer, B. und U. Würker:* Einstieg in die Wirtschaftsmathematik, Teubner Studienbücher Mathematik, B. G. Teubner, Stuttgart 1995.

*Luderer, B., Paape, C. und U. Würker:* Arbeits- und Übungsbuch Wirtschaftsmathematik, Teubner Studienbücher Mathematik, B. G. Teubner, Stuttgart 1996.

*Nollau, V.:* Mathematik für Wirtschaftswissenschaftler, 3. Auflage, B. G. Teubner Verlagsgesellschaft, Stuttgart, Leizig 1999.

*Ohse, D.:* Mathematik für Wirtschaftswissenschaftler I, Analysis, 4. Auflage, Verlag Franz Vahlen, München 1998.

*Opitz, O.:* Mathematik, Lehrbuch für Ökonomen, 7. Auflage, R. Oldenbourg Verlag, München, Wien 1999.

*Piehler, G., Sippel, D. und U. Pfeiffer:* Mathematik zum Studieneinstieg: Grundwissen der Analysis für Wirtschaftswissenschaftler, Ingenieure, Naturwissenschaftler und Informatiker, 3. Auflage, Springer-Verlag 1996.

*Purkert, W.:* Brückenkurs Mathematik für Wirtschaftswissenschaftler, B. G. Teubner Verlagsgesellschaft, Stuttgart, Leipzig 1995.

*Schwarze, J.:* Mathematik für Wirtschaftswissenschaftler, Band 1 (Grundlagen), Band 2 (Differential- und Integralrechnung), Band 3 (Lineare Algebra, Lineare Optimierung und Graphentheorie), 10. Auflage, Verlag Neue Wirtschafts-Briefe, Herne, Berlin 1996.


## Mathematische Lehrbücher: Lineare Algebra, Analysis, Numerische Mathematik


*Ansorge, R. und H. J. Oberle:* Mathematik für Ingenieure, Band 1 und 2, 2. Auflage, Akademie Verlag, Berlin 1997.

*Anton, H.:* Lineare Algebra: Einführung, Grundlagen, Übungen, Spektrum Akademischer Verlag, Heidelberg, Berlin, Oxford 1995.

*Faires, R. D. und R. L. Burden:* Numerische Methoden: Näherungsverfahren und ihre praktische Anwendung, Spektrum Akademischer Verlag, Heidelberg, Berlin, Oxford 1994.

*Fischer, G.:* Lineare Algebra, Vieweg Verlag, 11. Auflage, Braunschweig 1997.

*Heuser, H.:* Lehrbuch der Analysis, Teil 1 und 2, 12. Auflage, B. G. Teubner, Stuttgart 1998.

*Königsberger, K.:* Analysis 1, 3. Auflage, Springer-Verlag, 1995.

*Meyberg, K. und P. Vachenauer:* Höhere Mathematik 1: Differential- und Integralrechnung, Vektor- und Matrizenrechnung, Springer-Verlag, 5. Auflage, Berlin, Heidelberg, New York 1999.

*Salas, S. L. und E. Hille:* Calculus: Einführung in die Differential- und Integralrechnung, Spektrum Akademischer Verlag, Heidelberg, Berlin, Oxford 1994.

*Schwarz, H. R.:* Numerische Mathematik, 4. Auflage, B. G. Teubner, Stuttgart 1997.

## Wirtschaftsmathematik: Ergänzende Literatur

*Collatz, L. und W. Wetterling:* Optimierungsaufgaben, 2. Auflage, Springer-Verlag, Berlin, Heidelberg, New York 1971.

*Dorninger, D. und G. Karigl:* Mathematik für Wirtschaftsinformatiker: Grundlagen, Modelle, Programme, 2 Bände, Springer-Verlag, Wien, New York 1988.

*Gal, T. u. a.:* Mathematik für Wirtschaftswissenschaftler, 3 Bände, 3. Auflage, Springer-Verlag, Berlin 1991, 1992.

*Hillier, F. und G. S. Lieberman:* Operations Research: Einführung, 5. Auflage, R. Oldenbourg Verlag München, Wien 1997.

*Kall, P.:* Analysis für Ökonomen, B. G. Teubner, Stuttgart 1982.

*Karmann, A.:* Mathematik für Wirtschaftswissenschaftler: Problemorientierte Einführung, 2. Auflage, R. Oldenbourg Verlag, München, Wien 1997.

*Zimmermann, W.:* Operations Research: Quantitative Methoden der Entscheidungsvorbereitung, 7. Auflage, R. Oldenbourg Verlag München, Wien 1995.

## Ökonomische Lehrbücher

*Fuhrmann, W.:* Makroökonomik: Zur Theorie interdependenter Märkte, 3. Auflage, R. Oldenbourg Verlag, München, Wien 1991.

*Schöler, K.:* Grundlagen der Mikroökonomik: Eine Einführung in die Theorie der Haushalte, der Firmen und des Marktes, Verlag Franz Vahlen, München 1999.

*Varian, H. R.:* Grundzüge der Makroökonomik, R. Oldenbourg Verlag, München, Wien, 1999.

*Woll, A.:* Allgemeine Volkswirtschaftslehre, 12. Auflage, Verlag Franz Vahlen, München 1996.

## Nachschlagewerke

*Bronstein, I. N. und K. A. Semendjajew:* Teubner-Taschenbuch der Mathematik, B. G. Teubner Verlagsgesellschaft, Leipzig 1996.

*Rönz, B. und H.-G. Strohe:* Lexikon Statistik, Gabler Verlag, Wiesbaden 1994

# Index

www.ingramcontent.com/pod-product-compliance
Lightning Source LLC
LaVergne TN
LVHW060626300926
849162LV00008B/1724